互联网+智慧城市

核心技术及行业应用

强 磊 勾善文 林 明
曲 哲 王红安 等◎编著

人 民 邮 电 出 版 社
北 京

图书在版编目（CIP）数据

互联网+智慧城市 ： 核心技术及行业应用 / 强磊等编著. -- 北京 ： 人民邮电出版社, 2018.10(2023.1重印)
ISBN 978-7-115-49286-9

Ⅰ. ①互… Ⅱ. ①强… Ⅲ. ①现代化城市－城市建设－研究 Ⅳ. ①C912.81

中国版本图书馆CIP数据核字(2018)第203691号

◆ 编　　著　强　磊　勾善文　林　明　曲　哲　王红安　等
责任编辑　李　强
责任印制　彭志环

◆ 人民邮电出版社出版发行　北京市丰台区成寿寺路 11 号
邮编　100164　电子邮件　315@ptpress.com.cn
网址　http://www.ptpress.com.cn
固安县铭成印刷有限公司印刷

◆ 开本：800×1000　1/16
印张：27.25　　2018 年 10 月第 1 版
字数：643 千字　　2023 年 1 月河北第 3 次印刷

定价：138.00 元

读者服务热线：(010)81055493　印装质量热线：(010)81055316
反盗版热线：(010)81055315

前 言

2015 年 3 月，在第十二届全国人民代表大会第三次会议上，李克强总理在政府工作报告中首次提出“互联网 +”行动计划。随后，在国务院发布的《关于积极推进“互联网 +”行动计划的指导意见》中，对“互联网 +”进行了说明：“‘互联网 +’是把互联网的创新成果与经济社会各领域深度融合，推动技术进步、效率提升和组织变革，提升实体经济创新力和生产力，形成更广泛的以互联网为基础设施和创新要素的经济社会发展新形态。”

智慧城市的定义：运用信息和通信技术手段感测、分析、整合城市运行核心系统的各项关键信息，从而对包括民生、环保、公共安全、城市服务、工商业活动在内的各种需求做出智能响应。其实质是利用先进的信息技术，实现城市智慧式管理和运行，进而为城市中的人创造更美好的生活，促进城市的和谐、可持续成长。

因此，在智慧城市建设中如何运用“互联网 +”的理念、思路和技术就是当下的一个重要课题，本书就是希望通过对“互联网 +”所涵盖的先进技术，如移动互联网、云计算和大数据、物联网等的介绍及上述技术在智慧城市中的运用和分析，重点对智慧城市中所涉及的智慧政务、智慧城市运行管理、智慧民生（社区）、智慧旅游等重要维度领域的应用和实践进行阐述。

本书共分 16 章，第 1 章是对全书的综述和概括，并对“互联网 +”及智慧城市的概念做了分析和阐述。

第 2 ~ 5 章对“互联网 +”所涉及的四大核心技术——移动互联网、云计算、大数据、物联网进行了深入阐述，书中所提供的代码案例都经过作者的真实调试和运行。

第 6 章是本书的重点，阐述了如何基于“互联网 +”对智慧城市进行系统设计，也就是如何将互联网的创新思维应用到智慧城市的设计和建设中。智慧城市不仅仅是物联网、云计算等新一代信息技术的应用，更重要的是通过面向知识社会的创新 2.0 的方法论应用，融合“互联网 +”思维的创新模式和理念。

第 7 ~ 16 章围绕着智慧城市所涉及的城市治理（智慧政府）、产业促进、民生服务三大领域中的若干代表性行业或专题进行详细的阐述，具体包括如下方面：

——智慧政务；

——智慧城管（城市运行管理）；

——智慧医疗；

——智慧教育；

——智慧社区；

——智慧政法（公共安全）；

——智慧安保 / 智慧巡检；

——智慧园区；

——智慧文化；

——智慧全域旅游。

本书内容丰富，涵盖面比较广泛，既阐述了“互联网 +”的核心技术知识，也包含了智慧城市从顶层设计到具体的各个领域的案例实现。本书既适合大专院校计算机、软件、信息技术专业学生阅读，也适合目前互联网及各类 IT 系统集成公司、软件公司的 IT 从业人员、研发人员阅读，同时也适合各地政府智慧城市建设和运营主管部门、信息中心相关人员阅读。

我曾供职于中国电信多年，在本书的写作过程中得到了相关领域的老同学、老同事的帮助，其中部分章节由他们亲自撰写；感谢南京思柏瑞信息科技有限公司的各位同事的鼎力相助，孙翔博士在前 6 章“互联网 +”技术章节给予了大量指导，后 7 章的各个智慧城市行业领域的解决方案是由产品总监孙晋进和吴骞基于他们日常工作和项目中所积累的资料和方案整理编辑完成的，书中的很多案例都是作者实际参加的项目案例。

最后感谢我的女儿，她在枯燥的写作过程中给我增添了很多的快乐！

目 录

第1章　“互联网+智慧城市”的基础概念

1.1 “互联网 +”的定义

“互联网 +”被广泛认为是创新 2.0 下互联网发展的新业态，是知识社会创新 2.0 推动下的互联网形态演进及其催生的经济社会发展的新形态。所谓创新 2.0，简单点说就是创新 1.0 的升级，1.0 是指工业时代的创新形态，2.0 则是指信息时代、知识社会的创新形态。面向知识社会的科学 2.0、技术 2.0 和管理 2.0，三者的相互作用共同创建了面向知识社会的创新 2.0 引擎。

“互联网 +”是社会发展的必然趋势，是信息化和工业化融合发展的产物。把互联网作为信息化发展的核心载体，促进社会各行业和领域的全面融合，这当然也包括智慧城市领域。通俗来说，“互联网 +”就是“互联网 + 各个传统行业”，当然这些传统行业也包括智慧城市建设和运营的各个领域；通过信息通信技术以及互联网平台，促进互联网与包括城市建设运营在内的各传统行业深度融合，创造发展新生态。“互联网 +”有六大特征。

一是跨界融合。“+”就是跨界，就是变革，就是开放，就是一种融合。例如互联网技术和模式与城市建设和运用的融合。

二是创新驱动。粗放的资源驱动型增长方式早就难以为继，城市运行中的粗放管理也弊端百出，必须转变到创新驱动发展这条正确的道路上来。这正是互联网的特质，用所谓的互联网思维来求变、自我革命，也更能发挥创新的力量。

三是重塑结构。信息革命、全球化、互联网业已经打破了原有的社会结构、经济结构、地缘结构、文化结构。“互联网 + 社会治理”将是智慧城市结构重塑的一个重要表现。

四是尊重人性。人性的光辉是推动科技进步、经济增长、社会进步、文化繁荣的最根本的力量，互联网的力量强大也来源于对人性的最大限度的尊重，对人的体验、创造性发挥的重视。例如：当下的分析经济、共享经济等。

五是开放生态。关于“互联网 +”，生态是非常重要的特征，而生态的本身就是开放的。我们推进“互联网 +”，其中一个重要的方向就是要把过去制约创新的环节解除，把孤岛式创新连接起来，让研发由人性决定的市场驱动。

六是连接一切。连接是有层次的，它是“互联网 +”的终极目标。

1.2 智慧城市的定义

智慧城市的定义是：运用信息和通信技术手段感测、分析、整合城市运行核心系统的各项关键信息，从而对包括民生、环保、公共安全、城市服务、工商业活动在内的各种需求做出智能响应。其实质是利用先进的信息技术，实现城市智慧式管理和运行，进而为城市中的人创造更美好的生活，促进城市的和谐、可持续成长。

从技术角度来说，所谓“智慧城市”就是借助新一代互联网（特别是移动互联网）、物联网、云计算、大数据及即将到来的人工智能等信息技术，将城市运行的各个核心系统整合到一个大的软硬件平台上，植入智慧的理念，从而更好地理解和控制城市运营，并优化城市的自由使用。智慧城市是移动互联网、物联网、大数据、云计算、人工智能等新一代信息技术和各种网络平台集成来实现城市管理运营的体现，是城市发展模式转型升级的结果。

IBM 最早于 2008 年提出“智慧地球”与“智慧城市”的概念，IBM 经过研究认为，城市由关系到城市主要功能的不同类型的网络、基础设施和环境等六个核心系统组成：组织（人）、业务 / 政务、交通、通信、水和能源。这些系统不是零散的，而是以一种协作的方式相互衔接，而城市本身则是由这些系统所组成的宏观系统。

根据欧盟发表的《欧盟智慧城市报告》，智慧城市可以从六大坐标维度来界定，即智慧经济、智慧流动、智慧环境、智慧公众、智慧居住和智慧管理。简单而言，智慧城市的本质在于信息化与城市化的高度。

1.3 “互联网 +”的思维体系及其在智慧城市的融合特征

“互联网 +”的思维已经不再局限于互联网，它已经与各行各业相结合，并且将逐步融入这些领域中，例如，本书所重点介绍的智慧城市的设计、建设和运营，就在不断融入“互联网 +”的技术特性和思维体系。“互联网 +”的思维体系包括如下几个方面。

① 用户思维——用户思维是指在价值链各个环节中都要“以用户为中心”去考虑问题。用户思维颠覆了传统商业世界的两大规则：竞品研究、功能至上主义。

② 简约思维——互联网时代，信息泛滥，用户的耐心越来越不足，所以，必须在短时间内抓住关键！乔布斯打算进入手机领域的时候，只有一个理由：已有的手机都太复杂，太难操作了，世界需要一款简约到极致的手机。因此，他给设计团队下达了当时看似无法完成的任务：iPhone 手机面板上只需要一个控制键。

③ 极致思维——极致思维就是把产品、服务和用户体验做到极致，超越用户预期。

④ 迭代思维——“敏捷开发”是互联网产品开发的典型方法论，是一种以人为核心、迭代、循序渐进的开发方法，允许有所不足，不断试错，在持续迭代中完善产品。这里面有两个点：一个“微”，一个“快”。迭代是循环执行、反复执行的意思，它是颠覆式创新的灵魂。

⑤ 流量思维——互联网经济的核心是流量经济，有了流量便有了一切。流量意味着体量，体量意味着分量。“目光聚集之处，金钱必将追随”，流量即金钱，流量即入口，流量的价值不必多言。

⑥ 社会化思维——社会化商业的核心是网，公司面对的客户以网的形式存在，这将改变企业生产、销售、营销等整个形态。

⑦ 大数据思维——大数据思维是指对大数据的认识，对企业资产、关键竞争要素的理解。大数据思维带来三个革新：不是分析随机样本，而是分析全体数据；不是执迷于数据的精确性，而是执迷于数据的混杂性；知道“是什么”就够了，没必要知道“为什么”。

⑧ 平台思维——互联网的平台思维就是开放、共享、共赢的思维。平台模式最有可能成就产业巨头。全球最大的 100 家企业里，有 60 家企业的主要收入来自平台商业模式，包括苹果、谷歌等。乔布斯要求苹果团队永远不要超过 100 个人。还有一个颠覆性的绩效政策：小米团队

没有 KPI……平台思维由此可见一斑。

⑨ 跨界思维——随着互联网和新科技的发展，很多产业的边界变得模糊，互联网已深入到各行各业，如零售、图书、金融、电信、娱乐、交通、媒体等。当互联网跨界到商业地产，就有了淘宝、天猫；当互联网跨界到炒货店，就有了“三只松鼠”……由于跨界思维，未来真正会消失的是互联网企业，因为所有的企业都是互联网企业了。

⑩ 群众思维——群众思维是从“草根”的角度思考问题和为“草根”用户服务的态度。

⑪ 粉丝思维——因为喜欢，所以喜欢，喜欢不需要理由，一旦注入感情因素，有缺陷的产品也会被接受。

⑫ 服务思维——服务是一个老话题，但它时时都具有新含义。互联网赋予服务的新含义是：全天候的每时每刻、无缝隙的网上网下、无分工的全员行动。

⑬ 爆点思维——再强大的企业，资源也是有限的，也需要在合适的时间和合适的地点，汇聚核心资源，在向上突破的关键点上实施定点引爆，这就是爆点。爆点思维要求带给用户超值的预期，让其尖叫，而不仅是满意。

⑭ 社交化思维——SNS、社群经济、圈子，这是目前互联网社交化思维发展最典型的三个领域。如何在产品设计、用户体验、市场营销等经营活动中增加其社会化属性和社交性功能，对传统企业拥抱互联网时代的机遇，是一个重要思路。

⑮ 产品经理思维——工程师、技术人员、销售明星……这些传统企业的中流砥柱，全都面临互联网时代的挑战，他们都必须转变为产品经理，运用产品经理的思维去改造自己习惯的工作模式。

⑯ 痛点思维——一家希望在市场上保持领先的公司，最重要的工作之一，就是了解消费者的“痛点”，并缓解给它们造成的痛苦，将“痛点”进行分类和组合，这就可能成为产品创新的源泉。

⑰ 微创新思维——360 董事长周鸿祎这样诠释微创新：“从用户体验的角度，不断地去做各种微小的改进，可能微小的改进一夜之间没有效果，但是你坚持做，每天都改善 1%，甚至 0.1%，一个季度下来，改善就很大。”

⑱ 颠覆式创新思维——“颠覆式创新”，也叫“破坏式创新”，由著名经济学家熊彼特在 1912 年最早提出，1997 年，美国哈佛大学商学院创新理论专家克莱顿 · 克里斯坦森教授弥补和改进了熊彼特的创新理论。

⑲ 免费思维——传统商家的“免费”通常让消费者觉得“羊毛出在羊身上”，而互联网时代的“免费”却让商家能够做到“羊毛出在狗身上”……“免费”变“入口”，“入口”变“现金”，这就是“免费”赚钱的秘诀。

⑳ 信用思维——电子商务进行到一定阶段，就会遇到一道门槛，那就是社会诚信体系。电子商务是在虚拟的网络平台中进行的，如果没有诚信，最后就做不成生意。

㉑ 整合思维——IBM 横向整合产业链成为 PC 机时代的蓝色巨人，苹果通过纵向整合成为 21 世纪的创新先锋。在新的互联网时代，团购……都是整合思维下的“蛋”。

㉒ 开放思维——互联网精神的本质就是：开放、开放、再开放。

㉓ 顺势思维——很多人知道可以这么做，但事到临头又没有做，因为顺势而为需要勇气。

㉔ 连接思维——互联网与移动互联网的区别之一，是后者的连接思维。通过一部移动终端，随时随地连接你想连接的一切，将一切人、物、服务都连接。

㉕ 物联网思维——下一个谷歌、阿里巴巴、腾讯级的伟大公司，一定是产生在物联网领域。顾名思义，物联网就是物物相连的互联网。这有两层意思：其一，物联网的核心和基础仍然是互联网，是在互联网基础上的延伸和扩展的网络；其二，其用户端延伸和扩展到了任何物品与物品之间，进行信息交换和通信，也就是物物相息。物联网通过智能感知、识别技术与普适计算等通信感知技术，广泛应用于网络的融合中，也因此被称为继计算机、互联网之后世界信息产业发展的第三次浪潮。物联网是互联网的应用拓展，与其说物联网是网络，不如说物联网是业务和应用。因此，应用创新是物联网发展的核心，以用户体验为核心的创新 2.0 是物联网发展的灵魂。

上述这些思维在很多方面都与智慧城市相结合，例如：免费思维，目前很多智慧城市的应用和服务都免费提供给公众；再如大数据思维，目前政务大数据是当下智慧城市建设的重点；还有群众思维、粉丝思维，这些都是智慧城市公众服务及其应用的开发目标和服务宗旨！

总体而言，“互联网 +”时代的智慧城市在互联网技术和思维创新的双重驱动下，呈现出如下三大特征。

一是基于“互联网 +”的新技术，包括：移动互联网、物联网、大数据、云计算等搭建融合、开放、互动的城市公共服务平台，支撑城市运行管理及各部门的高效协同。这些新技术将是本书前几章介绍的重点。

二是引入“互联网 +”的开放、融合和尊重人性的理念，促进城市管理机构和运行管理模式的重构，促进城市生活更智慧、更便捷、更宜居、更人性化；推进社会生态公平公开，形成新的智慧城市生态。这一点将在第 6 章中阐述。

三是基于“互联网 +”的创新思维，以技术的进步和思维的创新为动力，利用信息通信技术与各行业的跨界融合，推动产业转型升级，创造出新产品 、新业务与新模式，推动社会经济发展。这些思维的内容会贯穿全书。

1.4 “互联网 +”的核心新技术

1.4.1 移动互联网

移动互联网是指互联网的技术、平台、商业模式和应用与移动通信技术结合并实践的活动的总称。在我国互联网的发展过程中，PC 互联网已日趋饱和，移动互联网却呈现井喷式发展。伴随着移动终端价格的下降及 Wi-Fi 的广泛铺设，移动网民呈现爆发趋势。

移动互联网通过智能移动终端，采用移动无线通信方式获取业务和服务，包含终端、软件和应用三个层面。终端层包括智能手机、平板电脑、电子书、MID 等；软件层包括操作系统、中间件、数据库和安全软件等；应用层包括休闲娱乐类、工具媒体类、商务财经类等不同应用与服务。随着技术和产业的发展，目前，LTE 和 NFC 等网络传输层关键技术也被纳入移动互联网的范畴之内。

移动互联网经过数年的发展，以下十大模式或者十大应用成为主流。

① 移动社交将成为客户数字化生存的平台：在移动网络虚拟世界里面，服务社区化将成为

焦点。社区可以延伸出不同的用户体验，提高用户对企业的黏性。

② 移动广告将是移动互联网的主要盈利来源：手机广告是一项具有前瞻性的业务形态，可能成为下一代移动互联网繁荣发展的动力因素。

③ 手机游戏将成为娱乐化先锋：随着产业技术的进步，移动设备终端上会发生一些革命性的变化，带来用户体验的跳跃。可以预见，手机游戏作为移动互联网的“杀手级”盈利模式，无疑将掀起移动互联网商业模式的全新变革。

④ 移动视频、手机电视将成为时尚人士“新宠”：手机电视用户主要集中在积极尝试新事物、个性化需求较高的年轻群体，这样的群体在未来将逐渐扩大。

⑤ 移动电子阅读填补狭缝时间：因为手机具有功能可扩展，屏幕更大更清晰，容量提升，用户身份易于确认，付款方便等诸多优势，移动电子阅读正在成为一种流行的生活方式并迅速传播开来。

⑥ 移动定位服务提供个性化信息：随着电子产品日益普及，人们的移动个性化需求也在增加，市场对移动定位服务的需求将快速增加。

⑦ 手机搜索将成为移动互联网发展的助推器：手机搜索引擎整合搜索、智能搜索、语义互联网等概念，综合了多种搜索方法，可以提供范围更宽广的垂直和水平搜索体验，更加注重提升用户的使用体验。

⑧ 手机内容共享服务将成为客户的黏合剂：手机图片、音频、视频共享被认为是未来手机业务的重要应用。例如：目前火爆的抖音、火山小视频就属于视频共享。

⑨ 移动支付蕴藏巨大商机：支付手段的电子化和移动化是不可避免的发展趋势，移动支付业务发展预示着移动行业与金融行业融合的深入。

⑩ 移动电子商务的春天即将到来：移动电子商务可以为用户随时随地提供所需的服务、应用、信息和娱乐，利用手机终端方便快捷地选择及购买商品和服务。

根据业界的分析和当前的实现情况，以下 10 种技术是移动互联网的热门技术。

1. HTML5

HTML5 是万维网的核心语言——超文本标记语言（HTML）的第 5 次重大修改，有望成为梦想中的“开放 Web 平台”的基石，如能实现可进一步推动更深入的跨平台 Web 应用，这对于移动应用便携性意义重大。随着 HTML5 及其开发工具的发展，移动网站和混合应用的普及将增长，HTML5 技术不断成熟起来。因此，尽管有许多挑战，HTML5 对于提供跨多个平台的应用的机构来说是一项重要的技术。

2. 基于 JavaScript 的跨平台 / 多架构应用开发工具

大多数机构需要应用开发工具支持未来的“3 x 3”平台与架构，即 3 个主要平台（Android、iOS 和 Windows）和 3 个主要架构（本地、混合和移动 Web）。工具选择需要权衡许多技术和非技术问题，如生产效率和厂商的稳定性。目前出现的基于 JavaScript 的 PhoneGap/Cordova 技术是现在使用最广泛的跨平台移动应用程序的快速开发平台。PhoneGap 是一个采用 HTML、CSS 和 JavaScript 技术，创建移动跨平台移动应用程序的快速开发平台。它使开发者能够在网页中调用多种操作系统的核心功能——包括地理定位、加速器、联系人、声音和振动等。Cordova 是 PhoneGap 贡献给 Apache 的开源项目，是从 PhoneGap 中抽出的核心代码，是驱动 PhoneGap 的核心引擎，你可以把 Cordova 和 PhoneGap 的关系想象成类似于 Webkit 和 Google Chrome 的关系。Cordova 提供了一组设备相关的 API，通过这组 API，移动应用能够以 JavaScript 访问原生的设备功能，如摄像头、麦克风等。Cordova 还提供了一组统一的 JavaScript 类库，以及为这些类库所用的设备相关的原生后台代码。

3. 企业移动管理 / 移动设备管理

企业移动化管理（EMM，Enterprise Mobility Management），指通过移动信息化管理手段，针对企业移动信息化建设过程中涉及的企业移动设备、应用、信息等内容提供信息化管理的解决方案与服务。它是一套实现企业员工安全的，使用手机、平板电脑等移动终端进行移动化工作的技术平台与管理方法。企业移动化管理主要包含移动设备管理（MDM）、移动应用管理（MAM）、移动内容管理（MCM）三个核心内容。对企业各式各样、纷繁杂乱的移动智能终端及应用进行系统化、规范化的管理，以解决企业移动智能终端的安全、应用管理、统一配置、文档分发等各种问题，让企业始终走在移动安全的正轨上。

移动设备管理（MDM，Mobile Device Management）提供对企业移动设备的全生命周期管理，即从设备的注册、接入控制、设备激活、配置策略、设备监控、设备管理、安全支持，一直到设备淘汰的整个生命周期进行多层次、全方位的管控。

移动应用管理（MAM，Mobile Application Management）是 MDM（Mobile Device Management）向移动应用的延伸，帮助企业将 IT 策略从设备级延伸到应用级，从而具备对于企业应用 App 的更高控制能力，实现对企业移动应用的全生命周期管理，包括企业应用门户（超市）、应用发布与更新、应用推送、应用跟踪、应用统计分析等。

移动内容管理（MCM，Mobile Content Management）提供对企业文档分发、权限设定、安全策略相关的管理。

4. 可穿戴设备

智能手机将成为个人局域网的中心。个人局域网由身体上的健康医疗传感器、智能首饰、智能手表、显示设备（如谷歌眼镜）和嵌入到服装和鞋中的各种传感器组成。这些技术设备将用新的方式提供信息，在体育、健身、时尚、业余爱好和健康医疗等方面推出广泛的产品和服务。

5. 高精确度移动定位技术

知道一个人的精确位置是提供相关位置信息和服务的一个关键因素。可以预期的是，准确的室内定位技术与移动应用的结合将产生新一代非常个性化的服务和信息。

6. 新的 Wi-Fi 标准

新的 Wi-Fi 标准将提高 Wi-Fi 性能，使 Wi-Fi 成为遥测等应用更重要的技术部分，并且能够提供新的服务。随着对 Wi-Fi 需求的增加，Wi-Fi 基础设施的建设将增长，许多机构将更换或升级自己的 Wi-Fi 基础设施。

7. 高级移动用户体验设计

领先的移动应用将提供不同寻常的用户体验。这种用户体验是采用各种新技术和方法实现的，如动机设计、“安静的”设计和“好玩的”设计。领先的消费者应用程序将为用户界面设计制定一个高标准。所有的机构必须掌握新的技能并且与新的伙伴合作以满足用户日益增长的需求。

8. 智能对象

到 2020 年，成熟市场的普通富裕家庭都会有数百个智能对象，包括 LED 灯泡、玩具、家用设备、体育设备、医疗设备以及可控制的电源插座等。这些家庭智能对象将是物联网的一部分，其中多数设备能够以某种方式与智能手机或者平板电脑中的应用沟通。智能手机和平板电脑将执行许多功能，包括遥控器、显示和分析信息、与社交网络配合监视能够发微博或者发帖的平台、支付订阅服务费、订购更换耗材和更新对象固件。

9. 测量与监视工具

移动设备的多样性使全面的应用测试成为不可能的事情。采用移动应用监视工具能够帮助解决这个问题。移动应用监视工具能够提供应用行为的可见性、使用哪些设备或者操作系统的统计以及监视用户行为以便确定成功地使用了哪一个应用程序的性能。

10. LTE 和 LTE-A

LTE 和 LTE-A 是提高频谱效率的蜂窝技术，从理论上可将蜂窝网络的最大上载速度提高到 Gbit/s，同时减少延迟。所有的移动用户都将从改善的带宽中受益。优越的性能和 LTE 广播等新功能将使网络运营商能够提供新的服务。

所有上述移动技术在现有阶段都有着一定的理论和实践基础，未来在研发和企业运用的推动下，将成为各大企业机构在移动互联网时代的市场竞争中取得优势的重要保证。

1.4.2 云计算和大数据

1. 云计算

云计算采用的是一种按使用量付费的模式，这种模式提供可用的、便捷的、按需的网络访问，进入可配置的计算资源共享池（资源包括网络、服务器、存储器、应用软件、服务），这些资源能够被快速提供，只需投入很少的管理工作，或与服务供应商进行很少的交互。

云计算是使计算分布在大量的分布式计算机上，而非本地计算机或远程服务器中，企业数据中心的运行将与互联网更相似，这使得企业能够将资源切换到需要的应用上，根据需求访问计算机和存储系统。云计算特点如下。

① 超大规模：“云”具有相当的规模，谷歌云计算已经拥有 100 多万台服务器，Amazon、IBM、微软、Yahoo 等的“云”均拥有几十万台服务器。企业私有云一般拥有数百上千台服务器。“云”能赋予用户前所未有的计算能力。

② 虚拟化：云计算支持用户在任意位置使用各种终端获取应用服务。所请求的资源来自

“云”，而不是固定的有形的实体。应用在“云”中某处运行，但实际上用户无须了解、也不用担心应用运行的具体位置。用户只需要一台笔记本电脑或者一部手机，就可以通过网络服务来实现他需要的一切，甚至包括超级计算这样的任务。

③ 高可靠性：“云”使用了数据多副本容错、计算节点同构可互换等措施来保障服务的高可靠性，使用云计算比使用本地计算机可靠。

④ 通用性：云计算不针对特定的应用，在“云”的支撑下可以构造出千变万化的应用，同一个“云”可以同时支撑不同的应用运行。

⑤ 高可扩展性：“云”的规模可以动态伸缩，满足应用和用户规模增长的需要。

⑥ 按需服务：“云”是一个庞大的资源池，你按需购买；“云”可以像自来水、电、煤气那样计费。

⑦ 极其廉价：由于“云”的特殊容错措施，可以采用极其廉价的节点来构成“云”，“云”的自动化集中式管理使大量企业无须负担日益高昂的数据中心管理成本，“云”的通用性使资源的利用率较传统系统大幅提升，因此用户可以充分享受“云”的低成本优势，只要花费几百美元、几天时间就能完成以前需要数万美元、数月时间才能完成的任务。

⑧ 潜在的危险性：云计算服务除了提供计算服务外，还必然提供了存储服务。但是云计算服务当前被垄断在私人机构（企业）手中，政府机构、商业机构（特别像银行这样持有敏感数据的商业机构）对于选择云计算服务应保持足够的警惕。一旦商业用户大规模使用私人机构提供的云计算服务，无论其技术优势有多强，都不可避免地让这些私人机构以“数据”（信息）的重要性影响信息社会的发展。对于信息社会而言，“信息”是至关重要的。另一方面，云计算中的数据对于数据所有者以外的其他用户而言是保密的，但是对于提供云计算的商业机构而言确实毫无秘密可言。所有这些潜在的危险，是商业机构和政府机构在选择云计算服务、特别是国外机构提供的云计算服务时，不得不考虑的一个重要的前提。

云计算可以认为包括以下几个层次的服务：基础设施即服务（IaaS）、平台即服务（PaaS）和软件即服务（SaaS）。

IaaS（Infrastructure as a Service）：基础设施即服务。消费者通过 Internet 可以从计算机基础设施获得服务，如硬件服务器租用。

PaaS（Platform as a Service）：平台即服务。PaaS 实际上是指将软件研发的平台作为一种服务，以 SaaS 的模式提交给用户。因此，PaaS 也是 SaaS 模式的一种应用。但是，PaaS 的出现可以加快 SaaS 的发展，尤其是加快 SaaS 应用的开发速度，如软件的个性化定制开发。

SaaS（Software-as-a-Service）：软件即服务。SaaS 是一种通过 Internet 提供软件的模式，用户无须购买软件，而是向提供商租用基于 Web 的软件，来管理企业经营活动。

2. 大数据

研究机构 Gartner 给出了这样的定义：“大数据”是需要通过新处理模式才能具有更强的决策力、洞察发现力和流程优化能力以适应海量、高增长率和多样化的信息资产。麦肯锡全球研究所给出的定义是：一种规模大到在获取、存储、管理、分析方面大大超出了传统数据库软件工具能力范围的数据集合，具有海量的数据规模、快速的数据流转、多样的数据类型和价值密度低四大特征。

从技术上看，大数据与云计算的关系就像一枚硬币的正反面一样密不可分。大数据必然无法用单台的计算机进行处理，必须采用分布式架构。大数据的特色在于对海量数据进行分布式数据挖掘，但它必须依托云计算的分布式处理、分布式数据库和云存储、虚拟化技术。

分析团队认为，大数据通常用来形容一个公司创造的大量非结构化数据和半结构化数据，这些数据被下载到关系型数据库用于分析时会花费过多时间和金钱。大数据分析常和云计算联系到一起，因为实时的大型数据集分析需要像 MapReduce 一样的框架来向数十、数百甚至数千台电脑分配工作。大数据需要特殊的技术，以有效地处理大量的容忍经过时间内的数据。适用于大数据的技术，包括大规模并行处理（MPP）数据库、数据挖掘、分布式文件系统、分布式数据库、云计算平台、互联网和可扩展的存储系统。

关于大数据的特征，IBM 提出了以下 5 点（5V）。

① Volume：数据量大，包括采集、存储和计算的量都非常大。大数据的起始计量单位至少是 P（1000 个 T）、E（100 万个 T）或 Z（10 亿个 T）。

② Variety：种类和来源多样化，包括结构化、半结构化和非结构化数据，具体表现为网络日志、音频、视频、图片、地理位置信息等，多类型的数据对数据的处理能力提出了更高的要求。

③ Value：数据价值密度相对较低，或者说是浪里淘沙却又弥足珍贵。随着互联网以及物联网的广泛应用，信息感知无处不在，信息海量，但价值密度较低，如何结合业务逻辑并通过强大的机器算法来挖掘数据价值，是大数据时代最需要解决的问题。

④ Velocity：数据增长速度快，处理速度也快，时效性要求高。例如搜索引擎要求几分钟前的新闻能够被用户查询到，个性化推荐算法尽可能要求实时完成推荐。这是大数据区别于传统数据挖掘的显著特征。

⑤ Veracity：数据的准确性和可信赖度，即数据的质量。

1.4.3 物联网

国际电信联盟（ITU）发布的《ITU 互联网报告》对物联网做了如下定义：通过二维码识读设备、射频识别（RFID）装置、红外感应器、全球定位系统和激光扫描器等信息传感设备，按约定的协议，把任何物品与互联网相连接，进行信息交换和通信，以实现智能化识别、定位、跟踪、监控和管理的一种网络。

根据国际电信联盟（ITU）的定义，物联网主要解决物与物、人与物、人与人之间的互联。但是与传统互联网不同的是，人与物的连接是指人利用通用装置与物品之间的连接，从而使得物品连接更加简化，而人与人的连接是指人之间不依赖于 PC 而进行的互联。因为互联网并没有考虑到对于任何物品连接的问题，所以我们使用物联网来解决这个传统意义上的问题。物联网顾名思义就是连接物品的网络，许多学者在讨论物联网时，经常会引入一个 M2M 的概念，可以解释成为人到人（Man to Man）、人到机器（Man to Machine）、机器到机器。本质上而言，人与机器、机器与机器的交互，大部分是为了实现人与人之间的信息交互。

物联网的技术架构可分为三层：感知层、网络层和应用层。

感知层由各种传感器构成，包括温湿度传感器、二维码标签、RFID 标签和读写器、摄像头、红外线、GPS 等感知终端。感知层是物联网识别物体、采集信息的来源。该层面的核心技术为传感器技术，这也是计算机应用中的关键技术。大家都知道，计算机需要传感器把模拟信号转换成数字信号才能处理。在传感器技术中有一种特别的 RFID 标签技术，它是融合了无线射频技术和嵌入式技术为一体的综合技术，RFID 在自动识别、物品物流管理领域有着广阔的应用前景。

网络层由互联网、广电网、网络管理系统和云计算平台等组成，是整个物联网的中枢，负责传递和处理感知层获取的信息。目前，基于蜂窝的窄带物联网（NB-IoT，Narrow Band Internet of Things）成为物联网网络层的重要技术之一。NB-IoT 构建于蜂窝网络，只消耗大约 180kHz 的带宽，可直接部署于 GSM 网络、UMTS 网络或 LTE 网络，以降低部署成本、实现平滑升级。NB-IoT 支持低功耗设备在广域网的蜂窝数据连接，也被叫作低功耗广域网（LPWAN）。NB-IoT 具备四大特点：一是广覆盖，将提供改进的室内覆盖，在同样的频段下，NB-IoT 比现有的网络增益 20dB，相当于提升了 100 倍覆盖区域的能力；二是具备支撑海量连接的能力，NB-IoT 一个扇区能够支持 10 万个连接，支持低延时敏感度、超低设备成本、低设备功耗和优化的网络架构；三是更低功耗，NB-IoT 终端模块的待机时间可长达 10 年；四是更低的模块成本，企业预期的单个接连模块成本不超过 5 美元。

应用层是物联网和用户的接口，它与行业需求结合，实现物联网的智能应用。其应用领域包括：电网、交通、物流、智能家居、节能环保、工业自动控制、医疗卫生、精细农牧业、金融服务业、公共安全等。

1.5 智慧城市的建设内容

目前我国的智慧城市建设主要从两个方面展开：一方面是加强城市基础通信网络建设，提高通信网络带宽及覆盖率；另一方面是在一个云计算平台之上提供智慧应用服务，如智慧政务、智慧民生（公共服务及社会管理）、智慧交通、智慧环保、智慧城管、智慧公共安全、智慧教育、智慧旅游、智慧医疗、智慧物流、智慧安居等。本书将选择前八个领域予以阐述。

智慧城市的建设是长期、逐步推进的过程。通信网络（包括物联网通信网络）以及云计算大数据平台的进一步完善是基础，智慧城市各领域、各行业的智慧应用和服务能提升城市管理效率、明显改善居民生活质量、促进企业经营效率，这也是本书的叙述重点。我们认为智慧城市的建设重点在于以下几方面。

① 通信层：有线方面将继续加快城市光纤宽带网建设，实现城镇化地区全覆盖，继续提升网络基础设施能级。无线方面将通过城市 Wi-Fi、4G（LTE）、热点区域 5G 的进一步投入，构建多层次、广覆盖、多热点的城市无线宽带网络。在物联网的通信网络建设方面，以基于蜂窝的窄带物联网为建设重点。

② 感知层：高清摄像头将进一步得到普及，并引入人脸识别等人工智能技术，将建立更完整的高精度城市地理位置信息系统。

③ 数据层：在系统规划现有的云计算中心计算能力的基础上，各政府职能部门数据在一个

云平台上的整合、共享、挖掘和分析为共享大数据平台重点。

④ 应用层：智慧城管、电子政务、智慧医疗、智能交通、平安城市、食品安全、环境监测、智慧社区、智慧校园、智慧旅游、智慧物流、智慧企业等将持续获得较高投入。该层的理解和组织可以从一个城市的生态角度来剖析：一个城市的生态主要由资源环境、基础设施、经济产业、市政管理、社会民生五大功能系统组成。近年来，在城市快速发展的过程中，五大功能系统也面临前所未有的挑战。因此智慧城市建设的一个核心目标就是提高城市建设和管理的科学水平。

智慧城市是在科学的城市发展理论指导下，综合运用新一代信息技术的城市建设理念，解决当前城市运行问题的有效方式。智慧城市将通过建设宽带多媒体信息网络、云计算大数据、物联网等基础设施平台，在一个统一的云平台上整合城市信息资源，为公众提供无处不在的公共服务，为政府公共管理（市政监控 、智能交通、智慧医疗、智慧旅游、城市安全等层面需求）提供高效而有竞争力的手段，为企业提升工作效率，增强产业能力，最终实现城市实现智慧化的生态发展目标。

第 2 章　“互联网 +”核心技术之一：移动互联网

2.1 概述

Web 在计算机网页开发设计中就是网页的意思。网页是网站中的一个页面，通常是 HTML 格式。网页可以展示文字、图片、多媒体等，网页内容需要通过浏览器阅读。随着互联网的发展，Web 应用程序的开发体系结构从 C/S 结构（客户端、服务器结构）逐步发展到 B/S 结构（浏览器、服务器结构），因此在开发 Web 应用程序包括移动互联网应用程序时，通常需要应用客户端和服务器两方面的技术。其中，客户端应用的技术主要用于展现信息内容，而服务器端应用的技术则主要用于业务逻辑的处理和与数据库的交互等。

移动互联网的客户端应用开发技术主要分为传统的原生应用开发技术和现行的 HTML5 开发技术。

① 原生应用开发，是在 Android、iOS 等移动平台上利用官方提供的开发语言、开发类库、开发工具进行 App 开发。例如 Android 是利用 Java、Eclipse、Android studio，iOS 是利用 Objective-C 和 Xcode 进行开发。原生应用利用的是官方提供的语言和工具并且开发者能够直接操控硬件设备（例如多点触控、NFC、读取短信等），在应用性能上和交互体验上应该是最好的，但是原生应用的可移植性比较差，特别是一款原生的 App，Android 和 iOS 都要各自开发，同样的逻辑、界面要写两套。

② HTML5 应用开发，是利用 Web 技术进行的 App 开发，我们知道 Web 技术本身需要浏览器的支持才能进行展示和用户交互。现在还有一些开发框架可以利用，例如 PhoneGap、Bootstrap、Jquery 等。HTML5 开发的好处是可以跨平台，编写的代码可以同时在 Android、iOS、Windows 上运行。

笔者认为，随着互联网技术的发展，在移动互联网的客户端应用开发技术中，基于 HTML5 的 Web App 应用开发将逐步取代原生开发，或至少成为主流。因此本书将不再对 Android、iOS 等移动平台上的官方开发语言进行阐述，而是重点介绍以 HTML5 为核心 Web App 移动互联网客户端开发技术。本书主要介绍 HTML 和 HTML5 技术、JavaScript 技术（包含 jQuey Mobile）和基于 JavaScript 的 PhoneGap/Cordova 的跨平台移动应用程序的快速开发框架。

服务器端技术早期主要有 CGI（Common Gateway Interface）、ASP（Active Server Page）、PHP（Personal Home Page）、.NET 技术等，本书重点介绍的是当下最为流行的 Java Web/JSP 技术，JSP（Java Server Page）是以 Java 语言为基础开发的，JSP 页面中的 HTML5 代码用来显示静态内容部分；嵌入页面中的 Java 代码与 JSP 标记用来生成动态的内容部分。JSP 允许程序员编写自己的标签库来完成应用程序的特定要求。JSP 可以被预编译，这提高了程序的运行速度，并且一次编译，随时随地运行。

2.2 HTML 和 HTML5 技术

2.2.1 HTML

1. HTML 文档结构

HTML 是一种超文本语言，也是在因特网上常见的网页制作标注性语言，HTML 通过浏览器的翻译，将网页中内容呈现给用户。HTML 中用于标记的标签通常被称为 HTML 标签，它是 HTML 语言中最基本的单位，由尖括号包围的关键词组成，通常成对出现，如 <div> 和 </div>。而一对标签和该对标签中的内容就形成一个元素。

HTML 文档主要由 4 个主要标签组成，这 4 个主要标签由 <html> 标签、<head> 标签、<title> 标签、<body> 标签组成。

<html> 标签是 HTML 文件的开头。所有 HTML 文件都是以 <html> 标签开头，以 </html> 标签结束。

<head> 标签是 HTML 文件的头标签，作用是放置 HTML 文件的信息，如 CSS。

<title> 标签为标题标签，可将网页的标题定义在 <title> 和 </title> 之间。

<body> 标签是 HTML 页面的主体标签。页面中所有内容都定义在该标签中。

HTML 页面的例子如图 2.1 所示。

```
<html>
 <head>
   <title>HTML 页面 </title>
 </head>
 <body>
   互联网 + 智慧城市
 </body>
 </html>
```

图 2.1　HTML 页面的例子

2. HTML 文本标签

HTML 提供了很多文本标签，可以用来设计页面中的文字、图片，定义超链接等。

 换行标签：使页面中文字实现换行。

<p> 段落标签：实现在段前和断后各添加一个空行。

<h1>…<h6> 标题标签：创建不同级别的标题。

<center> 居中标签：使页面中的内容在页面的居中位置显示。

<ul><ol><li> 文字列表标签：<ul> 可以创建一组无序列表，无序列表是在每个列表项的前面添加一个圆点符号，其中每一个列表项以 <li> 表示；有序列表的标记为 <ol>，使用有序列表标记可以将列表项进行排号，每一个列表项前使用 <li>。

<span> 和 <div> 区域标签，用来组合文档中的行内元素和块内元素。

3. HTML 表格标签

表格是网页中十分重要的组成元素，用来表示和存储数据。在 HTML 中定义表格，有以下几个标签。

表格标签 <table>：表示整个表格。

标题标签 <caption>。

表头标签 <th>。

表格行标签 <tr>。

单元格标签 <td>。

HTML 表格例子如图 2.2 所示。

运行该例子，结果如图 2.3 所示。

```
<body>
<table width="318"height="167"border="1"
align="center">
<caption> 学生考试成绩单 </caption>
<tr>
  <td align="center"valign="middle"> 姓名 </td>
  <td align="center"valign="middle"> 语文 </td>
  <td align="center"valign="middle"> 数学 </td>
  <td align="center"valign="middle"> 英语 </td>
</tr>
<tr>
  <td align="center"valign="middle"> 张三 </td>
  <td align="center"valign="middle">89</td>
  <td align="center"valign="middle">92</td>
  <td align="center"valign="middle">87</td>
 </tr >
 </table>
 </body>
```

图 2.2　HTML 表格的例子

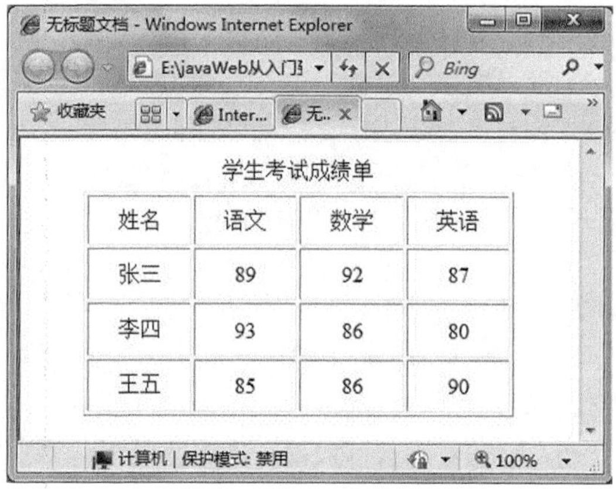

图 2.3　HTML 表格显示结果

4. HTML 表单标签

在登录页面中，网站会提供给访客用户名文本框与密码文本框以供访客输入信息。这里的用户名文本框和密码文本框就属于 HTML 的表单元素。表单在 HTML 页面中起着非常重要的作用，是用户与网页交互信息的重要手段。

（1）<form>…</form> 表单标签

<form> 标签的基本语法如下。

```
<form action="url" method="get"|"post" name="name" onSubmit="" target="">
</form>
```

<form> 标记的各属性说明如下。

action：用来指定处理表单数据程序的 URL 地址。

method：用来指定数据传送到服务器的方式。该属性有两种属性值，分别为 get 与 post。get 属性值表示将输入的数据追加在 action 指定的地址后面，并传送到服务器。当属性值为 post 时，将输入的数据按照 HTTP 中 post 传输方式传送到服务器。

name：指定表单的名称，该属性值程序员可以自定义。

onSubmit：onSubmit 属性用于指定当用户单击提交按钮时触发的事件。

target：target 属性指定输入数据结果显示在哪个窗口中，该属性的属性值可以设置为“_blank”“_self”“_parent”“_top”。其中，“_blank”表示在新窗口中打开目标文件；“_self”表示在同一个窗口中打开，这项一般不用设置；“_parent”表示在上一级窗口中打开，一般使用框架页时经常使用；“_top”表示在浏览器的整个窗口中打开，忽略任何框架。

（2）<input> 表单输入标签

通过这个标签可以向页面中添加单行文本、多行文本、按钮等。语法如下。

```
<input type="" disabled="" checked="" width="" height="" maxlength="" readonly="" size="" src=""
usemap="" alt="" name="" value="">
```

<input> 标签的属性如表 2.1 所示。

表 2.1 <input> 标签的属性

属　性	描　述
type	用于指定添加的是哪种类型的输入字段
disabled	用于指定输入字段不可用，即字段变成灰色。其属性值可以为空值，也可以指定为 disabled
checked	用于指定输入字段是否处于被选中状态，用于 type 属性值为 radio 和 checkbox 的情况下。其属性值可以为空值，也可以指定为 checked
width	用于指定输入字段的宽度，用于 type 属性值为 image 的情况下
height	用于指定输入字段的高度，用于 type 属性值为 image 的情况下
maxlength	用于指定输入字段可输入文字的个数，用于 type 属性值为 text 和 password 的情况下，默认没有字数限制
readonly	用于指定输入字段是否为只读。其属性值可以为空值，也可以指定为 readonly
size	用于指定输入字段的宽度，当 type 属性为 text 和 password 时，以文字个数为单位，当 type 属性为其他值时，以像素为单位
src	用于指定图片的来源，只有当 type 属性为 image 时有效
usemap	为图片设置热点地图，只有当 type 属性为 image 时有效。属性值为 URI，URI 格式为“#+<map> 标记的 name 属性值”。例如，<map> 标记的 name 属性值为 Map，该 URI 为 #Map
alt	用于指定当图片无法显示时，显示的文字，只有当 type 属性为 image 时有效
name	用于指定输入字段的名称
value	用于指定输入字段默认数据值，当 type 属性为 checkbox 和 radio 时，不可省略此属性；属性为其他值时，可以省略。当 type 属性为 button、reset 和 submit 时，指定的是按钮上的显示文字；当 type 属性为 checkbox 和 radio 时，指定的是数据项选定时的值

除了上述表单标签外，还有 <select> 下拉菜单标签、<textarea> 多行文本标签，限于篇幅不再赘述。

5. 超链接和图片标签

超链接标签 <a>：在网站中实现从一个页面跳转到另一个页面。

图像标签 <img>：实现添加图片。

下面通过一个例子来说明这两个标签的使用，如图 2.4 所示。

```
<table width="409"height="523"border="1"align="center">
 <tr>
  <td width="199"height="208">
  <img src="images/ASP.NET.jpg"/>
  </td>
  <td width="194">
  <img src="images/C#.jpg"/>
  </td>
 </tr>
 <tr>
  <td height="35" align="center"valign="middle"><a href="message.html"> 查看详情 </a></td>
  <td align="center" valign="middle"><a href="message.html"> 查看详情 </a></td>
 </tr>
 <tr>
  <td height="227"><img src="images/Java.jpg"/></td>
  <td><img src="images/VB.jpg"/></td>
 </tr>
 <tr>
  <td height="35" align="center"valign="middle"><a href="message.html> 查看详情 </a></td>
  <td align="center" valign="middle"><a href="message.html"> 查看详情 </a></td>
 </tr>
</table>
```

图 2.4　图片和超链接的使用

2.2.2　CSS 样式表

层叠样式表（CSS，Cascading Style Sheets）是一种用来表现 HTML（标准通用标记语言的一个应用）或 XML（标准通用标记语言的一个子集）等文件样式的计算机语言。CSS 不仅可以静态地修饰网页，还可以配合各种脚本语言动态地对网页各元素进行格式化。CSS 能够对网页中元素位置的排版进行像素级精确控制，支持几乎所有的字体、字号样式，拥有对网页对象和模型样式编辑的能力。

CSS 为 HTML 标记语言提供了一种样式描述，定义了其中元素的显示方式。CSS 在 Web 设计领域是一个突破。利用它可以实现修改一个小的样式并更新与之相关的所有页面元素。总体来说，CSS 具有以下特点。

① 丰富的样式定义：CSS 提供了丰富的文档样式外观，以及设置文本和背景属性的能力；允许为任何元素创建边框，定义元素边框与其他元素间的距离以及元素边框与元素内容间的距离；允许随意改变文本的大小写方式、修饰方式以及其他页面效果。

② 易于使用和修改：CSS 可以将样式定义在 HTML 元素的 style 属性中，也可以将其定义在 HTML 文档的 header 部分，还可以将样式声明放在一个专门的 CSS 文件中，以供 HTML 页面引用。总之，CSS 样式表可以将所有的样式声明统一存放，进行统一管理。

③ 另外，可以将相同样式的元素进行归类，使用同一个样式进行定义，也可以将某个样式应用到所有同名的 HTML 标签中，或将一个 CSS 样式指定到某个页面元素中。如果要修改样式，我们只需要在样式列表中找到相应的样式声明进行修改。

④ 多页面应用：CSS 样式表可以单独存放在一个 CSS 文件中，这样我们就可以在多个页面中使用同一个 CSS 样式表。CSS 样式表理论上不属于任何页面文件，在任何页面文件中都

可以被引用，这样就可以实现多个页面风格的统一。

⑤ 层叠：简单来说，层叠就是对一个元素多次设置同一个样式，这将使用最后一次设置的属性值。例如对一个站点中的多个页面使用了同一套 CSS 样式表，而某些页面中的某些元素想使用其他样式，就可以针对这些样式单独定义一个样式表应用到页面中。这些后来定义的样式将对前面的样式设置进行重写，在浏览器中看到的将是最后设置的样式效果。

⑥ 页面压缩：在使用 HTML 定义页面效果的网站中，往往需要大量或重复的表格和 font 元素形成各种规格的文字样式，这样做的后果就是会产生大量的 HTML 标签，从而使页面文件的大小增加。而将样式的声明单独放到 CSS 样式表中，可以大大减小页面的大小，这样在加载页面时使用的时间也会大大减少。另外，CSS 样式表的复用更大程度地缩减了页面的大小，减少下载的时间。

CSS 是一种定义样式结构如字体、颜色、位置等的语言，被用于描述网页上的信息格式化和现实的方式。CSS 样式可以直接存储于 HTML 网页或者单独的样式单文件。无论哪一种方式，样式单包含将样式应用到指定类型的元素的规则。外部使用时，样式单规则被放置在一个带有文件扩展名 _css 的外部样式单文档中。

样式规则是可应用于网页中的元素，如文本段落或链接的格式化指令。样式规则由一个或多个样式属性及属性值组成。内部样式单直接放在网页中，外部样式单保存在独立的文档中，网页通过一个特殊标签链接外部样式单。

名称 CSS 中的层叠（Cascading）表示样式单规则应用于 HTML 文档元素的方式。具体地说，CSS 样式单中的样式形成一个层次结构，更具体的样式覆盖通用样式。样式规则的优先级由 CSS 根据这个层次结构决定，从而实现级联效果。

1. CSS 规则

在 CSS 样式表中包括三部分内容：选择符、属性和属性值。语法格式为：选择符 { 属性：属性值 }。语法说明如下。

选择符：又称选择器，是 CSS 中很重要的概念，所有 HTML 语言中的标签都是通过不同的 CSS 选择器进行控制的。

属性：主要包括字体属性、文本属性、背景属性、布局属性、边界属性、列表项目属性、表格属性等内容。其中一些属性只有部分浏览器支持，因此使 CSS 属性的使用变得更加的复杂。

属性值：为某属性的有效值。属性与属性值之间以“:”号分隔。当有多个属性时，使用“; ”分隔。

2. CSS 选择器

CSS 选择器常用的是标记选择器、类别选择器、ID 选择器等。使用选择器即可对不同的 HTML 标签进行控制，从而实现各种效果。下面对各种选择器进行介绍。

① 标签选择器：HTML 页面是由很多标签组成，例如图片标签 <img>、超链接标签 <a>、表格标签 <table> 等。而 CSS 标签选择器就是指声明页面中哪些标签采用何种 CSS 样式。例如 a 选择器，就是用于声明页面中所有 <a> 标签的样式风格，如下所示。

```
<style>
  a{
        font-size:9px;
```

```
            color:#F93;
    }
</style>
```

② 类别选择器：使用标签选择器非常快捷，但会有一定的局限性，页面如果声明标签选择器，那么页面中所有该标签内容会有相应的变化。假如页面中有三个 <h2> 标签，如果想要每个 <h2> 标签的显示效果不一样，使用标签选择器就无法实现了，这时就需要引入类别选择器。类别选择器的名称由用户自己定义，并以“.”号开头，定义的属性与属性值也要遵循 CSS 规范。要应用类别选择器的 HTML 标记，只需使用 class 属性声明即可。一个使用类别选择器的 HTML 代码如下。

```
<html>
 <head>
    <style>
     .one
       font-family: 宋体 ;
       font-size:24px;
       color:red;
       }
    .two{
       font-family: 宋体 ;
       font-size:16px;
       color:red;
       }
    .three{
       font-family: 宋体 ;
       font-size:12px;
       color:red;
       }
    </style>
 </head>
 <body>
     <h2 class="one"> 应用了选择器 one </h2
     <p> 正文内容 1</p>
       <h2 class="two"> 应用了选择器 two</h2>
     <p> 正文内容 2 </p>
     <h2 class="three"> 应用了选择器 three </h2>
     <p> 正文内容 3 </p>
 </body>
</html>
```

运行结果如图 2.5 所示。

③ ID 选择器：ID 选择器是通过 HTML 页面中的 ID 属性来选择样式，与类别选择器不同的是由于 HTML 页面中不能包含有两个相同的 ID 标记，因此定义的 ID 选择器也就只能被使用一次。命名 ID 选择器要以“#”号开始，后加 ID 属性值。

3. 在页面中包含 CSS

实现在页面中包含 CSS 样式的几种方式包括：行内样式、内嵌式样式表、链接式样式表。

图 2.5　类别选择器控制页面文字样式

① 行内样式：比较直接的一种样式，直接定义在 HTML 标签之内，通过 style 属性来实现，如：<td><p style="color:#F00; font-size:36px;"> 行内样式一 </p></td>。

② 内嵌式样式表：在页面中使用 <style></style> 标记将 CSS 样式包含在页面中，如上文代码所示。

③ 链接式样式表：最常用的一种引用样式表的方式，将 CSS 样式定义在一个单独的文件中，然后在 HTML 页面中通过 <link> 标记引用。语法结构为：

```
<link rel='stylesheet'href='path'type='text/css'>。
```

2.2.3 HTML5

HTML5 的设计目的是为了在移动设备上支持多媒体。新的语法特征被引进以支持这一点，如 video、audio 和 canvas 标记。HTML5 还引进了新的功能，可以真正改变用户与文档的交互方式，功能如下：

① 新的解析规则增强了灵活性；

② 新属性；

③ 淘汰过时的或冗余的属性；

④ 一个 HTML5 文档到另一个文档间的拖放功能；

⑤ 离线编辑；

⑥ 信息传递的增强；

⑦ 详细的解析规则；

⑧ 多用途互联网邮件扩展（MIME）和协议处理程序注册；

⑨ 在 SQL 数据库中存储数据的通用标准（Web SQL）。

HTML5 在 2007 年被万维网联盟（W3C）新的工作组采用。这个工作组在 2008 年 1 月发布了 HTML5 的首个公开草案。HTML5 的新特性如下。

① 语义特性（Class：Semantic）：HTML5 赋予网页更好的意义和结构。更加丰富的标签将随着对 RDFa、微数据与微格式等方面的支持，构建对程序、用户都更有价值的数据驱动的 Web。

② 本地存储特性（Class: OFFLINE & STORAGE）：基于 HTML5 开发的网页 App 拥有更短的启动时间，更快的联网速度，这些全得益于 HTML5 App Cache，以及本地存储功能、Indexed DB（html5 本地存储最重要的技术之一）和 API 说明文档。

③ 设备兼容特性（Class: DEVICE ACCESS）：从 Geolocation 功能的 API 文档公开以来，HTML5 为网页应用开发者提供了更多功能上的优化选择，带来了更多体验功能的优势。HTML5 提供了前所未有的数据与应用接入开放接口，使外部应用可以直接与浏览器内部的数据直接相连，例如视频影音可直接与 Microphones 及摄像头相连。

④ 连接特性（Class: CONNECTIVITY）：更有效的连接工作效率，使得基于页面的实时聊天，更快速的网页游戏体验，更优化的在线交流得以实现。HTML5 拥有更有效的服务器推送技术，Server-Sent Event 和 WebSockets 就是其中的两个特性，这两个特性能够帮助我

们实现服务器将数据推送到客户端的功能。

⑤ 网页多媒体特性（Class: MULTIMEDIA）：支持网页端的 Audio、Video 等多媒体功能，与网站自带的 App、摄像头、影音功能相得益彰。

⑥ 三维、图形及特效特性（Class: 3D，Graphics & Effects）：基于 SVG、Canvas、WebGL 及 CSS3 的 3D 功能，用户会惊叹于浏览器所呈现的惊人的视觉效果。

⑦ 性能与集成特性（Class: Performance & Integration）：没有用户会永远等待你的 Loading，HTML5 会通过 XMLHttpRequest2 等技术，解决以前的跨域等问题，帮助您的 Web 应用和网站在多样化的环境中更快速的工作。

⑧ CSS3 特性（Class: CSS3）：在不牺牲性能和语义结构的前提下，CSS3 中提供了更多的风格和更强的效果。此外，相较于以前的 Web 排版，Web 的开放字体格式（WOFF）也提供了更高的灵活性和控制性。

HTML5 提供了一些新的元素和属性，例如 <nav>（网站导航块）和 <footer>。这种标签有利于搜索引擎的索引整理，同时更好地帮助小屏幕装置和视障人士使用，除此之外，还为其他浏览要素提供了新的功能，如 <audio> 和 <video> 标记。

（1）取消了一些过时的 HTML4 标记。

一些过时的 HTML4 标记其中包括纯粹显示效果的标记，如 <font> 和 <center>，它们已经被 CSS 取代。

HTML5 吸取了 XHTML2 的一些建议，包括一些用来改善文档结构的功能，例如，新的 HTML 标签（header、footer、dialog、aside、figure 等）的使用，将使内容创作者更加语义化地创建文档，之前的开发者在实现这些功能时一般都是使用 div。

（2）将内容和展示分离。

b 和 i 标签依然保留，但它们的意义已经和之前有所不同，这些标签的意义只是为了将一段文字标识出来，而不是为了设置粗体或斜体式样。u，font，center，strike 这些标签则被完全去掉了。

（3）一些全新的表单输入对象。

一些全新的表单输入对象包括日期、URL、Email 地址，其他的对象则增加了对非拉丁字符的支持。HTML5 还引入了微数据，这种使用机器可以识别标签标注内容的方法，使语义 Web 的处理更为简单。总的来说，这些与结构有关的改进使内容创建者可以创建更干净、更容易管理的网页，这样的网页对搜索引擎，读屏软件等更为友好。

（4）全新的，更合理的 Tag。

多媒体对象将不再全部绑定在 object 或 embed Tag 中，而是视频有视频的 Tag，音频有音频的 Tag。

（5）本地数据库。

这个功能将内嵌一个本地的 SQL 数据库，以加速交互式搜索、缓存以及索引功能。同时，那些离线 Web 程序也将因此获益匪浅，不需要插件的丰富动画。

（6）Canvas 对象。

Canvas 对象将给浏览器带来直接在上面绘制矢量图的能力，这意味着用户可以脱离 Flash 和 Silverlight，直接在浏览器中显示图形或动画。

（7）浏览器中的真正程序。

将提供 API 实现浏览器内的编辑，拖放，以及各种图形用户界面的能力。内容修饰 Tag 将被剔除，而使用 CSS。

（8）HTML5 取代 Flash 在移动设备的地位。

（9）其突出的特点就是强化了 Web 页的表现性，追加了本地数据库。

为了更好地处理今天的互联网应用，HTML5 添加了很多新元素及功能，例如：图形的绘制、多媒体内容、更好的页面结构、更好的形式处理和几个 API 拖放元素、定位、网页应用程序缓存、存储等。小结如下：

① <canvas> 标签：定义图形，如图表和其他图像，该标签基于 JavaScript 的绘图 API；

② <audio>：定义音频内容；

③ <video>：定义视频（video 或者 movie）；

④ <source>：定义多媒体资源 <video> 和 <audio>；

⑤ <embed>：定义嵌入的内容，如插件；

⑥ <track>：为诸如 <video> 和 <audio> 元素之类的媒介规定外部文本轨道；

⑦ <datalist>：定义选项列表，与 input 元素配合使用该元素，来定义 input 可能的值；

⑧ <keygen>：规定用于表单的密钥对生成器字段；

⑨ <output>：定义不同类型的输出，如脚本的输出；

⑩ <article>：定义页面的侧边栏内容；

⑪ <aside>：定义页面内容之外的内容；

⑫ <bdi>：允许您设置一段文本，使其脱离其父元素的文本方向设置；

⑬ <command>：定义命令按钮，如单选按钮、复选框；

⑭ <details>：用于描述文档或文档某个部分的细节；

⑮ <dialog>：定义对话框，如提示框；

⑯ <summary>：标签包含 details 元素的标题；

⑰ <figure>：规定独立的流内容（图像、图表、照片、代码等）；

⑱ <figcaption>：定义 <figure> 元素的标题；

⑲ <footer>：定义 section 或 document 的页脚；

⑳ <header>：定义文档的头部区域；

㉑ <mark>：定义带有记号的文本；

㉒ <meter>：定义度量衡，仅用于已知最大和最小值的度量；

㉓ <nav>：定义运行中的进度（进程）；

㉔ <progress>：定义任何类型的任务的进度；

㉕ <ruby>：定义 ruby 注释（中文注音或字符）；

㉖ <rt>：定义字符（中文注音或字符）的解释或发音；

㉗ <rp>：在 ruby 注释中使用，定义不支持 ruby 元素的浏览器所显示的内容；

㉘ <section>：定义文档中的节（section、区段）；

㉙ <time>：定义日期或时间；

㉚ <wbr>：规定在文本中的何处适合添加换行符。

以下的 HTML 4.01 元素在 HTML5 中已经被删除：<acronym><applet><basefont><big><center><dir><font><frame><frameset><noframes><strike>。

2.3 JavaScript 技术

2.3.1 JavaScript 技术概述

JavaScript 为一种直译式脚本语言，是一种动态类型、弱类型、基于原型的语言，内置支持类型。它的解释器被称为 JavaScript 引擎，为浏览器的一部分，广泛用于客户端的脚本语言，最早是在 HTML 网页上使用，用来给 HTML 网页增加动态功能，为用户提供更流畅美观的浏览效果。通常 JavaScript 脚本是通过嵌入在 HTML 中来实现自身的功能的。其特性如下。

① 是一种解释性脚本语言（代码不进行预编译）。

② 主要用来向 HTML 页面添加交互行为。

③ 可以直接嵌入 HTML 页面，但写成单独的 js 文件有利于结构和行为的分离。

④ 跨平台特性，在绝大多数浏览器的支持下，可以在多种平台下运行（如 Windows、Linux、Mac、Android、iOS 等）。

JavaScript 脚本语言具有以下特点。

① 脚本语言。JavaScript 是一种解释性的脚本语言，C、C++ 等语言先编译后执行，而 JavaScript 是在程序的运行过程中逐行进行解释。

② 基于对象。JavaScript 是一种基于对象的脚本语言，它不仅可以创建对象，也能使用现有的对象。

③ 简单。JavaScript 语言中采用的是弱类型的变量类型，对使用的数据类型未做出严格的要求，是基于 Java 基本语句和控制的脚本语言，其设计简单紧凑。

④ 动态性。JavaScript 是一种采用事件驱动的脚本语言，它不需要经过 Web 服务器就可以对用户的输入做出响应。在访问一个网页时，鼠标在网页中进行鼠标点击或上下移、窗口移动等操作，JavaScript 都可直接对这些事件做出相应的响应。

⑤ 跨平台性。JavaScript 脚本语言不依赖于操作系统，仅需要浏览器的支持。因此一个 JavaScript 脚本在编写后可以带到任意机器上使用，前提是机器上的浏览器支持 JavaScript 脚本语言，目前 JavaScript 已被大多数的浏览器所支持。

不同于服务器端脚本语言，如 PHP 与 ASP，JavaScript 主要被作为客户端脚本语言在用户的浏览器上运行，不需要服务器的支持。所以在早期程序员比较青睐于 JavaScript 以减少服务器的负担，而与此同时也带来另一个问题：安全性。而随着服务器的强壮，虽然程序员更喜欢运行于服务器端的脚本以保证安全，但 JavaScript 仍然以其跨平台、容易上手等优势大行其道。同时，有些特殊功能（如 AJAX）必须依赖 Javascript 在客户端进行支持。随着引擎，如 V8 和框架，如 Node.js 的发展及其事件驱动及异步 IO 等特性，JavaScript 逐渐被用来编写服务器端程序。

虽然 JavaScript 与 Java 的名字中都有 Java，但是它们之间除了语法上有一些相似之处外，两者毫不相干。JavaScript 与 Java 的区别主要表现在以下几个方面。

① JavaScript 是一种基于对象和事件驱动的脚本语言，它本身提供了非常丰富的内部对象供设计人员使用；而 Java 是一种真正的面向对象的语言，即使是开发简单的程序，也必须设计对象。

② JavaScrip 是一种解释性编程语言，其源代码在发往客户端执行之前不需要经过编译，而是将文本格式的字符代码发送给客户端由浏览器解释执行；而 Java 的源代码在传递到客户端执行之前，必须经过编译才可以执行。

③ JavaScript 采用弱变量，即变量在使用前无须声明，解释器在运行时将检查其数据类型；而 Java 则使用强类型变量检查，即所有变量在编译之前必须声明。

2.3.2 在 Web 页面中使用 JavaScript

通常情况下载 Web 页面中使用 JavaScript 有两种方法：一种是在页面中直接嵌入 JavaScript；另一种是链接外部 JavaScript，下面分别介绍。

1. 在页面中直接嵌入 JavaScript

在 Web 页面中，可以使用 <scipt>…</script> 标签对封装脚本代码，当浏览器读到 <scipt> 标签时将解释执行其中的脚本。在使用 <scipt> 标签时还需要通过 language 属性指定使用的脚本语言。例如：在 <scipt> 中指定使用 JavaScript 脚本语言的代码如下。

```
<script language="javascript">...</script>
```

下面通过一个代码例子讲解在页面中直接嵌入 JavaScript，下述代码插入 HTML 页面的 <head>…</head> 标签中（当然也可以插入 <body> 标签中，这会在显示顺序上有所不同）。

```
<script language="javascript">
    var now=new Date();
    var hour=now.getHours();
    var minu=now.getMinutes();
    alert(" 您好！现在是 "+hour+":"+minu+"\r 欢迎访问智慧城市！ ");
</script>
```

2. 链接外部 JavaScript

可以将脚本代码放置在一个单独的文件中（文件扩展名为 .js），然后在需要使用该代码的 Web 页面中链接该文件即可。语法格式如下。

```
<script language="javascript" src="javascript.js"></script>
```

2.3.3 JavaScript 语言基础

1. JavaScript 的语法

JavaScript 与 Java 在语法上有些相似，但也不尽相同。编写 JavaScript 代码时需要注意以下几点。

① JavaScript 区分大小写，这点与 Java 语言相同。

② 每行结尾的分号可有可无。

③ 变量是弱类型的，因此在定义变量时只使用 var 运算符就可以将变量初始化为任意的值。例如：var age=20。

④ 使用大括号 {} 标记代码块，这点与 Java 语言相同。

⑤ 注释：在 JavaScript 中提供了两种注释，即单行注释"//"和多行注释"/*……*/"。

2. JavaScript 中的关键字

JavaScript 中的关键字是指在 JavaScript 中具有特定含义的、可以成为 JavaScript 语法中一部分的字符。JavaScript 中的关键字如表 2.2 所示。

表 2.2　JavaScript 中关键字

abstract	continue	finally	instanceof	private	this
boolean	default	float	int	public	throw
break	do	for	interface	return	typeof
byte	double	function	long	short	true
case	else	goto	native	static	var
catch	extends	implements	new	super	void
char	false	import	null	switch	while
class	final	in	package	synchronized	with

3. JavaScript 的数据类型

JavaScript 的数据类型有数值型、字符型、布尔型、转义字符、空值和未定义值 6 种。

① 数值型：又可分为整型和浮点型两种。整型：071// 表示八进制的 71；浮点型：3.1415926。

② 字符型：使用单引号或双引号括起来的一个或多个字符。

③ 转义字符：以反斜杠开头的不可显示的特殊字符通常称为控制字符，也被称为转义字符。如 \b 退格、\r 回车符、\n 换行。

④ 布尔型：只有两个值，即 true 或 false。在 JavaScript 中，也可以使用整数 0 表示 false，使用非 0 的整数表示 true。

⑤ 空值：用于定义空的或不存在的引用。

⑥ 未定义值：当使用了一个并未声明的变量或者使用了一个已经声明但没有赋值的变量时，将返回未定义值 undefined。

4. 变量的定义及使用

变量是指程序中一个已经命名的存储单元，其主要作用就是为数据操作提供存放信息的容器。在使用变量前必须明确变量的命名规则、声明方法及作用域。

① 变量的命名规则如下：变量名由字母、数字或下划线组成，但必须以字母或下划线开头；变量名中不能有空格、加号、减号或逗号等符号；不能使用关键字。

② 变量的声明：使用关键字 var 声明变量，可以使用一个关键字 var 同时声明多个变量，例如：var now, year, month, date; 另外可以在声明变量的同时对其进行赋值，例如：var now="2009-05-12", year="2009", month="5", date="12"; 如果只声明了变量未对其赋值，则其默认值为 undefined。

③ 变量的作用域：是指变量在程序中的有效范围。在 JavaScript 中根据变量的作用域可以将变量分为全局变量和局部变量两种。全局变量是定义在函数之外，作用于整个脚本代码的变量；局部变量是定义在函数体内，只作用于函数体内的变量。

5. 运算符的应用

运算符是用来完成计算或者比较数据等一系列操作的符号。常用的 JavaScript 运算符按类型可分为赋值运算符、算术运算符、比较运算符、逻辑运算符、调节运算符和字符串运算符 6 种。

赋值运算符如表 2.3 所示。

表 2.3 JavaScript 赋值运算符

运算符	描 述	示 例
=	将右边表达式的值赋给左边的变量	userName="mr"
+=	将运算符左边的变量加上右边表达式的值赋给左边的变量	a+=b // 相当于 a=a+b
-=	将运算符左边的变量减去右边表达式的值赋给左边的变量	a-=b // 相当于 a=a-b
*=	将运算符左边的变量乘以右边表达式的值赋给左边的变量	a*=b // 相当于 a=a*b
/=	将运算符左边的变量除以右边表达式的值赋给左边的变量	a/=b // 相当于 a=a/b
%=	将运算符左边的变量用右边表达式的值求模，并将结果赋给左边的变量	a%=b // 相当于 a=a%b
&=	将运算符左边的变量与右边表达式的值进行逻辑与运算，并将结果赋给左边的变量	a&=b // 相当于 a=a&b
|=	将运算符左边的变量与右边表达式的值进行逻辑或运算，并将结果赋给左边的变量	a|=b // 相当于 a=a|b
^=	将运算符左边的变量与右边表达式的值进行异或运算，并将结果赋给左边的变量	a^=b // 相当于 a=a^b

算术运算符如表 2.4 所示。

表 2.4 JavaScript 算术运算符

运算符	描 述	示 例
+	加运算符	4+6 // 返回值为 10
-	减运算符	7-2 // 返回值为 5
*	乘运算符	7*3 // 返回值为 21
/	除运算符	12/3 返回值为 4
%	求模运算符	7%4 返回值为 3

++	自增运算符。该运算符有两种情况：i++（在使用 i 之后，使 i 的值加 1）；++i（在使用 i 之前，先使 i 的值加 1）	i=1; j=i++ //j 的值为 1，i 的值为 2
		i=1; j=++i //j 的值为 2，i 的值为 2

--	自减运算符。该运算符有两种情况：i--（在使用 i 之后，使 i 的值减 1）；--i（在使用 i 之前，先使 i 的值减 1）	i=6; j=i-- //j 的值为 6，i 的值为 5
		i=6; j=--i //j 的值为 5，i 的值为 5

比较运算符如小于、大于。

条件运算符是一种特殊的三目运算符，语法格式如下：操作数？结果 1：结果 2；如果“操作数”的值为 true，则整个表达式的结果为“结果 1”，否则为“结果 2”。

字符串运算符是用于两个字符型数据之间的运算符，除了比较运算符外，还可以是“+”和“+=”运算符。“+”运算符用于连接两个字符串，而“+=”运算符则连接两个字符串，并将结果赋给第一个字符串。

2.3.4 函数

函数实质上就是可以作为一个逻辑单元对待的一组 JavaScript 代码，使用函数可以使代码更为简洁，提高重用性。

（1）函数的定义

函数是由关键字 function、函数名加一组参数以及置于大括号中需要执行的一段代码定义的。语法如下。

```
function functionName([parameter 1, parameter 2,……]){
  statements;
  [return expression;]
  }
```

（2）函数的调用

函数的调用比较简单，如果调用不带参数的函数，使用函数名加上括号即可；如果要调用的函数带参数，则在括号中加上需要传递的参数；如果包含多个参数，各参数间用逗号分隔。下面用一个实例来讲解，该实例定义了一个 JavaScript 函数 checkRealName()，通过表单中“检测”按钮的 onClick 事件中调用 checkRealName() 用于验证输入的字符是否为汉字。

① checkRealName() 函数。

```
<script language= “javascript” >
    function checkRealName(){
        var str=form1.realName.value;                    // 获取输入的真实姓名
        if(str==""){                                     // 当真实姓名为空时
            alert(" 请输入真实姓名！ ");form1.realName.focus();return;
        }else{                                           // 当真实姓名不为空时
            var objExp=/[\u4E00-\u9FA5]{2,}/;            // 创建 RegExp 对象
            if(objExp.test(str)==true){                  // 判断是否匹配
                alert(" 您输入的真实姓名正确！ ");
            }else{
                alert(" 您输入的真实姓名不正确！ ");
            }
        }
    }
</script>
```

② 在页面中添加用于输入真实姓名的表单及表单元素，在其中“检测”按钮的 onClick 事件中调用 checkRealName() 用于验证输入的字符是否为汉字。

```
<form name="form1" method="post" action="">
请输入真实姓名：<input name="realName" type="text" id="realName" size="40">
<br><br>
<input name="Button" type="button" class="btn_grey" onClick="checkRealName()" value=" 检测 ">
</form>
```

③ 运行程序，输入英文或者中文汉字，程序可以检测姓名正确与否。

（3）匿名函数

匿名函数的语法和 function 语句非常相似，只不过它被用作表达式，而不是用作语句，而且也无须指定函数名。例如，当页面载入完成后，调用无参数的匿名函数，弹出一个提示对话框。代码如下。

```
<script language="javascript">
window.onload=function{
    alert("ok");
}
</script>
```

2.3.5 事件和事件处理程序

（1）什么是事件和事件处理程序

JavaScript 与 Web 页面之间的交互是通过用户操作浏览器页面时触发相关事件实现的。例如，在页面载入完毕时将触发 onload（载入）事件、当用户单击按钮时将触发按钮的 onclick 事件等。事件处理程序则是用于响应某个事件而执行的处理程序。事件处理程序可以是任意 JavaScript 语句，但通常使用特定的自定义函数（function）来对事件进行处理。

（2）JavaScript 常用事件

多数浏览器内部对象都拥有很多事件，表 2.5 给出常用的事件及何时触发这些事件。

表 2.5　JavaScript 常用事件

事　件	何时触发	事　件	何时触发
onabort	对象载入被中断时触发	onmousedown	单击任何一个鼠标按键时触发
onblur	元素或窗口本身失去焦点时触发	onmousemove	鼠标在某个元素上移动时持续触发
onchange	改变 <select> 元素中的选项或其他表单元素失去焦点，并且在其获取焦点后内容发生过改变时触发	onmouseout	将鼠标从指定的元素上移开时触发
onclick	单击鼠标左键时触发。当光标的焦点在按钮上，并按下回车键时，也会触发该事件	onmouseover	鼠标移到某个元素上时触发
ondblclick	双击鼠标左键时触发	onmouseup	释放任意一个鼠标按键时触发
onerror	出现错误时触发	onreset	单击重置按钮时，在 <form> 上触发
onfocus	任何元素或窗口本身获得焦点时触发	onresize	窗口或框架的大小发生改变时触发
onkeydown	键盘上的按键（包括 Shift 或 Alt 等键）被按下时触发，如果一直按着某键，则会不断触发。当返回 false 时，取消默认动作	onscroll	在任何带滚动条的元素或窗口上滚动时触发
onkeypress	键盘上的按键被按下，并产生一个字符时触发。也就是说，当按下 Shift 或 Alt 等键时不触发。如果一直按下某键时，会不断触发。当返回 false 时，取消默认动作	onselect	选中文本时触发

续表

事　件	何时触发	事　件	何时触发
onkeyup	释放键盘上的按键时触发	onsubmit	单击提交按钮时，在 <form> 上触发
onload	页面完全载入后，在 Window 对象上触发；所有框架都载入后，在框架集上触发；<img> 标记指定的图像完全载入后，在其上触发；或 <object> 标记指定的对象完全载入后，在其上触发	onunload	页面完全卸载后，在 Window 对象上触发；或者所有框架都卸载后，在框架集上触发

（3）事件处理程序的调用

在使用事件处理程序对页面进行操作时，最主要的是如何通过对象的事件来指定事件处理程序。指定方式主要有以下两种。

① 在 JavaScript 中。

在 JavaScript 中调用事件处理程序，首先需要获得处理对象的引用，然后将要执行的处理函数赋值给对应的事件，如下面的代码所示。

```
<input name="bt_save" type="button" value=" 保存 ">
<script language="javascript">
    var b_save=document.getElementById("bt_save");
    b_save.onclick=function(){
        alert(" 单击了保存按钮 ");
    }
  </script>
```

② 在 HTML 中。

在 HTML 中分配事件处理程序，只需要在 HTML 标签中添加相应的事件，并在其中指定要执行的代码或是函数名即可。例如：

```
<input name="bt_save" type="button" value=" 保存 " onclick="alert(' 单击了保存按钮 ');">
```

2.3.6　常用对象

JavaScript 是一种基于对象的语言，它可以应用自己已经创建的对象，因此许多功能来自于脚本环境中对象的方法与脚本的相互作用。下面将对 JavaScript 的常用对象详细介绍。

（1）String 对象

String 对象是动态对象，需要创建对象实例后才能引用属性和方法。可以直接在某个字符串后面加上“.”去调用 String 对象的属性和方法。下面介绍其常用属性和方法。

① 属性：string.length 属性，返回 String 对象的长度。

② 方法：

string.indexOf(subString[, startIndex]) 方法，返回 String 对象内第一次出现子字符串的字符位置。

string.substr(start[,length]) 方法，返回指定字符串的一个子串。

string.replace(regExp,substring) 方法，替换一个与正则表达式匹配的子串。

string.split(delimiter,limit) 方法，将字符串分割为字符串数组。

（2）Math 对象

Math 对象提供了大量的数学常量和数学函数。在使用 Math 对象时，不能使用 new 关键字创建对象实例，而应直接使用“对象名 . 成员”的格式来访问其属性或方法。下面介绍其属性和方法。

① 属性：Math 对象的属性是数学中常用的常量，如表 2.6 所示。

表 2.6 Math 对象的属性

属　性	描　述
E	欧拉常量（2.718281828459045）
LN2	2 的自然对数（0.6931471805599453）
LN10	10 的自然对数（2.3025850994046）
SQRT2	2 的平方根（1.4142135623730951）
LOG2E	以 2 为底数的 e 的对数（1.4426950408889633）
LOG10E	以 10 为底数的 e 的对数（0.4342944819032518）
PI	圆周率常数 π（3.141592653589793）
SQRT1-2	0.5 的平方根（0.7071067811865476）

② 方法：Math 对象的方法是数学中常用的函数，如表 2.7 所示。

表 2.7 Math 对象的方法

属　性	描　述	示　例
abs(*x*)	返回 *x* 的绝对值	Math.abs(-10)
ceil(*x*)	返回大于或等于 *x* 的最小整数	Math.ceil(1.05); Math.ceil(-1.05)
cos(*x*)	返回 *x* 的余弦值	Math.cos(0)
exp(*x*)	返回 e 的 *x* 乘方	Math.exp(4)
floor(*x*)	返回小于或等于 *x* 的最大整数	Math.floor(1.05); Math.floor(-1.05)
log(*x*)	返回 *x* 的自然对数	Math.log(1)
max(*x*, *y*)	返回 *x* 和 *y* 中的最大数	Math.max(2,4)
min(*x*, *y*)	返回 *x* 和 *y* 中的最小数	Math.min(2,4)
pow(*x*, *y*)	返回 *x* 对 *y* 的次方	Math.pow(2,4)
random()	返回 0 和 1 之间的随机数	Math.random()
round(*x*)	返回最接近 *x* 的整数，即四舍五入函数	Math.round(1.05); Math.round(-1.05)
sqrt(*x*)	返回 *x* 的平方根	Math.sqrt(2)

（3）Date 对象

Date 对象用于对日期和时间进行操作。

① 创建 Date 对象：dateObj=new Date(); dateObj=new Date(date value);　dateObj=new Date(year,month,date[,hours[,minutes[,seconds[,ms]]]])。

② 方法：Date 对象没有提供直接访问的属性，只具有获取、设置日期和时间的方法。Date 对象的常用方法如表 2.8 所示。

表 2.8　Date 对象的方法

方　法	描　述	示　例	方　法	描　述	示　例
getTimezoneOffset()	返回日期的本地时间和 UTC 表示之间的时差，以分钟为单位	new Date().getTimezoneOffset()	toLocaleDateString()	返回日期部分的字符串，采用本地日期	new Date().toLocaleDateString()
getTime()	返回 Date 对象的内部毫秒表示。注意，该值独立于时区，所以没有单独的 getUTCtime() 方法	new Date().getTime()	toLocaleTimeString()	返回时间部分的字符串，采用本地时间	new Date().toLocaleTimeString()
toDateString()	返回日期部分的字符串表示，采用本地时间	new Date().toDateString()	toTimeString()	返回时间部分的字符串表示，采用本地时间	new Date().toTimeString()
toUTCString()	将 Date 对象转换成一个字符串，采用世界时间	new Date().toUTCString()	valueOf()	将 Date 对象转换成其内部毫秒格式	new Date().valueOf()

下面的这个例子使用 Date 对象的相关方法获取系统时间并将其显示在 id 为 clock 的 div 元素中。

```
<html>
  <head>
    <title> 实时显示系统时间 </title>
    <script language="javascript">
    function realSysTime(clock){
        var now=new Date();                                    // 创建 Date 对象
        var year=now.getFullYear();                            // 获取年份
        var month=now.getMonth();                              // 获取月份
        var date=now.getDate();                                // 获取日期
        var day=now.getDay();                                  // 获取星期
        var hour=now.getHours();                               // 获取小时
        var minu=now.getMinutes();                             // 获取分钟
        var sec=now.getSeconds();                              // 获取秒
        month=month+1;
        var arr_week=new Array(" 星期日 "," 星期一 "," 星期二 "," 星期三 "," 星期四 "," 星期五 "," 星期六 ");
        var week=arr_week[day];                                // 获取中文的星期
        var time=year+" 年 "+month+" 月 "+date+" 日 "+week+" "+hour+":"+minu+":"+sec; // 组合系统时间
        clock.innerHTML=" 当前时间："+time;                     // 显示系统时间
    }
    window.onload=function(){
        window.setInterval("realSysTime(clock)",1000);         // 实时获取并显示系统时间
    }
    </script>
  </head>

  <body>
    <div id="clock"></div>
  </body>
</html>
```

（4）Window 对象

Window 对象即浏览器窗口对象，是一个全局对象，是所有对象的顶级对象。Window 对象提供了许多属性和方法，这些属性和方法被用来操作浏览器页面的内容。Window 对象同 Math 对象一样，也不需要使用 new 关键字创建对象实例，而是直接使用“对象名 . 成员”的格式来访问其属性或方法。下面介绍其常用属性和方法。

① Window 对象的属性，如表 2.9 所示。

表 2.9 Window 对象的属性

属　性	描　述
document	对窗口或框架中含有文档的 document 对象的只读引用
defaultStatus	一个可读写的字符，用于指定状态栏中的默认消息
frames	表示当前窗口中所有 frame 对象的集合
location	用于代表窗口或框架的 location 对象。如果将一个 URL 赋予该属性，则浏览器将加载并显示该 URL 指定的文档
length	窗口或框架包含的框架个数
history	对窗口或框架的 history 对象的只读引用
name	用于存放窗口对象的名称
status	一个可读写的字符，用于指定状态栏中的当前信息
top	表示最顶层的浏览器窗口
parent	表示包含当前窗口的父窗口
opener	表示打开当前窗口的父窗口
closed	一个只读的布尔值，表示当前窗口是否关闭。当浏览器窗口关闭时，该值表示该窗口的 Window 对象并不会消失，不过其 closed 属性被设置为 true
self	表示当前窗口
screen	对窗口或框架的 screen 对象的只读引用，提供屏幕尺寸、颜色深度等信息
navigator	对窗口或框架的 navigator 对象的只读引用，通过 navigator 对象可以获得与浏览器相关的信息

② Window 对象的方法，如表 2.10 所示。

表 2.10 Window 对象的方法

方　法	描　述	方　法	描　述
alert()	弹出一个警告对话框	setTimeout(timer)	在经过指定的时间后执行代码
confirm()	显示一个确认对话框，单击“确认”按钮时返回 true，否则返回 false	clearTimeout()	取消对指定代码的延迟执行
prompt()	弹出一个提示对话框，并要求输入一个简单的字符串	moveTo(x,y)	将窗口移动到一个绝对位置
blur()	将键盘焦点从顶层浏览器窗口中移走。在多数平台上，这将使窗口移到最后面	moveBy(offsetx, offsety)	将窗口移动到指定的位移量处
close()	关闭窗口	resizeTo(x,y)	设置窗口的大小
focus()	将键盘焦点赋予顶层浏览器窗口。在多数平台上，这将使窗口移到最前边	resizeBy (offsetx,offsety)	按照指定的位移量设置窗口的大小
open()	打开一个新窗口	print()	相当于浏览器工具栏中的“打印”按钮
scrollTo(x,y)	把窗口滚动到 x，y 坐标指定的位置	setInterval()	周期执行指定的代码
scrollBy(offsetx, offsety)	按照指定的位移量滚动窗口	clearInterval()	停止周期性地执行代码

2.3.7 Ajax 技术

（1）什么是 Ajax

Ajax 是 Asynchronous JavaScript and XML 的缩写，意思是异步的 JavaScript 与 XML。Ajax 并不是一门新的语言，它是 JavaScript、XML、CSS、DOM 等多种已有技术的

组合，可以实现客户端的异步请求操作，进而在不需要刷新页面的情况下与服务器通信，减少了用户的等待时间，减轻了服务器和带宽的负担，提供更好的服务响应。

Ajax以XMLHttpRequest作为核心技术，它是一个具有应用程序接口的JavaScript对象，能够使用超文本传输协议连接一个服务器。通过XMLHttpRequest对象，Ajax可以只同服务器进行数据层面的交换，而不用每次都刷新页面，也不用每次都将数据处理的工作交给服务器来完成，这样既减轻了服务器负担，又加快了响应速度、缩短了用户等待时间；同时本技术使得很多原有CS结构实现的客户端应用程序（例如物联网设备监控）可以完美地通过BS结构程序实现。

（2）Ajax的开发模式

在传统的Web应用模式中，页面中的每一次操作都将触发一次返回服务器的HTTP请求，服务器进行相应的处理（获得数据、运行与不同的系统会话）后，返回一个HTML页面给客户端，如图2.6所示。

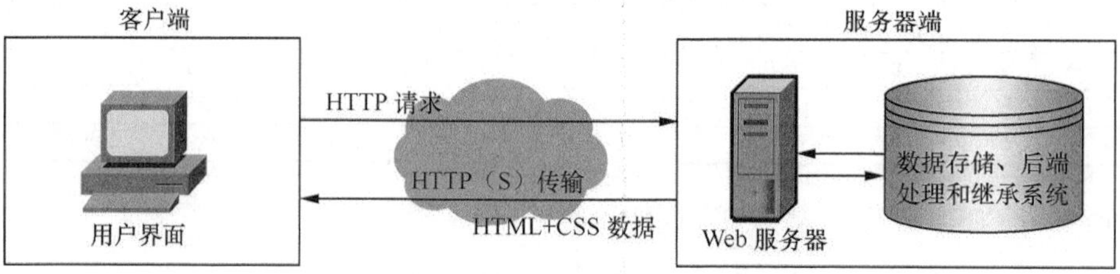

图2.6　Web应用的传统模型

而在Ajax应用中，页面中用户的操作将通过Ajax引擎（XMLHttpRequest对象）与服务器端进行通信，然后将返回结果交给客户端页面的Ajax引擎，再由Ajax引擎决定将这些数据插入到页面的指定位置，如图2.7所示。

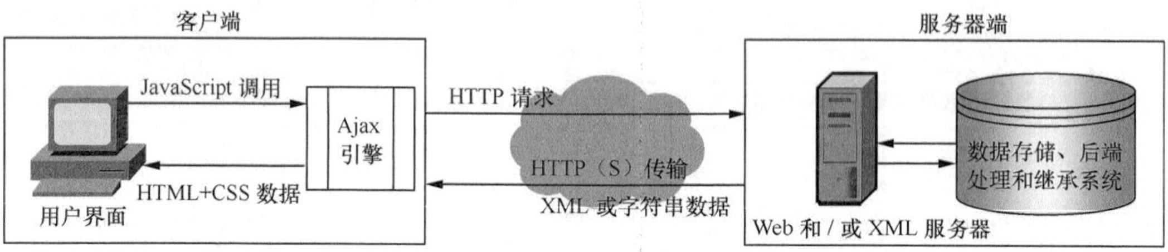

图2.7　Web应用的Ajax模型

从图2.6、图2.7可以看出，对于每个用户的行为，在传统的Web应用模型中，将生成一次HTTP请求，而在Ajax应用开发模型中，将变成对Aiax引擎的一次JavaScript调用。在Ajax应用开发模型中，通过JavaScript实现了在不刷新整个页面的情况下对部分数据进行更新，从而降低了网络流量，给用户带来了更好的体验。

（3）Ajax 的优点

① 减轻服务器的负担。Ajax 的原则是按需求获取数据，这可以最大程度地减轻冗余请求和响应对服务器造成的负担。

② 可以把一部分以前由服务器负担的工作转移到客户端，利用客户端闲置的资源进行处理，减轻服务器和带宽的负担，节约空间和成本。

③ 无刷新更新页面，从而使用户不用再像以前一样在服务器处理数据时，只能在死板的白屏前焦急地等待。

④ 可以调用 XML 等外部数据，进一步促进页面显示和数据的分离。

⑤ 基于标准化的并被广泛支持的技术，不需要下载插件或者小程序。

2.3.8 jQuery 和 jQuery Mobile 技术

（1）jQuery 简介

jQuery 是一套简洁、快速、灵活的 JavaScript 脚本库，它是由 John Resig 于 2006 年创建的，帮助我们简化了 JavaScript 代码。JavaScript 脚本库类似于 Java 的类库，将一些工具方法或对象方法封装在类库中，方便用户使用。

（2）下载和配置 jQuery

要在自己的网站中应用 jQuery 库，需要下载和配置它。jQuery 是一个开源的脚本库，可以在官方网站中下载最新版本的库，在笔者写本书期间的最新版本是 3.3.1。

将 jQuery 库下载到本地计算机后，还需要在项目中配置它，即将下载的 jquery-3.3.1.min.js 文件放置到项目的指定文件夹中，通常放置在 JS 文件夹中，然后在需要 jQuery 的页面中使用下面的语句，将其引用到文件中。

```
<script language="javascript" src="JS/jquery-3.3.1.min.js"></script>
```

或者

```
<script src="JS/jquery-3.3.1.min.js" type="text/javascript"></script>
```

（3）jQuery 的工厂函数

在 jQuery 中，无论我们使用哪种类型的选择符都需要从一个 "$" 符号和一对 "()" 开始。下面介绍几种比较常见的用法。

① 在参数中使用标签名。

$("div")：用于获取文档中全部的 <div>。

② 在参数中使用 ID。

$("#username")：用于获取文档中 ID 属性值为 username 的一个元素。

③ 在参数中使用 CSS 类名。

$(".btn_grey")：用于获取文档中使用 CSS 类名为 btn_grey 的所有元素。

（4）一个简单的 jQuery 脚本

在项目目录下创建一个名称为 JS 的文件夹，将 jquery-3.3.1.min.js 复制到该文件中；创建一个名称为 index.html 的文件，代码如下。

```
<html>
<head>
<meta charset="utf-8">
<title> 我的第一个 jQuery 脚本 </title>
<script type="text/javascript" src="JS/jquery-3.3.1.min.js"></script>
<script>
$(document).ready(function(){
    // 获取超链接对象，并为其添加单击事件
    $("a").click(function(){
        alert(" 我的第一个 jQuery 脚本！ ");
    });
});
</script>
</head>
<body>
<body>
<a href="#"> 弹出提示对话框 </a>
</body>
</html>
```

运行上述实例，单击页面中的链接，将弹出图 2.8 所示的提示对话框。

（5）jQuery Mobile

jQuery Mobile 是 jQuery 框架的一个组件（而非 jQuery 的移动版本）。jQuery Mobile 是一款基于 HTML5 的用户界面系统，旨在使所有智能手机、平板电脑和桌面设备都可以响应网站和应用。jQuery Mobile 不仅会给主流移动平台带来 jQuery 核心库，而且会发布一个完整统一的 jQuery 移动 UI 框架。

图 2.8　jQuery 实例所弹出的提示对话框

jQuery 驱动着 Internet 上的大量网站，在浏览器中提供动态用户体验，促使传统桌面应用程序越来越少。主流移动平台上的浏览器功能都可以媲美桌面浏览器，因此 jQuery 团队引入了 jQuery Mobile（或 JQM）。JQM 的使命是向所有主流移动浏览器提供一种统一体验，使整个 Internet 上的内容更加丰富，而不管用户使用哪种查看设备。

JQM 的目标是在一个统一的 UI 中交付超级 JavaScript 功能，跨最流行的智能手机和平板电脑设备工作。与 jQuery 一样，JQM 是一个在 Internet 上直接托管、免费可用的开源代码的基础。事实上，当 JQM 致力于统一和优化这个代码基时，jQuery 核心库受到了极大关注。这种关注充分说明，移动浏览器技术在极短的时间内取得了巨大的发展。

与 jQuery 核心库一样，您的开发计算机上不需要安装任何东西；只需将各种 *.js 和 *.css 文件直接包含到您的 Web 页面中即可。这样，JQM 的功能就好像被放到了您的指尖，供您随时使用。

JQM 基本特性如下。

① 简单性：此框架简单易用。页面开发主要使用标记，无须或仅需很少的 JavaScript。

② 优雅降级：尽管 jQuery Mobile 利用最新的 HTML5、CSS3 和 JavaScript，但并非

所有移动设备都提供这样的支持。jQuery Mobile 的宗旨是同时支持高端和低端设备，例如那些没有 JavaScript 支持的设备，尽量提供最好的体验。

③ Accessibility：jQuery Mobile 在设计时考虑了访问能力，它拥有 Accessible Rich Internet Applications（WAI-ARIA）支持，以帮助使用辅助技术的残障人士访问 Web 页面。

④ 小规模：jQuery Mobile 框架的整体大小比较小，JavaScript 库 12KB，CSS 6KB，还包括一些图标。

⑤ 主题设置：此框架还提供一个主题系统，允许您提供自己的应用程序样式。

jQuery Mobile 也提供了针对移动端浏览器的事件。

① 触摸事件：当用户触摸屏幕时触发。

② 滑动事件：当用户左右滑动屏幕时触发。

③ 定位事件：当设备水平或垂直翻转时触发。

④ 页面事件：当页面显示、隐藏、创建、加载或未加载时触发。

下面列出了所有 jQuery Mobile 事件（注意：请使用 on() 方法绑定事件）。

① hashchange：启用可标记 #hash 历史，哈希值会在一次独立的单击事件发生时变化，例如一个用户单击后退按钮，会通过 hashchange 事件进行处理。

② navigate：包裹了 hashchange 和 popstate 的事件。

③ orientationchange：方向改变事件，在用户垂直或者水平旋转移动设备时触发。

④ pagebeforechange：在页面切换之前触发的事件。使用 $.mobile.changePage() 来切换页面，此方法触发两个事件，切换之前的 pagebeforechange 事件和切换完成后 pagechange（成功）或者 pagechangefailed（失败）。

⑤ pagebeforecreate：页面初始化时，初始化之前触发。

⑥ pagebeforehide：在页面切换后旧页面隐藏之前，触发的事件。

⑦ pagebeforeload：在加载请求发出之前触发。

⑧ pagebeforeshow：在页面切换后显示之前，触发的事件。

⑨ pagechange：在页面切换成功后，触发的事件。使用 $.mobile.changePage() 来切换页面，此方法触发两个事件，切换之前的 pagebeforechange 事件和切换完成后 pagechange（成功）或者 pagechangefailed（失败）。

⑩ pagechangefailed：在页面切换失败时，触发的事件。使用 $.mobile.changePage() 来切换页面，此方法触发两个事件，切换之前的 pagebeforechange 事件和切换完成后 pagechange（成功）或者 pagechangefailed（失败）。

⑪ pagecreate：在页面创建成功之后，触发的事件。

⑫ pagehide：在页面切换后老页面隐藏之后，触发的事件。

⑬ pageinit：在页面初始化时，触发的事件。

⑭ pageload：在页面完全加载成功后触发。

⑮ pageloadfailed：页面请求失败时触发。

⑯ pageremove：在窗口视图从 DOM 中移除外部页面之前触发。

⑰ pageshow：在过渡动画完成后，到达页面时触发。

⑱ scrollstart：当用户开始滚动页面时触发。
⑲ scrollstop：当用户停止滚动页面时触发。
⑳ swipe：当用户在元素上水平滑动时触发。
㉑ swipeleft：当用户从左划过元素超过 30px 时触发。
㉒ swiperight：当用户从右划过元素超过 30px 时触发。
㉓ tap：当用户敲击某元素时触发。
㉔ taphold：当用户敲击某元素并保持一秒时触发。
㉕ throttledresize：启用可标记 #hash 历史记录。
㉖ updatelayout：由动态显示 / 隐藏内容的 jQuery Mobile 组件触发。
㉗ vclick：虚拟化的 click 事件处理器。
㉘ vmousecancel：虚拟化的 mousecancel 事件处理器。
㉙ vmousedown：虚拟化的 mousedown 事件处理器。
㉚ vmousemove：虚拟化的 mousemove 事件处理器。
㉛ vmouseout：虚拟化的 mouseout 事件处理器。
㉜ vmouseover：虚拟化的 mouseover 事件处理器。
㉝ vmouseup：虚拟化的 mouseup 事件处理器。

本节介绍的 jQuery Mobile 技术和下节将重点介绍的 Ionic（PhoneGap/Cordova）技术是目前两个主流的跨平台移动应用程序快速开发框架。

2.4 Ionic（Angular/Cordova）框架

2.4.1 概述

如何创建移动互联网的客户端核心要素移动 App？一般而言，一个开发者需要学习和掌握每一个平台下的语言：如果要编写苹果 iOS 应用，那么要掌握 Objectie-C 或者 Swift；如果要编写 Android 应用，则需要学习 Java。如果有一种方法可以只学习一种语言就能在多个平台下使用，那就好了。答案是肯定的：通过使用 Web 通用语言和某些神奇的框架，开发者能够在开发应用时“一次编码部署到多个移动平台”，这就是所谓的“混合移动 App”，因为它是用 Web 技术开发的，但融合了移动设备的原生能力。

什么是混合移动应用？和传统的原生移动应用不同，它不使用设备原生开发语言进行开发。混合移动 App 是用 Web 技术（HTML、CSS 和 JavaScript）开发的。上节介绍的 jQuery Mobile 以及本节将重点介绍的 Ionic 是当今两个最流行的混合移动 App 开发框架。

什么是 Ionic 框架呢？简单来说，它是一个用 HTML、CSS 和 JavaScript 构成的用户界面框架，专门用于混合移动 App 的开发。除了用户界面组件，Ionic 框架也包含一个强大的命令行接口 CLI 和一套附属服务，如 Ionic View 和 Ionic Creator。

Ionic 实际上融合了多种技术，整个技术栈的最上层是 Ionic 框架自身，它提供了移动应用程序的用户界面层，接下来一层是 Angular，这是一个极其强大的 Web 应用框架。这些框架的下面是 Apache Cordova，它允许 Web 应用程序调用设备原生能力并将 App 转换成原生 App。这些技术融合在一起，使 Ionic 变成了一个创建混合移动 App 的强大平台。下面对这三个技术做简单介绍并在后续章节进行详细介绍。

（1）Ionic 框架

Ionic 框架的主要功能是提供了 Web App 开发中所不具备的 UI 组件。例如，在许多移动 App 中都有一个 UI 组件 Tab Bar（就是现在很多 App 所具备的底部菜单按钮），但这个组件在原生的 HTML 标签中根本不存在。Ionic 框架扩展了 HTML 库并提供了一个这样的组件。这个组件是由 HTML、CSS 和 JavaScript 编写的，它的每个行为和外观都被重写了，和原生控件一模一样。Ionic 还有一个 CLI 工具，用于轻松创建、编译和发布 Ionic 应用程序。Ionic 平台还扩展了几个附属功能，包括一个在线的图形用户界面的构造工具，用于图形化方式设计 Ionic App、打包及更新。

目前 Ionic 已经是第三版，该版本是一次传统意义上的常规升级，而不是像 Ionic1 到 Ionic2 那样的重大升级，Ionic2 除了框架自身的巨大改变外还有一个重大的变化就是底层技术的变化，即 Angular。Ionic2 基本上是一个全新的框架，这个框架的主要改进如下。

① 全新的导航：彻底控制 App 的导航体验，不再局限于 URL bar。

② 原生支持：支持更多的原生功能，能轻松调用设备提供的全部能力，不需要到处搜索扩展插件和代码。

③ 强大的主题：通过全新的主题系统，马上就能轻松地将你的品牌颜色和设计进行匹配。

④ 材料设计：为 Androiid App 提供完整的材料设计支持。

⑤ Windows Universal App：支持开发运行在 Windows Universal 平台上的 App。

Ionic 框架的主要目标是 UI 层，它通过集成 Angular 和 Cordova 的方式来提供接近原生的体验。

（2）Angular

Ionic 技术栈的下一层是 Angular，这是一个由谷歌支持的开源项目。自 2009 年开始发布以来，Angular 已经变成最流行的 Web 应用框架。Angular 的目的是提供一个用于建造复杂的、单页面 Web App 的 MVW（Model View Whatever）框架。Ionic 团队决定利用 Angular 框架提供的强大功能，因此将其集成到 Ionic 中。例如，Ionic 的定制 UI 组件其实就是 Angular 组件。随着 Angular2 的推出，框架也进行了大量改进。

（3）Cordova

Ionic 技术栈的最后一层是 Apache Cordova。Cordova 起源于 Nitobi Software 公司于 2009 年所开发的一个开源项目，能够利用 Web 技术来构建嵌入 WebView 的原生 App。2011 年，Adobe System 收购了 Nitobi（包括 PhoneGap 这个商标），这个项目不得不重新命名。最终这个项目的版本被重命名为 Cordova。Cordova 提供了 WebView 和设备原生层之间的接口，提供了一个桥接框架，弥补这两个技术之间的空隙（这就是原名 PhoneGap 的来由）。由于许多功能是以插件系统的形式提供的，这种形式使得核心库保持较小规模。除了 Android 和 iOS 两个移动平台之外，Cordova 还支持其他移动平台，例如 Windows Phone、Blackberry 和 FireOS。除了库本身，Cordova 还拥有自己的命令行工具，用于搭建框架、编译和部署你的移动应用。Ionic CLI 就是基于 Cordova CLI 构建的。

2.4.2 安装

Ionic 开发环境的安装看似复杂，其实非常简单，一次基本的安装，只需要以下 4 个步骤。

（1）安装 Node.js

Ionic 是基于 Node.js 构建的，Node 是一个能够让你在浏览器之外运行 JavaScript 的平台。安装 Node 时，我们需下载安装包并安装（笔者下载的是 node-v8.9.4-x64），安装后打开终端并输入 node-v；这个命令会打印 Node 当前安装的版本号。

```
C:\Users\13701>node -v
v8.9.4
```

同时你需要确认 NPM（一个 Node 模块的包管理器）是否更新。运行下面命令查看 NPM 安装版本。

```
C:\Users\13701>npm -v
5.6.0
```

（2）安装 Git

Git 是一个版本控制工具，Ionic CLI 是使用 Git 来管理模板的。下载并安装 Git，笔者下载并安装的是：Git-2.16.1.4-64-bit；安装完成选择打开 git bash 命令行工具，输入以下命令进行测试安装成功。

```
$ git --version
git version 2.16.1.windows.4
```

（3）安装 Cordova CLI

打开 Git Bash，通过 NPM 安装，输入以下命令。

```
$ npm install -g cordova
```

等待一段时间后，出现如下提示。

```
C:\Users\13701\AppData\Roaming\npm\cordova ->
C:\Users\13701\AppData\Roaming\npm\ node_modules\
cordova\bin\cordova
+ cordova@8.0.0
added 408 packages in 96.045s
```

这表示已经安装成功，我们还可以输入以下命令来验证。

```
$ cordova -v
```

如果出现下述 cordova 版本信息，则表示安装成功了。

```
You have been opted out of telemetry. To change this, run: cordova telemetry on.
8.0.0
```

（4）安装 Ionic CLI

打开 Git Bash，通过 NPM 安装，输入以下命令。

```
$ npm install -g ionic
```

等待一段时间后，出现如下提示。

```
C:\Users\13701\AppData\Roaming\npm\ionic ->
C:\Users\13701\AppData\Roaming\npm\node_modules\
ionic\bin\ionic
npm WARN optional SKIPPING OPTIONAL DEPENDENCY: fsevents@1.1.3 (node_modules\ionic\
node_modules\fsevents):
npm WARN notsup SKIPPING OPTIONAL DEPENDENCY: Unsupported platform for fsevents@1.1.3:
wanted {"os":"darwin","arch":"any"} (current: {"os":"win32","arch":"x64"})

+ ionic@3.19.1
added 253 packages in 238.391s
```

这表示已经安装成功，我们还可以输入以下命令来验证。

```
$ ionic–v
```

如果出现下述 Ionic 版本信息，则表示安装成功了。

```
3.19.1
```

2.4.3 新建 Ionic 项目

Ionic CLI 提供了一个简单的命令，允许你创建一个 ionic 项目：ionic start。这个命令会在当前目录下创建一个基本的 Ionic 应用。Ionic 框架通过一系列初始模板来创建一个项目的脚手架。这些模板包含一个指定的模板（Ionic 有三种模板：blank 白板、sidemenu 侧菜单和 tabs 底部菜单标签页）、一个 Github 库、一个 Codepen 或者一个本地目录。运行下列命令来创建一个 Ionic 项目。

```
$ ionic start myApp tabs --cordova
```

该命令指定使用 tabs 模板，并且集成 Cordova 框架。创建完成后将生成 myApp 目录，如图 2.9 所示，我们需要切换到该目录：$ cd myApp

在 myApp 项目目录下，使用 Ionic CLI 内置命令：$ ionic serve。

这会启动一个简单的 Web 服务器，并打开你的浏览器，自动加载 App，如图 2.10 所示，我们会在浏览器中看到 Tab 风格的 Ionic App。

到此为止，一个最简单的 App 就生成了。

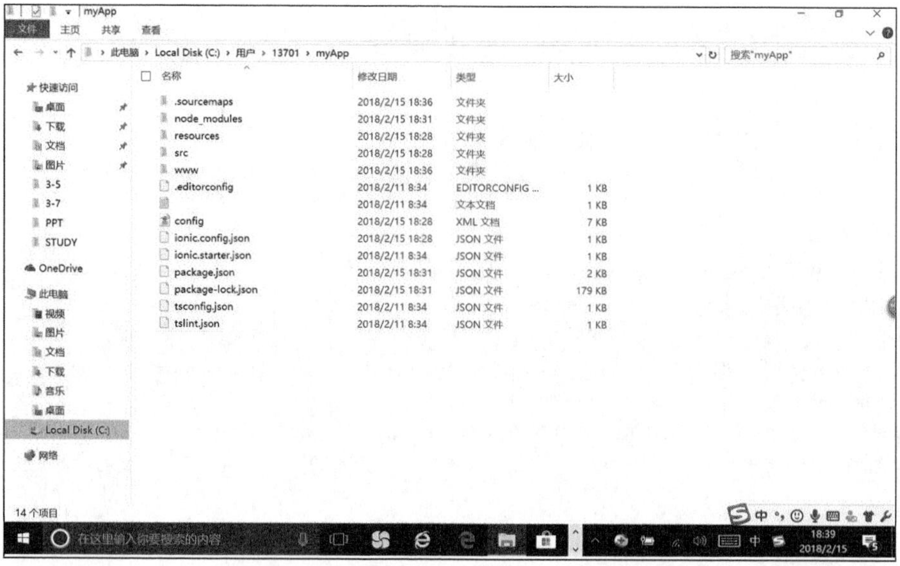

图 2.9　Ionic 创建的项目 myApp 的目录结构

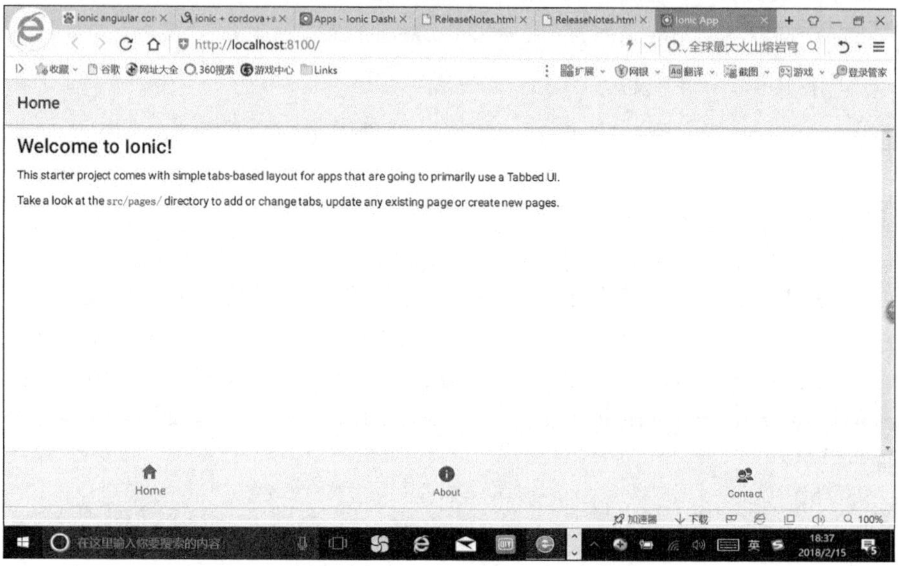

图 2.10　Ionic 项目 myApp 运行结果

2.4.4　Angular 和 TypeScript 基础

1. Angular2 是什么

本书中所述的 Angular 是目前大家通常称为 Angular2 的版本，以和其第一代版本

Angular1(AngularJS) 区别。Angular2 是一个全新框架，只是借用了原来的名字和名义而已。在 2016 年的 ngConf 大会上，Angular 团队发布 RC1 版本，这个框架只使用 Angular 而不是 Angular2 命名。因此，本书中我们遵照这种命名，将 Angular2 称为 Angular。

（1）组件

从 Angular1 到 Angular2 的一个最大改变就是不再依赖 scope、controller 或者某种程度的 directive 了。Angular 团队使用基于组件的方法构建元素及其相关逻辑。下面是一个 Angular 组件的例子。

```
import { Component } from'@angular/core'
@Component({
      selector:'my-first-component',
      template:`<div>Hello, my name is {{name}}.
      <button (click)="sayMyName()">Log my name</button></div>`
})
export class MyComponet {
   constructor() {
            this.name='Inigo Montoya'
      }
   sayMyName(){
      console.log('Hellllo. My name is',this.name, '.
                  You killed my father. Prepare to die.')
      }
   }
```

这和 Ionic 创建自己的组件库是一样的方式。事实上，你可以用自己的定制组件随意扩展 Ionic 应用程序，没有任何限制。

首先，第一句代码从 Angualr 库中导入 Component 模块。在 Angular 中，这是通过依赖注入进行的。

接着，我们用 @Component 装饰器为代码添加一些元数据给编译器。我们决定使用一个自定义的 HTML 选择器。这样，只要我们一使用 <my-first-component></my-first-component> 标签，对应的模板就会插入 DOM 中。模板有两种风格：一种是像上面代码中一样的行内风格；另一种是外部引用。如果你的模板代码为了阅读方便需要排列成多行，请使用反引号（`），而不是单引号（'）括住模板代码。

在装饰器之后，我们导出了类的定义，即 MyComponent。在类的构造函数中，我们将 name 变量赋值为“Inigo Montoya”。

最后，这个类还有一个公共方法 sayMyName，这个方法会向控制台输出一段文字。

（2）输入

由于 Angular 是基于组件模型构建的，它需要有一种将信息传递到组件的机制。这是由 Input 模块来负责处理的。我们来看一个简单的组件 <current-user> 的例子，为了使用这个组件，需要一个 user 参数。这个标签使用起来如下所示。

```
<current-user [user]="currentUser"></current-user>
```

而这个组件的定义如下所示。

```
import {Component, Input} from'@angular/core';
@Component({
    selector:   'current-user',
    template: '<div>{{user.name}}</div>'
  })
  export class UserProfile{
  @Input() user;
  constructor() {}
  }
```

在类的定义里面，有一个 @Input 绑定到 user 变量。通过这种绑定，Angular 会传递 currentUser 变量给这个组件，从而让模板渲染出 user.name 值。这就是 Ionic 组件强大的地方。我们可以用这个例子中的机制来进行数据的传递和参数的设置。

（3）模板

模板是一个 HTML 片段，由 Angular 将指定元素和属性组装在一起构成的动态内容。

① [] 绑定属性：当组件需要解析和绑定一个变量时，Angular 会用 [] 语法。本节在讲输入时接触过。如果我们的父组件中有一个 this.currentColor，要将这个传递给子组件，Angular 会保证这个值始终是最新的值。

```
<card-header [themeColor]="currentColor"></card-header>
```

② () 事件处理：在 Angular1 中，我们会使用自定义指令来监听用户事件，例如元素的单击事件（有点像 ng-click）。Angular 中使用了一种更简单的方法，只需要将你想监听的子组件中的事件用圆括号括住，然后赋给父组件即可。

```
<my-componet (click)="onUserClick($event)"></my-component>
```

③ [()] 双向数据绑定：默认地，Angular 不会创建双向数据绑定。如果你需要用到双向数据绑定，新的语法也很简洁，将属性绑定语法和事件绑定语法结合起来。

```
<input [(ngModel)]="username">；组件的 this.userName 将始终和输入值保持同步。
```

④ * 星号：在某个指定前使用星号会告诉 Angular 将我们的模板以指定的方式处理。例如，ngFor 会把我们的 <my-component> 变成 for each item in items。

```
<my-component *ngFor="let item of items"></my-component>
```

⑤ {{}} 插值（渲染）：是由一对双大括号 {{}} 组成，插值的变量上下文是组件类本身，插值是一种单向的数据流动：从数据模型到模板视图。

```
<div>Hello, my name is {{name}}</div>
```

（4）事件

Angular 中的事件在模板中用圆括号进行标记，并触发某个组件类中的方法。例如，加入我们使用这个模板。

```
<button (click)="clicked()">click</button>
```

同时该组件的定义如下。

```
@Component(···)
Class MyComponent {
```

```
    Clicked() {
    }
}
```

当按钮被单击时，这个组件的 clicked() 方法将被调用。另外，在 Angular 中，事件就像普通的 DOM 事件。它们能够向上冒泡并向下广播。

如果我们需要访问这个事件对象，可以将事件回调方法中简单传递一个 $evenet 参数。

```
<button (click)="clicked($evenet)">click</button>
```

这个组件类应当变成如下。

```
Class MyComponent {
  Clicked(event) {
  }
}
```

① 自定义事件

如果你的组件需要向其他组件广播自定义事件怎么办？ Angular 中有一个很简单的办法。在我们的组件中，我们可以导入 Output 模块和 EventEmitter 模块，然后就可以用 @Output 装饰器定义自定义事件 userUpdated 了。这个事件是一个 EventEmitter 实例。

```
import {Component, Output,EventEmitter} from'@angular/core';
@Component({
    selector:   'user-profile',
    template: '<div>Hi, my name is</div>'
  })
  export class UserProfile{
  @Output() userDataUpdated=new EventEmitter();
  constructor() {
      …
      This.userDataUpdated.emit(this.user);
    }
  }
```

当我们想触发事件的广播时，你可以在自定义事件上调用 emit 方法并传入一个参数，这个参数将随事件一起传递。

现在，我们可以在 App 中使用这个组件，并可以绑定 user-profile 发出的事件。

```
<user-profile   (userDataUpdated)="userProfileUpdated($event)"></user-profile>
```

当我们将 UserProfile 组件导入另外一个组件后，它就能监听到 userProfile Updated 事件的广播了。

② 生命周期事件

Angular App 和它的组件都有生命周期事件，允许开发者访问生命周期中的每个关键环节。这些事件通常和组件的创建、渲染、销毁相关。

A. NgModule。

Angular 团队通过 NgModule 函数重新实现了 App 的引导方式。@NgModule 使用元数据对象告诉 Angular 如何编译和运行模块代码。另外，@NgModule 允许你将所有的依赖进行前置说明，而不用在 App 中声明多次。

```
import {NgModule} from'@angular/core';
import {BrowserModule} from'@angular/platform-browser';
import {AppComponent} from'./app.component';

@NgModule({
  imports:       [BrowseModule],
  declarations:[AppComponent],
  bootstrap:   [AppComponent]
})
export class AppModule{ }
```

这段代码是一个基本的 app.module.ts 文件的例子，它使用了 BrowserModule 模块，这样 Angular App 才能运行在浏览器中，然后声明并启动 AppComponent。

这个模块最终会被 main.ts 文件所用，并进行真正的引导过程。

```
import {platformBrowserDynamic} from'@angular/platform-browser-dynamic';
import {AppModule} from'./app.module';

const platform =platformBrowserDynamic();

platform.bootstrapModule(AppModule);
```

这段代码初始化了 App 即将运行的平台，然后用这个平台引导你的 AppModule。Ionic starter 模板会自动为你创建必要的模块。

B．组件初始化事件。

当组件被创建时，它的构造器函数会被调用。在构造器中，我们必须在组件构造时进行初始化。但是，如果组件需要从子组件获得某些信息或属性，我们可能无法访问这些数据。

Angular 提供了一个 ngOnInit 事件，这个事件会在组件初始化真正完成时触发。我们的组件可以在框架调用这个方法之前等待，然后就可以在组件中使用和解析所有的属性了。

C．组件生命周期事件。

除了 ngOnInit，还有 ngOnDestroy：组件被销毁前调用；ngDoCheck：可以通过这个方法自定义变化监听；ngOnChanges(changes)：组件的某个绑定值发生改变时该方法会被调用；ngAfterContentInit：这个方法会在内容第一次渲染前被调用一次；等等。

尽管可以使用上述 Angular 事件，但仍然建议使用 Ionic 事件。

（5）管道符

管道符，原先叫作过滤器，将一个值转换成新的值。除了自定义管道，Angular 还提供了一些常用的管道操作，如 Date、UpperCase、LowerCase、Currency、Percent 等。

（6）@ViewChild

我们经常需要读写子组件的值或者子组件的方法。当父组件需要这些功能时，我们可以将子组件以一个 ViewChild 的形式注入父组件中。

```
import {Component, ViewChild} from'@angular/core';
import {UserProfile} from'../user-profile';
@Component({
```

```
    template: '<user-profile (click)="update()"></user-profile>',
    directives: [UserProfile]
})
export class MasterPage{
@ViewChild(UserProfile) userProfile:UserProfile;
constructor() {
        this.userProfile.sendData();
    }
}
```

从 Angular Core 中导入 ViewChild 和 UserProfile 组件。在 @Component 装饰器中，我们必须设置 directives 属性为注入的组件设置引用。构造器中包含了 @ViewChild 装饰器，在装饰器中将 userProfile 变量设置为注入的组件 UserProfile。使用了这些代码后，我们就能调用 UserProfile 子组件的 sendData 方法了。

2. 核心概念

为了更好地理解复杂的 Angular 技术，本节对上一节进行细化和延伸。Angular 官方文档列出了 8 个核心概念，分别是模块、组件、模板、元数据、数据绑定、指令、服务、依赖注入。从总览的角度看，各个概念在应用中所处的位置大概如图 2.11 所示。

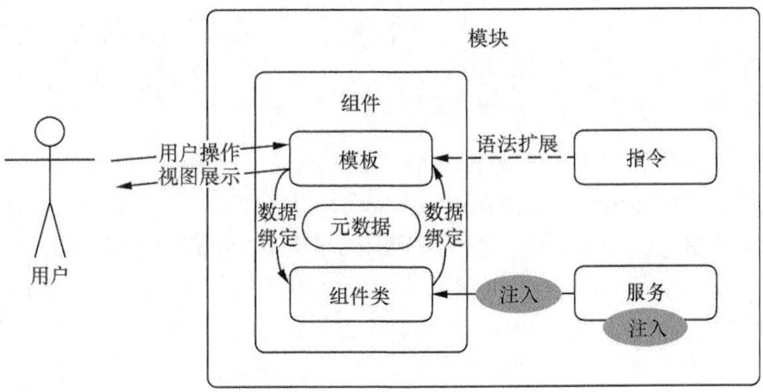

图 2.11 Angular 的核心概念

借助图 2.11，我们来大致解读一下这些核心概念。

① 与用户直接交互的是模板，模板并不是独立的模块，它是组成组件的要素之一。另一要素是组件类，用以维护组件的数据模型及功能逻辑。

② 模板是通过元数据指定的，元数据还包含很多其他的重要信息，这些信息用来告诉 Angular 如何去解释一个普通的类，如图 2.11 所示，元数据结合普通类而构成组件。

③ 指令是 Angular 里的独立构成，它与模板密切关联，用来增强模板特性，间接扩展了模板的语法。

④ 服务也是 Angular 里的独立构成，它是封装单一功能逻辑的单元，通常为组件提供功能扩展。

⑤ 服务要能为组件所使用，通过依赖注入机制把服务引入组件内部，服务既可以单独注入某一组件，也可注入模块，两种注入方式使得服务的作用域不一样。

⑥ Angular 的概念虽多，但理解起来并不难，这些概念中最重要的就是组件。纵观整个 Angular 应用，接收用户指令，加工处理后输出相应视图的过程中，组件始终处于这个交互的出入口，这正是 Angular 基于组件设计的体现。下面以组件为切入点，逐一揭开这些核心概念的面纱。

（1）组件、元数据及数据绑定

Angular 框架基于组件设计，其应用由一系列大大小小的组件构成。下面以一个通讯录例子来说明，如图 2.12 所示。

图 2.12　Angular 组件的通讯录例子

所有框起来的部分均是由相应的组件所渲染，并且这些组件层层嵌套，自上而下构成组件树。如最外层的方框为根组件，包含了 Header、ContactList 以及 Footer 三个子组件，其中 ContactList 又有自己的子组件。举一个简单的 Contact 组件示例代码，如下所示。

```
import { Component } from '@angular/core';
@Component({
  selector: 'contact',
  template: '<p> 张三 </p>'
})
class ContactComponent {
  constructor() { }
}
```

可以看出 Angular 组件由两部分组成，@Component() 和 TS/ES6 的类。TS/ES6 类是处理组件的业务逻辑，而 @Component() 这部分称为装饰器，装饰器是 TypeScript 提供的一种语言特性，用来给类、函数等注入额外的信息，这些额外的信息实际上就是 Angular 核心概念——元数据。在 Angular 里，元数据主要以装饰器的函数参数指定。上例中定义了两个重要元数据 selector 和 template，template 顾名思义为模板，selector 声明的是一个 CSS3 选择器，应用运行时匹配模板上的 DOM 元素，简单理解其实就是组件的标签名。

虽然每个组件各司其职，但组件以树的形式来组织意味着，组件不可能是孤立的存在，父子组件之间存在着双向的数据流动。每个组件均可以定义自己的输入输出属性，这些属性成为组件的对外接口，负责跟父组件进行交互。我们来完善 Contact 组件，添加输入输出属性，伪代码如下。

```
// import Component, Input, Output, EventEmitter, etc
@Component({
  selector: 'contact',
  template: '<p> 张三 </p>'
})
export class ContactComponent {
  @Input() item: ContactModel; // 输入属性
  @Output() update: EventEmitter<ContactModel>; // 输出属性
  constructor() { }
  modify() {
    // ...
    this.update.emit(newValue);
```

```
  }
}
```

@Input() 和 @Output 装饰器声明了组件 Contact 的输入输出接口，item 变量用来接收来自父组件的数据源输入，update 事件用于向父组件发送数据。输入输出属性分开。

定义好 Contact 组件输入输出接口后，接下来就与父组件 ContactList 交互。ContactList 父组件的示例代码如下。

```
// import statement
@Component({
  selector: 'contact-list',
  template: `
    <!-- 使用 <contact> 标签调用 Contact 组件 -->
    <contact [item]="items[0]" (update)="doUpdate(newValue)"></contact>
  `
})
export class ContactListComponent {
  items: ContactModel[]
  constructor() {}
  doUpdate(item: ContactModel) {
    // ...
  }
}
```

ContactList 组件的模板调用了 Contact 组件，其中 [item] 称为属性绑定，数据从父组件流向子组件；(update) 称为事件绑定，数据从子组件流向父组件。属性绑定和数据绑定均称为数据绑定，这个是 Angular 强调的核心概念之一。细心的读者可能已经发现，属性绑定和数据绑定是可以直接引用组件的成员属性，如 listItem 和 doUpdate()。属性绑定和事件绑定既用于组件数据模型和模板视图之间的数据传递，也同时用于父子组件的数据传递，在父子组件通信的过程中，模板充当类似于桥梁的角色，连接着二者的功能逻辑，如图 2.13 所示。

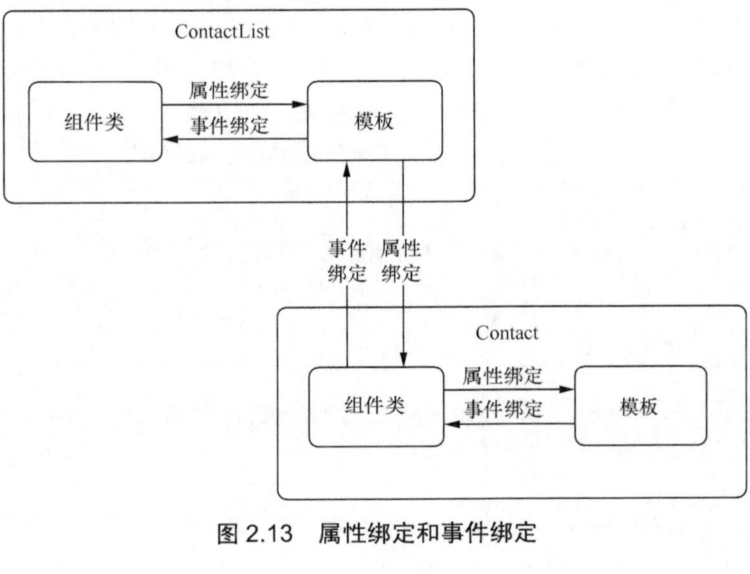

图 2.13　属性绑定和事件绑定

这就是 Angular 的数据流动机制，然而流动并不是自发形成的，流动需要一个驱动力，这个驱动力即 Angular 的变化监测机制。Angular 是一个响应式系统，每次数据变动几乎能实时处理，并更新对应视图。那么 Angular 是如何感知数据对象发生变动呢？ Angular 是以适当的时机去检验对象的值是否被改动，这个适当的时机并不是以固定某个频率去执行，而通常是在用户操作事件（如单击），setTimeout 或 XHR 回调等这些异步事件触发之后。Angular 捕获这些异步事件的工作是通过 Zones 库实现的，变化监测事件图如图 2.14 所示。

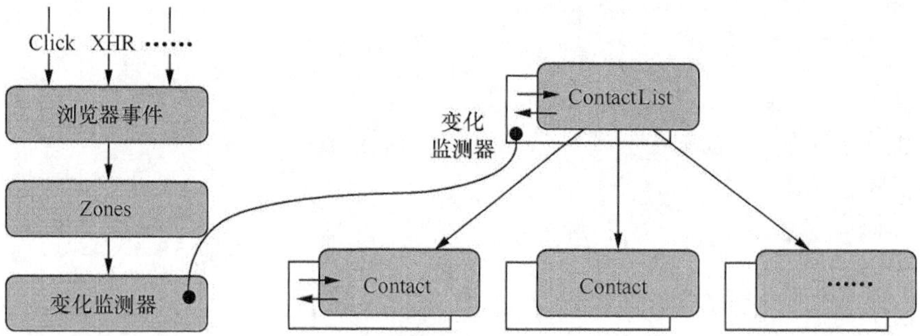

图 2.14　变化监测事件

从图 2.14 可以看出，每个组件背后都维护着一个独立的变化监测器，这个变化监测器记录着所属组件的数据变更状态。由于应用是以组件树的形式组织，因此每个应用也有着对应的一棵变化监测树。当 Zones 捕获到某异步事件后，通常它都会通知 Angular 执行变化监测操作，每次变化监测操作都始于根组件，并以深度优先的原则向叶子组件遍历执行，而且每个组件的变化监测器都对其组件的数据模型经过优化，检测的性能非常高。

智能化的变化监测机制使得开发者不必关心数据何时何地被变动，它总是能找到适当的时机去触发数据检测，这就是 Angular 强大的数据变化监测机制特点所在。而当检测到数据发生变动时，结合数据绑定从而驱动模板视图的实时更新，这就是我们所看到的实时更新的效果。

那么我们继续延伸，倘若在发现输入数据有变动的时机里，我们需要去做一些额外的处理，怎么办？ Angular 提供了完善的生命周期钩子来解决这个问题，如 ngOnChanges 可以满足刚提到的捕获输入数据变动时机的要求，使用方法也很简单，直接定义一个同名实例方法即可。

```
export class ContactComponent {
  @Input() item: ContactModel; // 输入属性
  @Output() update: EventEmitter<ContactModel>; // 输出属性
  constructor() { }
  modify() {
    // ...
    this.update.emit(newValue);
  }
  ngOnChanges(changes: SimpleChanges) { // 变化检测钩子，item 值变动时触发
           // changes 包含了变动前后状态
    // ...
  }
}
```

常用的生命周期钩子如下。

① 最先触发的是构造函数，你可以做些组件类的初始化工作，例如类变量初始赋值等。

② 接下来会触发 ngOnChanges 钩子，这是 ngOnChanges 钩子的第一次触发，主要用来接收来自父组件传入的数据，为接下来的组件的初始化工作提供数据支持。

③ 然后就到了 ngOnInit 钩子，这个才是实际意义的组件初始化阶段，Angular 不推荐在构造器初始化阶段处理一些业务逻辑相关的工作，更好的方式是放在 ngOnInit 阶段来处理。

④ 接下来，组件就进入稳定期，这个时期 ngOnChanges 钩子可以反复触发。只要从输入属性获取到的数据发生变化，ngOnChanges 钩子就会触发。

⑤ 最后，在组件销毁之前会触发 ngOnDestroy 钩子，在这个阶段可以用来做一些清理工作，如事件解绑，取消数据订阅等。

以上便是组件的简述，同时简单介绍了元数据和数据绑定，对于组件的重要要素，即模板的介绍并没有展开，Angular 为模板提供了强大的功能特性。

（2）模板

Angular 模板基于 HTML，普通的 HTML 也可作为模板输入。

```
@Component({
  template: `<p> 张三 </p>`
})
```

但 Angular 模板不止于此，Angular 为模板定制出一套强大的语法体系，涉及内容颇多，这也是为什么将模板单独列出的原因。数据绑定是模板最基本的功能，除了前述提到的属性绑定和事件绑定，插值也是很常见的数据绑定语法，示例代码如下。

```
// import statement
@Component({
  selector: 'contact',
  template: '<p>{{ item.name }}</p>'
})
export class ContactComponent {
  @Input() item: ContactModel;
  // ...
}
```

插值语法是由一对双大括号 {{}} 组成，插值的变量是组件类本身，如上例中的 item，插值是一种单向的数据流动 —— 从数据模型到模板视图。

上面提到的三种数据绑定（属性绑定、事件绑定以及插值）语法的数据流动都是单向的，在某些场景下需要双向的数据流动支持（如表单）。结合属性绑定和事件绑定，Angular 模板可实现双向绑定的功能，如：

```
<input [(ngModel)]="contact.name"></input>
```

[()]是实现双向绑定的语法糖，ngModel是辅助实现双向绑定的内置指令。上述代码执行后，Input 控件和 contact.name 之间就形成双向的数据关联，Input 的值发生变更时，可自动赋值至 contact.name，而 contact.name 的值被组件类改变时，也可实时更新 Input 的值。

由上可知，数据绑定负责数据的传递与展示，而针对数据的格式化显示，Angular 提供了一种叫管道的功能，使用竖线 | 来表示，示例代码如下。

```
<span>{{ contact.telephone | phone }}</span>
```

假设上述 contact.telephone 的值是 18612345678，这一串数字并不太直观，管道命令 phone 可以将其进行美化输出，如 “186-1234-5678”，而不影响 contact.telephone 本身的值。管道支持开发者定制开发，phone 即属于自定义管道。Angular 也提供了一些基本的内置管道命令，如格式化数字的 number、格式化日期的 date 等。

上述是 Angular 模板主要的语法特性，除了基本的语法特性，模板还有一套强大的 “指令” 机制，来简化一些特定的交互场景，如样式处理、数据遍历以及表单处理等。

（3）指令

指令与模板关系密切，可以与 DOM 进行灵活交互，它或是改变样式，或是改变布局。了解过 AngularJS 的开发者可能会有疑问，这里的指令跟 AngularJS 的指令是一回事吗？虽然 Angular 指令跟 AngularJS 指令在功能有类似之处，但二者并不完全是同一个概念。Angular 指令的范畴很广，实际上组件也是指令的一种。组件与一般指令的区别在于：组件带有单独的模板，即 DOM 元素，而一般的指令是作用在已有的 DOM 元素上。一般的指令分为两种：结构指令和属性指令。

结构指令能够添加、修改或删除 DOM，从而改变布局，如 ngIf。

```
<button *ngIf="canEdit"> 编辑 </button>
```

当 canEdit 的值为 true 时，button 按钮会显示到视图上；当 canEdit 为 false 时，button 按钮会从 DOM 树上移除。注意结构指令的 * 号不能丢掉，这是 Angular 为了使用简便实现的语法糖。

属性指令用来改变元素的外观或行为，使用起来跟普通的 HTML 元素属性非常相似，如 ngStyle 指令，用于动态计算样式值，示例代码如下。

```
<span [ngStyle]="setStyles()">{{ contact.name }}</span>
```

标签的样式由 setStyles() 函数计算得出，setStyles() 是其组件类的成员函数，返回一个计算好的样式对象，示例代码如下。

```
class ContactComponent {
  private isImportant: boolean;
  setStyles() {
    return {
      'font-size': '14px',
      'font-weight': this.isImportant ? 'bold' : 'normal'
    }
  }
}
```

上面列举的 ngIf 和 ngStyle 都是 Angular 的内置指令，类似的还有 ngFor、ngClass 等，这些内置指令为模板提供了强大语法支持。指令更具吸引力的地方在于支持开发者自定义，自定义指令能最大限度地实现 UI 层面的逻辑复用。

（4）服务

服务是封装单一功能的单元，类似于工具库，常被引用于组件内部，作为组件的功能扩展。那服务包含什么？它可以是一个简单的字符串或是 JSON 数据，也可以是一个函数甚至是一个类，几乎所有的对象都可以封装成服务。以日志服务为例，一个简单的日志服务如下所示。

```
// import statement
@Injectable()
export class LoggerService {
  private level: string;
  setLevel(level: string) {
    this.level = level;
  }

  debug(msg: string) { }
  warn(msg: string) {   }
  error(msg: string) { }
}
```

@Injectable() 是服务类装饰器。

这个服务的功能很简单，只专注于日志功能，Angular 应用里每个组件都可以复用到这个日志服务，使自己有新增日志记录的能力，而不需要每个组件重复实现，这就是设计服务的主要原则。那么服务怎么样为组件所使用？这就需要引入依赖注入机制。

（5）依赖注入

在服务小节里提到过“注入”这个概念，依赖注入一直都是 Angular 的卖点。通过依赖注入机制，服务等模块可以被引入到任何一个组件（模块，或其他服务）中，而开发者无须关心这些模块是如何被初始化。因为 Angular 已经帮你处理好，包括该模块本身依赖的其他模块也会被初始化。图 2.15 所示为当组件注入日志服务后，日志服务以及它所依赖的基础服务都会被初始化。

可以说，依赖注入是一种帮助开发者管理模块依赖的设计模式。在 Angular 中，依赖注入与 TypeScript 相结合提供了更好的开发体验。在 TypeScript 中，对象通常被明确赋以类型，通过类型匹配，组件类便可知道该用哪种类型实例去赋值变量。一个简单的依赖注入例子如下所示。

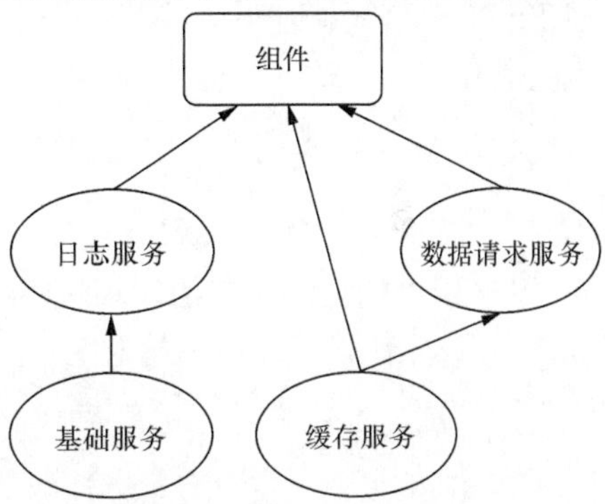

图 2.15　Angular 的依赖注入

```
import {LoggerService} from './logger-service';
// other import statement
@Component({
  selector: 'contact',
  template: '...'
  providers: [LoggerService]
})
export class ContactListComponent {
```

```
  constructor(logger: LoggerService) {
    logger.debug('xxx');
  }
}
```

@Component 装饰器中的 providers 元数据是依赖注入操作的关键，它会为该组件创建一个注入器对象，并新建 LoggerService 实例存储到这个注入器中。当组件需要引入 LoggerService 实例时，只需在构造函数中声明 LoggerService 类型的参数，Angular 自动地通过类型匹配，找出注入器里预先实例化好的 LoggerService 对象，在组件实例化时作为参数传入，这样组件便获得了 LoggerService 的实例引用。

值得注意的是，组件上创建的这个注入器对象是可以被子组件复用的，这就意味着我们只需在根组件上注入一次服务，即在根组件的 providers 声明注入该服务，整棵组件树上的组件都能使用这个服务，并且保持单例。这个特性非常有用，大大节省了服务的内存占用，并且由于服务是单例的，注入到组件后，可以作为中转桥梁，实现这些组件之间的数据传递。

此时，大家可能会有疑问，在某个组件分支里，我不想继续沿用这个实例了，我希望使用一个新实例，这种场景其实并不少见，那么这种情况 Angular 怎么解决？答案是分层注入。组件树上的每个组件都能单独注入服务，服务的每一次注入（也就是使用 providers 声明），该服务都会被创建出新的实例，该组件及其所有子组件都会转而使用这个新的实例，举例如下。

我在根组件注入了 LoggerService 日志服务，并设置日志级别 level 为 warn 级别。

```
// import statement
// 根组件
@Component({
  selector: 'app',
  template: '...',
  providers: [LoggerService]
})
class AppComponent {
  constructor(logger: LoggerService) {
    logger.setLevel('warn');
  }
}
```

那么组件树上的所有组件都能使用到这个 warn 级别的日志服务。

```
// ContactList 组件
@Component({
  selector: 'contact-list',
  template: '...'
})
class ContactListComponent {
  constructor(logger: LoggerService) { // 在构造器里声明即可

  }
}
```

接下来，随着业务发展，我希望在 ContactList 组件分支上能输出更高级别（如 debug 级别）的日志信息，很显然，通过在 ContactList 组件里修改 level 会有一些副作用。

```
class ContactListComponent {
  constructor(logger: LoggerService) {
    logger.setLevel('debug'); // 这个 logger 是全局实例
  }
}
```

它获取到的 logger 是根组件注入的实例，在任何一个子组件调用 setLevel() 都是全局生效的，这使得根组件也输出了 debug 级别的信息。这时候我们只需要在 ContactList 组件里重新注入 LoggerService 实例，即可满足需求。

```
// ContactList 组件
@Component({
  selector: 'contact-list',
  template: '...',
  providers: [LoggerService] // 重新注入
})
class ContactListComponent {
  constructor(logger: LoggerService) {
    logger.setLevel('debug');
  }
}
```

ContactList 分支使用的是新的 debug 级别的日志服务，而根组件和 Header 等其他组件依然能继续使用 warn 级别的日志服务，如图 2.16 所示。

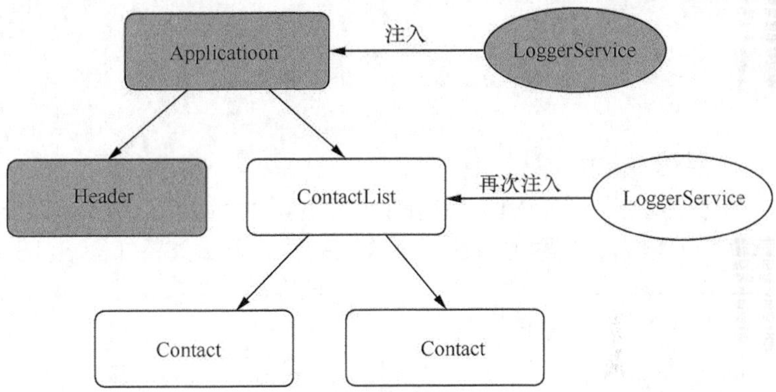

图 2.16　注入树

组件以树的形式组织，使得组件背后的注入器对象也可以抽象为一棵树，称为注入树。Angular 首先会从宿主组件对应的注入器查找匹配的服务实例，若找不到，则继续往父组件的注入器里查找，一直找到最顶层的注入器为止，若都找不到匹配的实例，则抛出错误。这种灵活的注入方法可以适应多变的应用情景，既可配置全局单例服务（在应用的根组件注入即可），也可按需注入不同层级的服务，彼此数据状态不会相互影响。

前面提到过，依赖注入除了可以作用于组件，也可以作用于模块，要理解模块的依赖注入，首先理解模块是什么。

（6）模块

首先说明的一点，模块有两层含义：

① 框架代码以模块形式组织（物理模块）；

② 功能单元以模块形式组织（逻辑模块）。

物理模块是 TS/ES6 提供的文件模块特性，并不是本书重点，这里重点剖析的是逻辑模块，下面将逻辑模块简称为模块。

一个大型应用由大量组件、指令、管道、服务构成，这些构件中有些是没有交集的，而有些则协同工作来完成某个特定的功能，我们希望把这些有关联的构件包装到一块，形成一个比较独立的单元，这样的单元在实际意义上就称为模块。所以简单说，模块就是对应用零散的组件、指令、服务按功能进行归类包装。其关系示意图如图 2.17 所示。

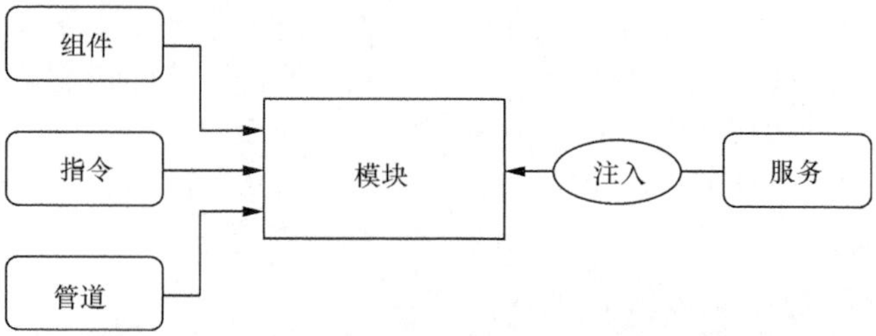

图 2.17　Angular 模块的概念

除此之外，模块还有一个重要的实际意义。因为默认情况下，一个组件是不能直接引用其他组件的，也不能直接使用其他指令的功能，要想使用需要先导入。前面讲父子组件时候已经提到过，这个导入的过程就是应用模块实现的。总结来说，一个组件可以任意使用同模块的其他组件和指令。但是，跨模块里的组件指令则不能直接相互使用，如模块 A 的组件不能直接使用模块 C 的指令，若要跨模块访问，则需结合模块的导入导出功能，要理解导入导出的内容，先来看一个简单的模块例子。

```
// import statement
@NgModule({
  imports: [SomeModule], // 导入其他模块
  declarations: [SomeComponent, SomeDirective, SomePipe], // 引入组件、指令、管道
  providers: [LoggerService], // 依赖注入
  exports: [SomeComponent, SomeDirective, SomePipe] // 导出组件、指令、管道
  // bootstrap: [AppComponent] // 根模块才有，标记哪个组件是根组件
})
export class AppModule { }
```

可以看出，声明模块使用的是 @NgModule() 装饰器。先来看 imports 和 exports 属性，它们为模块的导入导出属性，模块间的导入导出关系如图 2.18 所示。

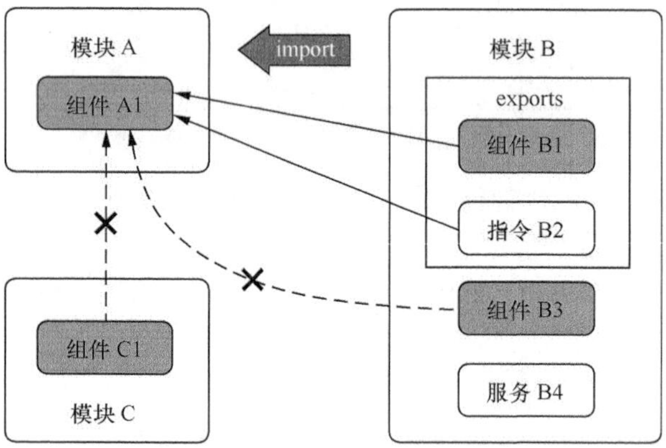

图 2.18　模块间的导入导出关系

由图 2.18 可知，模块 A 导入了模块 B，模块 B 通过 exports 属性暴露了组件 B1 和指令 B2。很显然，组件 B1 和指令 B2 能够被组件 A1 使用，而组件 B3 并不能。所以可以看出，Angular 模块既可以对外暴露出一些构件，同时又有一定的封装性，能够隐藏内部的一些实现。

讲完了模块内的组件和指令（管道的访问方式跟组件指令一致），接下我们来看一下服务。服务既可注入到组件也可注入到模块，二者的使用方法大致相同，区别在于作用域。所有的模块上都共享着一个应用级别的注入器，这就意味着注入到任何一个模块的服务可以在应用全局（所有模块）里使用，而注入到组件里的，仅能在该组件以及它的子组件上使用。

可以看出，组件级注入器是全局注入器的一个子注入器，所以回看上面这个例子，模块 B 里的服务 B4 既可以在模块 A 里使用，也可以在模块 C 里使用。

这里大家可能会有疑问，如果不同的模块里都注入了相同标识的服务，由于模块都共享同一个注入器，免不了会发生冲突。这里，只要记住一个原则即可，后初始化的服务会覆盖先初始化的服务，举个例子，模块 A 和模块 C 都注入了 LoggerService，并且模块 A 导入了模块 C，由于模块 C 会先初始化，然后才到模块 A，所以模块 A 注入的 LoggerService 会被应用到全局。特别提醒的一点是，即使模块 C 也注入了 LoggerService，该模块里生效的实例也会是模块 A 里注入的那个实例，一定要记住这点。按照这个理论来推导，根模块里注入的服务始终是最高优先级的。

上面主要介绍了模块的特性，接下来看一下 Angular 给我们推荐的模块使用的最佳实践。

① 首先，Angular 要能成功运行，至少需要定义一个模块，因为需要有一个模块作为应用启动的入口，这样的模块就称为根模块。

② 其次，我们的应用会不断地添加新的功能，这些新增的功能可以封装到一个新的模块里。这些新增加的模块在 Angular 里称为特性模块。有了特性模块之后，根模块原来承载的功能逻辑也可以抽离出来，放到某个特性模块里，使根模块保持简洁。

③ 再次，我们添加的特性模块越来越多，它们之间可以抽出一些相似功能的组件或指令，这些公共的部分也可以封装成一个独立的模块，这样的模块在逻辑意义上不能称为特性模块，Angular 把它称为共享模块。

④ 最后，还有核心模块，我们知道，一个应用里总有一些全局的组件或服务等，它们只需要在应用启动时候初始化一次即可，例如，维护登录信息的服务，或者是，公共的头部和尾部组件等。虽然我们可以把它们放到根模块里，但更好的设计是把这些逻辑也抽离出来，放到一个独立的模块中，这个模块即为核心模块。核心模块要求只导入到根模块里，尽量不要导入到特性模块或者共享模块里，这是为了在协同工作时候避免出现一些不可预料的结果。

这就是 Angular 给我们推荐的最佳实践。最终我们看到，处于总指挥地位的根模块非常简洁，没有烦琐的业务细节。应用的功能特性被切分为各个大大小小的模块，逻辑结构非常清晰。Angular 已经封装了不少常用的模块，如下所示。

① ApplicationModule：封装一些启动相关的工具；

② CommonModule：封装一些常用的内置指令和内置管道等；

③ BrowserModule：封装在浏览器平台运行时的一些工具库，同时将 Common Module 和 ApplicationModule 打包导出，所以通常在使用时引入 BrowserModule 就可以了；

④ FormsModule 和 ReactiveFormsModule：封装表单相关的组件指令等；

⑤ RouterModule：封装路由相关的组件指令等；

⑥ HttpModule：封装网络请求相关的服务等。

所以，如果你想使用 ngIf 和 ngStyle 等这些内置指令，记得先导入 CommonModule，其他的模块使用方法参照执行。

（7）应用启动

Angular 通过引导运行根模块来启动应用，引导的方式有两种：动态引导和静态引导。要理解二者的区别，先来简述 Angular 应用的启动过程，Angular 应用运行之前，都需要经过编译器对模块、组件等进行编译，编译完后才开始启动应用并渲染界面。

动态引导和静态引导的区别就在于编译的时机不同，动态引导是将所有代码加载到浏览器后，在浏览器进行编译；而静态引导是将编译过程前置到开发时的工程打包阶段，加载到浏览器的将是编译后的代码。假设我们的根模块为 AppModule，动态引导的示例代码如下。

```
import { platformBrowserDynamic } from '@angular/platform-browser-dynamic';
import { AppModule } from './app.module';
platformBrowserDynamic().bootstrapModule(AppModule);
```

动态引导是从 platformBrowserDynamic 函数启动，该函数从 @angular/platform-browser-dynamic 文件模块中导入。动态引导启动的模块 AppModule 即我们编写的模块，再来看看静态引导的示例代码。

```
import { platformBrowser } from '@angular/platform-browser';
import { AppModuleNgFactory } from './app.module.ngfactory';
platformBrowser().bootstrapModuleFactory(AppModuleNgFactory);
```

静态引导以 platformBrowser 函数启动，这个函数是从 @angular/platform-browser 文件模块中导入的，跟动态引导文件不是同一个。静态引导启动的是 AppModuleNgFactory 模块，这是 AppModule 经过编译处理后生成的模块（app.module 文件编译后生成 app.module.ngfactory 文件）。由于整个应用已经被预先编译，所以编译器并不会打包到项目代码，代码包体更小，加载更快，而且也省去了浏览器编译这个步骤，因此应用启动的速度也会更快。

动态引导开发流程简单明了，适合小型项目或者大型应用的开发阶段使用；而静态引导需要在开发阶段加入预编译流程，稍显复杂但性能提升明显，任何时候都推荐使用。

3. JavaScript 也在进化中——理解 ES6 和 TypeScript

近几年来，Web 开发者突然发现，有许多意图创建出更好的或者更能满足开发者需要的 JavaScript 版本出现了。CoffeeScript、AtScript、Dart、ES6、TypeScript 等，都试图改进 JavaScript。这些语言通过提供符合现代 App 开发的特性和功能来扩展 JavaScript。但每一种语言都必须解决这个问题，即我们现在的浏览器所使用的 JavaScript 版本是所谓的 ECMAScript5（ES 5），这样每一种语言都必须将它的代码转换成标准的 JavaScript，即所谓的转译。

如果你想使用下一代的 JavaScript，通常有两种选择：ES6 或者 TypeScript。ES6 是 JavaScript 的下一代官方版本，它在 2015 年 1 月正式通过，随着时间的推移，可能会逐渐成为浏览器支持的正式标准，它提供了强大的类型检查和面向对象特性。它的内核也使用了 ES6。TypeScript 是 Angular 和 Ionic App 开发中的主要语言。

尽管我们当前的浏览器不支持这两种语言，但可以用一些工具例如 Babel 或 tsc 将我们的代码转译成标准 JavaScript。我们不需要关心这个过程，因为它已经内置在 Ionic 编译过程中了。

TypeScript 扩展了 JavaScript 语法，任何已经存在的 JavaScript 程序，可以不加任何改动，在 TypeScript 环境下运行。TypeScript 只是向 JavaScript 添加了一些新的遵循 ES6 规范的语法，以及基于类的面向对象编程的这种特性。本节介绍的 Angular 框架，这个框架本身是由 TypeScript 编写的，而 Angular 框架是由谷歌公司开发的。也就是说，现在 TS 这门语言是由微软和谷歌这两大公司在背后支持。因此我们有理由相信，在未来一段时间内，TS 有可能成为前端开发语言中的主流。

（1）搭建 TypeScript 开发环境

其实也就是安装 TypeScript 的转译器。

① 安装。

```
$ npm install -g typescript
```

② 版本检查。

```
$ tsc --version
                    Version 2.3.4
```

③ 简单使用。

在 work 文件夹下新建 Hello.ts 文件。

```
export class Hello {

}
```

运行 $ tsc Hello.ts 命令，可以看到在 work 文件夹下生成了一个 hello.js 文件，即编译后最终在浏览器中执行的文件。

```
"use strict";
exports.__esModule = true;
var Hello = (function () {
    function Hello() {
    }
    return Hello;
}());
exports.Hello = Hello;
```

（2）字符串新特性

① 多行字符串：在传统的 JS 中，当你想给一个字符串换行的时候需要用 "+"；在新的 TS 中，引用了多行字符串的概念。使用双撇号声明字符串。

```
var content = `aaa
bbb
ccc`;
```

转译成 JS 会自动加上换行。

```
var content = "aaa\nbbb\nccc";
```

② 字符串模板：Angular 的一个特点是它内置了模板引擎。很多时候，模板是以外部文件的方式存在的。但有时候，将模板直接写在代码行中可能更直观。模板字符串不一定是静态的，你可以通过 $(表达式) 的方式进行字符串插值。

```
var myname = "qiang lei";
var getName = function(){
    return "qiang lei";
}
console.log(`<div>
<span>${myname}</span>
```

```
<span>${getName()}</span>
<div>xxx</div>
</div>`);
```

（3）变量、参数和类型新特性

① 在 ES6 中，可以用 let 关键字指定一个变量，使变量的作用域仅限于最近的块。

② 参数类型：在参数名称后面使用冒号来指定参数类型，可以避免错误类型复制，减少开发中的错误，在 TS 转译器中会提示错误！此外，函数返回值也可以类型化。

③ 参数默认值：在参数声明后面用等号来指定参数默认值。

④ 可选参数：在方法的参数声明后面用问号来标明此参数为可选参数。

⑤ 类型化数组：在有效的类型声明之后添加 [] 后缀，例如：boolean[]。

⑥ 特殊类型：除了原始类型外，在 TypeScript 中还有几个类型有着特殊的含义。它们是 any(可以保存任意类型)；nul 和 lundefined(可以看成是一种 any 类型)；void。

（4）函数新特性

① Rest and Spread 操作符：用来声明任意数量的方法参数，操作符为三个点："..."。

```
function fun1(...args){
    args.forEach(function(arg){
        console.log(arg);
    })
}
fun1(1, 2, 3);
fun1(7, 8, 9, 10, 11, 12);
// "..." 即 Rest and Spread 操作符
```

② generator 函数：控制函数的执行过程，手工暂停和恢复代码执行。generator 函数和普通函数的写法有区别，一是 function 关键字和函数名之间有一个星号，二是函数体内部使用 yield 语句，定义不同的内部状态。

```
function* getStockPrice(stock){
    while(true){
        yield Math.random()*100;
    }
}

var priceGenerator = getStockPrice("QL");
var limitPrice = 14;
var price = 100;
while(price > limitPrice){
    price = priceGenerator.next().value;
    console.log(`the gernerator return ${price}`);
}
console.log(`buying at ${price}`);
```

③ Promise 对象：用于延迟操作和异步操作。一个 Promise 表示一种未完成的操作，这个操作有可能在未来完成。当需要和远程服务器打交道或者加载本地数据时，Prromis 非常有用，它提供了一种比传统回调方法更简单的方式来处理异步操作。一个 Promise 可能有三种状态。Pending：结果还不确定，因为异步操作还未返回结果；Fulfilled：异步操作已经完成，Promise 已经有确定值；Rejected：异步操作失败，Promise 永远不会出现。Promise 的主要 API 是 then 方法，这个方法注册了一个回调方法用于接收结果值或者失败原因。

④ Observable 对象：Angular 有许多服务使用 Observable 而不使用 Promise。Observable 是用 RxJS 库来实现。与 Promise 用于解决单个值的同步不同，一个 Observable 用于解决多个值的同步（实时）。

（5）表达式和循环

① 箭头表达式（lambda 表达式）：lambda 表达式 ()=>{something} 或 ()=> something 相当于 js 中的函数，它的好处是可以自动将函数中的 this 附加到上下文中，用来声明匿名函数，消除传统匿名函数的 this 指针问题，如下说明。

```
var sum = (arg1, arg2) => {
    return arg1 + arg2;
}
```

② forEach() 遍历数组，for in(ES5) 遍历的是数组的索引（键名），for of(ES6) 遍历的是数组元素值，用下面的例子予以说明。

```
var myArray = [1,2,3,4];
myArray.forEach(value => console.log(value));
for(var n in myArray){
    console.log(n);   //0 1 2 3 4 desc 属性名（键名）
    console.log([n]);   // 1 2 3 4 four number 键值
}
for(var n of "four number"){
    console.log(n);   // four number; 把每个字符打印出来
}
```

（6）面向对象特性

TypeScript 类（Class）：类是 TS 的核心，使用 TS 开发时，大部分代码都是写在类里面的。这里会介绍类的定义、构造函数以及类的继承。

① 定义。

```
class Person{
    constructor(public name:string){
        this.name = name;
        console.log("haha");
    }// 类的构造函数，只在实例化时被调用，而且被调用一次；
    eat(){
        console.log("im eating");
    }
}
class Employee extends Person{
    code: string;
    constructor(name: string, code: string){
        super(name);// 子类构造函数必选调用父类构造函数
        console.log("xixi");
        this.code = code;
    }
    work(){
        super.eat();// 调用父类方法
        this.doWork();
    }
    private doWork(){
        console.log("im working");
```

```
    }
}
// 类的实例化
var e1 = new Employee("name", "1");
e1.work();
var p1 = new Person("batman");
p1.eat();
var p2 = new Person("superman");
p2.eat();
```

② TypeScript 泛型（generic）：参数化的类型，一般用来限制集合的内容；继续上面的例子，声明一个数组。

```
var workers: Array<Employee> = [];// 指定数组只能放 Person 类型的元素
workers[0] = new Employee("zhangsan","1");
workers[1] = new Employee("lisi", "2");
workers[0].work();
workers[1].work();
```

③ TypeScript 接口（Interface）：用来建立某种代码约定，使得其他开发者在调用某个方法或创建新的类时必须遵循接口所定义的代码约定。示例如下。

```
// 声明接口
interface IPerson{
    name: string;
    age: number;

}
// 声明类
class Person{
    // 接口作为方法的参数的类型声明
    constructor(public config: IPerson){
    }
}
var p1 = new Person({
    name: "zhangsan",
    age: 18
})// 传入的参数必须满足接口声明的参数的所有属性
```

④ TypeScript 模块（Module）

模块可以帮助开发者将代码分割为可重用的单元。开发者可以自己决定将模块中的哪些资源（类、方法、变量）暴露出去供外部使用，哪些资源只在模块内使用。在 TS 中一个文件就是一个模块，模块的内部有两个关键字（export、import）支撑模块的特性，用这两个关键字来控制模块对外暴露什么以及需要别的模块为你提供什么。

⑤ TypeScript 注解（Annotation）：注解为程序的元素（类、方法、变量）加上更直观的说明，这些说明信息与程序的业务逻辑无关。例如 Angular 中的组件 @Component 就是个注解，这个注解本身是由 Angular 框架提供的，在这个注解中有一些属性，这些属性会告诉 Angulr2 框架怎么去处理 AppComponent 这个 ts 类，即在 Angular2 框架中，去实例化一个 AppComponent 这样一个类的时候，Angular 框架会去加载 ./app.component.html 这个页面和 ./component.css 展示的页面。 这就是注解，它用来告诉我们一个框架怎么处理程序中的类、元素等。

⑥ TypeScript 类型定义文件（*.d.ts）: 类型定义文件用来帮助开发者在 TypeScript 中使用已有的 JavaScript 的工具包。

2.4.5 Apache Cordova（PhoneGap）

（1）概述

Ionic 框架构建于另外两种技术之上：Angular 和 Apache Cordova。上一节我们已经介绍了 Angular，在本节我们将学习 Apache Cordova 是什么以及它如何与 Ionic 交互。

Apache Cordova 是一个开源框架，允许移动 App 开发者用 HTML、CSS 和 JavaScript 内容创建针对各种移动设备的本地应用。Cordova 会将你的 Web 应用渲染到原生 Web View 中，Web View 是一个原生 App 组件，该组件用于在原生 App 中显示 Web 内容。你可以把 Web View 看成是没有任何标准用户界面外壳的 Web 浏览器，如图 2.19 所示。Web App 可以在这个容器中运行，就像任何其他类型的 Web 应用在移动浏览器中运行一样，它可以打开外部 HTML 页、执行 JavaScript 代码、播放媒体文件、与远程服务器交互。这种移动 App 类型通常被称作混合 App。

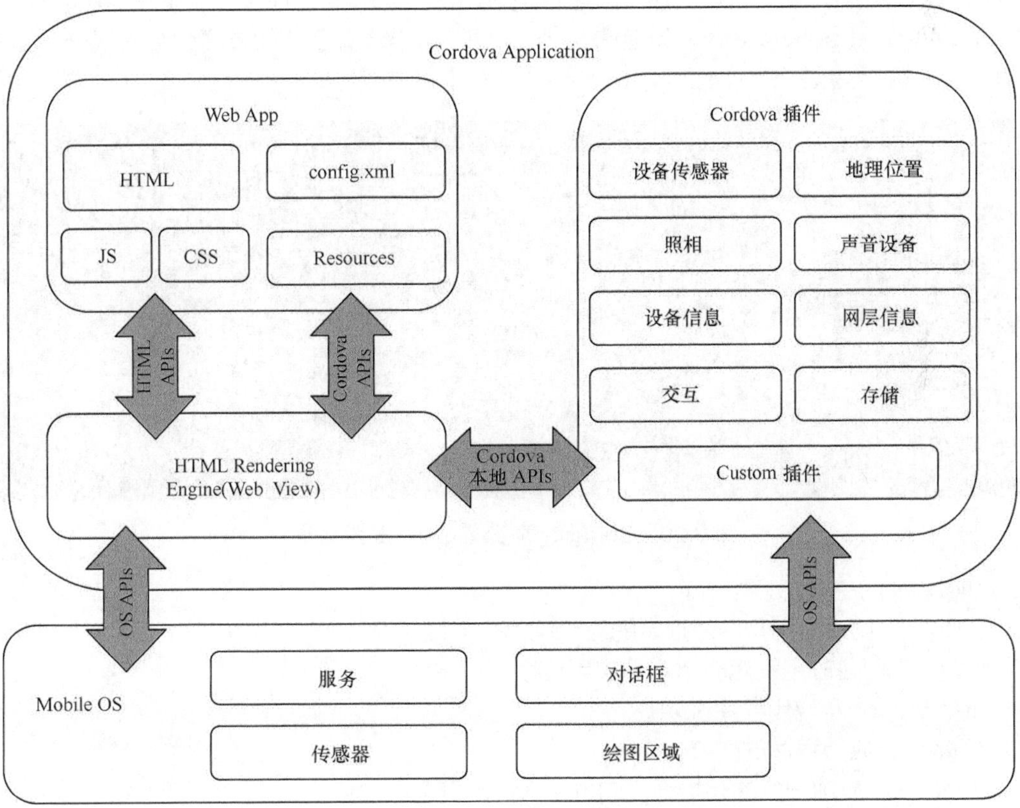

图 2.19　Cordova 架构

此外，Cordova 还提供了允许访问各种设备特性（如联系人数据库）的 JavaScript API。这些能力通过一系列插件暴露给开发者。插件提供了一个 Web App 和设备原生能力之间的桥接层。Cordova 项目维护了一个核心的插件集合，但更多功能是通过第三方插件来提供的（如 NFC 通信、压感触控）。

Cordova 的优势如下。

① Cordova 为构建混合移动应用程序提供了一个平台，因此我们可以开发一个应用程序，在不同的移动平台，如 iOS、Android、Windows Phone、Amazon-fireos、黑莓、Firefox OS、Ubuntu 上使用。

② 开发混合应用程序比原生应用程序更快，所以 Cordova 可以节省大量的开发时间。

③ 由于我们在使用 Cordova 时使用 JavaScript，因此不需要学习平台特定的编程语言。

④ 有大量的社区插件可以与 Cordova 一起使用，许多库和框架都经过优化。

（2）深入了解 Cordova

Cordova CLI 的出现使 Cordova 的配置变得简单了。CLI 会搭建一个基本的项目脚手架并将它配置成为支持你指定的所有移动平台。Cordova CLI还允许我们轻松地集成和管理项目中的插件。

每个 Cordova App 都是通过 config.html 文件来配置的。这个全局的配置文件控制了 App 的方方面面，从 App 的图标、插件到和平台相关的各种设置。它是基于 W3C 的 Package Web App(Widgets) 规范的。Ionic CLI 在搭建脚手架的过程中会生成一个基本的 config.xml 文件，如图 2.20 所示。

```
<?xml version='1.0' encoding='utf-8'?>
<widget id="com.example.hello" version="0.0.1" xmlns="http://www.w3.org/ns/widgets" xmlns:cdv="http://cordova.apache.org/ns/1.0">
    <name>CordovaApp</name>
    <description>
        A sample Apache Cordova application that responds to the deviceready event.
    </description>
    <author email="dev@cordova.apache.org" href="http://cordova.io">
        Apache Cordova Team
    </author>
    <content src="index.html" />
    <plugin name="cordova-plugin-whitelist" spec="1" />
    <access origin="*" />
    <allow-intent href="http://*/*" />
    <allow-intent href="https://*/*" />
    <allow-intent href="tel:*" />
    <allow-intent href="sms:*" />
    <allow-intent href="mailto:*" />
    <allow-intent href="geo:*" />
    <platform name="android">
        <allow-intent href="market:*" />
    </platform>
    <platform name="ios">
        <allow-intent href="itms:*" />
        <allow-intent href="itms-apps:*" />
    </platform>
</widget>
```

图 2.20　Cordova 的 config.xml 配置文件

config.xml 的主要元素如下。

① widget：创建应用程序时指定的应用程序反向域值。

② name：创建应用程序时指定的应用程序名称。

③ description：应用程序说明。

④ Author：应用程序的作者。

⑤ content：应用程序的起始页，它位于 www 目录内。

⑥ plugin：当前安装的插件。

⑦ access：用于控制对外部域的访问。默认的 origin 值设置为 *，这意味着允许访问任何域。此值不允许打开某些特定的网址来保护信息。

⑧ allow-intent：用于控制对外部域的访问。默认的 origin 值设置为 *，这意味着允许访问任何域。此值不允许打开某些特定的网址来保护信息。

⑨ platform：构建应用程序的平台。

Cordova 的真正强大之处是它的插件库。什么是 Cordova 插件？这里给出了 Cordova 官方网站上的定义：一个插件是一些任务的代码，允许 JavaScript 和原生组件交互。它们允许你的 App 能够调用单纯的 Web App 所不具备的原生设备的能力。

在前面我们提到过，有两套插件：核心插件和第三方插件。从 PhoneGap 3.0 开始，所有的插件都抽离成单独的元素。这种改变意味着所有的插件都可以按需升级，而无须更新整个代码库。

虽然 Cordova 为开发者提供了大量的功能，例如跨平台、对 Web 进行扩展、调用设备原生功能，但它仍然缺少一个重要的组件：用户界面组件。默认只提供基本的 HTML 控件，不提供任何可以在原生 SDK，如 Android 中找到的任何组件。如果你想拥有一个 tab bar 组件，你要买编写 HTML 标签、CSS 样式及其负责管理这些视图的 JavaScript，要么就使用第三方框架，如 Ionic。

此外，Cordova 所用的 Web View 到底来自哪里？当你编译 App 时，Cordova 并不会在你的 App 中放进一个 Web View，它其实使用的是设备内置的 Web View。因此，如果要在旧的移动设备上开发 App 的话，需要将设备自带的 Web View 替换成最新的 Web View，如谷歌的 Chromium，从而获得最新的浏览器特性。尽管这个方法会明显增加 App 的大小，却有助于规范你能够调用的 Web 特性。

2.4.6 理解 Ionic

1. Ionic 页面的构成

每个 Ionic 页面（App 中的一个组件，如一个底部 tab bar）由三种基本文件组成：一个 HTML 文件，用于定义需要显示的组件；一个 SAAS 文件，用于定义这些组件的可视化样式；一个 TypeScript 文件，用于提供这些组件的自定义功能。

（1）HTML 文件构成

Ionic 的一个组件页面和传统的 HTML 文件不同，不需要使用 <head><body> 等标签，这个 HTML 文件在 index.html 中定义。我们只需要定义真正需要展示给用户的组件。这些组件混合了传统 HTML 标签和自定义标签，这些自定义标签用于定义 Ionic 组件。

Ionic 框架利用 Angular 的自定义标签扩展 HTML 标签的能力创建了一整套移动组件，这些组件包括 <ion-card><ion-item-sliding><ion-segment-button>。与标准的 HTML 标签一样，Ionic 组件也可以接受各种属性来定义它们的设置，例如设置它们的 ID 值或者定义附加的 CSS 类，当然 Ionic 组件也有一些专门的属性。

（2）SASS/SCSS 文件

Ionic App 的界面用 CSS 进行定义。但是这个 CSS 在 Ionic 中是用 SASS(Syntactically

Awesome Style Sheets，CSS 预处理器）来创建的。SASS 比 CSS 有几个好处，其中就包括了变量声明，例如 $company-brand:#ff11dd。然后就是引用这个变量而不用直接使用颜色值。所有的 Ionic 组件都可使用 SASS 变量来设置样式。

另外 SASS 支持一种改良语法，用于编写嵌套的 CSS。用这种方式写 CSS 更加简洁，更节省时间。通常，ionic 组件页面的 .scss 文件用于定义和某个页面相关的 CSS。对于那些 App 级别的主题样式，则可以在 app.core.scss 文件中进行样式的定义。

（3）理解 TypeSacript

编写 Ionic 页面的最后一个元素是相关的 TypeScript(.ts）文件。这个文件用于编写和页面交互逻辑相关的 Anguar/TypeScript 代码。这个文件会定义所有需要导入到页面中的代码模块，一般包括那些需要在代码中用到的组件（例如导航到新的页面）或者负责提供必要功能的 Angular 模块（例如发送一个 HTTP 请求）。

2. Ionic 框架的资源优势

Ionic 基于 Angular 基础框架开发并集成 Cordova 发展而来，Angular 负责界面交互，业务逻辑处理等；Cordova 则搭建起 Javascript 与设备功能的桥梁，使得通过调用相应的 API 即能使用硬件设备功能，如摄像头，麦克风等。此外 ionic 还开发了大量的适合在移动设备上使用的界面控件（通过标签指令使用）以及 Ionic 核心工具 CLI(Command Line Interface)。

① Ionic 预置了大量的资源，包括图标、控件、特定样式等；数百个内置图标可以拿来即用。

```
    <!-- Infomation Tab -->
<ion-tab title=" 资讯 " icon-off="ion-ios-information" icon-on="ion-ios-information" ui-sref="tab.infos.list1">
<ion-nav-view name="tab-infos"></ion-nav-view>
</ion-tab>
```

② 针对移动设备特征优化过的内置控件，如导航、内容块、滚动、侧栏菜单、键盘等，包括 Action Sheet、Backdrop、Content、Form Inputs、Gestures and Events、Headers/Footers、Keyboard、Lists、Loading、Modal、Navigation、Platform、Popover、Popup、Scroll、Side Menus、Slide Box、Spinner、Tabs、Tap & Click。

例子：Lists。

```
<ion-list>
<ion-item ng-repeat="item in items">
Hello, {{item}}!
</ion-item>
</ion-list>
```

③ 针对表格、按钮、列表和一般布局的内置 CSS 模块，可以产生层次分明的布局效果和类似手机原生应用的视觉感，如头部、内容、脚部、列表、单选、多选、按钮等内置样式等，包括 Header、Sub Header、Content、Footer、Buttons、List、Cards、Forms、Toggle、Checkbox、Radio Buttons、Range、Select、Tabs、Grid。

例子：Header。

```
<div class="bar bar-header bar-light">
<h1 class="title">bar-light</h1>
</div>
```

这些基础控件以及样式的内置使开发人员可以从烦琐、耗时的布局工作中解放出来（只需使用简单的控件标签指令配合特定效果的内置 CSS 样式，即可产生漂亮的显示效果）。

④ 沿用了 Angular 的优秀设计，通过框架复用，解放程序员。

业务逻辑处理、数据动态绑定，个性化视图展示等也沿用了 Angular 的优秀设计，通过框架复用，可以大大减少开发的代码量，只需要专注于业务逻辑的处理以及数据的分流格式化，可以通过数个模块（js 文件）配合得以来完成。

⑤ Ionic 配套工具 CLI 也使得创建，转化为适合具体平台运行的 App(Android、iOS 等)，安装调试等变得非常简便。

3. Ionic 项目剖析

本部分将对一个真实 Ionic 项目的结构进行剖析。

（1）第一次产生 Ionic2 应用程序，即生成的项目结构

① config.xml。

② hooks。

③ ionic.config.json。

④ node_modules。

⑤ package.json。

⑥ platforms。

⑦ plugins。

⑧ resources。

⑨ src。

⑩ tsconfig.json。

⑪ tslint.json。

我们几乎总是会花 90% 的时间在 src 文件夹，这就是应用程序逻辑。然而整个应用程序通常从一个简单的 src /index.html 文件开始。

（2）src/index.html

```
<!DOCTYPE html>
<html lang="en" dir="ltr">
<head>
  <meta charset="UTF-8">
  <title>Ionic App</title>
  <meta name="viewport" content="width=device-width, initial-scale=1.0, minimum-scale=1.0, maximum-scale=1.0, user-scalable=no">
  <meta name="format-detection" content="telephone=no">
  <meta name="msapplication-tap-highlight" content="no">
  <link rel="icon" type="image/x-icon" href="assets/icon/favicon.ico">
  <link rel="manifest" href="assets/manifest.json">
  <meta name="theme-color" content="#4e8ef7">
  <!-- un-comment this code to enable service worker
  <script>
    if ('serviceWorker' in navigator) {
```

```
        navigator.serviceWorker.register('assets/service-worker.js')
          .then(() => console.log('service worker installed'))
          .catch(err => console.log('Error', err));
      }
  </script>-->
  <link href="build/main.css" rel="stylesheet">
</head>
<body>
  <!-- Ionic's root component and where the app will load -->
  <ion-app></ion-app>
  <!-- cordova.js required for cordova apps -->
  <script src="cordova.js"></script>
  <!-- The polyfills js is generated during the build process -->
  <script src="build/polyfills.js"></script>
  <!-- The bundle js is generated during the build process -->
  <script src="build/main.js"></script>
</body>
</html>
```

src/index.html 是项目的起始入口。在这个文件内会有 <ion-app></ion-app> 标签。ionic 查找这个标签来运行 App，<script src="cordova.js"></script> 本地部署时会将 Cordova 打包到项目中，让我们可以使用 Cordova 创建应用（将应用打包为 native 应用，可以提交到 App Store）；<script src="build/main.js"></script> 代码编译打包的最终文件，把 ionic、Angular 和我们的 App 连接起来。

（3）简要描述项目结构

① config.xml：这包含配置应用程序的名称和包名，被用于将我们的应用程序安装到一个实际的设备。

② src：这就是我们花费大部分的时间建立的应用程序，它包含结构化程序的源代码。

③ node_modules：包含了 npm 包。

④ package.json：这些都是包构建 ionic 应用程序所必需的内容。

⑤ platforms：这就是平台的具体构建，构建工具和包 / 库存储。

⑥ plugins：这就是 Cordova plugins。Cordova 插件允许你的应用调用移动设备本地功能，如访问媒体存储设备，甚至蓝牙 API。

⑦ resources：这也包含特定于平台的资源（如图标和启动屏幕）。

（4）src / app / app.module.ts

src/app/app.module.ts 是 App 的入口点。

```
import { NgModule } from '@angular/core';
import { IonicApp, IonicModule } from 'ionic-angular';
import { MyApp } from './app.component';
import { HelloIonicPage } from '../pages/hello-ionic/hello-ionic';
import { ItemDetailsPage } from '../pages/item-details/item-details';
import { ListPage } from '../pages/list/list';
……
@NgModule({
  declarations: [
    MyApp,
    HelloIonicPage,
```

```
    ItemDetailsPage,
    ListPage
  ],
  imports: [
    IonicModule.forRoot(MyApp)
  ],
  bootstrap: [IonicApp],
  entryComponents: [
    MyApp,
    HelloIonicPage,
    ItemDetailsPage,
    ListPage
  ],
  providers: []
})
export class AppModule {}
```

每个 App 都有一个根模块控制应用，这很像 Ionic 和 Angular1 的 ng-app，同样也是使用 ionicBootstrap 引导 App 的地方。这个模块中，设置根组件到 src/app/app.component.ts 里面的 MyApp。这是 App 加载的第一个组件，通常是用于其他组件加载的空壳。在 app.component.ts 中，设置了 src/app/app.html 的模板。

（5）src/app/app.html

```
<ion-menu [content]="content">
        <ion-header>
    <ion-toolbar>
      <ion-title>Pages</ion-title>
    </ion-toolbar>
  </ion-header>
  <ion-content>
    <ion-list>
      <button ion-item *ngFor="let p of pages" (click)="openPage(p)">
        {{p.title}}
      </button>
    </ion-list>
  </ion-content>
    </ion-menu>
<ion-nav id="nav" [root]="rootPage" #content swipeBackEnabled="false"></ion-nav>
```

在这个模板中，我们建立 ion-menu 作为一个菜单，建立一个 ion-nav 组件作为主要内容区域。ion-menu 的 [content] 属性绑定到本地变量 ion-nav 中的 content，所以可知道它的动作。我们不会碰这个文件，仅使用它生成的，操作按钮执行一个 * ngFor = “让 p 成为页面” 的指令，这就是 Angular 执行重复的模板。这仅仅意味着遍历页面收集和生成一个集合中的每一项的模板，与此 html 文件对应的 ts 文件是 src/app/app.component.ts。

（6）src/app/app.component.ts

```
export class MyApp {
 @ViewChild(Nav) nav: Nav;
```

```
  // make UsersPage the root (or first) page
  rootPage: any = UsersPage;
  pages: Array<{title: string, component: any}>;
  constructor(public platform: Platform,    public menu: MenuController) {
    this.initializeApp();
    // set our app's pages<br>
    this.pages = [
      { title: 'Users', component: UsersPage },
      { title: 'Repos', component: ReposPage },
      { title: 'Organisations', component: OrganisationsPage },
    ];
  }

  initializeApp() {
    this.platform.ready().then(() => {
      // Okay, so the platform is ready and our plugins are available.
      // Here you can do any higher level native things you might need.
      StatusBar.styleDefault();
    });
  }

  openPage(page) {
    // close the menu when clicking a link from the menu
    this.menu.close();
    // navigate to the new page if it is not the current page
    this.nav.setRoot(page.component);
  }
}
```

2.5 Java Web 技术

2.5.1 概述

Java Web，是用 Java 来解决相关 Web 互联网领域问题的技术总和。Web 包括：Web 服务器和 Web 客户端两部分。Java 在客户端的应用有 Java applet，不过使用得很少，姑且认为 JavaSctipt 是 Java 技术在客户端的一种借鉴式应用吧；Java 在服务器端的应用非常丰富，例如 Servlet、JSP 和第三方框架等。Java 技术为 Web 的发展注入了强大的动力。

Java 的 Web 框架虽然各不相同，但基本也都是遵循特定的路数：使用 Servlet 或者 Filter 拦截请求；使用 MVC 的思想设计架构；使用约定、XML 或 Annotation 实现配置，运用 Java 面向对象的特点，面向对象实现请求和响应的流程，支持 Jsp、Freemarker、Velocity 等视图。

JSP（Java Server Pages）是由 Sun 公司倡导、许多公司参与而建立的动态网页技术标准。它在 HTML 代码中嵌入 Java 代码片段（Scriptlet）和 JSP 标签，构成了 JSP 网页。在接收到用户请求时，服务器会处理 Java 代码片段，然后生成处理结果的 HTML 页面返回给客户端，客户端的浏览器将呈现最终页面效果。

JSP 技术所开发的 Web 应用程序是基于 Java 的，它拥有 Java 语言跨平台的特性，以及业务代码分离、组件重用、预编译等特征，并且继承和拥有了 Java Servlet 所有的功能和特性。

2.5.2 MVC 框架

模型视图控制器（MVC，Model View Controller），用一种业务逻辑、数据、界面显示分离的方法组织代码，将业务逻辑聚集到一个部件里面，在改进和个性化定制界面及用户交互的同时，不需要重新编写业务逻辑。MVC 被独特地发展起来用于将传统的输入、处理和输出功能映射在一个逻辑的图形化用户界面的结构中。MVC 开始是存在于桌面程序中的，M 是指业务模型，V 是指用户界面，C 则是指控制器，使用 MVC 的目的是将 M 和 V 实现代码分离，从而使同一个程序可以使用不同的表现形式，如一批统计数据可以分别用柱状图、饼图来表示。C 存在的目的则是确保 M 和 V 的同步，一旦 M 改变，V 应该同步更新。

① Model（模型）：表示应用程序核心（例如数据库记录列表）。

② View（视图）：显示数据（数据库记录）。

③ Controller（控制器）：处理输入（写入数据库记录）。

MVC 模式同时提供了对 HTML、CSS 和 JavaScript 的完全控制。

④ Model（模型）：应用程序中用于处理应用程序数据逻辑的部分。通常模型对象负责在数据库中存取数据。

⑤ View（视图）：应用程序中处理数据显示的部分。通常视图是依据模型数据创建的。

⑥ Controller（控制器）：应用程序中处理用户交互的部分。通常控制器负责从视图读取数据，控制用户输入，并向模型发送数据。

MVC 分层有助于管理复杂的应用程序，例如，您可以在不依赖业务逻辑的情况下专注于视图设计，同时也让应用程序的测试更加容易。MVC 分层同时也简化了分组开发。不同的开发人员可同时开发视图、控制器逻辑和业务逻辑。最典型的 MVC 就是 JSP + servlet + javabean 的模式，如图 2.21 所示。

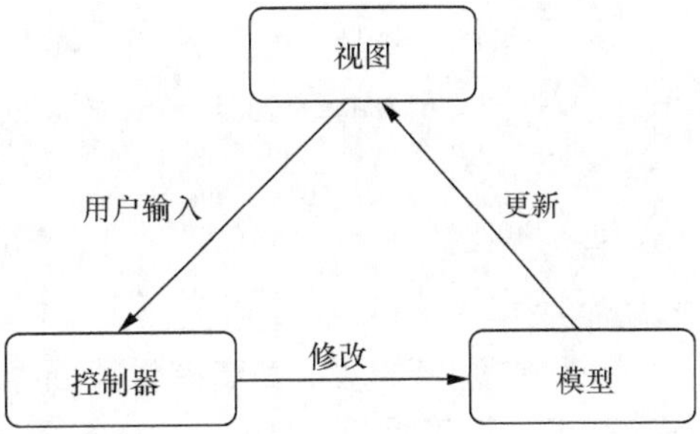

图 2.21　MVC 架构

JavaBean 作为模型，既可以作为数据模型来封装业务数据，又可以作为业务逻辑模型来包含应用的业务操作。其中，数据模型用来存储或传递业务数据，而业务逻辑模型接收到控制器传过来的模型更新请求后，执行特定的业务逻辑处理，然后返回相应的执行结果。JavaBean 是一种 Java 语言写成的可重用组件，类必须是具体的和公共的，并且具有无参数的构造器。JavaBean 通过提供符合一致性设计模式的公共方法将内部域成员属性暴露。众所周知，属性名称符合这种模式，其他 Java 类可以通过自身机制发现和操作这些 JavaBean 属性。换句话说，Javabean 就是一个 Java 的类，只不过这个类你要按上面提到的一些规则来写，例如必须是公共的，无参数构造等，按这些规则写完之后，这个 Javabean 可以在程序里被方便地重用，使开发效率提高。JavaBean 和 Server Bean［通常称为 Enterprise JavaBean (EJB)］有一些相同之处。它们都是用一组特性创建，以执行其特定任务的对象或组件。它们还有从当前所驻留服务器上的容器获得其他特性的能力，这使得 bean 的行为根据特定任务和所在环境的不同而有所不同。下面是一个 StudentBean 的 java 代码示例。

```
public class StudentsBean implements java.io.Serializable
{
    private String firstName = null;
    private String lastName = null;
    private int age = 0;

    public StudentsBean() {
    }
    public String getFirstName(){
        return firstName;
    }
    public String getLastName(){
        return lastName;
    }
    public int getAge(){
        return age;
    }

    public void setFirstName(String firstName){
        this.firstName = firstName;
    }
    public void setLastName(String lastName){
        this.lastName = lastName;
    }
    public void setAge(int age) {
        this.age = age;
    }
}
```

接下来在 JSP 中就可以使用下面的方法使用 JavaBean。

```
<jsp:useBean id="id" class="bean 编译的类 " scope="bean 作用域 ">
   <jsp:setProperty name="bean 的 id" property=" 属性名 "
                    value="value"/>
   <jsp:getProperty name="bean 的 id" property=" 属性名 "/>
   ...........
</jsp:useBean>
```

JSP 作为表现层，负责提供页面为用户展示数据，提供相应的表单（Form）用于提供用户的请求，并在适当的时候（点击按钮）向控制器发出请求进行更新，这部分内容将在第 4.4.3 节详细阐述。

Serlvet 作为控制器，用来接收用户提交的请求，然后获取请求中的数据，将之转换为业务模型需要的数据模型，然后调用业务模型相应的业务方法进行更新，同时根据业务执行结果选择要返回的视图。这部分内容将在第 4.4.4 节详细阐述。

基于 MVC 的常用框架有 Struts 和 Spring 等，所谓框架，通常是代码重用；而设计模式是设计重用；架构则介于两者之间，部分代码重用，部分设计重用。框架与设计模式虽然相似，但却有着根本的不同。设计模式是对在某种环境中反复出现的问题以及解决该问题的方案的描述，它比框架更抽象；框架可以用代码表示，也能直接执行或复用，而对模式而言只有实例才能用代码表示；设计模式是比框架更小的元素，一个框架中往往含有一个或多个设计模式，框架总是针对某一特定应用领域，但同一模式却可适用于各种应用。可以说，框架是软件，而设计模式是软件的知识。

本书限于篇幅，不再对纷杂的各类框架进行详述，只在这里简单介绍几种常用的 JavaWeb 框架。

（1）Struts

Struts 是 Apache 软件基金下 Jakarta 项目的一部分。Struts 框架的主要架构设计和开发者是 Craig R.McClanahan。Struts 是 Java Web MVC 框架中不争的“王者”。经过长达九年的发展，Struts 已经逐渐成长为一个稳定、成熟的框架，并且占有了 MVC 框架中最大的市场份额。但是 Struts 在某些技术特性上已经落后于新兴的 MVC 框架。面对 Spring MVC、Webwork2 这些设计更精密，扩展性更强的框架，Struts 受到了前所未有的挑战。但站在产品开发的角度来讲，Struts 仍然是最稳妥的选择。

Struts 由一组相互协作的类（组件）、Servlet 以及 jsp tag lib 组成。基于 Struts 构架的 Web 应用程序基本上符合 JSP Model2 的设计标准，可以说是 MVC 设计模式的一种变化类型。根据上面对 framework 的描述，很容易理解为什么说 Struts 是一个 Web framework，而不仅仅是一些标记库的组合。但 Struts 也包含了丰富的标记库和独立于该框架工作的实用程序类。Struts 有其自己的控制器（Controller），同时整合了其他的一些技术去实现模型层（Model）和视图层（View）。在模型层，Struts 可以很容易地与数据访问技术相结合，包括 EJB、JDBC 和 Object Relation Bridge。在视图层，Struts 能够与 JSP、Velocity Templates、XSL 等这些表示层组件相结合。

（2）Spring

Spring 实际上是 *Expert One-on-One J2EE Design and Development* 一书中所阐述的设计思想的具体实现。在这本书中，Rod Johnson 倡导 J2EE 实用主义的设计思想，并随书提供了一个初步的开发框架实现（interface21 开发包）。而 Spring 正是这一思想的更全面和具体的体现。Rod Johnson 在 interface21 开发包的基础之上，进一步地改造和扩充，发展为一个更加开放、清晰、全面、高效的开发框架。

Spring 是一个开源框架，由 Rod Johnson 创建并且在他的著作《J2EE 设计开发编程指南》里进行了描述。它是为了解决企业应用开发的复杂性而创建的。Spring 使用基本的 JavaBeans 来完成以前只可能由 EJB 完成的事情。然而，Spring 的用途不仅限于服务器端的开发。从简单性、可测试性和松耦合的角度来讲，任何 Java 应用都可以从 Spring 中受益。Spring 解决的是业务逻辑层和其他各层的松耦合问题，因此它将面向接口的编程思想贯穿整个系统应用。简单来说，Spring 是一个分层的 JavaSE/EE full-stack（一站式）轻量级开源框架，是一个轻量的控制反转和面向切面的容器框架。当然，这个描述有点过于简单。但它的确概括出了 Spring 是做什么的。Spring 的特征如下。

① 轻量：从大小与开销两方面而言 Spring 都是轻量的。完整的 Spring 框架可以在一个大小只有 1MB 多的 JAR 文件里发布，并且 Spring 所需的处理开销也是微不足道的。此外，Spring 是非侵入式的。典型地，Spring 应用中的对象不依赖于 Spring 的特定类。

② 控制反转：Spring 通过一种称作控制反转（IoC）的技术促进了低耦合。当应用了 IoC，一个对象依赖的其他对象会通过被动的方式传递进来，而不是这个对象自己创建或者查找依赖对象。你可以认为 IoC 与 JNDI 相反——不是对象从容器中查找依赖，而是容器在对象初始化时不等对象请求就主动将依赖传递给它。

③ 面向切面：Spring 提供了面向切面编程的丰富支持，允许通过分离应用的业务逻辑与系统级服务（如审计和事务管理）进行内聚性的开发。应用对象只实现它们应该做的——完成业务逻辑——仅此而已。它们并不负责（甚至是意识）其他的系统级关注点，如日志或事务支持。

④ 容器：Spring 包含并管理应用对象的配置和生命周期，在这个意义上它是一种容器，你可以配置你的每个 bean 如何被创建——基于一个可配置原型（Prototype），你的 bean 可以创建一个单独的实例或者每次需要时都生成一个新的实例——以及它们是如何相互关联的。然而，Spring 不应该被混同于传统的重量级的 EJB 容器，它们经常是庞大与笨重的，难以使用。

⑤ 框架：Spring 可以将简单的组件配置、组合成为复杂的应用。在 Spring 中，应用对象被声明式地组合，典型地是在一个 XML 文件里。Spring 也提供了很多基础功能（事务管理、持久化框架集成等），将应用逻辑的开发留给了开发人员。

⑥ MVC：Spring 的作用是整合，但不仅仅限于整合，Spring 框架可以被看作是一个企业解决方案级别的框架。客户端发送请求，服务器控制器（由 DispatcherServlet 实现的）完成请求的转发，控制器调用一个用于映射的类（HandlerMapping），该类用于将请求映射到对应的处理器来处理请求。HandlerMapping 将请求映射到对应的处理器 Controller（相当于 Action）。在 Spring 当中如果写一些处理器组件，一般实现 Controller 接口，在 Controller 中就可以调用一些 Service 或 DAO 来进行数据操作。ModelAndView 用于存放从 DAO 中取出的数据，还可以存放响应视图的一些数据。如果想将处理结果返回给用户，那么在 Spring 框架中还提供一个视图组件（ViewResolver），该组件根据 Controller 返回的标示，找到对应的视图，将响应（Response）返回给用户。

所有 Spring 的这些特征具有编写更干净，更可管理，并且更易于测试的代码的特点。它们也为 Spring 中的各种模块提供了基础支持。

2.5.3 JSP 基本构成

JSP 页面主要由指令标签、HTML 标记语言、注释、嵌入 Java 代码、JSP 动作标签 5 个元素组成，如图 2.22 所示。

1. 指令标签

图 2.22 所示代码的第一行是一个 JSP 的指令标签，指令标签不会产生任何内容输入网页中，主要用于定义整个 JSP 页面的相关信息，如使用的语言、导入的类包、指定错误处理页面。

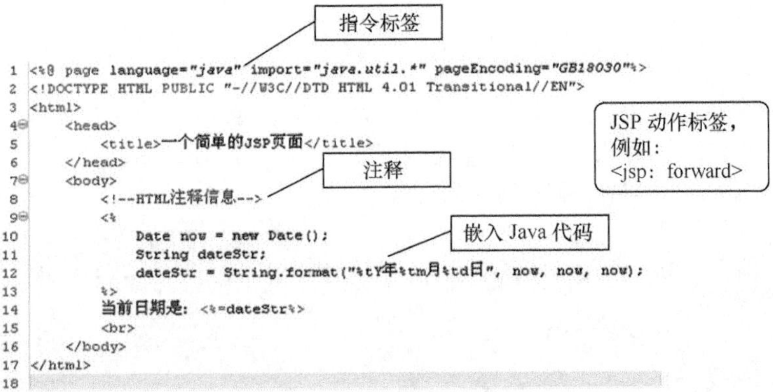

图 2.22 JSP 的基本构成

（1）page 指令

这是 JSP 页面最常用的指令，用于定义整个 JSP 页面的相关属性，这些属性在 JSP 被服务器解析成 Servlet 时会转换成相应的 Java 程序代码。page 指令的语法格式如下。

```
<%@ page attr1="value1" attr2="value2" …… %>
```

下面对一些常用的属性进行介绍。

① language 属性：该属性用于设置 JSP 页面使用的语言，目前只支持 Java 语言，以后可能会支持其他语言，如 C++、C# 等。该属性的默认值是 Java。

② extends 属性：该属性用于设置 JSP 页面继承的 Java 类，所有 JSP 页面在执行之前都会被服务器解析成 Servlet，而 Servlet 是由 Java 类定义的，所以 JSP 和 Servlet 都可以继承指定的父类。该属性并不常用，而且有可能影响服务器的性能优化。

③ import 属性：该属性用于设置 JSP 导入的类包。JSP 页面可以嵌入 Java 代码片段，这些 Java 代码在调用 API 时需要导入相应的类包。

④ pageEccoding 属性：该属性用于定义 JSP 页面的编码格式，也就是指定文件编码。JSP 页面中的所有代码都使用该属性指定的字符集，如果该属性值设置为 iso-8859-1，那么这个 JSP 页面就不支持中文字符。通常我们设置编码格式为 GBK 或 UTF-8。

⑤ contentType 属性：该属性用于设置 JSP 页面的 MIME 类型和字符编码，浏览器会据此显示网页内容。

（2）include 指令

include 指令用于文件包含。该指令可以在 JSP 页面中包含另一个文件的内容，但是它仅支持静态包含，也就是说被包含文件中的所有内容都被原样包含到该 JSP 页面中。如果被包含文件中有代码，将不被执行。被包含的文件可以是一段 Java 代码、HTML 代码或者是另一个 JSP 页面，例如：<%@include file= “date.jsp” %>。

（3）taglib 指令

该指令用于加载用户自定义标签，自定义标签将在后面章节进行讲解。使用该指令加载后的标签可以直接在 JSP 页面中使用，例如：%@taglib prefix="view" uri="/WEB-INF/tags/view.tld" %。

2. 嵌入 Java 代码

(1) 代码片段

Java 代码片段被包含在“<%”和“%>”标记之间。可以编写单行或多行的 Java 代码，语句以“;”结尾，其编写格式与 Java 类代码格式相同。图 2.22 的第 9 ~ 14 行嵌入了 Java 代码片段。下面代码实现了循环输出九九乘法表。

```
    <body>
<%
long startTime = System.nanoTime();
%>
输出九九乘法表
<br>
<%
for (int i = 1; i <= 9; i++) {
for (int j = 1; j <= i; j++) {
String str = j + "*" + i + "=" + j * i;
out.print(str + " ");
}
out.println("<br>");
}
long time = System.nanoTime() - startTime;
%>
生成九九乘法表用时
<%
out.println(time / 1000);
%>
毫秒。
</body>
```

(2) 声明

声明脚本用于在 JSP 页面中定义全局的成员变量或方法，它们可以被整个 JSP 页面访问，服务器执行时会将 JSP 页面转换为 Servlet 类，在该类中会把使用 JSP 声明脚本定义的变量和方法定义为类的成员。

① 定义全局变量，例如：<%! long startTime = System.nanoTime();%>。

② 定义全局方法，例如：

```
<%!
  int getMax(int a, int b) {
  int max = a > b ? a : b;
      return max;
  }
%>
```

③ JSP 表达式：JSP 表达式可以直接把 Java 的表达式结果输出到 JSP 页面中。表达式的最终运算结果将被转换为字符串类型，因为在网页中显示的文字都是字符串。JSP 表达式的语法格式为：<%= 表达式 %>。

3. 注释

图 2.22 中第 8 行使用了 HTML 语言的注释格式，由于 JSP 页面由 HTML、JSP、Java 脚本等组成，所以在其中可以使用多种注释格式，本节将对这些注释的语法进行讲解。

① HTML 注释：<!-- 注释文本 -->。

② JSP 注释：<%-- 注释文本 --%>。

③ 代码注释：// 单行注释；/* 多行注释 */；/**JavaDoc 注释，用于成员注释 */。

④ JSP 动作标签。

JSP 2.0 规范中提供了 20 个标准的使用 XML 语言写成的动作标签，这些标签可用来实现特殊的功能，如转发用户请求、操作 JavaBean、包含其他文件等。动作标签是在请求处理阶段按照在页面中出现的顺序被执行的。JSP 动作标签的优先级低于指令标签，在 JSP 页面被执行时将首先进入翻译阶段，程序会先查找页面中的指令标签，将它们转换成 Servlet，从而设置整个 JSP 页面。本节将介绍常用的动作标签。

（1）<jsp:include>

这个动作标签可以将另外一个文件的内容包含到当前 JSP 页面中。例如：

```
<jsp: include page="validate.jsp"/>
```

<jsp: include> 标签与 include 指令都拥有包含其他文件内容到当前 JSP 页面中的能力，但有一定区别，具体如下。

① <jsp: include> 标签是相对路径来指定被包含资源。

② include 指令包含的资源是静态的，被包含资源与当前 JSP 页面是一个整体，资源相对路径在 JSP 页面转换为在 Servlet 发生；而 <jsp: include> 标签包含 JSP 动态资源时，资源相对路径的解析在请求处理时发生；当前页面和被包含的资源是两个独立的实体，被包含的页面会对包含它的 JSP 页面中的请求对象进行处理，然后将处理结果作为当前 JSP 页面的包含内容，与当前页面内容一起发送到客户端。

（2）<jsp:forward>

<jsp:forward> 是请求转发标签。该标签可以将当前页面的请求转发给其他 Web 资源，如另一个 JSP 页面、HTML 页面、Servlet 等；而当前页面可以不对请求进行处理，或者做一些验证性的工作和其他工作。例如：

```
<jsp:forward page="addUser.jsp"/>
```

（3）<jsp:param> 标签

该标签可以作为其他标签的子标签，为其他标签传递参数。例如：

```
<jsp:forward page="addUser.jsp">
    <jsp:param name="username"value="qianglei" />
</jsp:forward>
```

4. JSP 内置对象

内置对象也可以叫作隐含对象，是不需要预先声明就可以在脚本中直接使用的对象。本节介绍几个 JSP 常用内置对象。

（1）request 对象

request 对象代表了客户端的请求信息，主要用于接收通过 HTTP 传送到服务器端的数据

（包括头信息、系统信息、请求方式及请求参数等）。request 对象的作用域为一次请求。

① 获取请求参数值：在一个请求中，可以通过使用“？”的方式来传递参数，然后通过 request 对象的 getParameter() 方法来获取参数的值。例如：

```
String id = request.getParameter("id")。
```

② 获取 form 表单的信息：除了获取请求参数中传递的值之外，我们还可以使用 request 对象获取从表单中提交过来的信息。对于单一或者单选标签元素都可以使用 getParameter() 方法来获取其具体的值，但对于复选框及多选列表框被选定的内容就要使用 getParameterValues() 方法来获取了，该方法会返回一个字符串数组，通过循环遍历这个数组就可以得到用户选定的所有内容。

举例如下，创建 index.jsp 页面文件，在该页面中创建一个 form 表单，在表单中包含复选框。关键代码如下。

```
 <form>
 请选择个人爱好：
        <div style= “width: 400px” >
  <input name= “like” type= “checkbox” value= “唱歌跳舞”  /> 唱歌跳舞
        <input name= “like” type= “checkbox” value= “上网冲浪”  /> 上网冲浪
  <input name= “like” type= “checkbox” value= “户外登山”  /> 户外登山
        <input name= “like” type= “checkbox” value= “体育运动”  /> 体育运动
  <input name= “like” type= “checkbox” value= “读书看报”  /> 读书看报
       <input name= “like” type= “checkbox” value= “欣赏电影”  /> 欣赏电影
  </div>
    </form>
```

接下来编写 show.jsp 页面文件，该页面是用来处理请求的，关键代码如下。

```
<li>
请选择个人爱好：
<%
String[] like =request.getParameterValues( “like” );
for(int i =0;i<like.length;i++){
%>
<%= new String(like[i].getBytes("ISO8859_1"),"GBK")+"  " %>
<%    }       %>
</li>
```

③ 获取请求客户端信息：在 request 对象中通过相应的方法还可以获取到客户端的相关信息，如 HTTP 报头信息、客户信息提交方式、客户端主机 IP 地址、端口号等。这些方法如表 2.11 所示。

④ 在作用域中管理属性：通过使用 setAttribute() 方法可以在 request 对象的属性列表中添加一个属性，然后在 request 对象的作用域范围内通过使用 getAttribute() 方法将属性取出；此外，还可以使用 removeAttribute() 方法将一个属性删除掉。示例代码 index.jsp 如下。

```
    <%@ page language="java" contentType="text/html" pageEncoding="GBK"%>
<%@ page import="java.util.*" %>
    <!DOCTYPE HTML PUBLIC "-//W3C//DTD HTML 4.01 Transitional//EN">
<html>
          <head>
```

```
    <title>'index.jsp'</title>
  </head>
  <body>
    <%
        request.setAttribute("date",new Date()); // 添加一个属性
    %>
    <ul style="line-height: 24px;">
        <li> 获取 date 属性：<%=request.getAttribute("date") %></li>
        <!-- 将属性删除 -->
        <%request.removeAttribute("date"); %>
        <li> 删除后再获取 date 属性：<%=request.getAttribute("date") %></li>
    </ul>
      </body>
</html>
```

表 2.11　request 获取客户端信息方法说明

方　　法	返　回　值	说　　明
getHeader(String name)	String	返回指定名称的 HTTP 头信息
getMethod()	String	获取客户端向服务器发送请求的方法
getContextPath()	String	返回请求路径
getProtocol()	String	返回请求使用的协议
getRemoteAddr()	String	返回客户端 IP 地址
getRemoteHost()	String	返回客户端主机名称
getRemotePort()	int	返回客户端发出请求的端口号
getServletPath()	String	返回接收客户提交信息的页面
getRequestURI()	String	返回部分客户端请求的地址，不包括请求的参数
getRequestURL()	StringBuffer	返回客户端请求地址

⑤ cookie 管理：cookie 是小段的文本信息，通过使用 cookie 可以标识用户身份、记录用户名及密码、跟踪重复用户。cookie 在服务器端生成并发送给浏览器，浏览器将 cookie 的 key/value 保存到某个指定的目录中，服务器的名称与值可以由服务器端定义。通过 cookie 的 getCookies() 方法可以获取到所有的 cookie 对象集合，然后通过 cookie 对象的 getName() 方法获取到指定名称的 cookie，再通过 getValue() 方法即可获取 cookie 对象的值。另外，将一个 cookie 对象发送到客户端使用了 response 对象的 addCookie() 方法。

（2）response 对象

response 代表的是对客户端的响应，主要是将 JSP 容器处理过的对象传回客户端。response 对象的常用方法如表 2.12 所示。

① 重定向网页：重定向是通过使用 sendRedirect() 方法，将响应发送到另一个指定的位置进行处理。例如：response.sendRedirect("www.jumh.cn")。

② 处理 HTTP 文件头：setHeader() 方法通过两个参数——头名称与参数值的方式来设置 HTTP 文件头。例如，设置网页每 5 秒自动刷新一次：response.setHeader ("refresh","5"); 设置 2 秒后自动跳转至指定的页面：response.setHeader("refresh","2;URL=welcome.jsp")。

表 2.12　response 对象的常用方法

方　法	返　回　值	说　明
addHeader(String name,String value)	void	添加 HTTP 文件头，如果同名的头存在，则覆盖
setHeader(String name,String value)	void	设定指定名称的文件头的值，如果存在则覆盖
addCookie(Cookie cookie)	void	向客户端添加一个 cookie 对象
sendError(int sc,String msg)	void	向客户端发送错误信息，如 404 网页找不到
sendRedirect(String location)	void	发送请求到另一个指定位置
getOutputStream()	ServletOutputStream	获取客户端输出流对象
setBufferSize(int size)	void	设置缓冲区大小

③ 设置输出缓冲：使用 response 对象的 setBufferSize() 方法可以设置缓冲区的大小。例如，设置缓冲区大小为 0kB，即不缓冲：response.setBufferSize(0)。

（3）session 对象

session 是与请求有关的会话对象，用于保存和存储页面的请求信息。

session 对象的 setAttribute() 方法可实现将信息保存在 session 范围内，例如：

```
String sessionMessage = "session 练习 ";
session.setAttribute("message",sessionMessage);
```

而通过 getAttribute() 方法可以获取保存在 session 范围内的信息，例如：

```
String message = (String)session.getAttribute("message");
out.print(" 保存在 session 范围内的值为："+message);
```

从 session 中移除指定的绑定对象可以用 removeAttribute(String key) 实现；

销毁 session 可以用 session.invalidate() 实现。

（4）application 对象

application 对象可将信息保存在服务器中，直到服务器关闭，否则 application 对象中保存的信息会在整个应用中都有效。与 session 对象相比，application 对象的生命周期更长，类似于系统的"全局变量"。application 对象的常用方法如表 2.13 所示。

表 2.13　application 对象的常用方法

方　法	返　回　值	说　明
getAttribute(String name)	Object	通过关键字返回保存在 application 对象中的信息
getAttributeNames()	Enumeration	获取所有 application 对象使用的属性名
setAttribute(String key,Object obj)	void	通过指定的名称将一个对象保存在 application 对象中
getMajorVersion()	int	获取服务器支持的 Servlet 版本号
getServerInfo()	String	返回 JSP 引擎的相关信息
removeAttribute(String name)	void	删除 application 对象中指定名称的属性
getRealPath()	String	返回虚拟路径的真实路径
getInitParameter(String name)	String	获取指定 name 的 application 对象属性的初始值

① application 对象访问应用程序初始化参数的方法介绍如下。

getInitParameter(String name)：返回一个已命名的参数值。

getAttributeNames()：返回所有已定义的应用程序初始化名称的枚举。

② 与 session 对象相同，也可以在 application 对象中设置属性。与 session 对象不同的是，session 只是在当前客户的会话范围内有效，当超过保存时间，session 对象就被收回；而 application 对象在整个应用区域中都有效。application 对象管理应用程序环境属性的方法分别介绍如下。

getAttributeNames()：获得所有 application 对象使用的属性名。

getAttribute(String name)：从 application 对象中获取指定对象名。

setAttribute(String key,Object obj)：使用指定名称和指定对象在 application 对象中进行关联。

removeAttribute(String name)：从 application 对象中去掉指定名称的属性。

2.5.4 Servlet

（1）概述

Servlet 是使用 Java Servlet 接口（API）运行在 Web 应用服务器上的 Java 程序。Servlet 容器也就是 Web 容器，如 Tomcat、Jboss、Resin、WebLogic 等，它们对 Servlet 进行控制。当客户端发送 HTTP 请求，由容器加载 Servlet 进行处理并做出响应的流程如图 2.23 所示。

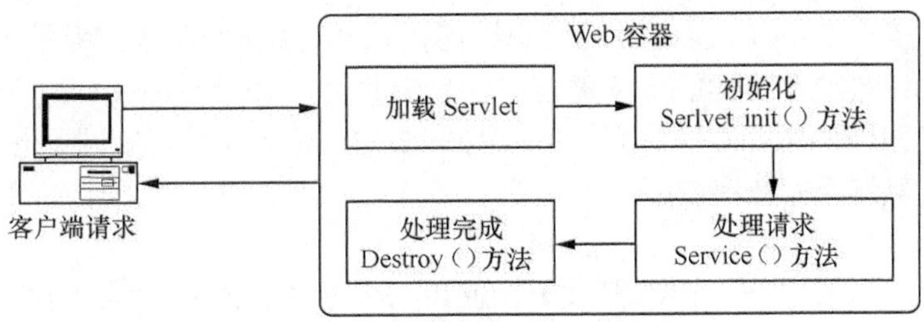

图 2.23　Servlet 处理流程

Servlet 与 JSP 的区别如下。

① Servlet 中需要调用 Servlet API 接口处理 HTTP 请求，而在 JSP 页面中，则直接提供了内置对象进行处理。

② Servlet 的使用需要进行一定的配置，而 JSP 文件通过“.jsp”扩展名部署在容器之中，容器对其自动识别，直接编译成 Servlet 进行处理。

③ Servlet 承担客户请求与业务处理的中间角色，需要调用固定的方法，将动态内容混合到静态之中产生 HTML；而在 JSP 页面中，可直接使用 HTML 标签输出，这比 Servlet 更具显示层的意义。

Servlet 代码结构如下。

```
import java.io.IOException;
import java.io.PrintWriter;
import javax.servlet.ServletException;
import javax.servlet.http.HttpServlet;
import javax.servlet.http.HttpServletRequest;
import javax.servlet.http.HttpServletResponse;
public class SimpleServlet extends HttpServlet {
// 初始化方法
public void init() throws ServletException {
}
// 处理 HTTP Get 请求
public void doGet(HttpServletRequest request, HttpServletResponse response)
throws ServletException, IOException {
}
// 处理 HTTP Post 请求
public void doPost(HttpServletRequest request, HttpServletResponse response)
throws ServletException, IOException {
}
// 处理 HTTP Put 请求
public void doPut(HttpServletRequest request, HttpServletResponse response)
throws ServletException, IOException {
}
// 处理 HTTP Delete 请求
public void doDelete(HttpServletRequest request,
HttpServletResponse response) throws ServletException, IOException {
}
// 销毁方法
public void destroy() {
super.destroy();}
}
```

上述代码显示了一个 Servlet 对象的代码结构，TestServlet 类通过继承 HttpServlet 类被声明为一个 Servlet 对象。此类包含 6 种方法，其中 init() 方法与 destroy() 方法为 Servlet 初始化与生命周期结束所调用的方法，其余的 4 种方法为 Servlet 针对处理不同的 HTTP 请求类型所提供的方法，其作用如注释中所示。

（2）Servlet 开发

我们通过 IDE 开发工具 Eclipse 开发一个使用 Servlet 的程序：创建一个动态 Web 项目，然后在包资源管理器中，新建项目名称节点上，单击鼠标右键，在弹出的快捷菜单中，选择“新建 /Servlet 菜单项”，将打开 Create Servlet 对话框，在该对话框的 Java Package 文本框中输入包 com.mingrisoft，在 Class Name 文本框中输入类名 FirstServlet，其他的采用默认。然后一直单击“下一步”按钮，最后单击“完成”按钮，完成 Servlet 的创建。创建的 Servlet 类的代码如下。

```
package com.thinkbright;

import java.io.IOException;
import javax.servlet.ServletException;
import javax.servlet.annotation.WebServlet;
import javax.servlet.http.HttpServlet;
import javax.servlet.http.HttpServletRequest;
import javax.servlet.http.HttpServletResponse;
```

```
/**
 * Servlet implementation class FirstServlet
 */
@WebServlet("/FirstServlet")
public class FirstServlet extends HttpServlet {
    private static final long serialVersionUID = 1L;

    /**
     * @see HttpServlet#HttpServlet()
     */
    public FirstServlet() {
        super();
        // TODO Auto-generated constructor stub
    }

    /**
     * @see HttpServlet#doGet(HttpServletRequest request, HttpServletResponse response)
     */
    protected void doGet(HttpServletRequest request, HttpServletResponse response) throws ServletException,
IOException {
        // TODO Auto-generated method stub
        response.getWriter().append("Served at: ").append(request.getContextPath());
    }

    /**
     * @see HttpServlet#doPost(HttpServletRequest request, HttpServletResponse response)
     */
    protected void doPost(HttpServletRequest request, HttpServletResponse response) throws ServletException,
IOException {
        // TODO Auto-generated method stub
        doGet(request, response);
    }

}
```

要使 Servlet 对象正常地运行，需要进行适当的配置，以告知 Web 容器哪一个请求调用哪一个 Servlet 对象处理，对 Servlet 起到一个注册的作用。Servlet 的配置包含在 web.xml 文件中，主要通过以下两步进行设置。

① 在 WebContent\WEB-INF 下的 web.xml 中，通过 <servlet> 标签声明一个 Servlet 对象。

```
<servlet>
  <servlet-name>FirstServlet</servlet-name>
  <servlet-class>com.thinkbright.FirstServlet</servlet-class>
</servlet>
```

② 映射 Servlet，使用 <servlet-mapping> 标签以映射访问 Servlet 的 URL。

```
<servlet-mapping>
  <servlet-name>FirstServlet</servlet-name>
  <url-pattern>/FirstServlet</url-pattern>
</servlet-mapping>
```

在前面生产的 FirstServlet.java 中，重写 doGet() 方法如下。

```
public void doGet(HttpServletRequest request, HttpServletResponse response)
        throws ServletException, IOException {
    response.setContentType("text/html");
    response.setCharacterEncoding("GBK");
    PrintWriter out = response.getWriter();
    out.println("<HTML>");
    out.println("  <HEAD><TITLE>Servlet 实例 </TITLE></HEAD>");
    out.println("  <BODY>");
    out.print("    Servlet 实例：  ");
    out.print(this.getClass());
    out.println("  </BODY>");
    out.println("</HTML>");
    out.flush();
    out.close();
    }
```

同时在头部引入 java.io.PrintWriter：import java.io.PrintWriter。

运行服务后，打开浏览器输入 http://localhost:8080/ServletProject/，浏览器显示如下内容：Servlet 实例：class com.thinkbright.FirstServlet。

上例中 HttpServlet 类继承了 GenericServlet 类，通过对 GenericServlet 类的扩展，可以很方便地对 HTTP 请求进行处理及响应。HttpServlet 类实现了 Service() 方法，并针对 HTTP 定义的 7 种类型提供了相应的方法：doGet()、doPost()、doPut()、doHead()、doTrace()、doOptions()、doDelete()，需要开发人员在使用过程中根据实际需要对其进行重写。

（3）过滤器

Servlet 过滤器是客户端与目标资源间的中间层组件，用于拦截客户端的请求与响应信息，并对请求和响应信息进行处理后再将其交给其他业务进行处理，如图 2.24 所示。

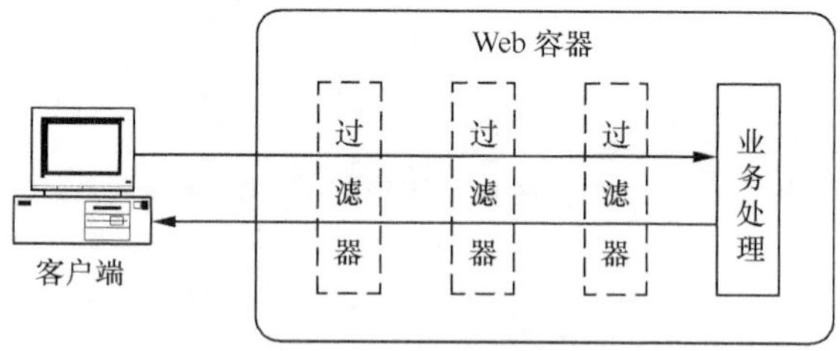

图 2.24　Servlet 过滤器

过滤器主要包括三个核心接口：Filter 接口、FilterChain 接口、FilterConfig 接口。

Filter 接口的方法如表 2.14 所示。

表 2.14　Filter 接口方法

方　法	说　明
public void init (FilterConfig filterConfig)	过滤器的初始化方法，容器调用此方法完成过滤的初始化。对于每一个 Filter 实例，此方法只被调用一次
public void doFilter (ServletRequest request, ServletResponse response, FilterChain chain)	此方法与 Servlet 的 service() 方法相类似，当请求及响应交给过滤器时，过滤器调用此方法进行过滤处理
public void destroy( )	在过滤器生命周期结束时调用此方法，用于释放过滤器所占用的资源

FilterChain 接口只包含一个 doFilter() 方法，此方法主要用于将过滤器处理的请求或响应传递给下一个过滤器对象。在多个过滤器的 Web 应用中，可以通过此方法进行传递。

FilterConfig 接口用于获取过滤器初始化期间的参数信息，其方法如表 2.15 所示。

表 2.15 FilterConfig 接口方法

方 法	说 明
public String getFilterName( )	返回过滤器的名称
public String getInitParameter (String name)	返回初始化名称为 name 的参数值
public Enumeration getInitParameterNames( )	返回所有初始化参数名的枚举集合
public ServletContext getServletContext( )	返回 Servlet 的上下文对象

在创建一个过滤器对象之后，需要对其进行配置才可以使用。过滤器的配置也是通过 web.xml 文件进行配置，具体步骤如下。

① 声明过滤器对象。

```
<filter>
<filter-name>CharacterEncodingFilter</filter-name>
<filter-class>com.thinkbright.util.CharacterEncodingFilter</filter-class>
<init-param>
<param-name>encoding</param-name>
<param-value>GBK</param-value>
</init-param>
</filter>
```

② 映射过滤器，通过 <dispatcher> 来指定过滤器对应的请求方式。

```
<filter-mapping>
<filter-name>CharacterEncodingFilter</filter-name>
<url-pattern>/*</url-pattern>
<dispatcher>REQUEST</dispatcher>
<dispatcher>FORWARD</dispatcher>
</filter-mapping>
```

下面通过一个字符编码过滤器的例子来说明过滤器的编程。

① 创建字符编码过滤器类 CharacterEncodingFilter 类，代码如下。

```
package com.thinkbright;

import java.io.IOException;
import javax.servlet.Filter;
import javax.servlet.FilterChain;
import javax.servlet.FilterConfig;
import javax.servlet.ServletException;
import javax.servlet.ServletRequest;
import javax.servlet.ServletResponse;
import javax.servlet.annotation.WebFilter;

/**
 * Servlet Filter implementation class CharacterEncodingFilter
 */
@WebFilter("/CharacterEncodingFilter")
public class CharacterEncodingFilter implements Filter {
    // 字符编码 ( 初始化参数 )
    protected String encoding = null;
    // FilterConfig 对象
    protected FilterConfig filterConfig = null;
```

```
    // 初始化方法
    public void init(FilterConfig filterConfig) throws ServletException {
        // 对 filterConfig 赋值
        this.filterConfig = filterConfig;
        // 对初始化参数赋值
        this.encoding = filterConfig.getInitParameter("encoding");
        System.out.println("encoding="+encoding);
    }
    // 过滤器处理方法
    public void doFilter(ServletRequest request, ServletResponse response, FilterChain chain) throws
IOException, ServletException {
        System.out.println("--doFilter() work!");
        // 判断字符编码是否有效
        if (encoding != null) {
            // 设置 request 字符编码
            request.setCharacterEncoding(encoding);
            // 设置 response 字符编码
            response.setContentType("text/html; charset="+encoding);
        }
        // 传递给下一过滤器
        chain.doFilter(request, response);
    }
    // 销毁方法
    public void destroy() {
        // 释放资源
        this.encoding = null;
        this.filterConfig = null;
    }
}
```

在上面代码中 init() 方法用于读取过滤器的初始化参数，这个参数为本例中所用到的字符编码。在 doFilter() 方法中分别将 request 对象中的编码格式设置为读取到的编码格式。

② 通过请求对过滤器信息验证。本例子中使用表单向 Servlet 发送中文信息进行测试，其中表单放置在 index.jsp 页面中，代码如下。

```
<%@ page language="java" contentType="text/html; charset=UTF-8"
    pageEncoding="UTF-8"%>
<!DOCTYPE html PUBLIC "-//W3C//DTD HTML 4.01 Transitional//EN" "http://www.w3.org/TR/html4/
loose.dtd">
<html>
  <head>
    <title> 字符编码过滤器测试 </title>
    <style type="text/css">
        body{
            font-size: 12px;
        }
    </style>
  </head>

  <body>
    <form action="MyServlet" method="post">
        <p>
            请输入你的中文名字：
            <input type="text" name="name">
            <input type="submit" value=" 提交 ">
```

```
        </p>
    </form>
  </body>
</html>
```

这一请求由 Servlet 对象 MyServlet 类进行处理，此类使用 doPost() 方法来接收表单的请求，并将表单中的 name 属性输出到页面中，代码如下。

```
package com.thinkbright;

import java.io.IOException;
import java.io.PrintWriter;
import javax.servlet.ServletException;
import javax.servlet.annotation.WebServlet;
import javax.servlet.http.HttpServlet;
import javax.servlet.http.HttpServletRequest;
import javax.servlet.http.HttpServletResponse;
/**
 * Servlet implementation class MyServlet
 */
@WebServlet( “/MyServlet” )
public class MyServlet extends HttpServlet {
    private static final long serialVersionUID = 1L;
    public void doPost(HttpServletRequest request, HttpServletResponse response)
            throws ServletException, IOException {
      PrintWriter out = response.getWriter();
      // 获取表单参数
      String name = request.getParameter("name");
      if(name != null && !name.isEmpty()){
        System.out.println("name="+name);
        out.print(" 你好 " + name);
        out.print("，<br> 欢迎来到智慧城市。");
      }else{
          out.print(" 请输入你的中文名字！ ");
      }
      out.print("<br><a href=index.jsp> 返回 </a>");
      out.flush();
      out.close();
  }
}
```

③ 最后，在 web.xml 文件中对过滤器和 Servlet 进行配置，代码如下。

```
<?xml version="1.0" encoding="UTF-8"?>
<web-app version="2.5" xmlns="http://java.sun.com/xml/ns/javaee"
    xmlns:xsi="http://www.w3.org/2001/XMLSchema-instance"
    xsi:schemaLocation="http://java.sun.com/xml/ns/javaee
    http://java.sun.com/xml/ns/javaee/web-app_2_5.xsd">
    <!-- 声明字符编码过滤器 -->
    <filter>
        <filter-name>CharacterEncodingFilter</filter-name>
        <filter-class>com.lyq.CharacterEncodingFilter</filter-class>
        <!-- 设置初始化参数 -->
        <init-param>
            <param-name>encoding</param-name>
```

```
            <param-value>GBK</param-value>
        </init-param>
    </filter>
    <!-- 映射字符编码过滤器 -->
    <filter-mapping>
        <filter-name>CharacterEncodingFilter</filter-name>
        <!-- 与所有请求关联，将 /* 换成其他内容，则取消全部关联，字符编码过滤器将失效 -->
        <url-pattern>/*</url-pattern>
        <!-- 设置过滤器对应的请求方式 -->
        <dispatcher>REQUEST</dispatcher>
        <dispatcher>FORWARD</dispatcher>
    </filter-mapping>
    <!-- Servlet 配置 -->
    <servlet>
        <servlet-name>MyServlet</servlet-name>
        <servlet-class>com.lyq.MyServlet</servlet-class>
    </servlet>
    <servlet-mapping>
        <servlet-name>MyServlet</servlet-name>
        <url-pattern>/MyServlet</url-pattern>
    </servlet-mapping>
    <welcome-file-list>
        <welcome-file>index.jsp</welcome-file>
    </welcome-file-list>
</web-app>
```

2.5.5 Spring Boot

1. 概述

上面讲了这么多的 Java Web 技术，那么如何能够简单地生成一个 Web 应用并且部署服务以便让使用者可以通过浏览器访问你的 Web 应用服务呢？本节介绍一个当下最流行的一站式工具包：Spring Boot。

Spring 框架就像一个家族，有众多衍生产品如 boot、security、jpa 等，但它们的基础都是 Spring 的 ioc 和 aop ioc 提供了依赖注入的容器 AOP，解决了面向横切面的编程，然后在此基础上实现了其他延伸产品的高级功能。Spring MVC 是基于 Servlet 的一个 MVC 框架，主要解决 Web 开发的问题，因为 Spring 的配置非常复杂，各种 XML、JavaConfig、hin 处理起来比较烦琐。于是为了方便开发者的使用，创造性地推出了 Spring boot，简化了 spring 的配置流程。说得更简便一些，Spring 最初利用"工厂模式"（DI）和"代理模式"（AOP）解耦应用组件，反映很好，于是按照这种模式做了一个 MVC 框架（一些用 Spring 解耦的组件），用于开发 Web 应用（SpringMVC）。然后为了简化工作流程，Spring 又开发出了一些"懒人整合包"（starter），这套就是 Spring Boot。

（1）Spring MVC 的功能

Spring MVC 提供了一种轻度耦合的方式来开发 Web 应用。Spring MVC 是 Spring 的一个模块，是一个 Web 框架。通过 Dispatcher Servlet、ModelAndView 和 View Resolver，

开发 Web 应用变得很容易。解决的问题领域是网站应用程序或者服务开发——URL 路由、Session、模板引擎、静态 Web 资源等。

（2）Spring Boot 的功能

Spring Boot 实现了自动配置，降低了项目搭建的复杂度。众所周知 Spring 框架需要进行大量的配置，Spring Boot 引入自动配置的概念，让项目设置变得很容易。Spring Boot 本身并不提供 Spring 框架的核心特性以及扩展功能，只是用于快速、敏捷地开发新一代基于 Spring 框架的应用程序。也就是说，它并不是替代 Spring 的解决方案，而是和 Spring 框架紧密结合用于提升 Spring 开发者体验的工具。同时它集成了大量常用的第三方库配置（例如 Jackson、JDBC、Mongo、Redis、Mail 等），Spring Boot 应用中这些第三方库几乎可以零配置地开箱即用 (out-of-the-box)，大部分的 Spring Boot 应用都只需要非常少量的配置代码，开发者能够更加专注于业务逻辑。Spring Boot 只是承载者，辅助你简化项目搭建过程。如果承载的是 Web 项目，使用 Spring MVC 作为 MVC 框架，那么工作流程和上面描述的是完全一样的，因为这部分工作是 Spring MVC 而不是 Spring Boot 做的。对使用者来说，换用 Spring Boot 以后，项目初始化方法变了，配置文件变了，另外就是不需要单独安装 Tomcat 这类容器服务器了，maven 打出 jar 包直接运行起来就是个网站，但最核心的业务逻辑实现与业务流程实现没有任何变化。所以，用最简练的语言概括就是：Spring 是一个“引擎”；Spring MVC 是基于 Spring 的一个 MVC 框架 ；Spring Boot 是基于 Spring4 的条件注册的一套快速开发整合包。Spring Boot 主要有如下核心功能。

① 独立运行的 Spring 项目：Spring Boot 可以以 jar 包的形式来运行，运行一个 Spring Boot 项目我们只需要通过 java -jar xx.jar 类运行，非常方便。

② 内嵌 Servlet 容器：Spring Boot 可以内嵌 Tomcat，这样我们无须以 war 包的形式部署项目。

③ 提供 starter 简化 Maven 配置：使用 Spring 或者 SpringMVC 需要添加大量的依赖，而这些依赖很多都是固定的，这里 Spring Boot 通过 starter 能够帮助简化 Maven 配置。

④ 自动配置 Spring。

⑤ 准生产的应用监控。

⑥ 无代码生成和 xml 配置。

2. 安装和使用 Spring Boot

在安装 Spring Boot 之前需要先安装 Java SDK 环境、Spring 框架包和 Maven。Maven 是一个通过项目对象模型（POM）的一小段描述信息来管理项目的构建、报告和文档的软件项目管理工具。它包含了一个项目对象模型（Project Object Model）、一组标准集合，一个项目生命周期（Project Lifecycle)、一个依赖管理系统（Dependency Management System)，以及用来运行定义在生命周期阶段（phase）中插件（plugin）目标（goal）的逻辑。当使用 Maven 时，你需用一个明确定义的项目对象模型来描述你的项目，然后 Maven 可以应用横切的逻辑，这些逻辑来自一组共享的（或者自定义的）插件。

接下来安装 Spring Boot 的 CLI，解压完安装包后运行 bin 目录下的 spring.bat 文件，进行配置。如果配置不成功，需要手工设置系统的系统环境变量。

```
JAVA_HOME=C:\Program Files\Java\jdk-9.0.4
MAVEN_HOME=C:\STUDY\apache-maven-3.5.2
SPRING_HOME=C:\STUDY\spring-2.0.1.BUILD-SNAPSHOT
```

同时由 Path 变量指向上述变量的 bin 目录。如果 Java SDK、Maven 及 Spring Boot 的 CLI 安装成功，运行下面版本测试或出现如下显示，如图 2.25 所示。

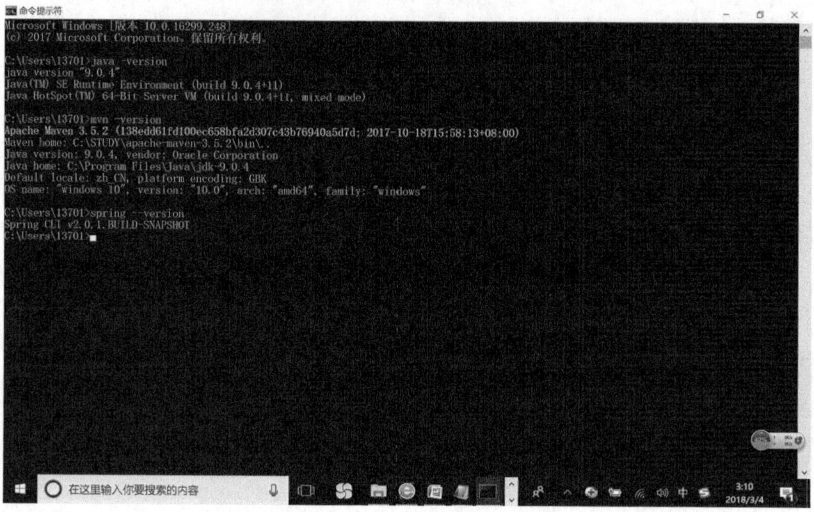

图 2.25　Java SDK、Maven 及 Spring Boot CLI 的版本测试

为了测试 Spring Boot 及 CLI 是否安装成功，可以编写下面代码的 app.groovy 文件进行测试。

```
@RestController
class ThisWillActuallyRun {

    @RequestMapping("/")
    String home() {
        "Hello World!"
    }

}
```

在命令行运行：$ spring run app.groovy，等待一段时间后服务启动。

在浏览器中打开 localhost:8080，你将看到如下的 Hello World!，如图 2.26 所示。

3. 开发一个简单的 Spring Boot 应用

① 创建一个文件夹，SpringBootSample01。

② 新建一个 pom.xml 文件，内容如下。

```
<?xml version="1.0" encoding="UTF-8"?>
<project xmlns="http://maven.apache.org/POM/4.0.0" xmlns:xsi="http://www.w3.org/2001/XMLSchema-
instance"
```

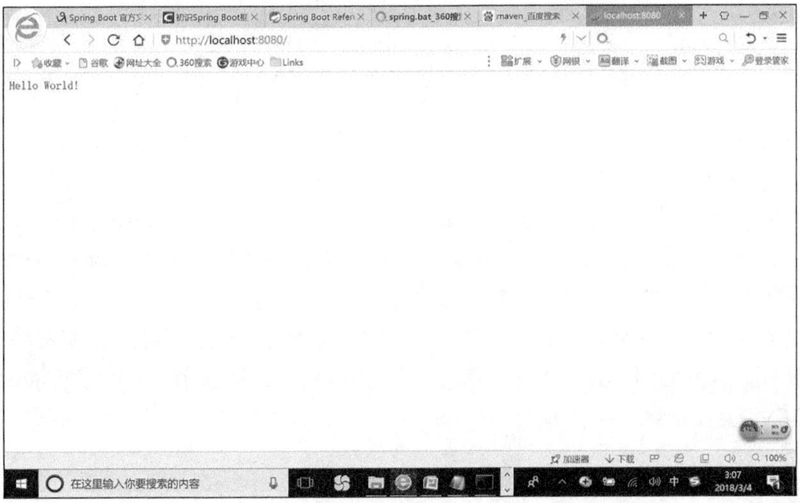

图 2.26　Sprig CLI 测试用例 app.groovy 的执行结果

```
    xsi:schemaLocation="http://maven.apache.org/POM/4.0.0 http://maven.apache.org/xsd/maven-
4.0.0.xsd">
    <modelVersion>4.0.0</modelVersion>

    <groupId>com.example</groupId>
    <artifactId>myproject</artifactId>
    <version>0.0.1-SNAPSHOT</version>

    <parent>
        <groupId>org.springframework.boot</groupId>
        <artifactId>spring-boot-starter-parent</artifactId>
        <version>2.0.1.BUILD-SNAPSHOT</version>
    </parent>

    <!-- Additional lines to be added here... -->

    <!-- (you don't need this if you are using a .RELEASE version) -->
    <repositories>
        <repository>
            <id>spring-snapshots</id>
            <url>https://repo.spring.io/snapshot</url>
            <snapshots><enabled>true</enabled></snapshots>
        </repository>
        <repository>
            <id>spring-milestones</id>
            <url>https://repo.spring.io/milestone</url>
        </repository>
    </repositories>
    <pluginRepositories>
        <pluginRepository>
            <id>spring-snapshots</id>
            <url>https://repo.spring.io/snapshot</url>
        </pluginRepository>
        <pluginRepository>
            <id>spring-milestones</id>
```

```
            <url>https://repo.spring.io/milestone</url>
        </pluginRepository>
    </pluginRepositories>
</project>
```

③ 上面没有添加任何依赖，但仍然可以 build。命令行：mvn package。注意，当前路径为 //SpringBootSample01/。

④ 现在需要添加依赖，其实就是把依赖的 jar 添加到 buildpath。由于已经继承了 spring-boot-starter-parent，而 spring-boot-starter-parent 又提供了 dependency-management，所以我们可以忽略被选中依赖的版本。在添加依赖之前，先看一下现在已有什么：mvn dependency:tree。该命令会打印一个当前项目的依赖树。结果表明，当前没有任何依赖。因此，现在添加一个 Starter 模块。为了增加必需的依赖，编辑 pom.xml 并增加 spring-boot-starter-web 依赖在 parent 块的下面。

```
<dependencies>
    <dependency>
        <groupId>org.springframework.boot</groupId>
        <artifactId>spring-boot-starter-web</artifactId>
    </dependency>
</dependencies>
```

⑤ 现在就可以开始写代码了。由于 Maven 默认编译路径为 src/main/java 下面的源码，所以，默认设置下，需要创建这些文件夹。然后，编写文件 src/main/java/Example.java。

```
import org.springframework.boot.*;
import org.springframework.boot.autoconfigure.*;
import org.springframework.web.bind.annotation.*;

@RestController
@EnableAutoConfiguration
public class Example {

    @RequestMapping("/")
    String home() {
        return "Hello Smart City!";
    }

    public static void main(String[] args) throws Exception {
        SpringApplication.run(Example.class, args);
    }

}
```

- @RestController and @RequestMapping 注解。

上面例子类中的第一个注解是 @RestController。它对阅读人提供了提示并对 Spring 提供了类的特定职责。本例中，类是一个 Web 应用的控制器（@Controller），因此，Spring 认为它应处理进入的 Web 请求。

@RequestMapping 注解提供了“路由”信息。它告诉 Spring 任何具备 path 路径的 HTTP 请求应该映射到本地的方法。@RestController 注解告诉 Spring 将结果字符串直接返回给调用者，这两个都是 Spring MVC 注解。

- @EnableAutoConfiguration 注解。

第二个类级注解是 @EnableAutoConfiguration。该注解基于增加的 jar 依赖告诉 Spring Boot 去“猜猜”你想如何去配置 Spring。由于 spring-boot-starter-web 增加了 Tomcat 和 Spring MVC，auto-configuration 假定你正在开发一个 Web 应用并相应的设置 Spring。

Auto-configuration 分配给“Starters”工作，但是两个概念部署直接关联。你可以在 starters 之外自由选择 jar 依赖。Spring Boot 将竭尽全能自动配置你的应用。

- main 方法。

应用的最后一部分是 main 方法。这是一个标准的方法遵循应用入口点的 Java 机制。main 方法通过调用 run 被 Spring Boot 的 SpringApplication 类选中。SpringApplication 启动应用程序，开始 Spring；Spring 随后启动自动配置的 Tomcat Web 服务器。

⑥ 启动项目。由于使用了 spring-boot-starter-parent POM，所以我们可以使用 mvn spring-boot:run 来启动项目（根路径）。项目启动之后就可以访问了，默认地址：http://localhost:8080/。运行成功后显示如图 2.27 所示。

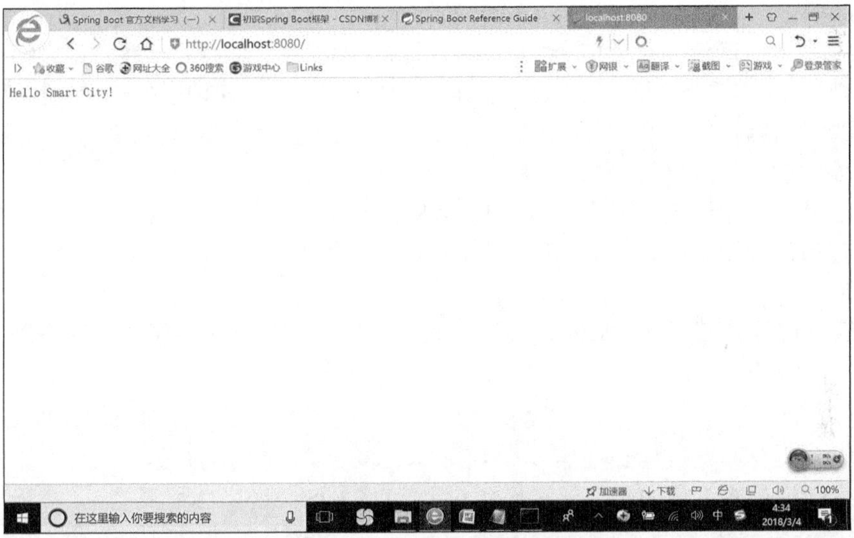

图 2.27　启动测试用例

⑦ 打包。executable jars 又称 fat jars，是可以直接在生产环境中运行的，包含所有编译生成的 class 文件以及依赖包。注意，Spring Boot 的这种打包方式需要使用 Spring Boot 提供的 spring-boot-maven-plugin。我们需要将 spring-boot-maven-plugin 增加到 pom.xml 中，为此，插入下列行在 dependencies 块下。

```
<build>
    <plugins>
        <plugin>
            <groupId>org.springframework.boot</groupId>
```

```
            <artifactId>spring-boot-maven-plugin</artifactId>
        </plugin>
    </plugins>
</build>
```

注意，spring-boot-starter-parent POM 中包含了 <executions> 的配置信息，绑定了 repackage goal(maven)。如果不使用parent POM，你需要自己来声明这个配置信息。现在，可以打包了：mvn package。

打包成功后，你可以在 /target 目录下看到 myproject-0.0.1-SNAPSHOT.jar，大约 10 MB，可以通过 jar tvf target/myproject-0.0.1-SNAPSHOT.jar 来查看其中的内容。此外，在 /target 目录下，还可以看到 myproject-0.0.1-SNAPSHOT.jar.original，这是 Maven 打包出来的，在 Spring Boot repackage 之前。

⑧ 执行。正常的 jar 执行：java -jar target/myproject-0.0.1-SNAPSHOT.jar，服务运行。

2.5.6 Node.js Express 框架

（1）概述

Express 是一个简洁而灵活的 node.js Web 应用框架，提供了一系列强大特性帮助你创建各种 Web 应用和丰富的 HTTP 工具。使用 Express 可以快速地搭建一个完整功能的网站。Express 框架核心特性如下。

① 可以设置中间件来响应 HTTP 请求。

② 定义了路由表用于执行不同的 HTTP 请求动作。

③ 可以通过向模板传递参数来动态渲染 HTML 页面。

（2）安装

首先假定你已经安装了 Node.js，接下来为你的应用创建一个目录，然后进入此目录并将其作为当前工作目录。

```
$ mkdir myapp
$ cd myapp
```

通过 npm init 命令为你的应用创建一个 package.json 文件。

```
$ npm init
```

此命令将要求你输入几个参数，例如此应用的名称和版本。你也可以直接按“回车”键接受默认设置即可，下面这个除外。

```
entry point: (index.js)
```

键入 app.js 或者你所希望的名称，这是当前应用的入口文件。如果你希望采用默认的 index.js 文件名，只需按“回车”键。

接下来安装 Express 并将其保存到依赖列表中。

```
$ npm install express --save
```

（3）Hello world 实例

接下来，我们一起创建一个基本的 Express 应用。注意：这里所创建是一个最简单的 Express 应用，并且仅仅只有一个文件——与通过 Express 应用生成器所创建的应用完全不一样，Express 应用生成器所创建的应用框架包含多个 JavaScript 文件、Jade 模板和针对不同用途的子目录。

进入 myapp 目录，创建一个名为 app.js 的文件，然后将下列代码复制进去。

```
var express = require('express');
var app = express();
app.get('/', function (req, res) {
  res.send('Hello World!');
});
var server = app.listen(3000, function () {
  var host = server.address().address;
  var port = server.address().port;
  console.log('Example app listening at http://%s:%s', host, port);
});
```

上面的代码启动一个服务并监听从 3000 端口进入的所有连接请求。它将对所有 (/) URL 或路由返回“Hello Smart World!”字符串。对于其他所有路径全部返回“404 Not Found”。req(请求) 和 res(响应) 与 Node 提供的对象完全一致，因此，你可以调用 req.pipe()、req.on('data', callback) 以及任何 Node 提供的方法。

通过如下命令启动此应用。

```
$ node app.js
```

然后在浏览器中打开 http://localhost:3000/ 并查看输出结果。

Express 应用使用回调函数的参数：request 和 response 对象来处理请求和响应的数据。

```
app.get('/', function (req, res) {
  // --
})
```

request 和 response 对象的具体介绍如下。

reques 对象表示 HTTP 请求，包含了请求查询字符串、参数、内容、HTTP 头部等属性。常见属性如下。

① req.app：当 callback 为外部文件时，用 req.app 访问 express 的实例。

② req.baseUrl：获取路由当前安装的 URL 路径。

③ req.body / req.cookies：获得请求主体 / cookies。

④ req.fresh / req.stale：判断请求是否是最新的。

⑤ req.hostname / req.ip：获取主机名和 IP 地址。

⑥ req.originalUrl：获取原始请求 URL。

⑦ req.params：获取路由的 parameters。

⑧ req.path：获取请求路径。

⑨ req.protocol：获取协议类型。

⑩ req.query：获取 URL 的查询参数串。

⑪ req.route：获取当前匹配的路由。

⑫ req.subdomains：获取子域名。

⑬ req.accepts()：检查可接收的请求的文档类型。

⑭ req.acceptsCharsets / req.acceptsEncodings / req.acceptsLanguages：返回指定字符集的第一个可接收字符编码。

⑮ req.get()：获取指定的 HTTP 请求头。

⑯ req.is()：判断请求头 Content-Type 的 MIME 类型。

response 对象表示 HTTP 响应，即在接收到请求时向客户端发送的 HTTP 响应数据。常见属性如下。

① res.app：同 req.app 一样。

② res.append()：追加指定 HTTP 头。

③ res.set() 在 res.append() 后将重置之前设置的头。

④ res.cookie(name，value [，option])： 设 置 Cookie。opition: domain / expires / httpOnly / maxAge / path / secure / signed。

⑤ res.clearCookie()：清除 Cookie。

⑥ res.download()：传送指定路径的文件。

⑦ res.get()：返回指定的 HTTP 头。

⑧ res.json()：传送 JSON 响应。

⑨ res.jsonp()：传送 JSONP 响应。

⑩ res.location()：只设置响应的 Location HTTP 头，不设置状态码或者 close response。

⑪ res.redirect()：设置响应的 Location HTTP 头，并且设置状态码 302。

⑫ res.render(view,[locals],callback)：渲染一个 view，同时向 callback 传递渲染后的字符串，如果在渲染过程中有错误发生 next(err) 将会被自动调用。callback 将会被传入一个可能发生的错误以及渲染后的页面，这样就不会自动输出了。

⑬ res.send()：传送 HTTP 响应。

⑭ res.sendFile(path [，options] [，fn])：传送指定路径的文件，自动根据文件 extension 设定 Content-Type。

⑮ res.set()：设置 HTTP 头，传入 object 可以一次设置多个头。

⑯ res.status()：设置 HTTP 状态码。

⑰ res.type()：设置 Content-Type 的 MIME 类型。

（4）Express 应用生成器

通过应用生成器工具 express 可以快速创建一个应用的骨架。通过如下命令安装。

```
$ npm install express-generator -g
```

-h 选项可以列出所有可用的命令行选项。

```
$ express -h
  Usage: express [options] [dir]
```

```
Options:
  -h, --help           output usage information
  -V, --version        output the version number
  -e, --ejs            add ejs engine support (defaults to jade)
      --hbs            add handlebars engine support
  -H, --hogan          add hogan.js engine support
  -c, --css <engine>   add stylesheet <engine> support (less|stylus|compass|sass) (defaults to plain css)
      --git            add .gitignore
  -f, --force          force on non-empty directory
```

例如，下面的示例就是在当前工作目录下创建一个命名为 myApp 的应用。

```
$ express myapp
   create : myapp
   create : myapp/package.json
   create : myapp/app.js
   create : myapp/public
   create : myapp/public/javascripts
   create : myapp/public/images
   create : myapp/routes
   create : myapp/routes/index.js
   create : myapp/routes/users.js
   create : myapp/public/stylesheets
   create : myapp/public/stylesheets/style.css
   create : myapp/views
   create : myapp/views/index.jade
   create : myapp/views/layout.jade
   create : myapp/views/error.jade
   create : myapp/bin
   create : myapp/bin/www
```

然后，安装所有依赖包。

```
$ cd myapp
$ npm install
```

启动这个应用（MacOS 或 Linux 平台）。

```
$ DEBUG=myapp npm start
```

Windows 平台使用如下命令。

```
> set DEBUG=myapp & npm start
```

然后，在浏览器中打开 http://localhost:3000/ 网址就可以看到这个应用了。

通过 Express 应用生成器创建的应用一般都有如下目录结构。

```
├── app.js
├── bin
│   └── www
├── package.json
├── public
│   ├── images
│   ├── javascripts
│   └── stylesheets
│       └── style.css
├── routes
```

```
|    ├──── index.js
|    └──── users.js
└──── views
     ├──── error.jade
     ├──── index.jade
     └──── layout.jade
7 directories, 9 files
```

通过 Express 应用生长期创建应用只是众多方法中的一种。你可以不使用它，也可以修改它让它符合你的需求。

（5）路由

我们已经了解了HTTP请求的基本应用，而路由决定了由谁（指定脚本）去响应客户端请求。在 HTTP 请求中，我们可以通过路由提取请求的 URL 以及 GET/POST 参数。接下来我们扩展“Hello World”，添加一些功能来处理更多类型的 HTTP 请求。创建 express_demo2.js 文件，代码如下所示。

```
var express = require('express');
var app = express();
//   主页输出 "Hello World"
app.get('/', function (req, res) {
   console.log(" GET req");
   res.send('Hello GET');
})
//   POST 请求
app.post('/', function (req, res) {
   console.log("POST res");
   res.send('Hello POST');
})
//   /del_user 页面响应
app.get('/del_user', function (req, res) {
   console.log("/del_user response DELETE req");
   res.send('delete page');
})
//   /list_user 页面 GET 请求
app.get('/list_user', function (req, res) {
   console.log("/list_user GET req");
   res.send('user list page');
})
// 对页面 abcd, abxcd, ab123cd, 等响应 GET 请求
app.get('/ab*cd', function(req, res) {
   console.log("/ab*cd GET req");
   res.send('regular expressing match');
})
var server = app.listen(8081, function () {
  var host = server.address().address
  var port = server.address().port
  console.log(" 应用实例，访问地址为 http://%s:%s", host, port)
})
```

执行以上代码。

```
$ node express_demo2.js
```

应用实例，访问地址为 http://0.0.0.0:8081。接下来你可以尝试访问 http://127.0.0.1:8081 不同的地址，查看效果。

（6）静态文件

Express 提供了内置的中间件 express.static 来设置静态文件，如图片、CSS、JavaScript 等。你可以使用 express.static 中间件来设置静态文件路径。例如，如果将图片、CSS、JavaScript 文件放在 public 目录下，你可以这么写。

```
app.use(express.static('public'));
```

我们可以到 public/images 目录下放些图片，如下所示。

```
public/images/logo.png
```

让我们再修改下 "Hello World" 应用添加处理静态文件的功能。

创建 express_demo3.js 文件，代码如下所示。

```
var express = require('express');
var app = express();

app.use(express.static('public'));

app.get('/', function (req, res) {
   res.send('Hello World');
})

var server = app.listen(8081, function () {

  var host = server.address().address
  var port = server.address().port

  console.log(" 应用实例，访问地址为 http://%s:%s", host, port)

})
```

执行以上代码。

```
$ node express_demo3.js
```

在浏览器中访问 http://127.0.0.1:8081/images/logo.png，将显示 Logo 图标。

（7）GET 和 PUT 例子

以下实例演示了在表单中通过 GET 方法提交两个参数，我们可以使用 server.js 文件内的 process_get 路由器来处理输入。

index.htm 文件代码如下。

```
<html>
<body>
<form action="http://127.0.0.1:8081/process_get" method="GET">
First Name: <input type="text" name="first_name">   <br>
Last Name: <input type="text" name="last_name">
<input type="submit" value="Submit">
</form>
</body>
</html>
```

server.js 文件代码如下。

```
var express = require('express');
var app = express();
app.use(express.static('public'));
app.get('/index.htm', function (req, res) {
   res.sendFile( __dirname + "/" + "index.htm" );
})
app.get('/process_get', function (req, res) {
   // 输出 JSON 格式
   var response = {
        "first_name":req.query.first_name,
        "last_name":req.query.last_name
   };
   console.log(response);
   res.end(JSON.stringify(response));
})

var server = app.listen(8081, function () {

  var host = server.address().address
  var port = server.address().port

  console.log(" 应用实例，访问地址为 http://%s:%s", host, port)

})
```

执行以上代码。

```
node server.js
```

浏览器访问 http://127.0.0.1:8081/index.htm，如图 2.28 所示。

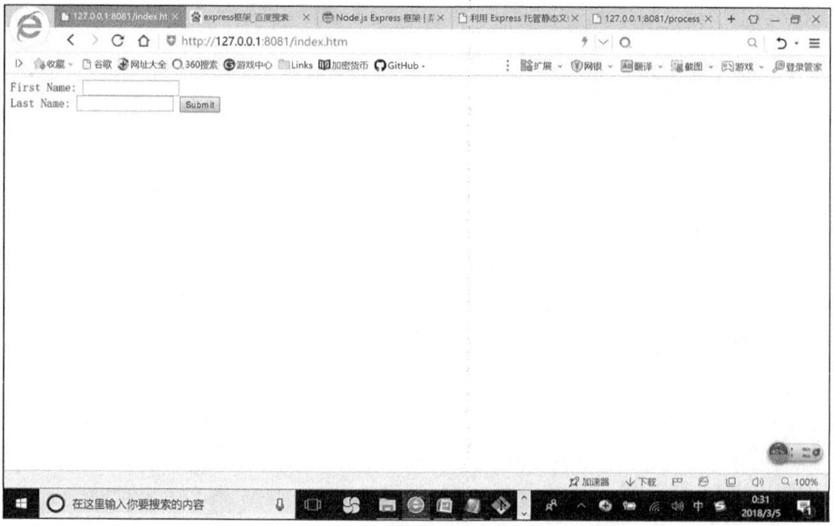

图 2.28　浏览器访问截图

在两个输入框输入 Qiang 和 Lei 后，浏览器显示：{"first_name":"Qiang","last_name":"Lei"}。

下面实例演示了在表单中通过 POST 方法提交两个参数，我们可以使用 server.js 文件内的 process_post 路由器来处理输入。

index.htm 文件代码如下。

```
<html>
<body>
<form action="http://127.0.0.1:8081/process_post" method="POST">
First Name: <input type="text" name="first_name">   <br>
Last Name: <input type="text" name="last_name">
<input type="submit" value="Submit">
</form>
</body>
</html>
```

server.js 文件代码如下。

```
var express = require('express');
var app = express();
var bodyParser = require('body-parser');
// 创建 application/x-www-form-urlencoded 编码解析
var urlencodedParser = bodyParser.urlencoded({ extended: false })
app.use(express.static('public'));
app.get('/index.htm', function (req, res) {
   res.sendFile( __dirname + "/" + "index.htm" );
})
app.post('/process_post', urlencodedParser, function (req, res) {
   // 输出 JSON 格式
   var response = {
         "first_name":req.body.first_name,
         "last_name":req.body.last_name
   };
   console.log(response);
   res.end(JSON.stringify(response));
})
var server = app.listen(8081, function () {
  var host = server.address().address
  var port = server.address().port
  console.log(" 应用实例，访问地址为 http://%s:%s", host, port)
})
```

执行以上代码。

```
$ node server.js
```

浏览器访问 http://127.0.0.1:8081/index.htm，与图 2.41 一样。现在你可以向表单输入数据，并采用 POST 提交，浏览器显示：{"first_name":"Qiang","last_name":"Lei"}。

（8）文件上传

下面我们创建一个用于上传文件的表单。使用 POST 方法，表单 enctype 属性设置为 multipart/form-data。编程前需要安装两个重要的模块：body-parser - node.js 中间件，用于处理 JSON、Raw、Text 和 URL 编码的数据。multer - node.js 中间件，用于处理 enctype="multipart/form-data"(设置表单的 MIME 编码) 的表单数据。

安装命令如下。

```
$ npm install body-parser --save
$ npm install multer --save
```

index.htm 文件代码如下。

```
<html>
<head>
<title> 文件上传表单 </title>
</head>
<body>
<h3> 文件上传：</h3>
选择一个文件上传 : <br />
<form action="/file_upload" method="post" enctype="multipart/form-data">
<input type="file" name="image" size="50" />
<br />
<input type="submit" value=" 上传文件 " />
</form>
</body>
</html>
```

server.js 文件代码如下。

```
var express = require('express');
var app = express();
var fs = require("fs");
var bodyParser = require('body-parser');
var multer   = require('multer');
app.use(express.static('public'));
app.use(bodyParser.urlencoded({ extended: false }));
app.use(multer({ dest: '/tmp/'}).array('image'));
app.get('/index.htm', function (req, res) {
   res.sendFile( __dirname + "/" + "index.htm" );
})
app.post('/file_upload', function (req, res) {
   console.log(req.files[0]);   // 上传的文件信息
   var des_file = __dirname + "/" + req.files[0].originalname;
   fs.readFile( req.files[0].path, function (err, data) {
          fs.writeFile(des_file, data, function (err) {
           if( err ){
                 console.log( err );
           }else{
                  response = {
                         message:'File uploaded successfully',
                         filename:req.files[0].originalname
                  };
             }
             console.log( response );
             res.end( JSON.stringify( response ) );
        });
   });
})
var server = app.listen(8081, function () {
  var host = server.address().address
  var port = server.address().port
  console.log(" 应用实例，访问地址为 http://%s:%s", host, port)
})
```

执行以上代码。

```
$ node server.js
```

浏览器访问 http://127.0.0.1:8081/index.htm，如图 2.29 所示。

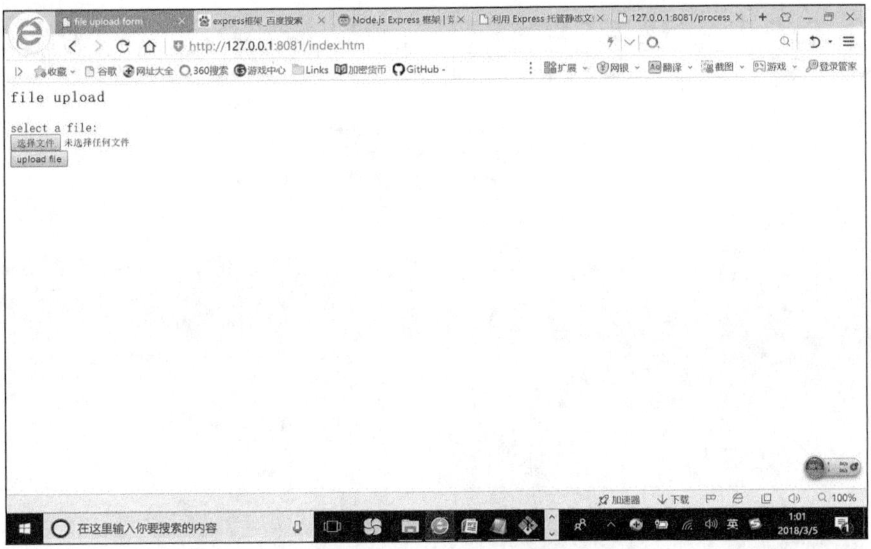

图 2.29　浏览器访问截图

现在你可以向表单输入数据，并提交，浏览器显示：{"message":"File uploaded successfully","filename":"package.json"}，表示名为 package.json 的文件上传成功。

（9）cookie 管理

首先，安装 cookie 中间件模块。

```
$npm install cookie-parser --save
```

安装成功后，可以使用中间件向 Node.js 服务器发送 cookie 信息，以下代码输出了客户端发送的 cookie 信息。

express_cookie.js 文件代码如下。

```
// express_cookie.js 文件
var express      = require('express')
var cookieParser = require('cookie-parser')

var app = express()
app.use(cookieParser())

app.get('/', function(req, res) {
  console.log("Cookies: ", req.cookies)
})
app.listen(8081)
```

执行以上代码。

```
$ node express_cookie.js
```

现在你可以访问 http://127.0.0.1:8081 并查看终端信息的输出本机 cookie 信息。

第 3 章 “互联网 +”核心技术之二：云计算

3.1 概述

2006 年谷歌公司 CEO 埃里克 · 施密特提出云计算概念后，云计算已经成为全球关注度最高的 IT 词汇之一。随着信息技术水平的不断发展，云计算将会成为引领未来整个信息系统建设的主导者之一。云计算具有一体化的信息平台和运营平台，这种全新交付模式将会对 IT 界产生重大的影响。云计算技术是硬件技术和网络技术发展到一定阶段而出现的一种新的技术模型，通常技术人员在绘制系统结构图时用一朵云的符号来表示网络，云计算这个奇怪的名字因此而来。云计算并不是对某一项独立技术的称呼，而是对实现云计算模式所需要的所有技术的总称。例如，分布式计算技术、虚拟化技术、网络技术、服务器技术、数据中心技术、云计算平台技术、分布式存储技术。甚至目前出现的大数据 Hadoop、HPCC、Storm、Spark 等技术也是架构在云计算平台之上。维基百科中对云计算的定义，云计算是一种基于互联网的计算方式，通过这种方式，共享的软硬件资源和信息可以按需求提供给计算机和其他设备，它就像我们日常生活中用水和用电一样，按需付费，而无须关心水、电是从何而来的一种资源管理模式。

2012 年，国务院政府工作报告将云计算作为国家战略性新兴产业给出了定义：云计算是基于互联网的服务的增加、使用和交付模式，通常涉及通过互联网来提供动态、易扩展且经常是虚拟化的资源。云计算是传统计算机和网络技术发展融合的产物，它意味着计算能力也可作为一种商品通过互联网进行流通。

被普遍接受的云计算特点如下。

（1）超大规模

“云”具有相当的规模，谷歌云计算已经拥有 100 多万台服务器，Amazon、IBM、微软、Yahoo 等的“云”均拥有几十万台服务器。企业私有云一般拥有数千台服务器。“云”能赋予用户前所未有的计算能力。

（2）虚拟化

云计算支持用户在任意位置、使用各种终端获取应用服务。所请求的资源来自“云”，而不是固定的有形实体。应用在“云”中某处运行，但实际上用户无须了解、也不用担心应用运行的具体位置。只需要一台笔记本或者一个手机，就可以通过网络服务实现我们需要的一切，甚至包括超级计算这样的任务。

（3）高可靠性

“云”使用了数据多副本容错、计算节点同构可互换等措施来保障服务的高可靠性，使用云计算比使用本地计算机可靠。

（4）通用性

云计算不针对特定的应用，在“云”的支撑下可以构造出千变万化的应用，同一个“云”可以同时支撑不同的应用运行。

（5）高可扩展性

“云”的规模可以动态伸缩，满足应用和用户规模增长的需要。

（6）按需服务

“云”是一个庞大的资源池，按需购买；“云”可以像自来水、电、煤气那样计费。

（7）极其廉价

由于“云”的特殊容错措施可以采用极其廉价的节点来构成云，“云”的自动化集中式管理使大量企业无须负担日益高昂的数据中心管理成本，“云”的通用性使资源的利用率较传统系统大幅提升，因此用户可以充分享受“云”的低成本优势，经常只要花费几百美元、几天时间就能完成以前需要数万美元、数月时间才能完成的任务。

云计算可以彻底改变人们未来的生活，但同时也要重视环境问题，这样才能真正为人类的进步做贡献，而不是简单的技术提升。

（8）潜在的危险性

云计算服务除了提供计算服务外，还必然提供了存储服务。但是云计算服务当前被私人机构（企业）垄断，而它们仅仅能够提供商业信用。对于政府机构、商业机构（特别像银行这样持有敏感数据的商业机构），选择云计算服务应保持足够的警惕性。对于信息社会而言，“信息”是至关重要的。另一方面，云计算中的数据对于数据所有者以外的其他云计算用户是保密的，但是对于提供云计算的商业机构而言确实毫无秘密可言。所有这些潜在的危险，是商业机构和政府机构选择云计算服务、特别是国外机构提供的云计算服务时不得不考虑的一个重要前提。

目前已经出现的云计算技术种类非常多，主要分类可以有以下几种。

（1）按技术路线分类

资源整合型云计算：这种类型的云计算系统在技术实现方面大多体现为集群架构，通过将大量节点的计算资源和存储资源整合后输出。这类系统通常能实现跨节点、弹性化的资源池构建，核心技术为分布式计算和存储技术。MPI、Hadoop、HPCC、Storm 等都可以被分为资源整合型云计算系统。

资源切分型云计算：这种类型最为典型的就是虚拟化系统，这类云计算系统通过系统虚拟化实现对单个服务器资源的弹性化切分，从而有效地利用服务器资源，其核心技术为虚拟化技术。优点：用户的系统可以不做任何改变即可接入虚拟化技术的云系统，是目前应用较为广泛的技术，特别是在桌面云计算技术上应用得较为成功。缺点：跨节点的资源整合代价较大。KVM、VMware 都是这类技术的代表。

（2）按服务对象分类

公有云：服务对象是面向公众的云计算服务，公有云对云计算系统的稳定性、安全性和并发服务能力有更高的要求。

私有云：主要服务于某一组织内部的云计算服务，其服务并不向公众开放，如企业、政府内部的云服务。

混合云：把公有云和私有云结合在一起的方式。在这个模式中，用户通常将非企业关键信息外包，并在公有云上处理，而掌握企业关键服务及数据的内容则放在私有云上处理。

社区云：公有云范畴内的一个组成部分。它由众多利益相仿的组织掌控及使用，其目的是实现云计算的一些优势，例如，特定安全要求、共同宗旨等。社区成员共同使用云数据及应用程序。

（3）按资源封装的层次分类

基础设施即服务（IaaS）：把单纯的计算和存储资源不经封装地直接通过网络以服务的形式提供给用户使用。

平台即服务（PaaS）：计算和存储资源经封装后，以某种接口和协议的形式提供给用户调用，资源的使用者不再直接面对底层资源。

软件即服务（SaaS）：将计算和存储资源封装为用户可以直接使用的应用并通过网络提供给用户，SaaS 面向的服务对象为最终用户，用户只是对软件功能进行使用，无须了解任何云计算系统的内部结构，也不需要用户具有专业的技术开发能力。

云计算和物联网在出现的时间上非常接近，以至于有一段时间云计算和物联网两个名词总是同时出现在各类媒体上。物联网的出现部分得益于网络的发展，大量传感器数据的收集需要良好的网络环境，特别是部分图像数据的传输更是对网络的性能有较高的要求。在物联网技术中传感器的大量使用使数据的生产实现自动化，数据生产的自动化也是推动当前大数据技术发展的动力之一。云计算技术将给物联网带来以下深刻的变革。

（1）解决服务器节点的不可靠性问题，最大限度地降低服务器的出错率。

（2）低成本的投入可以换来高收益，使限制访问服务器次数的瓶颈成为历史。

（3）让物联网从局域网走向城域网甚至是广域网，在更广的范围内进行信息资源共享。

（4）将云计算与数据挖掘技术相结合，增强物联网的数据处理能力，快速做出商业抉择。

3.2 虚拟化技术

（1）虚拟化技术概述

云计算的核心技术是虚拟化技术。虚拟化，是指通过虚拟化技术将一台计算机虚拟为多台逻辑计算机。在一台计算机上同时运行多个逻辑计算机，每个逻辑计算机可运行不同的操作系统，并且应用程序都可以在相互独立的空间内运行而互不影响，从而显著提高计算机的工作效率。虚拟化使用软件的方法重新划分 IT 资源，可以实现 IT 资源的动态分配、灵活调度、跨域共享，提高 IT 资源利用率，使 IT 资源能够真正成为社会基础设施，服务于各行各业中灵活多变的应用需求。

克里斯托弗在 1959 年召开的国际信息处理大会上，发表了一篇名为《大型高速计算机中的时间共享》的学术报告，提出了虚拟化的基本概念。IBM 最早发明了一种操作系统虚拟机技术，能够让用户在一台主机上运行多个操作系统，IBM 7044 计算机就是典型的代表。以 VMware 为代表的虚拟化软件厂商率先实施了以虚拟机监视器为中心的软件解决方案，为虚拟化技术在 x86 计算机环境的发展开辟了道路。最近的十几年间，诸多厂商（如微软、Intel 公司、AMD 公司等）都开始进行虚拟化技术的研究。2008 年以后，云计算技术的发展推动了虚拟化技术成为研究热点。

虚拟化技术的优势包括：

虚拟化技术可以提高资源利用率；

提供相互隔离、高效的应用执行环境；

虚拟化可以简化资源和资源的管理；

虚拟化技术实现软件和硬件的分离。

（2）虚拟化技术的分类

虚拟化技术从计算体系结构的层次上可分为表3.1所示的几种。

表3.1 虚拟化技术的分类

虚拟化类型	虚拟化出的目标对象	所处位置	实例
指令集架构级虚拟化	指令集	指令集架构级	Bochs、VLIW
硬件抽象层虚拟化	计算机的各种硬件	应用层	VMware、Virtual PC、Xen、KVM
操作系统层虚拟化	操作系统	本地操作系统内核	Virtual Server、Zone、Virtuozzo
编程语言层上的虚拟化	应用层的部分功能	应用层	JVM、CLR
库函数层的虚拟化	应用级库函数的接口	应用层	Wine

（1）指令集架构级虚拟化

指令集架构级虚拟化是通过纯软件方法，模拟出与实际运行的应用程序（或操作系统）所不同的指令集去执行，采用这种方法构造的虚拟机一般称为模拟器（Emulator）。模拟器是将虚拟平台上的指令翻译成本地指令集，然后在实际的硬件上执行。当前比较典型的模拟器系统有Bochs、VLIW等。

（2）硬件抽象层虚拟化

硬件抽象层虚拟化是指将虚拟资源映射到物理资源，并在虚拟机的运算中使用实实在在的硬件，即使用软件来虚拟一台标准计算机的硬件配置，如CPU、内存、硬盘、声卡、显卡、光驱等，成为一台虚拟的裸机。硬件抽象层的虚拟机具有以下优点：高度的隔离性；可以支持与宿主机不同的操作系统及应用程序；易于维护及风险低。

（3）操作系统层虚拟化

操作系统层虚拟化是指通过划分一个宿主操作系统的特定部分，产生一个隔离的操作执行环境。操作系统层的虚拟化是操作系统内核直接提供的虚拟化，虚拟出的操作系统之间共享底层宿主操作系统内核和底层的硬件资源。关键点：将操作系统与上层应用隔离开，将对操作系统资源的访问进行虚拟化。优点：实现虚拟操作系统与物理操作系统的隔离，并且有效避免物理操作系统的重复安装。

操作系统虚拟化与硬件虚拟化之间的不同之处在于：

操作系统虚拟化是以原系统为模板，虚拟出的是原系统的副本，而硬件虚拟化虚拟的是硬件环境，然后真实地安装系统；

操作系统虚拟化虚拟出的系统只能是物理操作系统的副本，而硬件虚拟化虚拟出的系统可以为不同的系统；

硬件虚拟化虚拟出的系统间关系不同，操作系统虚拟化虚拟的多个系统有较强的联系；

性能损耗不同：操作系统虚拟化虚拟出的系统都是虚拟的，性能损耗低，而硬件虚拟化是在硬件虚拟层上实实在在安装的操作系统，性能损耗高。

（4）编程语言层上的虚拟化

计算机若不安装操作系统和其他软件的话，就是一台裸机。操作系统和其他软件相对于裸机而言都是应用程序。编程语言层上的虚拟机是在应用层上创建的，并支持一种新定义的指令集，如 Java 虚拟机：JVM。

（5）库函数层的虚拟化

库函数层的虚拟化就是对操作系统中的应用级库函数的接口进行虚拟化，创造出了不同的虚拟化环境，使得应用程序不需要修改，就可以在不同的操作系统中迁移。

常见的虚拟化软件包括如下内容。

① VirtualBox 是一款开源免费的虚拟机软件，使用简单、性能优越、功能强大且软件本身并不臃肿，VirtualBox 是由德国软件公司 InnoTek 开发的虚拟化软件，现隶属于 Oracle 旗下，并更名为 Oracle VirtualBox。其宿主机的操作系统支持 Linux、Mac、Windows 三大操作平台。

② VMware Workstation 是一款功能强大的商业虚拟化软件，和 VirtualBox 一样，仍然可以在一个宿主机上安装多个操作系统的虚拟机，宿主机的操作系统可以是 Windows 或 Linux；可以在 VMware Workstation 中运行的操作系统有 DOS、Windows、Linux、FreeBSD 等。

③ KVM（Kernel-based Virtual Machine）是一种针对 Linux 内核的虚拟化基础架构，它支持具有硬件虚拟化扩展的处理器上的原生虚拟化。最初，它支持 x86 处理器，但现在广泛支持各种处理器和操作系统。基于内核的虚拟机（KVM）是针对包含虚拟化扩展（Intel VT 或 AMD-V）的 x86 硬件上的 Linux 的完全原生的虚拟化解决方案。VMware Workstation 虚拟化软件虚拟的各种操作系统仍然是开发、测试 、部署新的应用程序的最佳解决方案。

（6）系统虚拟化

系统虚拟化属于硬件抽象层虚拟化，是指在一台物理计算机系统上虚拟出一台或多台虚拟计算机系统。虚拟计算机系统（简称虚拟机）是指使用虚拟化技术运行在一个隔离环境中的具有完整硬件功能的逻辑计算机系统，包括操作系统和应用程序。

1974 年，Popek 和 Goldberg 在发表的文章 *Formal Requirements for Virtualizable Third Generation Architectures* 中指出虚拟机可以看作是物理机的一种高效隔离的复制，并指出虚拟机有以下三个典型特征。

① 统一性：虚拟机的运行环境和物理机的运行环境在本质上应该是相同的，表现形式上可以有所差别。

② 资源受控性：虚拟机监视器 VMM 完全控制和管理系统资源。

③ 高效性：软件在虚拟机上运行时，大部分是在硬件上运行的，只有少数是在虚拟机中运行的，从而在虚拟机中运行的软件的性能接近在物理机上运行的性能。

系统虚拟化提供了多个相互隔离的执行环境，虚拟机之间隔离性，虚拟机与底层硬件之间的无关性所带来的好处是很难估量的。此外，虚拟化层作为特权层能够提供一些特有的功能，包括硬件无关性、隔离性、多实例、特权功能。

（1）服务器虚拟化

系统虚拟化的最大价值在于服务器虚拟化。服务器虚拟化是将系统虚拟化技术应用于服务器上，将一台或多台服务器虚拟化为若干台服务器使用。服务器虚拟化的分类如下。

① 将一台服务器虚拟成多台服务器，即将一台物理服务器分割成多个相互独立、互不干扰的虚拟环境。

② 服务器整合，就是多个独立的物理服务器虚拟为一个逻辑服务器，使多台服务器相互协作，处理同一个业务。

③ 服务器先整合、再切分，就是将多台物理服务器虚拟成一台逻辑服务器，然后再将其划分为多个虚拟环境，即多个业务在多台虚拟服务器上运行。

服务器虚拟化所需的关键技术是对 CPU、内存、I/O 硬件资源的虚拟化。

① CPU 虚拟化：把物理 CPU 抽象成虚拟 CPU，任意时刻一个物理 CPU 只能运行一个虚拟 CPU 指令。

② 内存虚拟化：对宿主机的真实物理内存统一管理，虚拟化成虚拟的物理内存，然后分别供若干个虚拟机使用，使每个虚拟机拥有各自独立的内存空间。

③ I/O 虚拟化：为了使所有的客户操作系统都能访问外设资源，虚拟机监视器需通过 I/O 虚拟化的方式复用有限的外设资源。

（2）桌面虚拟化

桌面虚拟化依赖于服务器虚拟化，直观上来说就是将计算机的桌面虚拟化，将计算机的桌面与其使用的终端设备相分离。桌面虚拟化为用户提供部署在云端的远程计算机桌面环境，用户可以使用不同的终端设备，通过网络来访问该桌面环境，即在虚拟桌面环境服务器上运行用户所需要的操作系统和应用软件。桌面虚拟化的优势包括 ：更灵活的访问和使用、更低的用户终端配置、更便于集中管控终端桌面、更高的数据安全性、更低的成本。

桌面虚拟化的解决方案包括如下内容。

① 基于 VDI 的虚拟桌面解决方案：基于服务器虚拟化，拥有服务器虚拟化的所有优点。其原理是在远程数据中心的服务器上安装虚拟机并在其中部署用户所需要的操作系统及操作系统上的各种应用，此时虚拟桌面就是虚拟机上的操作系统及其上的各种应用。

② 基于 SBC 的虚拟桌面解决方案：原理是在数据中心内的物理机上直接安装、运行操作系统和应用软件，此时的桌面就是服务器上的物理桌面。

VDI 和 SBC 方案的比较如表 3.2 所示。

表 3.2 VDI 和 SBC 方案的比较

项目	VDI	SBC
服务器性能要求	高，需要能支持服务器虚拟化软件的运行	低，只要能部署操作系统及应用软件
用户支持扩展性	低，与服务器上能同时承载的虚拟机个数有关	高，与服务器上能同时支持的应用软件执行实例有关
方案实施复杂性	高，需要在安装和管理服务器虚拟化软件的前提下提供服务	低，只需要以传统方式安装和部署应用软件就可提供服务
桌面交付兼容性	高，支持 Linux 桌面、Windows 桌面等桌面上的应用	低，只支持 Windows 上的应用

（3）网络虚拟化

网络虚拟化一般是指虚拟专用网。虚拟专用网对网络连接进行了抽象，远程用户可以像物理连接在组织内部网络的用户一样访问该网络。网络虚拟化还有另外一种形式——虚拟局域网。虚拟局域网能把一物理局域网中的节点在逻辑上划分为多个虚拟局域网，或者是把多个物理局域网中的节点划分到一个虚拟局域网中。每一个虚拟局域网都有一组相同需求的计算机工作站，工作方式与物理局域网类似。

（4）虚拟化平台

接下来介绍几个常用的虚拟化平台，也是目前智慧城市各类云平台所常用的底层技术平台。

① XenServer

Citrix XenServer 作为一种开放的、功能强大的服务器虚拟化解决方案，可将静态的、复杂的数据中心环境转变成更为动态的、更易于管理的交付中心，从而大大降低数据中心成本。XenServer 是市场上唯一一款免费的、经“云”验证的企业级虚拟化基础架构解决方案，可实现实时迁移和集中管理多节点等重要功能。

Citrix Xenserver 是思杰基于 Linux 的虚拟化服务器，是在云计算环境中经过验证的企业级虚拟化平台，可提供创建和管理虚拟基础架构所需的所有功能。Citrix XenServer 是一种全面而易于管理的服务器虚拟化平台，基于强大的 Xen Hypervisor 程序之上。Xen 技术被广泛看作是业界最快速、最安全的虚拟化软件。XenServer 是为了高效地管理 Windows(R) 和 Linux(R) 虚拟服务器而设计的，可提供经济高效的服务器整合和业务连续性。

XenServer 直接在服务器硬件上运行而不需要底层操作系统，因而是一种高效且可扩展的系统。XenServer 的工作方式是从物理机中提取元素（例如硬盘驱动器、资源和端口），然后将其分配给物理机上运行的虚拟机。虚拟机（VM）是完全由软件组成的计算机，可以像物理机一样运行自己的操作系统和应用程序。VM 的运行方式完全类似于物理机，并且包含自己的虚拟（基于软件的）CPU、RAM、硬盘和网络接口卡（NIC）。

XenServer 是基于开源 Xen 系统管理程序创建的，作为一种精益化技术，XenServer 系统管理程序降低了总开销，并提供了接近于本地的性能。XenServer 充分利用 IntelVT 平台和 AMD 虚拟化（AMD-V）平台进行硬件辅助虚拟化，提供了更快速、更高效的虚拟化计算能力。XenServer 与其他基于封闭式专用系统构建的虚拟化产品不同，开放的 API 让客户可以通过现有的服务器和存储硬件来访问和控制先进的功能。XenServer 可用于创建 VM、生成 VM 磁盘快照以及管理 VM 工作负载。

② VMware vSphere

VMware vSphere 使用虚拟化将数据中心转换为可扩展的聚合计算基础架构。虚拟基础架构在提供服务方面为 IT 组织提供了更大的灵活性。虚拟基础架构还可以充当云计算的基础。VMware vSphere 能够为整个 IT 基础架构（如服务器、存储和网络）实现虚拟化。它将这些不同种类的资源组合起来，使严密、不灵活的基础架构得以转换为位于虚拟化环境中的简单、统一、易于管理的组件集合。

vSphere 的两个核心组件是 VMware ESXi 和 VMware vCenter Server。

- ESXi 是用于创建和运行虚拟机的虚拟化平台。

- vCenter Server 是一种服务，充当连接到网络的 ESXi 主机的中心管理员，可用于将多个主机的资源加入资源池中并管理这些资源，还提供了很多功能，用于监控和管理物理和虚拟基础架构，还以插件形式提供了其他 vSphere 组件，用于扩展 vSphere 产品的功能。

VMware vSphere 体系结构如图 3.1 所示。

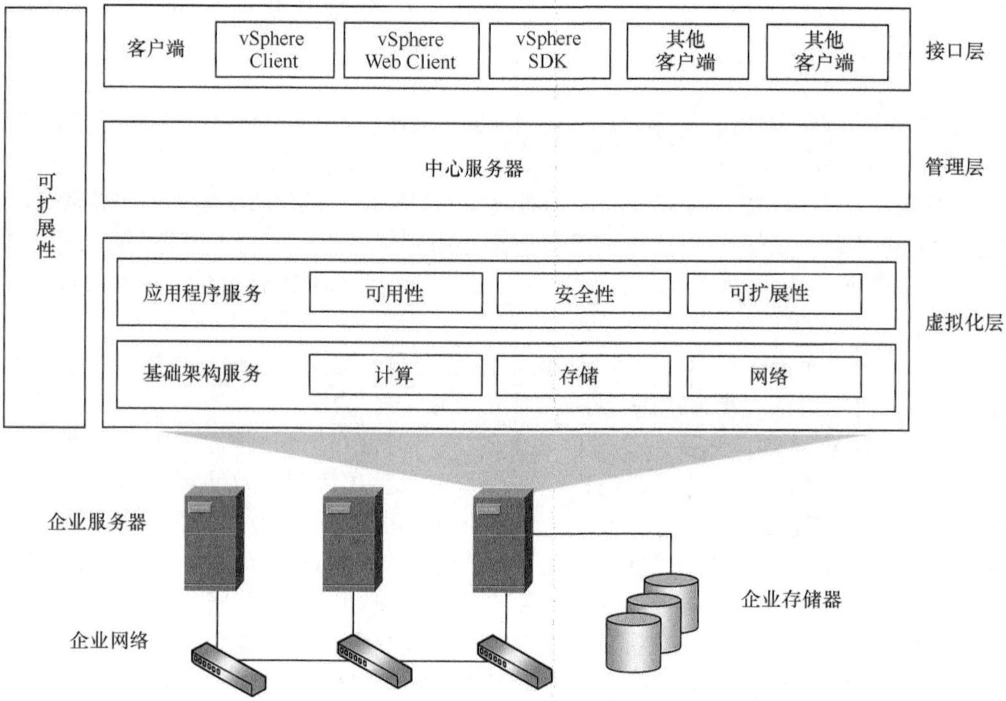

图 3.1 VMware vSphere 体系结构

VMware vSphere 平台从自身的系统架构来看，可以分为以下三层。

- 虚拟化层：最底层，包括基础架构服务和应用程序服务。
- 管理层：非常重要的一层，是虚拟化环境的中央点。
- 接口层：用户可以通过 vSphere Client 或 vSphere Web Client 客户端访问 VMware vSphere 数据中心。

VMware vSphere 是用于虚拟化的软件组件套件。这些组件包括 ESXi、vCenter Server 以及在 vSphere 环境中实现许多不同功能的其他软件组件。

- ESXi：虚拟化平台，使用此平台将虚拟机创建为一组配置和磁盘文件。通过 ESXi 可以运行操作虚拟机，安装操作系统，运行应用程序以及配置虚拟机。
- vCenter Server：充当连接到网络的 ESXi 主机的中心管理员的服务，指导虚拟机和虚拟机主机（ESXi 主机）上的操作。
- vCenter Server 插件：插件是为 vCenter Serve 提供额外特性和功能的应用程序，例如，vCenter Storage Monitoring、vCenter Hardware Status、vCenter Service

Status。

- vCenter Server 数据库：用于维护 vCenter Server 环境中管理的每个虚拟机、主机和用户状态的持久存储区域。
- Tomcat Web 服务器：很多 vCenter Server 功能需要以 Tomcat Web 服务器的 Web 服务形式实现。
- vCenter Server 代理：安装在 vCenter Server 上对每台受管主机收集、传达和执行 vCenter Serve 发送的操作的软件。
- 主机代理：安装在 ESXi 主机上收集、传达和执行 vCenter Server 发送的操作的软件。
- 轻量级目录访问协议（LDAP，Lab Manager Server to Active Directory）：使用 LDAP 在加入链接模式的 vCenter Server 系统之间同步数据。

3.3 OpenStack 云计算技术

OpenStack 是一个由美国国家航空航天局（NASA）和 Rackspace 合作研发并发起的，以 Apache 许可证授权的自由软件和开放源代码云计算平台项目。

云计算平台和虚拟化是什么关系呢？云计算是很大很广泛的含义范畴，是中间件技术、分布式计算（网格计算）、并行计算、效用计算、网络存储、虚拟化和负载均衡等网络技术发展融合的产物。而虚拟化技术也不一定必须与云计算相关，如 CPU 虚拟化技术、虚拟内存等也属于虚拟化技术，但与云概念无关。两种关系如图 3.2 所示。

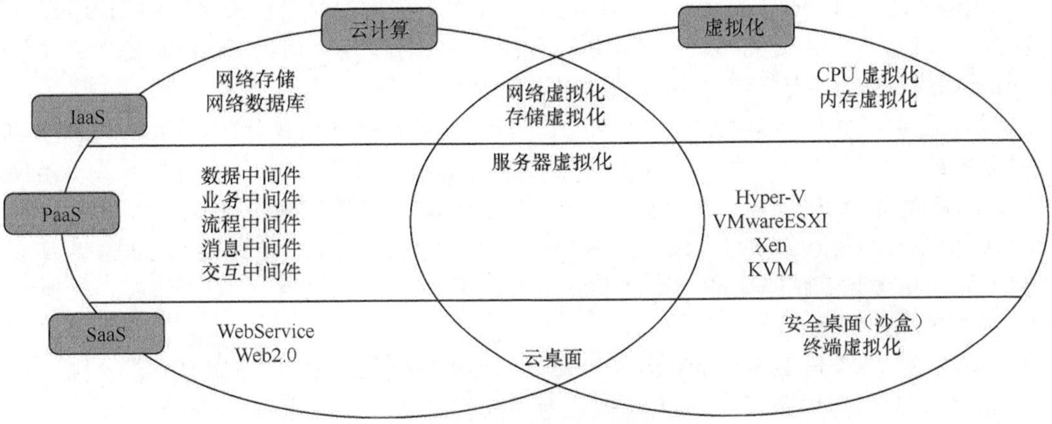

图 3.2 云计算与虚拟化的关系

OpenStack 是一个开源的云计算管理平台项目，由几个主要的组件组合起来完成具体工作。OpenStack 支持几乎所有类型的云环境，项目目标是提供实施简单、可大规模扩展、丰富、标准统一的云计算管理平台。OpenStack 通过各种互补的服务提供了基础设施即服务（IaaS）的解决方案，每个服务提供 API 以进行集成。

OpenStack 是一个旨在为公共及私有云的建设与管理提供软件的开源项目。它的社区拥有超过 130 家企业及 1350 位开发者，这些机构与个人都将 OpenStack 作为 IaaS 资源的通用前端。OpenStack 项目的首要任务是简化云的部署过程并为其带来良好的可扩展性。本文希望通过提供必要的指导信息，帮助大家利用 OpenStack 前端设置及管理自己的公共云或私有云。

OpenStack 云计算平台，帮助服务商和企业内部实现类似于 Amazon EC2 和 S3 的云基础架构服务（IaaS，Infrastructure as a Service）。OpenStack 包含两个主要模块：Nova 和 Swift，前者是 NASA 开发的虚拟服务器部署和业务计算模块；后者是 Rackspace 开发的分布式云存储模块，两者可以一起用，也可以分开单独用。OpenStack 除了有 Rackspace 和 NASA 的大力支持外，还有包括 Dell、Citrix、Cisco、Canonical 等重量级公司的贡献和支持，发展速度非常快，有取代另一个业界领先开源云平台 Eucalyptus 的态势。

（1）核心项目

OpenStack 覆盖了网络、虚拟化、操作系统、服务器等各个方面。它是一个正在开发中的云计算平台项目，根据成熟及重要程度的不同，被分解成核心项目、孵化项目以及支持项目和相关项目。每个项目都有自己的委员会和项目技术主管，而且每个项目都不是一成不变的，孵化项目可以根据发展的成熟度和重要性，转变为核心项目。截至 Icehouse 版本，下面列出了 10 个核心项目（OpenStack 服务）。

① 计算（Compute）：Nova。一套控制器，用于为单个用户或使用群组管理虚拟机实例的整个生命周期，根据用户需求提供虚拟服务。负责虚拟机创建、开机、关机、挂起、暂停、调整、迁移、重启、销毁等操作，配置 CPU、内存等信息规格。自 Austin 版本集成到项目中。

② 对象存储（Object Storage）：Swift。一套用于在大规模可扩展系统中通过内置冗余及高容错机制实现对象存储的系统，允许进行存储或者检索文件。可为 Glance 提供镜像存储，为 Cinder 提供卷备份服务。自 Austin 版本集成到项目中。

③ 镜像服务（Image Service）：Glance。一套虚拟机镜像查找及检索系统，支持多种虚拟机镜像格式（AKI、AMI、ARI、ISO、QCOW2、Raw、VDI、VHD、VMDK），有创建上传镜像、删除镜像、编辑镜像基本信息的功能。自 Bexar 版本集成到项目中。

④ 身份服务（Identity Service）：Keystone。为 OpenStack 其他服务提供身份验证、服务规则和服务令牌的功能，管理 Domains、Projects、Users、Groups、Roles。自 Essex 版本集成到项目中。

⑤ 网络 & 地址管理（Network）：Neutron 提供云计算的网络虚拟化技术，为 OpenStack 其他服务提供网络连接服务。为用户提供接口，可以定义 Network、Subnet、Router，配置 DHCP、DNS、负载均衡、L3 服务，网络支持 GRE、VLAN。插件架构支持许多主流的网络厂家和技术，如 OpenvSwitch。自 Folsom 版本集成到项目中。

⑥ 块存储（Block Storage）：Cinder 为运行实例提供稳定的数据块存储服务，它的插件驱动架构有利于块设备的创建和管理，如创建卷、删除卷，在实例上挂载和卸载卷。自 Folsom 版本集成到项目中。

⑦ UI 界面（Dashboard）：Horizon。OpenStack 中各种服务的 Web 管理门户，用于

简化用户对服务的操作，例如：启动实例、分配 IP 地址、配置访问控制等。自 Essex 版本集成到项目中。

⑧ 测量（Metering）：Ceilometer 像一个漏斗一样，能把 OpenStack 内部发生的几乎所有的事件收集起来，然后为计费和监控以及其他服务提供数据支撑。自 Havana 版本集成到项目中。

⑨ 部署编排（Orchestration）：Heat 提供了一种通过模板定义的协同部署方式，实现云基础设施软件运行环境（计算、存储和网络资源）的自动化部署。自 Havana 版本集成到项目中。

⑩ 数据库服务（Database Service）：Trove 为用户在 OpenStack 的环境提供可扩展和可靠的关系和非关系数据库引擎服务。自 Icehouse 版本集成到项目中。

⑪ 数据处理服务（DataProcessing）：Sahara 为用户大数据的集群部署，提供数据处理能力。自 Juno 版本集成到项目中。

⑫ 裸基础金属设施服务（Bare Metal）：Ironic 解决物理机的添加、删除、电源管理和安装部署。自 Juno 版本集成到项目中。

各个 OpenStack 核心项目和 OpenStack 版本的关系如图 3.3 所示。

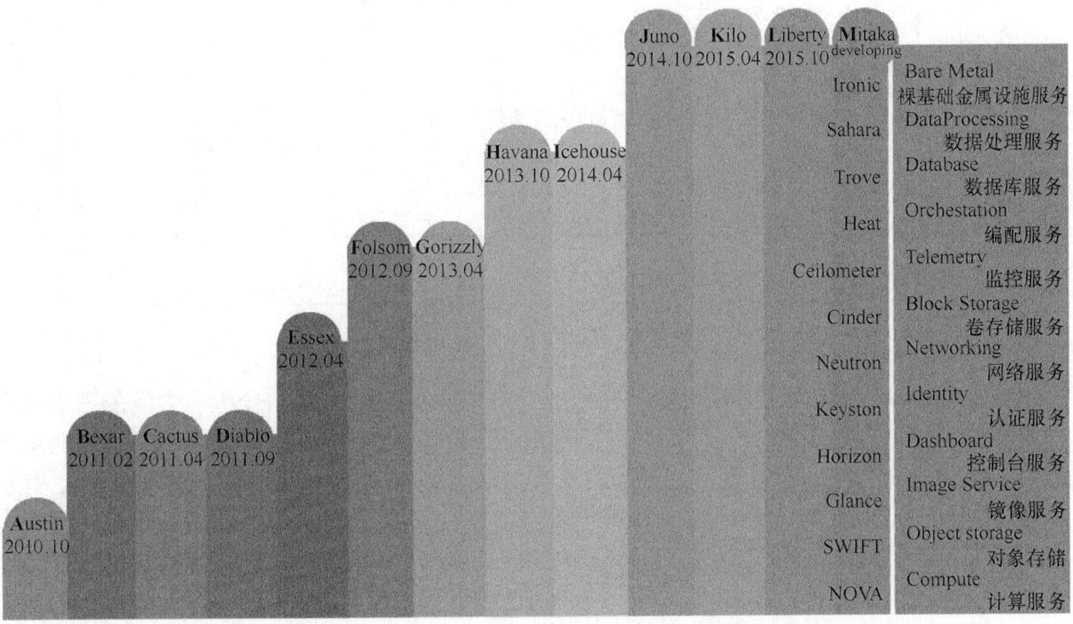

图 3.3　各个 OpenStack 核心项目和 OpenStack 版本的关系

（2）项目架构

创建虚拟机（VM）需要各种服务的交互和配合工作。图 3.4 展示了 OpenStack 典型环境架构，各个服务之间的交互和职能。

OpenStack 因 Open 而开放，因组件而灵活，因包容而博大，有计算、网络、对象存储、块存储、身份、镜像服务、门户、测量、部署编排、数据库服务等组件，有的组件可以根据需要选择安装，组网结构也很灵活、多样，实现了支持接入多种主流虚拟机软件：KVM、LXC、

QEMU、Hyper-V、VMware、XenServer，也可以自行开发插件接入其他的虚拟化软件。

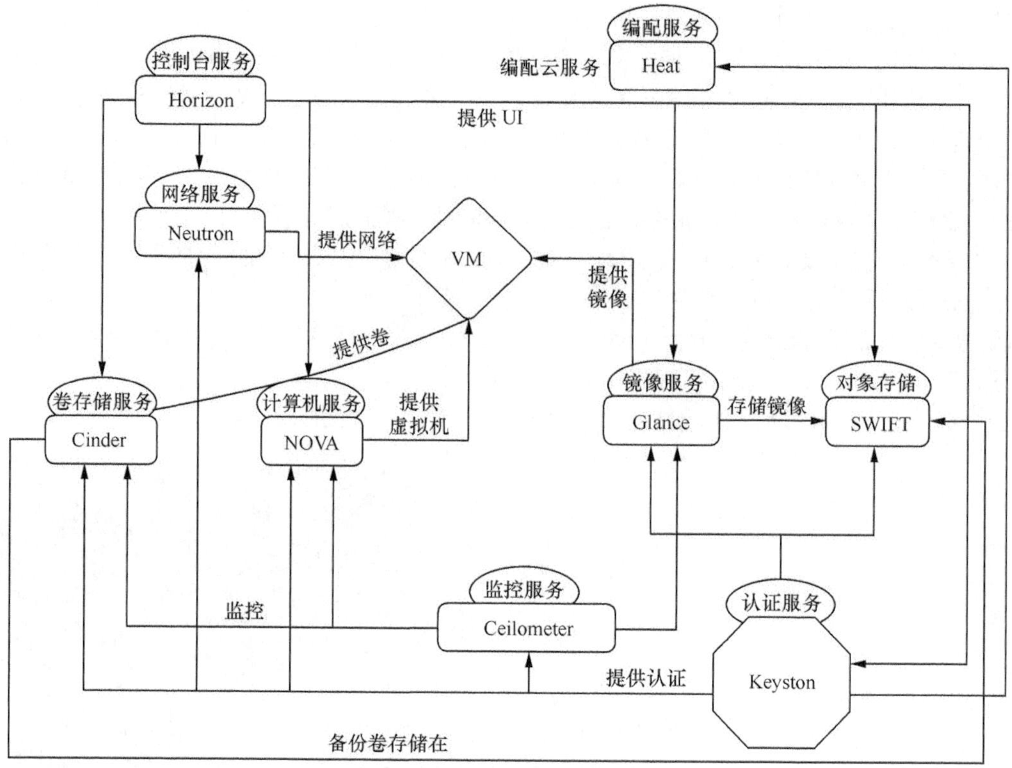

图 3.4　OpenStack 项目架构

OpenStack 各个组件之间耦合是非常松的。其中 KeyStone 是各个组件之间的通信核心，它依赖自身 REST（基于 Identity API）对所有的 OpenStack 组件提供认证和访问策略服务，每个用户都需要向 Keystone 进行注册，注册完成后才能获取相对应的组件通信的地址，其中包括通信的端口和 IP 地址，然后实现组件之间的通信。

OpenStack Compute (Nova) 是一套控制器，用于为单个用户或使用群组启动虚拟机实例。它同样能够用于为包含着多个实例的特定项目设置网络。这就意味着 Nova 以最重要的管理平台身份登场，负责管理整个云的计算资源、网络、授权及测度。虽然 Nova 本身不提供任何虚拟能力，但是它将使用 libvirt API 与虚拟机的宿主机进行交互。OpenStack Compute 在公共云处理方面堪与 Amazon EC2 相提并论，而在私有云方面也毫不逊色于 VMware 的产品。在公共云中，这套管理机制将提供预制的镜像或是为用户创建的镜像提供存储机制，这样用户就能够将镜像以虚拟机的形式启动。

OpenStack 镜像服务（Glance）是一套虚拟机镜像查找及检索系统。它能够以三种形式加以配置：利用 OpenStack 对象存储机制来存储镜像；利用 Amazon 的简单存储解决方案（简称 S3）直接存储信息；将 S3 存储与对象存储结合起来，作为 S3 访问的连接器。OpenStack

镜像服务支持多种虚拟机镜像格式，包括 VMware(VMDK)、Amazon 镜像（AKI、ARI、AMI）以及 VirtualBox 所支持的各种磁盘格式。镜像元数据的容器格式包括 Amazon 的 AKI、ARI 以及 AMI 信息，标准 OVF 格式以及二进制大型数据。

Neutron 网络目的是为 OpenStack 云更灵活地划分物理网络，在多租户环境下提供给每个租户独立的网络环境。

OpenStack 从 Folsom 开始使用 Cinder 替换原来的 Nova-Volume 服务，为 OpenStack 平台提供块存储服务。

OpenStack 对象存储（Swift）是一套用于在大规模可扩展系统中通过内置冗余及容错机制实现对象存储的系统。这些对象能够通过一个 REST API 或是像 Cyberduck 这样可以对接对象存储 API 的客户端加以恢复。Swift 为 OpenStack 提供一种分布式、持续虚拟对象存储服务，类似于 Amazon Web Service 的 S3 简单存储服务，具有跨界点百万级级对象的存储能力。Swift 内建冗余和失效备援管理，也能够处理归档和媒体流，特别是对大数据和大容量的测度非常高。Swift 后续还将作为大数据的一项核心技术重点介绍。

Heat 是 OpenStack 的负责编排计划的主要项目。它可以基于模板来实现云环境中资源的初始化、依赖关系处理、部署等基本操作，也可以解决自动收缩，负载均衡等高级特性。

Ceilometers 像一个漏洞一样，能把 OpenStack 内部发生的几乎所有的事件都收集起来，然后为计费和监控以及其他服务提供数据支撑。

OpenStack 的开发周期是每年固定发布两个新版本，并且每一个新版软件发布时，开发者与项目技术领导者已经在规划下一个版本的细节。这些开发者来自全球 70 多个组织，超过 1600 人。他们采用高级的工具与开发方式，进行代码查看、持续的集成、测试与开发架构，让版本在快速成长的同时也能确保稳定性。

第 4 章 “互联网 +”核心技术之三：大数据

4.1 大数据概述

4.1.1 大数据的定义和系统

大数据是指无法在可容忍的时间内用传统 IT 技术和软硬件工具对其进行感知、获取、管理、处理和服务的数据集合。这里传统的 IT 技术和软硬件工具是指单机计算模式和传统的数据分析算法。因此实现大数据的分析通常需要从两个方面着手：

① 用集群的方法来获取强大的数据分析能力；

② 研究面向大数据的新的数据分析算法。

“大数据”并不是一个凭空出现的概念，它的出现对应了数据产生方式的变革，生产力决定生产关系的道理对于技术领域仍然是有效的，正是由于技术发展到了一定的阶段才导致海量数据被源源不断地生产出来，并使当前的技术面临重大挑战。归纳起来大数据出现的原因有以下几点：

① 数据生产方式变得自动化；

② 数据生产融入每个人的日常生活；

③ 图像和音视频数据所占比例越来越大；

④ 网络技术的发展为数据的生产提供了极大的方便；

⑤ 云计算概念的出现进一步促进了大数据的发展。

大数据主要技术层面和技术内容包括：

① 基础层：基础层主要提供大数据分布存储和并行计算的硬件基础设施。

② 系统层：在系统软件层，需要考虑大数据的采集、大数据的存储管理和并行化计算系统软件几方面的问题。

③ 算法层：考虑如何能对各种大数据处理所需要的分析挖掘算法进行并行化设计。

④ 应用层：基于上述三个层面，可以构建各种行业或领域的大数据应用系统。

算法层的大数据处理技术除了使用频率较高的 MapReduce 之外还有多种大数据计算模式。本节主要介绍几种常用的大数据计算模式，主要包括：查询分析计算（HBase、Hive、Dremel、Cassandra、Impala、Shark、Hana）、批处理计算（Hadoop、Spark）、流计算（Scribe、Flume、Storm、S4、Spark Streaming）、迭代计算（Haloop、iMapReduce、Twister、Spark）、图计算（Pregel、Giraph、Trinity、GraphX、PowerGraph）、内存计算（Spark、HANA、Dremel）。

① 查询分析计算系统：大数据时代，查询分析计算系统需要具备对大规模数据实时或准实时查询的能力，数据规模的增长已经超出了传统关系型数据库的承载和处理能力。目前主要的数据查询分析计算主要有 HBase、Hive、Dremel、Cassandra、Impala、Shark、Hana 等。

HBase：开源、分布式、面向列的非关系型数据库模型，是 Apache 的 Hadoop 项目的子项目。

Hive：基于 Hadoop 的数据仓库工具，用于查询、管理分布式存储中的大数据集，提供完整的 SQL 查询功能，可以将结构化的数据文件映射为一张数据表。

Dremel：由谷歌公司开发，是一种可扩展的、交互式的实时查询系统，用于只读嵌套数据的分析。

Cassandra：开源 NoSQL 数据库系统，最早由 Facebook 开发，并于 2008 年开源。

Impala：由 Cloudera 公司参考 Dremel 系统开发，是运行在 Hadoop 平台上的开源大规模并行 SQL 查询引擎。

Shark：Spark 上的数据仓库实现，即 Spark SQL，与 Hive 相兼容，但处理 HiveQL 的性能比 Hive 快 100 倍。

Hana：由 SAP 公司开发的与数据源无关、软硬件结合、基于内存计算的平台。

② 批处理计算系统：主要针对大规模数据的批量处理，也是我们日常数据分析工作中常见的一类数据处理需求。

MapReduce：最具有代表性和影响力的大数据批处理技术，可以并行执行大规模数据集（TB 级以上）的处理任务。MapReduce 对具有简单数据关系、易于划分的海量数据采用“分而治之”的并行处理思想，将数据记录的处理分为 Map 和 Reduce 两个简单的抽象操作，提供一个统一的并行计算框架。但是，MapReduce 的批处理模式不支持迭代计算。批处理计算系统将并行计算的实现进行封装，大大降低开发人员的并行程序设计难度。

典型的批处理计算系统除了 MapReduce，还有 Spark：由加州伯克利大学 AMP（Algorithms Machines and People Lab）实验室开发，适用于机器学习、数据挖掘等迭代运算较多的计算任务。由于 Spark 引入了内存计算的概念，运行 Spark 时服务器使用内存替代 HDFS 或本地磁盘来存储中间结果，大大加速了数据分析结果的返回速度。Spark 提供比 Hadoop 更高层的 API，同样的算法在 Spark 中的运行速度比 Hadoop 快 10 ~ 100 倍。

③ 流式计算系统：流数据，指在时间和数量分布上无限的一系列动态数据集合体，数据的价值随着时间的流逝而降低，因此，必须采用实时计算的方式给出秒级响应。流计算具有很强的实时性，可对应用不断产生的流数据实时进行处理，使数据不积压、不丢失，经过实时分析处理，给出有价值的分析结果。常用于处理电信、电力等行业应用以及互联网行业的访问日志等。常用的流计算系统有 Facebook 的 Scribe、Apache 的 Flume、Twitter 的 Storm、Yahoo 的 S4、UCBerkeley 的 Spark Streaming。

Scribe：由 Facebook 开发的开源系统，用于从海量服务器实时收集日志信息，对日志信息进行实时的统计分析处理，应用在 Facebook 内部。

Flume：由 Cloudera 公司开发，其功能与 Scribe 相似，主要用于实时收集在海量节点上产生的日志信息，存储到类似于 HDFS 的网络文件系统中，并根据用户的需求进行相应的数据分析。

Storm：基于拓扑的分布式流数据实时计算系统，由 BackType 公司（后被 Twitter 收购）开发，现已经开放源代码，并应用于淘宝、百度、支付宝、Groupon、Facebook 等平台，是主要的流数据计算平台之一。

S4：全称是 Simple Scalable Streaming System，是由 Yahoo 开发的通用、分布式、

可扩展、部分容错、具备可插拔功能的平台。其设计目的是根据用户的搜索内容计算得到相应的推荐广告，现已经开源，是重要的大数据计算平台。

Spark Streaming：构建在 Spark 上的流数据处理框架，将流式计算分解成一系列短小的批处理任务进行处理。

④ 迭代计算系统针对 MapReduce 不支持迭代计算的缺陷，人们对 Hadoop 的 MapReduce 进行了大量改进，Haloop、iMapReduce、Twister、Spark 是典型的迭代计算系统。

HaLoop：Haloop 是 Hadoop MapReduce 框架的修改版本，用于支持迭代、递归类型的数据分析任务，如 PageRank、K-means 等。

iMapReduce：一种基于 MapReduce 的迭代模型，实现了 MapReduce 的异步迭代。

Twister：基于 Java 的迭代 MapReduce 模型，上一轮 Reduce 的结果会直接传送到下一轮的 Map。

Spark：是一种与 Hadoop 相似的开源集群计算环境，但 Spark 启用了内存分布数据集，除了能够提供交互式查询外，它还可以优化迭代工作负载。

⑤ 图计算系统：社交网络、网页链接等包含具有复杂关系的图数据，这些图数据的规模巨大，可包含数十亿顶点和上百亿条边，图数据需要由专门的系统进行存储和计算。常用的图计算系统有谷歌公司的 Pregel、Apache 的开源版本 Giraph、微软的 Trinity、Berkeley AMPLab 的 GraphX 以及高速图数据处理系统 PowerGraph。

Pregel：是由谷歌公司开发的一种基于 BSP（Bulk Synchronous Parallel）模型实现的并行图处理系统，采用迭代的计算模型。

Giraph：一个迭代的图计算系统，最早由 Yahoo 公司借鉴 Pregel 系统开发，后捐赠给 Apache 软件基金会，成为开源的图计算系统。

Trinity：微软公司开发的图数据库系统，该系统是基于内存的数据存储与运算系统，源代码不公开。

GraphX：由 AMPLab 开发的运行在数据并行的 Spark 平台上的图数据计算系统。

PowerGraph：高速图数据处理系统，常用于广告推荐计算和自然语言处理。

⑥ 内存计算系统：内存价格的不断下降和服务器可配置内存容量的不断增长，使得使用内存计算完成高速的大数据处理成为大数据处理的重要发展方向。目前常用的内存计算系统有分布式内存计算系统 Spark、全内存式分布式数据库系统 HANA、谷歌的可扩展交互式查询系统 Dremel。

Spark：是一种基于内存计算的开源集群计算系统，启用了内存分布数据集，它由 Scala 语言实现并作为应用程序框架。

HANA：SAP 公司开发的基于内存技术、面向企业分析性的产品。

Dremel：谷歌的交互式数据分析系统，可以在数以千计的服务器组成的集群上发起计算，处理 PB 级的数据。Dremel 是 Google MapReduce 的补充，大大缩短了数据的处理时间，成功地应用在谷歌的 bigquery 中。

4.1.2 大数据处理系统的基本流程

进入大数据时代，数据采集来源广泛，且数据类型多以半结构化和非结构化海量数据为主，因此要想获得有价值的数据信息，需要对这些采集到的海量数据在适合的辅助工具下进行技术处理。本小节介绍的大数据处理基本流程主要包括三个方面：一是数据清洗；二是数据分析；三是数据解释。数据最终以可视化的方式呈现给用户，供用户做决策。

大数据并非仅指数据本身，而是海量数据和大数据处理技术二者的综合。通常，大数据的处理流程可以定义为在适合工具的辅助下，对广泛异构的数据源进行抽取和集成，按照一定的标准统一存储，利用合适的数据分析技术对存储的数据进行分析，从中提取有益的知识并利用恰当的方式将结果展示给终端用户。从数据分析全流程的角度来看，大数据处理的基本流程如图 4.1 所示。

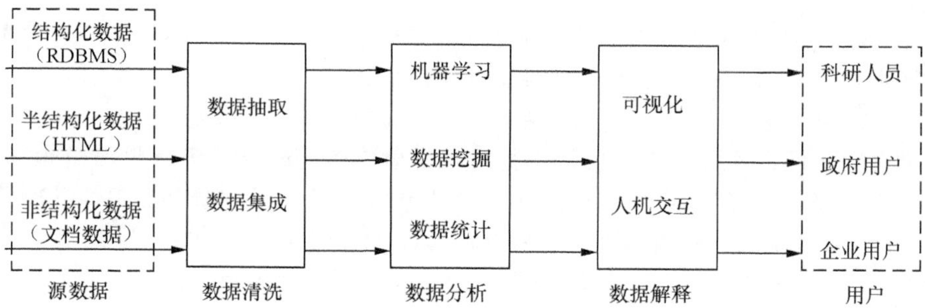

图 4.1 大数据处理的基本流程

（1）数据抽取与清洗集成：由于大数据处理的数据来源类型丰富，大数据处理的第一步是对数据进行抽取、清洗、转换和集成，从中提取关系和实体，经过关联和聚合等操作，按照统一定义的格式对数据进行存储。现有的大数据抽取与清洗集成方法有三种。

① 基于物化或数据仓库技术方法的引擎（Materialization or ETL Engine）。

② 基于联邦数据库或中间件方法的引擎（Federation Engine or Mediator）。

③ 基于数据流方法的引擎（Stream Engine）。

（2）数据分析：大数据处理流程的核心步骤，通过数据抽取和集成环节，我们已经从异构的数据源中获得了用于大数据处理的原始数据，用户可以根据自己的需求对这些数据进行分析处理，例如数据挖掘、机器学习、数据统计等，数据分析可以用于决策支持、商业智能、推荐系统、预测系统等。

（3）数据解释：大数据处理流程中用户最关心的是数据处理的结果，正确的数据处理结果只有通过合适的展示方式才能被终端用户正确理解，因此数据处理结果的展示非常重要，可视化和人机交互是数据解释的主要技术。开发调试程序的时候经常通过打印语句的方式来呈现结果，这种方式非常灵活、方便，但只有熟悉程序的人才能很好地理解打印结果。使用可视化技术，可以将处理的结果通过图形的方式直观地呈现给用户，标签云（Tag Cloud）、历史流（History Flow）、空间信息流（Spatial Information Flow）等是常用的可视化技术，用户可以根据自己的需求灵活地使用这些可视化技术。人机交互技术可以引导用户对数据进行逐步的分析，使用户参与到数据分析的过程中，深刻地理解数据分析结果。

4.1.3 大数据中的集群技术

集群技术的采用成为应对大数据挑战最为直接的方法，从技术角度讲，在 CPU 计算速度无法满足数据增长的需要时通过增加计算节点来解决是最为简单的，所以目前我们所见到的大数据系统基本采用了集群架构。集群系统、并行计算一直以来被视为只有少数人才有能力和机会使用的高端设备，但是大数据的出现使集群系统逐步地进入了我们的日常生活。

目前常用的 HDFS、GFS、Lustre 等文件系统都属于集群文件系统。集群文件系统存储数据时并不是将数据放置于某一个节点存储设备上，而是将数据按一定的策略分布式地放置于不同物理节点的存储设备上。集群文件系统将系统中每个节点上的存储空间进行虚拟整合，形成一个虚拟的全局逻辑目录，集群文件系统在进行文件存取时依据逻辑目录按文件系统内在的存储策略与物理存储位置对应，从而实现文件的定位。

大数据系统采用集群文件系统有以下几个优点。

（1）利用集群文件系统可以将计算任务从数据的存储节点位置发起，从而避免数据在网络上传输所造成的拥塞。

（2）集群文件系统可以充分利用各节点的物理存储空间，通过文件系统形成一个大规模的存储池，为用户提供一个统一的可弹性扩充的存储空间。

（3）利用集群文件系统的备份策略、数据切块策略可以实现数据存储的高可靠性以及数据读取的并行化，提高数据的安全性和数据的访问效率。

（4）利用集群文件系统可以实现利用廉价服务器构建大规模高可靠性存储的目标，通过备份机制保证数据的高可靠性和系统的高可用性。

集群系统是一个互相通过网络连接起来的计算机（节点）所构成的分布式系统，集群中的每一个节点都具有独立的存储系统，和共享存储系统相比集群是一种松耦合的系统。集群系统现在是实现高性能计算的主要工具，集群系统不只是计算的聚集还是存储的聚集。这里所指的分布式系统包括分布式计算和分布式存储。在集群系统中实现大数据处理面临的一个大的困难就是将计算任务或数据分析放入集群进行处理时没有一个通用的方法，但可以用不同的粒度对问题进行分解，这就涉及并行计算的层次问题。并行计算可以分为以下几个层次。

（1）程序级并行：一个数据分析任务能被切分为多个相互之间独立的计算任务并被分配给不同的节点进行处理，这种并行就叫程序级并行。程序级并行是一种粗粒度的并行，一个问题能实现程序级的并行意味着这个问题很容易在集群中被执行，并且由于被切分的任务的独立性，子问题之间所需要的通信代价也是非常小的，不需要在集群节点间进行大量的数据传输。程序级并行中的各个计算任务可以被认为是没有任何计算关联和数据关联的任务，其并行性是天然的、宏观的。

（2）子程序级并行：一个程序可以被分为多子程序任务并被集群并行执行，最后通过合并结果得到最终结果，这称为子程序并行。子程序级并行是对程序级并行的进一步分解，粒度比程序级并行小，以切分数据为基础的一些处理大数据系统可以被认为属于子程序级的并行。如 Hadoop 系统数据被切分后被预先存储于集群中的分布式文件系统，各子程序被分配到节点，完成计算后利用归约过程实现数据的合并。这类面向数据的并行计算可以较为容易实现，并能实现自动并行化。子程序级并行是在大数据系统中实现并行计算的主要层次。

4.1.4 大数据与云计算、物联网的关系

云计算、大数据和物联网代表了 IT 领域最新的技术发展趋势，三者相辅相成，既有联系又有区别。

云计算最初主要包含了两类含义：一类是以谷歌的 GFS 和 MapReduce 为代表的大规模分布式并行计算技术；另一类是以亚马逊的虚拟机和对象存储为代表的“按需租用”的商业模式。但是，随着大数据概念的提出，云计算中的分布式计算技术开始更多地被列入大数据技术，而人们提到云计算时，更多指的是底层基础 IT 资源的整合优化以及以服务的方式提供 IT 资源的商业模式，如 IaaS、PaaS、SaaS。

从云计算和大数据概念的诞生到现在，二者之间的关系非常微妙，既密不可分，又千差万别。因此，我们不能把云计算和大数据割裂开来作为截然不同的两类技术看待。此外，物联网也是和云计算、大数据相伴相生的技术。图 4.2 描述了三者的联系与区别。

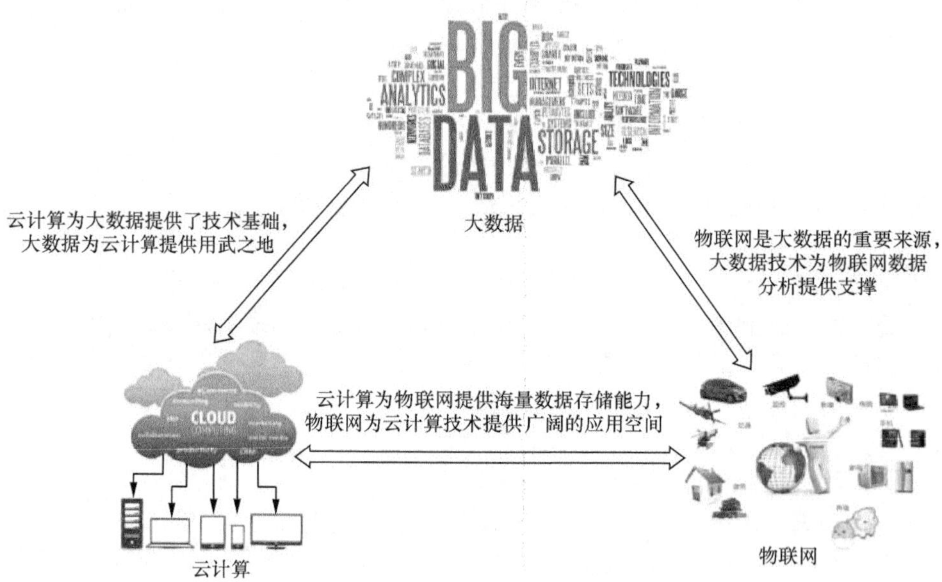

图 4.2 大数据与云计算、物联网的关系

从整体上看，大数据、云计算和物联网这三者是相辅相成的。大数据根植于云计算，大数据分析的很多技术来源于云计算，云计算的分布式数据存储和管理系统（包括分布式文件系统和分布式数据库系统）对海量数据存储和管理，分布式并行处理框架 MapReduce 对海量数据

进行分析，没有这些云计算技术的支撑，大数据分析就无从谈起。反之，大数据为云计算提供了“用武之地”，没有大数据这个“练兵场”，云计算技术就算再先进，也不能很好地发挥出它的应用价值。物联网的传感器源源不断产生的大量数据，构成了大数据的重要数据来源，没有物联网的飞速发展，就不会带来数据产生方式的变革，即由数据人工生产阶段转向数据自动化产生阶段；同时，物联网还需要借助于云计算和大数据技术，实现物联网大数据的存储、分析和处理。三者的有机结合，奠定了“大数据时代”的到来。

大数据侧重于对海量数据的存储、处理与分析，从海量数据中发现价值，服务于生产和生活；云计算旨在整合和优化各种 IT 资源并通过网络以服务的方式，廉价地提供给用户；物联网的发展目标是实现物物相连，应用创新是物联网发展的核心。

云计算、大数据和物联网三者已经彼此渗透、相互融合，在很多应用场合都可以同时看到三者的身影。在未来，三者仍会继续相互促进、相互影响，更好地服务于社会生产和生活的各个领域。

4.2 Hadoop

4.2.1 Hadoop 概述

Hadoop 是一个由 Apache 基金会所开发的分布式系统基础架构。用户可以在不了解分布式底层细节的情况下，开发分布式程序，充分利用集群的优势进行高速运算和存储。Hadoop 框架最核心的设计就是：HDFS 和 MapReduce。HDFS 为海量的数据提供了存储，是 Google File System（GFS）的开源实现。MapReduce 为海量的数据提供了计算，是 Google MapReduce 的开源实现。

Hadoop 是基于 Java 语言开发的，具有很好的跨平台特性，并且可以部署在廉价的计算机集群中；Hadoop 被公认为行业大数据标准开源软件，在分布式环境下提供了海量数据的处理能力。几乎所有主流厂商都围绕 Hadoop 提供开发工具、开源软件、商业化工具和技术服务，如谷歌、雅虎、微软、思科、淘宝等都支持 Hadoop。

Hadoop 最初是由 Apache Lucene 项目的创始人 Doug Cutting 开发的文本搜索库。Hadoop 源自 2002 年的 Apache Nutch 项目——一个开源的网络搜索引擎并且也是 Lucene 项目的一部分；在 2004 年，Nutch 项目也模仿 GFS 开发了自己的分布式文件系统 NDFS（Nutch Distributed File System），也就是 HDFS 的前身；之后，谷歌公司又发表了另一篇具有深远影响的论文，阐述了 MapReduce 分布式编程思想；2005 年，Nutch 开源实现了谷歌的 MapReduce；2006 年 2 月，Nutch 中的 NDFS 和 MapReduce 开始独立出来，成为 Lucene 项目的一个子项目，称为 Hadoop，同时 Doug Cutting 加盟雅虎；2008 年 1 月，Hadoop 正式成为 Apache 顶级项目，Hadoop 也逐渐开始被雅虎之外的其他公司使用；2008 年 4 月，Hadoop 打破世界纪录，成为最快排序 1TB 数据的系统，它采用一个由 910 个节点构成的集群进行运算，排序时间只用了 209 秒；2009 年 5 月，Hadoop 更是把 1TB

数据排序时间缩短到62秒。Hadoop从此名声大震，迅速发展成为大数据时代最具影响力的开源分布式开发平台，并成为事实上的大数据处理标准。

Apache Hadoop版本分为两代，我们将第一代Hadoop称为Hadoop 1.0，第二代Hadoop称为Hadoop 2.0。第一代Hadoop包含三个大版本，分别是0.20.x、0.21.x和0.22.x，其中，0.20.x最后演化成1.0.x，变成了稳定版，而0.21.x和0.22.x则增加了NameNode HA等新的重大特性；第二代Hadoop包含两个版本，分别是0.23.x和2.x，它们完全不同于Hadoop 1.0，是一套全新的架构，均包含HDFS Federation和YARN两个系统，相比于0.23.x，2.x增加了NameNode HA和Wire-compatibility两个重大特性。

目前主要的Hadoop发行版本包括如下几种。

Cloudera：最成型的发行版本，拥有最多的部署案例。

Hortonworks：100%开源，Apache Hadoop的唯一提供商。

MapReduce：与竞争者相比，它使用了一些不同的概念，特别是为了获取更好的性能和易用性而支持本地UNIX文件系统而不是HDFS（使用非开源的组件）。

Amazon Elastic Map Reduce（EMR）：区别于其他提供商的是，这是一个托管的解决方案，其运行在由Amazon Elastic Compute Cloud（Amazon EC2）和AmzonSimple Strorage Service（Amzon S3）组成的网络规模的基础设施之上。

随着Hadoop的项目结构不断丰富发展，已经形成一个丰富的Hadoop生态系统，如图4.3所示。

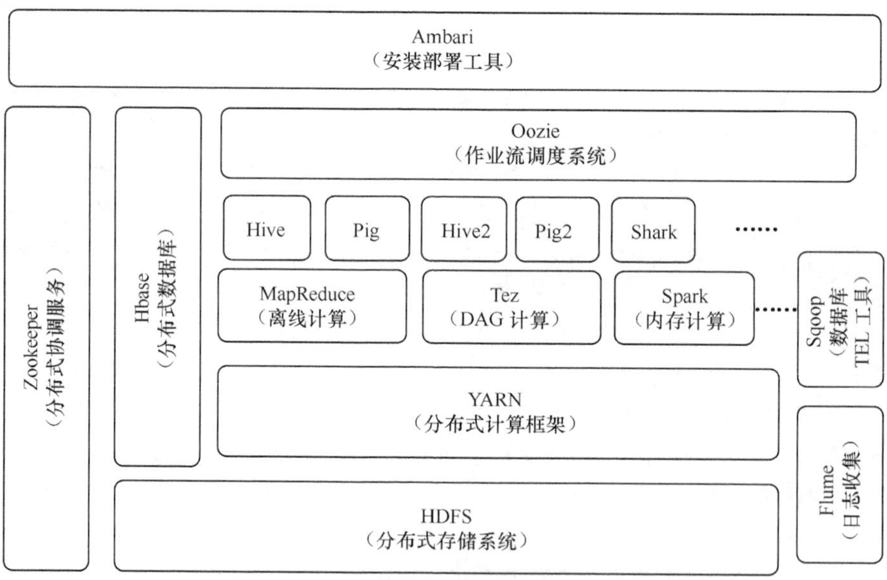

图4.3　Hadoop生态系统

各子系统的说明如表4.1所示。

表 4.1　各子系统功能说明

组件	功能
HDFS	分布式文件系统
MapReduce	分布式并行编程模型
YARN	资源管理和调度器
Tez	运行在 YARN 之上的下一代 Hadoop 查询处理框架
Hive	Hadoop 上的数据仓库
HBase	Hadoop 上的非关系型的分布式数据库
Pig	一个基于 Hadoop 的大规模数据分析平台，提供类似 SQL 的查询语言 Pig Latin
Sqoop	用于在 Hadoop 与传统数据库之间数据传递
Oozie	Hadoop 上的工作流管理系统
Zookeeper	提供分布式协调一致性服务
Storm	流计算框架
Flume	一个高可用的、高可靠的、分布式的海量日志采集、聚合和传输的系统
Ambari	Hadoop 快速部署工具，支持 Apache Hadoop 集群的供应、管理和监控
Kafka	一种高吞吐量的分布式发布订阅消息系统，可以处理消费者规模的网站中的所有动作流数据
Spark	类似于 Hadoop MapReduce 的通用并行框架

4.2.2 HDFS

Hadoop 系统实现对大数据的自动并行处理，提供一种数据并行计算方法，文件系统是 Hadoop 系统的重要组成部分，也是 Hadoop 实现自动并行框架的基础。Hadoop 的文件系统被称为 HDFS（Hadoop Distributed File System）。Hadoop 中的 HDFS 原型来自谷歌文件系统（GFS，Google File System），为了满足谷歌迅速增长的数据处理要求，谷歌设计并实现了 GFS。

（1）GFS

谷歌文件系统是一个可扩展的分布式文件系统，用于对大量数据进行访问的大型分布式应用。它运行于廉价的普通硬件上，可以给大量的用户提供总体性能较高的服务，也可以提供容错功能。我们认为 GFS 是一种面向不可信服务器节点而设计的文件系统。

GFS 为分布式结构，是一个高度容错网络文件系统，主要由一个 Master（主）和众多 Chunkserver（大块设备）构成。体系结构如图 4.4 所示。

其工作过程包括如下内容。

① 客户端使用固定大小的块将应用程序指定的文件名和字节偏移转换成文件的一个块索引，向 Master 发送包含文件名和块索引的请求。

② Master 收到客户端发来的请求，向块服务器发出指示，同时时刻监控众多 Chunkserver 的状态。Chunkserver 缓存 Master 从客户端收到的文件名和块索引等信息。

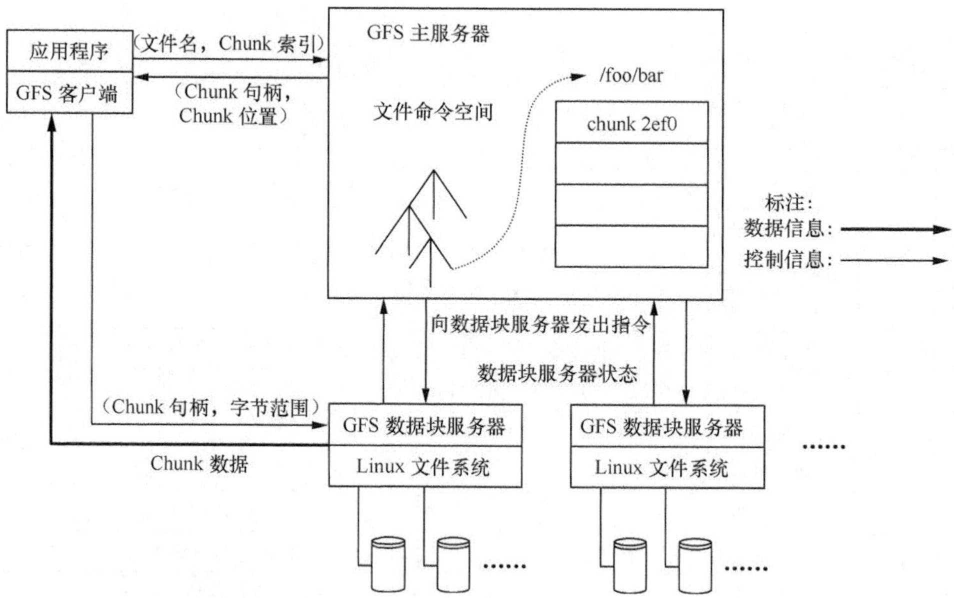

图 4.4　GFS 体系结构

③ Master 通过和 Chunkserver 的交互，向客户端发送 Chunk-Handle 和副本位置。

④ 客户端向其中的一个副本发出请求，请求指定 Chunk Handle(Chunkserver 以 Chunk Handle 标识 Chunk) 和块内的一个字节区间。

⑤ 客户端从 Chunkserver 获得块数据，任务完成。

通常 Client 可以在一个请求中询问多个 Chunk 的地址，而 Master 也可以很快回应这些请求，GFS 是可以被多个用户同时访问的。

Master 保存着三类元数据 (Metadata)：文件名和块的名字空间、从文件到块的映射、副本位置。Master 为 GFS 的控制和神经系统，副本为 Master 的备份，Chunk 服务器主要用来和用户交换数据。

作为谷歌的技术基石，GFS 可以给大量的用户提供总体性能较高的服务，主要具有以下优势。

① 谷歌采用的存储方法是大量的、分散的普通廉价服务器的存储方式，极大地降低了成本。

② 对大文件数据快速存取，毫无疑问这个是可以达到的。

③ 容易扩展，它是成本很低的普通电脑，支持动态插入节点。

④ 容错能力强，它的数据同时会在多个 Chunkserver 上进行备份，具有相当强的容错性。

⑤ 高效访问，它是通过 Big Table 来实现的，是 Google File System 的上层结构。

⑥ GFS 相对于 HDFS 稳定性是无庸置疑的，并在谷歌系统中得到了采用且稳定的运行。

(2) HDFS

HDFS 是一种典型的主从式的分布式文件系统，该文件系统完全是仿照谷歌的 GFS 文件系统而设计的。主从式是云计算系统的一种典型架构方法，系统通过主节点屏蔽底层的复杂结构，并向用户提供方便的文件目录映射。HDFS 采用主从（Master/Slave）架构，一个集群有一个 Master 和多个 Slave，前者称为名字节点（NameNode），后者称为数据节点（DataNode）。

名字节点（NameNode）负责管理分布式文件系统的命名空间（NameSpace），记录每个文件中各个块所在的数据节点的位置信息，保存两个核心的数据结构，即 FsImage 和 EditLog。

① FsImage 用于维护文件系统树以及文件树中所有的文件和文件夹的元数据。

FsImage 文件包含文件系统中所有目录和文件 Inode 的序列化形式。每个 Inode 是一个文件或目录的元数据的内部表示，并包含：文件的复制等级、修改和访问时间、访问权限、块大小以及组成文件的块信息。对于目录，则存储修改时间、权限和配额元数据。FsImage 文件没有记录块存储在哪个数据节点，而是由名称节点把这些映射保留在内存中，当数据节点加入 HDFS 集群时，数据节点会把自己所包含的块列表告知名称节点，此后会定期执行这种告知操作，以确保名称节点的块映射是最新的。

② 操作日志文件 EditLog 中记录了所有针对文件的创建、删除、重命名等操作。

在名字节点启动时，它会将 FsImage 文件中的内容加载到内存中，之后再执行 EditLog 文件中的各项操作，使得内存中的元数据和实际同步，存在内存中的元数据支持客户端的读操作。一旦在内存中成功建立文件系统元数据的映射，则创建一个新的 FsImage 文件和一个空的 EditLog 文件。名称节点建立之后，HDFS 中的更新操作会重新写到 EditLog 文件中，因为 FsImage 文件一般都很大（GB 级别的很常见），如果所有的更新操作都往 FsImage 文件中添加，这样会导致系统运行得十分缓慢，但是，如果往 EditLog 文件中写就不会这样，因为 EditLog 要小很多。每次执行写操作之后，且在向客户端发送成功代码之前，Edits 文件都需要同步更新。

第二名称节点是 HDFS 架构中的一个组成部分，它是用来保存名称节点中对 HDFS 元数据信息的备份，并减少名称节点重启的时间。SecondaryNameNode 一般是单独运行在一台机器上。SecondaryNameNode 会定期和 NameNode 通信，请求其停止使用 EditLog 文件，暂时将新的写操作写到一个新的文件（edit.new）上，这个操作是瞬间完成的，上层写日志的函数完全感觉不到差别；SecondaryNameNode 通过 HTTP GET 方式从 NameNode 上获取 FsImage 和 EditLog 文件，并下载到本地的相应目录下；SecondaryNameNode 将下载下来的 FsImage 载入到内存，然后一条一条地执行 EditLog 文件中的各项更新操作，使得内存中的 FsImage 保持最新，这个过程就是 EditLog 和 FsImage 文件合并；SecondaryNameNode 执行完上步操作之后，会通过 post 方式将新的 FsImage 文件发送到 NameNode 节点上；NameNode 将从 SecondaryNameNode 接收到的新的 FsImage 替换旧的 FsImage 文件，同时将 edit.new 替换 EditLog 文件，通过这个过程 EditLog 就变小了。

数据节点是分布式文件系统 HDFS 的工作节点，负责数据的存储和读取，会根据客户端或者是名称节点的调度来进行数据的存储和检索，并且向名称节点定期发送自己所存储的块的列表；每个数据节点中的数据会被保存在各自节点的本地 Linux 文件系统中。

HDFS 具有较高的容错性，可以兼容廉价的硬件，它把硬件出错看作一种常态，而不是异常，并设计了相应的机制检测数据错误和进行自动恢复，主要包括名称节点出错、数据节点出错和数据出错。

① 名称节点出错：名称节点保存了所有的元数据信息，其中，最核心的两大数据结构是FsImage和Editlog，如果这两个文件发生损坏，那么整个HDFS实例将失效。因此，HDFS设置了备份机制，把这些核心文件同步复制到备份服务器SecondaryNameNode上。当名称节点出错时，我们就可以根据备份服务器SecondaryNameNode中的FsImage和Editlog数据进行恢复。

② 数据节点出错：每个数据节点会定期向名称节点发送“心跳”信息，向名称节点报告自己的状态。当数据节点发生故障，或者网络发生断网时，名称节点无法收到来自一些数据节点的“心跳”信息，这时，这些数据节点就会被标记为“宕机”，节点上面的所有数据都会被标记为“不可读”，名称节点不会再给它们发送任何I/O请求。这时，有可能出现一种情形，即由于一些数据节点的不可用，导致一些数据块的副本数量小于冗余因子。名称节点会定期检查这种情况，一旦发现某个数据块的副本数量小于冗余因子，就会启动数据冗余复制，为它生成新的副本。

③ 数据出错：网络传输和磁盘错误等因素，都会造成数据错误。客户端在读取到数据后，会采用md5和sha1对数据块进行校验，以确定读取到正确的数据；在文件被创建时，客户端就会对每一个文件块进行信息摘录，并把这些信息写入同一个路径的隐藏文件里面；当客户端读取文件时，会先读取该信息文件，然后，利用该信息文件对每个读取的数据块进行校验，如果校验出错，客户端就会请求到另外一个数据节点读取该文件块，并且向名称节点报告这个文件块有错误，名称节点会定期检查并且重新复制这个块。

下面介绍HDFS的读写过程。

（1）HDFS的文件系统实现

FileSystem是一个通用文件系统的抽象基类，可以被分布式文件系统继承，所有可能使用Hadoop文件系统的代码，都要使用这个类；Hadoop为FileSystem这个抽象类提供了多种具体实现：DistributedFileSystem就是FileSystem在HDFS文件系统中的具体实现。FileSystem的open()方法返回的是一个输入流FSDataInputStream对象，在HDFS文件系统中，具体的输入流就是DFSInputStream；FileSystem中的create()方法返回的是一个输出流FSDataOutputStream对象，在HDFS文件系统中，具体的输出流就是DFSOutputStream。创建输入流和输出流的Java代码如下（在创建一个Configuration对象时，其构造方法会默认加载工程项目下两个配置文件，分别是hdfs-site.xml以及core-site.xml，这两个文件中会有访问HDFS所需的参数值，主要是fs.defaultFS，指定了HDFS的地址，有了这个地址，客户端就可以访问HDFS了）。

```
import org.apache.hadoop.conf.Configuration;
import org.apache.hadoop.fs.FileSystem;
import org.apache.hadoop.fs.FSDataOutputStream;
import org.apache.hadoop.fs.Path;

public class Chapter3 {
   public static void main(String[] args) {
      try {
```

```
        Configuration conf = new Configuration();
        FileSystem fs = FileSystem.get(conf);
        Path filename = new Path( “hdfs://localhost:9000/user/hadoop/test.txt");
        FSDataInputStream is = fs.open(filename);
        BufferedReader d = new BufferedReader(new InputStreamReader(is));
        String content = d.readLine(); // 读取文件一行
        System.out.println(content);
        d.close(); // 关闭文件
        fs.close(); // 关闭 hdfs

        byte[] buff = "Hello world".getBytes(); //  要写入的内容
        String filename = " hdfs://localhost:9000/user/hadoop/test.txt "; // 要写入的文件名
        FSDataOutputStream os = fs.create(new Path(filename));
        os.write(buff,0,buff.length);
        System.out.println("Create:"+ filename);
      } catch (Exception e) {
        e.printStackTrace();
      }
    }
}
```

（2）读数据的过程

读数据的过程如图 4.5 所示。

① 打开文件：FileSystem fs = FileSystem.get(conf);FSDataInputStream in = fs.open(new Path(uri))。

② 获取数据块信息：通过 ClientProtocal.getBlockLocations() 远程调用名称节点，获得文件开始部分数据块的位置；对于该数据块，名称节点返回保存该数据块的所有数据节点的地址，并根据距离客户端远近进行排序。

③ 读取请求：客户端获得输入流 FSDataInputStream 以后调用 read() 函数开始读取数据；输入流根据前面的排序结果选择距离客户端最近的数据节点建立连接并读取数据。

④ 读取数据：数据从数据节点读到客户端，当该数据块读取完毕时，FSDataInput Stream 关闭和该数据节点的连接。

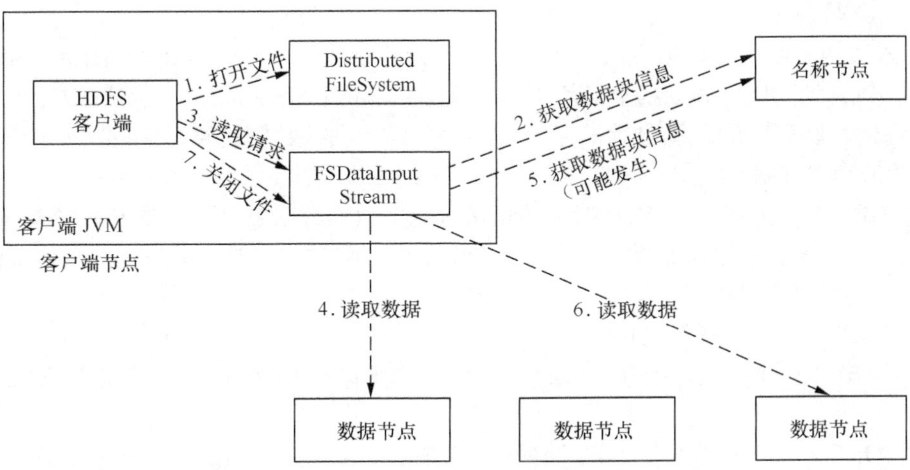

图 4.5 HDFS 读数据过程

⑤ 获取下一个数据块信息（可能发生）：通过 ClientProtocal.getBlockLocations() 查找下一个数据块。

⑥ 继续读取数据。

⑦ 关闭文件。

（3）写数据的过程（文件存储）

写数据的过程如图 4.6 所示。

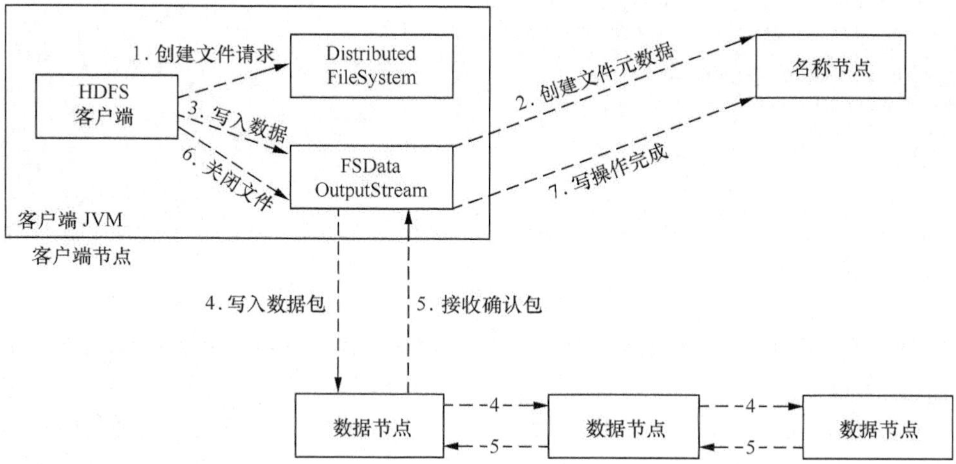

图 4.6 HDFS 写数据过程

① 创建文件请求：FileSystem fs = FileSystem.get(conf);FSDataOutputStream out= fs.create(new Path(uri))。

② 创建文件元数据：RPC 远程调用名字节点，在文件系统的命名空间新建一个文件，名称节点会执行一些检查（文件是否存在，客户端权限）。

③ 写入数据：out.write(buff,0,buff.length)。

④ 写入数据分组：数据被分成一个个分包，分包被放入 DFSOutputStream 对象的内部队列；DFSOutputStream 向名称节点申请保存数据块的若干数据节点，这些数据节点形成一个数据流管道；队列中的分包最后被打包成数据分组，发往数据流管道中的第一个数据节点，第一个数据节点将数据分组发送到第二个节点，依此类推，形成“流水线复制”。

⑤ 接收确认包：为了保证节点数据准确，接收到数据的数据节点要向发送者发送“确认包”；“确认包”沿着数据流管道逆流而上，经过各个节点最终到达客户端。客户端收到应答时，将对应的分包从内部队列移除。

⑥ 关闭文件：客户端关闭文件。

⑦ 写操作完成：DFSOutputStream 调用 ClientProtocal.complete() 方法通知名称节点关闭文件。

上面 HDFS 在写一个文件时有两个重要的策略：一个是副本策略；另一个是分块策略。副本策略保证了文件存储的高可靠性，分块策略保证数据并发读写的效率并且是 MapReduce 实现并行数据处理的基础，如图 4.7 所示。

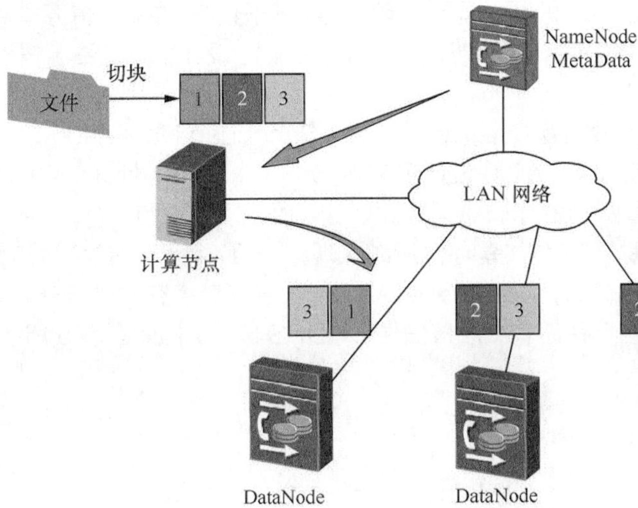

图 4.7　HDFS 的文件存储

HDFS 在存储一个文件时通常会将文件切为 64MB 大小的块进行存储，数据块会被分别存储在不同的 DataNode 节点上，这一过程其实就是一种数据任务的切分过程，在后面对数据进行 MapReduce 操作时十分重要，同时数据被分块存储后在数据读写时能实现对数据的并发读写，提高数据读写效率。HDFS 对数据块典型的副本策略为三个副本，第一个副本存放在本地节点；第二个副本存放在同一个机架的另一个节点；第三个副本存放在不同机架上的另一个节点。这样的副本策略保证了在 HDFS 文件系统中存储的文件具有很高的可靠性。

4.2.3　HDFS2.0 的新特性

Hadoop1.0 的核心组件（仅指 MapReduce 和 HDFS，不包括 Hadoop 生态系统内的 Pig、Hive、HBase 等其他组件），主要存在以下不足：

① 抽象层次低，需人工编码；

② 表达能力有限；

③ 开发者自己管理作业（Job）之间的依赖关系；

④ 难以看到程序的整体逻辑；

⑤ 执行迭代操作效率低；

⑥ 资源浪费（Map 和 Reduce 分两阶段执行）；

⑦ 实时性差（适合批处理，不支持实时交互式）。

因此，针对 Hadoop 做了一些改进与提升，Hadoop 的优化与发展主要体现在两个方面：一方面是 Hadoop 自身两大核心组件 MapReduce 和 HDFS 的架构设计改进；另一方面是 Hadoop 生态系统其他组件的不断丰富，加入了 Pig、Tez、Spark 和 Kafka 等新组件。

Hadoop 框架自身从 1.0 到 2.0 的改进如下：①针对单一名称节点，存在单点失效问题设计了 HDFS HA，提供名称节点热备机制；②针对单一命名空间，无法实现资源隔离设计了 HDFS Federation，管理多个命名空间；③针对资源管理效率低，设计了新的资源管理框架 YARN。

（1）HDFS HA

HDFS 1.0 存在单点故障问题，第二名称节点（SecondaryNameNode）无法解决单点故障问题（只起到冷备份功能），因此 2.0 设计了 HDFS HA（High Availability），就是为了解决单点故障问题。HA 集群设置两个名称节点，"活跃"（Active）和"待命"（Standby）两种名称节点的状态同步，可以借助于一个共享存储系统实现；一旦"活跃"名称节点出现故障，就可以立即切换到"待命"名称节点，Zookeeper 确保一个名称节点在对外服务，名称节点维护映射信息，数据节点同时向两个名称节点汇报信息。HDFS HA 架构如图 4.8 所示。

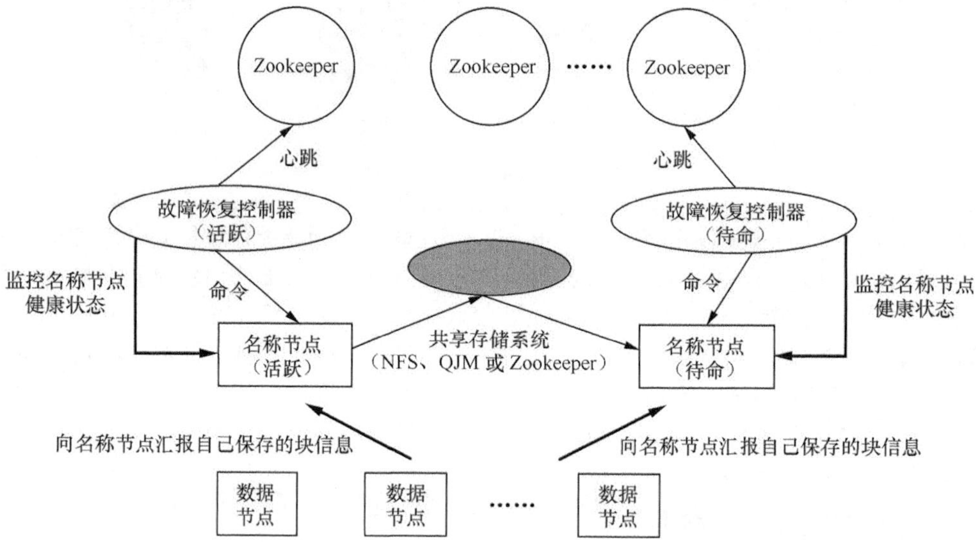

图 4.8　HDFS HA 架构

（2）HDFS Federation

HDFS Federation 设计了多个相互独立的名称节点，使得 HDFS 的命名服务能够水平扩展，这些名称节点分别进行各自命名空间和块的管理，相互之间是联盟（Federation）关系，不需要彼此协调，并且向后兼容。HDFS Federation 中，所有名称节点会共享底层的数据节点存储资源，数据节点向所有名称节点汇报；属于同一个命名空间的块构成一个"块池"。

对于 Federation 中的多个命名空间，可以采用客户端挂载表（Client Side Mount Table）方式进行数据共享和访问，客户可以通过访问不同的挂载点来访问不同的子命名空间；把各个命名空间挂载到全局"挂载表"（Mount-Table）中，实现数据全局共享；同样的命名空间挂载到个人的挂载表中，就成为应用程序可见的命名空间。

HDFS Federation 设计可解决单名字节点存在的以下几个问题。

① HDFS 集群扩展性。多个名称节点各自分管一部分目录，使得一个集群可以扩展到更多

节点，不再像 HDFS1.0 中那样由于内存的限制制约文件存储数目。

② 性能更高效。多个名称节点管理不同的数据，且同时对外提供服务，将为用户提供更高的读写吞吐率。

③ 良好的隔离性。用户可根据需要将不同业务数据交由不同名称节点管理，这样不同业务之间影响很小。

需要注意的，HDFS Federation 并不能解决单点故障问题，也就是说，每个名称节点都存在单点故障问题，需要为每个名称节点部署一个后备名称节点，以应对名称节点故障对业务产生的影响。

4.2.4 MapReduce

在云计算和大数据技术领域被广泛提到并被成功应用的一项技术就是 MapReduce。MapReduce 是谷歌系统和 Hadoop 系统中的一项核心技术。MapReduce 的出现要追述到 1956 年，图灵奖获得者——著名的人工智能专家 McCarthy 首次提出了 LISP 语言的构想，而在 LISP 语言中就包含了现在我们所采用的 MapReduce 功能。1960 年，McCarthy 更是极有预见性地提出：“今后计算机将会作为公共设施提供给公众”，这一观点已与现在人们对云计算的定义极为相近了，所以我们把 McCarthy 称为“云计算之父”。MapReduce 在 McCarthy 提出时并没有考虑到其在分布式系统和大数据上会有如此大的应用前景，只是作为一种函数操作来定义的。

2004 年，谷歌公司的 Dean 发表文章，对 MapReduce 这一编程模型在分布式系统中的应用进行了介绍，从此 MapRuduce 分布式编程模型进入了人们的视野，可以认为分布式 MapReduce 是由谷歌公司首先提出的。Hadoop 跟进了谷歌的这一思想，可以认为 Hadoop 是一个开源版本的谷歌系统，正是由于 Hadoop 的跟进才使普通用户得以开发自己的基于 MapReduce 框架的云计算应用系统。

MapReduce 的基本过程为：用户通过 map 函数处理 Key/Value 对，从而产生一系列不同的 Key/Value 对，Reduce 函数将 Key 值相同的 Key/Value 对进行合并。下面通过一个实际的例子来说明，我们对一个文件 example.txt 中出现的单词次数进行统计（这就是大数据界的 wordcount 例子）。

example.txt 已被分为多个数据片存储在集群系统中不同的节点上了，用户先使用一个 Map 函数——Map(example.txt，文件内容)。Map 操作程序通常会在被分布有文件 example.txt 数据片段的节点上发起，这个 Map 操作将产生一组中间 Key/Value 对（word，count），这里的 word 代表出现在文件 example.txt 片段中的任一个单词，其中 Count 就是这个单词在文件 example.txt 中出现的总的次数。每个 Map 操作所产生的 Key/Value 对只代表 example.txt 一部分内容的统计值。Reduce 函数将接收集群中不同节点 Map 函数生成的中间 Key/Value 对，并将所有 Key 值相同的 Value 值进行求和合并，最后输出的 Key/Value 对就是（word，count）。上述过程如表 4.2 所示。

Hadoop 的 MapReduce 主要有以下 4 个部分组成，如图 4.9 所示。

表 4.2　MapReduce 的过程

函数	输入	输出	说明
Map	$<k_1, v_1>$	List ($<k_2, v_2>$) 如： < “a”，1> < “b”，1> < “c”，1>	1．将小数据集进一步解析成一批 <key，value> 对，输入 Map 函数中进行处理； 2．每一个输入的 $<k_1, v_1>$ 会输出一批 $<k_2, v_2>$。$<k_2, v_2>$ 是计算的中间结果
Reduce	$<k_2, List(v_2)>$ 如：< “a”，<1,1,1>>	$<k_3, v_3>$ < “a”，3>	输入的中间结果 $<k_2, List(v_2)>$ 中的 $List(v_2)$ 表示一批属于同一个 k_2 的 value

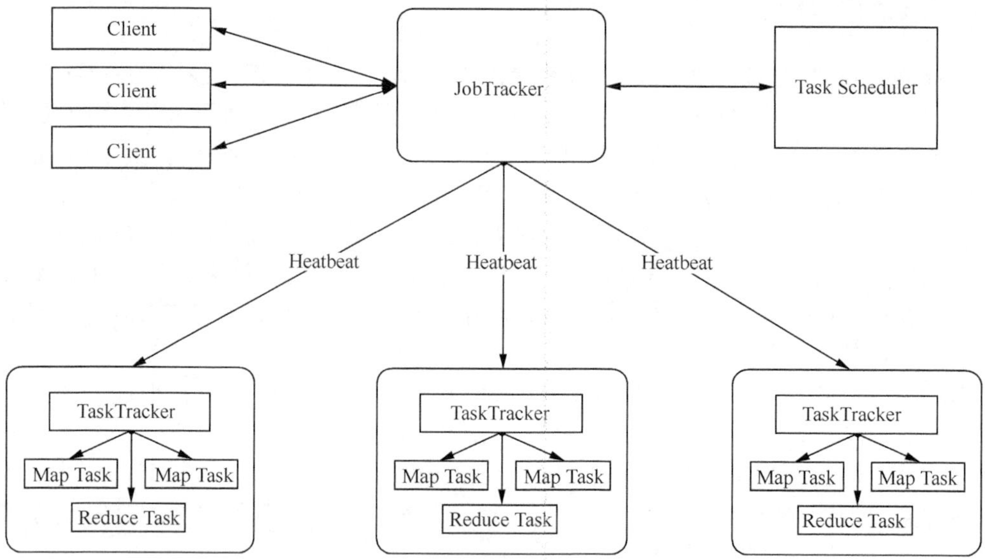

图 4.9　MapReduce 体系结构

（1）Client：用户编写的 MapReduce 程序通过 Client 提交到 JobTracker 端，可通过 Client 提供的一些接口查看作业运行状态。

（2）JobTracker：JobTracker 负责资源监控和作业调度。JobTracker 监控所有 TaskTracker 与 Job 的健康状况，一旦发现失败，就将相应的任务转移到其他节点；JobTracker 会跟踪任务的执行进度、资源使用量等信息，并将这些信息告诉任务调度器（Task Scheduler），而调度器会在资源出现空闲时，选择合适的资源去执行任务。

（3）Task Tracker：Task Tracke 会周期性地通过“心跳”将本节点上资源的使用情况和任务的运行进度汇报给 JobTracker，同时接收 JobTracker 发送过来的命令并执行相应的操作（如启动新任务、杀死任务等）；TaskTracker 使用“Slot 任务槽”等量划分本节点上的资源量（CPU、内存等）。一个 Task 获取到一个 Slot 后才有机会运行，而 Hadoop 调度器的作用就是将各个 TaskTracker 上的空闲 Slot 分配给 Task 使用。Slot 分为 Map Slot 和

Reduce Slot 两种，分别供 MapTask 和 Reduce Task 使用。

（4）Task：Task 分为 Map Task 和 Reduce Task 两种，均由 TaskTracker 启动。

MapReduce 的各个执行阶段如图 4.10 所示。

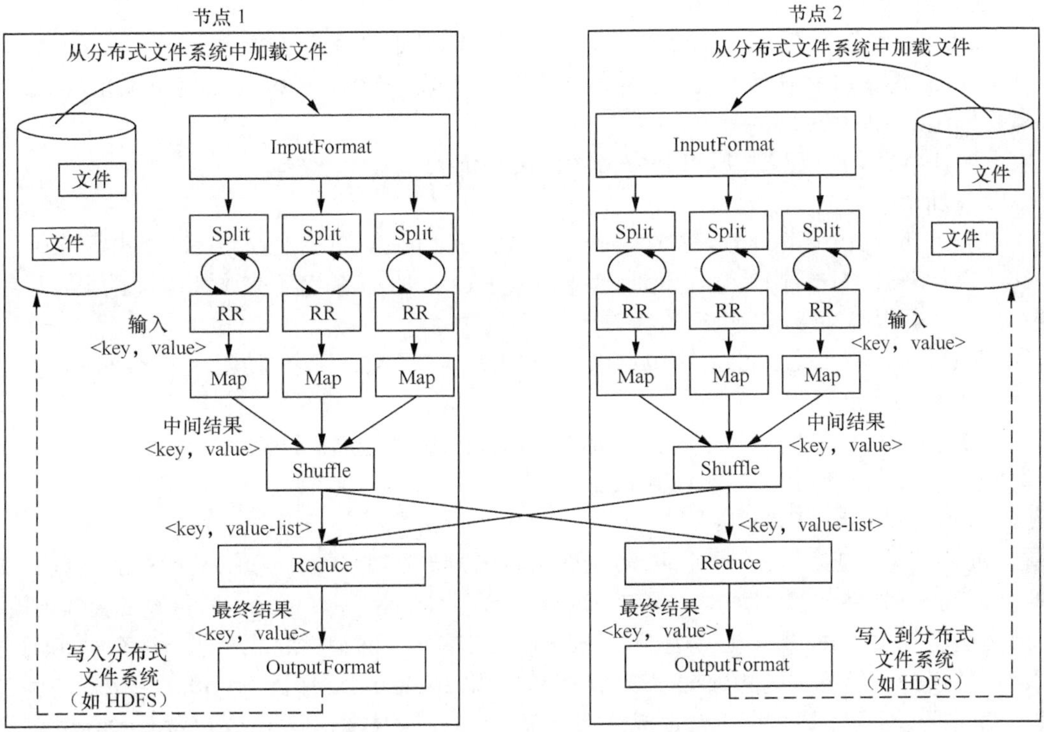

图 4.10　MapReduce 各执行阶段

（1）文件输入格式 InputFormat

① 该格式定义了数据文件如何分割和读取。

② InputFile 提供了以下一些功能：选择文件或者其他对象，用来作为输入；定义 InputSplits，将一个文件分开成为任务；为 RecordReader 提供一个工厂，用来读取这个文件。

③ 有一个抽象的类 FileInputFormat，所有的输入格式类都继承这个类的功能以及特性。当启动一个 Hadoop 任务时，一个输入文件所在的目录被输入 FileInputFormat 对象中。FileInputFormat 从这个目录中读取所有文件，然后 FileInputFormat 将这些文件分割为一个或者多个 InputSplits。

④ 通过在 JobConf 对象上设置 JobConf.setInputFormat，从而设置文件输入的格式。

（2）输入数据分块 InputSplits

① InputSplit 定义了输入单个 Map 任务的输入数据。

② 一个 MapReduce 程序被统称为一个 Job，可能由上百个任务构成。

③ InputSplit 将文件分为大小为 64MB 的配置文件；配置文件 hadoop-site.xml 中的

mapred.min.split.size 参数控制这个大小。

④ mapred.tasktracker.map.taks.maximum 用来控制某一个节点上所有 Map 任务的最大数目。

（3）数据记录读入 RecordReader(RR)

① InputSplit 定义了一项工作的大小，但是没有定义如何读取数据。

② RecordReader 实际上定义了如何从数据上转化为一个（Key，Value）对的详细方法，并将数据输出到 Mapper 类中。

③ TextInputFormat 提供了 LineRecordReader。

（4）Mapper

① 每一个 Mapper 类的实例生成了一个 Java 进程（在某一个 InputSplit 上执行）。

② 有两个额外的参数 OutputCollector 以及 Reporter，前者用来收集中间结果，后者用来获得环境参数以及设置当前执行的状态。

③ 现在用 Mapper.Context 提供给每一个 Mapper 函数，用来提供上面两个对象的功能。

（5）Combiner

① 合并相同 Key 的键值对，减少 Partitioner 时候的数据通信开销。

② conf.setCombinerClass(Reduce.class)。

（6）Partitioner & Shuffle

在 Map 工作完成之后，每一个 Map 函数会将结果传到对应的 Reducer 所在的节点，此时，用户可以提供一个 Partitioner 类，用来决定一个给定的（Key，Value）对传输的具体位置。

那么这里的 Shuffle 是什么意思呢？Shuffle 的本义是洗牌、混洗，把一组有一定规则的数据尽量转换成一组无规则的数据，越随机越好。MapReduce 中的 Shuffle 更像是洗牌的逆过程，把一组无规则的数据尽量转换成一组具有一定规则的数据。为什么 MapReduce 计算模型需要 Shuffle 过程？我们都知道 MapReduce 计算模型一般包括两个重要的阶段：Map 是映射，负责数据的过滤分发；Reduce 是规约，负责数据的计算归并。Reduce 的数据来源于 Map，Map 的输出即 Reduce 的输入，Reduce 需要通过 Shuffle 获取数据。从 Map 输出到 Reduce，输入的整个过程可以广义地称为 Shuffle。Shuffle 横跨 Map 端和 Reduce 端，在 Map 端包括 Spill 过程（Spill 过程包括输出、排序、溢写、合并等步骤），在 Reduce 端包括 Copy 和 Sort 过程，如图 4.11 所示。

（7）Sort

Hadoop 对传输到每一个节点上的所有的 Reduce 函数接收的（Key，Value）自动排序，即 Map 生成的结果传送到某一个节点时，会被自动排序。

（8）Reducer

① 做用户定义的 Reduce 操作。

② 最新的编程接口是 Reducer.Context。

（9）文件输出格式 OutputFormat

① 写入到 HDFS 的所有 OutputFormat 都继承自 FileOutputFormat。

② 每一个 Reducer 都写一个文件到一个共同的输出目录，文件名是 part-nnnnn，其中

nnnnn 是与每一个 reducer 相关的一个号（partition id）。

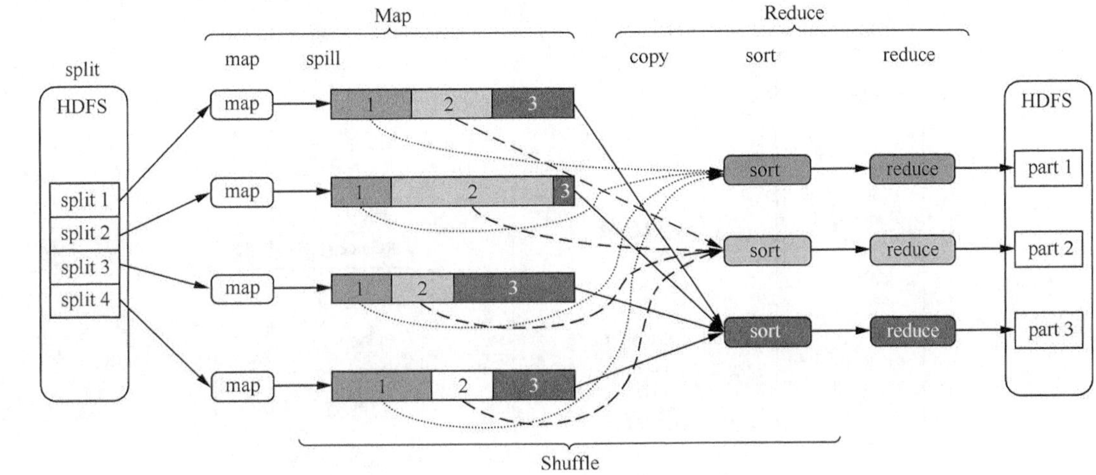

图 4.11　Mapreduce 的 Shuffle 过程

（10）RecordWriter

TextOutputFormat 实现了缺省的 LineRecordWriter，以“Key/Value”形式输出一行结果。

最后我们通过一个 WordCount 实例再来体会 Map、Reduce 以及 Shuffle 和 Combiner 过程。程序的输入是一个包含大量单词的文本文件。

```
Hello World Bye World;
Hello Hadoop Bye Hadoop;
Bye Hadoop Hello Hadoop。
```

输出要求包括文件中每个单词及其出现次数（频数），并按照单词字母顺序排序，每个单词和其频数占一行，单词和频数之间有间隔。

Map 过程如图 4.12 所示。

用户没有定义 Combiner 时的 Reduce 过程如图 4.13 所示。

用户有定义 Combiner 时的 Reduce 过程如图 4.14 所示。

Map 和 Reduce 的程序代码及主函数 Main 代码如下。

编写 Map 处理逻辑：Map 输入类型为 <Key，Value>，期望的 Map 输出类型为 <单词，出现次数>；Map 输入类型最终

图 4.12　Map 过程示意图

确定为 <Object,Text>，Map 输出类型最终确定为 <Text,IntWritable>。

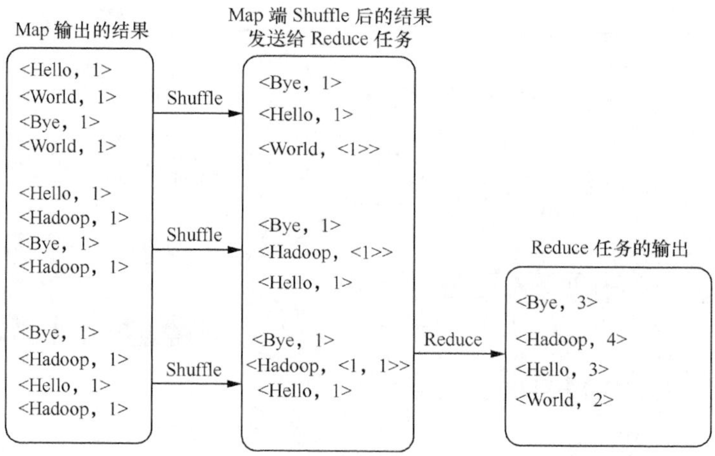

图 4.13　用户没有定义 Combiner 时的 Reduce 过程示意图

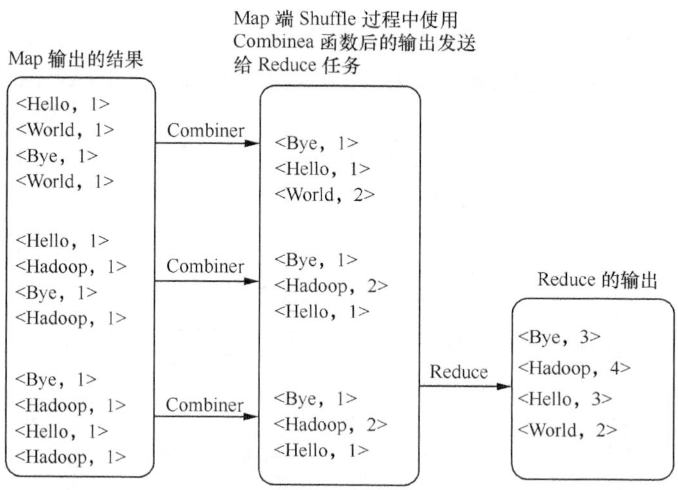

图 4.14　用户有定义 Combiner 时的 Reduce 过程示意图

```
public static class MyMapper extends Mapper<Object,Text,Text,IntWritable>{
        private final static IntWritable one = new IntWritable(1);
        private Text word = new Text();
            public void map(Object key, Text value, Context context) throws IOException, InterruptedException{
                StringTokenizer itr = new StringTokenizer(value.toString());
                while (itr.hasMoreTokens())
                {
                        word.set(itr.nextToken());
                        context.write(word,one);
                }
            }
    }
```

编写 Reduce 处理逻辑：在 Reduce 处理数据之前，Map 的结果首先通过 Shuffle 阶段进行整理。Reduce 阶段的任务是对输入数字序列进行求和，Reduce 的输入数据为 <key,Iterable 容器 >。

```
public static class MyReducer extends Reducer<Text,IntWritable,Text,IntWritable>{
        private IntWritable result = new IntWritable();
        public void reduce(Text key, Iterable<IntWritable> values, Context context) throws
IOException,InterruptedException{
            int sum = 0;
            for (IntWritable val : values)
            {
                sum += val.get();
            }
            result.set(sum);
            context.write(key,result);
        }
    }
```

编写 main 方法。

```
public static void main(String[] args) throws Exception{
            Configuration conf = new Configuration();   //程序运行时参数
        String[] otherArgs = new GenericOptionsParser(conf,args).getRemainingArgs();
        if (otherArgs.length != 2)
        {       System.err.println("Usage: wordcount <in> <out>");
                System.exit(2);
        }
        Job job = new Job(conf,"word count");   //设置环境参数
        job.setJarByClass(WordCount.class);   //设置整个程序的类名
        job.setMapperClass(MyMapper.class);   //添加 MyMapper 类
        job.setReducerClass(MyReducer.class);   //添加 MyReducer 类
        job.setOutputKeyClass(Text.class);   //设置输出类型
        job.setOutputValueClass(IntWritable.class);   //设置输出类型
        FileInputFormat.addInputPath(job,new Path(otherArgs[0]));   //设置输入文件
        FileOutputFormat.setOutputPath(job,new Path(otherArgs[1])); //设置输出文件
        System.exit(job.waitForCompletion(true)?0:1);
    }
```

完整代码如下。

```
import java.io.IOException;
import java.util.StringTokenizer;
import org.apache.hadoop.conf.Configuration;
import org.apache.hadoop.fs.Path;
import org.apache.hadoop.io.IntWritable;
import org.apache.hadoop.io.Text;
import org.apache.hadoop.mapreduce.Job;
import org.apache.hadoop.mapreduce.Mapper;
import org.apache.hadoop.mapreduce.Reducer;
import org.apache.hadoop.mapreduce.lib.input.FileInputFormat;
import org.apache.hadoop.mapreduce.lib.output.FileOutputFormat;
import org.apache.hadoop.util.GenericOptionsParser;

public class WordCount{
        public static class MyMapper extends Mapper<Object,Text,Text,IntWritable>{
```

```
            private final static IntWritable one = new IntWritable(1);
            private Text word = new Text();
                public void map(Object key, Text value, Context context) throws IOException,
Inte rruptedException{
                    StringTokenizer itr = new StringTokenizer(value.toString());
                    while (itr.hasMoreTokens()){
                        word.set(itr.nextToken());
                        context.write(word,one);
                    }
            }
        }
        public static class MyReducer extends Reducer<Text,IntWritable,Text,IntWritable>{
            private IntWritable result = new IntWritable();
            public void reduce(Text key, Iterable<IntWritable> values, Context context) throws
IOException,InterruptedException{
                    int sum = 0;
                    for (IntWritable val : values)
                    {
                        sum += val.get();
                    }
                    result.set(sum);
                    context.write(key,result);
            }
        }
        public static void main(String[] args) throws Exception{
            Configuration conf = new Configuration();
            String[] otherArgs = new GenericOptionsParser(conf,args).getRemainingArgs();
            if (otherArgs.length != 2)
            {
                    System.err.println("Usage: wordcount <in> <out>");
                    System.exit(2);
            }
            Job job = new Job(conf,"word count");
            job.setJarByClass(WordCount.class);
            job.setMapperClass(MyMapper.class);
            job.setReducerClass(MyReducer.class);
            job.setOutputKeyClass(Text.class);
            job.setOutputValueClass(IntWritable.class);
            FileInputFormat.addInputPath(job,new Path(otherArgs[0]));
            FileOutputFormat.setOutputPath(job,new Path(otherArgs[1]));
            System.exit(job.waitForCompletion(true)?0:1);
        }
}
```

4.2.5 YARN 架构

MapReduce1.0 既是一个计算框架，也是一个资源管理调度框架；到了 Hadoop2.0 以后，MapReduce1.0 中的资源管理调度功能被单独分离出来形成了 YARN，它是一个纯粹的资源管理调度框架，而不是一个计算框架。被剥离了资源管理调度功能的 MapReduce 框架就变成了 MapReduce2.0，它是运行在 YARN 之上的一个纯粹的计算框架，自己不再负责资源调度管理服务，而是由 YARN 为其提供资源管理调度服务。YARN 架构如图 4.15 所示。

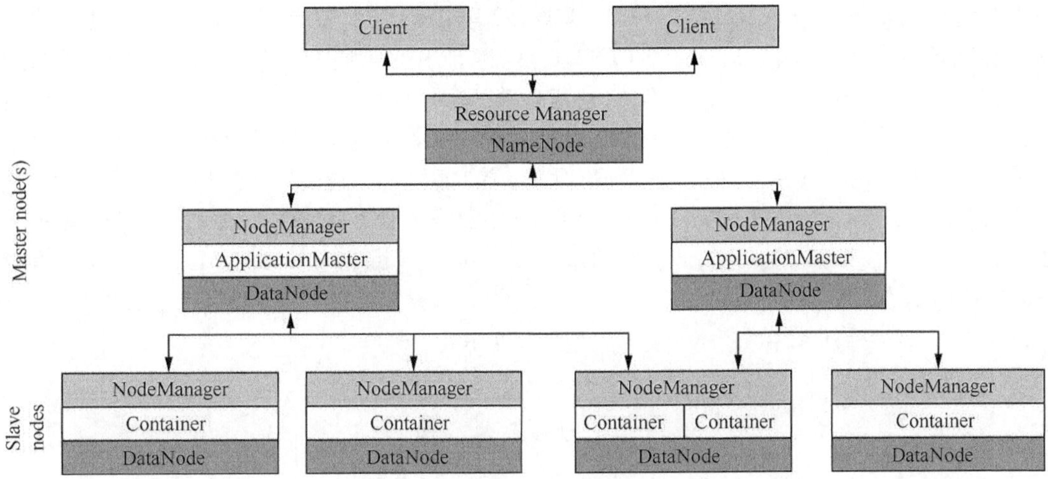

图 4.15 YARN 架构

YARN 架构的核心是 ResourceManager。这个实体控制整个集群并管理应用程序向基础计算资源的分配。ResourceManager 将各个资源部分（计算、内存、带宽等）精心安排给基础 NodeManager（YARN 的每节点代理）。ResourceManager 还与 ApplicationMaster 一起分配资源，与 NodeManager 一起启动和监视它们的基础应用程序。ApplicationMaster 承担了以前 TaskTracker 的一些角色，而 ResourceManager 则承担了 JobTracker 的角色。

（1）ResourceManager（RM）：一个全局的资源管理器，负责整个系统的资源管理和分配，主要包括两个组件，即调度器（Scheduler）和应用程序管理器（Applications Manager）；调度器接收来自 ApplicationMaster 的应用程序资源请求，把集群中的资源以容器的形式分配给提出申请的应用程序，容器的选择通常会考虑应用程序所要处理的数据的位置，进行就近选择，从而实现计算向数据靠拢；容器（Container）作为动态资源分配单位，每个容器中都封装了一定数量的 CPU、内存、磁盘等资源，从而限定每个应用程序可以使用的资源量；调度器被设计成一个可插拔的组件，YARN 不仅自身提供了许多种直接可用的调度器，也允许用户根据自己的需求重新设计调度器；应用程序管理器（Applications Manager）负责系统中所有应用程序的管理工作，主要包括应用程序提交与调度器协商资源以启动 ApplicationMaster、监控 ApplicationMaster 运行状态并在失败时重新启动等。

（2）ApplicationMaster 的主要功能：①当用户作业提交时，ApplicationMaster 与 ResourceManager 协商获取资源，ResourceManager 会以容器的形式为 ApplicationMaster 分配资源；②把获得的资源进一步分配给内部的各个任务（Map 任务或 Reduce 任务），实现资源的“二次分配”；③与 NodeManager 保持交互通信进行应用程序的启动、运行、监控和停止，监控申请到资源的使用情况，对所有任务的执行进度和状态进行监控，并在任务失败时执行失败恢复（重新申请资源重启任务）；④定时向 ResourceManager 发送“心跳”消息，报告资源的使用情况和应用的进度信息；⑤当作业完成时，ApplicationMaster 向 ResourceManager 注销容器，执行周期完成。

（3）NodeManager 是驻留在一个 YARN 集群中的每个节点上的代理，主要负责管理容器生命周期、监控每个容器的资源（CPU、内存等）使用情况、跟踪节点健康状况以“心跳”的方式与 ResourceManager 保持通信、向 ResourceManager 汇报作业的资源使用情况和每个容器的运行状态、接收来自 ApplicationMaster 的启动 / 停止容器的各种请求。需要说明的是，NodeManager 主要负责管理抽象的容器，只处理与容器相关的事情，而不具体负责每个任务（Map 任务或 Reduce 任务）自身状态的管理，因为这些管理工作是由 ApplicationMaster 完成的，ApplicationMaster 会通过不断与 NodeManager 通信来掌握各个任务的执行状态

YARN 工作流程如图 4.16 所示。

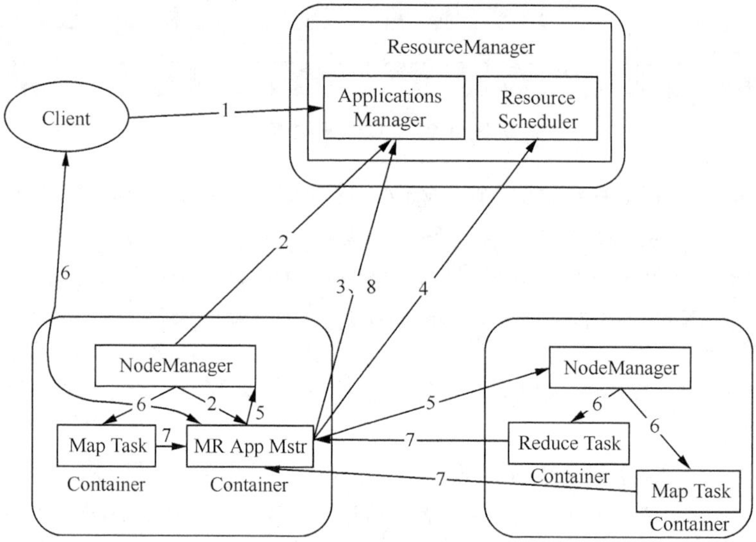

图 4.16　YARN 工作

步骤 1：用户编写客户端应用程序，向 YARN 提交应用程序，提交的内容包括 ApplicationMaster 程序、启动 ApplicationMaster 的命令、用户程序等。

步骤 2：YARN 中的 ResourceManager 负责接收和处理来自客户端的请求，为应用程序分配一个容器，在该容器中启动一个 ApplicationMaster。

步骤 3：ApplicationMaster 被创建后会首先向 ResourceManager 注册。

步骤 4：ApplicationMaster 采用轮询的方式向 ResourceManager 申请资源。

步骤 5：ResourceManager 以容器的形式向提出申请的 ApplicationMaster 分配资源。

步骤 6：在容器中启动任务（运行环境、脚本）。

步骤 7：各个任务向 ApplicationMaster 汇报自己的状态和进度。

步骤 8：应用程序运行完成后，ApplicationMaster 向 ResourceManager 的应用程序管理器注销并关闭自己。

从 MapReduce1.0 框架发展到 YARN 框架，客户端并没有发生变化，其大部分调用 API

及接口都保持兼容，因此，原来针对 Hadoop1.0 开发的代码不用做大的改动，就可以直接放到 Hadoop2.0 平台上运行。总体而言，YARN 相对于 MapReduce1.0 来说具有以下优势：大大减少了承担中心服务功能的 ResourceManager 的资源消耗；ApplicationMaster 来可完成需要大量资源消耗的任务调度和监控；多个作业对应多个 ApplicationMaster，实现了监控分布化。MapReduce1.0 既是一个计算框架，也是一个资源管理调度框架，但是，只能支持 MapReduce 编程模型。而 YARN 则是一个纯粹的资源调度管理框架，在它上面可以运行包括 MapReduce 在内的不同类型的计算框架，只要编程实现相应的 ApplicationMaster。YARN 中的资源管理比 MapReduce1.0 更加高效，以容器为单位，而不是以 Slot 为单位。

YARN 的目标就是实现“一个集群多个框架”，即在一个集群上部署一个统一的资源调度管理框架 YARN，在 YARN 之上可以部署其他各种计算框架。由 YARN 为这些计算框架提供统一的资源调度管理服务，并且能够根据各种计算框架的负载需求，调整各自占用的资源，实现集群资源共享和资源弹性收缩，可以实现一个集群上的不同应用负载混搭，有效提高集群的利用率；不同计算框架可以共享底层存储，避免数据集跨集群移动。

4.2.6 Hadoop 生态系统中具有代表性的功能组件

（1）Pig

Pig 是 Hadoop 生态系统的一个组件，提供了类似 SQL 的 Pig Latin 语言（包含 Filter、GroupBy、Join、OrderBy 等操作，同时也支持用户自定义函数），允许用户通过编写简单的脚本来实现复杂的数据分析，而不需要编写复杂的 MapReduce 应用程序；Pig 会自动把用户编写的脚本转换成 MapReduce 作业在 Hadoop 集群上运行，而且具备对生成的 MapReduce 程序进行自动优化的功能。用户在编写 Pig 程序的时候，不需要关心程序的运行效率，这就大大减少了用户编程时间。通过配合使用 Pig 和 Hadoop，在处理海量数据时就可以实现事半功倍的效果，比使用 Java、C++ 等语言编写 MapReduce 程序的难度要小很多，并且用更少的代码量实现相同的数据处理分析功能。

Pig 可以加载数据、表达转换数据以及存储最终结果。Pig 语句通常按照如下的格式来编写：通过 LOAD 语句从文件系统读取数据；通过一系列“转换”语句对数据进行处理；通过一条 STORE 语句把处理结果输出到文件系统中，或者使用 DUMP 语句把处理结果输出到屏幕上。

下面是一个采用 Pig Latin 语言编写的应用程序实例，实现对用户访问网页情况的统计分析。

```
visits          = load'/data/visits'as (user, url, time);
gVisits         = group visits by url;
visitCounts  = foreach gVisits generate url, count(visits);
// 得到的表的结构 visitCounts(url,visits)
urlInfo          = load'/data/urlInfo'as (url, category, pRank);
visitCounts  = join visitCounts by url, urlInfo by url;
// 得到的连接结果表的结构 visitCounts(url,visits,category,pRank)
gCategories = group visitCounts by category;
topUrls = foreach gCategories generate top(visitCounts,10);
store topUrls into'/data/topUrls';
```

Pig Latin 是通过编译为 MapReduce 在 Hadoop 集群上执行的。上述实例统计用户访问量程序被编译成 MapReduce 时，会产生如图 4.17 所示的 Map 和 Reduce。

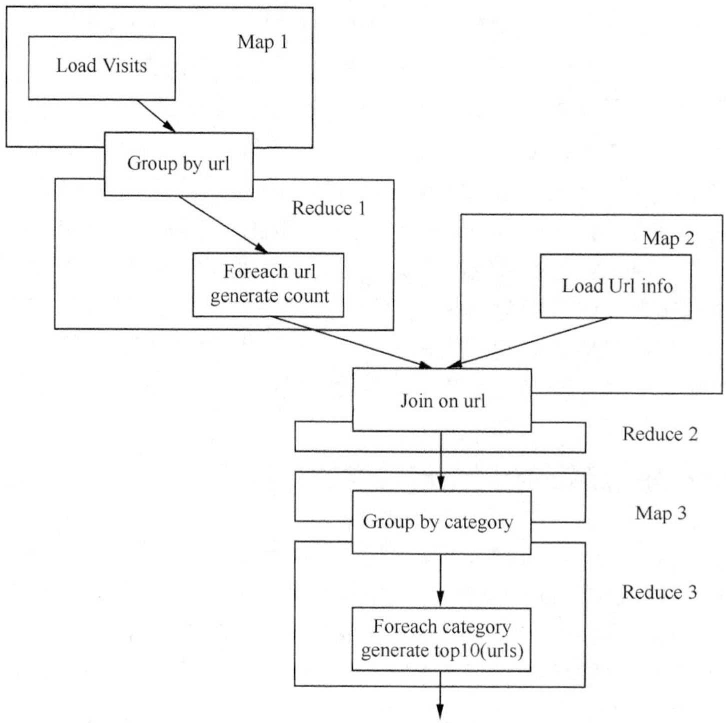

图 4.17　从 Pig Latin 脚本转化得到的 MapReduce 作业

（2）Tez

Tez 是 Apache 开源的支持 DAG（有向无环图 Direct Acyclic Graph）作业的计算框架，它直接源于 MapReduce 框架。核心思想是将 Map 和 Reduce 两个操作进一步拆分：Map 被拆分成 Input、Processor、Sort、Merge 和 Output；Reduce 被拆分成 Input、Shuffle、Sort、Merge、Processor 和 Output 等。分解后的元操作可以灵活地任意组合，产生新的操作；这些操作经过一些控制程序组装后，可形成一个大的 DAG 作业。通过 DAG 作业的方式运行 MapReduce 作业，提供程序运行的整体处理逻辑，就可以去除工作流当中多余的 Map 阶段，减少不必要的操作，提升数据处理的性能。Hortonworks 把 Tez 应用到数据仓库 Hive 的优化中，使得性能约提升了 100 倍。

在 Hadoop2.0 生态系统中，MapReduce、Hive、Pig 等计算框架，最终都需要以 MapReduce 任务的形式执行数据分析，因此，Tez 框架可以发挥重要的作用；借助于 Tez 框架实现对 MapReduce、Pig 和 Hive 等的性能优化，可以解决现有 MR 框架在迭代计算（如 PageRank 计算）和交互式计算方面的问题。Tez 框架在 Hadoop 生态系统中的作用如图 4.18 所示。

（3）Spark

Hadoop 由于自身缺陷，MapReduce 计算模型延迟过高，无法胜任实时、快速计算的需求，因而只适用于离线批处理的应用场景。中间结果写入磁盘，每次运行都从磁盘读数据；在前一个任务执行完成之前，其他任务无法开始，难以胜任复杂、多阶段的计算任务。

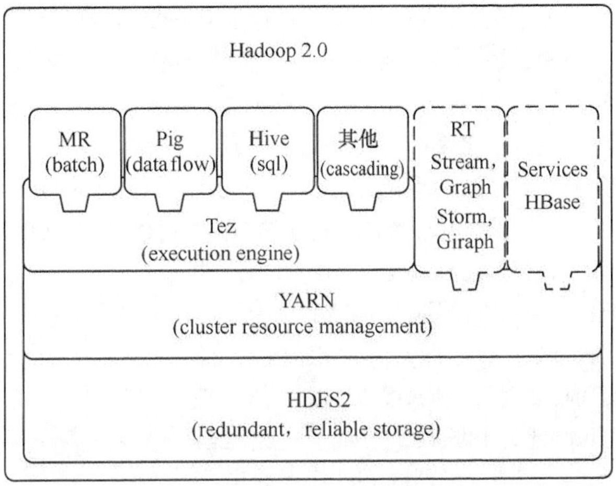

图 4.18 Tez 框架在 Hadoop 生态系统中的作用

Spark 最初诞生于伯克利大学的 APM 实验室，是一个可应用于大规模数据处理的快速、通用引擎，如今是 Apache 软件基金会下的顶级开源项目之一。Spark 在借鉴 Hadoop MapReduce 优点的同时，很好地解决了 MapReduce 所面临的问题：①使用内存计算，带来了更高的迭代运算效率；②基于 DAG 的任务调度执行机制，优于 MapReduce 的迭代执行机制。当前，Spark 正以其结构一体化、功能多元化的优势，逐渐成为当今大数据领域最热门的大数据计算平台。

（4）Kafka

Kafka 是一种高吞吐量的分布式发布订阅消息系统，用户通过 Kafka 系统可以发布大量的消息，同时也能实时订阅消费消息。Kafka 可以同时满足在线实时处理和批量离线处理。

在公司的大数据生态系统中，可以把 Kafka 作为数据交换枢纽，不同类型的分布式系统（关系数据库、NoSQL 数据库、流处理系统、批处理系统等），可以统一接入到 Kafka，实现和 Hadoop 各个组件之间的不同类型数据的实时高效交换。

4.3 HBase

4.3.1 HBase 概述

HBase（Hadoop Database）是一个高可靠性、高性能、面向列、可伸缩的分布式存储系统，利用 HBase 技术可在廉价 PC Server 上搭建大规模、结构化存储集群。HBase 是 Apache 的 Hadoop 的子项目。HBase 不同于一般的关系数据库，是一个适合于非结构化数据存储的数据库。另一个不同的是，HBase 是基于列的而不是基于行的模式。

HBase 是 Google Bigtable 的开源实现，类似 Google Bigtable 利用 GFS 作为其文件存储系统，HBase 利用 Hadoop HDFS 作为其文件存储系统；谷歌运行 MapReduce 来处理 Bigtable 中的海量数据，HBase 同样利用 Hadoop MapReduce 来处理 HBase 中的海量数据；Google Bigtable 利用 Chubby 作为协同服务，HBase 利用 Zookeeper 作为对应。

BigTable 是一个分布式存储系统，利用谷歌提出的 MapReduce 分布式并行计算模型来处理海量数据，使用谷歌分布式文件系统 GFS 作为底层数据存储，采用 Chubby 提供协同服务管理；可以扩展到 PB 级别的数据和上千台机器，具备广泛应用性、可扩展性、高性能和高可用性等特点。谷歌的许多项目都存储在 BigTable 中，包括搜索、地图、财经、打印、社交网站 Orkut、视频共享网站 YouTube 和博客网站 Blogger 等。

HBase 位于结构化存储层，Hadoop HDFS 为 HBase 提供了高可靠性的底层存储支持，Hadoop MapReduce 为 HBase 提供了高性能的计算能力，Zookeeper 为 HBase 提供了稳定服务和 failover 机制。Pig 和 Hive 还为 HBase 提供了高层语言支持。Sqoop 则为 HBase 提供了方便的关系数据库管理系统数据导入功能。Hadoop EcoSystem 中的各层系统如图 4.19 所示。

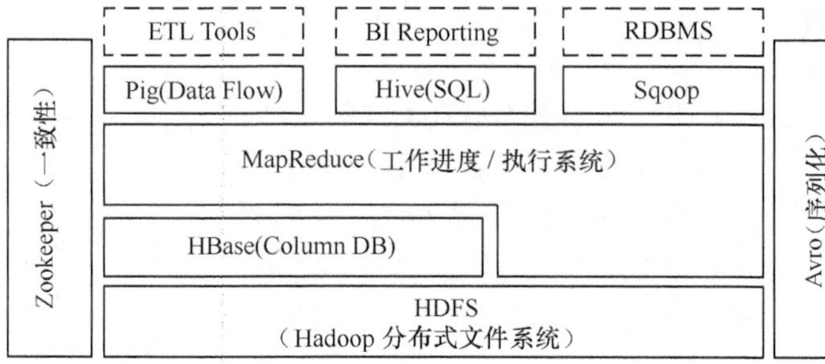

图 4.19　Hadoop EcoSystem 中 HBase 的位置

有人会问关系数据库已经流行很多年，并且 Hadoop 已经有了 HDFS 和 MapReduce，为什么需要 HBase？主要原因有如下几点。

① Hadoop 可以很好地解决大规模数据的离线批量处理问题，但是，受限于 Hadoop MapReduce 编程框架的高延迟数据处理机制，使得 Hadoop 无法满足大规模数据实时处理应用的需求。

② HDFS 面向批量访问模式，不是随机访问模式。

③ 传统的通用关系型数据库无法应对数据规模剧增时导致的系统扩展性和性能问题（分库分表也不能很好解决）。

④ 传统关系数据库在数据结构变化时一般需要停机维护；空列浪费存储空间。

⑤ 业界出现了一类面向半结构化数据存储和处理的高可扩展、低写入 / 查询延迟的系统，例如，键值数据库、文档数据库和列族数据库（如 BigTable 和 HBase 等）。

⑥ HBase 已经成功应用于互联网服务领域和传统行业的众多在线式数据分析处理系统中。

HBase 与传统的关系数据库的区别主要体现在以下几个方面。

① 数据类型：关系数据库采用关系模型，具有丰富的数据类型和存储方式，HBase 则采用了更加简单的数据模型，它把数据存储为未经解释的字符串。

② 数据操作：关系数据库中包含了丰富的操作，其中会涉及复杂的多表连接。HBase 操作则不存在复杂的表与表之间的关系，只有简单的插入、查询、删除、清空等，因为 HBase 在设计上就避免了复杂的表和表之间的关系。

③ 存储模式：关系数据库是基于行模式存储的。HBase 是基于列存储的，每个列族都由几个文件保存，不同列族的文件是分离的。

④ 数据索引：关系数据库通常可以针对不同列构建多个复杂的索引，以提高数据的访问性能。HBase 只有一个索引——行键，通过巧妙的设计，HBase 中的所有访问方法，或者通过

行键访问，或者通过行键扫描，从而使得整个系统不会慢下来。

⑤ 数据维护：在关系数据库中，更新操作会用最新的当前值去替换记录中的旧值，旧值被覆盖后就不会存在。而在 HBase 中执行更新操作时，并不会删除旧的版本，而是生成一个新的版本。

⑥ 可伸缩性：关系数据库很难实现横向扩展，纵向扩展的空间也比较有限。相反，HBase 和 BigTable 这些分布式数据库是为了实现灵活的水平扩展而开发的，能够轻易地通过在集群中增加或者减少硬件数量来实现性能的伸缩。

4.3.2 HBase 物理模型

HBase 物理模型是将逻辑模型中的一个 Row 分割成为根据 Column Family 存储的物理模型。对于 BigTable 的数据模型操作而言，会锁定 Row，并保证 Row 的原子操作。

HBase 物理存储如下。

（1）Table 中所有行都按照 Row Key 的字典序排列。

（2）Table 在行的方向上分割为多个 Region。

（3）Region 按大小分割的，每个表开始只有一个 Region，随着数据增多，Region 不断增大，当增大到一个阈值时，Region 就会等分为两个新的 Region，之后会有越来越多的 Region。

（4）Region 是 HBase 中分布式存储和负载均衡的最小单元，不同 Region 分布到不同的 Region Server 上。

（5）Region 虽然是分布式存储的最小单元，但并不是存储的最小单元。Region 由一个或者多个 Store 组成，每个 Store 保存一个 Column Family；每个 Strore 又由一个 MemStore 和 0 至多个 StoreFile 组成，StoreFile 包含 HFile；MemStore 存储在内存中，StoreFile 存储在 HDFS 上，如图 4.20 所示。

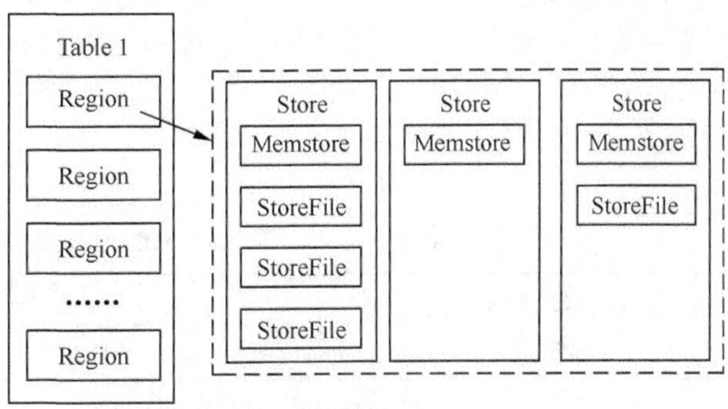

图 4.20 Region 存储结构

4.3.3 HBase 组织结构

HBase 以表的形式存储数据，如图 4.21 所示。

（1）表：HBase 采用表来组织数据，表由行和列组成，列划分为若干个列族。

（2）行：每个 HBase 表都由若干行组成，每个行由行键（Row Key）来标识。

（3）行键：行键是字节数组，任何字符串都可以作为行键；表中的行根据行键进行排序，数据按照 Row Key 的字节序排序存储；所有对表的访问都要通过行键。

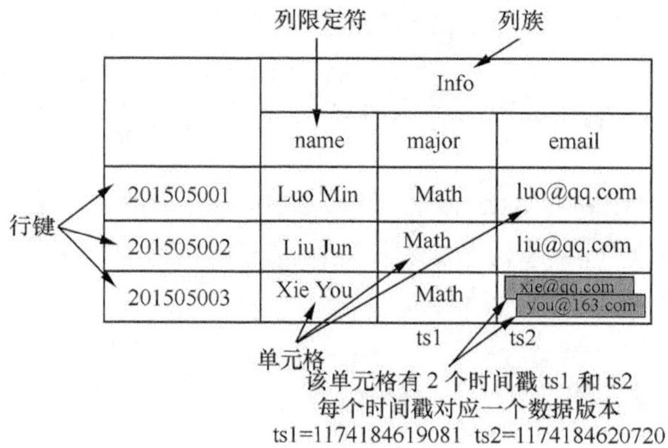

图 4.21　HBase 存储数据

（4）列族：一个 HBase 表被分组成许多“列族”（Column Family）的集合，它是基本的访问控制单元。CF 必须在表定义时给出，每个 CF 可以有一个或多个列成员（Column Qualifier），列成员不需要在表定义时给出，新的列族成员可以随后按需、动态加入；数据按 CF 分开存储，HBase 所谓的列式存储就是根据 CF 分开存储（每个 CF 对应一个 Store），这种设计非常适合于数据分析的情形。

（5）列限定符：列族里的数据通过列限定符（或列）来定位。

（6）单元格：在 HBase 表中，通过行、列族和列限定符确定一个“单元格”（Cell），单元格中存储的数据没有数据类型，总被视为字节数组 Byte[]。HBase 中需要根据行键、列族、列限定符和时间戳来确定一个单元格，因此，可以视为一个“四维坐标”，即[行键，列族，列限定符，时间戳]，如表 4.3 所示。

表 4.3　HBase 的数据“四维坐标”

键	值
[“201505003”，“Info”，“email”，1174184619081]	“xie@qq.com”
[“201505003”，“Info”，“email”，1174184620720]	“you@163.com”

（7）时间戳：每个单元格都保存着同一份数据的多个版本，这些版本采用时间戳进行索引。

（8）区域（Region）：HBase 自动把表水平（按 Row）划分成多个区域（Region），每个 Region 会保存一个表中某段连续的数据；每个表一开始只有一个 Region，随着数据不断插入表，Region 不断增大，当增大到一个阈值时，Region 就会等分成两个新的 Region；当 Table 中的行不断增多，就会有越来越多的 Region。这样一张完整的表被保存在多个 Region 上；HRegion 是 HBase 中分布式存储和负载均衡的最小单元。最小单元表示不同的 HRegion 可以分布在不同的 HRegionServer 上，但一个 HRegion 不会拆分到多个 Server 上。

4.3.4 HBase 架构及基本组件

HBase Client 使用 HBase 的远程过程调用协议（RPC，Remote Procedure Call Protocol）机制与 HMaster 和 HRegionServer 进行通信。对于管理类操作，Client 与 HMaster 进行远程过程调用；对于数据读写类操作，Client 与 HRegionServer 进行远程过程调用。HBase 的实现包括三个主要的功能组件：

（1）链接到每个客户端的远程调用库函数；

（2）一个主服务器（Master），Master 负责管理和维护 HBase 表的分区信息，维护 Region 服务器列表，分配 Region，负载均衡；

（3）多个 Region 服务器，Region 服务器负责存储和维护分配给自己的 Region，处理来自客户端的读写请求。

客户端并不是直接从 Master 主服务器上读取数据，而是在获得 Region 的存储位置信息后，直接从 Region 服务器上读取数据。客户端并不依赖 Master，而是通过 Zookeeper 来获得 Region 位置信息，大多数客户端甚至从来不和 Master 通信，这种设计方式使得 Master 负载很小。Region 的定位通过图 4.22 中的三层架构的三级寻址实现。

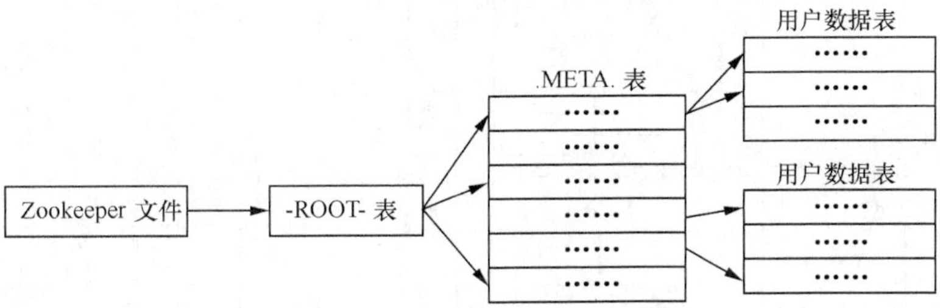

图 4.22 HBase 的三层结构

图 4.22 中元数据表又名 .META. 表，存储了 Region 和 Region 服务器的映射关系，当 HBase 表很大时，.META. 表也会被分裂成多个 Region；根数据表又名 -ROOT- 表，记录所有元数据的具体位置；-ROOT- 表只有一个 Region，名字是在程序中确定的；Zookeeper 文件记录了 -ROOT- 表的位置。

客户端访问数据时采集图 4.22 的"三级寻址"。为了加速寻址客户端会缓存位置信息，同时，需要解决缓存失效问题；寻址过程客户端只需要询问 Zookeeper 服务器，不需要连接 Master 服务器。

HBase 架构如图 4.23 所示，各组件功能如下。

（1）客户端：客户端包含访问 HBase 的接口，同时在缓存中维护已经访问过的 Region 位置信息，用来加快后续数据访问过程。

（2）Zookeeper 服务器：Zookeeper 可以帮助选举出一个 Master 作为集群的总管，并保证在任何时刻总有一个 Master 在运行，这就避免了 Master 的"单点失效"问题发生。Zookeeper 是一个很好的集群管理工具，被大量用于分布式计算，提供配置维护、域名服务、分布式同步、组服务等。

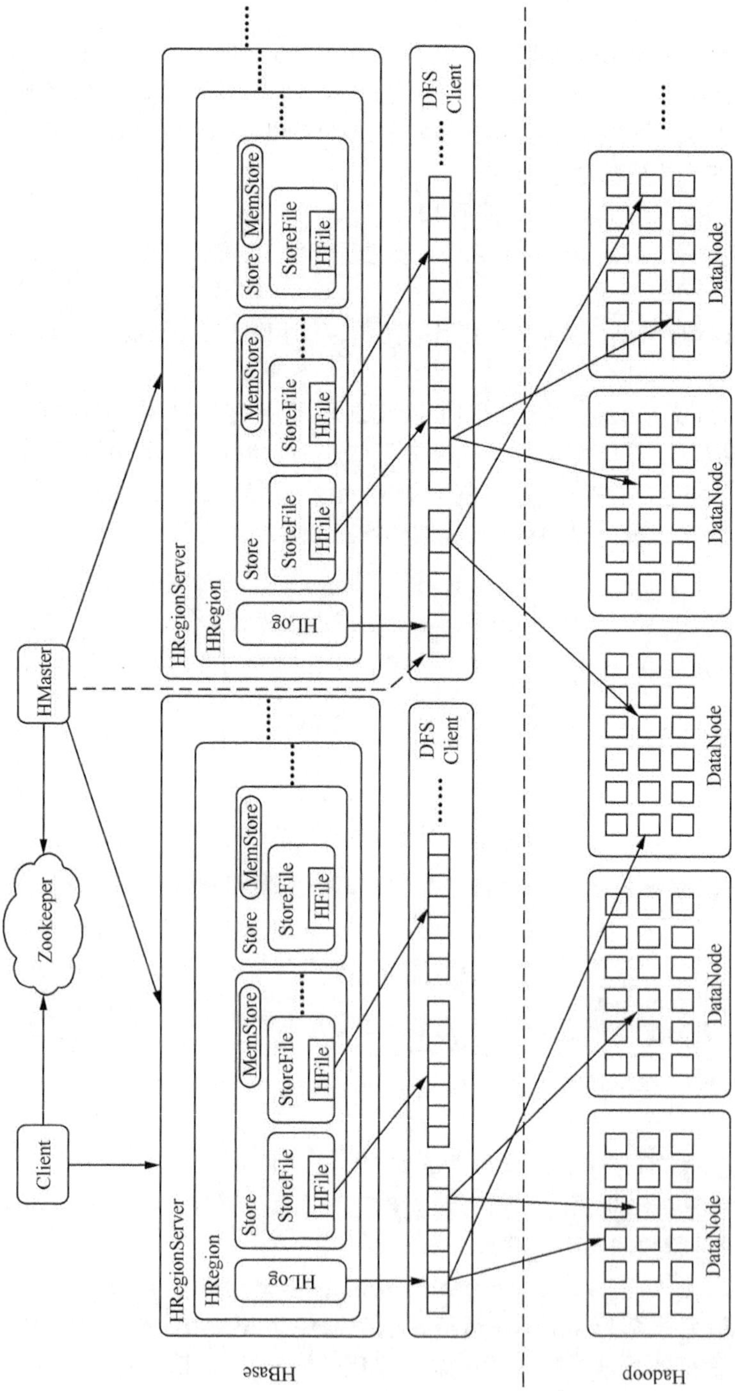

图 4.23　HBase 架构

（3）Master：Master 主要负责表和 Region 的管理工作。

① 管理用户对表的增加、删除、修改、查询等操作。

② 实现不同 Region 服务器之间的负载均衡。

③ 在 Region 分裂或合并后，负责重新调整 Region 的分布。

④ 对发生故障失效的 Region 服务器上的 Region 进行迁移。

（4）Region 服务器：Region 服务器是 HBase 中最核心的模块，负责维护分配给自己的 Region，并响应用户的读写请求。

用户对 HBase 读写数据的过程如下。

（1）用户写入数据时，数据被分配到相应 Region 服务器执行。

（2）用户数据首先被写入到 MemStore 和 Hlog 中。

（3）只有当操作写入 Hlog 之后，Commit() 调用才会将其返回给客户端。系统会周期性地把 MemStore 缓存里的内容刷写到磁盘的 StoreFile 文件中，清空缓存，并在 Hlog 里面写入一个标记。每次刷写都生成一个新的 StoreFile 文件，因此，每个 Store 包含多个 StoreFile 文件。每个 Region 服务器都有一个自己的 HLog 文件，每次启动都检查该文件，确认最近一次执行缓存刷新操作之后是否发生新的写入操作；如果发现更新，则先写入 MemStore，再刷写到 StoreFile，最后删除旧的 Hlog 文件，开始为用户提供服务。

（4）当用户读取数据时，Region 服务器会首先访问 MemStore 缓存，如果找不到，再去磁盘上面的 StoreFile 中寻找。

4.3.5 HBase 编程实例

HBase 是 Java 编写的，它的原生的 API 也是 Java 开发的，不过，可以使用 Java 或其他语言调用 API 来访问 HBase。首先要在工程中导入一下 jar 包。

任务要求是创建一个学生信息表，用来存储学生姓名（姓名作为行键，并且假设姓名不会重复）以及考试成绩。其中，考试成绩是一个列族，分别存储了各个科目的考试成绩。

代码如下。

```
import org.apache.hadoop.conf.Configuration;
import org.apache.hadoop.hbase.*;
import org.apache.hadoop.hbase.client.*;
import org.apache.hadoop.hbase.util.Bytes;
import java.io.IOException;
public class Chapter4{
    public static Configuration configuration;
    public static Connection connection;
    public static Admin admin;

    public static void main(String[] args)throws IOException{
        createTable("student",new String[]{"score"});
        insertData("student","zhangsan","score","English","69");
        insertData("student","zhangsan","score","Math","86");
        insertData("student","zhangsan","score","Computer","77");
```

```
            getData("student", "zhangsan", "score", "English");
        }
...
public static void init(){…}// 建立连接
public static void close(){…}// 关闭连接
public static void createTable(){…}// 创建表
public static void insertData() {…}// 插入数据
public static void getData{…}// 浏览数据

// 建立连接
    public static void init(){
        configuration  = HBaseConfiguration.create();
        configuration.set("hbase.rootdir","hdfs://localhost:9000/hbase");
        try{
            connection = ConnectionFactory.createConnection(configuration);
            admin = connection.getAdmin();
        }catch (IOException e){
            e.printStackTrace();
        }
    }

}
// 关闭连接
    public static void close(){
        try{
            if(admin != null){
                admin.close();
            }
            if(null != connection){
                connection.close();
            }
        }catch (IOException e){
            e.printStackTrace();
        }
    }
/* 创建表 */
  /**
   * @param tableName 表名
   * @param colFamily 列族数组
   * @throws Exception
   */
    public static void createTable(String myTableName,String[] colFamily) throws IOException {
        init();
        TableName tableName = TableName.valueOf(myTableName);
        if(admin.tableExists(tableName)){
            System.out.println("table exists!");
        }else {
            HTableDescriptor hTableDescriptor = new HTableDescriptor(tableName);
            for(String str: colFamily){
                HColumnDescriptor hColumnDescriptor = new HColumnDescriptor(str);
                hTableDescriptor.addFamily(hColumnDescriptor);
            }
            admin.createTable(hTableDescriptor);
        }
        close();
```

```
    }
/* 添加数据 */
/**
      * @param tableName 表名
      * @param rowkey 行键
      * @param colFamily 列族
      * @param col 列限定符
      * @param val 数据
      * @throws Exception
      */
    public static void insertData(String tableName, String rowkey, String colFamily, String col, String val)
throws IOException {
          init();
          Table table = connection.getTable(TableName.valueOf(tableName));
          Put put = new Put(Bytes.toBytes(rowkey));
          put.addColumn(Bytes.toBytes(colFamily), Bytes.toBytes(col), Bytes.toBytes(val));
          table.put(put);
          table.close();
          close();
    }
/* 浏览数据，获取某单元格数据 */
/**         * @param tableName 表名
          * @param rowkey 行键
          * @param colFamily 列族
          * @param col 列限定符
          * @throws IOException        */
   public static void getData(String tableName,String rowkey,String colFamily,String col)throws
IOException{
          init();
          Table table = connection.getTable(TableName.valueOf(tableName));
          Get get = new Get(Bytes.toBytes(rowkey));
          get.addColumn(Bytes.toBytes(colFamily),Bytes.toBytes(col));
          // 获取的 result 数据是结果集，还需要格式化输出想要的数据才行
          Result result = table.get(get);
          System.out.println(new String(result.getValue(colFamily.getBytes(),col==null?null:col.
getBytes())));
          table.close();
          close();
   }
```

4.4 Hive

4.4.1 概述

Hive 是建立在 Hadoop 上的数据仓库基础构架，它提供了一系列的工具，可以用来进行数据提取转化加载（ETL），这是一种可以存储、查询和分析存储在 Hadoop 中的大规模数据的机制。Hive 定义了简单的类 SQL 查询语言，称为 QL，它允许熟悉 SQL 的用户查询数据。同

时，这个语言也允许熟悉 MapReduce 的开发者开发自定义的 Mapper 和 Reducer 来处理内建的 Mapper 和 Reducer 无法完成的复杂的分析工作。Hive 基于 Hadoop，Hadoop 是批处理系统，不能保证低延迟，因此，Hive 的查询也不能保证低延迟。

数据仓库（Data Warehouse）是一个面向主题的（Subject Oriented）、集成的（Integrated）、相对稳定的（Non-Volatile）、反映历史变化（Time Variant）的数据集合，用于支持管理决策。数据仓库的体系结构如图 4.24 所示。

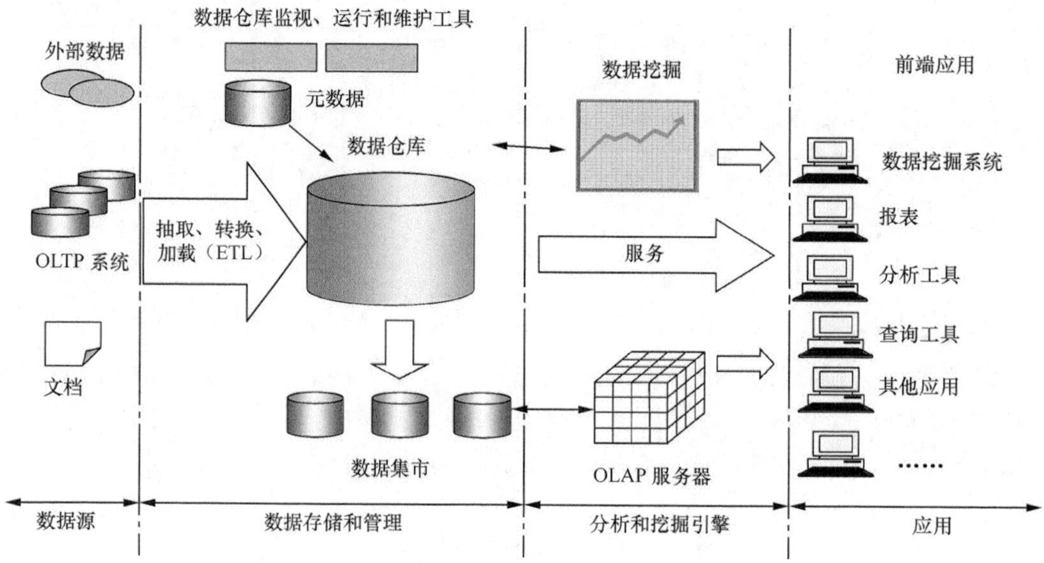

图 4.24　数据仓库结构

Hive 的以下特点非常适用于数据仓库。

① 采用批处理方式处理海量数据：Hive 需要把 HiveQL 语句转换成 MapReduce 任务进行运行。数据仓库存储的是静态数据，对静态数据的分析适合采用批处理方式，不需要快速响应给出结果，而且数据本身也不会频繁变化。

② 提供适合数据仓库操作的工具：Hive 本身提供了一系列对数据进行提取、转换、加载（ETL）的工具，可以存储、查询和分析存储在 Hadoop 中的大规模数据。这些工具能够很好地满足数据仓库各种应用场景。

Hive 依赖于 HDFS 存储数据，依赖于 MapReduce 处理数据，在某些场景下 Pig 可以作为 Hive 的替代工具。Hive 通过 HBase 提供数据的实时访问。Hive 与中其他组件的关系如图 4.25 所示。

Hive 在很多方面和传统的关系数据库类似，但是它的底层依赖的是 HDFS 和 MapReduce，所以在很多方面又有别于传统数据库。区别如表 4.4 所示。

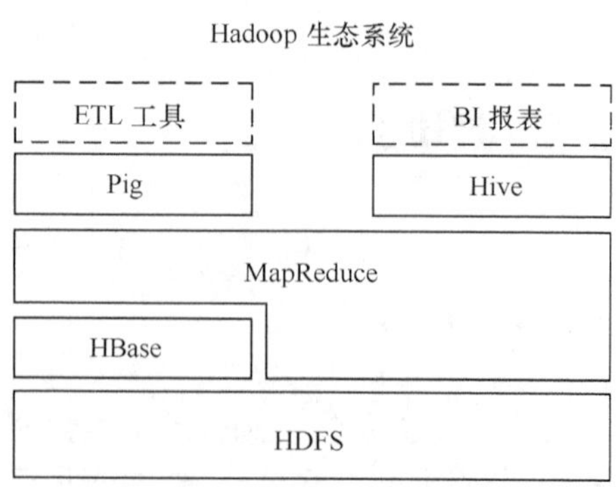

图 4.25　Hadoop 生态系统

表 4.4 Hive 和传统数据库的区别

对比项目	Hive	传统数据库
数据插入	支持批量导入	支持单条和批量导入
数据更新	不支持	支持
索引	支持	支持
分区	支持	支持
执行延迟	高	低
扩展性	好	有限

4.4.2 Hive 体系结构

Hive 的体系结构如图 4.26 所示，主要分为以下几个部分。

（1）用户接口：包括命令行 CLI、Client、Web 界面 WUI、JDBC/ODBC 接口等，其中最常用的是 CLI。CLI 启动的时候，会同时启动一个 Hive 副本。Client 是 Hive 的客户端，用户连接至 Hive Server。在启动 Client 模式时，需要指出 Hive Server 所在节点，并且在该节点启动 Hive Server。WUI 通过浏览器访问 Hive。

（2）中间件：中间件包括 Thrift 接口和 JDBC/ODBC 的服务器端，用于整合 Hive 和其他程序。

（3）元数据 Metadata 存储：通常是存储在关系数据库如 MySQL、Derby 系统中。Hive 中的元数据包括表的名字、表的列和分区及其属性，表的数据所在目录等。

（4）底层驱动：底层驱动包括 HiveQL 解释器、编译器、优化器、执行器（引擎），负责把 HiveSQL 语句转换成一系列 MapReduce 作业。

（5）Hadoop：Hadoop 用 HDFS 进行存储，利用 MapReduce 进行计算。

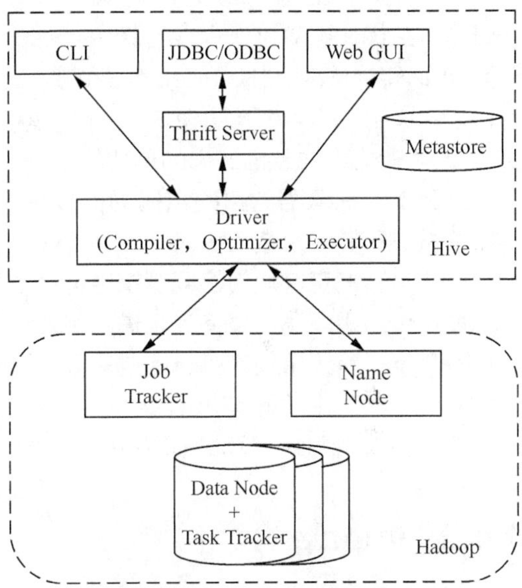

图 4.26 Hive 体系结构

4.4.3 Hive 的元数据和数据存储

MetaStore 类似于 Hive 的目录，它存放了表、区、列、类型、规则模型的所有信息，并且可以通过 Thrift 接口进行修改和查询。它为编译器提供高效的服务，所以会存放在一个传统的 RDBMS 中，利用关系模型进行管理。这个信息非常重要，需要备份，并且支持查询的可扩展性。

Hive的数据在HDFS的warehouse目录下，一个表对应一个子目录。Hive的表分为两种：内表和外表。Hive 创建内部表时，会将数据移动到数据仓库指向的路径。若创建外部表，仅记录数据所在的路径，不对数据的位置做任何改变。在删除表时，内部表的元数据和数据会被一起删除，而外部表只删除元数据，不删除数据。这样外部表相对来说更加安全些，数据组织也更加灵活，方便共享源数据。

Hive 所有的数据都存储在 HDFS 中，用户可以非常自由地组织 Hive 中的表，只需要在创建表的时候显示 Hive 数据中的列分隔符和行分隔符，Hive 就可以解析数据。

Hive 包含的数据模型有：Table、Partition 和 Bucket。

① 表（Table）：一个表就是 HDFS 中的一个目录。

② 区（Partition）：表内的一个区就是表的目录下的一个子目录。

③ 桶（Bucket）：如果有分区，那么桶就是区下的一个单位；如果表内没有区，那么桶直接就是表下的单位，桶一般是文件的形式。

4.4.4 Hive 中 SQL 查询转换成 MapReduce 作业的过程

当用户向 Hive 输入一段命令或查询时，Hive 需要与 Hadoop 交互工作转换成 MapReduce 作业来完成该操作：驱动模块接收该命令或查询编译器；对该命令或查询进行解析编译；由优化器对该命令或查询进行优化计算；该命令或查询通过执行器进行执行。Hive 中 SQL 查询转换成 MapReduce 作业的过程如下。

第 1 步：由 Hive 驱动模块中的编译器对用户输入的 SQL 语言进行词法和语法解析，将 SQL 语句转化为抽象语法树的形式。

第 2 步：抽象语法树的结构仍很复杂，不方便直接翻译为 MapReduce 算法程序，因此，把抽象语法书转化为查询块。

第 3 步：把查询块转换成逻辑查询计划，里面包含了许多逻辑操作符。

第 4 步：重写逻辑查询计划进行优化，合并多余操作，减少 MapReduce 任务数量。

第 5 步：将逻辑操作符转换成需要执行的具体 MapReduce 任务。

第 6 步：对生成的 MapReduce 任务进行优化，生成最终的 MapReduce 任务执行计划。

第 7 步：由 Hive 驱动模块中的执行器，对最终的 MapReduce 任务进行执行输出。

4.4.5 Impala

Impala 是由 Cloudera 公司开发的新型查询系统，它提供 SQL 语义，能查询存储在 Hadoop 的 HDFS 和 HBase 上的 PB 级大数据，在性能上比 Hive 高出 3 ~ 30 倍。Impala 的运行需要依赖 Hive 的元数据，采用与商用并行关系数据库类似的分布式查询引擎，可以直接与 HDFS 和 HBase 进行交互查询。Impala 和 Hive 采用相同的 SQL 语法、ODBC 驱动程序和用户接口。

Impala 和 Hive、HDFS、HBase 等工具统一部署在一个 Hadoop 平台上，主要由 Impalad、State Store 和 CLI 三部分组成。其系统架构如图 4.27 所示。

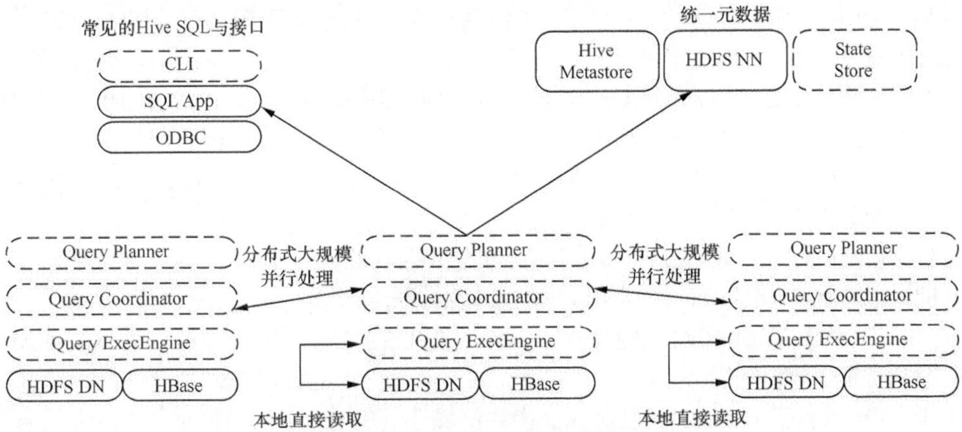

图 4.27　Impala 系统架构

（1）Impalad：负责协调客户端提交的查询的执行，包含 Query Planner、Query Coordinator 和 Query Exec Engine 三个模块。与 HDFS 的数据节点（HDFS DN）运行在同一节点上，给其他 Impalad 分配任务以及收集其他 Impalad 的执行结果进行汇总。Impalad 也会执行其他 Impalad 给其分配的任务，主要是对本地 HDFS 和 HBase 中的部分数据进行操作。

（2）State Store：State Store 会创建一个 Statestored 进程，负责收集分布在集群中各个 Impalad 进程的资源信息，用于查询调度。

（3）CLI：CLI 给用户提供查询使用的命令行工具，还提供了 Hue、JDBC 及 ODBC 的使用接口。

Impala 中的元数据直接存储在 Hive 中。Impala 采用与 Hive 相同的元数据、SQL 语法、ODBC 驱动程序和用户接口，从而使得在一个 Hadoop 平台上，可以统一部署 Hive 和 Impala 等分析工具，同时支持批处理和实时查询。

Impala 查询执行过程如图 4.28 所示。

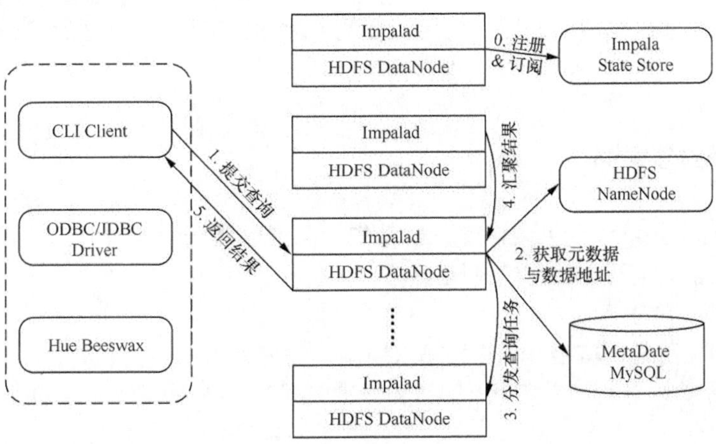

图 4.28　Impala 查询过程

第 0 步，当用户提交查询前，Impala 先创建一个负责协调客户端提交的查询的 Impalad 进程，该进程会向 Impala State Store 提交注册订阅信息，State Store 会创建一个 Statestored 进程，Statestored 进程通过创建多个线程来处理 Impalad 的注册订阅信息。

第 1 步，用户通过 CLI 客户端提交一个查询到 Impalad 进程，Impalad 的 Query Planner 对 SQL 语句进行解析，生成解析树；然后，Planner 把这个查询的解析树变成若干 PlanFragment，发送到 Query Coordinator。

第 2 步，Coordinator 通过从 MySQL 元数据库中获取元数据，从 HDFS 的名称节点中获取数据地址，以得到存储这个查询相关数据的所有数据节点。

第 3 步，Coordinator 初始化相应 Impalad 上的任务执行，即把查询任务分配给所有存储这个查询相关数据的数据节点。

第 4 步，Query Executor 通过流式交换中间输出，并由 Query Coordinator 汇聚来自各个 Impalad 的结果。

第 5 步，Coordinator 把汇总后的结果返回给 CLI 客户端。

Hive 与 Impala 的不同点总结如下。

① Hive 适合于长时间的批处理查询分析，而 Impala 适合于实时交互式 SQL 查询。

② Hive 依赖于 MapReduce 计算框架，Impala 把执行计划表现为一棵完整的执行计划树，直接分发执行计划到各个 Impalad 执行查询。

③ Hive 在执行过程中，如果内存放不下所有数据，则会使用外存，以保证查询能顺序执行完成，而 Impala 在遇到内存放不下数据时，不会利用外存，所以 Impala 目前处理查询时会受到一定的限制。

Hive 与 Impala 的相同点总结如下。

① Hive 与 Impala 使用相同的存储数据池，都支持把数据存储于 HDFS 和 HBase 中。

② Hive 与 Impala 使用相同的元数据。

③ Hive 与 Impala 中对 SQL 的解释处理比较相似，都是通过词法分析生成执行计划。

Impala的目的不在于替换现有的MapReduce工具，把Hive与Impala配合使用效果最佳，可以先使用 Hive 进行数据转换处理，之后再使用 Impala 在 Hive 处理后的结果数据集上进行快速的数据分析。

4.4.6 Hive 应用实例

Hive 应用实例词频统计任务要求如下：首先，需要创建一个需要分析的输入数据文件；然后，编写 HiveQL 语句实现 WordCount 算法。

具体步骤包括如下内容。

（1）创建 Input 目录，其中 Input 为输入目录。命令如下。

```
$ cd /usr/local/hadoop
$ mkdir input
```

（2）在 Input 文件夹中创建两个测试文件 file1.txt 和 file2.txt，命令如下。

```
$ cd  /usr/local/hadoop/input
$ echo "hello world" > file1.txt
$ echo "hello hadoop" > file2.txt
```

（3）进入 Hive 命令行界面，编写 HiveQL 语句实现 WordCount 算法，命令如下。

```
$ hive
hive> create table docs(line string);
hive> load data inpath 'input' overwrite into table docs;
hive>create table word_count as
     select word, count(1) as count from
     (select explode(split(line,' '))as word from docs) w
     group by word
     order by word;
```

（4）执行完成后，用 select 语句查看运行结果如下。

```
OK
Time taken: 2.662 seconds
hive> select * from word_count;
OK
hadoop  1
hello   2
world   1
Time taken: 0.043 seconds, Fetched: 3 row(s)
```

WordCount 算法在 MapReduce 中的编程实现和 Hive 中编程实现的主要不同点包括如下内容。

① 采用 Hive 实现 WordCount 算法需要编写较少的代码量。在 MapReduce 中，WordCount 类由 63 行 Java 代码编写而成，在 Hive 中只需要编写 7 行代码。

② 在 MapReduce 的实现中，需要进行编译生成 jar 文件来执行算法，而在 Hive 中不需要。

HiveQL 语句的最终实现需要转换为 MapReduce 任务来执行，这都是由 Hive 框架自动完成的，用户不需要了解具体实现细节。

4.5 流计算

4.5.1 什么是流计算

（1）流计算定义

很多企业为了支持决策分析而构建的数据仓库系统，其中存放的大量历史数据就是静态数据。技术人员可以利用数据挖掘和 OLAP（On-Line Analytical Processing）分析工具从静态数据中找到对企业有价值的信息。

近年来，在 Web 应用、网络监控、传感监测等领域，兴起了一种新的数据密集型应用——流数据，即数据以大量、快速、时变的流形式持续到达。例如，PM2.5 检测、电子商务网站用户点击流。流数据具有如下特征。

① 数据快速持续到达，潜在大小也许是无穷无尽的。

② 数据来源众多，格式复杂。

③ 数据量大，但是不十分关注存储，一旦经过处理，要么被丢弃，要么被归档存储。

④ 注重数据的整体价值，不过分关注个别数据。

⑤ 数据顺序颠倒，或者不完整，系统无法控制将要处理的新到达的数据元素的顺序。

对静态数据和流数据的处理，对应着两种截然不同的计算模式：批量计算和实时计算。

⑥ 批量计算：充裕时间处理静态数据，如 Hadoop。

⑦ 流数据不适合采用批量计算，因为流数据不适合用传统的关系模型建模。流数据必须采用实时计算，响应时间为秒级。在大数据时代，数据格式复杂、来源众多、数据量巨大，对实时计算提出了很大的挑战。因此，针对流数据的实时计算，流计算应运而生。

流计算的定义如下：实时获取来自不同数据源的海量数据，经过实时分析处理，获得有价值的信息。流计算秉承一个基本理念，即数据的价值随着时间的流逝而降低，如用户点击流，因此，当事件出现时就应该立即进行处理，而不是缓存起来进行批量处理。为了及时处理流数据，流计算就需要一个低延迟、可扩展、高可靠的处理引擎。

Hadoop 设计的初衷是面向大规模数据的批量处理，MapReduce 是专门面向静态数据批量处理的，内部各种实现机制都为批处理做了高度优化，不适合用于处理持续到达的动态数据。因此鱼和熊掌不可兼得，Hadoop 擅长批处理，不适合流计算。

当前业界诞生了许多专门的流数据实时计算系统来满足各自需求。

① 商业级：IBM InfoSphere Streams 和 IBM StreamBase。

② 开源流计算框架

- Twitter Storm：免费、开源的分布式实时计算系统，可简单、高效、可靠地处理大量的流数据。
- Yahoo! S4（Simple Scalable Streaming System）：开源流计算平台是通用的、分布式的、可扩展的、分区容错的、可插拔的流式系统。
- Spark Streaming：Spark Streaming 是构建在 Spark 上处理 Stream 数据的框架，基本的原理是将 Stream 数据分成小的时间片断（几秒），以类似 Batch 批量处理的方式来处理这一小部分数据。Spark 是 UC Berkeley AMP Lab（加州大学伯克利分校的 AMP 实验室）所开源的类 Hadoop MapReduce 的通用并行框架。

③ 公司为支持自身业务开发的流计算框架：Facebook Puma；Dstream（百度）；银河流数据处理平台（淘宝）。

（2）流计算处理流程

传统的数据处理流程，需要先采集数据并存储在关系数据库等数据管理系统中，之后由用户通过查询操作和数据管理系统进行交互。传统的数据处理流程隐含了两个前提：一是存储的数据是旧的；二是存储的静态数据是过去某一时刻的快照，这些数据在查询时可能已不具备时效性了。

流计算处理流程一般包含三个阶段：数据实时采集、数据实时计算、实时查询服务，具体如图 4.29 所示。

① 数据实时采集

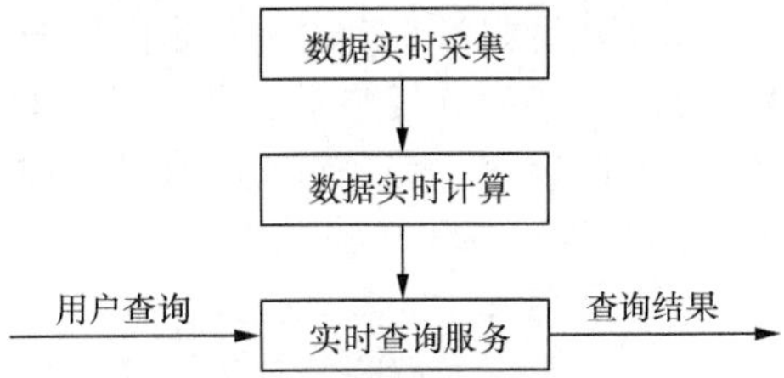

图 4.29 流计算处理流程

数据实时采集阶段通常采集多个数据源的海量数据，需要保证实时性、低延迟与稳定可靠。以日志数据为例，由于分布式集群的广泛应用，数据分散存储在不同的机器上，因此需要实时汇总不同机器上的日志数据。目前，有许多互联网公司发布的开源分布式日志采集系统均可满足每秒数百 MB 的数据采集和传输需求，如 Facebook 的 Scribe、LinkedIn 的 Kafka、淘宝的 Time Tunnel、基于 Hadoop 的 Chukwa 和 Flume。

数据采集系统的基本架构一般有以下三个部分。

- Agent：主动采集数据，并把数据推送到 Collector 部分。
- Collector：接收多个 Agent 的数据，并实现有序、可靠、高性能的转发。
- Store：存储 Collector 转发过来的数据（对于流计算不存储数据）。

② 数据实时计算

数据实时计算阶段对采集的数据进行实时分析和计算，并反馈实时结果。经流处理系统处理后的数据，可视情况进行存储，以便之后再进行分析计算。在时效性要求较高的场景中，处理之后的数据也可以直接丢弃。

③ 实时查询服务

经由流计算框架得出的结果可供用户进行实时查询、展示或存储。传统的数据处理流程，用户需要主动发出查询才能获得想要的结果。而在流处理流程中，实时查询服务可以不断更新结果，并将用户所需的结果实时推送给用户。虽然通过对传统的数据处理系统进行定时查询，也可以实现不断地更新结果和结果推送，但通过这样的方式获取的结果，仍然是根据过去某一时刻的数据得到的结果，与实时结果有着本质的区别。

可见，流处理系统与传统的数据处理系统有以下不同。

- 流处理系统处理的是实时数据，而传统的数据处理系统处理的是预先存储的静态数据。
- 用户通过流处理系统获取的是实时结果，而通过传统的数据处理系统，获取的是过去某一时刻的结果。
- 流处理系统无须用户主动发出查询，实时查询服务可以主动将实时结果推送给用户。

（3）流计算的应用

流计算是针对流数据的实时计算，可以应用在多种场景中。如百度、淘宝等大型网站中，每天都会产生大量流数据，包括用户的搜索内容、用户的浏览记录等。采用流计算进行实时数据分析，可以了解每个时刻的流量变化情况，甚至可以分析用户的实时浏览轨迹，从而进行实时个性化内容推荐。但是，并不是每个应用场景都需要用到流计算的。流计算适合于需要处理持续到达的流数据、对数据处理有较高实时性要求的场景。

① 应用场景 1：实时分析。

传统的业务分析一般采用分布式离线计算的方式，即将数据全部保存起来，然后每隔一定的时间进行离线分析来得到结果。但这样会导致一定的延时，难以保证结果的实时性。

随着分析业务对实时性要求的提升，离线分析模式已经不适用于流数据的分析，也不适用于要求实时响应的互联网应用场景。虽然分布式离线分析带来的小时级的分析延时可以满足大部分商家的需求，但随着实时性要求越来越高，如何实现秒级别的实时分析响应成为业务分析的一大挑战。

② 应用场景 2：实时交通。

流计算不仅为互联网带来改变，也能改变我们的生活。如提供导航路线，一般的导航路线并没有考虑实时的交通状况，即便在计算路线时有考虑交通状况，往往也只是使用了以往的交通状况数据。要达到根据实时交通状态进行导航的效果，就需要获取海量的实时交通数据并进行实时分析。借助于流计算的实时特性，不仅可以根据交通情况制订路线，而且在行驶过程中，也可以根据交通情况的变化实时更新路线，始终为用户提供最佳的行驶路线。

4.5.2 Storm

（1）概述

Storm 是很有潜力的流处理系统，在淘宝、百度、支付宝、Groupon、Facebook、Twitter 等平台上得到使用。第三方支付平台支付宝使用 Storm 来计算实时交易量、交易排行榜、用户注册量等，每天处理的信息超过 1 亿条，处理的日志文件超过 6TB；团购网站 Groupon 使用 Storm 对实时数据进行快速数据清洗、格式转换、数据分析；Twitter 使用它来处理 Tweet（用户发送到 Twitter 上的信息）。

Storm 是一个免费、开源的分布式实时计算系统，Storm 对于实时计算的意义类似于 Hadoop 对于批处理的意义，Storm 可以简单、高效、可靠地处理流数据，并支持多种编程语言。Storm 框架可以方便地与数据库系统进行整合，从而开发出强大的实时计算系统。

（2）Storm 工作原理

Storm 编程模型采用的是生活中常见的并行处理任务方式——流水线作业方式。Storm 实现一个任务的完整拓扑 Topology 如图 4.30 所示，该 Topology 包含两类组件：Spout 和 Bolt。

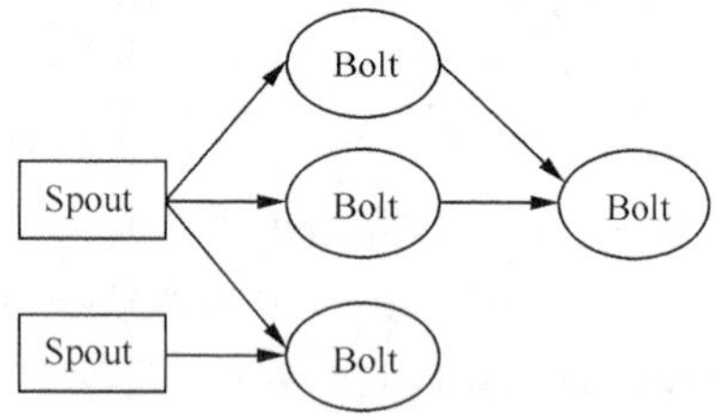

图 4.30　Storm 编程模型 Topology

① Spout 负责读取数据源，它会从外部数据源（队列、数据库等）读取数据，然后封装成 Tuple（元组：键值列表）形式，发送到 Stream 中。Spout 是一个主动的角色，在接口内部有个 nextTuple 函数，Storm 框架会不停地调用该函数。

② Bolt 负责任务处理，它既可以处理 Tuple，也可以将处理后的 Tuple 作为新的 Streams 发送给其他 Bolt。Bolt 可以执行过滤、函数操作、Join、操作数据库等任何操作。Bolt 是一个被动的角色，其接口中有一个 Execute（Tuple Input）方法，在接收消息之后会调用此函数。

Topology：Storm 将 Spouts 和 Bolts 组成的网络抽象成 Topology，它可以被提交到 Storm 集群执行。Topology 可视为流转换图，图中节点是一个 Spout 或 Bolt，边则表示

Bolt 订阅了哪个 Stream。当 Spout 或者 Bolt 发送元组时，它会把元组发送到每个订阅了该 Stream 的 Bolt 上进行处理。Topology 里面的每个处理组件（Spout 或 Bolt）都包含处理逻辑，而组件之间的连接则表示数据流动的方向。在 Topology 里面可以指定每个组件的并行度，Storm 会在集群里面分配很多线程来同时计算。例如，使用 Storm 处理单词统计的任务，Spout 组件负责读取要统计的数据源中的句子，用 Bolt 组件实现的 Split 负责将接收到的句子拆分成单个单词，把这些单词发送至用 Bolt 组件实现的 Count 组件，Count 组件负责统计单词出现的次数。这样一个统计单词的任务就被拆分为三部分来操作，每部分可以根据任务的繁重程度来规划并行数目。

Stream Groupings：Storm 中的 Stream Groupings 用于告知 Topology 如何在两个组件间（如 Spout 和 Bolt 之间，或者不同的 Bolt 之间）进行 Tuple 的传送。每一个 Spout 和 Bolt 都可以有多个分布式任务，一个任务在什么时候、以什么方式发送 Tuple 是由 Stream Groupings 来决定的。

目前，Storm 中的 Stream Groupings 有如下几种方式。

① ShuffleGrouping：随机分组，随机分发 Stream 中的 Tuple，保证每个 Bolt 的 Task 接收 Tuple 的数量基本一致。

② FieldsGrouping：按照字段分组，保证相同字段的 Tuple 分配到同一个 Task 中。

③ AllGrouping：广播发送，每一个 Task 都会收到所有的 Tuple。

④ GlobalGrouping：全局分组，所有的 Tuple 都发送到同一个 Task 中。

⑤ NonGrouping：不分组，和 ShuffleGrouping 类似，当前 Task 会和它的订阅者在同一个线程中执行。

⑥ DirectGrouping：直接分组，直接指定由某个 Task 来执行 Tuple 的处理。

Storm 运行任务的方式与 Hadoop 类似：Hadoop 运行的是 MapReduce 作业，而 Storm 运行的是 Topology；但两者的任务大不相同，主要表现为：MapReduce 作业最终会完成计算并结束运行，而 Topology 将持续处理消息（直到人为终止）。

Storm 集群采用“Master—Worker”的体系结构，如图 4.31 所示。

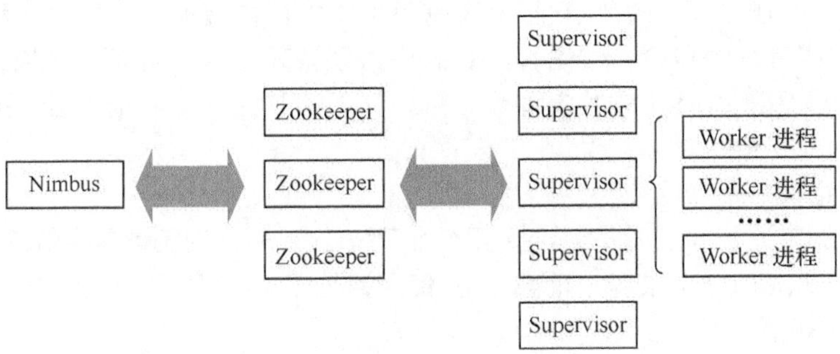

图 4.31 Storm 体系结构

① Master 节点运行名为“Nimbus”的后台程序（类似于 Hadoop 中的“JobTracker”），负责在集群范围内分发代码、为 Worker 分配任务和监测故障。

② Worker 节点运行名为“Supervisor”的后台程序，负责监听分配给它所在机器的工作，即根据 Nimbus 分配的任务来决定启动或停止 Worker 进程，一个 Worker 节点上同时运行若干个 Worker 进程。

③ Storm 使用 Zookeeper 来作为分布式协调组件，负责 Nimbus 和多个 Supervisor 之间的协调工作。借助于 Zookeeper，若 Nimbus 进程或 Supervisor 进程意外终止，重启时也能读取、恢复之前的状态并继续工作，使得 Storm 极其稳定。

④ Worker 进程：每个 Worker 进程都属于一个特定的 Topology，每个 Supervisor 节点的 Worker 可以有多个，每个 Worker 对 Topology 中的每个组件（Spout 或 Bolt）运行一个或者多个线程(Executor)来提供 Task 的运行服务。Executor 是产生于 Worker 进程内部的线程，会执行同一个组件的一个或者多个 Task。实际的数据处理由 Task 完成。

基于这样的架构设计，Storm 的工作流程如图 4.32 所示。

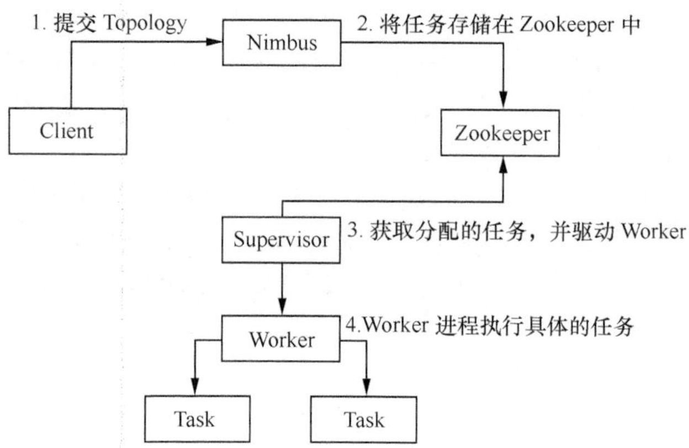

图 4.32　Storm 工作流程示意图

图 4.32 中步骤 4 工作流程有以下几点说明。

① 所有 Topology 任务的提交必须在 Storm 客户端节点上进行，提交后，由 Nimbus 节点分配给其他 Supervisor 节点进行处理。

② Nimbus 节点首先将提交的 Topology 进行分片，分成一个个 Task，分配给相应的 Supervisor，并将 Task 和 Supervisor 相关的信息提交到 Zookeeper 集群上。

③ Supervisor 会在 Zookeeper 集群上认领自己的 Task，并通知自己的 Worker 进程进行 Task 的处理。

Zookeeper 工作原理的核心是原子广播，这个机制保证了各个 Server 之间的同步。实现这个机制的协议叫作 Zab 协议。Zab 协议有两种模式：恢复模式（选主）和广播模式（同步）。当服务启动或者在领导者崩溃后，Zab 就进入了恢复模式。当领导者被选举出来，且大多数 Server 完成了和 Leader 的状态同步以后，恢复模式结束。状态同步保证了 Leader 和 Server 具有相同的系统状态。

（3）Storm 编程

基于 Storm 的单词统计在形式上与基于 MapReduce 的单词统计是类似的，MapReduce 使用的是 Map 和 Reduce 的抽象，而 Storm 使用的是 Spout 和 Bolt 的抽象。Storm 进行单词统计的整个流程如下：

① 从 Spout 中发送 Stream(每个英文句子为一个 Tuple);

② 用于分割单词的 Bolt 将接收的句子分解为独立的单词，将单词作为 Tuple 的字段名发送出去;

③ 用于计数的 Bolt 接收表示单词的 Tuple，并对其进行统计;

④ 输出每个单词以及单词出现过的次数。

Storm 的编程模型非常简单，如下代码便定义了整个单词统计 Topology 的整体逻辑。

```
import org.apache.storm.Config;
Import...
public class WordCountTopology {
public    static class RandomSentenceSpout extends BaseRichSpout {
……
}
  public static class SplitSentence extends ShellBolt implements IRichBolt {
...
}
  public static class WordCount extends BaseBasicBolt {
...
}
  public static void main(String[] args) throws Exception {
    TopologyBuilder builder = new TopologyBuilder();
    builder.setSpout("sentences", new RandomSentenceSpout(), 5);
    builder.setBolt("split", new SplitSentence(), 8).shuffleGrouping("sentences");
    builder.setBolt("count", new WordCount(), 12).fieldsGrouping("split", new Fields("word"));
    ...
}
}
```

4.5.3 Spark 和 Spark Streaming

（1）Spark 概述

Spark 最初由美国加州伯克利大学（UCBerkeley）的 AMP 实验室于 2009 年开发，是基于内存计算的大数据并行计算框架，可用于构建大型的、低延迟的数据分析应用程序。2013 年，Spark 加入 Apache 孵化器项目后发展迅猛，如今已成为 Apache 软件基金会最重要的三大分布式计算系统开源（Hadoop、Spark、Storm）项目之一。

Spark 具有如下几个主要特点。

① 运行速度快：Spark 使用 DAG 执行引擎以支持循环数据流与内存计算。

② 容易使用：Spark 支持使用 Scala、Java、Python 和 R 语言进行编程，可以通过 Spark Shell 进行交互式编程。

③ 通用性：Spark 提供了完整而强大的技术栈，包括 SQL 查询、流式计算、机器学习和图算法组件。

④ 运行模式多样：Spark 运行于独立的集群模式、Hadoop、Amazon EC2 等云环境中，并且可以访问 HDFS、Cassandra、HBase、Hive 等多种数据源。

相比于 Hadoop MapReduce，Spark 主要具有如下优点。

① Spark 的计算模式也属于 MapReduce，但不局限于 Map 和 Reduce 操作，还提供了多种数据集操作类型，编程模型比 Hadoop MapReduce 更灵活。

② Spark 提供了内存计算，可将中间结果放到内存中，对于迭代运算效率更高。使用 Hadoop 进行迭代计算非常耗资源。Spark 将数据载入内存后，之后的迭代计算都可以直接使

用内存中的中间结果做运算，避免了从磁盘中频繁读取数据。

③ Spark 基于 DAG 的任务调度执行机制，要优于 Hadoop MapReduce 的迭代执行机制。

在实际应用中，大数据处理主要包括以下三个类型。

① 复杂的批量数据处理：通常时间跨度在数十分钟到数小时之间。

② 基于历史数据的交互式查询：通常时间跨度在数十秒到数分钟之间。

③ 基于实时数据流的数据处理：通常时间跨度在数百毫秒到数秒之间。

当同时存在以上三种场景时，就需要同时部署三种不同的软件：MapReduce/Impala/Storm。这样做难免会带来一些问题：不同场景之间输入输出数据无法做到无缝共享，通常需要进行数据格式的转换；不同的软件需要不同的开发和维护团队，带来了较高的使用成本；比较难以对同一个集群中的各个系统进行统一的资源协调和分配。

Spark 的设计遵循“一个软件栈满足不同应用场景”的理念，逐渐形成了一套完整的生态系统：既能够提供内存计算框架，也可以支持 SQL 即席查询、实时流式计算、机器学习和图计算等。Spark 可以部署在资源管理器 YARN 之上，提供一站式的大数据解决方案。因此，Spark 所提供的生态系统足以应对上述三种场景，同时支持批处理、交互式查询和流数据处理。Spark 生态系统已经成为伯克利数据分析软件栈（BDAS，Berkeley Data Analytics Stack）的重要组成部分。Spark 的生态系统主要包含了 Spark Core、Spark SQL、Spark Streaming、MLlib 和 GraphX 等组件，如图 4.33 所示。

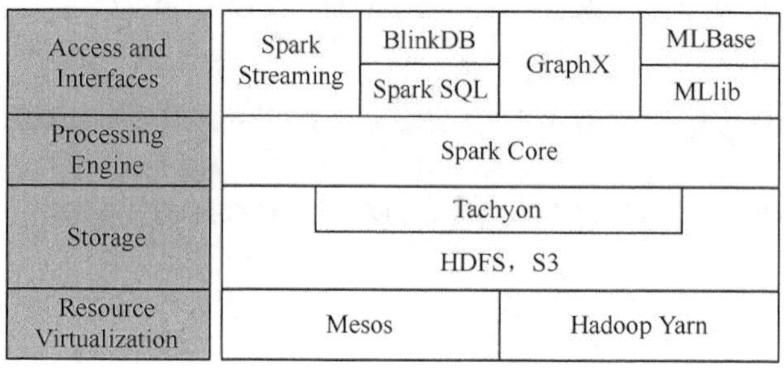

图 4.33 BDAS 架构

Spark 生态系统组件的应用场景说明见表 4.5。

表 4.5 Spark 生态系统组件的应用场景

应用场景	时间跨度	其他框架	Spark 生态系统中的组件
复杂的批量数据处理	小时级	MapReduce、Hive	Spark
基于历史数据的交互式查询	分钟级、秒级	Impala、Dremel、Drill	Spark SQL
基于实时数据流的数据处理	毫秒、秒级	Storm、S4	Spark Streaming
基于历史数据的数据挖掘	—	Mahout	MLlib
图结构数据的处理	—	Pregel、Hama	GraphX

（2）Spark 系统架构

Spark 系统架构包括集群资源管理器（Cluster Manager）、运行作业任务的工作节点（Worker Node）、每个应用的任务控制节点（Driver）和每个工作节点上负责具体任务的执行进程（Executor）。资源管理器可以自带或 Mesos 或 YARN，如图 4.34 所示。

与 Hadoop MapReduce 计算框架相比，Spark 所采用的 Executor 有两个优点：一

是利用多线程来执行具体的任务，减少任务的启动开销；二是 Executor 中有一个存储模块（BlockManager），会将内存和磁盘共同作为存储设备，有效减少 I/O 开销。

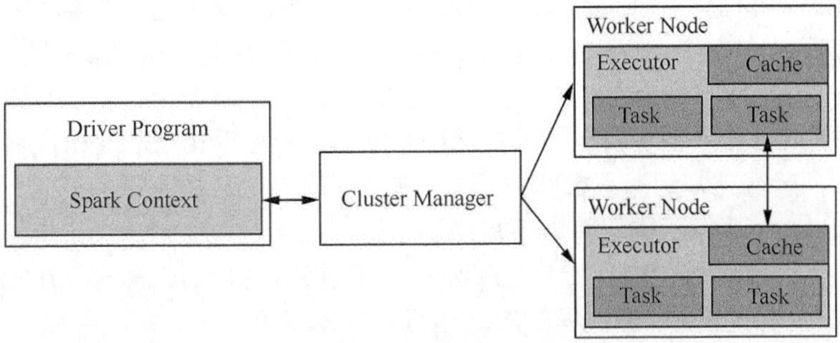

图 4.34　Spark 系统架构

一个 Application（用户编写的 Spark 应用程序）由一个 Driver 和若干个 Job（一个 Job 包含多个弹性分布式数据集 RDD 及作用于相应 RDD 上的各种操作）构成，一个 Job 由多个 Stage（Job 的基本调度单位，一个 Job 会分为多组 Task，每组 Task 称为 Stage，也称为 TaskSet，代表了一组关联的、相互之间没有 Shuffle 依赖关系的任务组成的任务集）构成。

当执行一个 Application 时，Driver 会向集群管理器申请资源，启动 Executor，并向 Executor 发送应用程序代码和文件，然后在 Executor 上执行 Task，运行结束后，执行结果会返回给 Driver，或者写到 HDFS 和其他数据库中。

Spark 运行基本流程如图 4.35 所示。

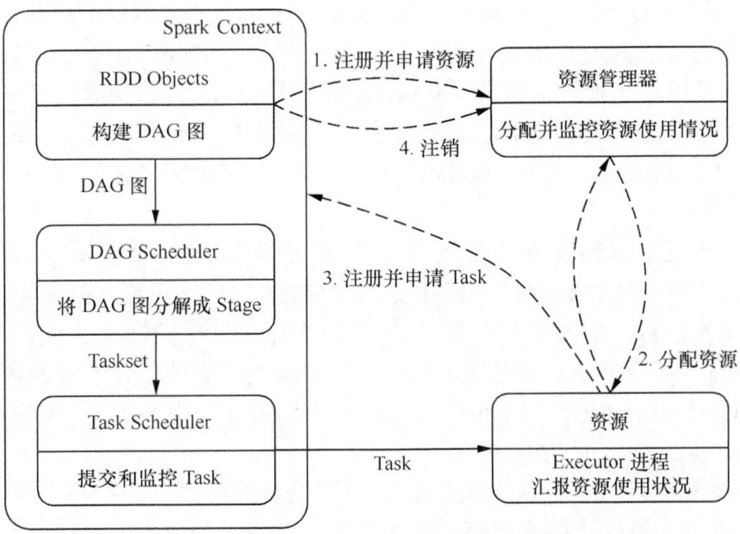

图 4.35　Spark 运行基本流程

① 首先为应用构建基本的运行环境，即由 Driver 创建一个 SparkContext，进行资源的申

请、任务的分配和监控。

② 资源管理器为 Executor 分配资源，并启动 Executor 进程。

③ Spark Context 根据 RDD 的依赖关系构建 DAG 图，DAG 图提交给 DAGScheduler 解析成 Stage，然后把一个个 TaskSet 提交给底层调度器 TaskScheduler 处理；Executor 向 SparkContext 申请 Task，Task Scheduler 将 Task 发放给 Executor 运行，并提供应用程序代码。

④ Task 在 Executor 上运行，把执行结果反馈给 TaskScheduler，然后反馈给 DAGScheduler，运行完毕后写入数据并释放所有资源。

总体而言，Spark 运行架构具有以下特点。

① 每个 Application 都有自己专属的 Executor 进程，并且该进程在 Application 运行期间一直驻留。Executor 进程以多线程的方式运行 Task。

② Spark 运行过程与资源管理器无关，只要能够获取 Executor 进程并保持通信即可。

③ Task 采用了数据本地性和推测执行等优化机制。

（3）Spark RDD

弹性分布式数据集（RDD，Resillient Distributed Dataset）是分布式内存的一个抽象概念，提供了一种高度受限的共享内存模型。许多迭代式算法（例如机器学习、图算法等）和交互式数据挖掘工具，共同之处是不同计算阶段之间会重用中间结果（迭代）。目前的 MapReduce 框架都是把中间结果写入 HDFS 中，带来了大量的数据复制、磁盘 I/O 和序列化开销。RDD 就是为了满足这种需求而出现的，它提供了一个抽象的数据架构，我们不必担心底层数据的分布式特性，只需将具体的应用逻辑表达为一系列转换处理，不同 RDD 之间的转换操作形成依赖关系，可以实现管道化，避免中间数据存储。

一个 RDD 就是一个分布式对象集合，本质上是一个只读的分区记录集合，每个 RDD 可分成多个分区，每个分区就是一个数据集片段，并且一个 RDD 的不同分区可以被保存到集群中不同的节点上，从而可以在集群中的不同节点上进行并行计算。RDD 提供了一种高度受限的共享内存模型，即 RDD 是只读的记录分区的集合，不能直接修改，只能基于稳定的物理存储中的数据集创建 RDD，或者通过在其他 RDD 上执行确定的转换操作（如 Map、Join 和 Group By）而创建新的 RDD。

RDD 提供了一组丰富的操作以支持常见的数据运算，分为“动作”（Action）和“转换”（Transformation）两种类型。RDD 提供的转换接口非常简单，都是类似 Map、Filter、Group By、Join 等粗粒度的数据转换操作，而不是针对某个数据项的细粒度修改。表面上 RDD 的功能很受限、不够强大，实际上 RDD 已经被实践证明可以高效地表达许多框架的编程模型（如 MapReduce、SQL、Pregel）。Spark 用 Scala 语言实现了 RDD 的 API，程序员可以通过调用 API 实现对 RDD 的各种操作。

RDD 典型的执行过程如下：RDD 通过读入外部数据源进行创建；RDD 经过一系列的转换（Transformation）操作，每一次都会产生不同的 RDD，供给下一个转换操作使用；最后一个 RDD 经过“动作”操作进行转换，并输出到外部数据源。这一系列处理称为一个血缘关系（Lineage），即 DAG 拓扑排序的结果。其优点是，惰性调用、管道化、避免同步等待、不需要保存中间结果、每次操作变得简单。RDD 的执行过程如图 4.36 所示。

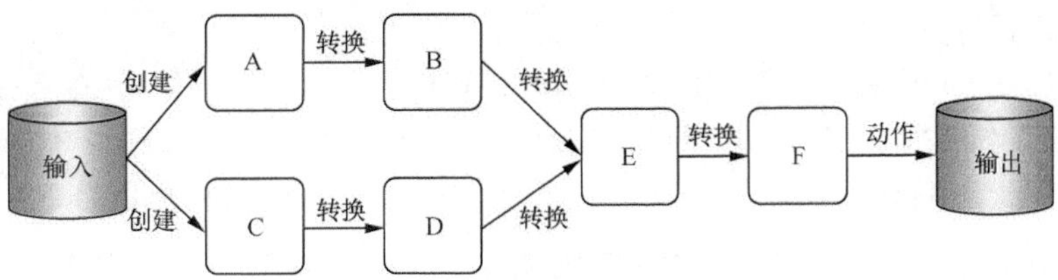

图 4.36　RDD 执行过程

Spark 采用 RDD 以后能够实现高效计算的原因主要有以下几点。

① 高效的容错性。现有容错机制是数据复制或者记录日志；而 RDD 是采用血缘关系、重新计算丢失分区、无须回滚系统、重算过程在不同节点之间并行、只记录粗粒度的操作。

② 中间结果持久化到内存，数据在内存中的多个 RDD 操作之间进行传递，避免了不必要的读写磁盘开销。

③ 存放的数据可以是 Java 对象，避免了不必要的对象序列化和反序列化。

通过上述对 RDD 概念的介绍，结合之前介绍的 Spark 运行基本流程，再总结一下 RDD 在 Spark 架构中的运行过程，如图 4.37 所示。

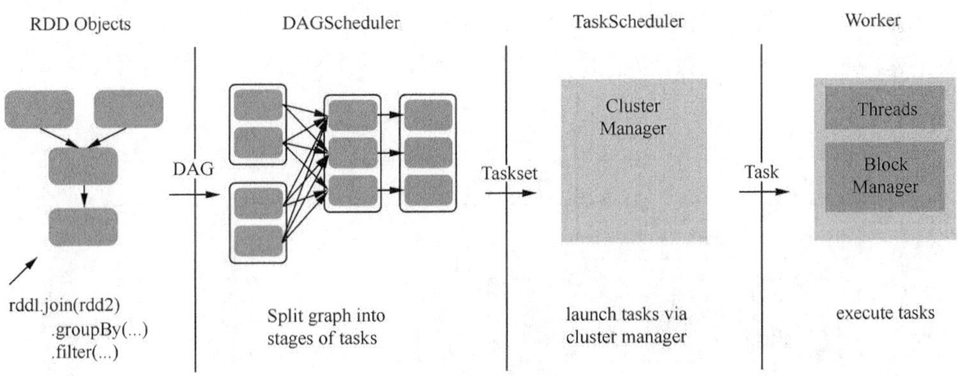

图 4.37　RDD 在 Spark 中的运行过程

① 创建 RDD 对象。

② SparkContext 负责计算 RDD 之间的依赖关系，构建 DAG。

③ DAGScheduler 负责把 DAG 图分解成多个 Stage，每个 Stage 中包含了多个 Task，每个 Task 会被 TaskScheduler 分发给各个 WorkerNode 上的 Executor 去执行。

（4）Shark 和 Spark SQL

Shark 即 Hive on Spark，为了实现与 Hive 兼容，Shark 在 HiveQL 方面重用了 Hive 中 HiveQL 的解析、逻辑执行计划翻译、执行计划优化等逻辑，可以近似认为仅将物理执行计划从 MapReduce 作业替换成了 Spark 作业，通过 Hive 的 HiveQL 解析，把 HiveQL 翻译成 Spark 上的 RDD 操作。Shark 的设计存在两个问题：一是执行计划优化完全依赖于 Hive，不方便添加新的优化策略；二是 Spark 是线程级并行，而 MapReduce 是进程级并行。因此，Spark 在兼容 Hive 的实现上存在线程安全问题，导致 Shark 不得不使用另外一套独立维护的有补丁的 Hive 源码分支。

Spark SQL 在 Hive 兼容层面仅依赖 HiveQL 解析、Hive 元数据，也就是说，从 HQL 被解析成抽象语法树（AST）起，就全部由 Spark SQL 接管了。Spark SQL 执行计划生成和优化都由函数式关系查询优化框架（Catalyst）负责。Spark SQL 架构如图 4.38 所示。

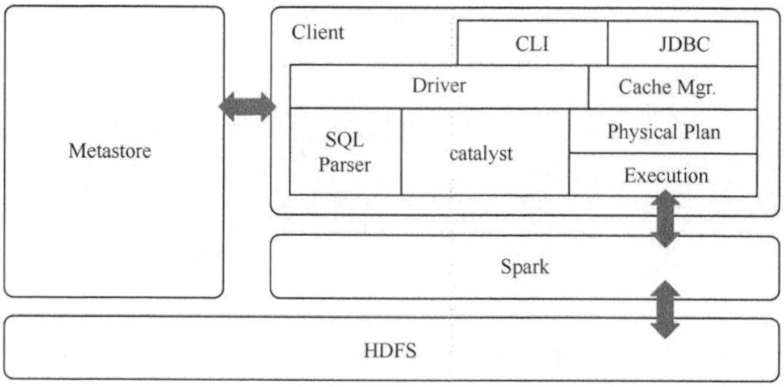

图 4.38　Spark SQL 架构

（5）从 Hadoop+Storm 架构转向 Spark 架构

采用 Hadoop+Storm 部署方式的案例如图 4.39 所示，从图中可以看出这种架构部署较为烦琐。

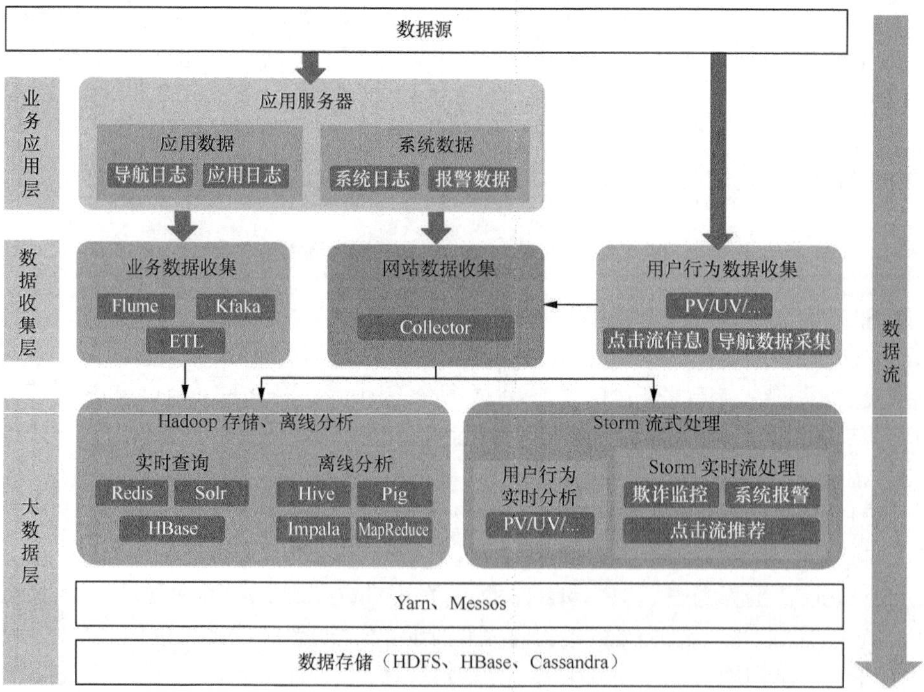

图 4.39　采用 Hadoop+Storm 部署方式的案例

用 Spark 架构的部署方式如图 4.40 所示，与图 4.39 比较具有如下优点。

① 实现一键式安装和配置、线程级别的任务监控和告警。

② 降低硬件集群、软件维护、任务监控和应用开发的难度。

③ 便于做成统一的硬件、计算平台资源池。

需要说明的是，Spark Streaming 无法实现毫秒级的流计算，因此，对于需要毫秒级实时响应的企业应用而言，仍然需要采用流计算框架（如 Storm）。

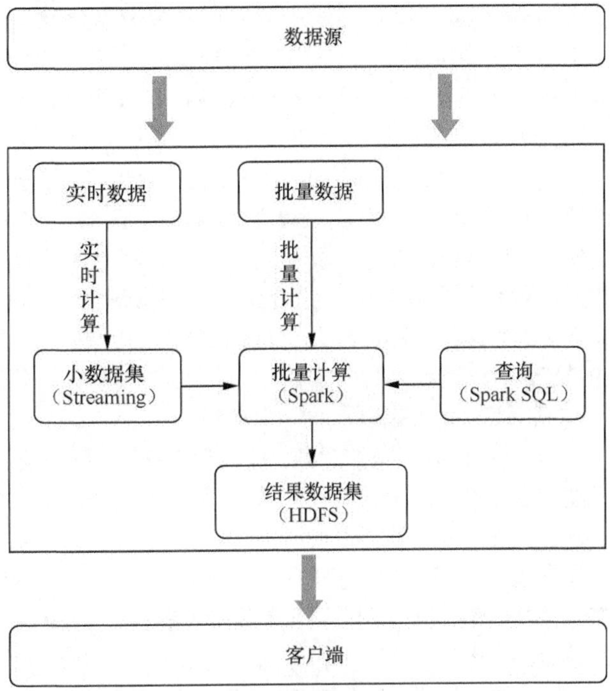

图 4.40 用 Spark 架构满足批处理和流处理需求

目前，Spark 无法取代 Hadoop 生态系统中的一些组件所实现的功能，例如，Storm。另外，现有的 Hadoop 组件开发的应用，完全转移到 Spark 上需要一定的成本。因此，不同的计算框架统一运行在 YARN 中，可以带来如下好处：计算资源按需伸缩；不用负载应用混搭，集群利用率高；共享底层存储，避免数据跨集群迁移。具体如图 4.41 所示。

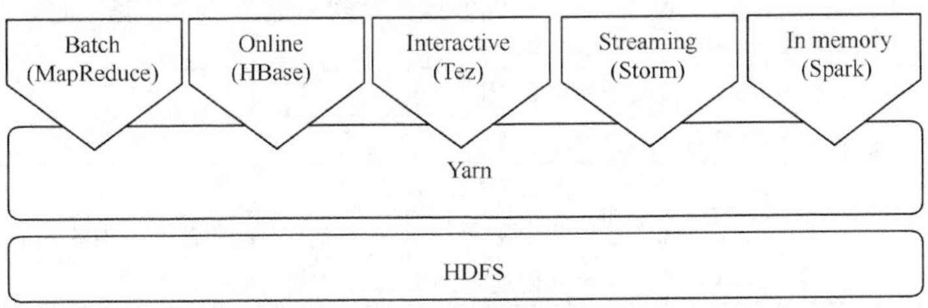

图 4.41 计算框架的统一部署

（6）Spark Streaming

Spark Streaming 可整合多种输入数据源，如 Kafka、Flume、HDFS，甚至是普通的 TCP 套接字。经处理后的数据可存储至文件系统、数据库，或显示在仪表盘中。Spark Streaming 的基本原理是，将实时输入数据流以时间片（秒级）为单位进行拆分，然后经 Spark 引擎以类似批处理的方式处理每个时间片数据，其执行流程如图 4.42 所示。

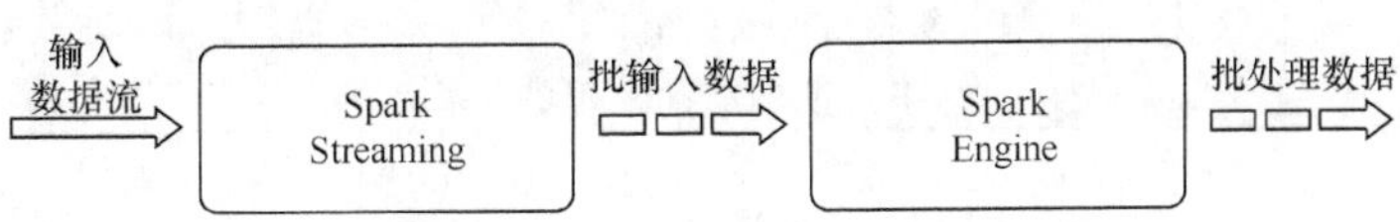

图 4.42 Spark Streaming 执行流程

Spark Streaming 最主要的抽象是离散化数据流（Dstream，Discretized Stream），表示连续不断的数据流。在内部实现上，Spark Streaming 的输入数据按照时间片（如 1s）分成一段一段的 DStream，每一段数据转换为 Spark 中的 RDD，并且对 DStream 的操作都最终转变为对相应的 RDD 的操作。

Spark Streaming 和 Storm 最大的区别在于，Spark Streaming 无法实现毫秒级的流计算，而 Storm 可以实现毫秒级响应。Spark Streaming 构建在 Spark 上，一方面是因为 Spark 的低延迟执行引擎（100ms+）可以用于实时计算；另一方面，相比于 Storm，RDD 数据集更容易做高效的容错处理。Spark Streaming 采用的小批量处理的方式使得它可以同时兼容批量和实时数据处理的逻辑和算法，因此，方便了一些需要历史数据和实时数据联合分析的特定应用场合。

（7）Spark 编程

Spark 的主要操作对象是 RDD，RDD 可以通过多种方式灵活创建，可通过导入外部数据源建立，或者从其他的 RDD 转化而来。在 Spark 程序中必须创建一个 Spark Context 对象，该对象是 Spark 程序的入口，负责创建 RDD、启动任务等。在启动 Spark Shell 后，该对象会自动创建，可以通过变量 sc 进行访问。Spark RDD 支持两种类型的操作：动作（Action）：在数据集上进行运算，返回计算值；转换（Transformation）：基于现有的数据集创建一个新的数据集。

Spark 提供了非常丰富的 API，见表 4.6 和表 4.7。

表 4.6 Spark 常用的几个 Action API

Action API	说　明
count( )	返回数据集中的元素个数
collect( )	以数组的形式返回数据集中的所有元素
first( )	返回数据集中的第一个元素
take(n)	以数组的形式返回数据集中的前 *n* 个元素
reduce(func)	通过函数 func（输入两个参数并返回一个值）聚合数据集中的元素
foreach(func)	将数据集中的每个元素传递到函数 func 中运行

表 4.7 Spark 常用的几个 Action Transformation API

Transformation API	说　明
filter(func)	筛选出满足函数 func 的元素，并返回一个新的数据集
map(func)	将每个元素传递到函数 func 中，并将结果返回为一个新的数据集
flatMap(func)	与 map( ) 相似，但每个输入元素都可以映射到 0 或多个输出结果
groupByKey( )	应用于（*K*，*V*）键值对的数据集时，返回一个新的（*K*，Iterable<*V*>）形式的数据集
reduceByKey(func)	应用于（*K*，*V*）键值对的数据集时，返回一个新的（*K*，*V*）形式的数据集，其中的每个值是将每个 key 传递到函数 func 中进行聚合

我们以一个简单的程序为例介绍 Spark 程序，该程序的功能是统计文本文件中包含字母 a

和字母 b 的各有多少行。

创建一个 SimpleApp.scala 文件（文件路径：~/sparkapp/src/main/scala/SimpleApp.scala），文件中的代码内容如下。

```
import org.apache.spark.SparkContext
import org.apache.spark.SparkContext._
import org.apache.spark.SparkConf

object SimpleApp {
  def main(args: Array[String]) {
    val logFile = "file:///usr/local/spark/README.md" // 用于统计的文本文件
    val conf = new SparkConf().setAppName("Simple Application")
    val sc = new SparkContext(conf)
    val logData = sc.textFile(logFile, 2).cache()
    val numAs = logData.filter(line => line.contains("a")).count()
    val numBs = logData.filter(line => line.contains("b")).count()
    println("Lines with a: %s, Lines with b: %s".format(numAs, numBs))
  }
}
```

然后创建一个 simple.sbt 文件（文件路径：~/sparkapp/simple.sbt），用于声明该应用程序的信息以及与 Spark 的依赖关系，具体内容如下。

```
name := "Simple Project"
version := "1.0"
scalaVersion := "2.10.5"
libraryDependencies += "org.apache.spark" %% "spark-core" % "1.6.0"
```

使用 sbt 对该应用程序进行打包，命令如下。

```
cd ~/sparkapp
/usr/local/sbt/sbt package
```

打包成功后，会输出程序 jar 包的位置以及“Done Packaging”的提示。

有了最终生成的 jar 包后，再通过 spark-submit 就可以提交到 Spark 中运行了，命令如下。

```
/usr/local/spark/bin/spark-submit --class "SimpleApp" ~/sparkapp/target/scala-2.10/simple-project_2.10-1.0.jar
```

第 5 章 “互联网 +”核心技术之四：物联网

5.1 物联网概述

5.1.1 定义

2005 年 11 月 17 日，在突尼斯举行的信息社会世界峰会上，国际电信联盟发布的《ITU 互联网报告 2005：物联网》报告正式提出“物联网”的概念。2009 年 1 月 28 日，“智慧地球”的概念被首次提出，就是把传感器嵌入和装备到电网、铁桥、桥梁、隧道、公路、建筑、供水系统、大坝、油气管道等各种物体中并实现普遍连接，形成所谓的物联网，然后将物联网与现有的互联网整合起来，实现人类社会与物理系统的整合。2009 年 8 月 7 日，温家宝总理提出“感知中国”，物联网被正式列为国家五大新兴战略性产业之一。

那么什么是物联网？根据百度百科的定义，最初在 1999 年提出：物联网是通过射频识别（RFID）、RFID+ 互联网、红外感应器、全球定位系统、激光扫描器、气体感应器等信息传感设备，按约定的协议把任何物品与互联网连接起来，进行信息交换和通信，以实现智能化识别、定位、跟踪、监控和管理的一种网络。简而言之，物联网就是“物物相连的互联网”。

中国物联网校企联盟将物联网定义为，当下几乎所有技术与计算机、互联网技术的结合，实现物体与物体之间，环境以及状态信息实时共享以及智能化的收集、传递、处理、执行。广义上说，当下涉及信息技术的应用，都可以纳入物联网的范畴。

根据国际电信联盟（ITU）的定义，物联网主要解决物品与物品（T2T，Thing to Thing）、人与物品（H2T，Human to Thing）、人与人（H2H，Human to Human）之间的互联。但是与传统互联网不同的是，H2T 是指人利用通用装置与物品之间的连接，从而使得物品连接更加的简化，而 H2H 是指人之间不依赖于 PC 而进行的互联。因为互联网并没有考虑到对于任何物品连接的问题，因此我们使用物联网来解决这个传统意义上的问题。物联网顾名思义就是连接物品的网络，许多学者讨论物联网时，经常会引入一个 M2M 的概念，可以解释成为人到人（Man to Man）、人到机器（Man to Machine）、机器到机器。从本质上讲，人与机器、机器与机器的交互，大部分是为了实现人与人之间的信息交互。

物联网指通过各种信息传感设备，实时采集任何需要监控、连接、互动的物体或过程等各种需要的信息，与互联网结合形成的一个巨大网络。其目的是实现物与物、物与人，所有的物品与网络的连接，方便识别、管理和控制，构成物联网产业的支撑层、感知层、传输层、平台层以及应用层。

本书采用了官方定义（2010 年 3 月，我国政府工作报告所附的注释中对物联网的定义）：通过信息传感设备，按照约定的协议，把任何物品与互联网连接起来，进行信息交换和通信，以实现智能化识别、定位、跟踪、监控和管理的一种网络，是在互联网基础上延伸和扩展的网络。

特别要注意的是物联网中的“物”不是普通意义上的万事万物，而是要满足以下条件：

① 要有相应的信息接收器；

② 要有数据传输通路；

③ 要有一定的存储功能；

④ 要有运算数据单元（CPU）；

⑤ 要有操作系统；

⑥ 要有专门的应用系统；

⑦ 要有数据发送器；

⑧ 要遵循物联网通信协议；

⑨ 在世界网络中有可识别的唯一编号。

物联网的核心是物与物以及人与物之间的信息交互，其基本特征可概括为全面感知、可靠传送和智能处理。

第一是全面感知的特征，利用射频识别、二维码、无线传感器等感知、捕获、测量技术随时随地对物体进行信息采集和获取。

第二是可靠传递特征，通过无线网络与互联网的融合，将物体的信息实时准确地传递给用户。

第三是智能处理的特征，利用云计算、数据挖掘以及模糊识别等人工智能技术，对海量的数据和信息进行分析和处理，对物体实施智能化的控制。

物联网功能在于能基于云计算的 SaaS 等营运模式，在内网（Intranet）、专网（Extranet/VPN）或互联网（Internet）环境下，采用适当的信息安全保障机制，提供安全可控（隐私保护）乃至个性化的实时在线监测、定位追溯、报警联动、调度指挥、预案管理、进程控制、远程维保、在线升级、统计报表、决策支持、领导桌面（Dashboard）等管理和服务功能，实现对“万物”（Things）的“高效、节能、安全、环保”的“管、控、营”一体化服务。

5.1.2　物联网的意义

（1）国家驱动力

各国政府都非常重视信息技术的深入应用，将物联网作为振兴经济的战略性产业，打造广泛覆盖的网络基础设施，重视信息技术的深入应用与服务，将它们渗透到经济和社会生活的方方面面。增值应用是物联网未来发展的重点方向，软件开发、智能控制将会为用户提供丰富多彩的物联网应用。

（2）人类社会急需

物联网是化解当前人类与社会危机之戟。物联网的发展，能大大促进当前以效率、节能、环保、安全、健康为核心诉求的全球信息化发展。

据有关统计，物联网技术的使用，在三表远抄方面，用户节省电费 15% ~ 30%，抄表工数量为原人数的$\frac{1}{51}$；在交通能耗方面，交通、燃油费用开支为原来的$\frac{1}{21}$，提升能效比为35%～40%，全球交通事故死亡人数减少30%，交通工具使用效率上升50%，公路使用率上升15%

~30%，交通流量减少20%，污染下降12%~15%； 在电子医疗方面，高血压病人月开支节省约200元（传统方式约为500元），使医院资源缓解67%~85%；在智能电网方面，据有关报道，单就美国而言，能耗降低10%，温室气体排放量减少25%，新建电厂节省800亿美元。

（3）IT 产业的机遇

当代社会信息技术高速发展、需求不断变化，应用模式也在不断创新。物联网应用的广泛性，将给 IT 产业和信息化发展带来了新机遇。

据有关方面统计，2010 年，全球超过 400 亿台机器具备数据传输功能，M2M 成为驱动移动通信发展的关键因素；2015 年，全球将有超过 500 亿台仪表设备连接到无线网络，通过无线方式发送数据，实现 M2M 通信；全球汽车超过 11 亿辆，复合年均增长率（CAGR）为 7%，所以，未来 10 年，智能交通系统（ITS）将成为建设热点，市场规模将达 500 亿美元。

5.1.3 物联网的架构

目前大家广泛接受的物联网架构是感知层、网络层、应用层三个层次，如图 5.1 所示。

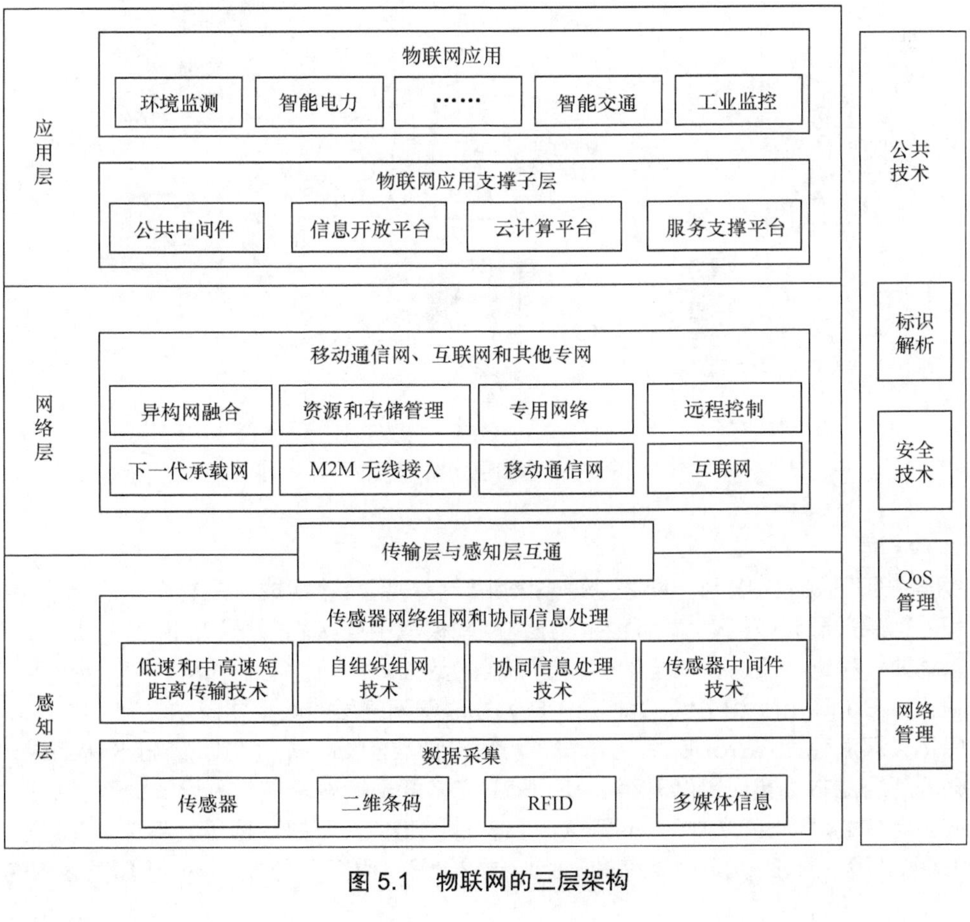

图 5.1 物联网的三层架构

（1）感知层

感知层由各种传感器构成，包括温湿度传感器、二维码标签、RFID 标签和读写器、摄像头、红外线、GPS 等感知终端。感知层是物联网识别物体、采集信息的来源。该层面的核心技术是传感器技术，这也是计算机应用中的关键技术。大家都知道，到目前为止，绝大部分计算机处理的都是数字信号。自从有计算机以来就需要传感器把模拟信号转换成数字信号计算机才能处理。在传感器技术中有一种特别的 RFID 标签技术，它是融合无线射频技术和嵌入式技术为一体的综合技术，RFID 在自动识别、物品物流管理有广阔的应用前景。感知层是物联网发展和应用的基础。例如，张贴安装在设备上的 RFID 标签和用来识别 RFID 信息的扫描仪、感应器都属于物联网的感知层。现在的高速公路不停车收费系统、超市存储管理系统等都是基于这一类结构的物联网。一个感知层的网络示意图如图 5.2 所示。

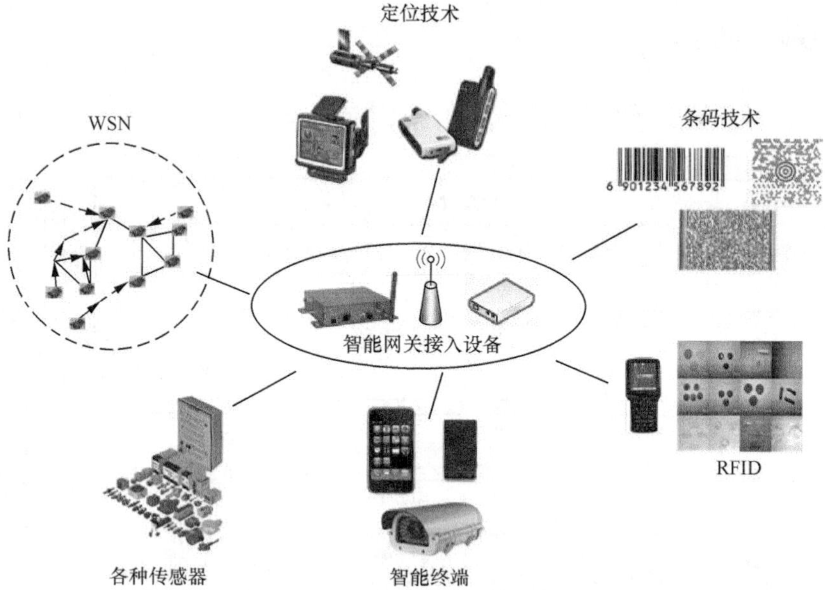

图 5.2 感知层网络示意图

（2）网络层

网络层由互联网、广电网、网络管理系统和云计算平台等组成，是整个物联网的中枢，负责传递和处理感知层获取的信息。网络层在物联网模型中连接感知层和应用层，具有强大的纽带作用，高效、稳定、及时、安全地传输上下层的数据。目前，基于蜂窝的窄带物联网（NB-IoT，Narrow Band Internet of Things）成为物联网网络层的最重要技术之一。NB-IoT 构建于蜂窝网络，只消耗大约 180kHz 的带宽，可直接部署于 GSM 网络、UMTS 网络或 LTE 网络，以降低部署成本、实现平滑升级。NB-IoT 支持低功耗设备在广域网的蜂窝数据连接，也被叫作低功耗广域网（LPWAN）。NB-IoT 具备四大特点：一是广覆盖，将提供改进的室内覆盖，在同样的频段下，NB-IoT 比现有的网络增益 20dB，相当于提升了 100 倍覆盖区域的能力；

二是具备支撑海量连接的能力，NB-IoT 一个扇区能够支持 10 万个连接，支持低延时敏感度、超低的设备成本、低设备功耗和优化的网络架构；三是更低功耗，NB-IoT 终端模块的待机时间可长达 10 年；四是更低的模块成本，企业预期的单个接连模块不超过 5 美元。

网络层是物联网的神经系统，主要进行信息的传递。网络层要根据感知层的业务特征，优化网络特性，更好地实现物与物之间、物与人之间以及人与人之间的通信，这就要求建立一个端到端的全局物联网络。任何终端节点在物联网中都应能实现泛在互联。由节点组成的末端网络，例如，传感器网、RFID、家居网、个域网、局域网、体域网、车域网等，连接到物联网的异构融合网络上，从而形成一个广泛互联的网络。

（3）应用层

应用层是物联网和用户的接口，它与行业需求结合，实现物联网的智能应用。其应用领域包括：电网、交通、物流、智能家居、节能环保、工业自动控制、医疗卫生、精细农牧业、金融服务业、公共安全等。

应用层主要包括服务支撑层和应用子集层。物联网的核心功能是对信息资源进行采集、开发和利用。服务支撑层的主要功能是根据底层采集的数据，形成与业务需求相适应、实时更新的动态数据资源库。

应用层将为各类业务提供统一的信息资源支撑，通过建立、实时更新可重复使用的信息资源库和应用服务资源库，使得各类业务服务根据用户的需求随需组合，该层能够提升对应用系统资源的重用度，为快速构建新的物联网应用奠定基础，满足在物联网环境中复杂多变的网络资源应用需求和服务。第 5.1.4 节将介绍各类物联网的应用。

5.1.4 物联网的应用

物联网可以看作是现有的人与应用之间交互的扩展。正因为如此，物联网必将给现在传统技术的应用（如自动识别和数据采集技术的应用）带来更大的附加价值，扩展这些技术的使用范围，打破现有本地化的限制，从而大大扩展技术的应用领域和提高适应能力。因此，为了更好地思考未来物联网的应用范围，我们需要正确识别物联网所涉及的主要应用领域，找到物联网和这些领域的结合点与交集，如表 5.1 所示。

表 5.1 物联网的应用领域

领　域	特 征 描 述	典 型 事 例
实业领域	物联网可以涉及公司、机构和其他实体之间的金融与商业活动	制造业、物流业、服务业、银行业、政府金融部门、流通业等
环境领域	物联网可以涉及环境保护、环境监测和自然资源开发等活动	农业与畜牧业、环保、环境管理、能源管理等
社会领域	物联网可以涉及涵盖人口、城市和社会中各种群体以及他们发展的相关活动与计划	包含公民和社会结构以及其他社会群体等的政府服务

（1）交通运输与物流

在航空航天领域中，物联网可以大大提高航天和航空领域中产品和服务的安全性、隐私性以及可靠性。物联网通过使用附着在机舱内部和外部的具有感知能力的智能设备，为我们建立起一个实时、无线监控航空器的网络环境，它将帮助改进维修计划的制订工作，也可以有效减少维修成本的投入和浪费，改善飞机的实际安全和可靠程度。

在汽车工业中，物联网可以帮助我们监控像轮胎气压、周围车辆状况等数据，以便实时获取车辆全方位的各种信息。在汽车生产和销售过程中，通过采用 RFID 自动识别技术，可以提高汽车工业的整体生产效率、改善物流的整体水平、加强车辆的质量控制以及改善客户的服务体验等。车辆也可以适时地、自主地在发生紧急情况或者故障的情况下发起呼叫；也可以尽其所能地收集周围 “物品” 的数据与信息，如来自车辆部件、交通设施（如：道路、铁路等）、周边车辆的状况以及所承载物品（如，人、货物等）的各种各样的探测到的数据以及信息。目标是实现智能化的车联网。

（2）电信服务业

物联网将整合现在已经存在的各种不同的通信技术，并且将发展以及创造出更多崭新的应用类型和服务模式。当下的 SIM 卡已经可以部分集成 GSM、NFC、低功耗蓝牙、WLAN、多跳网络、GPS 和传感网络等多种通信功能。在一些自动识别技术的应用中，同一台智能手机既可以作为标签，也可以充当读取设备，智能手机的许许多多应用全部被整合在同一个 SIM 卡中。用户可以方便地使用各种功能；应用提供商可以顺利地开展业务；管理机构可以有效地管理和协调整个网络中的应用以及通信的流量与安全。

（3）智能建筑

智能能源测量技术可以帮助我们动态地监测能源的消耗，并将相关的数据和信息反馈给能源提供商，帮助它们降低少碳排放水平，保护我们所处的环境。同时在未来，这些用于测量能源消耗的设备也可以与基于通用计算平台的现代家庭娱乐系统相整合，甚至可以与所处建筑物的其他传感探测装置以及其他设备相连接，构建一个闭环的、可以相互连接、相互通信的智能生活环境。

未来的自动化家庭网络环境将是智能的，它将具有多种自主能力，例如，自主配置能力、自主修复能力、自主优化能力和自主保护能力等。它能够感知和适应环境的各种变化，更加适宜人类居住。通过自动化技术，家庭网络的结构将呈现高度的动态化和离散化。这将使得各种设备之间、各种系统之间、设备与系统之间的交互工作更加简单与便捷。

目前的智能建筑中，物联网将使得任何具备输入和控制接口的设备和物品可以安全、便捷地与整个建筑物的各种服务相连接，从而方便人们对系统的状态和设置情况进行实时地监视和控制。例如，在这种环境下，我们可以通过冰箱上的触摸屏控制和调整自动温控装置的设置，或者当人们携带自己的手机进入时，住宅可以根据手机主人的偏好设置，来自动调节到适合于自己的居住环境。总的来说，在智能网联的家庭网络的范围内，个人移动设备和移动终端将可以真正做到自主感知、自动整合。

（4）生活与医疗保健

① 医疗卫生保健

首先，随着带有 RFID 传感器功能的智能手机得到普遍使用，特别是基于它们可以采集各种病人状态、医疗参数和药品配送信息的监控平台被搭建以后，物联网必将在医疗卫生和保健领域得到越来越广泛的应用。在这样的环境下，疾病监控和预测系统可以更加完善、更加便捷。

其次，随着传感器技术的进步，随着廉价的、内置网络通信能力和远程监控能力的设备得到大范围的应用，物联网可以整合使用各种相关技术，让我们在更高水平上测量和监视各种重要的人体生命指征，如体温、血压、心率、胆固醇含量、血糖含量等。

② 人口管理和个人生活领域

在未来的世界中，植根于物联网之上的各种应用和服务必将为我们原有的社会生活和个人生活方式带来巨大的影响和改变。其中最为显著的是，物联网可以对一个日益老龄化的社会提供前所未有的支持与保障。

在物联网世界中，具有环境感知和探测能力的服装将帮助我们规划日常生活；具有环境感知和探测能力的物品将帮助我们管理社交活动；我们的服饰将具有如生命体征检测等各种传感探测能力，它们将帮助我们治疗和监控慢性疾病；更不用提那些存在于我们身体内部的各种传感探测设备了。可以预见，物联网不但可以为我们的个人生活带来便利，而且将帮助社会为我们提供更加优质与贴心的服务。

③ 制药业

对于制药业来说，药品生产和运输环节的保密性和安全性将是保障患者在服用之后健康的关键性问题。通过在药品上附加智能标签、在供应链中监控药品的运输环节以及通过在各个环节中的各种传感探测设备，随时获取药品的状态参数，将为我们解决上述问题提供必要的条件。

另一方面，通过对药品的追踪以及药品的电子族谱，实现药品溯源，可以有效地帮助甄别假冒产品，防止药品供应链条中的各种欺诈行为。同时，药品上的智能标签还可以使病人直接受益。例如，消费者通过标签中存储的数据，可以得知所需服用的必要剂量、保质期以及真实可靠的药物治疗使用说明书等。

（5）保险与安全

① 食品安全追踪领域

随着物联网的发展和应用，我们可以对跟踪的食品和其中成分的供应链体系进行部分或整体调整，或者重新构建，以解决在食品出现质量问题和其他安全隐患时能及时发出警告并进行召回等相关的问题。

② 安全生产领域

现在，很多领域都在采用无线的、可标识的设备来提高其安全性和保密性。例如，在环境监控领域，人们就可以对地震、海啸、森林火灾、洪水、污染（水污染和空气污染）等灾害进行监控。

在建筑监控领域，人们就可以对水和煤气泄漏、建筑减震、火灾、非法入侵和破坏行为等进行监控。

在行政管理领域，人们就可以利用报警系统、资产和器材监管、工资系统、身份识别等进行管理。

③ 保险领域

在做汽车保险时，在顾客的汽车中安装电子记录器来测量和记录马达转速、车辆速度以及其他相关数据，并将这些数据提供给他们的保险公司。在发生事故时，保险公司就能够及早介入并采取较为经济的措施来降低相关的费用。类似的，物联网技术还可以被应用到建筑物以及机械设备等资产的管理中。在这些应用中，物联网技术将帮助业主制订既有效又便宜的维护和维修方案，最大限度地避免事故的发生。

（6）其他应用

① 产品的制造管理

在物联网中，物品以及它们附属的信息处理组件是相联的。从物品被生产出来直至生命周期结束，一个物品的历史记录和当前状态都可以被持续地存储在标签或者是应用系统之内，并可以被实时地获取和监控。这些数据可以反映这个物品全部的信息。这里既可能是产品的设计信息，市场营销情况或者是附带的服务功能等信息，也可以是在它生命周期的末端，我们如何对它进行安全的、环境友好的回收再利用以及其他的各种处置措施等信息。

② 能源

利用物联网的多种新的识别和标识方法，在石油和天然气领域可以建立一套可扩展的工业应用体系架构。通过该架构，可以做到既整合物联网基础设施，又让它具有迅速的感知和反应能力，可以在危急情形发生的情况下对人员进行无线追踪，对集装箱和储运设备进行定位、对钻杆部件和各种管道进行跟踪，对固定的石油和天然气设施进行管理和监控。物联网技术将帮助石油与化工整个领域减少和避免工业事故的发生。

③ 环境监测领域

未来，无线可识别设备和其他一些基于物联网的技术将为绿色环保领域的应用提供巨大的发展空间。特别是随着全世界范围内的各种环境保护计划的兴起与实施，无线可识别设备等一系列物联网相关技术将得到越来越多的普及和应用。

④ 环保和回收领域

物联网技术和无线技术将在许多大城市、国家和国际的环境保护项目中大显身手。这些项目包括车辆尾气检测、可回收材料的收集、包装材料和电子元件的重复利用、电子废弃物的处置等。

⑤ 农业与畜牧业

在畜牧业中，物联网技术将能够帮助我们对家畜的活动进行跟踪和管理，实时地对牲畜进行监控，例如，在爆发瘟疫等情况下，我们可以实时地对牲畜的病情进行监控。

利用物联网技术，无论是小范围的集贸市场，还是大范围的地区或是国际市场，农产品都可以直接到达消费者手中。这将改变目前农产品供应链基本由几家国际大企业掌控的现状，缩短生产者与消费者之间的距离，使商品的供应更加的直接与便利。

⑥ 媒体、娱乐和票务领域

基于物联网技术，特别是位置服务技术，我们将建立一整套具有自组织和自配置功能的特设新闻收集和发布系统。在不远的将来，我们将通过访问物联网实现新闻的收集和派发。在物联网的环境中，我们可以定位在某个确定的位置有哪些多媒体设备是可用的，并且针对其发送一条关于特定事件的多媒体片段收集请求，当然这里不一定是免费的，然后通过将近场通信（NFC）标签附着到海报等宣传品上，通过标签存储的详细信息和互联网地址（URI 地址）可以为读者提供全方位的阅读与服务体验。

5.2 感知层

感知层是实现物联网全面的感知核心能力，是物联网中包括关键技术、标准化方面、产业化方面亟待突破的部分。感知层的发展关键在于具备更精确、更全面的感知能力，并解决低功耗、小型化和低成本的问题。

5.2.1 感知技术

物联网的数据采集涉及传感器和控制技术、RFID、多媒体信息采集、二维码和实时定位以及短距离无线通信等技术。短距离通信技术和协同信息处理子层将采集到的数据在局部范围内进行协同处理，以提高信息的精度，降低信息冗余度，并通过具有自组织能力的短距离传感网接入广域承载网络。感知层中间件技术旨在解决感知层数据与多种应用平台间的兼容性问题，包括代码管理、服务管理、状态管理、设备管理、时间同步、定位等。

物联网的感知技术包括传感器、标识技术、定位技术等。

（1）传感器

传感器是一种由敏感元件和转换元件组成的检测装置，能感知被测信息，并能将检测感知的信息，按一定规律变换成电信号或其他所需形式的信息输出，以满足信息的传输、处理、存储、显示、记录和控制等要求，它是实现自动检测和自动控制的首要环节。传感器的分类方式多种多样，比较常用的有按传感器的物理量、工作原理、输出信号的性质来分类。此外，还可按照是否具有信息处理功能将传感器分为普通传感器和智能传感器。

智能传感器是 20 世纪 80 年代末出现的另外一种涉及多种学科的新型传感器，它是一个以微处理器为内核扩展了外围部件的计算机检测系统，具有信息处理功能的传感器，智能传感器带有微处理器，具有采集、处理、交换信息的能力，是传感器集成化与微处理机相结合的产物。

（2）标识技术

标识技术是通过 RFID、条形码等设备所感知到的目标外在特征信息来证实和判断目标本质的技术。

（3）定位技术

定位技术是测量目标的位置参数、时间参数、运动参数等时空信息的技术，它利用信息化手段得知某一用户或者物体的具体位置。

5.2.2 自动识别技术

自动识别技术是应用一定的识别装置，通过被识别物品和识别装置之间的接近活动，自动地获取被识别物品的相关信息，并提供给后台的计算机处理系统来完成相关后续处理的一种技术。

在早期的信息系统中，绝大部分数据的处理都是通过手工录入的，不仅劳动强度大，而且数据误码率较高，也失去了实时的意义。为了解决这些问题，人们研究和发展了各种各样的自动识别技术，从繁重的、重复的手工劳动中解放出来，提高系统信息的实时性和准确性，从而为生产的实时调整，财务的及时总结以及决策的正确制定提供正确的参考依据。

一个完整的自动识别计算机管理系统包括自动识别系统（AIDS，Auto Identification System）、应用程序接口（API，Application Interface）或者中间件（Middleware）和应用系统软件（Application Software）三部分组成。自动识别系统通过中间件或者接口（包括软件的和硬件的）将数据传输给后台的计算机处理，由计算机对所采集到的数据进行处理或者加工，最终形成对人们有用的信息。在有的场景中，中间件本身具有数据处理的功能，还可以支持单一系统不同协议的产品的工作。

（1）光学字符识别

光学字符识别（OCR，Optical Character Recognition）指电子设备（例如，扫描仪、数码相机等）检查纸上打印的字符，通过检测暗、亮的模式确定其形状，然后用字符识别方法将形状翻译成计算机文字的过程。衡量一个 OCR 系统性能好坏的主要指标有拒识率、误识率、识别速度、用户界面的友好性、产品的稳定性、易用性及可行性等。

一个 OCR 识别系统，其目的是把影像做一个转换，使影像内的图形继续保存、有表格则将表格内资料及影像内的文字，一律变成计算机文字，使其能达到影像资料的存储量减少、识别出的文字可再使用以及对图像文件进行分析处理获取文字及版面信息。OCR 系统也可节省因键盘输入的人力与时间。从影像到结果输出，需经过影像输入、影像前处理、文字特征抽取、比对识别最后经人工校正将认错的文字更正再输出结果。

（2）语音识别

语音识别包括研究如何采用数字信号处理技术自动提取及决定语音信号中最基本的、有意义的信息，同时也包括利用音律特征等个人特征识别说话人。语音识别技术，也被称为自动语音识别（ASR，Automatic Speech Recognition），其目标是将人类语音中的词汇内容转换为计算机可读的文字或者指令。例如，按键、二进制编码或者字符序列。

语音识别技术主要包括三个方面：特征提取技术、模式匹配准则、模型训练技术。这些技术所涉及的领域包括信号处理、模式识别、概率论和信息论、发声机理和听觉机理、人工智能等。典型的语音模式识别系统如图 5.3 所示。

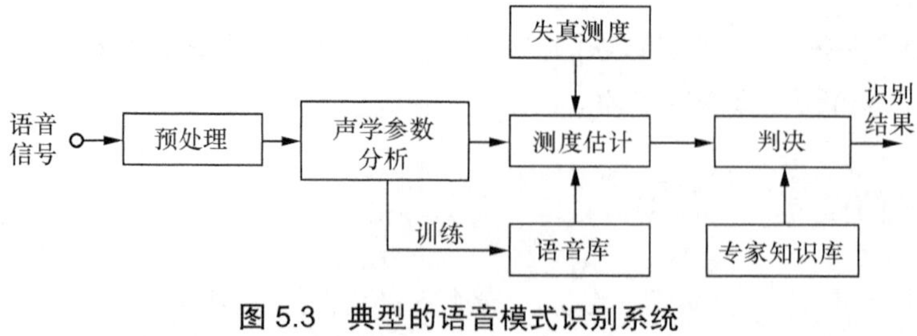

图 5.3　典型的语音模式识别系统

（3）生物计量识别技术

① 指纹识别技术

指纹识别是通过特殊的光电转换设备和计算机图像处理技术，对活体指纹进行采集、分析和比对，可以迅速、准确地鉴别个人身份。从实用角度看，指纹识别是优于其他生物识别技术的身份鉴别方法。因为指纹具有各不相同、终生基本不变的特点，且目前的指纹识别系统已达到操作方便、准确可靠、价格适中的阶段，正逐步应用于民用市场。

指纹识别的流程是首先对指纹图像进行采集，然后对指纹图像进行处理，提取特征值，最后将特征值与指纹库中的标准值进行比对与匹配。指纹识别的流程如图 5.4 所示。

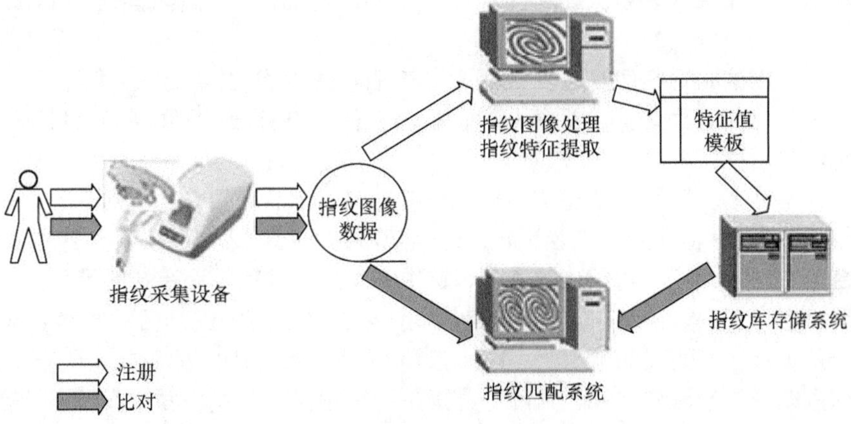

图 5.4　指纹识别的流程

② 虹膜识别技术

虹膜识别技术是利用虹膜终身不变性和差异性的特点来识别个人身份。虹膜是一种在眼睛瞳孔内的织物状的各色环状物，每个虹膜都包含一个独一无二的基于水晶体、细丝、斑点、凹点、皱纹和条纹等特征的结构体。

与常用的指纹识别相比，虹膜识别技术操作更简便，检验的精确度也更高。统计表明，到目前为止，虹膜识别的错误率是各种生物特征识别中最低的，并且具有很强的实用性。虹膜识别是当前应用最方便、最精确的生物识别技术，虹膜的高度独特性和稳定性是其用于身份鉴别的基础。

③ 人脸识别技术

人脸识别技术是利用分析比较的计算机技术识别人脸，是一项热门的计算机技术研究领域，其中包括人脸追踪侦测、自动调整影像放大、夜间红外侦测、自动调整曝光强度等技术。人脸识别技术是基于人的脸部特征，对输入的人脸图像或者视频流首先判断其是否存在人脸，如果存在，则进一步地给出每个脸的位置、大小和各个主要面部器官的位置信息，并依据这些信息，进一步提取每个人脸中所蕴含的身份特征，并将其与已知的人脸进行对比，从而识别每个人脸的身份。广义的人脸识别实际包括构建人脸识别系统的一系列相关技术，包括人脸图像采集、人脸定位、人脸识别预处理、身份确认以及身份查找等；而狭义的人脸识别技术特指通过人脸进行身份确认或者身份查找的技术或系统。

人脸识别技术包含三个部分。

- 人脸检测：面貌检测是指在动态的场景与复杂的背景中判断是否存在面像，并分离出这种面像，一般有下列几种方法。

参考模板法：首先设计一个或数个标准人脸的模板，然后计算测试采集的样品与标准模板之间的匹配程度，并通过阈值来判断是否存在人脸。

人脸规则法：由于人脸具有一定的结构分布特征，所谓人脸规则的方法即提取这些特征生成相应的规则以判断测试样品是否包含人脸。

样品学习法：采用模式识别人工神经网络，即通过对面像样品集和非面像样品集的学习产生分类器。

肤色模型法：依据面貌肤色在色彩空间中分布相对集中的规律来进行检测。

特征子脸法：将所有面像集合视为一个面像子空间，并基于检测样品与其在子空间的投影之间的距离判断是否存在面像。

值得提出的是，上述 5 种方法在实际检测系统中也可综合采用。

- 人脸跟踪：对被检测到的面貌进行动态目标跟踪，具体采用基于模型的方法或基于运动与模型相结合的方法。此外，利用肤色模型跟踪也不失为一种简单而有效的手段。
- 人脸比对：对被检测到的面像进行身份确认或在面像库中进行目标搜索。这实际上就是说，将采样到的面像与库存的面像依次进行比对，并找出最佳的匹配对象。所以，面像的描述决定了面像识别的具体方法与性能。人脸对比指主要采用特征向量与面纹模板进行描述。

特征向量法：该方法是先确定眼虹膜、鼻翼、嘴角等面像五官轮廓的大小、位置、距离等属性，然后再计算出它们的几何特征量，而这些特征量形成描述该面像的特征向量。

面纹模板法：该方法是在库中存储若干标准面像模板或面像器官模板，在进行比对时，将采样面像所有像素与库中所有模板采用归一化相关量度量进行匹配。此外，还有采用模式识别的自相关网络或特征与模板相结合的方法。

人脸识别技术的核心实际为局部人体特征分析和图形 / 神经识别算法。这种算法是利用人体面部各器官及特征部位的方法，如对应几何关系多数据形成识别参数与数据库中所有的原始参数进行比较、判断与确认。一般要求判断时间低于 1 秒。

人脸识别的过程一般分三步。

① 首先建立人脸的面像档案，即用摄像机采集单位人员的人脸的面像文件或取他们的照片形成面像文件，并将这些面像文件生成面纹（Faceprint）编码存储起来。

② 获取当前的人体面像，即用摄像机捕捉当前出入人员的面像，或取照片输入，并将当前的面像文件生成面纹编码。

③ 用当前的面纹编码与档案库存的比对，即将当前的面像的面纹编码与档案库存中的面纹编码进行检索比对。上述的“面纹编码”方式是根据人脸部的本质特征和形状工作的。这种面纹编码可以抵抗光线、皮肤色调、面部毛发、发型、眼镜、表情和姿态的变化，具有强大的可靠性，从而可以从百万人中精确地辨认出某个人。人脸的识别过程，利用普通的图像处理设备就能自动、连续、实时地完成。

人脸识别系统主要包括 4 个组成部分，分别为人脸图像采集及检测、人脸图像预处理、人脸图像特征提取以及匹配与识别。

① 人脸图像采集及检测：不同的人脸图像都能通过摄像镜头采集下来，例如静态图像、动态图像、不同的位置、不同表情等方面都可以得到很好的采集。当用户在采集设备的拍摄范围内时，采集设备会自动搜索并拍摄用户的人脸图像。人脸检测在实际中主要用于人脸识别的预处理，即在图像中准确标定人脸的位置和大小。人脸图像中包含的模式特征十分丰富，如直方图特征、颜色特征、模板特征、结构特征及 Haar 特征等。人脸检测就是挑选有用信息，并利用这些特征实现人脸检测。主流的人脸检测方法基于以上特征采用 Adaboost 学习算法，Adaboost 算法是一种用来分类的方法，它把一些比较弱的分类方法整合在一起，组合出新的、很强的分类方法。人脸检测过程中使用 Adaboost 算法挑选出一些最能代表人脸的矩形特征（弱分类器），按照加权投票的方式将弱分类器构造为一个强分类器，再将训练得到的若干强分类器串联组成一个级联结构的层叠分类器，有效地提高分类器的检测速度。

② 人脸图像预处理：基于人脸检测的结果，对图像进行处理并最终服务于特征提取的过程。系统获取的原始图像由于受到各种条件的限制和随机干扰，往往不能直接使用，必须在图像处理的早期阶段对它进行灰度校正、噪声过滤等图像预处理。对于人脸图像而言，其预处理过程主要包括人脸图像的光线补偿、灰度变换、直方图均衡化、归一化、几何校正、滤波以及锐化等。

③ 人脸图像特征提取：人脸识别系统可使用的特征通常分为视觉特征、像素统计特征、人脸图像变换系数特征、人脸图像代数特征等。人脸图像特征提取是针对人脸的某些特征进行的。人脸图像特征提取，也称人脸表征，它是对人脸进行特征建模的过程。人脸图像特征提取的方法归纳为两大类：一种是基于知识的表征方法；另外一种是基于代数特征或统计学习的表征方法。基于知识的表征方法主要是根据人脸器官的形状描述以及他们之间的距离特性来获得有助于人脸分类的特征数据，其特征分量通常包括特征点间的欧氏距离、曲率和角度等。人脸由眼睛、鼻子、嘴、下巴等局部构成，对这些局部和它们之间结构关系的几何描述，可作为识别人脸的重要特征，这些特征被称为几何特征。基于知识的人脸表征主要包括基于几何特征的方法和模板匹配法。

人脸图像匹配与识别：提取的人脸图像的特征数据与数据库中存储的特征模板进行搜索匹配，通过设定一个阈值，当相似度超过这一阈值，则输出匹配结果。人脸识别就是将待识别的人脸特征与已得到的人脸特征模板进行比较，根据相似程度对人脸的身份信息进行判断。这一过程又分为两类：一类是确认，是一对一进行图像比较的过程；另一类是辨认，是一对多进行图像匹配对比的过程。

人脸识别技术中被广泛采用的区域特征分析算法融合计算机图像处理技术与生物统计学原理于一体，利用计算机图像处理技术从视频中提取人像特征点，利用生物统计学的原理进行分析建立数学模型，即人脸特征模板；利用已建成的人脸特征模板与被测者的人的面像进行特征分析，根据分析的结果来给出一个相似值，通过这个值便可确定是否为同一人。人脸识别的方法很多，主要的人脸识别方法包括以下内容。

① 几何特征的人脸识别方法：几何特征可以是眼、鼻、嘴等的形状和它们之间的几何关系

（如相互之间的距离）。这些方法通过算法实现，识别速度快，需要的内存小，但识别率较低。

② 基于特征脸（PCA）的人脸识别方法：基于 KL 变换的人脸识别方法，KL 变换是图像压缩的一种最优正交变换。高维的图像空间经过 KL 变换后得到一组新的正交基，保留其中重要的正交基，由这些基可以组成低维线性空间。如果假设人脸在这些低维线性空间的投影具有可分性，就可以将这些投影用作识别的特征矢量，这就是特征脸方法的基本思想。这些方法需要较多的训练样本，而且完全是基于图像灰度的统计特性的。目前有一些改进型的特征脸方法。

- 神经网络的人脸识别方法：神经网络的输入可以是降低分辨率的人脸图像、局部区域的自相关函数、局部纹理的二阶矩等。这类方法同样需要较多的样本进行训练，而在许多应用中，样本数量是很有限的。

- 弹性图匹配的人脸识别方法：弹性图匹配法在二维的空间中定义了一种对于通常的人脸变形具有一定的不变性的距离，并采用属性拓扑图来代表人脸，拓扑图的任一顶点均包含特征向量，用来记录人脸在该顶点位置附近的信息。该方法结合了灰度特性和几何因素，在比对时可以允许图像存在弹性形变，在克服表情变化对识别的影响方面收到了较好的效果，同时对于个人也不再需要多个样本进行训练。

- 线段 Hausdorff 距离（LHD）的人脸识别方法：心理学研究表明，人类在识别轮廓图（例如漫画）的速度和准确度上丝毫不比识别灰度图差。LHD 基于从人脸灰度图像中提取出来的线段图，它定义的是两个线段集之间的距离。与众不同的是，LHD 并不建立不同线段集之间线段的一一对应关系，因此它更能适应线段图之间的微小变化。实验结果表明，LHD 在不同光照条件下和不同姿态情况下都有非常出色的表现，但是它在大表情的情况下识别效果不好。

- 支持向量机（SVM）的人脸识别方法：支持向量机是统计模式识别领域的一个新的热点，它试图使得学习机在经验风险和泛化能力上达到一种妥协，从而提高学习机的性能。支持向量机主要解决的是一个二分类问题，它的基本思想是试图把一个低维的线性不可分的问题转化成一个高维的线性可分的问题。通常的实验结果表明，SVM 有较好的识别率，但是它需要大量的训练样本（每类 300 个），这在实际应用中往往是不现实的。而且支持向量机训练时间长、方法实现复杂，该函数的取法没有统一的理论。

（4）IC 技术

IC（IC，Integrated Circuit Card）即“集成电路卡”，它在日常生活中已随处可见。IC 卡实际上是一种数据存储系统，如有必要还可附加计算能力。IC 卡的概念是 20 世纪 70 年代初提出来的，以其超小的体积、先进的集成电路芯片技术以及特殊的保密措施和无法被破译及仿造的特点受到普遍欢迎。40 年来，IC 已被广泛应用于金融、交通、通信、医疗、身份证明等众多领域。

一个标准的 IC 应用系统通常包括 IC、IC 接口设备（IC 读写器）和 PC，较大的系统还包括通信网络和主计算机等，其组成如图 5.5 所示。

① IC，由持卡人掌管，它是记录持卡人特征代码、文件资料的便携式信息载体。

② 接口设备，即 IC 读写器，是 IC 与 PC 信息交换的桥梁，而且经常是 IC 的能量来源。其核心为可靠的工业控制单片机，如 Intel 的 51 系列单片机等。

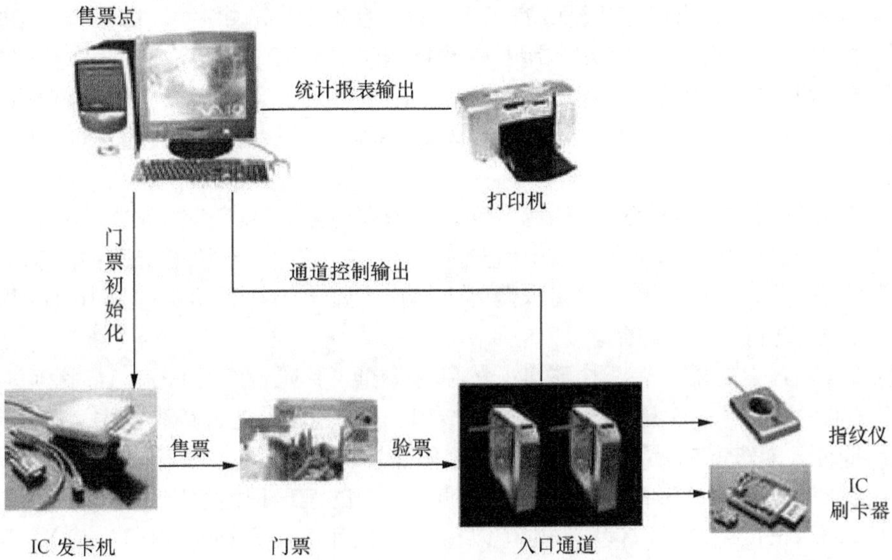

图 5.5　IC 卡应用系统的组成

③ PC，系统的核心，它具有完成信息处理、报表生成、输出和指令发放、系统监控管理以及 IC 的发行与挂失、黑名单的建立等功能。

④ 网络与计算机，通常用于金融服务等较大的系统。

IC 按照与外界数据传送的形式来分，有接触式和非接触式两种。IC 按照卡内集成电路（嵌装的芯片）的不同，可分为存储器卡、逻辑加密卡和 CPU 卡。

① 存储器卡，在卡内嵌入的芯片为存储器芯片，这些芯片多为通用 E2PROM 或 Flash Memory；无安全逻辑，可对片内信息不受限制地任意存取；卡片制造中也很少采取安全保护措施；不完全符合或支持 ISO/IEC 7816 国际标准，而多采用两线串行通信协议（I2C 总线协议）或 3 线串行通信协议。

② 逻辑加密卡，由非易失性存储器和硬件加密逻辑构成，一般是专门为 IC 卡设计的芯片，具有安全控制逻辑，安全性能较好功能；同时，采用 ROM、PROM、E2PROM 等存储技术；从芯片制造到交货，均采取较好的安全保护措施，如运输密码 TC（Transport Card）的取用；支持 ISO/IEC 7816 国际标准。

③ CPU 卡也称智能卡。CPU 卡的硬件构成包括 CPU、存储器（含 RAM、ROM、E2PROM 等）、卡与读写终端通信的 I/O 接口以及加密运算协处理器 CAU 等部分，ROM 中则存放有片内操作系统（COS，Chip Operation System）。CPU 卡的特点是计算能力高、存储容量大、应用灵活、适应性较强。CPU 卡的安全防伪能力强，不仅可验证卡和持卡人的合法性，而且还可鉴别读写终端，它已成为一卡多用以及对数据安全保密性特别敏感场合的最佳选择，如手机 SIM 卡等。CPU 卡按信息交换界面分为接触式 IC 卡和非接触式 IC 卡两类。接触式 IC 卡的多个金属触点使 IC 卡芯片与外界的信息传输媒介成本低、实施相对简便。非接触式 IC 卡则不用触点，而是借助无线收发传送信息，因此，在接触式 IC 卡难以胜任的诸多场合有较多应用，例

如，交通运输等场合。CPU卡按应用领域的不同可分为金融卡和非金融卡，即银行卡和非银行卡。金融卡又分为信用卡和现金卡，信用卡用于在消费支付时，可按预先设定额度透支资金，现金卡可用作电子钱包和电子存折，但不得透支。非金融卡的涉及范围极其广泛，实质上囊括了金融卡之外的所有领域，例如，门禁卡、组织代码卡、医疗卡、保险卡、IC身份证、电子标签等。

（5）磁卡

磁卡是利用磁性载体记录了一些信息，用来标识身份或其他用途的卡片。磁卡与各种读卡器配合使用。根据使用基材的不同，磁卡可分为PET卡、PVC卡和纸卡三种。根据磁层构造的不同，磁卡又可分为磁条卡和全涂磁卡两种。通常，磁卡的一面印刷有说明提示性信息，如插卡方向；另一面则有磁层或磁条。

一般而言，磁卡上的磁带有三个磁道，分别为磁道1，磁道2及磁道3。此外，也有一些应用系统的磁卡只使用了两个磁道，甚至只有一个磁道。在设计的应用系统中，根据具体情况，可以使用全部的三个磁道或是二个或一个磁道。磁卡数据可读写，即具有现场改变数据的能力；磁道1与磁道2是只读磁道，在使用时磁道上记录的信息只能读出而不允许写或修改。磁道3为读写磁道，在使用时可以读出，也可以写入。磁道1可记录数字（0～9）、字母（A～Z）和其他一些符号（如括号、分隔符等），最大可记录79个数字或字母。磁道2和3所记录的字符只能是数字（0～9）。磁道2最大可记录40个字符，磁道3最大可记录107个字符。

磁卡在数据的存储容量方面一般能满足需要；使用方便、成本低廉。这些优点使得磁卡的应用领域十分广泛，例如，人们常用的信用卡、银行ATM卡、会员卡、现金卡（如电话磁卡）、机票、公共汽车票、自动售货卡等。

（6）条形码

条形码是将宽度不等的多个黑条和空白，按照一定的编码规则排列，用以表达一组信息的图形标志符。“条”指对光线反射率较低的部分，“空”指对光线反射率较高的部分，这些“条”和“空”组成的数据表达一定的信息，并能够用特定的设备识读，转换成与计算机相兼容的二进制和十进制信息。条形码可以标出物品的生产国、制造厂家、商品名称、生产日期以及图书分类号、邮件起止地点、类别、日期等信息。条码种类很多，目前市场上常见的是一维条形码，信息量约几十位数据和字符；二维条形码相对复杂，但信息量可达几千字符。

条形码的码制指条形码符号的类型，每种类型的条形码由符合特定编码规则的条和空符号组成。条码的码制主要有EAN码、39码、交叉25码、UPC码、128码、93码、库德巴码。常见的大概有UPC-A码、UPC-E码、EAN-13码（EAN-13国际商品条码）、EAN-8码（EAN-8国际商品条码）、ITF25码（交叉25码）、Code128码和PDF417等二十多种码制。

① 一维条形码

一维条形码由一组规则排列的条、空以及对应的字符组成。普通的一维条码在使用过程中仅作为识别信息，它的意义是通过在计算机系统的数据库中提取相应的信息而实现。一个完整的条码的组成次序依次为：静区（前）、起始符、数据符、（中间分割符，主要用于EAN码）、（校验符）、终止符、静区（后），如图5.6所示。

图 5.6　一维条形码

构成条码的基本单位是模块，模块是指条码中最窄的条或空，模块的宽度通常以 mm 为单位。构成条码的一个条或空称为一个单元，一个单元包含的模块数是由编码方式决定的，有些码制中，如 EAN 码，所有单元由一个或多个模块组成；而另一些码制，如 39 码中，所有单元只有两种宽度，即宽单元和窄单元，其中的窄单元即一个模块。典型一维条形码制比较见表 5.2。

表 5.2　典型的一维条形码制比较

	UPC 码	EAN 码	交叉 25 码	39 码	库德巴码	128 码	93 码	49 码
长度	固定	固定	可变	可变	可变	可变	可变	可变
连续型	连续	连续	离散	离散	连续	连续	连续	连续
支持符号	数字式	数字式	自校验 数字式	字母 数字式	自校验 数字式	自校验 数字式	字母 数字式	字母 数字式
字符集	0 ～ 9	0 ～ 9	0 ～ 9、 A-Z 。- / + % $ space	0 ～ 9 。/ + % — $	0 ～ 9 : - / 。+ $	ASCII 码	0 ～ 9、 A ～ Z o - / + % $ Space	0 ～ 9、 A ～ Z 。- / + % $ space F1、F2、F3 三个变换字符
元素宽度	4 种	4 种	4 种	多种可变	多种可变	4 种	多种可变	多种可变
应用领域	零售业 包装业	零售业 包装业	存储 产品识别 包装识别 汽车工业	汽车业 工业界	仓库 血库 航空 快递 包裹	工业 库存管理 运输配送		

一维条形码的译码原理是激光扫描仪通过一个激光二极管发出一束光线，照射到一个旋转的棱镜或来回摆动的镜子上，反射后的光线穿过阅读窗照射到条码表面，光线经过条或空的反射后返回阅读器，由一个镜子进行采集、聚焦，通过光电转换器转换成电信号，该信号将通过扫描器或终端上的译码软件进行译码。

② 二维条形码

利用某种特定的几何图形按一定规律在平面（二维方向上）分布的黑白相间的图形记录数据符号信息。在代码编制上巧妙地利用构成计算机内部逻辑基础的“0”“1”比特流的概念，使用若干个与二进制相对应的几何形体来表示文字数值信息，通过图像输入设备或光电扫描设备自动识读以实现信息自动处理。二维条形码的特点包括：每种码制有其特定的字符集、每个字符占有一定的宽度、具有一定的校验功能等、具有对不同行的信息自动识别功能及处理图形旋转变化等特点。

根据码制的编码原理，通常可分为以下三种类型。

① 线性堆叠式二维码是在一维条形码编码原理的基础上，将多个一维码纵向堆叠而产生的。典型的码制有 Code 16K、Code 49、PDF417 等。

② 矩阵式二维条形码是在一个矩形空间内通过黑、白像素在矩阵中的不同分布进行编码。典型的码制有 Aztec、Maxi Code、QR Code、Data Matrix 等。

③ 邮政码是通过不同长度的条进行编码，主要用于邮件编码，如 Postnet、BPO4-State。

目前，世界上应用最多的二维条码符号有 Aztec Code、PDF147、DataMatrix、QR Code、Code16K 等，典型的二维条形码如图 5.7 所示。

Aztec Code　　PDF147　　Data Matrix　　QR Code　　Code16K

图 5.7　典型的二维条形码

① Aztec Code 于 1995 年由 Hand Held Products 公司的 Dr.Andrew Longacre 设计，它可以对 ASCII 和扩展 ASCII 码进行编码。容量可从 13 个数字（12 个字母）至 3832 个数字（3067 个字母）。矩阵的大小可以从 15x15 至 151x151 变化。当使用最高容量和 25% 的纠错级别时，Aztec 可以对 3000 个字符或者 3750 个数字进行编码。

② PDF417 二维条码是一种行排式二维条码，组成条码的每一个条码字符由 4 个条和 4 个空共 17 个模块构成，故称为 PDF417 条码。PDF417 条码是 Symbol 科技公司于 1990 年研制产品。它是一个多行、连续性、可变长、包含大量数据的符号标识。每个条码有 3 ~ 90 行，它的字符集包括所有 128 个字符，最大数据含量是 1850 个字符。

③ QR 码（QR，Quick Response）即快速反应码，1994 年由日本 Denso-Wave 公司发明。QR 码为目前日本最流行的二维空间条码。QR 码比普通条码可存储更多资料，也无须像普通条码般在扫描时需直线对准扫描器。QR 码符号共有 40 种规格，分别为版本 1、版本 2……版本 40。版本 1 的规格为 21 模块 ×21 模块，版本 2 为 25 模块 ×25 模块，以此类推，每一版本符号比前一版本每边增加 4 个模块，直到版本 40，规格为 177 模块 ×177 模块。其中最高版本 40 可容纳多达 1850 个大写字母或 2710 个数字或 1108 个字节，或 500 多个汉字，比普通条码信息容量约高几十倍。由于其高密度编码，信息容量大，因此 QR 码被广泛采用。

④ Datamatrix 码原名 Datacode，由美国国际资料公司（ID Matrix，International Data Matrix）于 1989 年发明。Datamatrix 码最大特点是密度高，它可在仅仅 25mm 的面积上编码 30 个数字，采用复杂的纠错码技术，使得该编码具有超强的抗污染能力。Datamatrix 因提供极小又高密度的标签，且仍可存放合理的资料内容，故特别适用于小零件标识、商品防伪、电路标识等应用中。相对 QR 码而言，Datamatrix 码由于信息容量差异不多，应用简单，被业内称为“简易码”，对终端要求不高，30 万像素的手机就可识别。二维码给手机上网带来了新的入口，通过扫描各类条码，用户很快就能进入 WAP 网站，进行快速浏览。

⑤ Code 16K 码是一种多层、连续型可变长度的条码符号，可以表示全部 ASCII 字符集的 128 个字符及扩展 ASCII 字符。1988 年 Laserlight 系统公司的 Ted Williams 推出第二种二维条码 Code 16K 码。它采用 UPC 及 Code128 字符。一个 16 层的 Code 16K 符号，可以表示 77 个 ASCII 字符或 154 个数字字符。Code 16K 通过唯一的起始符 / 终止符标识层号，通过字符自校验及两个模 107 的校验字符进行错误校验。

条码的识读和数据的采集主要是由条码扫描器完成的。光电转换器是扫描器的主要部分，它的作用是将光信号转换成电信号。图 5.8 是条形码阅读扫描枪实物。

图 5.8　扫描枪

为了阅读出条形码所代表的信息，需要一套条形码识别系统，该系统由条形码扫描器、放大整形电路、译码接口电路和计算机系统等组成，条形码识别系统示意图如图 5.9 所示。

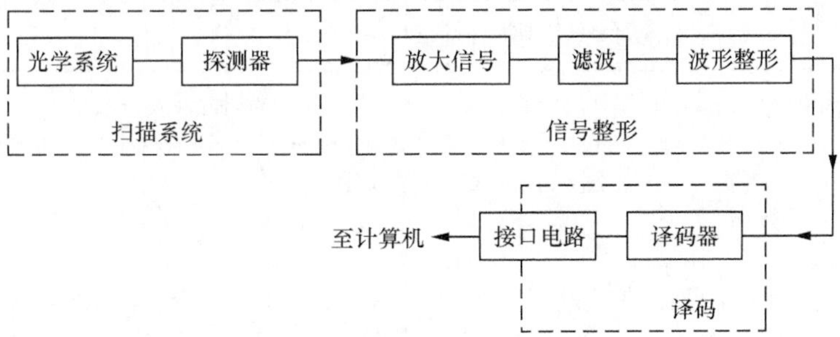

图 5.9　条形码识别系统示意图

（7）RFID 技术

射频识别（RFID，Radio Frequency Identification）是一种非接触式的自动识别技术，主要用来为各种物品建立唯一的身份标识，是物联网的重要支持技术。RFID 解决方案可按照行业进行分类，如物流、防伪防盗、身份识别、资产管理、动物管理、快捷支付等。

RFID 技术的优点如下。

① 体积小且形状多样：RFID 标签在读取上并不受尺寸大小与形状限制，不需要为了读取精度而配合纸张的固定尺寸和印刷品质。

② 耐环境性：纸张容易被污染而影响识别，但 RFID 对水、油等物质却有极强的抗污性。另外，即使在黑暗的环境中，RFID 标签也能够被读取。

③ 可重复使用：标签具有读写功能，电子数据可被反复覆盖，因此可以被回收而重复使用。

④ 穿透性强：标签在被纸张、木材和塑料等非金属或非透明的材质包裹的情况下也可以进行穿透性通信。

⑤ 数据安全性：标签内的数据通过循环冗余校验的方法来保证标签发送的数据准确性。

但其也有一些不可避免的缺点，例如：不同 RFID 系统性能差异较大；对发射电磁波或者吸收电磁波的识别对象，系统失效；对环境电磁噪声较为敏感；同时识别对象的多少会影响识读效果。

典型的 RFID 系统主要由电子标签、阅读器、中间件和应用系统软件组成。一般把中间件和应用软件统称为应用系统。RFID 系统组成结构如图 5.10 所示。

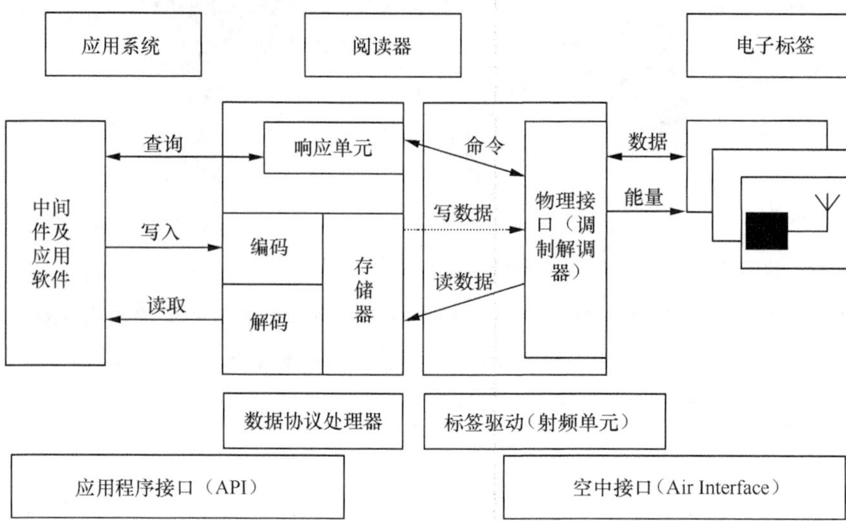

图 5.10 RFID 系统组成结构

（1）电子标签

电子标签（Electronic Tag）也称智能标签（Smart Tag），电子标签中包含 RFID 芯片和天线。每个电子标签都具有唯一的电子编码，附着在物体上用来标识目标对象。电子标签是 RFID 系统中真正的数据载体。电子标签模块组成如图 5.11 所示。

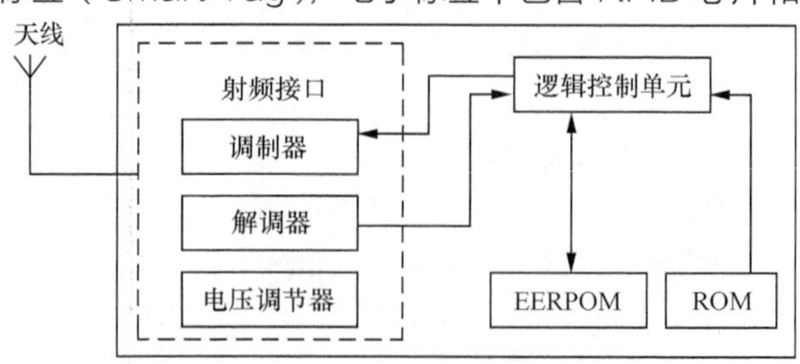

图 5.11 电子标签的模块组成

电子标签内部各模块的功能如下。

① 天线用来接收由阅读器传送来的信号，并把要求的数据传送回阅读器。

② 电压调节器把由阅读器传送来的射频信号转换为直流电源，并经大电容存储能量，再通过稳压电路以提供稳定的电源。

③ 调制器的作用是把逻辑控制电路送出的数据经调制电路调制后加载到天线返给阅读器。

④ 解调器的作用是去除载波，取出调制信号。

⑤ 逻辑控制单元把译码阅读器传送来的信号，依据要求返回数据给阅读器。

⑥ 存储单元包括 E2PROM 和 ROM，作为系统运行及存放识别数据。

电子标签根据商家种类的不同能存储从 512Byte 到 4M 不等的数据。电子标签中存储的数据是由系统的应用和相应的标准决定的。例如，标签能够提供产品生产、运输、存储情况，也可以辨别机器、动物和个体的身份等。电子标签还可以连接到数据库，存储产品库存编号、当前位置、状态、售价和批号等信息。

（2）阅读器

阅读器（Reader）又称读写器。阅读器主要负责与电子标签的双向通信，同时接收来自主机系统的控制指令。阅读器的频率决定了 RFID 系统工作的频段，其功率决定了射频识别的有效距离。阅读器根据使用的结构和技术的不同可以是读或读 / 写装置，它是 RFID 系统信息控制和处理中心。阅读器模块如图 5.12 所示。

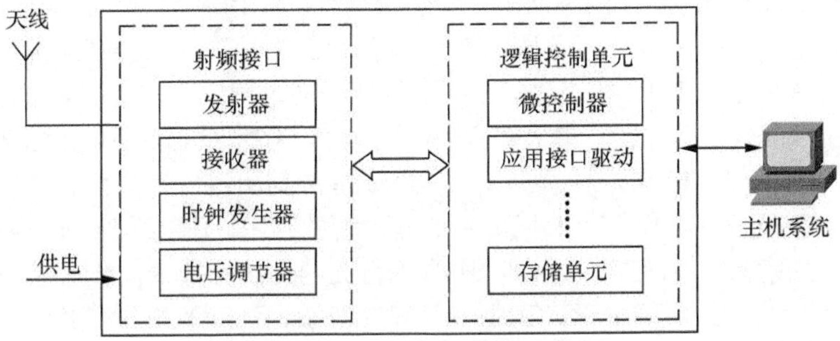

图 5.12　阅读器的模块组成

① 射频接口：主要任务和功能包括产生高频发射能量，激活电子标签并为其提供能量；对发射信号进行调制，将数据传输给电子标签；接收并调制来自电子标签的射频信号。注意，在射频接口中有两个分隔开的信号通道，分别来往于电子标签和阅读器两个方向的数据传输。

② 逻辑控制单元：也称读写模块，主要任务和功能包括：与应用系统软件进行通信，并执行从应用系统软件发送来的指令；控制阅读器与电子标签的通信过程；信号的编码与解码；对阅读器和标签之间传输的数据进行加密和解密；执行防碰撞算法；对阅读器和标签的身份进行验证。

③ 天线：一种能将接收到的电磁波转换为电流信号，或者将电流信号转换成电磁波发射出去的装置。在 RFID 系统中，阅读器必须通过天线来发射能量形成电磁场，通过电磁场对电子标签进行识别。因此，阅读器天线所形成的电磁场范围即阅读器的可读区域。

（3）中间件（驱动）及应用软件

中间件（驱动）及应用软件是独立的系统软件或服务程序。借助这种软件在不同的技术之间共享资源。中间件位于客户机、服务器的操作系统之上，管理计算机资源和网络通信，实现 RFID 设备与应用系统之间的数据通信和设备管理。

RFID 系统的基本工作原理是由阅读器通过发射天线发送特定频率的射频信号，当电子标签进入有效工作区域时产生感应电流，进而能量被激活，使得电子标签将自身编码信息通过内置射频天线发送出去；阅读器的接收天线接收到从标签发送来的调制信号，经天线调节器发送到阅读器信号处理模块，经解调和解码后将有效信息送至后台主机系统进行相关处理；主机系统根据逻辑运算识别该标签的身份，针对不同的设定做出相应的处理和控制，最终发出指令信号控制阅读器完成不同的读写操作。

RFID 频率是 RFID 系统的一个很重要的参数指标，它决定了工作原理、通信距离、设备成本、天线形状和应用领域等因素。RFID 典型的工作频率有 125kHz、133kHz、13.56MHz、27.12MHz、433MHz、860 ~ 960MHz、2.45GHz、5.8GHz 等。按照工作频率的不同，RFID 系统集中在低频、高频和超高频三个区域。

在物联网技术领域，目前存在着不同的标识体系和标准。随着国际上对物联网的研究增多，物联网的标识体系和标准逐渐明朗起来，现在 RFID 技术存在三个标准体系：ISO 标准体系、EPC Global 标准体系和 Ubiquitous ID 标准体系。

ISO/IEC 的 RFID 标准体系。ISO/IEC 的 RFID 标准体系由国际标准化组织 ISO（ISO，International Standards Organization）/ 国际电工委员会 IEC（IEC，International Electrotechnical Commission）负责制订。RFID 标准化的主要目的在于通过制订、发布和实施标准，解决编码、通信、空中接口和数据共享等问题，最大程度地促进 RFID 技术及相关系统的应用。

EPC Global 的 RFID 标准体系。EPC Global 是由美国统一代码协会（UCC）和国际物品编码协会（EAN）于 2003 年 9 月共同成立的非营利性组织。EPC Global 以推广 RFID 电子标签的网络化应用为宗旨，继承了 Auto-ID 中心的行业内企业的技术标准制订工作，统一研究标准并推动商业应用，此外还负责 EPC Global 号码注册管理。EPC 概念的提出源于射频识别技术的发展和计算机网络技术的发展。EPC 的标准是由 EPC Global 建立和推动的，主要面向物流供应链领域。EPC 系统最终目标是为每一个商品建立全球的、开放的标识标准。EPC Global 提出的“物联网”体系架构主要由 EPC 编码体系统、射频识别系统和信息网络系统组成，包括 EPC 编码、EPC 标签、读写器、EPC 中间件、对象名称解析服务和 EPC 信息服务 6 个方面。

UID 的 RFID 标准体系。Ubiquitous ID Center 由日本经济产业省牵头，主要由日本厂商组成，目前有日本电子厂商、信息企业和印刷公司等 300 多家公司参与。该识别中心实际上就是日本有关电子标签的标准化组织。日本泛在中心制订 RFID 相关标准的思路类似于 EPC Global，目标也是构建一个完整的标准体系，即从编码体系、空中接口协议到泛在网络体系结构，但是每一个部分的具体内容存在差异。为了制订具有自主知识产权的 RFID 标准，在编码方面制订的 Ucode 编码体系，能够兼容日本已有的编码体系，同时也能兼容国际让其他的编码体系。在空中接口方面我们积极参与 ISO 的标准制订工作，也尽量考虑与 ISO 相关标准兼容。在信息共享方面主要依赖日本的泛在网络，它可以独立于因特网实现信息的共享。

5.2.3 传感器技术

1. 传感器定义及功能

广义地来说，传感器是一种能把物理量或化学量转变成便于利用的电信号的器件。国际电工委员会（IEC）的定义为“传感器是测量系统中的一种前置部件，它将输入变量转换成可供测量的信号”，而“传感器系统则是组合有某种信息处理（模拟或数字）能力的传感器”。传感器是传感器系统的一个组成部分，它是被测量信号输入的第一道关口，是实现自动检测和自动控制的首要环节。

在信息时代，人们的社会活动将主要依靠对信息资源的开发及获取、传输与处理。传感器是获取自然领域中信息的主要途径与手段。传感器处于研究对象与测控系统的接口位置，一切科学研究和生产过程所要获取的信息都要通过它转换为容易传输和处理的电信号。

传感器利用各种机制把被观测量转换为一定形式的电信号，然后由相应的信号处理装置来处理，并产生响应的动作。传感器主要由敏感元件、转换元件和信号调节与转换电路三个部分组成如，如图 5.13 所示。

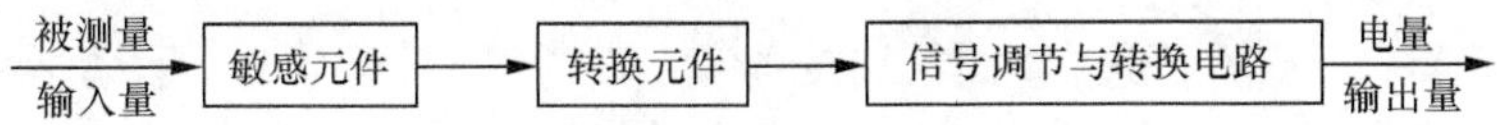

图 5.13 传感器的组成

传感器接口技术是非常实用和重要的技术。各种物理量用传感器将其变成电信号，经由诸如放大、滤波、干扰抑制、多路转换等信号检测和预处理电路，将模拟量的电压或电流传送给 A/D 转换变成数字量，供计算机或者微处理器处理。传感器接口电路结构如图 5.14 所示。

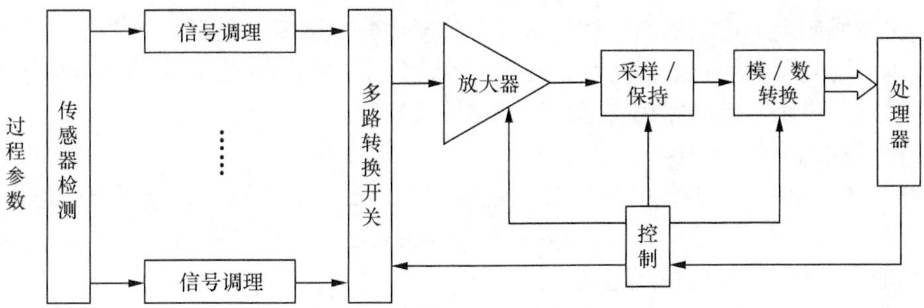

图 5.14 传感器接口电路结构

传感器的基本特性指传感器的输入与输出关系特性。输入信号分为稳态与动态两种，因此，与它所对应的传感器特性也分为静态特性和动态特性。

① 静态特性

静态特性指检测系统的输入为不随时间变化的恒定信号时，系统的输出与输入之间的关系，主要包括线性度、灵敏度、迟滞、重复性、漂移、测量范围、量程、精度、分辨率和阈值以及稳定性等。

② 动态特性

传感器的输入信号如果是随时间变化的动态信号，那么，这时就要求传感器能时刻精确地跟踪输入信号，按照输入信号的变化规律输出信号。在使用过程中，通常要求传感器不仅能精确地显示被测量的大小，而且能复现被测量随时间变化的规律，这也是传感器的重要特性之一。

为便于分析传感器的动态特性，必须建立动态数学模型。建立动态数学模型的方法有很多，如微分方程、传递函数、频率响应函数、差分方程、状态方程、脉冲响应函数等。建立微分方程是对传感器动态特性进行数学描述的基本方法。在忽略了一些影响不大的非线性和随机变化的复杂因素后，我们可将传感器作为线性定常系统来考虑，因而其动态数学模型可用线性常系数微分方程来表示。能用一、二阶线性微分方程来描述的传感器分别称为一、二阶传感器，虽然传感器的种类和形式很多，但它们一般可以简化为一阶或二阶环节的传感器（高阶可以分解成若干个低阶环节），因此，一阶和二阶传感器是最基本的。

2. 传感器分类

（1）按被测量分类

按照被测量分类，传感器可分为力学量、光学量、磁学量、几何学量、运动学量、流速与流量、液面、热学量、化学量、生物量传感器等。这种分类有利于选择传感器和应用传感器。

在热学量方面应用的传感器有温度、热量、比热、压力、压差、真空度、流量、流速、风速等传感器。

在机械量方面应用的传感器有位移、尺寸、形状、力、应力、力矩、振动、加速度、噪声、角度、表面粗糙度等传感器。

在物理量方面应用的传感器有黏度、温度、密度等传感器。

在化学量方面应用的传感器有气体（液体）化学成分、浓度、盐度等传感器。

在生物量方面应用的传感器有心音、血压、体温、气流量、心电流、眼压、脑电波等传感器。

在光学量方面应用的传感器有光强、光通量等传感器。

（2）按敏感材料的不同分类

按敏感材料不同分为半导体传感器、陶瓷传感器、石英传感器、光导纤维传感器、金属传感器、有机材料传感器、高分子材料传感器等。这种分类法可分出很多种。

（3）按传感器输出信号的性质分类

按传感器输出信号的性质分类，传感器可分为输出为开关量（“1”和“0”或“开”和“关”）的开关型传感器、输出为电压与电流信号的模拟型传感器、输出为脉冲或代码的数字型传感器等。

数字传感器便于与计算机联用，且抗干扰性较强，例如，脉冲盘式角度数字传感器、光栅传感器等。传感器数字化是今后的发展趋势。

3. 常用传感器

（1）热电式传感器

热电式传感器是一种将温度的变化转换为电量变化的装置。它利用敏感元件的电参数随温度变化的特性，对温度和与温度有关的参量进行测量，是众多传感器中应用最广泛、发展最快的传感器之一。根据热电式传感器基于热电效应、热阻效应、热辐射、导磁率随温度变化的特性等主要物理原理，按照工作原理将热电式传感器划分为热电偶、热敏电阻、PN 结型测温传感器、辐射高温计等几种类型。常见的温度传感器包括热敏电阻、半导体温度传感器以及温差电偶。

热敏电阻。热敏电阻是利用某种半导体材料的电阻率随温度变化而变化的性质制成的。热敏电阻可以用于设备的过热保护，以及温控报警等。在温度传感器中应用最多的有热电偶、热电阻（如铂、铜电阻温度计等）和热敏电阻。热敏电阻发展最为迅速，由于其性能得到不断改进，稳定性已大为提高，在许多场合下（-40℃ ~ +350℃）热敏电阻已逐渐取代传统的温度传感器。

半导体温度传感器。半导体温度传感器是利用半导体器件的温度敏感性来测量温度的，具有成本低廉、线性度好等优点。半导体 PN 结温度传感器是利用晶体二极管或三极管 PN 结的结电压随温度变化的原理工作的，具有较好的线性度、尺寸小、响应快、灵敏度高，测温范围为 -50℃ ~ +150℃。

（2）压电传感器

压电效应就是某些电介质在沿一定方向上受到外力的作用而变形时，其内部会产生极化现象，同时在它的两个相对表面上出现正负相反的电荷。当外力去掉后，它又会恢复到不带电的状态，这种现象称为正压电效应。当作用力的方向改变时，电荷的极性也随之改变。相反，当在电介质的极化方向上施加电场，这些电介质也会发生变形，电场去掉后，电介质的变形随之消失，这种现象称为逆压电效应。依据电介质压电效应研制的一类传感器称为压电传感器。

压电效应是压电传感器的主要工作原理，压电传感器不能用于静态测量，因为经过外力作用后的电荷，只有在回路具有无限大的输入阻抗时才得到保存。压电传感器主要应用在加速度、压力和力等的测量中。

（3）湿度传感器

湿敏元件是最简单的湿度传感器。湿敏元件主要有电阻式、电容式两大类。湿敏电阻的特点是在基片上覆盖一层用感湿材料制成的膜，当空气中的水蒸气吸附在感湿膜上时，元件的电阻率和电阻值都发生变化，利用这一特性即可测量湿度。

湿敏电容一般是用高分子薄膜电容制成的，常用的高分子材料有聚苯乙烯、聚酰亚胺、酪酸醋酸纤维等。当环境湿度发生改变时，湿敏电容的介电常数发生变化，使其电容量也发生变化，电容变化量与相对湿度成正比。下面对几种湿度传感器进行简单介绍。

电阻式氯化锂湿度计。第一个基于电阻—湿度特性原理的氯化锂电湿敏元件是美国标准局的 FW.Dunmore 研制出来的。这种元件具有较高的精度，且具有结构简单、价廉，适用于常温常湿的测控等一系列优点。氯化锂元件的测量范围与湿敏层的氯化锂浓度以及其他成分有关。

露点式氯化锂湿度计。它是由美国的 Forboro 公司首先研制出来的，其后我国和许多国家都做了大量的研究工作。这种湿度计和上述电阻式氯化锂湿度计形式相似，但工作原理完全不同。它是利用氯化锂饱和水溶液的饱和水汽压随温度变化而工作的。

碳湿敏元件。碳湿敏元件是美国的 E.K.Carver 和 C.W.Breasefield 于 1942 年首先提出来的，碳湿敏元件具有响应速度快、重复性好、无冲蚀效应和滞后环窄等优点。

氧化铝湿度计。氧化铝传感器的突出优点是体积可以非常小（例如，用于探空仪的湿敏元件厚度仅 90μm、重 12mg）、灵敏度高（测量下限达 -110℃露点）、响应速度快（一般在 0.3 ~ 3s），测量信号直接以电参量的形式输出，大大简化了数据处理程序等。另外，它还适用于测量液体中的水分。

陶瓷湿度传感器。陶瓷元件不仅具有湿敏特性，还可以作为感温元件和气敏元件。这些特性使它极有可能成为一种有发展前途的多功能传感器。“湿瓷Ⅱ型”可测控温度和湿度主要用于空调，“湿瓷Ⅲ型”可用来测量湿度和诸如酒精等多种有机蒸气，主要用于食品加工方面。

（4）光电式传感器

光电式传感器是利用光电器件把光信号转换成电信号的装置。光电式传感器工作时，先将被测量的变化转换为光量的变化，然后通过光电器件再把光量的变化转换为相应的电量变化，从而实现非电量的测量。光电式传感器的核心（敏感元件）是光电器件。光电式传感器可以分为光敏电阻以及光电传感器两个大类。

光敏电阻。光敏电阻主要利用各种材料的电阻率的光敏感性来进行光探测。光敏电阻是一种利用光敏感材料的内光电效应制成的光电元件，它具有精度高、体积小、性能稳定、价格低等特点，被广泛应用在自动化技术中作为开关式光电信号传感器。光敏电阻对光线十分敏感，它在无光照时，电阻值（暗电阻）很大，电路中电流（暗电流）很小。当光敏电阻受到一定波长范围的光照时，它的阻值（亮电阻）急剧减小，电路中电流迅速增大。

光电传感器。光电传感器主要包括光敏二极管和光敏三极管，这两种器件都利用了半导体器件对光照的敏感性。

（5）霍尔（磁敏）传感器

磁敏传感器是对磁场参量敏感的元器件或装置，具有把磁物理量转换成电信号的功能。磁敏传感器中主要利用的是霍尔效应和磁阻效应。霍尔传感器是利用霍尔效应制成的一种磁性传感器。

霍尔效应指把一个金属或半导体材料薄片置于磁场中，当有电流流过时，由于形成电流的电子在磁场中运动而受到磁场的作用力，会使材料中产生与电流方向垂直的电压差，可以通过测量霍尔传感器所产生的电压的大小来计算磁场的强度。

霍尔传感器结合不同的结构，能够间接测量电流、振动、位移、速度、加速度和转速等，具有广泛的应用价值。

（6）光纤传感器

光纤传感器与传统传感器相比有着一系列独特的优点，它们可以在强电磁干扰、高温高压、原子辐射、易爆化学腐蚀等恶劣条件下使用，具有高灵敏度及低损耗的特点。光纤传感器的工作原理：光源发出的光经光导纤维进入光传感元件，在光传感元件中受到周围环境场的影响而发生变化的光再进入光调制机构，由其将传感元件测量检测的参数调制成幅度、相位、偏振等信息，这一过程也称为光电转换过程，最后利用微处理器如频谱仪等进行信号处理。

光纤传感器具有强抗干扰性，所以它的应用范围很广，尤其适用于恶劣环境，如在石油化工系统、矿井、大型电厂等需要检测氧气、碳氢化合物、一氧化碳等气体场所，以及在环境监测、临床医学检测、食品安全检测等方面。

（7）微机电传感器

微机电系统（MEMS）是由微传感器、微执行器、信号处理和控制电路、通信接口和电源等部件组成的一体化的微型器件系统。MEMS 目标是把信息的获取、处理和执行集成在一起，组成具有多功能的微型系统，集成于大尺寸系统中，从而大幅度提高系统的自动化、智能化和可靠性水平。

MEMS 是在微电子技术基础上发展起来的多学科交叉的前沿研究领域，经过几十年的发展，已成为世界瞩目的重大科技领域之一。它涉及电子、机械、材料、物理学、化学、生物学、医学等多种学科与技术，具有广阔的应用前景。

常用的 MEMS 传感器有微机械压力传感器、微加速度传感器、微机械陀螺仪、微流量传感器、微气体传感器、微机械温度传感器等。人们已研制出包括微型压力传感器、加速度传感器、微喷墨打印头、数字微镜显示器在内的几百种产品，其中微传感器占相当大的比例。

微机电系统的出现体现了当前的器件微型化发展趋势。例如，微机电压力传感器利用传感器中的硅应变电阻在压力作用下发生形变而改变电阻来测量压力，测试时使用传感器内部集成的测量电桥。微机电加速度传感器主要通过半导体工艺在硅片中加工出可以在加速运动中发生形变的结构，并且能够引起电特性的改变，如变化的电阻和电容。微机电气体流速传感器可以用于空调等设备的监测与控制。

（8）智能传感器

智能化传感器（Smart Sensor）是一种具有一定信息处理能力的传感器，内部装有微处理器，微处理器能够对采集的信号进行分析处理和信息存储，然后把处理结果发送给系统中的主机。

智能传感器主要由传感器、信号调理电路、微处理器和输出接口电路组成。智能化传感器可以完成信号采集、处理和输出。

智能传感器与传统传感器相比，具有如下几种特点。

① 智能化传感器具有自诊断和自校准功能，可以用来检测工作环境。

② 智能化传感器不但能够对信息进行处理、分析和调节，能够对所测的数值及其误差进行补偿，而且能够进行逻辑思考和结论判断。

③ 智能化传感器能够完成多传感器多参数混合测量，从而进一步拓宽其探测与应用领域，而微处理器的介入使智能化传感器能够更加方便地对多种信号进行实时处理。

④ 智能化传感器既能够很方便地实时处理所探测到的大量数据，也可以根据需要将它们存储起来。

⑤ 智能化传感器备有一个数字式通信接口，通过此接口可以直接与其所属计算机进行通信联络和交换信息。

（9）手机上的传感器

目前，智能手机应用软件生态系统不断扩展，在与用户互动中，传感器功不可没。传感器让用户对应用软体更加着迷。传感器在手机和平板上的发展会越来越快。从某种角度上讲，智能手机之所以功能强大，其中很多方面要归功于多种多样的传感器。触摸屏幕、摄像头、GPS、电子罗盘、重力感应器、加速传感器、光线传感器、距离传感器、三轴陀螺仪等，这些都是手机内部比较常见的传感器装置。

4. 无线传感网（WSN）

（1）概述

传感器网络使用各种不同的通信技术，其中又以无线传感器网络（WSN，Wireless Sensor

Network）发展最为迅速，受到了普遍的重视。

无线传感器网络是由大量的静止或移动的传感器以自组织和多跳的方式构成的无线网络，其目的是协作地感知、采集、处理和传输网络覆盖地理区域内感知对象的监测信息，并报告给用户。

WSN 是物联网的“最后一公里”。WSN 是神经末稍网，采用专用的短距离无线通信技术组网。基于 WSN 网络的应用示意图如图 4.6 所示。

无线自组网是一个由几十到上百个节点组成的、采用无线通信方式、动态组网的多跳的移动性对等网络，其目的是通过动态路由和移动管理技术传输具有服务质量要求的多媒体信息流。无线传感器网络虽然与无线自组网有相似之处，但同时也存在很大的差别。

无线传感器网络的特征包括如下内容。

① 通常节点具有持续的能量供给，能源受限制。

② 无线传感器网络包括大面积的空间分布。传感器网络是集成了监测、控制以及无线通——信的网络系统，节点数目更为庞大（上千甚至上万），节点分布更为密集。

③ 由于环境影响和能量耗尽，节点更容易出现故障。

④ 环境干扰和节点故障易造成网络拓扑结构的变化。

⑤ 要求网络自动配置，自动识别节点。

（2）无线传感器网络的体系结构

无线传感器网络是一种由大量小型传感器所组成的网络，这些小型传感器一般称作传感器节点（Sensor Node）。传感器网络系统通常包括传感器节点、汇聚节点（Sink Node）和管理节点。在传感器网络中，节点通过各种方式大量部署在被感知对象内部或附近。这些节点通过自组织方式构成无线网络，以协作的方式感知、采集和处理网络覆盖区域中特定的信息，可以实现对任意地点信息在任意时间的采集、处理和分析。

此种网络中一般有一个或几个基站（称作 Sink）用来集中从小型传感器收集的数据，如图 5.15 所示，大量的传感器节点将探测数据，通过汇聚节点经其他网络发送给用户。传感器网络实现了数据采集、处理和传输三种功能的真正统一，而这正对应着现代信息技术的三大基础技术，即传感器技术、计算机技术和通信技术。

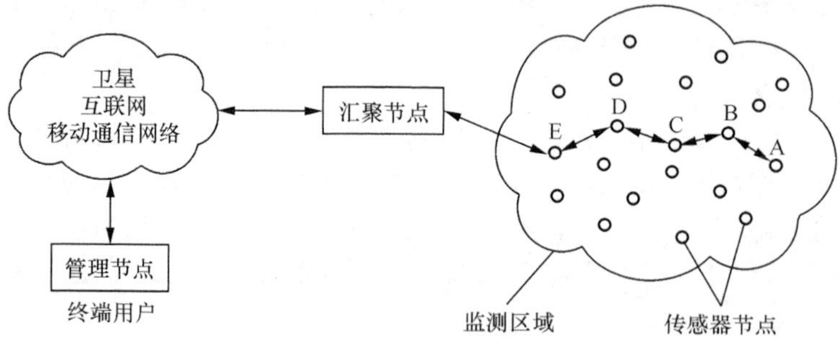

图 5.15 传感器网络

传感器节点监测的数据沿着其他传感器节点逐跳进行传输，在传输过程中监测数据可能被多个节点处理，经过多跳后路由到汇聚节点，最后通过互联网或卫星到达管理节点。用户通过管理节点对传感器网络进行配置和管理，发布监测任务以及收集监测数据。

传感器网络节点一般由数据采集单元、数据处理单元、数据传输单元组成。

① 数据采集单元包括传感器和 A/D 转换设备，负责目标信息的采集。数据处理单元一般由单片机或微处理器、嵌入式操作系统、应用软件等组成，负责将采集到的目标信息进行处理，它将节点的位置信息、采集到的目标信息以及目标信息的空间时间变量综合分析，然后将处理结果送到数据传输单元或存储在本地。这里将使用一些算法实现对目标的识别、跟踪、定位等。

② 数据处理单元一般由单片机或微处理器、嵌入式操作系统、应用软件等组成，负责将采集到的目标信息进行处理。它将节点的位置信息、采集到的目标信息以及目标信息的空间时间变量综合分析，然后将处理结果送到数据传输单元或存储在本地。这里将使用一些算法实现对目标的识别、跟踪、定位等。对于可以移动的节点，它还可以根据分析结果对运动机构（如机器人）进行控制，使之朝着靠近目标的方向前进。

③ 数据传输单元一般是由无线收发模块组成，负责数据的接收和发送。它可以是节点之间的通信，也可以是节点和基站之间的通信。传感节点之间可以相互通信，自己组织成网并通过多跳的方式连接至 Sink（基站），Sink 节点收到数据后，通过网关（Gateway）完成和公用 Internet 网络的连接。整个系统通过任务管理器来管理和控制这个系统。

传感器网络的一个突出特色是采用跨层设计技术，这一点与现有的 IP 网络不同。跨层设计包括能量分配、移动管理和应用优化。

无线传感器网络工作原理包括如下内容。

① 传感器节点的处理器模块完成计算与控制功能，射频模块完成无线通信传输功能，传感器探测模块完成数据采集功能，通常由电池供电，封装成完整的低功耗无线传感器网络。

② 网关节点只需要具有处理器模块和射频模块，通过无线方式接收探测终端发送来的数据信息，再传输给有线网络的 PC 机或服务器。

③ 各种类型的低功耗网络终端节点可以构成星形拓扑结构，或者混合型的 ZigBee 拓扑结构，有的路由节点还可以采用电源供电方式。

无线传感器网络一般采用五层协议标准，它们是应用层、传输层、网络层、数据链路层、物理层，与互联网协议栈的五层协议相对应。另外，协议栈还包括能量管理平台、移动管理平台和任务管理平台。这些管理平台使传感器节点能够按照能源高效的方式协同工作，在节点移动的传感器网络中转发数据，并支持多任务和资源共享。

（3）无线传感器网络的应用

军事防御。在军事方面，军事传感器网络可以探测和获取敌军情报。由于战场情况复杂，如果靠人去收集敌方情报是很危险的，但是如果将传感器网络放置在敌军阵地，那么就可以安全地获得精确的信息，同时也不容易被敌军察觉。

① 环境监测。目前，人类生存的环境状况逐渐恶化，已引起人们广泛的关注。加强对环境的研究，防止进一步恶化，具有重大意义。利用无线传感器网对环境进行监测主要包括以下几个方面：监测平原、森林、海洋等的环境变化；提供遭受化学污染的位置并检测出化学污染的种类，避免工作人员冒险进入受污染区域；灾害判定；监测空气污染、水污染及土壤污染；生态上的监控，例如，生物栖息地与觅食习惯。

② 医疗卫生。将传感器网络节点佩戴在病人身上，可以对病人的血压、心率等各项健康指标进行实时监测；传感器网络节点作为隔离病房的监控设备，可以减少医生护士进入病房的次数。

③ 反恐抗灾。反恐是各国普遍关注的问题。反恐问题主要是要及时地收集信息，加强对周围环境的监测，能够及时有效地应对突发事件，将传感器网络技术应用于反恐问题，可以有效地防止恐怖袭击事件的发生。

④ 在工业制造、交通控制、空间探索、能源、食品安全等领域中也有极其广泛的应用。

5.3 网络层

5.3.1 概述

网络与通信技术是物联网网络层的核心技术，它是在现有通信网络的基础上建立起来的。物联网中连接终端感知网络与服务器的桥梁便是各类承载网络。物联网的承载网络包括互联网、无线广域网、无线城域网、无线局域网、无线个域网等。

物联网在传输网络层存在各种网络形式，通常使用的网络形式有如下几种，它们主要承担着数据传输的功能。

1. 互联网

互联网 / 电信网是物联网的核心网络、平台和技术支撑。互联网是一个很庞大的系统，它包括物理层、数据链路层、传输层、网络层和应用层，其核心技术是数据交换。网络接入方式分为有线接入和无线接入，数据交换分为电路交换、报文交换和分组交换。

互联网的 TCP/IP 协议是网络层中的核心内容。互联网中用 IP 地址对节点进行标识，而目前的 IPv4 受制于资源空间耗竭，已经无法提供更多的 IP 地址，所以 IPv6 以其近乎无限的地址空间将在物联网中发挥重大作用。IPv6 的使用扫清了可接入网络的终端设备在数量上的限制。

2. 无线宽带网

Wi-Fi/WiMax 等无线宽带技术的覆盖范围较广，传输速度较快，为物联网提供高速、可靠、廉价且不受接入设备位置限制的互联手段。

3. 无线低速网

ZigBee、蓝牙和红外等低速网络协议能够适应物联网中处理能力较低的节点的低速率、低通信半径、低计算能力和低能量来源等特征的无线传感网络系统。

4. 移动通信网

移动通信就是移动体之间的通信或移动物体与固定物体之间的通信。移动通信网络最大的特征就是可移动，它采用蜂窝网结构，实现对通信区域的全覆盖，而且可以实现基站无缝切换。

移动通信网由无线接入网、核心网和骨干网三个部分组成。无线接入网主要为移动终端提供接入网络服务，核心网和骨干网主要为各种业务提供交换和传输服务。从通信技术层面看，移动通信网的基本技术可分为传输技术和交换技术两大类。移动通信经历了三代的发展，即模拟语音、数字语音以及数字语音和数据时代。在移动通信网中，当前比较热门的接入技术有 3G 和 4G。

5.3.2 无线个人局域网

无线个人局域网（WPAN，Wireless Personal Area Network），是一种采用无线连接的个人局域网。美国电子与电器工程师协会（IEEE）802.15 工作组是对无线个人局域网做出定义说明的机构。

除了基于蓝牙技术的 802.15 之外，IEEE 还推荐了其他两个类型，即低频率的 802.15.4（TG4，也被称为 ZigBee）和高频率的 802.15.3（TG3，也被称为超波段或 UWB），WPAN 是为了实现活动半径小、业务类型丰富、面向特定群体、无线无缝连接而提出的新兴无线通信网络技术。如 TG4（ZigBee）针对低电压和低成本家庭控制方案提供 20kbit/s 或 250kbit/s 的数据传输速率，而 TG3（UWB）则支持用于多媒体的介于 20Mbit/s 和 1Gbit/s 之间的数据传输速率。

支持无线个人局域网的技术包括蓝牙、ZigBee、UWB、IrDA、HomeRF 等，其中，蓝牙技术在无线个人局域网中的使用最广泛。WPAN 能够有效地解决“最后的几米电缆”的问题，进而将无线联网进行到底。

WPAN 是一种与无线广域网（WWAN）、无线城域网（WMAN）、无线局域网（WLAN）并列但覆盖范围相对较小的无线网络。在网络构成上，WPAN 位于整个网络链的末端，用于实现同一地点终端与终端间的连接，如连接手机和蓝牙耳机等。WPAN 所覆盖的范围一般在半径 10m 以内，必须运行于许可的无线频段。WPAN 设备具有价格便宜、体积小、易操作和功耗低等优点。

1. 蓝牙技术

“蓝牙”（Bluetooth）是一种开放的技术规范，它是一种多装置之间通信的标准，可在世界上的任何地方实现短距离的无线语音和数据通信。

1994 年，爱立信移动通信公司开始研究在移动电话及其附件之间实现低功耗、低成本无线接口的可行性。随着项目的进展，爱立信公司意识到短距无线通信（Short- Distance Wireless Communication）的应用前景无限广阔，并将这项新的无线通信技术命名为“蓝牙”。它的名字取自 10 世纪丹麦国王 Harald Bluetooth 的名字。

蓝牙是一种短距无线通信的技术规范，它最初的目标是取代现有的掌上电脑、移动电话等各种数字设备上的有线电缆连接。在制订蓝牙规范之初，爱立信就建立了全球统一的目标，向全球公开发布，工作频段为全球统一开放的 2.4GHz 工业、科学和医学频段。蓝牙提供了一种在 2.4G 的 ISM（ISM，Industrial Scientific Medical）频段，用于一个或多个装置之间在 10m 范围内的无线通信方式。

ISM 频段（2.4 ~ 2.4835GHz）主要是对工业、科学和医学三个主要机构开放使用，该频段是依据美国联邦通信委员会（FCC，Federal Communications Committee）定义出来的，属于 Free License，并没有使用授权的限制，无须许可证，只需要遵守一定的发射功率（一般低于 1W），并且不对其他频段造成干扰即可。

蓝牙技术的特点可归纳为如下几点。

① 全球范围适用，蓝牙工作在 2.4GHz 的 ISM 频段，使用该频段无须向各国的无线电资源管理部门申请许可证。

② 同时可传输语音和数据，蓝牙采用电路交换和分组交换技术，支持异步数据信道、三路语音信道以及异步数据与同步语音同时传输的信道。每个语音信道数据速率为 64kbit/s，语音信号编码采用脉冲编码调制（PCM）或连续可变斜率增量调制（CVSD）方法。当采用非对称信道传输数据时，速率最高为 721kbit/s，反向速率为 57.6kbit/s；当采用对称信道传输数据时，速率最高为 342.6kbit/s。蓝牙有两种链路类型：异步无连接（ACL）链路和同步面向连接（SCO）链路。

③ 可以建立临时性的对等连接，根据蓝牙设备在网络中的角色，可分为主设备（Master）与从设备（Slave）。主设备是组网连接主动发起连接请求的蓝牙设备，几个蓝牙设备连接成一个微微网（Piconet）时，其中只有一个主设备，其余的均为从设备。微微网是蓝牙最基本的一种网络形式，一个微微网由 2 ~ 8 个蓝牙单元组成，即可以组成以一个为主、其他 2 ~ 7 个为副的电器组成的微微网。这些电器可以是 PC 机、打印机、传真机、数码相机、移动电话、笔记本电脑等。多个微微网之间还可以互联形成散射网（Scatternet），从而方便快捷地实现各类设备之间随时随地通信。最简单的微微网是一个主设备和一个从设备组成的点对点的通信连接。

④ 具有很好的抗干扰能力。工作在 ISM 频段的无线电设备有很多种，如家用微波炉、无线局域网、Home RF 等产品，为了能很好地抵抗来自这些设备的干扰，蓝牙采用了跳频（Frequency Hopping）方式来扩展频谱（Spread Spectrum），将 2.402 ~ 2.48GHz 频段分成 79 个频点，相邻频点间隔 1MHz。蓝牙设备在某个频点发送数据之后，再跳到另一个频点发送，而频点的排列顺序则是伪随机的，每秒钟频率改变 1600 次，每个频率持续 625μS。

⑤ 蓝牙模块体积很小、便于集成。由于个人移动设备的体积较小，因此，嵌入其内部的蓝牙模块体积就应该更小，如爱立信公司的蓝牙模块 ROK101008 的外形尺寸仅为 32.8mm × 16.8mm × 2.95mm。其程序写在一个 9mm × 9mm 的微芯片中。

⑥ 低功耗。蓝牙设备在通信连接状态下有 4 种工作模式：激活（Active）模式、呼吸（Sniff）模式、保持（Hold）模式和休眠（Park）模式。Active 模式是正常的工作状态，另外三种模式是为了节能所规定的低功耗模式。依据发射输出电平功率不同，蓝牙传输有三种距离等级，即 Class1 为 100m 左右；Class2 约为 10m；Class3 约为 2 ~ 3m。一般情况下，其正常的工作范围是半径为 10m 之内。在此范围内，可进行多台设备间的互联。

⑦ 开放的接口标准。蓝牙技术联盟为了推广蓝牙技术的使用，将蓝牙的技术标准全部公开，全世界范围内的任何单位和个人都可以进行蓝牙产品的开发，只要最终能通过联盟的蓝牙产品兼容性测试，就可以推向市场。

⑧ 成本低。随着市场需求的扩大，各个供应商纷纷推出自己的蓝牙芯片和模块，导致蓝牙产品价格飞速下降。

2. ZigBee 技术

在蓝牙技术的使用过程中，人们发现蓝牙技术尽管有许多优点，但仍存在许多缺陷。对工业，家庭自动化控制和遥测遥控领域而言，蓝牙技术显得太复杂、功耗大、距离近、组网规模太小等，而工业自动化对无线通信的需求越来越强烈。正因如此，国外对 ZigBee 技术的研究起步较早，研究也较成熟。

ZigBee 技术是一种近距离、低复杂度、低功耗、低速率、低成本的双向无线通信技术。由于蜜蜂（Bee）是靠飞翔和“嗡嗡”（Zig）地抖动翅膀的“舞蹈”来与同伴传递花粉所在方位和远近信息的，也就是蜜蜂依靠这样的方式构成了群体中的通信“网络”，因此，ZigBee 的发明者们形象地利用蜜蜂的这种行为来描述这种无线信息传输技术。

为了推进该技术的快速发展，由英国 Invensys 公司、日本三菱电气公司、美国摩托罗拉公司以及荷兰飞利浦半导体公司于 2002 年 8 月成立了 ZigBee 联盟。该联盟制订了基于 IEEE 802.15.4，具有高可靠、高性价比、低功耗的网络应用协议并于 2004 正式问世。ZigBee 的网络协议是 IEEE 802.15.4 协议，它主要适合于应用在自动控制和远程控制领域，可以嵌入在各种设备中，同时支持地理定位功能。

ZigBee 采用直接序列展频（DSSS，Direct Sequence Spread Spectrum）技术调制发射，用于多个无线传感器组成网状网络，是一种短距离、低速率低功耗的无线网络传输技术，新一代的无线传感器网络将采用 802.15.4（ZigBee）协议。ZigBee 是一种高可靠的无线数传网络，类似于 CDMA 和 GSM 网络。ZigBee 数传模块类似于移动网络基站。

ZigBee 是一个由可多到 65000 个无线数传模块组成的一个无线网络平台，在整个网络范围内，每一个网络模块之间可以相互通信，每个网络节点间的距离可以从标准的 75m 无限扩展。与移动通信的 CDMA 网或 GSM 网不同的是，ZigBee 网络主要是为工业现场自动化控制数据传输而建立的，因而，它必须具有简单、使用方便、工作可靠、价格低的特点。每个 ZigBee 网络基站费用不到 1000 元人民币。

ZigBee 技术的目标就是针对工业、家庭自动化、遥测遥控、汽车自动化、农业自动化和医疗护理等方面的应用。例如，在家庭自动化控制方面，可以利用 ZigBee 技术对照明、空调、窗帘等家用设备进行远程控制；在消费性电子设备方面，可以利用 ZigBee 技术对电视、DVD、CD 机等电器设备进行远程遥控；在 PC 外设方面，可以利用 ZigBee 技术对无线键盘、鼠标、游戏操纵杆等进行操作；在工业控制方面，可以利用 ZigBee 技术使数据的自动采集、分析和处理变得更加容易；在医疗设备控制方面，可以利用 ZigBee 技术获取医疗传感器、病人的紧急呼叫等信号，对病人的生理状况进行实时监控；也可以利用 ZigBee 技术开发交互式玩具等产品；ZigBee 技术在油田、电力、矿山和物流管理等领域也得到了广泛应用。另外，它还可以对局部区域内移动目标进行定位，例如，对城市中的车辆进行定位。

ZigBee 技术应用如此广泛，因此，通常情况下，如果符合如下条件之一的应用，就可以考虑采用 ZigBee 技术做无线传输，具体包括如下内容：

① 需要数据采集或监控的网点多；

② 要求传输的数据量不大，而要求设备成本低；

③ 要求数据传输可靠性高，安全性高；

④ 设备体积很小，不便放置较大的充电电池或者电源模块；

⑤ 电池供电；

⑥ 地形复杂，监测点多，需要较大的网络覆盖；

⑦ 现有移动网络的覆盖盲区；

⑧ 使用现存移动网络进行低数据量传输的遥测遥控系统。

⑨ 使用 GPS 效果差，或成本太高的局部区域移动目标的定位应用。

ZigBee 作为一种无线通信技术，具有如下特点。

① 低成本、低功耗。ZigBee 技术可以应用于 8 位 MCU。

② 高可靠性。ZigBee 采用碰撞避免机制，同时为需要固定带宽的通信业务预留专用时隙，避免发送数据时的竞争和冲突；节点模块之间具有自动动态组网的功能，信息在整个 ZigBee 网络中通过自动路由的方式进行传输，从而保证信息传输的可靠性。

③ 时延短。ZigBee 针对时延敏感的应用做了优化，通信时延和从休眠状态激活的时延都非常短。

④ 网络容量大。ZigBee 网络可支持达 65000 个节点。

⑤ 高安全性。ZigBee 提供了数据完整性检查和鉴权功能，加密算法采用通用的 AES-128。

⑥ 高保密性。ZigBee 支持 64 位出厂编号和 AES-128 加密。

在设计网络的软件架构时，一般采用分层的思想，不同的层负责不同的功能，数据只能在相邻的层之间流动。ZigBee 规范是由 ZigBee Alliance 所主导的标准，ZigBee 协议栈结构基于标准 OSI（Open System Interconnection）七层模型，在模型的基础上，结合无线网络的特点，采用分层的思想实现。ZigBee 协议定义了网络层（NWK）、应用程序支持子层（APS）以及应用层的数据传输规范、安全层（Security Layer）。而由国际电子电机工程协会（IEEE）所制订的 802.15.4 标准，则定义了物理层（PHY）及媒体接入控制（MAC）层。ZigBee 层次架构如图 5.16 所示。

IEEE 802.15.4 定义的物理层有两个物理层标准，分别是 2.4GHz 物理层和 868/915 MHz 物理层。两者均基于直接序列扩频（DSSS）技术。868MHz 只有一个信道，传输速率为 20kbit/s、902 ~ 928MHZ 频段有 10 个信道，信道间隔为 2MHz，传输速率为 40kbit/s。以上这两个频段都采用 BPSK 调制。2.4 ~ 2.4835GHz 频段有 16 个信道，信道间隔为 5MHz，能够提供 250kbit/s 的传输速率，采用 O-QPSK 调制。

为了提高传输数据的可靠性，IEEE 802.15.4 定义的媒体接入控制（MAC）层采用了 CSMA-CA 和时隙 CSMA-CA 信道接入方式和完全握手协议。

ZigBee 网络层的路由功能主要为网络连接提供路由发现、路由选择、路由维护功能，路由算法是它的核心。目前，ZigBee 网络层主要支持两种路由算法，即树路由和网状网路由。

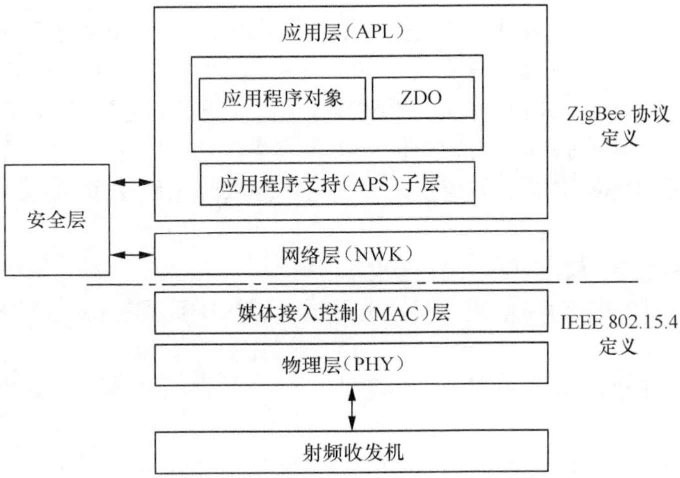

图 5.16 ZigBee 层次架构

ZigBee 应用层框架包括应用支持层（APS）、ZigBee 设备对象（ADO）和制造商所定义的应用对象。应用支持层的功能包括维持绑定表、在绑定的设备之间传送消息。所谓绑定就是基于两台设备的服务和需求在逻辑上将它们匹配连接起来。ZigBee 设备对象层的功能包括定义设备在网络中的角色（如 ZigBee 协调器和终端设备），发起和响应绑定请求，在网络设备之间建立安全机制。ZigBee 设备对象还负责发现网络中的设备，并且决定向它们提供何种应用服务。ZigBee 应用层除了提供一些必要函数以及为网络层提供合适的服务接口外，一个重要的功能是应用者可在这层定义自己的应用对象。

ZigBee 网络定义了三种节点类型。

① ZigBee 协调器（ZC，ZigBee Coordinator）的作用是上电启动和配置网络（例如，设定网络标识符，选择信道），一旦完成后相当于具有路由器功能。每个 ZigBee 网络必须有一个协调器。

② ZigBee 路由器（ZR，ZigBee Router）允许其他网络设备加入，多跳路由，协助子节点通信或自己作为终端节点应用。

③ ZigBee 终端节点（ZED，ZigBee End Device）向路由节点传递数据，没有路由功能，低功耗，可以选择休眠与唤醒（路由因不断转发数据需要长期保持电源供电，终端节点一般采用电池供电）。

当 ZigBee PAN 协调器希望建立一个新网络时，首先扫描信道，寻找网络中的一个空闲信道来建立新的网络。如果找到合适的信道，ZigBee 协调器会为新网络选择一个 PAN 标识符（PAN 标识符必须在信道中是唯一的）。一旦选定了 PAN 标识符，就说明已经建立了网络。另外，这个 ZigBee 协调器还会为自己设置一个默认的 16bit 网络地址。ZigBee 网络中的所有节点都有一个 64bit IEEE 扩展地址和一个 16bit 网络地址，其中，16bit 的网络地址在整个网络中是唯一的，也就是 802.15.4 中的 MAC 短地址。ZigBee 协调器设定自身的网络地址后，就开始接受新的节点加入其网络。

当一个节点希望加入该网络时，它首先会通过信道扫描来搜索周围存在的网络，如果找到了一个网络，它就会进行关联过程请求加入网络，只有具备路由功能的节点可以允许其他的节点通过它关联网络。ZigBee 协调器设定了网络地址后，就开始接受新的节点加入其网络。如果网络中的一个节点与网络失去联系后想要重新加入网络，它可以进行孤立通知过程重新加入网络。网络中每个具备路由器功能的节点维护一个路由表和一个路由发现表，并可以参与数据节点来扩展网络。

ZigBee 网络中传输的数据可分为如下三类。

① 周期性数据，例如，传感器网中传输的数据，这一类数据的传输速率根据不同的应用而确定。

② 间歇性数据，例如，电灯开关传输的数据，这一类数据的传输速率根据应用或外部激励而确定。

③ 反复性的、反应时间低的数据，例如，无线鼠标传输的数据，这一类数据的传输速率根据时隙分配而确定。

3. 超宽带技术

超宽带技术（UWB，Ultra Wideband）是一种无线载波通信技术，它不采用正弦载波，而是利用纳秒级的非正弦波窄脉冲传输数据，因此，其所占的频谱范围很宽。UWB 技术起源于 20 世纪 50 年代末，此前主要作为军事技术在雷达等通信设备中使用。随着无线通信的飞速发展，人们对高速无线通信提出了更高的要求，超宽带技术又被重新提出，并倍受关注。

UWB 指信号带宽大于 500MHz 或者是信号带宽与中心频率之比大于 25% 的无线通信方案。与常见的使用连续载波通信方式不同，UWB 采用极短的脉冲信号传送信息。通常每个脉冲持续的时间只有几十皮秒到几纳秒的时间，这些脉冲所占用的带宽甚至高达几千兆赫兹，因此，最大数据传输速率可以达到几百兆比特每秒。在高速通信的同时，UWB 设备的发射功率却很小，仅仅是现有设备的几百分之一。对于普通的非 UWB 接收机来说近似于噪声，所以从理论上讲，UWB 可以与现有无线电设备共享带宽。UWB 是一种高速而又低功耗的数据通信方式，它有望在无线通信领域得到广泛的应用。

UWB 是利用纳秒级窄脉冲发射无线信号的技术，适用于高速、近距离的无线个人通信。UWB 最具特色的应用将是视频消费娱乐方面的无线个域网（WPAN）。超宽带系统同时具有无线通信和定位的功能，可方便地应用于智能交通系统中，为车辆防撞、电子牌照、电子驾照、智能收费、车内智能网络、测速、监视、分布式信息站等提供高性能、低成本的解决方案。UWB 也可应用在小范围、高分辨率，能够穿透墙壁、地面和身体的雷达和图像系统中，诸如军事、公安、消防、医疗、救援、测量、勘探和科研等领域，用作隐秘安全通信、救援应急通信、精确测距和定位、透地探测雷达、墙内和穿墙成像、监视和入侵检测、医用成像、贮藏罐内容探测等。

4. 红外通信技术简介

红外线数据标准协会（IrDA，Infrared Data Association）是一种红外线无线传输协议以及基于该协议的无线传输接口。IrDA 技术使用一种点对点的数据传输协议，它替代了设备之间连接的线缆，通信距离一般在 0 ~ 1m，传输速率最快可达 16Mbit/s，通信介质是波长为 900nm 左右的近红外线。IrDA 的主要优点是无须申请频率的使用权，因而红外通信成本低廉，并且还具有移动通信所需的体积小、功耗低、连接方便、简单易用的特点。此外红外线发射角度较小（30° 锥角以内）、距离短、点对点直线数据传输、保密性强、传输上安全性高。

在红外通信技术发展早期，存在几个红外通信标准，不同标准之间的红外设备不能进行红外通信。为了使各种红外设备能够互联互通，1993 年，由二十多个大厂商发起成立了红外数据协会（IrDA），统一了红外通信的标准，这就是目前被广泛使用的红外数据通信协议及规范。

应用红外线收发器链接虽然能免去电线或电缆的连接，但使用起来仍有许多不便，不仅距离只限于 1 ~ 2m，还必须在视线上直接对准，收发装置的光路夹角一般在 30° 内，中间不能有任何阻挡，同时只限于在两个设备之间进行，不能同时链接更多的设备。而蓝牙没有此限制，且不受墙壁的阻隔。

当今每一个出厂的 PDA 及许多手机、笔记本电脑、打印机等产品都支持红外通信技术。红外线链路的数据传输的用途主要应用在近距离的两台硬件之间的通信，例如，家电控制，计算机与外设、通信设备间等。红外线信号传送在某些领域仍然具有独特的优势，这种优势恰恰弥补了无线传输的不足之处。

5. 近场无线通信

近场无线通信（NFC，Near Field Communication）是一种短距离的高频无线通信技术，允许电子设备之间进行非接触式点对点数据传输（在 10cm 内）交换数据。这项技术由非接触式射频识别（RFID）演变而来，并向下兼容 RFID，最早由飞利浦（Philips）公司、诺基亚（Nokia）公司和索尼（Sony）公司共同开发。NFC 是一种非接触式识别和互联技术，可以在移动设备、消费类电子产品、PC 和智能控件工具间进行近距离无线通信。

NFC 提供了一种简单、非触控式的解决方案，可以让消费者简单直观地交换信息、访问内容与服务。由于近场通信具有天然的安全性，因此，NFC 技术被认为在手机支付等领域具有很大的应用前景。NFC 将非接触读卡器、非接触卡和点对点（Peer-to-Peer）功能整合在一块单芯片中。NFC 和 RFID 不同，NFC 采用了双向的识别和连接，在 20cm 距离内工作于 13.56MHz 频率范围。

NFC 与其他近距离通信技术相比，具有鲜明的特点，主要体现在以下几个方面。

① 距离近、能耗低，由于 NFC 采取了独特的信号衰减技术，通信距离不超过 20cm，所以能耗相对较低。

② NFC 更具安全性，NFC 是一种能够提供安全、快捷通信的无线连接技术。NFC 是一种私密通信方式，加上其距离近、射频范围小的特点，其通信更加安全。

③ NFC 与现有非接触智能卡技术兼容，NFC 标准目前已经成为得到越来越多主要厂商支

持的正式标准，很多非接触智能卡都能够与 NFC 技术相兼容。

④ 传输速率较低。NFC 标准规定了数据传输速率具备三种传输速率，最高的仅为 424kbit/s，不适合诸如音视频流等需要较高带宽的应用。

NFC 的设备可以在主动或被动模式下交换数据。在被动模式下，启动 NFC 通信的设备，也称为 NFC 发起设备（主设备），在整个通信过程中提供射频场。它可以选择 106kbit/s、212kbit/s 或 424kbit/s 其中一种传输速率，将数据发送到另一台设备。另一台设备称为 NFC 目标设备（从设备），不必产生射频场，而使用负载调制（Load Modulation）技术，即可以相同的速率将数据传回发起设备。移动设备主要以被动模式操作，可以大幅降低功耗，并延长电池寿命。电池电量较低的设备可以要求以被动模式充当目标设备，而不是发起设备。

NFC 是一种近距离连接协议，它是一种近距离的私密通信方式，具有距离近、带宽高、能耗低等特点，它与现有非接触智能卡技术兼容。NFC 还优于红外和蓝牙传输方式。NFC 技术支持多种应用，包括移动支付与交易、对等式通信及移动中信息访问等，在门禁、公交、手机支付等领域内发挥着巨大的作用。

NFC 有以下三种应用类型。

① 设备连接。除了无线局域网，NFC 也可以简化蓝牙连接，例如，手提电脑用户如果想在机场上网，他只需要走近一个 Wi-Fi 热点即可实现。

② 实时预定。飞利浦和诺基亚对于 NFC 的这种应用抱有非常乐观的态度，例如，海报或展览信息背后贴有特定芯片，利用含 NFC 协议的手机或 PDA 便能取得详细信息，或是立即联机使用信用卡进行票券购买。而且，这些芯片无须独立的能源。

③ 移动商务。前面所描述的非接触智能卡在交易中的应用是一个很好的例子，而且诺基亚已经在中国香港和美国奥兰多成功进行类似的商业实验。典型应用有门禁控制或车票、电影院门票售卖等，使用者只需携带存储有票证或门控代码的设备靠近读取设备即可。它还能够作为简单的数据获取应用，如公交车站站点信息、公园地图信息等。

6. 家庭射频

家庭射频是由 HomeRF 工作组开发的，它是在家庭区域范围内的计算机和电子设备之间实现无线数字通信的开放性工业标准，为家庭用户建立具有互操作性的音频和数据通信网带来了便利。

HomeRF 是 IEEE 802.11 与数字增强无绳电话（DECT，Digital Enhanced Cordless Telephone）的结合。HorneRF 工作在开放的 2.46Hz 频段，采用跳频扩频技术，跳频速率为 50 跳 / 秒，共有 75 个带宽为 1MHz 的跳频信道，室内覆盖范围约 45m，调制方式为恒定包络的 FSK 调制，且分为 2FSK 与 4FSK 两种，采用 FSK 调制可以有效抑制无线通信环境下的干扰和衰落。在 2FSK 方式下，最大的数据传输速率为 1Mbit/s；在 4FSK 方式下，速率可达 2Mbit/s。在新的 HomeRF 2.X 标准中，采用了宽带跳频（WBFH，Wide Band FrequencyHopping）技术来增加跳频带宽，由原来的 1MHz 跳频信道增加到 3MHz 和 5MHz，跳频的速率也提高到 75 跳 / 秒，数据传输速率峰值达 10Mbit/s。

HomeRF 是对现有无线通信标准的综合和改进。HomeRF 把共享无线接入协议（SWAP）

作为网络的技术指标，当进行数据通信时，采用简化的 IEEE 802.11 标准，沿用类似于以太网技术中的载波监听多路访问 / 冲突避免（CSMA/CA，Carrier SenseMultiple Access with Collision Aviodance）方式；当进行语音通信时，则采用 DECT 无线通信标准，使用 TDMA 技术。HomeRF 对流媒体提供了真正意义上的支持，规定了高级别的优先权并采用了带有优先权的重发机制，这样就满足了播放流媒体所需的高带宽、低干扰、低误码要求。

目前，HomeRF 仅获得少数公司的支持，并且由于在抗干扰能力等方面与其他技术标准相比仍存在不少缺陷，因此，该标准应用和发展前景受到限制，再加上这一标准推出后，市场策略定位不准、后续研发与技术升级进展迟缓。因此，从 2000 年之后，HomeRF 开始走下坡路，2001 年，HomeRF 的普及率降至 30%，逐渐丧失市场份额。尤其是芯片制造巨头英特尔公司决定在其面向家庭无线网络市场的 AnyPoint 产品系列中增加对 IEEE 802.11b 标准的支持后，HomeRF 的发展前景并不乐观，HomeRF 很难冲出家庭应用的限制。

5.3.3 无线局域网

1. 概述

无线局域网（WLAN，Wireless Local Area Network）是利用无线通信技术在一定的局部范围内建立的网络，是计算机网络与无线通信技术相结合的产物，它以无线多址信道作为传输媒介，提供传统有线局域网（LAN）的功能，能够使用户真正实现随时、随地、随意的宽带网络接入。

WPAN（无线个人局域网）是以个人为中心来使用的无线个人区域网，它实际上就是一个低功率、小范围、低速率和低价格的电缆替代技术。但 WLAN 是同时为许多用户服务的无线局域网，它是一个大功率、中等范围、高速率的局域网。无线局域网使用无线连接把分布在几公里范围内的不同物理位置的计算机设备连在一起，在网络软件的支持下可以相互通信和资源共享。

以 IEEE 802.11 协议为基础的无线局域网在标准之争中脱颖而出，成为目前事实上占主导地位的无线局域网标准。1990 年，IEEE 802 标准化委员会成立 IEEE 802.11 无线局域网标准工作组，主要研究工作在 2.4GHz 开放频段的无线设备和网络发展的全球标准。1997 年 6 月，IEEE 802.11 标准被提出，也称为 Wi-Fi（Wireless Fidelity，无线保真）。我们常说的“WLAN”指的就是符合 802.11 系列协议的无线局域网技术。802.11 协议族中包括如下协议标准。

① 802.11 采用直接序列展频（扩频）技术（DSSS）或跳频展频技术（FHSS），制定了在 RF 射频频段 2.4GHz 上的运用，并且提供了 1Mbit/s、2Mbit/s 和基础信号传输方式与服务的传输速率规格。

② 802.11a 是 802.11 的衍生版，在 5.8GHz 频段提供了最高 54Mbit/s 的速率规格。

③ 802.11b，即 Wi-Fi 标准，IEEE 802.11b 高速无线网路标准是在 2.4GHz 频段上运用 DSSS 技术，将原来无线网络的传输速度提升至 11Mbit/s。

802.11g 在 2.4GHz 频段上提供高于 20Mbit/s 的速率规格。

④ 802.11n 可工作在 2.4GHz，也可工作在 5GHz，与以前的 IEEE 802.11b/g/a 设备兼容通信。

2. WLAN 的网络组成

图 5.17 所示为 WLAN 的网络主要由 WLAN 终端设备和 WLAN 接入系统两个部分组成。

图 5.17　WLAN 的网络组成

（1）WLAN 终端设备

用户可通过内置 WLAN 无线模块的终端设备（STA）（如 PC、平板、手机等）或终端 +WLAN 网卡的方式获得互联网接入服务和数据通信服务。WLAN 网卡主要支持 IEEE 802.11a/b/g/n 协议，同时应能支持 IEEE 802.11i 协议进行认证加密。

（2）WLAN 接入系统

WLAN 接入系统由接入点（AP）设备和业务接入控制（AC）设备组成，完成 WLAN 用户的接入控制，WLAN 接入认证点则由 AP 设备实现，连接在 WLAN 中的终端设备称为端站，STA 通过无线链路接入 AP。

AP 通过无线链路和 STA 进行通信。AP 上行方向与 AC 通过有线链路连接。AP 是特殊的工作站，类似蜂窝中的基站，位于基本服务区（BSA，Basic Service Area）的中心，固定不动。

接入控制器（AC，Access Controller）在无线局域网和外部网之间充当网关功能。AC 将来自不同 AP 的数据进行汇聚，与 Internet 相连。AC 支持用户安全控制、业务控制、计费信息采集及对网络的监控。

WLAN 按照物理拓扑结构可以分为单区网（SCN）和多区网（MCN）两类网络结构。从逻辑上可以分为对等式（Ad hoc）和基础结构式（Infrastructure）两类网络结构。从控制方式上可以分为无中心分布式和有中心集中控制式网络结构。

基本服务集（BSS，Basic Service Set）是 802.11 LAN 的基本组成模块。工作站之间的通信在基本服务区中进行，只要位于基本服务区，工作站就可以与同一个 BSS 的其他成员通信。

① 独立型网络模式（Independent BSS）。独立型网络模式由一组相互通信的工作站构成，能互相进行无线通信的 STA 可以组成一个 BSS，无须 AP 支持，站点间可相互通信。如果一个站移出 BSS 的覆盖范围，它将不能再与 BSS 的其他成员通信。独立型网络模式是最基本的

IEEE 802.11 无线局域网形式。它的特点是分布式对等（Peer to Peer）拓扑，至少包括两个工作站 STA，没有 AP 转接，工作站之间直接通信；各站点竞争公用信道；随时需要随时构建，称作自组织网络（Ad hoc）。该模式结构简单，组网迅速，使用方便，抗毁性强。它用于军事、临时组网，适于小规模、小范围系统。

② 基础结构型 BSS(Infrastructure BSS)。基础结构型 BSS 如图 5.18 所示。它是由多个工作站（STA）组成的集合，是只包括一个 AP 的单区结构；集中式基础结构型（Infrastructure）拓扑；BSS 内的工作站间不能直接通信，必须依赖 AP 进行数据传输。BSS 覆盖范围由 AP 决定；同一个 BSS 的各个工作站具有相同的 BSS 标识符（BSSID：BSS Identifier），在 IEEE 802.11 中，BSSID 是 AP 的 MAC 地址。AP 方便管理各站同步、灵活移动、节能等；AP 为接入骨干网提供一个逻辑接入点。站点 AP 负责基础结构型网络所有的通信，包括同一服务区中所有移动节点间的通信。位于基础结构型服务集中的移动工作站如有必要与其他移动式工作站通信，必须经过两个步骤。首先，由初始对话的工作站将帧传递给 AP。其次，由 AP 将此帧转送至目的地。既然所有通信都必须通过接入点，基础结构型网络所对应的基本服务区域就相当于 AP 的传送范围。AP 提供到有线网络的连接，并为站点提供数据中继功能。

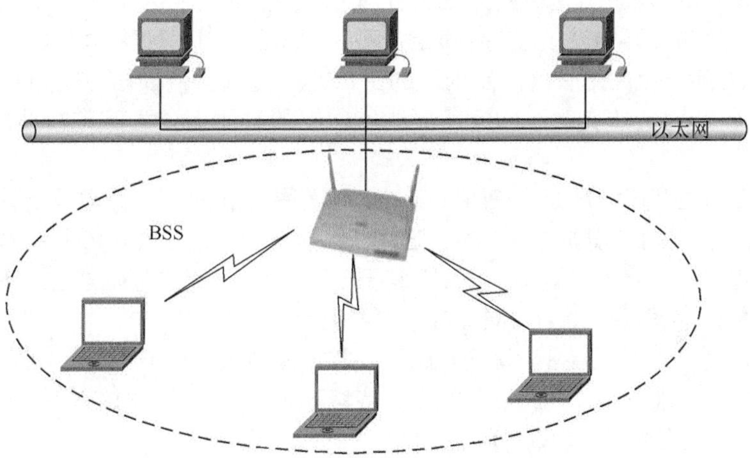

图 5.18 基础结构型 BSS

③ 扩展服务集（ESS）。多个 BSS 可以构成一个扩展网络，称为扩展服务集（ESS）网络，一个 ESS 网络内部的 STA 可以互相通信，是采用服务集的标识符（SSID，Service Set Indentifier）的多个 BSS 形成的更大规模的虚拟 BSS。在同一 BSS 内的所有 STA 和 AP 必须具有相同的 SSID，否则无法进行通信。连接 BSS 的组件称为分布式系统（DS，Distribution System）。特点是 ESS 属 Infrastructured 网，它是多 AP 模式的拓扑，ESS 覆盖范围为数公里。如果一个业务区由多个 ESS 组成，每个 ESS 分配一个 ESS 标识符(ESSID，ESS Identifier)，ESA 中的所有 AP 共享同一个 ESSID，相同 ESSID 的无线网络间可以漫游，所有不同的 ESSID 组成一个网络标识符（NID），属于一个逻辑网段，通常称一个 IP 子网。一个移动节点使用某 ESS 的 SSID 加入到该扩展服务集中，一旦加入 ESS，移动节点便可实现

从该 ESS 的一个 BSS 到另一个 BSS 的漫游。

3. Wi-Fi 联盟

Wi-Fi（无线保真技术，Wireless Fidelity）是 WLAN 的一个标准，属于采用 WLAN 协议的一项新技术，能够在数百英尺（约 90 米）范围内支持互联网接入的无线电信号。Wi-Fi 的第一个版本发表于 1997 年，其中定义了介质访问控制（MAC）层和物理（PHY）层，规定了无线局域网的基本网络结构和基本传输介质，规范了 PHY 和 MAC 层的特性。物理层采用红外、DSSS（直接序列扩频）或 FSSS（调频扩频）技术。1999 年，IEEE 802.11a 和 IEEE 802.11g 标准发布。Wi-Fi 传输速率最高可达 54Mbit/s，能够广泛支持数据、图像、语音和多媒体等业务。

5.3.4 无线城域网

无线城域网（WiMAX，Wireless Metropolitan Area Network）是以无线方式构成的城域网。以 IEEE 802.16 标准为基础的无线城域网技术，覆盖范围达几十千米，传输速率高，提供灵活、经济、高效的组网方式，支持固定（IEEE 802.16d）和移动（IEEE 802.16e）宽带无线接入，解决有线方式无法覆盖到地区的宽带接入问题，有较为完备的 QoS 机制，可以根据业务需要提供实时、非实时不同速率要求的数据传输服务，为宽带数据接入提供了新的方案。

最早的 IEEE 802.16 标准是在 2001 年 12 月获得批准的，该标准是针对 10 ~ 66GHz 高频段视距环境而制定的无线城域网标准。802.16 标准是一种无线城域网技术，它能向固定、携带和移动的设备提供宽带无线连接，服务区范围高达 50km，用户与基站之间不要求视距传播，每基站提供的总数据速率最高为 280Mbit/s，主要包括两个正式标准。

① 802.16d（802.16-2004），固定宽带无线接入空中接口标准（2 ~ 66GHz 频段）。

② 802.16 的增强版本，即 802.16e，支持移动性的宽带无线接入空中接口标准（2 ~ 6GHz 频段），向下兼容 802.16-2004。

WiMAX 网络使用的方法类似于移动电话。某一定地理范围被分成多个一系列重叠的区域，称为单元。每一个单元的覆盖范围与相邻区域部分重叠。当用户从一个单元旅行到另一个单元时，无线连接递送关闭从一个单元到另一个单元。WiMAX 网络包括两个主要组件：基站和订户设备。WiMAX 基站安装在一个立式高塔或高楼广播无线信号中。订户设备接收 WiMAX 信号。WiMAX 利用无线发射塔或天线，能提供面向互联网的高速连接。其接入速率最高达 75Mbit/s，胜过有线 DSL 技术，最大距离可达 50km，可以替代现有的有线和 DSL 连接方式，来提供“最后一公里”的无线宽带接入。因此，WiMAX 可应用于固定、简单移动、便携、游牧和自由移动这五类应用场景。WiMAX 相对于 Wi-Fi 的优势主要体现在 Wi-Fi 解决的是无线局域网的接入问题，而 WiMAX 解决的是无线城域网的问题。Wi-Fi 只能把互联网的连接信号传送到约 100m 远的地方，WiMAX 则能把信号传送 50km 之远。

由于 4G 的快速发展和高速率等优势，目前，WiMAX 并没有广泛被使用。

5.3.5 移动通信网

1. 概述

广域计算机网（WAN，Wide Area Network）简称广域网。广域网在地理上可以跨越很大的距离，联网的计算机之间可以跨越省界、国界甚至洲界，网络之间也可通过特定方式进行互联，实现了局域资源共享与广域资源共享相结合，形成了地域广大的远程处理和局域处理相结合的网际网系统。

移动通信（Mobile Communication）网络是一个广域的通信网络，指通信双方或至少有一方处于运动中进行信息传输和交换的通信方式。其技术种类如下。

（1）模拟系统

模拟系统采用 FDMA（频分多址）技术。频分多址指将给定的频谱资源划分为若干个等间隔的频道（或称信道）供不同的用户使用。在模拟移动通信系统中，信道带宽通常等于传输一路模拟话音所需的带宽，如 25kHz 或 30kHz。在单纯的 FDMA 系统中，通常采用频分双工（FDD）的方式实现双工通信。为了使同一部电台的收发之间不产生干扰，收发频率间隔必须大于一定的数值。

（2）GSM 蜂窝数字系统

GSM 蜂窝数字系统采用 TDMA（时分多址）技术。时分多址是指把时间分割成周期性的帧，每一帧再分割成若干个时隙（无论帧或时隙都是互不重叠的）。在频分双工方式中，上行链路和下行链路的帧分别在不同的频率上。在时分双工方式中，上下行帧都在相同的频率上。

TDMA 系统既可以采用频分双工方式，又可以采用时分双工方式。在 FDD 方式中，上行链路和下行链路的帧结构既可以相同，又可以不同。在 TDD 方式中，通常将在某频率上一帧中一半的时隙用于移动台发送，另一半的时隙用于移动台接收；收发工作在相同频率上。

（3）CDMA 数字通信系统

CDMA 数字通信系统采用码分多址（CDMA，Code-Division Multiple Access）技术。在 FH-CDMA 系统中，每个用户根据各自的伪随机（PN）序列，动态改变其已调信号的中心频率。各用户的中心频率可在给定的系统带宽内随机改变，该系统带宽通常要比各用户已调信号（如 FM、FSK、BPSK 等）的带宽宽得多。

FH-CDMA 类似于 FDMA，但使用的频道是动态变化的。FH-CDMA 中各用户使用的频率序列要求相互正交（或准正交），即在一个 PN 序列周期对应的时间区间内，各用户使用的频率，在任一时刻都不相同（或相同的概率非常小）。在 DS-CDMA 系统中，所有用户工作在相同的中心频率上，输入数据序列与 PN 序列相乘得到宽带信号。不同的用户（或信道）使用不同的 PN 序列。这些 PN 序列（或码字）相互正交，从而可像 FDMA 和 TDMA 系统中利用频率和时隙区分不同用户一样，利用 PN 序列（或码字）来区分不同的用户，混合码分多址的形式多种多样，如 FDMA 和 DS-CDMA 混合、TDMA 与 DS-CDMA 混合（TD/CDMA）、TDMA（时分多址）与跳频混合（TDMA/FH）、FH-CDMA 与 DS-CDMA 混合（DS/FH-CDMA）等。

2. 移动通信的发展

（1）第一代移动通信（1G）

第一代移动通信主要采用的是模拟技术和频分多址技术。第一代移动通信的应用是模拟语音通信。1982 年，为了解决大区制容量饱和的问题，美国贝尔实验室发明了高级移动电话系统（AMPS）。AMPS 提出了“小区制”“蜂窝单元”的概念，同时采用频率复用（FDM，Frequency Division Multiplexing）技术，解决了公用移动通信系统所需要的大容量要求和频谱资源限制的矛盾。在 100km 范围之内，改进型移动电话系统（IMTS，Improved Mobile Telephone System）每个频率上只允许一个电话呼叫；AMPS 允许 100 个 10km 的蜂窝单元，从而可以保证每个频率上有 10 ～ 15 个电话呼叫。

（2）第二代移动通信（2G）

第二代移动通信主要采用的是数字的时分多址（TDMA）技术和码分多址（CDMA）技术，主要应用是数字语音通信。第二代移动通信技术使用数字制式，支持传统语音通信、文字和多媒体短信，并支持一些无线应用协议，主要有如下两种工作模式。

① GSM 移动通信（900/1800MHz）。GSM 移动通信工作在 900/1800MHz 频段，无线接口采用 TDMA 技术，核心网移动性管理协议采用 MAP。

② CDMA 移动通信（800MHz）。CDMA 移动通信工作在 800MHz 频段，核心网移动性管理协议采用 IS-41 协议，无线接口采用窄带码分多址技术。

（3）第三代移动通信（3G）

第三代移动通信技术是以宽带 CDMA 技术为主，并能同时提供话音和数据业务的移动通信系统，所以其应用主要是数字语音与数据通信。第三代移动通信技术是指支持高速数据传输的蜂窝移动通信技术。第三代移动通信网络能将高速移动接入和基于互联网协议的服务结合起来，提高无线频谱利用效率，提供包括卫星在内的全球覆盖并实现有线和无线以及不同无线网络之间业务的无缝连接。

3G 服务能够同时传送声音及数据信息，速率一般在几百至几千比特每秒以上。第三代移动通信可以提供所有 2G 的信息业务，同时保证更快的速度，以及更全面的业务内容，如移动办公、视频流服务等。

（4）第四代移动通信技术（4G）

4G 是第四代移动通信（4G，4rd-generation）及其技术的简称，它是集 3G 与 WLAN 于一体并能够传输高质量视频图像以及图像传输质量与高清晰度电视不相上下的技术产品。第四代移动通信技术的概念可称为宽带接入和分布网络，具有非对称的超过 2Mbit/s 的数据传输能力。

4G 包括宽带无线固定接入、宽带无线局域网、移动宽带系统和交互式广播网络。4G 系统能够以 100Mbit/s 的速度下载，比拨号上网快 2000 倍，上传的速度也能达到 20Mbit/s。而在用户最为关注的价格方面，4G 与固定宽带网络在价格方面不相上下。此外，4G 可以在 DSL 和有线电视调制解调器没有覆盖的地方部署，然后再扩展到整个地区。

（5）第五代移动通信技术（5G）

第五代移动电话行动通信标准，也称第五代移动通信技术（5G），是 4G 之后的延伸，正在研究中，5G 网络的理论下行速度为 10Gbit/s(相当于下载速度 1.25Gbit/s)。由于物联网尤其是互联网汽车等产业的快速发展，对网络速度有着更高的要求，这无疑成为推动 5G 网络发展的重要因素。因此，全球各地均在大力推进 5G 网络，以迎接下一波科技浪潮。但是，从目前情况来看 5G 网络离大规模商用预计还需 4 ～ 5 年时间。

未来 5G 网络正朝着网络多元化、宽带化、综合化、智能化的方向发展。随着各种智能终端的普及，面向 2020 年及以后，移动数据流量将呈现爆炸式增长。在未来 5G 网络中，减小小区半径，增加低功率节点数量，是保证未来 5G 网络支持 1000 倍流量增长的核心技术之一。因此，超密集异构网络成为未来 5G 网络提高数据流量的关键技术之一。未来无线网络将部署超过现有站点 10 倍以上的各种无线节点，在宏站覆盖区内，站点间距离将保持 10m 以内，并且支持在每一平方千米范围内为 25000 个用户提供服务，同时也可能出现活跃用户数和站点数的比例达到 1:1 的现象，即用户与服务节点一一对应。密集部署的网络拉近了终端与节点间的距离，使网络的功率和频谱效率大幅度提高，同时也扩大了网络覆盖范围，扩展了系统容量，并且增强了业务在不同接入技术和各覆盖层次间的灵活性。虽然超密集异构网络架构在 5G 中有很大的发展前景，但是节点间距离的减少、越发密集的网络部署将使网络拓扑更加复杂，从而容易出现与现有移动通信系统不兼容的问题。在 5G 移动通信网络中，干扰是一个必须解决的问题。网络中的干扰主要有同频干扰、共享频谱资源干扰、不同覆盖层次间的干扰等。现有通信系统的干扰协调算法只能解决单个干扰源问题，而在 5G 网络中，相邻节点的传输损耗一般差别不大，这将导致多个干扰源强度相近，进一步恶化网络性能，使现有协调算法难以应对。此外，由于业务和用户对 QoS 需求的差异性很大，5G 网络需要采用一系列措施来保障系统性能，主要有不同业务在网络中的实现、各种节点间的协调方案、网络的选择以及节能配置方法等。

传统移动通信网络主要依靠人工方式完成网络部署及运维，既耗费大量人力资源又增加运行成本，而且网络优化也不理想。未来 5G 网络，将面临网络的部署、运营及维护的挑战，这主要是由于网络存在各种无线接入技术，且网络节点覆盖能力各不相同，它们之间的关系错综复杂。因此，自组织网络（SON，Self-Organizing Network）的智能化将成为 5G 网络必不可少的一项关键技术，自组织网络技术解决的关键问题主要有以下两点：①网络部署阶段的自规划和自配置；②网络维护阶段的自优化和自愈合。自规划的目的是动态进行网络规划并执行，同时满足系统的容量扩展、业务监测或优化结果等方面的需求。自配置即新增网络节点的配置，可实现即插即用，具有低成本、安装简易等优点。自优化的目的是减少业务工作量，达到提升网络质量及性能的效果。自愈合指系统能自动检测问题、定位问题和排除故障，大大减少维护成本并避免对网络质量和用户体验的影响。目前，通信领域主要有集中式、分布式以及混合式三种自组织网络架构。

在未来 5G 中，面向大规模用户的音频、视频、图像等业务急剧增长，网络流量的爆炸式增长会极大地影响用户访问互联网的服务质量。如何有效地分发大流量的业务内容、降低用户获取信息的时延，成为网络运营商和内容提供商面临的一大难题。仅仅依靠增加带宽并不能解决问题，它还受到传输中路由阻塞和延迟、网站服务器的处理能力等因素的影响，这些问题的出现与用户服务器之间的距离有密切关系。内容分发网络（CDN，Content Distribution Network）会对未来 5G 网络的容量与用户访问起到重要的支撑作用。内容分发网络是在传统网络中添加新的层次，即智能虚拟网络。CDN 系统综合考虑各节点连接状态、负载情况以及用户距离等信息，通过将相关内容分发至靠近用户的 CDN 代理服务器上，实现用户就近获取所需信息，使网络拥塞状况得以缓解，降低响应时间，提高响应速度。CDN 网络架构在用户侧与源服务器之间构建多个 CDN 代理服务器，可以降低延迟、提高 QoS(Quality of Service)。当用户对所需内容发送请求时，如果源服务器之前接收到相同内容的请求，则该请求被 DNS 重定向到离用户最近的 CDN 代理服务器上，由该代理服务器发送相应内容给用户。因此，源服务器只需要将内容发给各个代理服务器，便于用户从就近的带宽充足的代理服务器上获取内容，降低网络延迟并提高用户体验。随着云计算、移动互联网及动态网络内容技术的推进，内容分发技术逐步趋向于专业化、定制化，在内容路由、管理、推送以及安全性方面都面临新的挑战。在未来 5G 网络中，随着智能移动终端的不断普及和应用服务的快速发展，用户对移动数据业务需求量将不断增长，对业务服务质量的要求也不断提升。CDN 技术的优势正在为用户快速地提供信息服务，同时有助于解决网络拥塞问题。因此，CDN 技术成为 5G 必备的关键技术之一。

其他关键技术还包括大规模天线阵列、新型多址、全频谱接入和新型网络架构等。大规模天线阵列是提升系统频谱效率的最重要技术手段之一，对满足 5G 系统容量和速率需求将起到重要的支撑作用；新型多址技术通过发送信号的叠加传输来提升系统的接入能力，可有效支撑 5G 网络千亿设备连接需求；全频谱接入技术通过有效利用各类频谱资源，可有效缓解 5G 网络对频谱资源的巨大需求；新型网络架构基于 SDN、NFV 和云计算等先进技术可实现以用户为中心的更灵活、智能、高效和开放的 5G 新型网络。

3. 移动通信系统的组成

移动通信是移动体之间的通信，或移动体与固定体之间的通信。移动体可以是人，也可以是汽车、火车、轮船、收音机等在移动状态中的物体。移动通信包括无线传输、有线传输，信息的收集、处理和存储等，使用的主要设备有无线收发信机、移动交换控制设备和移动终端设备。移动通信无线服务区由许多正六边形小区覆盖而成，呈蜂窝状，通过接口与公众通信网（PSTN、ISDN、PDN）互联。移动通信系统包括移动交换子系统（SS）、操作维护管理子系统（OMS）、基站子系统（BSS） 和移动台（MS），是一个完整的信息传输实体。移动通信系统的组成如图 5.19 所示。

移动通信中建立一个呼叫是由 BSS 和 SS 共同完成的。BSS 提供并管理 MS 和 SS 之间的无线传输通道，SS 负责呼叫控制功能，所有的呼叫都是经由 SS 建立连接的。OMS 负责管理控制整个移动网。MS 也是一个子系统。它实际上是由移动终端设备和用户数据两个部分组成的，移动终端设备称为移动设备；用户数据存放在一个与移动设备可分离的数据模块中，此数据模块称为用户识别卡（SIM）。

移动通信采用无线蜂窝式小区覆盖和小功率发射的模式。蜂窝式组网放弃了点对点传输和广播覆盖模式，把整个服务区域划分成若干个较小的区域（Cell，在蜂窝系统中称为小区），各小区均用小功率的发射机（基站发射机）进行覆盖，许多小区像蜂窝一样能布满 （覆盖）任意形状的服务地区。

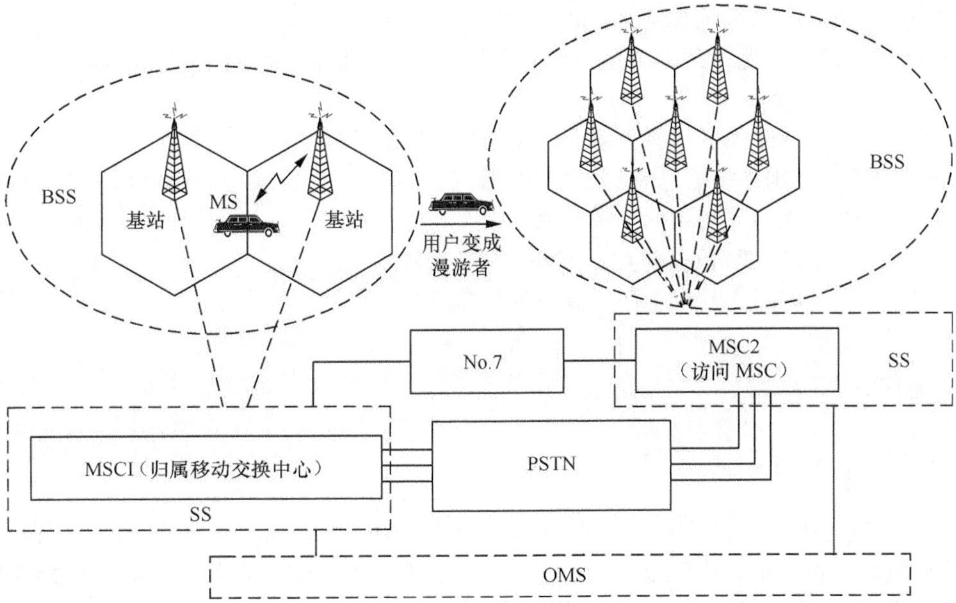

图 5.19　移动通信系统的组成

5.3.6　M2M 通信技术

1. 概述

M2M 是 Machine-to-Machine 的简称，即“机器对机器”的缩写，也有人理解为人对机器（Man-to-Machine）、机器对人（Machine-to-Man）等，旨在通过通信技术来实现人、机器和系统三者之间的智能化、交互式无缝连接。

M2M 设备是能够回答包含在一些设备中的数据的请求或能够自动传送包含在这些设备中的数据的设备。M2M 则聚焦在无线通信网络应用上，是物联网应用的一种主要方式。现在，M2M 应用遍及电力、交通、工业控制、零售、公共事业管理、医疗、水利、石油等多个行业，涉及车辆防盗、安全监测、自动售货、机械维修、公共交通管理等领域。

2. 系统框架

从体系结构方面考虑，M2M 系统由机器、网关、IT 系统构成，从数据流的角度考虑，在 M2M 技术中，信息总是以相同的顺序流动，如图 5.20 所示。

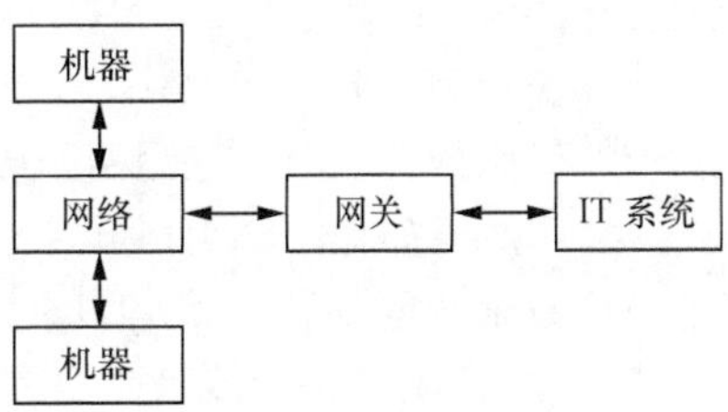

图 5.20　M2M 系统架构

无论哪一种 M2M 技术与应用，都涉及 5 个重要的技术部分：机器（Machines）、M2M 硬件（M2M Hardware）、通信网络（Communication Network）、中

间件（Middleware）、应用（Applications）。

① 智能化机器，实现 M2M 的第一步就是从机器 / 设备中获得数据，然后通过网络把它们发送出去。

② M2M 硬件，是使机器获得远程通信和联网能力的部件。

③ 通信网络，作用是将信息传送到目的地。在 M2M 技术框架中的通信网络中，有两个主要参与者，它们是网络运营商和网络集成商。

④ 中间件，包括 M2M 网关、数据收集 / 集成部件两个部分。

⑤ 应用，M2M 产品主要集中在和模块形态与卡类产品中。

5.3.7 LPWAN

1. LPWAN 概述

低功耗广域物联网（LPWAN，Low-Power Wide-Area Network）是为物联网应用中的 M2M 通信场景优化的，由电池供电，低速率、超低功耗、低占空比，以星型网络覆盖，支持单节点最大覆盖可达 100km 的蜂窝汇聚网关的远程无线网络通信技术。该技术是近年国际上一种革命性的物联网接入技术，具有远距离、低功耗、低运维成本等特点，与 Wi-Fi 蓝牙、ZigBee 等现有技术相比，LPWAN 真正实现了大区域物联网低成本全覆盖。

提到远距离无线通信，你可能会有疑问，不是有移动蜂窝通信技术吗？的确，目前，全球电信运营商已经构建了覆盖全球的移动蜂窝网络，然而 2G、3G、4G 等蜂窝网络虽然覆盖距离广，但基于移动蜂窝通信技术的物联网设备有功耗大、成本高等劣势。当初设计移动蜂窝通信技术主要是用于人与人的通信。根据权威的分析报告，当前全球真正承载在移动蜂窝网络上的物与物的连接仅占连接总数的 6%。如此低的比重，主要原因是当前移动蜂窝网络的承载能力不足以支撑物与物的连接。因此，为满足越来越多远距离物联网设备的连接需求，LPWAN 应运而生。LPWAN 专为低带宽、低功耗、远距离、大量连接的物联网应用而设计。LPWAN 可分为两类：一类是工作于未授权频谱的 LoRa、SigFox 等技术；另一类是工作于授权频谱下，3GPP 支持的 2G/3G/4G 蜂窝通信技术，例如 EC-GSM、LTE Cat-m、NB-IoT 等。

2. LoRa

LoRa 并不是一项陌生的技术，它是目前应用最为广泛的 LPWAN 网络技术之一，这一协议源于 SemTech 公司。LoRa 无线技术的主要特点如下。

① 长距离：1 ~ 20km。

② 节点数：万级，甚至百万级。

③ 电池寿命：3 ~ 10 年。

④ 数据速率 0.3 ~ 50kbit/s。

LoRa 作为一种无线技术，基于 Sub-GHz 的频段使其更易以较低功耗远距离通信，可以使用电池供电或其他能量收集的方式供电。较低的数据速率也延长了电池寿命和增加了网络的容量。LoRa 信号对建筑的穿透力也很强。LoRa 的这些技术特点更适合于低成本大规模的物联网部署。

在城市里，一般无线距离范围在 1 ~ 2km，在郊区或空旷地区，无线距离会更远些。网络部署拓扑布局可以根据具体应用和场景设计部署方案。LoRa 适合于通信频次低，数据量小的应用。

从 LoRa 应用情况来看，主要有数据透传和 LoRaWAN 协议应用，目前用 LoRa 作为数据透传的应用较多，由于网关技术和开发的门槛比较高，使用 LoRaWAN 协议组网的应用还是比较少。

从 LoRa 网络应用方面来看，有大网和小网之分。小网指用户自设节点、网关和服务器，自成一个系统网络；大网是大范围基础性的网络部署，就像电信运营商的通信网络一样。从 LoRa 行业从业者来看，有不少电信运营商也参与其中。随着 LoRa 设备和网络的增多，相互之间的频谱干扰是存在的，这就对通信频谱的分配和管理提出了要求，需要一个统一协调管理的机制，一个大网的管理。

相对于其他无线技术（如 Sigfox、NB-IoT 等），LoRa 产业链较为成熟、商业化应用较早。此前，Microchip 公司宣布推出支持 LoRa 的通信模组，法国 Bouygues 电信运营商宣布将建设一张新的 LoRa 网络。Semtech 也与一些半导体公司（如 ST，Microchip 等）合作提供晶片级解决方案，有利于客户获得 LoRa 产品并采用 LoRa 无线技术实现物联网应用。另外，LoRa 联盟已于 2016 年年初成立，是 LPWAN 领域第一个产业联盟，旨在通过构建生态系统的方式推动 LoRa 的普及。

3. NB-IoT

2015 年 8 月，3GPP RAN 开始立项研究窄带无线接入全新的空口技术，称为 Clean Slate CIoT。Clean Slate 方案覆盖了 NB-CIoT。NB-CIoT 由华为、高通和 Neul 联合提出，NB-LTE 由爱立信、诺基亚等厂家提出。NB-CIoT 提出了全新的空口技术，相对来说在现有 LTE 网络上改动较大，但 NB-CIoT 是提出的六大 Clean Slate 技术中唯一能满足在 TSG GERAN #67 会议中提出的五大目标（提升室内覆盖性能、支持大规模设备连接、减小设备复杂性、减小功耗和时延）的蜂窝物联网技术，特别是 NB-CIoT 的通信模块成本低于 GSM 模块和 NB-LTE 模块。NB-LTE 更倾向于与现有 LTE 兼容，其主要优势在于容易部署。最终，在 2015 年 9 月的 RAN #69 会议上经过激烈讨论后协商统一，NB-IoT 可认为是 NB-CIoT 和 NB-LTE 的融合。

这里引用一段 3GPP RAN 会议报告关于蜂窝物联网技术的描述：物联网（IoT，Internet of Thing）是未来重要技术之一，3GPP 在 R12/R13 虽然也有 MTC（Machine Type Communication）相关技术，但其基本做法是在既有 LTE 技术与架构上进行优化，并非针对物联网特性进行全新的设计。相对于 MTC 技术优化的做法，蜂窝物联网（CioT，Cellular Internet of Thing）技术项目建议针对物联网特性全新设计，不一定要相容于既有的 LTE 技术框架。

通常物联网设备分为三类。

① 无须移动性，大数据量（上行），需较宽频段，例如城市监控摄像头。

② 移动性强，需执行频繁切换，小数据量，例如车队追踪管理。

③ 无须移动性，小数据量，对时延不敏感，例如智能抄表。

NB-IoT 正是为了应对第三种物联网设备而生。三类设备对应三种业务需求。

高速率业务。高速率业务主要使用 3G、4G 技术，例如，车载物联网设备和监控摄像头，对应的业务特点要求实时的数据传输。

中等速率业务。中等速率业务主要使用 GPRS 技术，例如，居民小区或超市的储物柜，使用频率高但并非实时使用，对网络传输速度的要求远不及高速率业务。

低速率业务。业界将低速率业务市场归纳为 LPWAN（Low Power Wide Area Network）市场，即低功耗广域网到目前还没有对应的蜂窝技术，多数情况下通过 GPRS 技术勉力支撑，从而带来了成本高、影响低速率业务普及度低的问题。也就是说目前低速率业务市场急需开拓，而低速率业务市场其实是最大的市场，如建筑中的灭火器、科学研究中使用的各种监测器，此类设备在生活中出现的频次很低，但汇集起来总数很可观，这些数据的收集有各类用途，例如改善城市设备的配置等。

基于蜂窝的窄带物联网（NB-IoT，Narrow Band Internet of Things）成为万物互联网络的一个重要分支。NB-IoT 构建于蜂窝网络，只消耗大约 180kHz 的带宽，可直接部署于 GSM 网络、UMTS 网络或 LTE 网络，以降低部署成本、实现平滑升级。

NB-IoT 具备四大特点。

① 广覆盖，将提供改进的室内覆盖，在同样的频段下，NB-IoT 比现有的 20dB 网络增益，提升了 100 倍覆盖区域的能力。

② 具备支撑海量连接的能力，NB-IoT 一个扇区能够支持 10 万个连接，支持低延时敏感度、超低的设备成本、低设备功耗和优化的网络架构。

③ 更低功耗，NB-IoT 终端模块的待机时间可长达 10 年。

④ 更低的模块成本，企业预期的单个接连模块不超过 5 美元。

NB-IoT 协议栈基于 LTE 设计，但是根据物联网的需求，去掉了一些不必要的功能，减少了协议栈处理流程的开销。因此，从协议栈的角度看，NB-IoT 是新的空口协议。长距离通信技术 NB-IoT 是一种革新性的技术，是由华为主导，由 3GPP 定义的基于蜂窝网络的窄带物联网技术。它支持海量连接、有深度覆盖能力、功耗低，这些与生俱来的优势让它非常适合于传感、计量、监控等物联网应用，适用于智能抄表、智能停车、车辆跟踪、物流监控、智慧农林牧渔业以及智能穿戴、智慧家庭、智慧社区等领域。这些领域对广覆盖、低功耗、低成本的需求非常明确，目前，广泛商用的 2G/3G/4G 及其他无线技术都无法满足这些挑战。

从解决方案 / 芯片方面看，对华为来说，NB-IoT 是该公司的一个大战略，所有部门都积极参与其中。作为主导者的华为提供端到端的解决方案，包括基站、核心网、芯片、操作系统以及数据管理平台。据悉爱立信、高通都在积极研发生产该类芯片，很多芯片原厂和模块厂家也计划于 2018 年支持 NB-IoT。

从运营商对 NB-IoT 响应和投入看，NB-IoT 标准得到了许多主流运营商的响应，中国移动、中国联通、中国电信、沃达丰、德国电信、阿联酋电信、意大利电信、AT&T 等全球顶尖运营商都已围绕 NB-IoT 发布了各自的发展方略，展开实验。

从实际应用案例方面看，华为已经与多个电信运营商合作完成了智能抄表、智能停车系统演示和验证。随着标准确定，预计将有一大批测试网络出现，而且商用网络也会出现，2018 年将进入规模部署阶段。下面介绍几个 NB-IoT 相关应用，以便更加深刻地了解它的含义。

华为 / 中国联通的 NB-IoT 智能停车解决方案。基于华为 NB-IoT 模块推出的这套智能停车系统将能实现预定、转租停车位等功能，低功耗和高穿透能力使这个方案更具可靠性。目前，该停车系统已经在上海迪士尼试商用。

中兴通讯 / 中国移动的智能井盖。该方案通过全方位监管井盖状态，在井盖被打开、移位等情况下，可实现及时警告。NB-IoT 技术具有的低成本、广覆盖、低功率、大连接等特征，能有效提高智能井盖监控系统的覆盖区域，消除覆盖死角，降低建设维护成本。

中国移动 / 爱立信 / 英特尔的环境检测应用。该应用采用了英特尔最新的 NB-IoT 芯片（XMM7115），可以实时监测到环境的 PM 值、温度、湿度、光感亮度等。

NB-IoT 传统物联网技术有着自身的优势，但仍旧有局限性，成本价格、功耗都可能成为 NB-IoT 发展的阻碍。在成本方面，NB-IoT 模组成本未来有望降至 5 美元之内，但目前支持蓝牙、Thread、ZigBee 这三种标准的芯片价格仅在 2 美元左右，仅支持其中一种标准的芯片价格不到 1 美元。巨大的价格差距无疑将使企业部署 NB- IoT 产生顾虑。

4. Lora 与 NB-IoT 的比较

Lora 与 NB-IoT 的区别如下。

第一，频段、服务质量和成本。LoRa 工作在 1GHz 以下的非授权频段，在应用时不需要额外付费，NB-IoT 和蜂窝通信使用 1GHz 以下的频段是授权的，是需要收费的。

LoRa 模块在处理干扰、网络重叠、可伸缩性等方面具有独特的特性，但不能提供像蜂窝协议一样的服务质量。NB-IoT 出于对服务质量的考虑，不能提供类似 LoRa 一样的电池寿命。如果需要确保应用场景，推荐使用 NB-IoT，而如果低成本和大量连接是首选项，LoRa 则是不错的选择。

第二，电池寿命。关于电池寿命方面有两个重要的因素需要考虑，节点的电流消耗以及协议内容。LoRa 是一种异步的基于 ALOHA 的协议，即节点可以根据具体应用场景需求进行或长或短的睡眠；而蜂窝等同步协议的节点必须定期地联网，这样就额外地消耗了电池的电量。

所以对于需要频繁通信、较短的延迟或者较大数据量的应用来说，NB-IoT 或许是更好的选择，而对于需要较低的成本、较高的电池寿命和通信并不频繁的场景来说，LoRa 更好。

第三，网络覆盖和部署时间表。NB-IoT 标准在 2016 年公布，除网络部署之外，相应的商业化和产业链的建立还需要花费更长的时间和更多的努力去探索。LoRa 的整个产业链相对已经较为成熟了，产品也处于“蓄势待发”的状态，同时全球很多国家正在进行或者已经完成了全国性的网络部署。

第四，设备成本。对终端节点来说，LoRa 协议比 NB-IoT 更简单、更容易开发并且对于微处理器的适用和兼容性更好。同时成本低、技术相对成熟的 LoRa 模块已经可以在市场上找到了，并且升级版还会接踵而至。

LoRa 可以利用传统的信号塔、工业基站甚至是便携式家庭网关来进行。构建基站和家庭网关价格便宜。但是对于 NB-IoT 来说，升级现有的 4G LTE 基站的价格保守估计每个不少于 15000 美元。

LoRa 与 NB-IoT 都有自己独特的功能特点。在蓬勃发展的物联网行业，LoRa 与 NB-IoT 将会有自己广阔的应用市场。

5.4 应用层

5.4.1 应用层概述

应用层位于物联网三层结构中的最顶层，其功能为“处理”，即通过云计算平台进行信息处理。应用层与最低端的感知层是物联网的显著特征和核心所在，应用层可以对感知层采集数据进行计算、处理和知识挖掘，从而实现对物理世界的实时控制、精确管理和科学决策。

物联网应用层的核心功能围绕两个方面：一是“数据”，应用层需要完成数据的管理和数据的处理；二是“应用”，仅仅管理和处理数据还远远不够，必须将这些数据与各行业应用相结合。例如，在智能电网中的远程电力抄表应用：安置于用户家中的读表器就是感知层中的传感器，这些传感器在收集到用户用电的信息后，通过网络发送并汇总到发电厂的处理器上。该处理器及其对应工作就属于应用层，它将完成对用户用电信息的分析，并自动采取相关措施。

从结构上划分，物联网应用层从上到下包括以下三个部分。

物联网应用。物联网应用就是用户直接使用的各种应用，如智能操控、安防、电力抄表、远程医疗、智能农业等。这些应用将在后续章节专题阐述。

物联网中间件。物联网中间件是一种独立的系统软件或服务程序，中间件将各种可以公用的能力和各种物联网应用协议进行统一封装，提供给物联网应用使用。

云计算平台。云计算可以助力物联网海量数据的存储和分析。依据云计算的服务类型可以将云分为基础架构即服务（IaaS）、平台即服务（PaaS）、服务和软件即服务（SaaS）。该平台同时包含大数据分析能力。

从物联网三层结构的发展来看，网络层已经非常成熟，感知层的发展也非常迅速，而应用层不管是从受到的重视程度还是实现的技术成果上，以前都落后于其他两个层面。但因为应用层可以为用户提供具体服务，是与我们最紧密相关的，因此，应用层的未来发展潜力很大。

5.4.2 应用层协议

1. 概述

在移动互联网中，最常用的应用层协议就是 HTTP，HTTP 同样可以用于物联网系统中。

HTTP 采取的是请求—响应（Request—Response）的通信机制，服务器无法主动给客户端发送消息。如果要实现这种消息推送，就需要借助 WebSocket 这种全双工的通信机制。

但对于很多计算和存储资源有限的物联网节点，不太适合使用 HTTP。除了 HTTP 以外，也有很多更适合于物联网应用的协议，例如 MQTT、CoAP、AMQP、STOMP 等。

很多物联网应用层协议都是基于发布—订阅（Publish—Subscribe）机制，这种机制非常适合物联网系统应用。MQTT 协议、STOMP、AMQP 以及 DDS 协议都属于这种发布—订阅的机制。

每个传感器节点，采集的数据需要上传到网络，相当于是一个消息的发布，这个消息需要基于某个主题，例如传感器的类型。所有关心这个主题的节点，都可以通过订阅这个主题的消息，实时获取最新的数据。消息的发布和订阅是基于某个主题的，实现机制一般依赖于消息队列。

2. REST/HTTP（松耦合服务调用）

表征状态转换（REST，Representational State Transfer），是基于 HTTP 开发的一种通信风格，目前还不是标准。REST/HTTP 主要为了简化互联网中的系统架构，快速实现客户端和服务器之间交互的松耦合，降低了客户端和服务器端之间的交互延迟，因此，适合在物联网的应用层面，通过 REST 开放物联网中资源，实现服务被其他应用所调用。其特点如下。

① REST 指的是一组架构约束条件和原则。满足这些约束条件和原则的应用程序或设计就是 RESTful。

② 客户端和服务器端之间的交互在请求之间是无状态的。

③ 在服务器端，应用程序状态和功能可以分为各种资源，它向客户端公开。资源的例子有应用程序对象、数据库记录、算法等。每个资源都使用 URI（Universal Resource Identifier）得到一个唯一的地址。所有资源都共享统一的界面，以便在客户端和服务器端之间传输状态。

④ 使用的是标准的 HTTP 方法，例如 GET、PUT、POST 和 DELETE。

REST/HTTP 其实是互联网中服务调用 API 封装风格，物联网中数据采集到物联网应用系统中，在物联网应用系统中，可以通过开放 REST API 的方式，把数据服务开放出去，被互联网中其他应用所调用。

3. MQTT 协议

消息队列遥测传输协议（MQTT，Message Queuing Telemetry Transport）是为大量计算能力有限、工作带宽有限、网络环境不可靠的传感器或控制器而设计的协议。MQTT 协议原来是 IBM 开发的一个即时通信协议，基于 TCP 实现。MQTT 客户端需要通过消息代理（MQTT Broker）进行消息的发布和订阅。MQTT 协议的兼容性非常好，几乎支持所有平台，可以把各种物联网设备都连接起来。所以 MQTT 协议也是目前应用最广泛的物联网应用层协议。

MQTT 协议采用发布 / 订阅模式，所有的物联网终端都通过 TCP 连接到云端，云端通过主题的方式管理各个设备关注的通信内容，负责转发设备与设备之间的消息。MQTT 在协议设计时就考虑到不同设备的计算性能的差异，所以所有的协议都是采用二进制格式编解码，并且编解码格式都非常易于开发和实现。最小的数据分组只有两个字节，对于低功耗低速网络也有很好的适应性。有非常完善的 QoS 机制，根据业务场景可以选择最多一次、至少一次、刚好一次三种消息送达模式。运行在 TCP 协议之上，同时支持 TLS(TCP+SSL) 协议，并且由于所有数据通信都经过云端，安全性得到了较好地保障。其特点如下。

① 使用基于代理的发布 / 订阅消息模式，提供一对多的消息发布。

② 使用 TCP/IP 提供网络连接。

③ 小型传输，开销很小（固定长度的头部是 2Byte），协议交换最小化，以降低网络流量。

④ 支持 QoS，有三种消息发布服务质量："至多一次""至少一次""只有一次"。

MQTT 协议一般不适用设备与设备之间通信，设备控制能力弱，另外实时性较差，一般都在秒级。

4. CoAP

受限应用协议（CoAP，Constrained Application Protocol）是 6LowPAN 协议栈中的应用层协议，基于 REST(表述性状态传递) 架构风格，支持 REST 交互。CoAP 基于 UDP，其设计初衷就是尽可能方便地转换为 HTTP。CoAP 让用户可以像使用 HTTP 一样，在资源受限的物联网设备中使用 CoAP。

CoAP 是简化了 HTTP 的 RESTful API，它适用于在资源受限的通信 IP 网络。其特点如下。

① 报头压缩：CoAP 包含一个紧凑的二进制报头和扩展报头。它只有短短的 4B 的基本报头，基本报头后面跟扩展选项。一个典型的请求报头为 10 ~ 20bit。

② 方法和 URI：为了实现客户端访问服务器上的资源，CoAP 支持 GET、PUT、POST 和 DELETE 等方法。CoAP 还支持 URI，这是 Web 架构的主要特点。

③ 传输层使用 UDP：CoAP 建立在 UDP 之上，以减少开销和支持多播功能。它也支持一个简单的停止和等待的可靠性传输机制。

④ 支持异步通信：HTTP 对 M2M 通信不适用，这是由于事务总是由客户端发起。而 CoAP 支持异步通信，这对 M2M 通信应用来说是常见的休眠 / 唤醒机制。

⑤ 支持资源发现：为了自主的发现和使用资源，它支持内置的资源发现格式，用于发现设备上的资源列表，或者用于设备向服务目录公告自己的资源。它支持 RFC5785 中的格式，在 CoRE 中用 /.well—known/core 的路径表示资源描述。

⑥ 支持缓存：CoAP 支持资源描述的缓存以优化其性能。

CoAP 和 6LowPan 分别是应用层协议和网络适配层协议，目标是解决设备直接连接到 IP 网络，也就是 IP 技术应用到设备之间、互联网与设备之间的通信需求。因为 IPV6 技术带来巨大寻址空间，不仅解决了未来巨量设备和资源的标识问题，互联网上应用还可以直接访问支持 IPV6 的设备，而不需要额外的网关。

MQTT 和 CoAP 都是行之有效的物联网协议，但两者还是有很大区别的，例如 MQTT 协议基于 TCP，而 CoAP 基于 UDP。从应用方向来分析，MQTT 和 CoAP 主要区别有以下几点。

① MQTT 协议不支持带有类型或者其他帮助客户端理解的标签信息，也就是说所有 MQTT 客户必须要知道消息格式。而 CoAP 则相反，因为 CoAP 内置发现支持和内容协商，这样便

能允许设备相互窥测以找到数据交换的方式。

② MQTT 是长连接，而 CoAP 是无连接。MQTT 客户端与代理之间保持 TCP 长连接，这种情形在 NAT 环境中也不会产生问题。如果在 NAT 环境下使用 CoAP，那就需要采取一些 NAT 穿透性手段。

③ MQTT 是多个客户端通过中央代理进行消息传递的多对多协议。它主要通过让客户端发布消息、代理决定消息路由和复制来解耦消费者和生产者。MQTT 相当于消息传递的实时通信总线。CoAP 基本上是一个在服务器端和客户端之间传递状态信息的单对单协议。

5. AMQP

高级消息队列协议（AMQP，Advanced Message Queuing Protocol）是一个提供统一消息服务的应用层标准高级消息队列协议，为面向消息的中间件设计。

AMQP 的工作原理与 MQTT 类似，也是基于发布—订阅机制。消息代理的交换机组件（Exchange）会把接收到的消息，根据消息的主题，分配到不同的队列中，以便订阅者接收。RabbitMQ 是在 AMQP 协议基础上实现的一个消息系统，遵循 Mozilla Public License 开源协议。RabbitMQ 在互联网应用中常被用作消息服务器。AMQP 最早应用于金融系统之间的交易消息传递，在物联网应用中，主要适用于移动手持设备与后台数据中心的通信和分析。其特点如下。

① Wire 级的协议，它描述了在网络上传输的数据的格式，以字节为流。

② 面向消息、队列、路由（包括点对点和发布 / 订阅）、可靠性、安全。

6. STOMP

简单（流）文本定向消息协议 [STOMP，Simple （or Streaming） Text Orientated Messaging Protocol]，提供了一个可互操作的连接格式，允许 STOMP 客户端与任意 STOMP 消息代理进行交互。

STOMP 由于设计简单，易于开发客户端，因此，在多种语言和多种平台上得到广泛应用。当前非常流行的开源消息服务器 ActiveMQ、Apollo、RabbitMQ（需要插件）都支持 STOMP。ActiveMQ 支持 TCP、XMPP、STOMP 等进行消息传输，STOMP 基于 TCP，客户端和服务器端之间的通信是通过帧（Frame）来实现的，每个帧由多“行”（Line）组成。

7. 数据分发服务

数据分发服务（DDS，Data Distribution Service for Real-Time System），是面向实时系统的数据分布服务，是由 OMG 组织提出的协议。其特点如下。

① 以数据为中心。

② 使用无代理的发布 / 订阅消息模式，点对点、点对多、多对多。

③ 提供多达 21 种 QoS 策略。

DDS 的数据分发的实时效率非常高，能做到秒级内同时分发百万条消息到众多设备。DDS 在 QoS 上提供非常多的保障途径，因此，这是其适用于国防军事、工业控制这些高可靠性、可安全性应用领域的原因。但 DDS 目前还只限于在有线网络部署，无线网络的可靠性可能满足不了 DDS 的 QoS 要求。

8. XMPP（即时通信）

可扩展通信和表示协议（XMPP，Extensible Messaging and Presence Protocol），XMPP 的前身是 Jabber，一个开源形式组织产生的网络即时通信协议。XMPP 目前被 IETF 国际标准组织完成了标准化工作。XMPP 适用于即时通信的应用程序，还能用在网络管理、内容供稿、协同工具、档案共享、游戏、远端系统监控等方面。其特点如下。

① 客户机 / 服务器通信模式。

② 分布式网络。

③ 简单的客户端，将大多数工作放在服务器端进行。

④ 标准通用标记语言的子集 XML 的数据格式。

XMPP 是基于 XML 的协议，由于其开放性和易用性，在互联网即时通信应用中运用广泛。相对 HTTP，XMPP 在通信的业务流程上更适合物联网系统，开发者不用花太多心思去解决设备通信时的业务通信流程，相对开发成本会更低。但是 HTTP 中的安全性以及计算资源消耗的硬伤并没有得到本质的解决。

9. JMS

JAVA 消息服务（JMS，Java Message Service）是 JAVA 平台中著名的消息队列协议。Java 消息服务应用程序接口，是一个 Java 平台中关于面向消息中间件（MOM）的 API，用于在两个应用程序之间或分布式系统中发送消息，进行异步通信。Java 消息服务是一个与具体平台无关的 API，绝大多数 MOM 提供商都对 JMS 提供支持。

JMS 是一种与厂商无关的 API，用来访问消息收发系统消息，它类似于 JDBC（Java Database Connectivity）。这里，JDBC 是可以用来访问许多不同关系数据库的 API，而 JMS 则提供同样与厂商无关的访问方法，以访问消息收发服务。许多厂商都支持 JMS，包括 IBM 的 MQSeries、BEA 的 Weblogic JMS service 和 Progress 的 SonicMQ。JMS 能够通过消息收发服务（有时称为消息中介程序或路由器）从一个 JMS 客户机向另一个 JMS 客户机发送消息。消息是 JMS 中的一种类型对象，由两个部分组成：报头和消息主体。报头由路由信息以及有关该消息的元数据组成。消息主体则携带着应用程序的数据或有效负载。根据有效负载的类型来划分，可以将消息分为几种类型，它们分别携带简单文本（TextMessage）、可序列化的对象（ObjectMessage）、属性集合（MapMessage）、字节流（BytesMessage）、原始值流（StreamMessage），还有无有效负载的消息。

第 6 章　智慧城市及基于“互联网 +”的系统设计

智慧城市是运用物联网、云计算、大数据、空间地理信息集成等新一代信息技术，促进城市规划、建设、管理和服务智慧化的新理念和新模式；是运用信息和通信技术手段感测、分析、整合城市运行核心系统的各项关键信息，从而对包括民生、环保、公共安全、城市服务、工商业活动在内的各种需求做出智能响应。其实质是利用先进的信息技术，实现城市智慧式管理和运行，进而为城市中的人创造更美好的生活，促进城市的核心、可持续成长。在本章，我们将详细学习什么是智慧城市、它有哪些内容和内涵；如果给你一个城市让你去设计智慧城市，该如何去系统化的、自上而下地进行顶层设计。

6.1　智慧城市的驱动因素和内涵

有两种驱动因素推动智慧城市的逐步形成：一是以物联网、云计算、移动互联网为代表的新一代信息技术；二是知识社会环境下逐步孕育的开放的城市创新生态。前者是技术创新层面的技术因素，后者是社会创新层面的社会经济因素。由此可以看出，创新在智慧城市发展中的驱动作用。清华大学公共管理学院书记、副院长孟庆国提出，新一代信息技术与创新 2.0 是智慧城市的两大基因，缺一不可。

智慧城市不仅需要物联网、云计算等新一代信息技术的支撑，更要培育面向知识社会的下一代创新（创新 2.0）。信息通信技术的融合和发展消融了信息和知识分享的壁垒，消融了创新的边界，推动了创新 2.0 形态的形成，并进一步推动各类社会组织及活动边界的“消融”。创新形态由生产范式向服务范式转变，也带动了产业形态、政府管理形态、城市形态由生产范式向服务范式的转变。如果创新 1.0 是工业时代沿袭的面向生产、以生产者为中心、以技术为出发点的相对封闭的创新形态，创新 2.0 则是与信息时代、知识社会相适应的面向服务、以用户为中心、以人为本的开放的创新形态。北京市城市管理综合行政执法局信息装备中心主任宋刚博士指出，智慧城市的建设不仅需要物联网、云计算等技术工具的应用，还需要微博、维基等社会工具的应用，更需要 Living Lab 等用户参与的方法论及实践来推动以人为本的可持续创新，同时他结合北京基于物联网平台的智慧城和管理建设对创新 2.0 时代的社会管理创新进行了生动的诠释。这其实就是本书的核心所在：“互联网＋”与智慧城市的结合，这里的“互联网＋”其内涵和实质之一就是创新 2.0，是将互联网的创新思维应用到智慧城市的设计和建设中。

智慧城市经常与数字城市、感知城市、无线城市、智能城市、生态城市、低碳城市等区域发展概念相交叉，甚至与电子政务、智能交通、智能电网等行业信息化概念发生混杂。对智慧城市概念的解读也经常各有侧重，有的观点认为关键在于技术应用，有的观点认为关键在于网络建设，有的观点认为关键在于人的参与，有的观点认为关键在于智慧效果，一些城市信息化建设的先行城市则强调以人为本和可持续创新。总之，智慧不仅仅是智能。智慧城市绝不仅仅是智能城市的另外一个说法，或者说是信息技术的智能化应用，它还包括人的智慧参与、以人为本、可持续发展等内涵。综合这一理念的发展源流以及对世界范围内区域信息化实践的总结，智慧城市不仅仅是物联网、云计算等新一代信息技术的应用，更重要的是通过面向知识社会的创新 2.0 的方法论应用，融合进“互联网 +”思维的创新模式和理念。

伴随网络“帝国”的崛起、移动技术的融合发展以及创新的民主化进程，知识社会环境下的智慧城市是继数字城市之后信息化城市发展的高级形态。智慧城市是新一代信息技术支撑、知识社会创新 2.0 环境下的城市形态，通过新一代信息技术支撑实现全面透彻感知、宽带泛在互联、智能融合应用，推动以用户创新、开放创新、大众创新、协同创新为特征的以人为本的可持续创新。

从技术发展的视角，智慧城市建设要求通过以移动技术为代表的物联网、云计算等新一代信息技术应用实现全面感知、泛在互联、普适计算与融合应用。从社会发展的视角，智慧城市还要求通过维基、社交网络、Fab Lab、Living Lab、综合集成法等工具和方法的应用，营造有利于创新涌现的制度环境与生态，实现以用户创新、开放创新、大众创新、协同创新为特征的知识社会环境下的可持续创新，强调通过价值创造，以人为本实现经济、社会、环境的全面可持续发展。

6.2　智慧城市的特征

各国在智慧城市方面的探索与实践，都注重通过新一代信息技术的应用，从市民需求出发，以各种基础网络为支撑建设感知设施，通过信息的融合分析提供智能服务。我们注意到，国际上智慧城市的先行者还特别强调以市民为中心，强调用户参与、社会参与的开放创新空间构建。欧洲联盟在对中小城市开展的智慧城市评价中，梳理了智慧经济、智慧公众、智慧管理、智慧移动性、智慧环境、智慧生活等，体现了智慧城市建设中以人为本、强化服务、强化价值创造的创新 2.0 理念。

智慧城市的四大基础特征体现为：全面透彻的感知、宽带泛在的互联、智能融合的应用以及以人为本的可持续创新。

第一，全面透彻的感知。通过传感技术，实现对城市管理各方面监测和全面感知。智慧城市利用各类随时随地的感知设备和智能化系统，智能识别、立体感知城市环境、状态、位置等信息的全方位变化，对感知数据进行融合、分析和处理，并能与业务流程智能化集成，继而主动做出响应，促进城市各个关键系统和谐高效的运行。

第二，宽带泛在的互联。各类宽带有线、无线网络技术的发展为城市中物与物、人与物、人与人的全面互联、互通、互动，为城市各类随时、随地、随需、随意应用提供了基础条件。宽带泛在网络作为智慧城市的“神经网络”，极大地增强了智慧城市作为自适应系统的信息获取、实时反馈、随时随地智能服务的能力。

第三，智能融合的应用。现代城市及其管理是一类开放的复杂巨系统，新一代全面感知技术的应用更增加了城市的海量数据。集大成，成智慧。基于云计算，通过智能融合技术的应用实现对海量数据的存储、计算与分析，并引入综合集成法，通过人的“智慧”参与，提升决策支持和应急指挥的能力。基于云计算平台的大成智慧工程将构成智慧城市的“大脑”。技术的融合与发展还将进一步推动“云”与“端”的结合，推动从个人通讯、个人计算到个人制造的发展，推动实现智能融合、随时、随地、随需、随意的应用，进一步彰显个人参与和用户的力量。

第四，以人为本的可持续创新。面向知识社会的下一代创新重塑了现代科技以人为本的内涵，也重新定义了创新中用户的角色、应用的价值、协同的内涵和大众的力量。智慧城市的建设尤其注重以人为本、市民参与、社会协同的开放创新空间的塑造以及公共价值与独特价值的创造。注重从市民需求出发，并通过维基、微博、Fab Lab、Living Lab 等工具和方法强化用户的参与，汇聚公众智慧，不断推动用户创新、开放创新、大众创新、协同创新，以人为本实现经济、社会、环境的可持续发展。

6.3 智慧城市的实践实例

智慧城市管理与公共服务、智慧政府是智慧城市的重要方面。智慧城管是以新一代信息通信技术为支撑、面向知识社会创新 2.0 的城市管理新模式。其在理念上强调以用户创新、大众创新、开放创新、协同创新为特征的知识社会环境下以人为本的可持续创新；在制度上注重有利于创新涌现的制度环境的构建及开放创新生态的营造；在技术上注重通过移动技术、物联网、云计算等新一代信息技术以及维基、社交媒体、Fab Lab、Living Lab、综合集成法等工具和方法的应用，实现全面透彻的感知、宽带泛在的互联、智能融合的应用、以人为本的可持续创新，突出城市管理的智能化、人本化服务转型。

某市城市管理部门借鉴国内外智慧城市建设的先进经验，以城管物联网平台建设为载体，大力推进物联网、云计算、移动互联网等新一代信息技术应用，积极探索维基、社交媒体等社会工具以及综合集成研讨厅、Living Lab 等方法论应用，全力打造面向知识社会的创新 2.0 模式，推动从数字城管向智慧城管的跨越。

基于物联网的智慧城管总体架构（见图 6.1）自下而上分为“感、传、知、用”四个层，即感知层、传输层、支撑层、应用层，同时建设安全保障体系、标准规范体系作为支撑。

感知层通过无线射频、卫星定位、视频监控、噪声监测、状态监测、执法城管通、市民城管通等多元传感设备，实现身份识别、位置感知、图像感知、状态感知等多方面感知，全面增强城市管理感知能力。传输层依托全市共建的有线、无线宽带等网络，实现城市管理对象与机构、人员及广大市民之间的泛在互联。支撑层将保障城管物联网平台所需要的 IT 基础设施，构建城管云，提供各类数据和业务的存储、运算、分析与服务功能。应用层以城管地图公共服务系统建设为牵引，通过物联网、云计算等新一代信息技术工具及政务维基、政务微博等社会工具应用构筑面向创新 2.0 的公共服务新模式，强化扁平指挥与敏捷反应能力，并以从定性到定量的综合集成方法为指导，在巡查监察、综合执法、公共服务等系统基础上构建基于大成智慧工程的综合集成研讨厅，形成智能融合的应用，强化科学化决策、智能化指挥和人性化服务能力。

该市在城管信息化建设中重视用户体验和参与，重视市民及社会的参与，借鉴 Living Lab、Fab Lab 等面向知识社会的创新 2.0 方法论，致力于将基于物联网的智慧城管构建为开放创新空间建设的载体，形成“人民城市人民管”的氛围，实践“城市让生活更美好”的追求，为城市及生活其中的市民塑造公共价值、创造独特价值。依托标准规范体系及标准化等制度建设，智慧城市将强化开放数据标准、开放平台接口规范、用户参与及用户体验设计规范等标准规范的建设，推动用户创新、开放创新、大众创新、协同创新。

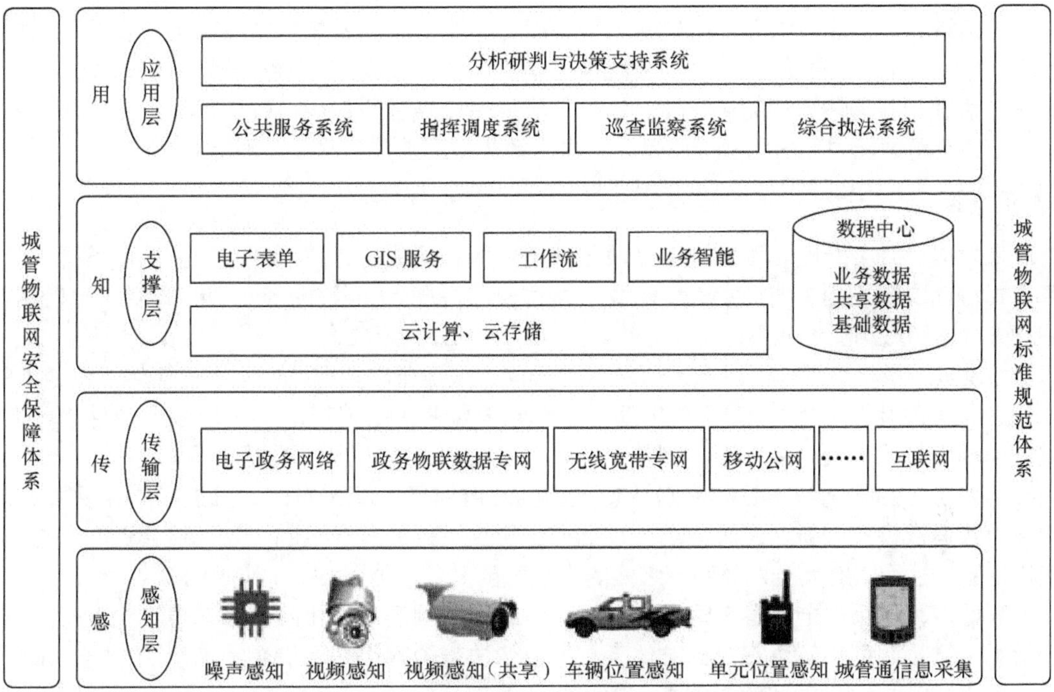

图 6.1 基于物联网的智慧城管建设的总体架构

如果“互联网 +”的核心创新 2.0 与新公共服务的浪潮汇聚推动了政府 2.0，“互联网 +”与信息化城市建设的浪潮汇聚则推动了智慧城市。政府 2.0 与智慧城市的潮流进一步汇聚，共同塑造了智慧城管。智慧城管是新一代信息技术、知识社会创新 2.0 环境下的城市管理再创新，它以物联网、云计算为代表的新一代信息技术为支撑，通过全面透彻感知、宽带泛在互联、智能融合应用，形成以市民为中心、城市社会为舞台的用户创新、开放创新、大众创新、协同创新，将以人为本的价值实现提升到一个新的高度，实现城市管理者、市场、社会多方协同的公共价值的塑造和独特价值的创造，实现城市管理从生产范式向服务范式的转变。

6.4 智慧城市基于“互联网 +”的系统设计

6.4.1 智慧城市设计的指导思想、基本原则和主要目标

根据发展和改革委员会、工业和和信息化部等八部委联合发布的《促进智慧城市健康发展

的指导意见的通知》，智慧城市的设计建设和运营发展的指导思想、基本原则和主要目标如下。

1. 指导思想

按照走集约、智能、绿色、低碳的新型城镇化道路的总体要求，发挥市场在资源配置中的决定性作用，加强和完善政府引导，统筹物质、信息和智力资源，推动新一代信息技术创新应用，加强城市管理和服务体系智能化建设，积极发展民生服务智慧应用，强化网络安全保障，有效提高城市综合承载能力和居民幸福感受，促进城镇化发展质量和水平全面提升。

2. 基本原则

以人为本，务实推进。智慧城市建设要突出为民、便民、惠民，推动创新城市管理和公共服务方式，向城市居民提供广覆盖、多层次、差异化、高质量的公共服务，避免重建设、轻实效，使公众分享智慧城市建设成果。

因地制宜，科学有序。以城市发展需求为导向，根据城市地理区位、历史文化、资源禀赋、产业特色、信息化基础等，应用先进适用技术科学推进智慧城市建设。在综合条件较好的区域或重点领域先行先试，有序推动智慧城市发展，避免贪大求全、重复建设。

市场为主，协同创新。积极探索智慧城市的发展路径、管理方式、推进模式和保障机制。鼓励建设和运营模式创新，注重激发市场活力，建立可持续发展机制。鼓励社会资本参与建设投资和运营，杜绝政府大包大揽和不必要的行政干预。

可管可控，确保安全。落实国家信息安全等级保护制度，强化网络和信息安全管理，落实责任机制，健全网络和信息安全标准体系，加大依法管理网络和保护个人信息的力度，加强要害信息系统和信息基础设施安全保障，确保安全可控。

3. 主要目标

到 2020 年，建成一批特色鲜明的智慧城市，聚集和辐射带动作用大幅增强，综合竞争优势明显提高，在保障和改善民生服务、创新社会管理、维护网络安全等方面取得显著成效。

公共服务便捷化。在教育文化、医疗卫生、计划生育、劳动就业、社会保障、住房保障、环境保护、交通出行、防灾减灾、检验检测等公共服务领域，基本建成覆盖城乡居民、农民工及其随迁家属的信息服务体系，使公众获取基本公共服务更加方便、及时、高效。

城市管理精细化。市政管理、人口管理、交通管理、公共安全、应急管理、社会诚信、市场监管、检验检疫、食品药品安全、饮用水安全等社会管理领域的信息化体系基本形成，统筹数字化城市管理信息系统、城市地理空间信息及建（构）筑物数据库等资源，实现城市规划和城市基础设施管理的数字化、精准化水平大幅提升，推动政府行政效能和城市管理水平大幅提升。

生活环境宜居化。居民生活数字化水平显著提高，水、大气、噪声、土壤和自然植被环境智能监测体系和污染物排放、能源消耗在线防控体系基本建成，促进城市人居环境改善。

基础设施智能化。宽带、融合、安全、泛在的下一代信息基础设施基本建成。电力、燃气、交通、水务、物流等公用基础设施的智能化水平大幅提升，运行管理实现精准化、协同化、一体化。工业化与信息化深度融合，信息服务业加快发展。

网络安全长效化。城市网络安全保障体系和管理制度基本建立，基础网络和要害信息系统安全可控，重要信息资源安全得到切实保障，居民、企业和政府的信息得到有效保护。

6.4.2　智慧城市系统设计所采用的方法

智慧城市的系统设计一般采用“顶层设计”的方法，“顶层设计”指从上自下的设计，它必定与自下而上的“基层设计”相对应，那么为什么要采用“顶层设计”而不采用其他方法？首先我们来看一下“顶层设计”的定义：“顶层设计”是一个工程学术语，其在工程学的本义是统筹考虑项目各层次和各要素，追根溯源，统揽全局，在最高层次上寻求问题的解决之道。“顶层设计”在中共中央关于“十二五”规划的建议中首次出现。这一新名词进入国家新五年规划，预示着中国改革事业进入了新的征程。具体来说，“顶层设计”是运用系统论的方法，从全局的角度，对某项任务或者某个项目的各方面、各层次、各要素统筹规划，以集中有效资源，高效快捷地实现目标。其主要特征如下。

一是顶层决定性。“顶层设计”是自高端向低端展开的设计方法，核心理念与目标都源自顶层，因此，顶层决定底层，高端决定低端。

二是整体关联性。“顶层设计”强调设计对象内部要素之间围绕核心理念和顶层目标所形成的关联、匹配与有机衔接。

三是实际可操作性。设计的基本要求是表述简洁明确，设计成果具备实践可行性，因此，“顶层设计”成果应是可实施、可操作的。

智慧城市采用“顶层设计”的系统设计方法主要原因是：智慧城市建设是一个相对复杂的系统或体系工程，如果缺乏科学有效的“顶层设计”，各建设部门与管理部门单独为政，难以避免重复投资、重复建设的尴尬局面。因此，智慧城市的建设，从工作之初就应该从全局角度出发，加强智慧城市建设的“顶层设计”与规划，从整体上推动智慧城市的建设过程。

6.4.3　智慧城市“顶层设计”的概念和内涵

智慧城市“顶层设计”是以智慧城市为导向，从全局的视角出发，进行总体架构的设计。鉴于智慧城市是跨纬度、跨空间的复杂有机体，需要多方利益相关方共同参与建设，因此，结合区域的个性化特征和资源优势，综合运用标准化、体系化、系统化的新思维、新方法、新工具；例如，“互联网 +”之中的创新思维和技术工具，求同存异地分析、探索智慧城市的“顶层设计”，能够为智慧城市的建设和运营降低投资成本，促进智慧城市终极目标的实现。

智慧城市“顶层设计”不仅要为城市本身而设计，更要为城市发展中的市民体验而设计。这种“市民体验”正是“互联网 +”的思维体现，是能够为百姓带来真实的信息化生存环境。这正是智慧城市的设计之道，也是智慧城市“顶层设计”的真正内涵。总体而言，智慧城市“顶层设计”的内涵特点主要体现在以下几个方面。

① 整体战略性：智慧城市“顶层设计”需要紧密契合城市发展需求，明确智慧城市发展的核心目标。“顶层设计”所有的子系统都需要紧紧围绕核心目标实现预期的整体效应。

② 理论与实践的紧密结合：智慧城市“顶层设计”是自上而下的设计，并非凭空构建，它是对实践经验和感性认识的理性提升，并通过实践使之得以实现。

③ 强有力的执行性：智慧城市“顶层设计”的目标需要全体干系人的共同努力才能得以实现，因此，这要求必须有强有力的执行性。

④ 顶层决定性：“顶层设计”是自上而下展开的设计方法，其核心理念和目标都源于顶层，顶层决定底层。

⑤ 规范统一性：“顶层设计”能够做到系统各部分理念统一、目标统一、标准统一；确保系统各部分建设遵循统一的管理和技术标准。

⑥ 关联性：“顶层设计”强调设计对象内部要素之间围绕核心理念和顶层目标形成关联/匹配与有机衔接，实现系统各部分互联互通、功能协调、资源共享。

⑦ 实践可行性：“顶层设计”就是工程实现，要以“顶层设计”促进规划的实施。

⑧ “互联网+”思维的创新性：智慧城市的“顶层设计”需要创新性设计，“互联网+”的创新思维和技术方法为智慧城市的创新性设计提供了道路。

6.4.4 智慧城市顶层设计的方向

市政府要从城市发展的战略全局出发研究制订智慧城市建设方案。方案要突出为人服务，深化重点领域智慧化应用，提供更加便捷、高效、低成本的社会服务；要明确推进信息资源共享和社会化开发利用、强化信息安全、保障信息准确可靠以及同步加强信用环境建设、完善法规标准等的具体措施；要加强与国民经济和社会发展总体规划、主体功能区规划、相关行业发展规划、区域规划、城乡规划以及有关专项规划的衔接，做好统筹城乡发展布局。主要方向包括如下内容。

（1）推动构建普惠化公共服务体系。加快实施信息惠民工程，推进智慧医院、远程医疗建设，普及应用电子病历和健康档案，促进优质医疗资源纵向流动。建设具有随时看护、远程关爱等功能的养老信息化服务体系。建立公共就业信息服务平台，加快推进就业信息全国联网。加快社会保障，经办信息化体系建设，推进医保费用跨市即时结算。推进社会保障卡、金融IC卡、市民服务卡、居民健康卡、交通卡等公共服务卡的应用集成和跨市一卡通用。围绕促进教育公平、提高教育质量和满足市民终身学习需求，建设完善教育信息化基础设施，构建利用信息化手段扩大优质教育资源覆盖面的有效机制，推进优质教育资源共享与服务。加强数字图书馆、数字档案馆、数字博物馆等公益设施建设。鼓励发展基于移动互联网的旅游服务系统和旅游管理信息平台。

（2）支撑建立精细化社会管理体系。建立全面设防、一体运作、精确定位、有效管控的社会治安防控体系。整合各类视频图像信息资源，推进公共安全视频联网应用。完善社会化、网络化、网格化的城乡公共安全保障体系，构建反应及时、恢复迅速、支援有力的应急保障体系。在食品药品、消费品安全、检验检疫等领域，建设完善具有溯源追查、社会监督等功能的市场监管信息服务体系，推进药品阳光采购。整合信贷、纳税、履约、产品质量、参保缴费和违法违纪等信用信息记录，加快征信信息系统建设。完善群众诉求表达和受理信访的网络平台，推进政府办事网上公开。

（3）促进宜居化生活环境建设。建立环境信息智能分析系统、预警应急系统和环境质量管理公共服务系统，对重点地区、重点企业和污染源实施智能化远程监测。依托城市统一公共服务信息平台建设社区公共服务信息系统，拓展社会管理和服务功能，发展面向家政、养老、社区照料和病患陪护的信息服务体系，为社区居民提供便捷的综合信息服务。推广智慧家庭，鼓励将医疗、教育、安防、政务等社会公共服务设施和服务资源接入家庭，提升家庭信息化服务水平。

（4）建立现代化产业发展体系。运用现代信息化手段，加快建立城市物流配送体系和城市消费需求与农产品供给紧密衔接的新型农业生产经营体系。加速工业化与信息化深度融合，推进大型工业企业深化信息技术的综合集成应用，建设完善中小企业公共信息服务平台，积极培育发展工业互联网等新兴业态。加快发展信息服务业，鼓励信息系统服务外包。建设完善的电子商务基础设施，积极发展电子商务服务业，促进电子商务向旅游、餐饮、文化娱乐、家庭服务、养老服务、社区服务以及工业设计、文化创意等领域发展。

（5）加快建设智能化基础设施。加快构建城乡一体的宽带网络，推进下一代互联网和广播电视网建设，全面推广“三网融合”。推动城市公用设施、建筑等智能化改造，完善建筑数据库、房屋管理等信息系统和服务平台。加快智能电网建设。健全防灾减灾预报预警信息平台，建设全过程智能水务管理系统和饮用水安全电子监控系统。建设交通诱导、出行信息服务、公共交通、综合客运枢纽、综合运行协调指挥等智能系统，推进北斗导航卫星地基增强系统建设，发展差异化交通信息增值服务。建设智能物流信息平台和仓储式物流平台枢纽，加强港口、航运、陆运等物流信息的开发共享和社会化应用。

6.4.5　智慧城市顶层架构设计的主要内容

智慧城市顶层架构设计可采用企业信息架构（EA，Enterprise Architecture）方法论的“顶层设计”推进思路，企业信息架构指对企业事业信息管理系统中具有体系的、普遍性的问题而提供的通用解决方案，更确切地说，是基于业务导向和驱动的架构来理解、分析、设计、构建、集成、扩展、运行和管理信息系统。复杂系统集成的关键，是基于架构（或体系）的集成，而不是基于部件（或组件）的集成。根据开放群组的业务领导层 IT 架构指引：“有效的企业架构对企业的生存和成功具有决定性的作用，是企业通过 IT 获得竞争优势的不可缺少的手段”。这里的“企业”定义为有着共同目标集合的组织的聚集，例如，企业就是我们智慧城市中的政府部门。

从 1987 年的 Zachman Framework 开始，企业架构发展了二十余年，有很多专家与组织都试图对企业架构的内涵进行定义，目前，国际上的企业框架组织很多，影响力比较大的有 Zachman 架构框架、联邦总体架构框架（FEAF/CIO 协会框架）、欧洲共同体总体框架（TOGAF）等。

Zachman 表示：“企业架构是构成组织的所有关键元素和关系的综合描述。企业架构框架（EAF）是一个描述企业架构方法的蓝图。”

Clinger-Cohen 法案：“企业架构是一个集成的框架用于演进或维护存在的信息技术和引入新的信息技术来实现组织的战略目标和信息资源管理目标。”

The OPEN GROUP 表示：“企业架构是关于理解所有构成企业的不同企业元素，以及这些元素怎样相互关联。”

Gartner Group 对企业架构的定义是：企业架构是通过创建、沟通和提高用以描述企业未来状态和发展的关键原则来把商业远景和战略转化成有效的企业变更的过程。

企业架构如同战略规划，可以辅助企业完成业务及 IT 战略规划。在业务战略方面，可使用 TOGAF 及其架构开发方法（ADM，Architecture Development Method）来定义企业的愿景 / 使命、目标 / 目的 / 驱动力、组织架构、职能和角色。在 IT 战略方面，TOGAF 及 ADM 详细描述了如何定义业务架构、数据架构、应用架构和技术架构，是 IT 战略规划的最佳实践的指引。企业架构是承接企业业务战略与 IT 战略之间的桥梁与标准接口，是企业信息化规划的核心。

企业信息架构可以分为两大部分：业务架构和 IT 架构。大部分企业架构方法是从 IT 架构发展而来的：① 业务架构是把企业的业务战略转化为日常运作的渠道，业务战略决定业务架构，它包括业务的运营模式、流程体系、组织结构、地域分布等内容；② IT 架构是指导 IT 投资和设计决策的 IT 框架，是建立企业信息系统的综合蓝图，包括数据架构、应用架构和技术架构三个部分。

20 世纪 80 年代中期，当时还是 IBM 的员工 John Zachman 率先提出了“信息系统架构框架”的概念，从信息、流程、网络、人员、时间、基本原理 6 个透视角度来分析企业，也提供了与这些视角相对应的 6 个模型，包括语义、概念、逻辑、物理、构件和功能模型。由于其杰出的开创性工作成果，Zachman 被公认为是企业架构领域的开拓者。1999 年 9 月，美国联邦 CIO 委员会出版了联邦企业架构框架（FEAF），它的意图是为联邦机构提供一个架构的公共结构，以利于这些联邦机构间的公共业务流程、技术引入、信息流和系统投资的协调等。FEAF 定义了一个 IT 企业架构作为战略信息资产库，它定义了业务、运作业务所必需的业务信息，支持业务运行的必要的 IT 技术，响应业务变革实施新技术所必需的变革流程等要素。

企业架构方法有很多，但 TOGAF 是最主流的，不仅有 80% 的《福布斯》全球排名前 50 的公司在使用，还支持开放、标准的 SOA 参考架构。企业架构规划最常采用 TOGAF 架构方法。TOGAF 架构开发方法（ADM，Architecture Development Method）是一个可靠的、行之有效的方法，以发展能够满足企业商务需求的企业架构。其主要包括如下内容。

① 预备阶段。这一阶段关注的是满足新企业架构的业务指导所需的准备和初始活动，在此阶段，应当采纳面向服务的原则。这将帮助本阶段两项额外的输出——治理和支持策略，以及初始架构库进行相互调整适应。

② 架构愿景。本阶段关注愿景、范围、业务驱动力以及准备情况评估，需要在这个阶段定义架构项目的规模、风险承担者以及架构视图。

③ 业务架构。这个阶段关注业务架构方面的事情，如人员、流程和职能，需要在这一阶段开发一个基准和目标业务架构，并进行支持已有架构视图的缺口分析。

④ 信息系统架构。这一阶段解决的是应用和数据架构问题，需要开发基准和信息系统架构，进行支持已有架构视图的缺口分析、架构信息系统服务，并将它们与业务服务相关联。

⑤ 技术架构。本阶段定义架构所需的软硬件基础设施。在定义技术时，应当使用 SOA 参考模型。

⑥ 机会及解决方案。本阶段关注于初级实施规划，然后确认前面阶段所定义的架构的交付

工具。对解决方案组合、集成以及管理，以及内部或外部服务供应商的确认在本阶段完成。

⑦ 迁移规划。本阶段的关注点是利用一个支撑性的先前阶段确认计划，搭建一套细化的系列过渡架构，和项目实现团队一同创建可行的实施和迁移。

⑧ 实施治理。本阶段关注实施的架构性监管。架构实施应当坚持按照先前阶段所定义的 TOGAF 和 SOA 治理及策略模型进行。

⑨ 架构变更管理。本阶段关注新架构的变更管理，并帮助考虑采纳面向对象的原则。架构变更管理的目标是要确保架构能够实现其原有的目标业务值。这一目标包括以紧凑的架构方式管理架构变化。

⑩ 需求管理。处理所有类型的需求，包括显著的业务推动者、关系，及新的功能和变更请求。

智慧城市“顶层设计”架构方法在 EA 架构的基础上，需要融入标准评价、建设运营管理、发展环境保障等软环境建设内容，总体框架如图 6.2 所示。

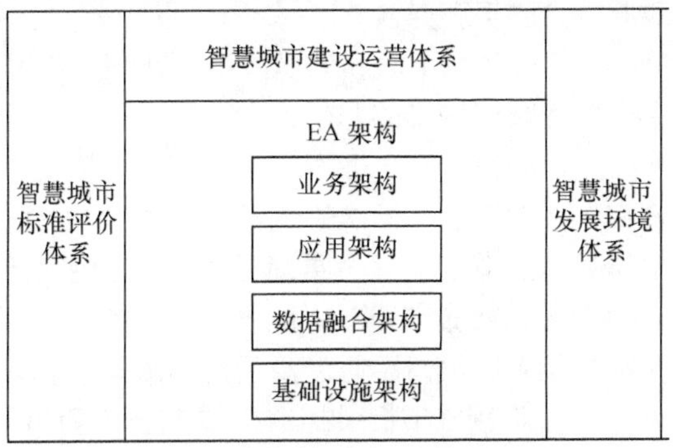

图 6.2 智慧城市顶层设计架构

智慧城市“顶层设计”的体系架构方法沿袭了企业架构的模式，主要由业务架构、应用架构、数据融合架构和基础设施架构这 4 个方面组成。

① 业务架构设计。智慧城市的“顶层设计”应该以业务需求为导向。业务架构是采用有效的建模技术，规范化地描述业务发展战略、业务运作模式、各个业务之间相互作用的关系结构，它从战略任务出发，以业务活动和要素为主线，以完成任务的信息流为支撑，描述基本业务模型。只有建立起基于业务的架构设计，才能在不冲破现有政府体制的前提下实现部门内部以及部门之间的协同。

② 应用架构设计。应用架构统筹规划和整体布局智慧城市应用体系，全面展现面向市民、企业和政府机关提供服务的整体设计，是智慧城市建设取得成效的关键内容。智慧城市应用架构设计综合考虑产业、民生和政务三大领域的核心需求，提炼出智慧城市建设和应用的基础支撑、平台应用、智能展现层的核心任务，提出应用系统部署的基本构想。

③ 数据融合架构设计。数据融合架构设计主要是建立数据模型、描述信息流程，并依据业务架构分析信息的集成、共享、高效利用方式，进而实现业务流程的优化和重组，提高信息集成和共享能力。智慧城市“顶层设计”必须以资源共享为基础，在执行层面以信息资源共享交换体系和资源目录体系为指引，实现信息资源的共享与复用。

④ 基础设施架构设计。智慧城市必须借助物联网、云计算、大数据等新兴信息技术，通过互联网和新兴网络技术，将城市中的信息基础设施、社会基础设施和工商业基础设施等连接起来，然后对采集的海量信息进行大数据分析处理，最后应用到各行业、为政府和社会服务。智慧城市基础设施体系把系统的物理资源和其性能特征与业务架构及有数据架构所定义的标准要求联系起来。智慧城市的基础设施架构包括三个层次：一是可感知的基础设施层，也就是物联网层，这在第 4 章已经阐述；二是“三网融合”的通信层，智慧城市通信层建立在“三网融合”

的基础上，利用软交换/IMS将电信网、互联网、电视网融合起来，贯通智慧城市的网络体系架构，将感知层采集到的数据传送到智慧城市的云计算数据中心，并且提供指挥调度、专网通信等通信能力。该层的相关技术可阅读作者的另外专著：《基于软交换的下一代网络组网技术》《IMS核心原理与应用》，限于篇幅本书不再赘述；三是云计算大数据平台，这已经在第3章进行了阐述。

从管理和系统性层面来看，智慧城市除了采取EA架构进行系统设计外，还应具有建设运营管理、发展环境、标准评价等管理体系。

（1）智慧城市运营管理体系。在智慧城市的建设过程中，必须通过对项目建设、运营的各方面影响因素进行评估，探索以政府为主导以及市场为主导、资源整合、多方参与、合作共赢的项目建设运营模式。目前，智慧城市建设及运营拥有四种主流模式：① 政府投资运营、企业参与建设；② 政府与企业合资建设与管理；③ 政府统筹规划，企业投资建设；④ 企业建设运营、政府公众购买服务。

（2）智慧城市发展环境体系。智慧城市发展环境体系大体可以分为5个层面：① 认知层面，主要包括智慧城市的思想理念、理论研究、舆论宣传、人文环境等；② 技术层面，主要包括技术研发、网络基础、数据库、信息安全等；③ 制度层面，主要包括法律法规、政策体系、规划方案、体制机制、标准规范等；④ 组织层面，主要包括组织领导、顶层设计、试点示范、交流合作、商业模式等；⑤ 要素层面，主要包括自己、土地、人才、项目等。

（3）智慧城市标准评价体系在智慧城市建设过程中必须要制定科学的标准规范和评价体系，标准规范和评价体系应涉及智慧城市建设各项领域，能够指导智慧城市建设。① 智慧城市标准体系是由智慧城市相关标准构成的一个有机整体，能够与国家标准及行业标准纵向贯通，同时做到与现有领域的横向斜街，一般来说智慧城市标准体系架构主要包括：智慧城市建设总体标准（总体框架及跨系统共享平台、支撑平台等）、信息化基础设施标准（包括物联网、通信网、数据传输网等建设标准）、信息系统行业标准（包括数据标准、网络标准、技术标准等）、信息系统应用标准（各类行业应用平台、支撑平台、基础信息存储等标准）、信息系统安全标准等。② 智慧城市评价体系是由一套科学系统的评价指标构成的，是对智慧城市的建设成果进行量化计算、科学评测的方法体系，是智慧城市建设的行动指南也是检验智慧城市成果的具体体现，指标的导向作用将引导政府部门的执行重点及规划阶段性目标。评价体系的建设需要结合国内相关评价体系和智慧城市的特点，能够对智慧城市建设起到指导和规范作用，从而带动智慧城市的科学建设、质量保证、合理评价、科学管理。一般来说智慧城市评价体系包括信息化基础设施评价指标和信息系统应用成效评价指标；信息化基础设施评价指标包括感知层评价指标、传输层评价指标、数据层评价指标等；信息系统应用成效评价指标包括政府成效、企业成效、市民成效等。

6.5 智慧城市信息资源共享

《促进智慧城市健康发展的指导意见的通知》中指出：加快推进信息资源共享与更新。统筹城市地理空间信息及建（构）筑物数据库等资源，加快智慧城市公共信息平台和应用体系建设。

建立促进信息共享的跨部门协调机制，完善信息更新机制，进一步加强政务部门信息共享和信息更新管理。各政务部门应根据职能分工，将本部门建设管理的信息资源授权有需要的部门无偿使用，共享部门应按授权范围合理使用信息资源。以城市统一的地理空间框架和人口、法人等信息资源为基础，叠加各部门、各行业相关业务信息，加快促进跨部门协同应用。整合已建政务信息系统，统筹新建系统，建设信息资源共享设施，实现基础信息资源和业务信息资源的集约化采集、网络化汇聚和统一化管理。

同时，通信要求深化重点领域信息资源开发利用。市政府要将提高信息资源开发利用水平作为提升城市综合竞争力的重要手段，大力推动政府部门将企业信用、产品质量、食品药品安全、综合交通、公用设施、环境质量等信息资源向社会开放，鼓励市政公用企事业单位、公共服务事业单位等机构将教育、医疗、就业、旅游、生活等信息资源向社会开放。支持社会力量应用信息资源发展便民、惠民、实用的新型信息服务。鼓励发展以信息知识加工和创新为主的数据挖掘、商业分析等新型服务，加速信息知识向产品、资产及效益转化。

因此，智慧城市建设的一项重要内容就是打破原先的各委办局之间的“孤岛”和“烟囱”，实现城市各类信息数据的共享和整合，建设统一的信息资源共享和数据整合平台，并且实现平台的对外开放和公共交易。

智慧城市信息资源共享的基本思路是：

首先，进行科学的信息资源整合与共享的顶层规划，以指导实施；

其次，重点进行信息资源管理中心的建设，完成资源整合与共享载体的建设；

再次，实现符合国家规范与城市体征的信息资源目录体系的建设，打造信息资源整合与共享标准体系；

最后，促进基于业务重组和业务参考模型的信息资源体系改造，提升资源整合与共享水平。

6.5.1　信息资源规划

信息资源规划指对所有需要的信息，从采集、处理、传输到使用的全面规划。总体而言，智慧城市信息资源整合与数据资源共享按照云计算的三层架构进行构建，包括智慧城市数据基础层（IaaS）、智慧城市数据共享平台服务层（PaaS）和智慧城市智慧应用层（SaaS），如图 6.3 所示。

① 智慧城市 IaaS 层。该层整合了各部委办局资源，包括信息资源、软件资源和 IT 硬件资源，运用虚拟化技术，通过初步的整合形成公用的资源存储管理池，在信息资源上整合成人口资源库、地理空间资源库、法人信息资源库、宏观经济资源库、基础设施资源库五大公共数据库及其他专项系统数据库。

② 智慧城市 PaaS 层。该层数据共享平台是整个信息资源整合与共享的核心，其中的模型规则库定义了指标度量体系以及指标关联的元数据；元数据库定义了数据标准规范，如数据来源、数据名称、数据有效性检查等；统一共享数据管理是在利用模型规则库和元数据库内容的基础上，对汇聚数据库中的内容进行加载、清洗、转换工作，按照特定业务模型整合成符合标

准的统一数据资源仓库及相关平台应用服务；专题数据服务平台是利用元数据库约束，按照专题应用要求，在整合资源库的基础上形成的数据通用基础服务平台。

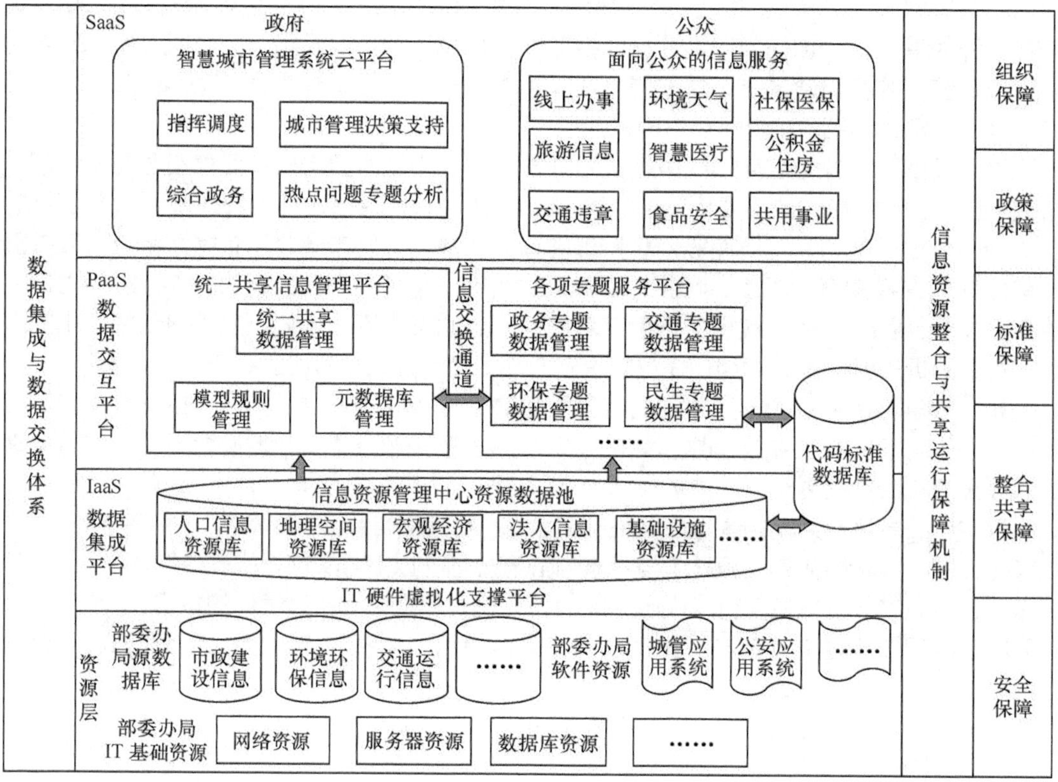

图 6.3　信息资源共享总体框架

③ 智慧城市 SaaS 层。通过智慧城市管理系统平台整合热点问题专题分析、指挥调度、决策支撑等能力。对于信息门户及综合政务系统提供数据共享信息。此外，为了更好地实现资源的整合和共享利用，我们还需要建立数据集成与数据交互体系、信息资源整合与数据资源共享保障机制这两个辅助体系和机制来保证信息资源整合与共享能够顺利实施。

6.5.2　信息资源管理中心（平台）建设

信息资源管理中心（平台）的总体建设目标是打造一个集“技术服务、资源服务、管理服务”三位一体的管理实体和信息平台，逐步实现全市的信息资源统一管理和共享目标。在技术上，信息资源管理中心要实现外网服务、内网办公这两大工作平台，它是智慧城市建设和信息资源开发与利用的关键，负责整个城市共享信息资源的维护、运行和管理；负责对全市可共享的政务、社会、经济和行业重要信息进行编辑、备份与灾难恢复；对城市政务、社会、经济和行业信息的登记注册与数据更新管理。在信息资源管理中心（平台）下需要重点建设：城市公共数据库、数据共享与交换平台、城市综合运行管理平台。

（1）城市公共数据库。建立公共数据库是政府信息资源共享的基础，是实现城市政府信息资源共享的重要一步。公共数据库可实现有效的政府信息资源的共享机制，而政府信息资源共享是国家权力机关与政府之间、政府各职能部门之间、政府与社会之间、政府与企业之间、政府与公民之间共同使用政府信息资源的一种机制。公共数据库可集中存储各主体间需要共享的数据，可通过为各主体提供公共数据的获取接口很好地保证政府信息资源的有效共享。城市公共数据库主要建设内容包括人口基础信息数据库、自然资源与空间地理基础信息库、法人单位基础信息库、宏观经济信息库。

（2）城市数据共享与交换平台。智慧城市数据共享与交换平台采用面向服务的体系架构，实现城市级的数据共享与交换，该平台要满足如下功能要求。

① 方便地实现城市级数据交换共享平台与城市内各部门、行业和区县数据交换共享子平台及相关业务应用系统之间的数据共享与交换。

② 实现不同类型的数据库对接，即本平台能够实现不同类型数据库之间的互通，可以将数据源表和目标数据表对应起来。

③ 数据对导。平台支持对结构相同或相似数据表与目标数据表内数据的直接导出导入操作，对导前可以配置导出导入字段的对应关系，同时应支持通过视图进行对导数据的功能。

④ 数据类型自动转换。平台实现对不同类型数据的自动转换功能，例如一个字段由 STRING 型转换为另一个数据库能接收的 VARCHAR 型数据。

⑤ 消息队列的自动管理。平台可以自动判断并管理消息队列，按消息的优先次序或级别来安排消息传输，建立良好的数据传输机制。

⑥ 数据的自动封装与解析。平台可以对指定数据按一定原则进行封装，分装时可以自动判断数据分组的大小，按指定大小封装成一个或多个分组并记录分组间的关系，在接收数据分组后可以对分组进行自动解析。

⑦ 安全控制。平台应具有严格稳定的安全机制，确保数据安全，即能够根据一定规则对传输数据进行加密解密。

⑧ 日志。平台要有健全完备的日志功能，根据需要记录系统运行过程中的所有相关信息。

⑨ 运行稳定。平台要长期稳定地运行，具有网络故障应对能力，支持断点续传。

⑩ 平台应具有良好的可扩展性、开放性和广泛的兼容性，同时平台满足人性化、可配置的智慧城市数据共享与交换平台是城市的数据汇聚中心，能够将各种不同来源的数据以服务的方式统一注册，并向外提供包装好的服务，对内则提供灵活的、松耦合的架构与使用方式。数据共享与交换平台的构成如图 6.4 所示。

数据共享与交换平台主要包括以下几个部件。

① 数据交换共享总线。数据交换共享总线主要承担适配、服务注册、数据清洗、格式转换、安全服务等功能。它是传统中间件技术与 XML、Web 服务等技术结合的产物，提供了网络中最基本的连接中枢，实现了不同业务服务器之间的通信与整合。从功能上看，数据交换共享总线提供事件驱动和文档导向的处理模式以及分布式的运行管理机制，它支持基于内容的路由和过滤，具备了复杂数据的传输能力，并可以提供一系列的标准接口。

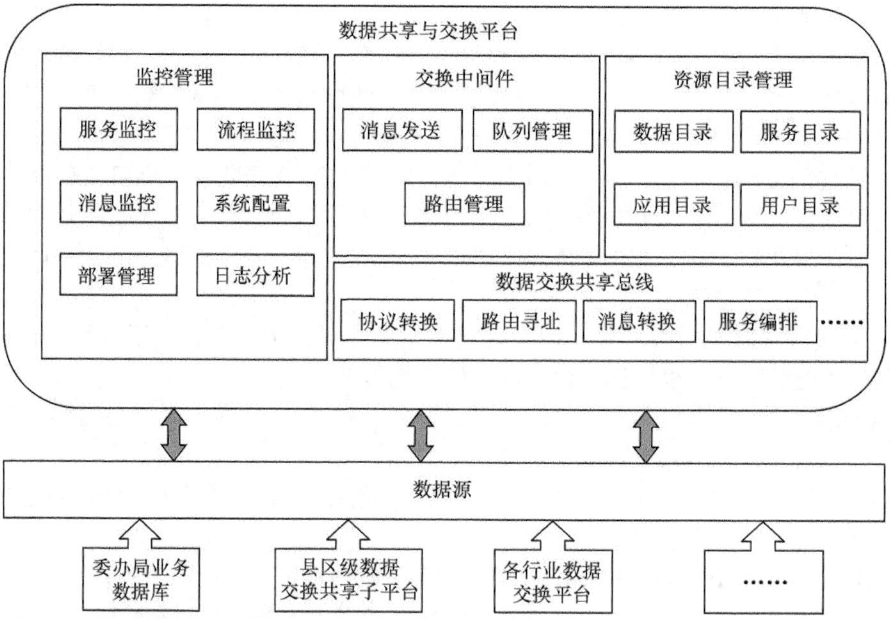

图 6.4　数据共享与交换平台系统架构

② 交换中间件。它主要承担消息发送、队列管理、路由管理等工作，需要具备实时传输信息的能力以及海量的数据承载能力，并通过高可靠性、高性能、分布式等特征来保证系统的运行。

③ 资源目录管理。其作用在于对信息做统一的处理与分类，形成数据字典和目录，供各类用户共享查询。其功能主要有目录分类、服务目录、元数据管理、资源管理等。

④ 监控管理中心。其作用是对整个数据共享与交换平台的各个构件做统一的监控与管理，其中关于监控的重要功能有服务监控、流程监控、消息监控；关于管理的重要功能有部署管理、系统配置、日志分析。

（3）智慧城市综合运行管理平台

智慧城市综合运行管理平台指以一个或者几个超大型的数据中心为核心，连接城市管理中的各专项平台，志在打破各部门、行业的“孤岛”式运营方式，高度整合、高效共享城市资源，并为城市综合运行提供城市指挥调度、决策响应、数据分析服务的管理平台。该平台可以准确地搜集、分析和处理有关城市系统及服务的信息，包括公共安全、交通、水资源、建筑、社会服务和机构等；整合来自多个城市系统的实时信息，从而以协调合作的方式制订决策方案并快速响应各类事件。平台在城市中的整合项目包括城市运行指标监控、城市运行综合管理和城市应急事件协同处置等。此外，该平台还可以被外部系统调用，以支持其他部门的各类应用，帮助领导管理各类计划外的事务。

智慧城市综合运行管理平台的建设思路主要包括以下内容。

（1）以跨部门、跨地区的数据资源共享为基础，实现城市运行情况信息的有效整合，并能可视化综合互动展现，注意改善和提高市民的服务，最终实现突发事件处置和应急管理对信息快速集成。

（2）平台建设的立足点是在不改变各政府部门原有业务系统运行逻辑的前提下，以“关联资源共享、相关应用协同”为主旨，满足部门需求，使相关应用系统有机协同联动起来，实现智慧管理和服务，提高部门业务处理工作的效率和效能。“共建共用共享”是智慧城市综合运行管理平台建设的立足点，也是服务目标。

综上所述，智慧城市综合运行管理平台是围绕城市管理与服务目标展开的，具有自适应性的智慧应用与整合能力，模块化、松耦合、可扩展、易升级、开放式的集成软件系统。通过该平台系统纵向贯通城市各类不同层级的信息资源与上层智慧应用之间的垂直通道，构建高效、实时、共享、准确的信息流；横向通过各类业务组件组装，满足跨部门、跨领域的信息共享和协同应用，最终达成资源共享、协同管理、应用聚合的总体目标。

一个智慧城市综合运行管理平台的典型实现由资源共享子平台、协同管理子平台、聚合应用子平台组成，此外，城市资源线索工具和资源体系解构工具能够提供支撑，依托对外的支撑体系和接口体系，连接泛在信息网络以松耦合的粗粒度形式通过标准化的接口连接形成一个开放的有机整体。平台与外部系统、各个平台之间以及平台内的组件之间根据需求通过标准化的接口和服务总线进行分布式部署、组合和使用，形成一个集广泛信息采集、多维统计分析、智慧应用操作展示于一体的城市运行管理与服务系统，依托城市运行管理监控指标体系，支撑城市管理者对城市运行情况进行及时、有效的监督和宏观管理。下面简单介绍各子平台功能。

① 资源共享（SR, Share Resource）子平台。该平台主要实现城市全景数据全集的整合。资源共享子平台通过标准化的服务接口与各个委办局信息化应用系统的有机对接，实现部门之间业务流程和数据的贯通，采用数据仓库集中采集存储，实现信息交换、传输以及备份等；通过城市资源线索工具进行数据质量的管理、一致性处理和线索化挖掘；通过资源体系解构工具进行信息的重组和建模，构建以城市运行管理监控指标体系为基础的关系模型，以便进行深度的数据挖掘和智能应用。

② 协同管理（CM，Collaborate Management）子平台。协同管理子平台一方面通过标准服务总线向上层聚合应用子平台提供粗粒度的智慧应用功能服务接口，并向其开发者屏蔽下层信息细节和计算模型；另一方面对跨部门、跨领域应用流程进行管理和监控，实现高效的协同工作。它主要包括流程监控、服务订阅、消息队列、事件管理、组件管理、目录管理、流程配置、认真授权、即时通信等功能模块。

③ 聚合应用（PA，Polymerization Application）子平台。聚合应用子平台以开放性满足各类智慧应用为目标，充分考虑未来业务种类的增长，同时考虑与行政管理体制的配合和协调，提供各类组件的运行环境和数据接口，可快速定制应用模块并支持即插即用，从而实现未来各类应用的快速搭建和面向多类对象的运营服务。

④ 资源体系解构工具。资源体系解构工具是一组智能分析和学习工具的集合，主要实现城市建设运营指标的管理以及交通、环境、资源等各类智慧应用所涉及的核心模型的管理。

⑤ 城市资源线索工具。城市资源线索工具是一组数据挖掘、分析和管理工具的集合，根据时间序列、位置定义等关键线索的引导，以大数据技术构建以城市信息资源数据为主体的关系模型，

根据条件横向或纵向融合，形成各类数据专题，以应对跨部门、跨领域的数据分析和展现需求，同时支持上层应用需求对资源共享子平台的数据进行模糊检索、条件聚合以及各类大数据应用。

6.5.3 信息资源目录体系建设

信息资源目录体系是利用目录技术和元数据技术以及其他网络技术，在网络上构造一个统一的政务信息资源目录管理系统，使资源的利用者能够在任何时间、任何地点，通过特定的服务接口查询资源目录，使其能快速发现、定位和获取所需信息。

信息资源目录体系是向信息使用者提供政务信息查询、建设和定位的服务平台，并在规定的安全机制下，通过交换体系获得信息资源，向信息使用者提供信息访问服务。

信息资源整合和共享的建设，要实现与相关政府部门间进行信息交互和数据共享。为了保证数据共享切实落地，我们需要在对智慧城市建设数据共享需求、各部门数据现状和共享需求进行分析调研的基础上，给出智慧城市要实现的共享数据目录列表，通过元数据定义给出每类数据的业务属性和技术属性。面向智慧城市的政府信息资源整合和共享数据目录列表可以由以下领域和数据分类构成。

① 气象：监测站数据、气象实测数据、气象预测数据。

② 交通：客货运站信息、营运车辆单位信息、车辆基础信息、驾驶员信息、GPS 信息、车载视频信息、营运信息、汽车维修信息。

③ 交管：道路出行导引数据、交通信息、交通设施信息、车辆信息。

④ 市民卡：市民卡刷卡信息、市民卡服务信息。

⑤ 国土：国土资源信息。

⑥ 环境监测：空气质量监测数据、饮用水源监测数据、噪声监测数据、污染点源数据、水质监测数据。

⑦ 城管：市政 GIS 数据、道路占挖数据、防汛数据、污水处理数据、绿化数据。

⑧ 水利：水利设施数据、监测站数据、水利实测数据。

⑨ 住建：住房保障数据（人均住房面积、平均交易价格等）、住宅信息。

⑩ 规划：基础 GIS 信息、建筑工程红线。

⑪ 公安：刑事案件信息、突发事故信息、人口信息、视频监控信息。

⑫ 供电：民用用电量信息、工业用电量信息、电力基础设施信息。

⑬ 地铁：地铁铁路信息、客流信息。

⑭ 通信：基站数据、LAC 位置区码数据。

6.5.4 信息资源融合改造

信息资源融合改造的目标是构建一个开放、可扩展的统一数据交互管理平台。科学合理地组织多个来源系统、不同格式的信息数据，不仅能够灵活满足上层数据挖掘、应用分析、多维度展现及信息共享的需求并围绕其进行设计，还能够对智慧城市运行、服务的典型应用进行数据支撑，实现城市运行情况的数字可视化综合互动展现及应用。

现有数据资源的标准化、规范化和融合改造是以建立数据仓库为基础的，并通过大数据技术实现数据融合改造。数据仓库是一个面向主题的、集成的、相对稳定的、反映历史变化的数据集合，用于支持管理决策。

智慧城市数据仓库架构分为三层：数据暂存层、统一模型层、业务集市层，目标是构建一个开放、可扩展的统一数据平台。

（1）数据暂存层存储了来源于各委办局的业务系统原始数据，是数据仓库建设的数据来源基础。这些数据的获取在各委办局都建设了数据共享和交换平台，通过各个委办局的前置数据采集服务器（数据采集接口）获得，在上述设施没有建设或数据接口没有统一的情况下（例如该委办局原有建设单位注销等情况）可以采取本书中提到的大数据的数据爬取采集技术实现。

（2）统一模型层是数据平台的核心层。在源数据层的基础上、基于 GIS 按照面向对象的思想实现数据的组织、管理、实现数据归一化，支撑数据应用。根据数据组织与融合程度不同，又细分为统一模型原子层、统一模型融合层。原子层（稳定层）存储城市部件、居民应用、企业应用、政务信息四大主题域的基础数据实体及 GIS 图层数据，是智慧城市运营的基本载体数据，数据相对稳定，逻辑关系确定。融合层（动态层）存储上述四大主题域的业务逻辑数据及城市在运行中产生的大量业务数据，更新快，内部业务关系灵活。

（3）业务集市层在统一模型层的基础上，根据用户需求，建立专题挖掘分析、多维分析的业务数据集市模型，为城市的建设和规划提供数据信息支撑。

上面提到的四大主题域旨在以基点的思想来探索其规律，揭示其本源。人类是社会活动的主体；企业是社会财富的创造者；资源、设施是人类赖以生存的物质基础和载体；政府则是城市发展的引导者和城市生活的管理者、运营者。本书通过图 6.5 来阐述其内在关联以及物联网、大数据、移动互联等各项技术在其中的体现。

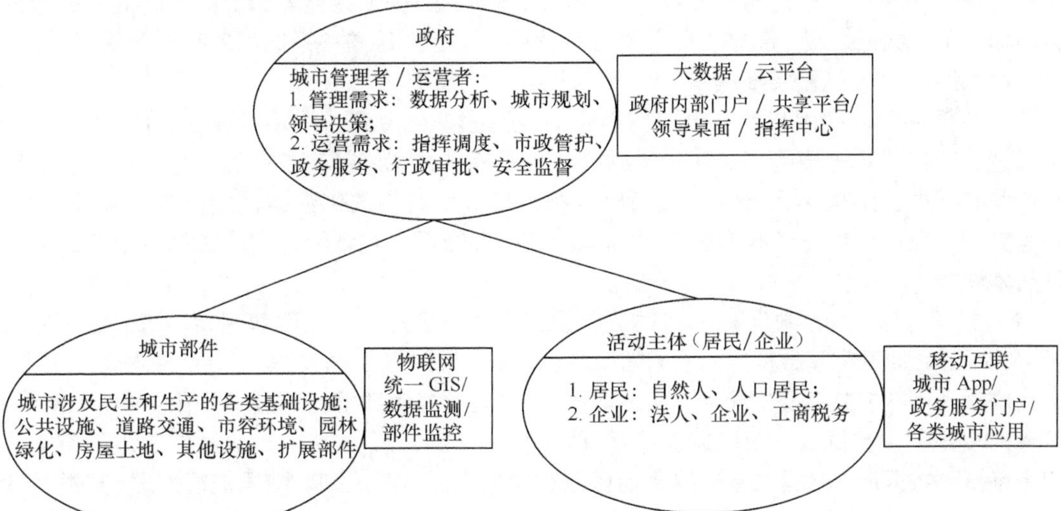

图 6.5　四大主题域及其与关键技术的关系

政府（政务信息）资源域。政府是城市的管理者和运营者，从管理需求出发，具有数据分析、城市规划、领导决策等多种信息需求；从城市运营需求出发，具备城市通盘的（应急）指挥调度、市政管护、政务服务、行政审批、安全监督等信息需求。在政务服务方面依托行政服务中心和权力阳光系统等信息化云平台，构建完整记录审批事项办理流程及结果的政务服务信息库，同时进一步整合相关部门的特征政务信息，逐步建立各类专题信息库，通过大数据等技术为城市规划、建设、管理与决策提供支撑。

城市部件信息域。城市部件指城市市政管理公共区域内的各项设施，划分为几大类：公用设施、道路交通、市容环境、园林绿化、房屋土地、其他设施、扩展部件等。城市部件信息域以上述城市部件资源管理为主线，整合全市空间地理信息、自然资源信息和基础设施信息，构建一个以统一 GIS 平台为载体，以城市基础设施（如地下管网、防汛设施、土地房屋、道路桥梁）和实时运行数据（如气象、环境、交通、电力）为主要内容的城市部件信息库，实时监测城市的运行状态，为城市的日常管理和应急指挥的资源调度提供支撑。

以活动主体为要素的居民应用信息域和企业应用信息域。居民应用信息域以自然人为主线，整合全市人口、居民行为等信息资源。企业应用信息域以法人为主线，整合全市法人、企业经营情况、工商税务等信息资源。

信息资源融合的主要方法和流程如下。

（1）数据采集。智慧城市建设中的数据采集方式可通过数据共享交换、物联网运行管理以及网络爬虫等平台，利用包括网上直报、离线填报、Excel 导入、外部数据文件导入、易购数据库同步导入、主动数据抽取等多种数据采集方式，并可通过移动终端设备及移动互联应用实现数据采集，满足不同层级、不同类型用户的海量数据采集需求。

（2）数据抽取、转换及装载（ETL）。数据抽取是从数据源中抽取数据的过程。从数据库中抽取数据一般采取全量抽取或增量抽取方式；数据转换是针对所抽取的数据不一定完全满足目的库的要求，例如，数据格式不一致、数据输入错误、数据不完整等情况而对所抽取的数据进行转换和加工；数据装载是将数据装载到目的库中，当目的库是关系数据库时一般采用 SQL 语句进行 Insert 操作或批量装载操作。

（3）数据存储。利用智慧城市数据中心的存储虚拟化资源，按照可弹性扩展、易于扩容、易于管理、节约成本等原则，实现对基础库、主题库、共享库的有效存储。存储系统要能存储 4 种类型的数据：结构化数据，如人口库、法人库等；非结构化数据，如日志、视频、语音、图片等数据；文件，如各类政府公文、档案等；缓存数据，将频繁访问的数据存放在缓存中以提升整体性能。

（4）数据入库。智慧城市核心数据的建设包括基础数据库（人口数据库、法人数据库、宏观经济数据库、地理空间数据库、信用信息数据库等）、主题和业务数据库以及数据仓库等内容。基础数据库利用数据共享交换平台，通过与省 / 市 / 县区各类数据的对接，与市级部门业务系统、业务库对接获取到数据后，对数据进行整理汇聚，形成人口、法人、宏观经济、地理空间、信用信息等基础数据库。数据共享交换平台可以实时或定期按照规则对数据进行整理、归类、汇聚，从而完成基础库的数据建库工作；基于数据共享交换平台建设的基础数据库，利用物联网运行管理平台以及网络爬虫等方式，对海量异构数据进行抽取、清洗、转换、装载等处理，按照数据仓库模型，定期将数据装载到数据仓库中。数据仓库存放了各类当前和历史数据全集，可有效支撑各类数据的运算和分析；主题数据库基于数据仓库数据，从数据仓库中抽取关联数据的集合，支撑具体专题的分析应用。

（5）数据交换。在智慧城市的数据架构中，可以通过数据库直连模式、文件交换模式、Webservice、RESTful 接口等方式实现部门间业务数据的交换共享。

（6）数据分析。基于大数据服务平台，提供基础的数据分析能力，包括报表引擎、OLAP 引擎、分布式搜索引擎等。政府部门业务系统、社会企业可以充分利用这些引擎和能力，完成对大数据的分析，从而为各类决策提供依据。

（7）数据开放。通过 API 开放的方式，将数据资源进行合理、有序的开放，发挥数据的资源要素价值。

6.6　智慧城市应用

本节通过城市治理、产业促进、民生服务三个分类简单地对智慧城市的各个应用领域进行概要介绍。

6.6.1　城市治理领域

城市治理应用的建设推动了管理部门与民众的直接联系，将城市管理中原来相对封闭的模式转变为协同治理的开放模式，极大地引发社会的参与热情，并提高了社会多元化主体协作的紧密程度和有序程度，有效地促使社会各个主体充分发挥主观能动性，产生协同效应，释放社会活力。

1. 城市运营管理中心

城市运营管理中心肩负着智慧城市领域应用中各子项目成果汇聚、管理、展现、反馈的集成职能。它以 SCP 架构理念为指导思想，实现城市级资源共享、协同管理、应用聚合。通过构建资源共享（SR）子平台、协同管理（CM）子平台、聚合应用（PA）子平台，并利用城市资源线索工具 RRT 和资源体系解构工具 SDT，实现广泛信息采集、多维统计分析和智慧应用一体化操作与展示。结合 GIS 技术，通过大屏幕、智能门户展现终端视图及实现闭环控制。

城市运营管理中心从发挥决策指挥、运行管理、交流展示等功能出发，将城市的人、事、物、空间等信息进行统筹管理，依托智慧城市基础设施架构和数据融合架构，实现终端感知和各系统与现有各专业指挥中心的互联互通，统一监控环境、交通、治安等城乡运行体征状态，满足突发事件处置和应急管理对信息快速集成的需求，将城市运营管理中心打造成“决策指挥中心、运行管理中心、交流展示中心”。

城市运营管理中心的具体内容如下。

① 城市运行指标的实时监控。

② 常态的城市运行综合管理。

③ 基于大数据的城市管理决策支撑。

④ 提供常态或应急状态下的指挥调度。

2. 公共管理平台 / 智慧政务

公共管理平台以向公众提供智慧型的公共政务服务为目标，通过打造统一的访问门户，从决策分析、行政审批、市场监管、社会治理、政务协同等方面统筹公共管理应用建设，促进政府治理能力的现代化。公共管理平台的具体内容如下。

（1）内容管理：面向政务管理应用领域提供内容建设、发布和管理等功能服务，实现在互联网、移动互联网、微信公共账号等多渠道信息同步发布。

（2）网上申报与受理：通过网上申报系统实现与审批系统、电子监察平台、部门自有审批系统等的无缝对接并基于网上受理办件库，通过数据交换平台实现与审批系统办件库、部门自有审批系统办件库的实时数据交换，在网上为办理人提供受理回执。

（3）办事综合查询：包括办事事项查询、便民服务事项查询、办事进度查询、全文检索等。

（4）网上办事评价：公众在事项办结后可通过门户进行办事服务的评价。

（5）网上效能监察：通过与电子监察平台的技术对接，将网上受理、评价、投诉等模块纳入监察平台的效能监察。

（6）社会治理网格化管理：按照一定的标准划分为单元网格，以社区、网格为区域范围，以巡查对象为管理内容，以网格人员为责任人，通过加强对单元网格的部件和事件巡查，将过去被动应对问题的管理模式变为主动发现问题和解决问题的城市管理新模式。

（7）征信信息应用：利用整合的征信信息基础数据库，分阶段向政府部门、金融机构、信用服务机构提供信用信息服务。

3. 智慧交通

智慧交通被认为是解决城市交通拥堵，进而建设综合交通运输体系，实现交通运输基础设施智能化和促进交通运输业可持续发展的重要突破口。智慧交通主要包括以下内容。

（1）交通运行管理包括交通信号智能化控制，以及电子警察、视频监控等智能监控设备设置。

（2）区域交通管理包括区域车辆监控、区域车流分析。

（3）交通信息服务包括道路信息发布、智能停车引导等。

4. 智慧安防

智慧安防切实提升了城市安全性，同时也是其他智慧化应用提供的可视化资源共建共享的基础。智慧安防主要包括以下几个方面的具体内容。

（1）平安城市：从管理的全局需求出发，采用固定治安监控点与移动执法监控相结合、公安治安监控与社会治安监控相结合、视频监控与 GIS 系统相结合、人工监控与智能分析相结合、分布式管理与统一指挥管理相结合等方式，实现视频资源的共享和视频信息增值应用，建立全方位、立体化的多级监控联网管理体系。

（2）安全综合管理：实现治安监控系统、交通监控系统、家居安防系统及其他社会监控资源接入和管理，同时向公安、应急等部门提供图像信息和报警信息。

（3）应急管理：采取多种方式和途径，获取现场图像信息并及时上报，提供应急指挥平台所需的相关数据、图像、语音等资料。

（4）治安监控：提供 7X24 小时远程视频巡逻。

（5）联网报警：采用统一接警、统一管理、划分区域监控的多级部署模式，提供防盗、防火、求助及常驻警备服务。

（6）安全生产防护：以网络和信息系统为基础，以 GIS 平台为支撑，以有线、无线通信为纽带，以控制重大事故发生为目的，采取对重大危险源实施动态实时监控，切实保障应急救援有对象、有措施，有序、高效地开展各项现场救援活动。

（7）指挥调度：基于综合管理平台，为接警和应急提供调度功能。

（8）三维地理信息：提供 3D 可视化操作及空间分析、辅助调度、辅助决策等功能。

（9）智能机器人 / 无人机巡逻：能够协助保安管理人员有效地完成区域内安全保障工作，如商场、博物馆、住宅小区及其他公共场所可以实现自主环境探测、自主避障等功能。

5. 智慧城管

智慧城管的建设将深化城市网格化管理与社会治理、食品安全溯源等工作，推进扁平化、一体化、智能化的综合城市治理体系建设。智慧城管主要包括以下内容。

（1）无线数据采集。信息采集员进行无线数据采集并上报案件到监督中心，信息采集员接收来自监督中心分配的核实或核查任务并进行任务回复。提供无线数据传输、消息服务、GPSA 定位、地图数据同步、地图部件查询等功能。

（2）监督受理。采用统一的电话号码，受理市民有关城市管理问题的投诉和咨询，将问题转发给所在区的城市管理监督中心。由监督中心对问题进行审核，记录问题发生位置，立案后传递给指挥中心。

（3）协同工作（工作流引擎）。实现基于工作流的监督中心、指挥中心、各专业部门、信息采集员直接协同工作。

（4）大屏幕监督指挥。以大屏幕为主要载体能够直观显示城市管理的相关地图信息、案卷信息和相关信息等全局情况，并可以直观地查询显示每个社区、信息采集员、部件等个体的情况，实现城市管理监督中心对城市管理全局情况的总体把握。

（5）基础数据资源管理。实现添加、管理地图数据功能，可以对基础数据、地理编码数据、城市部件数据等进行配置管理；具备对各个图层属性配置功能，实现对属性字段自定义；能够维护地图库中包括城市管理部件和事件等要素在内的要素编码、显示样式等；地图管理中应提供地图预览功能，能够快速查看地图配置较高；能够配置基于单元网格和城市部件地图快捷操作图层基础地理数据，是数字城市管理的重要组成部分。

（6）系统维护。专门提供给系统管理员操作，用以保证系统的正常、安全、高效运行。

（7）考核评价。通过一整套科学完善的监督考评体系，对城市管理的各方面进行考核考评，既能监督城市管理中发生的具体问题，又能监督管理和执法质量。

（8）地理编码服务（标注）。地理编码服务提供地址匹配等相应的功能接口，实现资源信息与地理位置坐标的关联。系统通过对自然语言地址信息的语义分析、词法分析，自动和标准地址库匹配，确定精确的地理坐标。

（9）领导移动督办。通过在移动终端上部署应用 App，负责城市管理的相关领导可以随时随地查阅城市管理的宏观状态、处理城市管理中的紧急事件。

（10）全民城管。通过智慧城管微信公众号，集合对城市管理的政策宣传、信息发布、网上信访、网上投诉等功能，市民可以通过关注公众号实现事件上报、公共信息查询。

6. 智慧水利

智慧水利通过数据采集传输仪、无线网络、水质水压表等在线监测设备实时感知城市水利系统的运行状态，采用可视化的方式有机地整合水务管理部门与供排水设施，将海量水务信息进行及时分析与处理，并做出相应的处理结果辅助决策建议，以更加精细和动态的方式管理水利系统的整个生产、管理和服务流程，从而达到“智慧”的状态，具体内容如下。

（1）水环境调节包括内河水系水质监测发布、饮用水水源地监测、污水处理监测、重点污染企业监测、水文监测、生态补水、水面异常监测、信息展示及决策支持。

（2）排渍管理包括水文监测、雨情监测、城市积水深度监测、排渍预警、应急调度。

7. 智慧环保

智慧环保借助物联网技术，把感应器和装备嵌入各种环境监控对象中，通过云平台将环保领域物联网整合起来，实现人类社会与环境业务系统的整合，以更加精细的方式实现环境管理和决策的智慧。主要内容如下。

（1）环境监测监控包括环境治理监测点监测监控、环境污染事故影响分析及辅助决策、环境综合监测评价管理、生态文明服务。

（2）水利安全管理包括大坝安全监测、闸门监控、地震反映监测、信息服务于应用。

（3）森林管理包括灾害预警、森林应急指挥、森林资源管理。

（4）能耗监测管理包括高耗能企业综合能耗分析、碳排放数据采集分析、专家咨询与决策支撑。

8. 智慧安监

智慧安监通过建立的各种数据模型与传感器采集的计算数据，广泛使用云计算、大数据、物联网、互联网等科学先进技术设备管理安全生产，实现对人员不安全行为和事物不安全状态进行迅速、灵活、正确的理解和解决，具体内容如下。

（1）企业安全生产监管。对企业进行网格化监管，实行企业监管到人的制度，便于安监部门全面掌握企业的安全生产状况、企业基本情况、重大危险源状态、安全评价情况、自主状况等。

（2）重大危险源动态监管。通过 Web 方式收集各类企业的重大危险源基本信息，并提供完整的建档备案和审批机制；系统将所有危险物质的临界点建立到数据库中，提供重大危险源的自动辨识功能；系统能够根据重大危险源控制水平评估模型对重大危险源的控制水平等级自动进行评估分级，借助 GIS 地理信息系统实现城市重大危险源的分布动态管理。人们可以通过地图方便地查阅重大危险源的相关信息，实现重大危险源的快速搜索和定位。

（3）安全生产行政执法。对立项案件办案过程实施链条化规范管理并自动生成文书，提供在线执法帮助，提供跟踪处理、统计报告等功能，并支持所有文书的标准套打功能。

（4）安全行政许可管理。按照行政许可法有关规定，结合安监部门安全生产行政许可管理工作的需要，按照许可申报、申请受理审核、许可初审、许可审核、许可决定、许可发证和许可告知等工作环节建立行政许可管理流程，实现行政许可业务审批流程化、规范化处理。

（5）事故隐患排查治理。落实企业责任制，充分调动企业积极性，促使企业由被动接受监管变为主动排查治理隐患，主动加强安全生产，从而减少因安全生产隐患造成的事故和灾难。

（6）企业安全标准化管理。通过对企业安全生产标准化运行情况、达标情况进行监管、统计，使企业在日常生产过程中严格执行安全生产标准，规范企业安全生产。

（7）中介机构监督。监管部门通过信息化手段对安全评价机构的基本信息、证书信息、评价项目信息进行管理和审核备案。

（8）职业卫生监管。实现安监局和相关单位对职业卫生信息申报、数据审核、统计分析进行管理，及时掌握城市职业病的情况，全面科学地分析预测职业安全与健康的形势，为职业安全与健康的监管提供决策依据。

（9）应急管理和救援。在“平时”，应急平台主要完成应急的日常综合业务管理和对资源数据、预案等信息的维护管理，实现对于重大危险源的监管和对安全生产事故的综合预测预警，并通过模拟演练提升应急能力。在“战时”，应急平台能够结合 GIS、GPS、大屏幕等手段，综合调用各类数据库的应急资源信息，进行辅助决策、调度指挥和总结评估，实现安全生产应急管理和协调指挥工作的信息化和智能化。

（10）安全基础信息管理。存储危险化学品的详细信息，为危险化学品及其制品提供有关安全、健康和环境保护方面的各种信息；法规库存储安全生产事故处理等相关法律法规，包括国家出台的与安全监管、应急管理相关的法律法规和各省、地市出台的有关安监应急管理的法规、规章等。

9. 智慧应急

智慧应急是以现代信息通信技术为支撑、软硬件相结合的突发公共事件应急保障技术系统，具备日常管理、风险分析、监测监控、预警预测、动态决策、综合协调、应急联动与总结评估等多方面的功能，是实施应急预案、实现应急指挥决策的载体，具体内容如下。

（1）应急外网门户应急外网门户为政府提供一个发布应急预警、突发事件信息的载体，也能用来提供应急共享资源信息，宣传普及应急知识；同时为社会公众提供政务公开服务，实现政府对外宣传、政务公开、咨询服务的功能。

（2）应急信息管理系统是应急指挥系统的基础，对应急管理的机构、应急人员、应急资源、危险源、预案、事件、保障机制、知识库、行政信息等多种基础信息进行管理。

（3）应急演练基于数字化应急演练预案，构建应急演练的事件、场景、应急方案、执行任务四层次的应急演练，贯穿包括演练准备、演练实施、演练评估在内的整个演练周期。

（4）应急值守构建较为完善的应急工作值班和交接班制度，对文档、传真、电话等各类信息分门别类地进行有效地管理。

（5）监测预警结合事件进展情况，对事件影响范围、影响方式、持续事件和危害程度等后果进行综合研判，并给出预警分级建议。

（6）移动应急终端基于智能手机或专用PAD，支持应急平台的通知接收、收发组群消息、组群资料下载、应急信息查阅、事件动态查阅、现场图片采集浏览、现场监控等各项业务工作；主要工作包括地理信息、通讯录、值班报告、重要情况、应急预案、应急专家、监控图像、值班安排、传真件、统计数据、应急门户、视频点播、视频会商和应急知识等。

（7）信息发布通过整合各种信息资源，向政府机构、城市居民等提供多样化的预警发布信息服务。

（8）辅助决策以GIS为统一展现界面，以事件为核心，针对应急事件进行综合分析；以分析模型为基础，进行灾害结果和救援方案分析；以数字化预案为核心生产救援方案，并对救援方案进行评估和调整；对应急事件进行综合分析等。

（9）应急指挥调度根据指挥调度的业务需求和功能需求，指挥调度系统主要由情况汇总、任务管理、处置跟踪、态势标绘、协同会商、资源调度、总结报告构成。

（10）应急评估为城市应急管理工作的全过程提供科学有效的评估。

6.6.2 产业促进领域

应用智慧产品和服务等信息技术促进传统产业的转型升级，使传统产业成为符合智慧城市发展要求的智慧型产业。提供智慧产品和服务的产业指为智慧应用提供软硬件产品和服务的行业，主要是以物联网、大数据、云计算、移动互联网等为核心技术的新兴产业。

围绕着智慧城市的建设需求，带动一系列相关的产业供给。一是基础网络通信设施、数据中心、基础平台等信息化基础设施建设的需求；二是各行业应用，如智慧交通、智慧医疗、智慧安防、智慧物流等行业领域的建设；三是政府对智慧园区开发建设的需求，由这些需求所产生的产品、系统以及由此叠加而成的产业，构成了智慧城市产业的基本形态。

1. 智慧农业

智慧农业依托部署在农业生产现场的各种传感节点（环境温湿度、土壤水分、二氧化碳、图像等）和物联网络实现农业生产环境的智能感知、智能预警、智能决策、智能分析、专家在线指导，为农业生产提供精准化种植、可视化管理、智能化决策，具体内容如下。

（1）农业生产管理。针对农业管理需求，构建以信息管理、决策支持为主要内容的信息应用系统，主要包括农业资源信息、农业生产信息、农业灾害信息、农业管理信息系统4个部分。

（2）农业生产智能决策。对农业生产中采集的相关信息进行定性和定量分析，为农作物生产管理过程中的各个环节提供科学的决策。

（3）农产品质量安全和溯源。通过对农产品在生产加工、配送销售等各环节的状态进行跟踪、控制，形成完整的课追溯的供应链以及时发现农产品安全隐患。

（4）智慧农业、农业电商。提供农村综合信息服务、农产品网上交易、农商互动体验等智慧农业互动服务；提供面向客户的网络交易环境，提供多渠道商城网站的接口交互；搭建以休闲农业为主题的互动平台。

2. 智慧旅游

智慧旅游是利用云计算、物联网等新技术，通过互联网 / 移动互联网，借助便携的终端上网设备，主动感知旅游资源、旅游经济、旅游活动、游客等方面的信息，及时发布，让人们能够及时了解这些信息，及时安排和调整工作与旅游计划，从而达到对各类旅游信息的智能感知、方便利用的效果，主要内容如下。

（1）旅游信息服务包括旅游信息网站、旅游微信平台、App 等。

（2）智慧景区管理包括电子票务、景区导览、景区虚拟旅游、游客应急求助、人车船调度、智能停车管理等。

（3）智慧旅游综合管理协助旅游管理部门对旅游景区等一线相关旅游单位的旅游运行情况进行及时、有效的监督和宏观管理，对景区、酒店、旅行社等旅游应用系统进行统一协同管理，实现多系统间的信息共享、协同联动。

6.6.3　民生服务领域

民生服务应用以“以人为本”为原则，通过各种信息化手段和应用，提升交通、医卫、教育、社区、社保、食药安全等领域的民生服务能力，推动智慧服务向基层、社区、农村延伸，促进民生服务的协同、优质、高效发展，让公众畅销“普惠、文明、安全、便捷”的信息时代品质生活。

1. 公共服务平台

公共服务平台通过汇聚智慧城市各领域的应用服务资源，打造统一的接入平台，为公众和企业提供一站式、便捷化的综合服务，促进公共服务资源的普惠便捷，主要内容如下。

（1）门户平台包括市民主页和企业主页。

（2）统一热线服务包括前台客服管理、坐席管理等。

（3）市民卡服务包括服务渠道管理、综合业务接入、核心应用管理、市民信息数据管理等。

（4）城市 App 包括政务动态、便民服务、企业服务、社区服务、互动服务等。

2. 智慧医疗

智慧医疗通过构建智慧的医疗信息网络平台体系，使患者花费较短的诊疗时间、支付基本的医疗费用就可以享受安全、便利、优质的诊疗服务，具体包括如下内容。

（1）基础平台。通过医院、社区健康服务中心两级居民健康信息平台，实现卫生计生资源整合；支撑公共卫生、计划生育、医疗服务、医疗保障、药品管理、综合管理等领域应用；支持远程会诊、预约挂号、双向转诊、健康咨询等便民服务；突出传染病防控、预防接种、重点精神障碍等报告与管理；实现全员人口数据、电子病历与电子健康档案信息实时更新，满足居民查询个人健康档案需求；支持医疗卫生人员绩效考核、卫生计生服务监管、药物使用监管等精细化管理。

（2）卫生数据中心。基于居民电子健康档案数据库建设和应用，完善居民电子健康档案数据库；以电子病历为核心实现医院内部信息资源整合和共享；通过人口健康信息平台实现居民基本健康信息和检查检验结果、医学影像、用药记录等内容在医疗机构之间信息共享，实现居民电子健康档案与电子病历的实时动态更新。

（3）健康服务。包括全方位健康保健医疗信息提供、医患沟通、专家咨询等。

（4）远程医疗会诊。构建基于智慧医疗基础平台的远程会诊平台，逐步实现远程会诊、远程专科诊断、远程监护、远程术后指导、远程教育、远程数字资源共享、视频会议及双向转诊、远程预约等功能。

（5）突发公共卫生事件应急指挥。实现对突发公共卫生事件的应急响应和指挥处置，并与智慧医疗基础平台及其他专业系统（应急中心）形成相互的业务协同和联动，实现应急处置工作的统一部署及监督。

（6）卫生计生综合管理决策支持。动态采集居民健康状况信息、预防保健信息、医疗服务信息、卫生监督执法信息等，依托智慧城市大数据平台对数据进行有效的科学分析，实现对各级各类卫生计生机构业务工作、财务管理、内部运行的精细化管理，有效支撑卫生计生战略决策和正常规划。

3. 智慧教育

智慧教育是在教育领域（教育管理、教育教学和教育科研）全面深入地运用现代信息技术来促进教育改革与发展的过程，具体内容如下。

（1）教育资源云服务通过统一标准的教育基础信息资源服务平台，规范教育信息资源，整合优质教育资源，构建教育云服务数据资源中心，包括基础资源、个性化资源、校本资源。

（2）教育管理云服务包括学校管理、教育档案管理、教育协同管理、平安校园等服务。

（3）教育应用云服务包括网络学习空间、在线课堂、远程教学、家校互动。

（4）社区教育服务包括师资及课程信息服务、云虚拟课堂服务、教学互动服务、云教学辅助服务等。

4. 智慧社区

智慧社区是社区管理的一种新理念，是新形势下社会管理创新的一种新模式。智慧社区指充分利用物联网、云计算、移动互联网等新一代信息技术的集成应用，为社区居民提供一个安全、舒适、便利的现代化、智慧化生活环境，从而形成基于信息化、智能化社会管理与服务的一种新的管理形态的社区，具体内容如下。

（1）社区政务服务主要由审批管理、对象（人口）管理、事务管理三个部分组成。

（2）社区公众服务包括社区公共服务、养老服务、社区教育三个方面。

（3）社区便民服务包括外卖点餐、家政服务、宅修速递等服务。

第 7 章　智慧城市重要领域之一：智慧政务

本章将作为第 6 章的延续，围绕着城市治理（智慧政府）、产业促进、民生服务三大领域中的若干代表性行业或专题进行详细的阐述。本章先从城市治理的首要核心：智慧政府(政务)开始。

7.1 概述

7.1.1 智慧政务定义

智慧政务充分利用物联网、云计算、大数据分析、移动互联网等新一代信息技术，以用户创新、大众创新、开放创新、共同创新为特征，强调作为平台的政府架构，并以此为基础实现政府、市场、社会多方协同的公共价值塑造，实现政府管理与公共服务的精细化、智能化、社会化。

一般来说，智慧政务包括智能办公、智能监管、智能服务、智能决策四大领域。

1. 智能办公

在智能办公方面，智能政务系统采用人工智能、知识管理、移动互联网等手段，将传统办公自动化（OA）系统改造成为智能办公系统。智能办公系统对公务员的办公行为有记忆功能，能够根据公务员的职责、偏好、使用频率等，对用户界面、系统功能等进行自动优化。智能办公系统有自动提醒功能，如代办件提醒、邮件提醒、会议通知提醒等，公务员不需要去查询就知道哪些事情需要处理。智能办公系统可以对代办事项根据重要程度、紧急程度等进行排序。智能办公系统具有移动办公功能，公务员随时随地可以进行办公。智能办公系统集成了政府知识库，方便公务员查询政策法规、办事流程等，分享他人的工作经验。

2. 智能监管

在智能监管方面，智能化的监管系统可以对监管对象自动感知、自动识别、自动跟踪。例如，在主要路口安装具有人脸识别功能的监视器，就能够自动识别在逃犯等；在服刑人员、嫌疑犯等身上植入生物芯片，就可以对他们进行追踪。智能化的监管系统可以对突发性事件进行自动报警、自动处置等。例如，利用物联网技术对山体形变进行监测，可以对滑坡进行预警。当探测到火情，建筑立即自动切断电源。智能化的监管系统可以自动比对企业数据，发现企业偷逃税等行为。智能化的移动执法系统可以根据执法人员需求自动调取有关材料，生成罚单，方便执法人员执行公务。

3. 智能服务

在智能服务方面，智能政务系统能够自动感知、预测民众所需的服务，为民众提供个性化的服务。例如，如果某个市民想去某地，智能交通系统可以根据交通情况选择一条最优线路，并给市民实时导航。在斑马线旁边安装传感器，当老人、残疾人或小孩过马路时，智能交通系统就能感知，适当延长红灯时间，保证这些人顺利通过。政府网站为民众提供场景式服务，引导民众办理有关事项。

4. 智能决策

在智能决策方面，智能政务系统采用数据仓库、数据挖掘、知识库系统等技术手段建立智能决策系统，该系统能够根据领导需要自动生成统计报表；开发用于辅助政府领导干部决策的“仪表盘”系统，把经济运行情况、社会管理情况等形象地呈现在政府领导干部面前，使他们可以像开汽车一样驾驭所赋予的本地区、本部门职责。

智慧政府不仅强调新一代信息技术应用，也强调以用户创新、大众创新、开放创新、共同创新为特征的创新 2.0，实现作为平台的政府架构，并以此为基础实现政府、市场、社会多方协同的公共价值塑造，实现从生产范式向服务范式的转变。

7.1.2　智慧政务系统架构及板块组成

围绕着第 7.1.1 节所述的智能办公、智能监管、智能服务、智能决策四大领域，本书将智慧政务划分为下面从上到下的四大板块以便于技术实现，如图 7.1 所示。

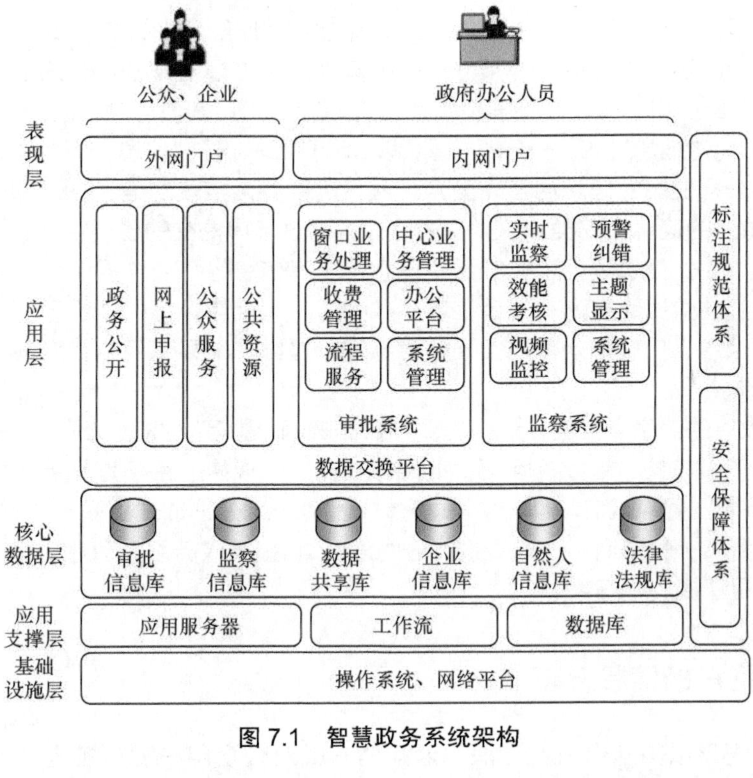

图 7.1　智慧政务系统架构

（1）表现层——服务门户。表现层直接面向企业、社会公众群体。提供对外的服务门户（包括网站、App、微信、市民热线等多种手段）。其主要功能包括：一是实现政府对公众的信息发布、宣传网站等；二是实现公众向政务的网上申报、网上办事、网上投诉等线上办事功能，这对公众而言是直接面对的，包括网上的虚拟申报大厅（依托服务外网网站和网上申报审批系统），线下的行政服务中心的物理办事大厅。

（2）应用层——智能办公。应用层实现智慧政务的主要行政业务功能，按照智慧政务的四大领域划分，在应用层实现的就是智能办公、智能监管。智能办公将政务的对内 OA 办公功能、对外的行政审批、政务公开功能等以智能化、信息化、互联网化的手段予以实现。

（3）应用层——智能监管。通过电子监察系统对行政审批平台各环节进行监管，在行政审批平台实现以行政审批等业务为基础，对行政审批数据进行监察，业务上实现行政审批实施监督管理、行政审批事项预警管理、行政绩效的评估管理等。

（4）数据层——智能决策。数据层包括智慧政务所有业务各类数据库，作为全局的数据提供者，整合所有业务数据库，建立审批、监察、公共服务业务数据模型，并且通过大数据技术对政务管理者、领导者实现智能决策。

7.2 服务门户

智慧政务的服务门户指以网站、App、微信及办事大厅触屏形式提供给公众用户使用的信息门户，服务门户的功能划分业务分类方式有很多种，本书根据作者多年的项目实践经验和简单易用角度，将服务门户划分为以下三个类别。

1. 政府到公众的信息发布类。这些主要是以新闻网站、便民信息、气象交通信息、应急事件通知等形式对公众发布的信息内容，公众一般只需要阅读接收的信息，无须回复。

2. 公众向政府的信息查询类。这类主要是公众通过门户提交的各类查询，例如，个人的公积金、住房信息、社保信息等；企业的缴税信息、工商信息等；公众提交查询后，后台接收到查询后，通过自身的数据库查询，或者在自身数据库没有相应数据的情况下，向其他业务的开放接口提交查询信息，代理公众客户实现信息查询；最终将结果返回给公众客户。上述查询一般不涉及政府工作人员。

3. 公众与政府的信息交互类。这类主要指各类的网上办事、线上受理的业务，需要政府工作人员通过后台予以审核、审批、回复、批件等操作。该板块的目标是整合各类政务服务事项和业务办理信息，建成覆盖全市、部门协同、整体联动、一网办理的“互联网＋政务服务”平台，逐步实现政务服务“一号申请、一窗受理、一网通办”，提升政务服务智慧化水平，让群众和企业办事更方便、更快捷、更高效。

7.2.1 服务门户的信息发布

信息发布主要是以网站资讯或者消息通知的方式对公众用户发布各类信息，这主要通过 CMS 内容管理系统来实现。

内容管理系统（CMS，Content Management System）是企业信息化建设和电子政务的“新宠”，能有效解决用户网站建设与信息发布中常见的问题。对网站内容管理是该系统的最大优势，它流程完善、功能丰富，可把稿件分门别类并授权给合法用户编辑管理，而不需要用户去理会那些难懂的 SQL 语法。隐藏在内容管理系统之后的基本思想是分离内容的管理和设计。页面设计存储在模板里，而内容存储在数据库或独立的文件中。当用户请求页面时，各部分联合生成一个标准的 HTML 页面。一个内容管理系统通常有如下要素：文档模板、脚本语言或标记语言、与数据库集成。内容的包含物由内嵌入页面的特殊标记控制。这些标记对于一个内容管理系统而言通常是唯一的。这些系统通常支持较复杂的操作语言，如 Python、PHP 或 Java 等。内容管理系统对站点管理和创造编辑都有好处。这其中最大的好处是能够使用模板和通用的设计元素以确保整个网站的协调。管理员只需在他们的文档中采用少量的模板代码，可把精力集中在内容上。要改变网站的外观，管理员只需修改模板而不是一个个单独的页面。内容管理系统也简化了网站的内容供给和内容管理的责任委托。很多内容管理系统允许对网站的不同层面人员赋予不同等级的访问权限，这使他们不必研究操作系统级的权限设置，只需用浏览器接口即可完成。其他的特性，如搜索引擎、日历、Web 邮件等也会内置于内容管理系统 CMS 内，或允许以第三方插件的形式集成进来。

内容管理系统被分离成以下几个层面。各个层面优先考虑的需求不同。

（1）后台业务子系统管理（管理优先：内容管理）。新闻录入系统、BBS 论坛子系统、全文检索子系统等，针对不同的系统应优先考虑方便管理者的内容录入：所见即所得的编辑管理界面等；清晰的业务逻辑：各种子系统的权限控制机制等。

（2）Portal 系统（表现优先：模板管理）。大部分最终的输出页面：网站首页、子频道 / 专题页、新闻详情页是各种后台子系统模块的各种组合，这种发布组合逻辑是非常丰富的，Portal 系统负责以上这些后台子系统的组合表现管理。

（3）前台发布（效率优先：发布管理）。面向最终用户的缓存发布和搜索引擎 Spider 的 URL 设计等。

内容管理和表现的分离。很多成套的 CMS 系统没有把后台各种子系统和 Portal 分离设计，以致在 Portal 层的模板表现管理和新闻子系统的内容管理逻辑被混合在一起，甚至和 BBS 等子系统的管理有非常高的耦合，整个系统会显得非常庞杂。而且这样的系统各个子系统捆绑得比较紧，结果后台的模块很难改变。但是把后台各种子系统内容管理逻辑和前台的表现 / 发布分离后，Portal 和后台各个子系统之间只是数据传递的关系：Portal 只决定后台各个子系统数据的取舍和表现，而后台的各个子系统也都非常容易插拔。

内容管理和数据分发的分离。设计者需要在设计 Portal 系统的时候注意可缓存性（Cache Friendly）设计。CMS 后台管理和发布机制，本身不要过多考虑 " 效率 " 问题，只要最终页面输出的设计比较 Cacheable，“效率”问题可通过更前端、专门的缓存服务器解决。

此外，除了面向最终浏览器用户外，还要注意面向搜索引擎友好（Search Engine Friendly）的 URL 设计。通过 URL REWRITE 转向或基于 PATH_INFO 的参数解析使动态网页在链接（URI）形式上更像静态的目录结构，方便网站内容被搜索引擎收录。

内容管理系统具有如下特点：

① 基于 B/S 模式的三层体系，支持跨平台部署，采用 Java 技术，符合 J2EE 规范，遵循 XML 标准；

② 以结构化和非结构化数据相结合的方式进行存储管理，支持 Oracle 等大型数据库；

③ 具有自动实时备份恢复功能，可以对任意修改、删除过的文件 / 新闻进行恢复；
④ 所有文件以静态页面形式发布到 Web 服务器；
⑤ 提供基于 HTML 的可视化稿件编辑和模板制作工具；
⑥ 适应新闻采编流程和管理习惯，权限控制严格、配置方便，流程明晰；
⑦ 具有良好的扩展性，支持内容管理服务器和发布服务器的集群；
⑧ 系统支持快速、高效的建立、部署并维护多个 Web 站点；
⑨ 各站点具有独立完善的栏目设置和采编发功能；
⑩ 网站频道、栏目采用树型结构管理；
⑪ 每个栏目可选择不同的栏目模板与文章模板；
⑫ 充分采用模板技术，将内容和表现分离；
⑬ 页面风格可灵活设置，能够在不改变内容的情况下方便改版；
⑭ 支持 Dreamweaver 下的可视化模板制作；
⑮ 支持对 HTML 网页完整的复制粘贴，提供基于 HTML 的可视化稿件编辑器；
⑯ 能够对报社 PS 文件反解；
⑰ 支持远程发稿；
⑱ 支持字体段落设置、图文混排、插入多媒体、附件等；
⑲ 可设置标题、副题、作者、来源、关键字、摘要等稿件属性；
⑳ 提供图片缩放、水印、压缩等处理功能；
㉑ 提供自动添加热字链接功能；
㉒ 一篇稿件可签发到多个栏目，并可在栏目间进行关联、复制、移动等操作；
㉓ 支持实时发布和定时发布，稿件从签发到上网时间在秒级完成；
㉔ 提供实时、彻底的撤稿处理，可以实现实时无痕迹撤稿；
㉕ 支持各栏目按指定时间段批量自动发布页面；
㉖ 以 XML 格式提供数据导入、导出接口；
㉗ 提供操作日志记录；
㉘ 可设置对某栏目下新闻进行评论，可根据需要将新闻评论设置为先审后发、先发后审、只可看不可评论、暂停新闻评论功能等模式；
㉙ 同内容聚合系统抓取系统无缝结合，可以方便地实现各种导入配置，实现自动导入和手工导入；
㉚ 完善的访问量统计，为科学决策提供各类可靠数据。访问量不但可以精确到频道、文件，而且可以精确到编辑；
㉛ 完善的编辑、频道工作量统计，为人员绩效考核提供准确的数据。

7.2.2 服务门户的信息查询

服务门户的信息查询主要是由门户为公众用户提供针对各委办局各类开放数据的信息查询

功能，根据每个城市的机构设置和数据开放程度，所提供的内容不尽相同，但共性的是都要解决以下几个问题。

1．对于访问量大的共性信息（不是每个公众用户的个体信息，例如，通知、办事流程之类的而非个体的社保等信息），需要通过技术手段实现数据的聚合，以在统一平台上快捷地提供给客户，对于变化快、实时性强的个体数据则需要通过代理技术代理用户到其他委办局的第三方平台进行数据查询。上述两种情况都涉及与其他系统的数据接口交互，目前主要采用 Web Service 及 HTTP RESTful 方式，此外。本书还提供一种基于大数据爬取技术的“聚门户”数据聚合技术。

2．对于公众用户的个体信息的查询，涉及不同委办局的不同信息系统的登录及实时查询，这就需要采用统一门户技术来解决。

3．目前，公众用户的注册为了防止假冒及信息安全，需要采取统一用户身份认证技术。

（1）统一门户技术

统一门户也称为单点登录（SSO，Single Sign On）技术，它是目前比较流行的政府企业单位业务整合的解决方案之一。SSO 的定义是在多个应用系统中，用户只需要登录一次就可以访问所有相互信任的应用系统。统一门户是为了方便用户访问组织机构内所有的授权资源和服务，简化用户管理，基于 LDAP 或数据库，对组织机构内所有应用实行统一的用户信息的存储、认证和管理。

统一门户平台一般包括以下三个部分。

① 目录服务。目录服务是统一身份认证平台的基础，以面向对象的数据库和 LDAP 的方式集中管理维护用户信息，保证数据的一致性和完整性，为数字化公司中各类应用提供用户信息共享。

② 统一身份管理。统一身份管理要充分考虑客户单位业务的需求，包含组织机构及用户管理、数据维护等功能，提供职位变更的身份转换、组织机构的拆分和合并、支持组织机构的实体和虚体、支持多级管理等，为 SSO 提供一个方便安全的身份管理平台。

③ 统一认证管理。统一认证系统主要为其他系统提供认证服务，用户只需要登录一次，即在通过一个应用中的安全验证后，再访问其他应用中的受保护资源时，不再需要重新登录验证。

最为核心的统一身份认证平台实现了各系统统一身份认证，用户实现一个账号与密码统一登录所有系统。系统建设以目录服务和认证服务为基础的统一用户管理、授权管理和身份认证体系，将组织信息、用户信息统一存储，进行分级授权和集中身份认证，规范应用系统的用户认证方式。系统提高了应用系统的安全性和用户使用的方便性，实现全部应用的单点登录。公司工作人员在调动、调级、调职等变更后，或公司体制改革、组织机构变动后，用户的身份和权限在各系统之间同步协调。系统采用层次化、模块化的设计，整体分为产品接口适配层、核心功能层、门户层三层。系统从可扩展性、高性能、系统的松耦合性、安全性等角度进行了充分的考虑，为安全信息系统的管理提供了一个商业级、智能化的访问管理平台。系统总体功能架构如图 7.2 所示。

① 接口层功能

接口层的主要功能是实现核心层与外部产品、用户资源系统之间的数据交互，包括账号类、认证类、授权类和审计类 4 个方面的接口。其中，账号 / 角色管理接口实现资源从账号的收集和同步管理，认证接口实现与第三方强身份认证产品的联动和主账号认证，访问控制策略接口实现访问控制策略的下发，审计接口能接收外部系统产生的各类日志。通过数据接口层完成系统与各种应用系统的相关接口通信，包括与单位人力资源管理系统主账号同步的信息以及与业务系统通信的认证、授权信息，最终传递至核心层进行业务处理。

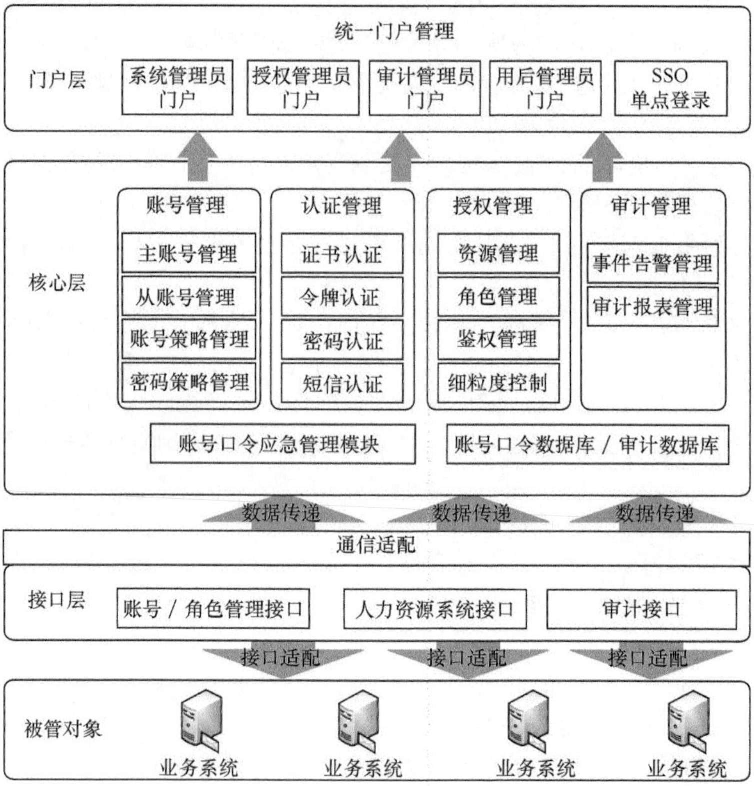

图 7.2　统一身份认证系统架构

② 核心层功能

系统核心层由账号管理、认证管理、授权管理和审计管理 4 个子系统部分，及账号口令应急模块和后台数据库共同构成，核心层处理完毕的业务信息上传到展现层以提供给系统管理员、审计管理员、维护人员等不同人员进行业务使用。核心层具体的功能模块如下。

- 主账号管理
- 从账号管理
- 账号策略管理
- 密码策略管理
- 令牌认证管理
- 证书认证管理
- 密码认证管理

- 短信认证管理
- 资源管理
- 角色管理
- 鉴权管理
- 细粒度控制
- 事件预警管理
- 审计报表管理

③ 门户层功能

系统核心层对账号管理、认证管理、授权管理、审计管理的业务处理结果，通过统一门户对普通用户和管理员用户进行呈现，具体功能模块包括如下内容。

- 系统管理员门户
- 用户管理员门户
- 授权管理员门户
- 审计管理员门户
- 单点登录（SSO）管理

（2）Web Service

Web Service 是一个平台独立的、低耦合的、自包含的、基于可编程的 Web 的应用程序，可使用开放的 XML（标准通用标记语言下的一个子集）标准来描述、发布、发现、协调和配置这些应用程序，用于开发分布式的互操作的应用程序。

Web Service 技术，能使运行在不同机器上的不同应用无须借助附加的、专门的第三方软件或硬件，就可相互交换数据或集成。依据 Web Service 规范实施的应用，无论它们所使用的语言、平台或内部协议是什么，都可以相互交换数据。Web Service 是自描述、 自包含的可用网络模块，可以执行具体的业务功能。Web Service 也很容易部署，因为它们基于一些常规的产业标准以及已有的一些技术，诸如 XML、HTTP。Web Service 减少了应用接口的花费，为整个企业甚至多个组织之间的业务流程的集成提供了一个通用机制。

Web Services 主要使用两种技术。

① XML 是在 Web 上传送结构化数据的方式，Web Service 要以一种可靠的、自动的方式操作数据，HTML（标准通用标记语言下的一个应用）不能满足要求，而 XML 可以使 Web Service 十分方便地处理数据，它的内容与表示的分离十分理想。

② SOAP 使用 XML 消息调用远程方法，这样 Web Service 可以通过 HTTP 的 Post 和 Get 方法与远程机器交互，而且，SOAP 更加健壮和灵活易用。

其他的如 UDDI 和 WSDL 技术与 XML 和 SOAP 技术紧密结合用于服务发现。

Web Service 平台需要一套协议来实现分布式应用程序的创建。任何平台都有它的数据表示方法和类型系统。要实现互操作性，Web Service 平台必须提供一套标准的类型系统，用于沟通不同平台、编程语言和组件模型中的不同类型系统。这些协议有如下内容。

- XML 和 XSD

可扩展的标记语言（标准通用标记语言下的一个子集）是 Web Service 平台中表示数据的

基本格式。除了易于建立和易于分析外，XML 主要的优点在于它既与平台无关，又与厂商无关。XML 是由万维网协会（W3C）创建，W3C 制订的 XML SchemaXSD 定义了一套标准的数据类型，并给出了一种语言来扩展这套数据类型。

Web Service 平台是用 XSD 作为数据类型系统的。当用某种语言（如 VB. NET 或 C#）来构造 Web Service 时，为了符合 Web Service 标准，所有使用的数据类型都必须被转换为 XSD 类型。如想让它使用在不同平台和不同软件的不同组织间传递，还需要用某种东西将它包装起来，即一种协议，如 SOAP。

- SOAP

简单对象访问协议（SOAP，Simple Object Access Protocol），是用于交换 XML 编码信息的轻量级协议。它有三个主要方面：XML-envelope 为描述信息内容和如何处理内容定义了框架；将程序对象编码成 XML 对象的规则；执行远程过程调用（RPC）的约定。SOAP 可以运行在任何其他传输协议上。例如，我们可以使用 SMTP，即因特网电子邮件协议来传递 SOAP 消息，这可是很有诱惑力的。在传输层之间的头是不同的，但 XML 有效负载保持相同。

Web Service 希望实现不同的系统之间能够用“软件—软件”对话的方式相互调用，打破软件应用、网站和各种设备之间格格不入的状态，实现“基于 Web 无缝集成”的目标。

- WSDL

Web Service 描述语言（WSDL）是用机器能阅读的方式提供的一个正式描述文档而基于 XML 的语言，用于描述 Web Service 及其函数、参数和返回值。因为它是基于 XML 的，所以 WSDL 既是机器可阅读的，又是人可阅读的。

- UDDI

UDDI 目的是为电子商务建立标准。UDDI 是一套基于 Web 的、分布式的、为 Web Service 提供信息注册中心的实现标准，同时包含一组访问协议的实现标准，使得企业能自身提供 Web Service 注册，并使其他企业能够发现并访问这些 Web Service。

- 调用 RPC 与消息传递

Web Service 本身其实是在实现应用程序间的通信。我们有两种应用程序通信的方法：RPC 远程过程调用和消息传递。使用 RPC 时，客户端的概念是调用服务器的远程过程，通常方式为实例化一个远程对象并调用其方法和属性。RPC 系统试图达到一种位置上的透明性：服务器暴露出远程对象的接口，而客户端就好像在本地使用的这些对象的接口一样，这样就隐藏了底层的信息，客户端也就根本不需要知道对象在哪台机器上。

（3）RESTful

REST（Representational State Transfer）描述了一个架构样式的网络系统，例如 Web 应用程序。它首次出现在 2000 年 Roy Fielding 的博士论文中，他是 HTTP 规范的主要编写者之一。在目前主流的三种 Web 服务交互方案中，REST 相比于 Web Service 的 SOAP 以及 XML-RPC 更加简单明了，无论是对 URL 的处理还是对 Payload 的编码，REST 都倾向于用更加简单轻量的方法设计和实现。值得注意的是，REST 并没有一个明确的标准，而更像是一种设计的风格，它指的是一组架构约束条件和原则。因此，满足这些约束条件和原则的应用程序或设计就是 RESTful。

Web 应用程序最重要的 REST 原则是，客户端和服务器端之间的交互在请求之间是无状态的。从客户端到服务器端的每个请求都必须包含理解请求所必需的信息。如果服务器在请求之间的任何时间点重启，客户端不会得到通知。此外，无状态请求可以由任何可用服务器回答，这十分适合云计算之类的环境。客户端可以缓存数据以改进性能。

在服务器端，应用程序状态和功能可以分为各种资源。资源是一个有趣的概念实体，它向客户端公开。资源的例子有应用程序对象、数据库记录、算法等。每个资源都使用 URI（Universal Resource Identifier）得到唯一的地址。所有资源都共享统一的接口，以便在客户端和服务器端之间传输状态，使用的是标准的 HTTP 方法，如 GET、PUT、POST 和 DELETE。Hypermedia 是应用程序状态的引擎，资源表示通过超链接互联。

RESTful 的实现。使用 RPC 样式架构构建的基于 SOAP 的 Web 服务成为实现 SOA 最常用的方法。RPC 样式的 Web 服务客户端将一个装满数据的信封（包括方法和参数信息）通过 HTTP 发送到服务器。服务器打开信封并使用传入参数执行指定的方法。方法的结果打包到一个信封并作为响应发回客户端。客户端收到响应并打开信封。每个对象都有自己独特的方法以及仅公开一个 URI 的 RPC 样式 Web 服务，URI 表示单个端点。它忽略 HTTP 的大部分特性且仅支持 POST 方法。

由于轻量级以及通过 HTTP 直接传输数据的特性，Web 服务的 RESTful 方法已经成为最常见的替代方法，可以使用各种语言 [如 Java 程序、Perl、Ruby、Python、PHP 和 Javascript(包括 Ajax)] 实现。RESTful Web 服务通常可以通过自动客户端或代表用户的应用程序访问。但是，这种服务的简便性让用户能够与之直接交互，使用它们的 Web 浏览器构建一个 GET URL 并读取返回的内容。

在 REST 样式的 Web 服务中，每个资源都有一个地址。资源本身都是方法调用的目标，方法列表对所有资源都是一样的。这些方法都是标准方法，包括 HTTP GET、POST、PUT、DELETE，还可能包括 HEADER 和 OPTIONS。

在 RPC 样式的架构中，关注点在于方法；而在 REST 样式的架构中，关注点在于资源——使用标准方法检索并操作信息片段（使用表示的形式）。资源表示形式使用超链接互联。

Leonard Richardson 和 Sam Ruby 在他们的著作 *RESTful Web Services* 中引入了术语 REST-RPC 混合架构。REST-RPC 混合 Web 服务不使用信封包装方法、参数和数据，而是直接通过 HTTP 传输数据，这与 REST 样式的 Web 服务是类似的。但是它不使用标准的 HTTP 方法操作资源，在 HTTP 请求的 URI 部分存储方法信息。几个知名的 Web 服务，例如 Yahoo 的 Flickr API 和 Delicious API 都使用这种混合架构。

有两个 Java 框架可以帮助构建 RESTful Web 服务。Erome Louvel 和 Dave Pawson 开发的 Restlet 是轻量级的。它实现了针对各种 RESTful 系统的资源、表示、连接器和媒体类型之类的概念，包括 Web 服务。在 RESTlet 框架中，客户端和服务器都是组件。组件通过连接器互相通信。该框架最重要的类是抽象类 Uniform 及其具体的子类 RESTlet，该类的子类是专用类，如 Application、Filter、Finder、Router 和 Route。这些子类能够一起处理验证、过滤、安全、数据转换以及将传入请求路由到相应资源等操作。Resource 类生成客户端的表示形式。

JSR-311 是 Sun Microsystems 的规范，可以为开发 RESTful Web 服务定义一组 Java API。Jersey 是对 JSR-311 的参考实现。JSR-311 提供一组注解，相关类和接口都可以用来将 Java 对象作为 Web 资源展示。该规范假定 HTTP 是底层网络协议。它使用注释提供 URI 和相应资源类之间的清晰映射，以及 HTTP 方法与 Java 对象方法之间的映射。API 支持广泛的 HTTP 实体内容类型，包括 HTML、XML、JSON、GIF、JPG 等。它还将提供所需的插件功能，以允许使用标准方法通过应用程序添加其他类型。

Ajax 和 RESTful Web 服务本质上是互为补充的。它们都可以利用大量 Web 技术和标准，如 HTML、JavaScript、浏览器对象、XML/JSON 和 HTTP，当然也不需要购买、安装或配置任何主要组件来支持 Ajax 前端和 RESTful Web 服务之间的交互。RESTful Web 服务为 Ajax 提供了非常简单的 API 来处理服务器上资源之间的交互。

（4）“聚门户”数据聚合引擎

“聚门户”是南京思柏瑞信息科技有限公司生产的一套数据聚合引擎中间件软件产品，其核心原理是将上文提到的统一门户技术、爬虫技术以及与大数据的分布式处理技术、移动化技术进行整合。其功能目标是基于大数据技术同步聚合政企单位多个信息源（信息系统）数据到中间层统一平台，经过数据再处理和转换适配后可以通过 App、H5 微网站、Web 统一门户形式呈现给终端用户。“聚门户”数据聚合引擎系统架构如图 7.3 所示。

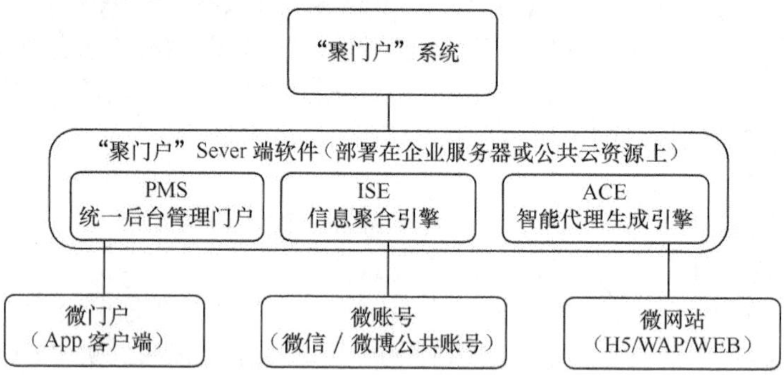

图 7.3 “聚门户”数据聚合引擎系统架构

① PMS 统一后台管理子系统提供了客户端及中间件自身的统一配置操作和门户管理。

② ISE 信息聚合引擎采用大数据并行处理和爬虫技术完成对政企单位管网及 BS 结构业务系统的信息聚合；大数据技术已经在前述章节介绍，本节将简要介绍一下爬虫技术。

③ ACE 智能代理生成引擎智能对接后台信息系统代理用户查询第三方平台数据，并代理用户从移动端向第三方平台提交数据。

“聚门户”数据聚合引擎中间件软件的核心技术如下。

① 信息抓取。通过爬虫技术实现对政府信息公开等网站信息资源的全文检索，并面向手机和手持终端用户展现。对丰富的网站资源，提供个性化资源的定制选择，构建属于公众自己的个性化移动互联门户。

② 多信息源聚合。海量信息聚合技术采集和聚合政府门户网站指定的各栏目信息和内容，

使其按照手机和手持终端的栏目规划进行内容展现。

③ 多客户端适配。在手机客户端方面，系统开发支持面向 Iphone、Android 等各类手机终端 App 应用，还有针对微信账号（服务号）等新型移动窗口应用。

爬虫技术（又被称为网页蜘蛛、网络机器人，在 FOAF 社区中间，常被称为网页“追逐者”），是按照一定的规则，自动地抓取万维网信息的程序或者脚本。另外一些不常使用的名字还有“蚂蚁”、自动索引、模拟程序或者“蠕虫”。随着网络的迅速发展，万维网成为大量信息的载体，如何有效地提取并利用这些信息成为一个巨大的挑战。搜索引擎（Search Engine），例如，传统的通用搜索引擎 AltaVista、Yahoo! 和谷歌等，作为一个辅助人们检索信息的工具，成为用户访问万维网的入口和指南。但是，这些通用性搜索引擎也存在着一定的局限性，具体内容如下。

① 不同领域、不同背景的用户往往具有不同的检索目的和需求，通用搜索引擎所返回的结果包含大量用户不关心的网页。

② 通用搜索引擎的目标是尽可能大的网络覆盖率，有限的搜索引擎服务器资源与无限的网络数据资源之间的矛盾将进一步加深。

③ 随着万维网数据形式的丰富和网络技术的不断发展，图片、数据库、音频、视频多媒体等不同数据大量出现，通用搜索引擎往往对这些信息含量密集且具有一定结构的数据无能为力，不能很好地发现和获取。

④ 通用搜索引擎大多提供基于关键字的检索，难以支持根据语义信息提出的查询。

为了解决上述问题，定向抓取相关网页资源的聚焦爬虫应运而生。聚焦爬虫是一个自动下载网页的程序，它根据既定的抓取目标，有选择地访问万维网上的网页与相关的链接，获取所需要的信息。与通用网络爬虫（General Purpose Web Crawler）不同，聚焦爬虫并不追求大的覆盖，而将目标定为抓取与某一特定主题内容相关的网页，为面向主题的用户查询准备数据资源。

网络爬虫是一个自动提取网页的程序，它为搜索引擎从万维网上下载网页，是搜索引擎的重要组成部分。传统爬虫从一个或若干初始网页的 URL 开始，获得初始网页上的 URL，在抓取网页的过程中，不断从当前页面上抽取新的 URL 放入队列，直到满足系统的一定条件才停止。聚焦爬虫的工作流程较为复杂，需要根据一定的网页分析算法过滤与主题无关的链接，保留有用的链接并将其放入等待抓取的 URL 队列，然后，根据一定的搜索策略从队列中选择下一步要抓取的网页 URL，并重复上述过程，直到达到系统的某一条件才停止。另外，所有被爬虫抓取的网页将会被系统存储，进行一定的分析、过滤，并建立索引，以便之后的查询和检索；对于聚焦爬虫来说，这一过程所得到的分析结果还可能对以后的抓取过程给出反馈和指导。

网络爬虫按照系统结构和实现技术，大致可以分为以下几种类型：通用网络爬虫（General Purpose Web Crawler）、聚焦网络爬虫（Focused Web Crawler）、增量式网络爬虫（Incremental Web Crawler）、深层网络爬虫（Deep Web Crawler）。实际的网络爬虫系统通常是几种爬虫技术相结合实现的，“聚门户”数据聚合中间件就是如此。

① 通用网络爬虫

通用网络爬虫又称全网爬虫（Scalable Web Crawler），爬行对象从一些种子 URL 扩充到整个 Web，主要为门户站点搜索引擎和大型 Web 服务提供商采集数据。由于商业原因，它们的技术细节很少公布出来。这类网络爬虫的爬行范围和数量巨大，对于爬行速度和存储空间要求较高，对于爬行页面的顺序要求相对较低，同时由于待刷新的页面太多，通常采用并行工作方式，但需要较长时间才能刷新一次。虽然存在一定缺陷，但通用网络爬虫适用于为搜索引擎搜索广泛的主题，有较强的应用价值。

通用网络爬虫的结构大致可以分为页面爬行模块、页面分析模块、链接过滤模块、页面数据库、URL 队列、初始 URL 集合几个部分。为提高工作效率，通用网络爬虫会采取一定的爬行策略。常用的爬行策略有深度优先策略、广度优先策略。

深度优先策略。其基本方法是按照深度由低到高的顺序，依次访问下一级网页链接，直到不能再深入为止。爬虫在完成一个爬行分支后返回到上一链接节点进一步搜索其他链接。当所有链接遍历完后，爬行任务结束。这种策略比较适合垂直搜索或站内搜索，当爬行页面内容层次较深的站点时，会造成资源的巨大浪费。

广度优先策略。此策略按照网页内容目录层次深浅来爬行页面，处于较浅目录层次的页面首先被爬行。当同一层次的页面爬行完毕后，爬虫再深入下一层继续爬行。这种策略能够有效控制页面的爬行深度，避免遇到一个无穷深层分支时无法结束爬行的问题发生，实现方便，无须存储大量中间节点，不足之处在于需较长时间才能爬行到目录层次较深的页面。

② 聚焦网络爬虫

聚焦网络爬虫，又称主题网络爬虫（Topical Crawler），指选择性地爬行那些与预先定义好的主题相关的页面的网络爬虫。与通用网络爬虫相比，聚焦网络爬虫只需要爬行与主题相关的页面，极大地节省了硬件和网络资源，保存的页面也由于数量少而更新快，还可以很好地满足一些特定人群对特定领域信息的需求。

聚焦网络爬虫与通用网络爬虫相比，增加了链接评价模块以及内容评价模块。聚焦网络爬虫爬行策略实现的关键是评价页面内容和链接的重要性，不同的方法计算出的重要性不同，由此导致链接的访问顺序也不同。

- 基于内容评价的爬行策略。DeBra 将文本相似度的计算方法引入到网络爬虫中，提出了 Fish Search 算法，它将用户输入的查询词作为主题，查询词的页面被视为与主题相关，其局限性在于无法评价页面与主题相关度的高低。Herseovic 对 Fish Search 算法进行了改进，提出了 Sharksearch 算法，利用空间向量模型计算页面与主题的相关度大小。
- 基于链接结构评价的爬行策略。Web 页面作为一种半结构化文档，包含很多结构信息，可用来评价链接的重要性。PageRank 算法最初用于在搜索引擎信息检索时对查询结果进行排序，也可用于评价链接的重要性，具体做法是每次选择 PageRank 值较大页面中的链接来访问。另一个利用 Web 结构评价链接价值的方法是 HITS 方法，它计算每个已访问页面的 Authority 权重和 Hub 权重，并以此决定链接的访问顺序。
- 基于增强学习的爬行策略。Rennie 和 McCallum 将增强学习引入聚焦爬虫，利用贝叶斯分类器，根据整个网页文本和链接文本对超链接进行分类，为每个链接计算重要性，从而决定链接的访问顺序。
- 基于语境图（Context Graphs）的爬行策略。Diligenti 等提出了通过建立语境图学习网页之间的相关度来训练机器学习系统。通过该系统可计算当前页面到相关 Web 页面的距离，距离越近的页面中的链接优先访问。印度理工大学（IIT）和 IBM 研究中心的研究人员开发了一个典型的聚焦网络爬虫。该爬虫对主题的定义既不是采用关键词也不是加权矢量，而是一组具有相同主题的网页。它包含两个重要模块：一个是分类器，用来计算所爬行的页面与主题的相关度，确定是否与主题相关；另一个是净化器，用来识别通过较少链接连接到大量相关页面的中心页面。

③ 增量式网络爬虫

增量式网络爬虫指对已下载网页采取增量式更新和只爬行新产生的或者已经发生变化网页的爬虫，能够在一定程度上保证所爬行的页面是尽可能新的页面。与周期性爬行和刷新页面的网络爬虫相比，增量式爬虫只会在需要的时候爬行新产生或发生更新的页面，并不重新下载没有发生变化的页面，可有效减少数据下载量，及时更新已爬行的网页，减小时间和空间上的耗费，但是增加了爬行算法的复杂度和实现难度。增量式网络爬虫的体系结构包含爬行模块、排序模块、更新模块、本地页面集、待爬行 URL 集以及本地页面 URL 集。

增量式爬虫有两个目标：保持本地集中存储的页面为最新页面和提高本地页面质量。为实现第一个目标，增量式爬虫需要通过重新访问网页来更新本地页面内容，常用的方法有统一更新法，爬虫以相同的频率访问所有网页，不考虑网页的改变频率；个体更新法，爬虫根据个体网页的改变频率来重新访问各页面；基于分类的更新法，爬虫根据网页改变频率将其分为更新较快网页子集和更新较慢网页子集两类，然后以不同的频率访问这两类网页。为实现第二个目标，增量式爬虫需要对网页的重要性排序，常用的策略有广度优先策略、PageRank 优先策略等。IBM 开发的 Web Fountain 是一个功能强大的增量式网络爬虫，它采用一个优化模型控制爬行过程，并没有对页面变化过程做任何统计假设，而是采用一种自适应的方法根据先前爬行周期的爬行结果和网页实际变化速度对页面更新频率进行调整。

④ 深层网络爬虫

Web 页面按存在方式可以分为表层网页（Surface Web）和深层网页（Deep Web，也称 Invisible Web Pages 或 Hidden Web）。表层网页指传统搜索引擎可以索引的页面，以超链接可以到达的静态网页为主构成的 Web 页面。深层网页是那些大部分内容不能通过静态链接获取的、隐藏在搜索表单后的，只有用户提交一些关键词才能获得的 Web 页面。例如，用户注册后，内容才可见的网页就属于深层网页。2000 年，Bright Planet 指出深层网页中可访问信息容量是表层网页的几百倍，是互联网上最大、发展最快的新型信息资源。

深层网页爬虫体系结构包含 6 个基本功能模块（爬行控制器、解析器、表单分析器、表单处理器、响应分析器、LVS 控制器）和两个爬虫内部数据结构（URL 列表、LVS 表）。其中，LVS（Label Value Set）表示标签 / 数值集合，用来表示填充表单的数据源[1]。

深层网页爬虫爬行过程中最重要部分就是表单填写，包含两种类型，具体内容如下。

① 基于领域知识的表单填写。此方法一般会维持一个本体库，通过语义分析来选取合适的关键词填写表单。Yiyao Lu 等提出一种获取表单信息的多注解方法，将数据表单按语义分配到各个组中，对每组进行多方面注解，结合各种注解结果预测一个最终的注解标签；郑冬冬等利用一个预定义的领域本体知识库来识别深层网页页面内容，同时利用一些来自 Web 站点的导航模式来识别自动填写表单时所需进行的路径导航。

② 基于网页结构分析的表单填写。此方法一般无领域知识或仅有有限的领域知识，将网页表单表示成 DOM 树，从中提取表单各字段值。Desouky 等提出一种 LEHW 方法，该方法将 HTML 网页表示为 DOM 树形式，将表单区分为单属性表单和多属性表单，分别进行处理；孙彬等提出一种基于 XQuery 的搜索系统，它能够模拟表单和特殊页面标记切换，把网页关键词切换信息描述为三元组单元，按照一定规则排除无效表单，将 Web 文档构造成 DOM 树，利用 XQuery 将文字属性映射到表单字段。

在 Raghavan 等提出的 HIWE 系统中，爬行管理器负责管理整个爬行过程，分析下载的页面，将包含表单的页面提交表单处理器处理，表单处理器先从页面中提取表单，从预先准备好的数据集中选择数据自动填充并提交表单，由爬行控制器下载相应的结果页面。

"聚门户"数据聚合引擎中间件就是采用了上述数种爬虫技术，并结合大数据并行处理技术、数据分析技术等实现的一套中间件，它在爬虫技术方面有以下特点。

① 可定制模块为用户提供爬虫代码生成界面，并使用三种不同的模式帮助用户快速生成爬虫代码。

② 标准化模块完全实现了 W3C 制定的"XQuery Scripting Extension 1.0"（下面简称 XQSX）标准并以此脚本作为爬虫定义语言，XQSX 作为 XML 数据查询利器 XQUERY 的补充，很好地弥补了 XQUERY 的不足，它在 XQUERY 的基础上添加了诸多语言元素，如声明、控制流以及用户自定义过程，从而使 XQUERY 在保持高效数据解析能力的同时成为真正意义上的结构化 XML 查询语言。

③ 丰富的预定义模块。系统爬虫模块为最终用户提供了丰富的 API 接口供用户在生成自己爬虫程序时使用。

④ 可扩展性模块。系统在提供了极其丰富的内建接口的基础上，也为用户提供了二次开发接口，最终用户可以利用该接口为爬虫模块提供更多的用户定制功能，爬虫模块本身编写的过程混合使用了 C++、Java 两种语言，并提供了统一的扩展接口，因此，用户可以根据自己的喜好，自由地选择上述两种语言作为用户定制功能的开发语言。

⑤ 支持爬虫并发，即要求引擎支持不少于同时对 100000 个 URL 做实时爬虫搜索。

⑥ 支持关键词匹配筛选搜索。

⑦ 支持搜索结果按某种标准排序（时间顺序、关键词匹配程度）。

⑧ 支持多种搜索引擎模块，不同企业客户的云爬虫可以挂接不同的引擎模块。

⑨ 支持一定的处理功能，如去重、筛选、模板适配，数据分析、关键词检索、语义分析等。

（5）身份实名认证

政务服务门户需要构建基于实名制的信息服务体系。通过构建可信的网络服务身份认证系统，建立跨部门的实名制互认机制，共享实名认证资源，实现统一门户（单点登录）和个性化信息推送，提升市民服务体验，推进诚信信用应用。

实名认证的实现方式分为：线下认证、线上认证、身份证 / 市民卡 NFC 刷卡认证三种认证方式。

① 线下认证方式指用户提交手机号并上传手持身份证或市民卡的上半身照片，由后台工作人员通过人工核对方式进行认证。

② 线上认证方式是利用相关政府部门或电信运营商已建立的实名认证渠道，当用户在城市智能门户请求线上实名认证时，用户自选本人已实现实名认证的方式并输入认证信息，由相关方验证请求信息，通过验证后即注册为实名用户。可线上实名注册验证包括如下方式。

- 市民社保卡号、社保卡密码及手机号码。
- 身份证号码及手机号码。
- 个税查询账号、个税密码及手机号码。
- 身份证号码、车辆发动机号、车架号及手机号码。
- 身份证号码、移动电话号码、查询密码。
- 身份证号码、户口本户号及手机号码。
- 网上预约挂号市民卡号、密码及手机号码。

③ 身份证 / 市民卡 NFC 刷卡信息认证是用户通过具有 NFC 功能的手机读取身份证 / 市民卡信息，经身份证 / 市民卡中身份信息验证后完成实名认证。南京思柏瑞信息科技有限公司的身份证 NFC 认证技术已经广泛应用于各地政务和公安体系。

通过多部门间的信息共享和验证比对，各部门和公用事业单位共同认可实名认证的结果，建立可信的第三方身份认证系统，从而实现市民一次登录即可获取本人的社保缴纳和使用情况、公积金账户、个税账户、车辆违章、驾照记分和年检、手机话费，以及水、电、燃气使用缴费等信息。

用户采用任何一种方式进行实名认证后，系统将记录完整的实名认证过程和相关数据，并在使用的过程中提取身份证、姓名、手机号码、手机设备号等信息建立身份关键字，将不同部门和应用之间的实名用户进行关联。

智能门户与各部门应用系统采用点对点安全通道传输验证信息，并保留每次验证过程数据备查。对同一设备重复注册或认证、多次使用不同手机号码、同一账号突然使用不同终端的用户进行跟踪，通过设置报警功能以及追加验证码的方式限制反复注册和认证，保证数据的安全。

下面重点介绍 NFC 刷卡身份信息认证技术。

近年来，二代居民身份证阅读器被广泛用于涵盖政府、金融、证券、公安、交通、石化、社保、教育、税务、电力、公司办公自动化、娱乐消费等部门和行业。它采用国际上先进的 TypeB 非接触 IC 卡阅读技术，配以公安部授权的专用身份证安全控制模（SAM），以无线传输方式与第二代居民身份证内的专用芯片进行安全认证后，将芯片内的个人信息资料读出，将此信息上传至计算机，并完成解码、显示、存储、查询和自动录入等功能。

二代居民身份证读卡器是一种能判断身份证是否伪造的设备，像验钞机一样，能对身份证真伪进行有效识别，二代居民身份证内含有 RFID 芯片，通过二代居民身份证读卡器，身份证芯片内所存储的信息，包括姓名、地址、照片等将一一显示，RFID 芯片采用智能卡技术，无法复制，高度防伪，配合二代居民身份证读卡器，假身份证将无处藏身。

二代居民身份证信息云端集中识别平台利用各电信运营商现有的优势，实施网络化集中解码的身份证识别系统。系统设计理念是给每个末梢终端配备读头 /RFID 阅读设备，读头和电脑 / 手机连通；或者配备具备 NFC 功能的安卓智能手机；解码设备只需要安装在网络服务器上，通过网络技术，将多个业务终端通过内网连接至一个安全解码设备上，这样能大大减少解码设备的数量，从而实现在保证数据安全的前提下，达到降低成本、缩短采购周期的目标。此平台可对外提供开放、稳定、高效的二代居民身份证识别能力，对智慧政务平台提供公众用户身份认证支撑。

7.2.3 服务门户的信息交互

信息交互主要指各类网上办事、线上受理的业务，需要政府工作人员通过后台予以审核、审批、回复、批件等。该板块的目标是整合各类政务服务事项和业务办理信息，建成覆盖全市、部门协同、整体联动、一网办理的“互联网＋政务服务”平台，逐步实现政务服务“一号申请、一窗受理、一网通办”，提升政务服务智慧化水平，让群众和企业办事更方便、更快捷、更高效。

为了通过服务门户实现信息交互、网上办事，除了需要上述各章节所涉及的技术以解决身份认证、统一门户单点登录、用户代理与第三方平台交互（聚门户技术）外，还有一个关键技术需要实现，这就是工作流技术。

1. 工作流概述

工作流（Workflow）指业务过程的部分或整体在计算机应用环境下的自动化，是对工作流程及各操作步骤之间业务规则的抽象、概括描述。工作流主要解决的问题是实现某个业务目标，利用计算机在多个参与者之间按某种预定规则自动传递文档、信息或者任务。工作流的概念起源于生产组织和办公自动化领域，是针对日常工作中具有固定程序的活动提出的一个概念，目的是通过将工作分解成定义良好的任务或角色，按照一定的规则和过程来执行这些任务并对其进行监控，达到提高工作效率、更好地控制过程、增强对客户的服务、有效管理业务流程等目的。尽管工作流已经取得了相当的成就，但对工作流的定义还不能够统一和明确。1993年，工作流管理联盟（WfMC，Workflow Management Coalition）作为工作流管理的标准化组织而成立，标志着工作流技术逐步走向成熟。WfMC 将工作流定义为一类能够完全自动执行的经营过程，根据一系列过程规则，将文档、信息或任务在不同的执行者之间进行传递与执行。

工作流是工作流程的计算模型，即将工作流程中的工作如何前后组织在一起的逻辑和规则，在计算机中以恰当的模型表示并对其实施计算。工作流指为实现某个业务目标，在多个参与者之间利用计算机按某种预定规则自动传递任务。工作流属于计算机支持的协同工作（CSCW，Computer Supported Cooperative Work）的一部分。后者指研究一个群体如何在计算机的帮助下实现协同工作。许多公司采用纸张表单，手工传递的方式，一级一级审批签字，工作效率非常低，不能实现统计报表功能。而采用工作流软件，使用者只需在电脑上填写有关表单，电脑即会按照定义好的流程自动“往下跑”，下一级审批者将会收到相关资料，并可以根据需要修改、跟踪、管理、查询、统计、打印等，这大大提高了效率，实现了知识管理，提升了公司的核心竞争力。

2. 工作流 2.0

工作流 2.0 的定义是实现工作过程管理的自动化、智能化和整合化。工作流 2.0 最主要的特征是可以灵便地实现数据整合和数据统计，消除“信息孤岛”，既能实现 OA 办公系统内部工作流之间的数据整合，如借款与报销、预算与决算等，又能实现 OA 办公系统工作流与其他业务系统之间的数据整合，如 HR、ERP、CRM 等。工作流 2.0 能彻底地弥补工作流 1.0 的不足，它不但能实现 OA 办公系统内部的数据整合，而且能实现 OA 办公系统和第三方应用系统之间的数据整合。

如果为工作流 1.0 贴上标签，那就是“无纸化、重复工作、流程‘孤岛’、系统‘孤岛’、数据‘孤岛’”；工作流 2.0 对应的则是“智能化、效率质量提升、外部数据整合、消除信息孤岛、内部数据整合”。毫无疑问，工作流 2.0 更加智能，更加整合，能够实现数据的同步交换和共享，这些特征更受用户欢迎，能有效帮助企业简化多余流程，是未来工作流技术发展的方向。

3. 工作流的实施

工作流的实施需要三个基本步骤：映射、建模和管理。映射是第一个步骤，首要任务是确定并且文档化组织内全部现有的手工和自动化的业务流程；建模则是开发一个有助于建成流线型业务过程的模型。管理阶段是软件实施以及跨越全部工作部门、业务单元甚至是整个企业的无缝系统集成。为了确保工作流系统能够无缝地实施到组织机构中，项目组都必须遵从已经定义的、经过实践确认的、行之有效的工作方法，并且在每个工作阶段都必须有可以度量的结果。一个深思熟虑的实施计划被有经验的团队执行，是成功地采用和实施工作流的决定因素。

业务分析项目组将分析用户现有的业务流程，找出哪些流程需要优化和改进，以达到上佳效果，并分析每个流程的时间线和期望的结果。它们将与关键人员进行座谈，收集和鉴别正确的信息及数据，从而决定工作流系统如何满足需求。接下来的业务分析将辨别哪些流程可以被优化、自动化、流线型化，哪些流程甚至需要重新设计。

确定上佳目标是建立在业务流程详细分析的基础之上的。工作流项目的目标定义应该清晰并可以进行验证，好的目标意味着项目的成功。在实施过程的每一个阶段，项目组必须确认达到的结果是它们所期望的结果。例如，如果目标是缩短开发票周期两周，则必须分析现有的时间跟踪、记账和开发票等流程。

确定实施计划目标确立后，由用户和软件供应商组成的项目组展示工作流解决方案具备的各种模块，根据用户提出的特定需求定义它们的功能和特性，并基于业务的优先级，共同决定每个模块的上线时间。

将业务流程在工作流系统中建立模型，在实施过程中建立业务模型是一个极重要的步骤。用户应当紧密地同软件产品应用专家合作，以在易用性和功能需求之间达到平衡。用户可以在部署阶段前对模型进行测试，以确保该模型符合实际要求且没有过多的开销。需要指出的是，如果这个建模步骤没有完全正确地完成，将导致错误的报表或者多余的管理工作。

在建立模型阶段可实现流程和软件集成，项目组将确定现有的需要与工作流系统交互的流程与系统。如果处理不当，新旧流程的集成将失败。流程集成的一个重要方面就是在多系统之间消除或最小化冗余数据，并在多个系统间复制这些数据。流程必须紧密集成，数据必须能跨越不同的流程和应用，顺畅流动。

项目组也必须确保工作流系统符合用户组织机构的安全标准，这一点经常在部署阶段前被忽视。部署工作流系统包括两部分内容。第一部分是技术，包括硬件和软件的安装、备份、恢复以及网络安装等，这与一般的 IT 应用实施相似。第二部分是上线试运行，试运行小组应具有真正的代表性。项目组必须与试运行小组就项目的重要性进行沟通，并确保提供足够的培训，使试运行小组能够对试运行工作得心应手。建议项目组建立清晰的沟通渠道，保证在试运行期间可以及时反馈用户的意见和建议。试运行将鉴别出原来设计和计划的弱点和缺点，并为项目组硬件和软件在大规模上线运行前出现的问题提供解决依据。这也可以提高用户对于新流程的接受程度，因为用户觉得他们也参与了项目的开发部分，解决方案不是强加给他们的。

一般认为，采用阶段性实施工作流系统可使用户更快地获得效益。因为用户可以更有效地渐进学习新系统，取得立竿见影的效益。阶段性实施还给予用户更多的时间了解、评估他们进一步的需求，项目实施期间的修改更加容易。另外，阶段性实施项目降低了风险。

在系统评估时，在每一个阶段完成后，项目组都应该基于项目开始设定的目标，对已经完成的结果进行评估，同时分析所获得的结果，并与最初的设计目标相对照，确保工作流解决方案在现有的业务环境中优化出更合理的解决方案。

4. 工作流管理系统

工作流管理系统（WFMS，WorkflowManagementSystem）是定义、创建、执行工作流的系统。在最高层上，WFMS 应能提供以下三个方面的功能支持。

① 建造功能：对工作流过程及其组成活动定义和建模。

② 运行控制功能：在运行环境中管理工作流过程，对工作流过程中的活动进行调度。

③ 运行交互功能：在工作流运行中，WFMS 与用户（业务工作的参与者或控制者）及外部应用程序工具交互的功能。

由于信息技术的发展和日趋激烈的商业竞争，人们不再满足于独立、零散的办公自动化和计算机应用，而是需要综合的、集成化的解决方案。作为一种对常规性事务进行管理、集成的技术，WFMS 的出现是必然的。它可以带来以下收益。

① 改进和优化业务流程，提高业务工作效率。

② 实现更好的业务过程控制，提高顾客服务质量。

③ 提高业务流程的柔性等。

7.3 智能办公

7.3.1 概述

应用层实现智慧政务的主要行政业务功能，按照第 7.1 节智慧政务的四大领域划分，在应用层实现的是智能办公、智能监管。智能办公是将政务的对内 OA 办公功能、对外的行政审批、政务公开功能等以智能化、信息化、互联网化的手段予以实现。

因此，本节将围绕政府行政部门的内部办公和针对外部公众用户提供服务的行政审批业务功能展开介绍。需要注意的是，在很多场合下这两个部分并不是独立的，而是互相关联的。很多对外部的行政审批事务都可能要转换为内部的办公功能，由内部各部门按照工作流机制进行行政业务处理。

本书将按照以内部业务流转为主的办公自动化系统和对外部公众提供服务的行政审批系统两个部分展开介绍。

7.3.2　办公自动化系统

1. OA 概述

办公自动化（OA，Office Automation）是将现代化办公和计算机技术结合起来的一种新型的办公方式。办公自动化没有统一的定义，凡是在传统的办公室中采用各种新技术、新机器、新设备从事办公业务，都属于办公自动化的领域。通过实现办公自动化，或者说实现数字化办公，可以优化现有的管理组织结构，调整管理体制，在提高效率的基础上，增加协同办公能力，强化决策的一致性。

政务 OA 系统是政务行政机关采用 Internet/Intranet 技术，基于工作流的概念，以计算机为中心，采用一系列现代化的办公设备和先进的通信技术，广泛、全面、迅速地收集、整理、加工、存储和使用信息，使企业内部人员方便快捷地共享信息，高效地协同工作；改变过去复杂、低效的手工办公方式，为科学管理和决策服务，从而达到提高行政效率的目的。一个企业实现办公自动化的程度也是衡量其实现现代化管理的标准之一。办公自动化的定义为：利用先进的科学技术，使部分办公业务活动物化于人以外的各种现代化办公设备中，由人与技术设备构成服务于某种办公业务目的的人机信息处理系统。

OA 强调办公的便捷、效率高，办公软件应具备几大特性：易用性、健壮性、开放性、严密性、实用性。

（1）易用性。没有全面的应用做基础，一切都是空谈。管理落地必须面向全员，所以软件也必须能够被全员所接受，被全员所喜爱。如果易用性不强，这个前提就不存在了，制度落地就只能是空谈。而任何软件都是需要培训的，但上网几乎人人都会。所以就支撑制度落地的软件而言，网页风格可能是考虑因素之一。

（2）健壮性。OA 必须具备超大用户、高并发应用的稳定性。管理“落地”必须面向全员，所以支撑“落地”的软件也必须能保证全员应用的稳定性，尤其是针对集团型企业，软件必须具备超大用户、高并发应用的稳定性，否则，一旦出问题，即使是小问题，也可能影响集团业务，从而造成不可估量的损失。坚持网络风格是最大限度提升软件健壮性的一种有效手段，因为这样一来，决定应用并发数的并不是软件平台本身，而是硬件和网络速度；换言之，从理论上讲，类似的软件平台没有严格的并发数限制。

（3）开放性。OA 能够与其他软件系统完成必要的关联性整合应用。管理“落地”在现实管理中渗透管理的各个方面，而没有哪一套软件能够独立地完成所有方面的管理需求，所以支撑制度“落地”的软件必须具备全面而广泛的整合性，能够从其他软件系统中自动获取相关信息，并完成必要的关联性整合应用。从技术上看，采用整合性强的技术架构（J2EE）作为底层设计对软件的整合性有决定性的帮助。如此，软件能预留大量接口，为整合其他系统提供充分的技术保障。同时，现实的整合经验也必不可少，因为整合应用不仅涉及技术层面，还包括对管理现实业务的理解、整合实务技巧、整合项目把控等实际操作技能要求。

（4）严密性。OA 必须同时实现信息数据上的大集中与小独立的和谐统一。就政府机构而言，从制度落地的现实需求来看，OA 一方面必须有统一的信息平台，另一方面，又必须给各个行政部门相对独立的信息空间。所以软件不仅要实现“用户、角色和权限”上的三维管控，还必须同时实现信息数据上的大集中与小独立的和谐统一，即必须实现“用户、角色、权限、数据”的四维管控，具备全面的门户功能。

（5）实用性。80% 标准化 +20% 个性化的绝配：软件功能必须与管理实务紧密结合，否则药不对症，反而可能有副作用，而且必须能适应企业管理发展的要求。现实中，企业一方面需要软件最大可能地满足现有需求，另一方面，管理本身也是一个不断发展的过程，所以企业又需要软件能够满足发展需求。面对这个现实与发展间的矛盾，业界有三种常见的解决模式：项目化、产品化和平台化。

2. OA 基础架构

OA 平台基于分层、标准和构件等进行架构，采用领先的四层技术架构，遵循 J2EE、SOA、WFMC、W3C xForm、JSR168、WSRP 等标准，部署了大量构件，采用 Java 语言编写，以多维门户形式展现，OA 平台支持各种部署模式、各种操作系统、各种数据库和中间件，并具备完备的配置体系、接口体系和插件体系，从而支持未来的扩展空间。

因 J2EE 的开放性，OA 平台支持各种服务器、操作系统、数据库、中间件和应用软件。OA 平台采用标准 J2EE 结构，由 Java 语言开发；系统配置由 XML 技术完成；数据库采用关系型数据库和非关系型数据库分离的技术，同时 OA 平台支持多种关系数据库，系统通过 JDBC 服务连接数据库，并使用连接池提高系统性能，通信协议采用 HTTP、TCP/IP。

OA 平台整个应用划分为三个相对分离的逻辑层，每一层都有一套已定义的接口。

（1）第一层为表示层，是展现给工作人员和相关使用者的图形界面，它包含 HTML 表单、Java Applet、JSP 等能够显示数据的任何系统。该界面通过规定的工作流程和接口来完成日常的事务处理和业务流程。

（2）OA 平台的中间层（应用逻辑层）是使用者为了获取数据需要（通过表示层）调用的代码。表示层接收到数据后将其格式化并显示出来。OA 平台的这种应用逻辑与用户界面的分离极大地提高了应用设计的灵活性。OA 平台可以在不改变应用逻辑的情况下采用不同的图形用户界面，只要应用逻辑层为表示层提供明确定义的接口即可。OA 平台的中间层利用 Java 语言，以 Servlet 和 Beans 等技术实现，表现形式为组件包，即类库形式。OA 平台将用户管理、低层数据访问、数据传输以及数据分析等具有抽象适应性的功能等进行封装，按照功能、逻辑和使用方法等不同方面定义若干个组件包，并统一规范为核心 API(Core API)，为上层透明访问提供清晰、明确的接口。在整个 OA 平台应用中，中间层起着非常重要的作用，主要包括安全系统、应用体系和技术平台等，并与数据层一起构成了办公系统工作的基础。

（3）OA 平台的底层为数据层，即数据中心，用来完成统一的数据管理和数据交换接口的实现。数据层主要包括办公信息及数据的管理和维护、数据交换、数据抽取以及数据过滤等。在整个 OA 平台中，部署了数据引擎、消息引擎、门户引擎和工作流引擎，系统被横向和纵向地进行了多维度的打通和贯穿，从而使各孤立的构件和模块成为一套有机的生态系统。

上述的三层结构和之前的 MVC 结构其实是一致的，OA 的数据层可以近似对应 M，中间层（应用逻辑层）近似对应 C，表现层对应 V。

3. 政务 OA 的功能

智慧政务的一个核心目标是加强对政府部门办公系统无纸化办公工作，建设和完善政府部门管理及办公平台。政务 OA 的主要需求是搭建服务于政府部门的管理部门，是具有公文管理、信息管理、短信平台等多项功能的综合服务平台。平台功能应包含以下几个方面。

① 公文管理：建设本行政单位的信息组织和管理平台，主要实现政府行政部门 / 委办局的办公自动化（OA 系统）发文起草、发文审核、核稿、签发、盖章成文、套红、分发、收文登记、批示、承办、归档等功能。一个 OA 系统公文管理模块的界面如图 7.4 所示。

图 7.4　OA 系统公文管理模块的界面

② 信息共享与工作交流：实现政府部门内部信息共享与公共交流，如通知公告、会议通知、电子邮件、内部论坛等。

③ 综合流程审批管理：实现政府部门内部流程审批，如行政审批、财务申报审批、领用审批等。

④ 短信平台：实现内部办公系统的待办短信提醒、短信群发，如会议通短信、政策宣传短信等。

⑤ 移动办公系统：实现政府部门移动办公应用，解决工作人员在手机上随时随地处理公文、

查看单位信息等。移动办公是目前 OA 发展的新趋势，也是迎合移动互联网技术的必然结果。

通过 PC 版办公与手机版办公相结合的做法，实现 PC 与手机的优势互补，极大地方便用户。移动办公的系统实现原理图如图 7.5 所示。

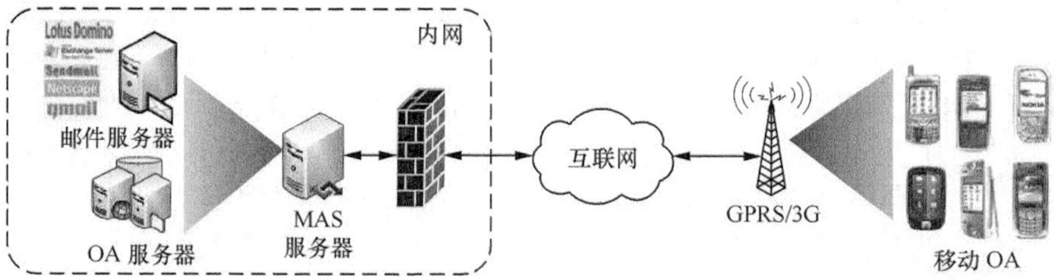

图 7.5　移动办公的系统原理

移动办公的推出从以下几个方面给用户带来价值。

拓展办公空间：处理办公事务不再受网络与设备的限制，随时随地可以办公。

提高办公效率：重要公文或事务不再因负责人出差而迟迟得不到处理，由于移动办公的方便性，任何时间、地点工作人员均可以审批公文、流程、回复邮件、查看重要信息，使办公无处不在、无时不在。

节省办公成本：任何地点、任何时间办公，通过这种方式很多时间片断都可以利用起来，高效利用时间。

政府 OA 系统的案例界面如图 7.6 所示。

图 7.6　政府 OA 系统的案例界面

7.3.3　行政审批系统

1. 行政审批系统概述

在“依法、公开、公平、公正、高效”的政府管理理念不断深入的今天，如何采用信息技术，改善政府对公众的服务职能及行政效能，是摆在政府各级行政领导面前的一个迫切问题，也是智慧政务的主要建设目标。

网上联合审批系统的建设，实质上是用计算机网络系统辅助各个政府部门审批人员，完成各项行政审批业务。在采用计算机网络系统的情况下，原来许多人工操作、人工处理、人工传递的业务可以由计算机网络系统完成，使工作简化、失误减少、效率提高。然而，根据在承担其他联合审批系统项目中了解的情况，我们深刻地体会到：在设计与构建网上审批总体方案时，不光是要把审批业务过程加以抽象，设计严密的技术方案，而且要考虑许多非技术的或与目前人工处理相依存的各种问题。这些问题对方案设计有极大的影响，如未考虑或考虑不够，就会造成虽然所设计的方案技术很好，但不符合实际，不容易被接受。这些问题是：

① 电子文件与纸质文件要并存；

② 计算机处理和人工处理相结合；

③ 外网网站与对外办事窗口并存；

④ 联审项目统一受理与并联受理相结合；

⑤ 网上联合审批和政务人员会商相结合；

⑥ 网上数据交换和纸质文件流转并存；

⑦ 统一审批平台和各部门专业系统相结合。

因此，在建立联合审批系统时，我们首先必须制定包括人和计算机网络相结合的业务组织方案，恰当地发挥计算机网络和人两方面的作用。在建设中，必须实事求是地去决定：哪些业务处理模式要改，而哪些要保留；哪些工作由计算机做，怎么做；哪些工作由人去做，与计算机如何结合。只有这些问题处理好了，联合审批系统才能建设顺利，发挥作用。一味地宣传计算机、新技术的作用，什么都用计算机去做，或相反只在很少的地方用计算机，对原来工作并没有多大改进，这两种倾向都是错误的。

业务组织方案要解决的几个问题：

① 用户模型：使用系统的人的类型；

② 办事模型：在统一平台下，将各种人工办理的审批事务归纳为几种形式加以处理；

③ 业务模型：审批业务的几种类型，即办件、转报件、联办件等；

④ 审批类型：包括审批、核准、审核、备案；

⑤ 流程种类：即时办理流程、部门内流转处理（涉及第 7.3.2 节提到的 OA 系统）、一站式网上处理；

⑥ 一站式模式：需解决统一表格问题、证照保存与审核认可窗口设置等。

联合审批系统与电子政务门户网站、审批及监察数据交换平台互连互通，紧密联系，共同构建面向老百姓的、开放的、透明的审批服务功能，同时与政务电子监察平台互联互通，全面加强对行政审批的有效监督。

行政审批系统的三大目标包括如下内容。

① 规范审批操作流程

系统加强了业务中心对各窗口部门的监督管理功能，方便前来中心办事的市民和企业，所有的收办件都受到计算机程序监督，所有审核处理环节必须在网上处理，真正做到公开、公平、公正；提高行政办公效率，减少差错。

② 实现跨部门审批与各部门内部审批业务的无缝连接

系统综合了各种审批业务流程，解决了各部门信息孤岛的问题，减少了信息的垄断，因而能够很大程度上提高政府服务效率，提高社会公平；并且实现政府内部的协同作业，提高办事效率，简化办公流程，降低办公成本。

③ 信息公开

系统平台提供外网功能，通过与因特网的信息交换，建立政府与企业和社会公众之间网上行政审批与监察的通道，实现网上咨询、查询、申请、审批、投诉、监督等业务功能，成为真正的网上办公、办事在线服务平台，拉近企业、居民与政府部门间的距离，强化政府形象。

2. 行政审批系统架构

根据政府审批服务的特殊性和具体情况，在行政审批业务处理上，将采用跨部门协同审批平台和部门独立审批平台总体设计的思路进行设计。整体系统的总体设计框架如图 7.7 所示。

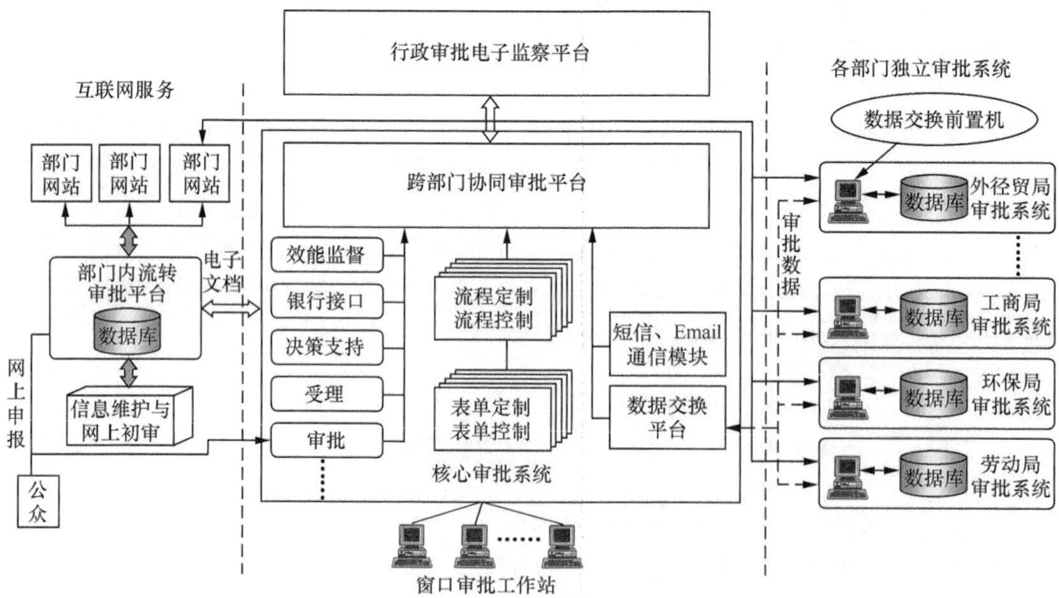

图 7.7　电子监察系统与一站式审批捆绑的总体设计框架

上述系统框架充分考虑了政府现有审批业务处理的几种模式。

① 进驻审批大厅的大部分单位已经建设了独立的部门审批业务系统。

② 部分部门还未建设审批业务系统或建设不完整。

③ 由于部门间的审批系统一般都是独立建设，因此部门间的业务一般不关联。

④ 各部门间已经建设完成的系统由于建设的时期不同，采用了不同技术和应用软件进行构建。

⑤ 由于各个部门间的办事环境一部分集中，一部分可能构建在局域网内，物理上无法连通。

针对以上的现状分析，现有的设计模式将采用如下解决方案。

① 对于已经建设的独立审批业务系统，将继续保持原有系统正常的运作模式，不破坏原有业务模式。那么接入协同平台的方式将采用后台嵌入数据的方式，数据交换的方式将采用中间数据库，并通过交换平台进行数据交换，从而保证各自系统的安全性。

② 对于部门内部没有审批系统的单位，我们将在协同审批平台上构建这些部门的审批业务系统，这部分新构建的审批子系统将填补以前部门系统的空白。

③ 对于各部门独立建设的系统，由于业务不关联，在实现跨部门审批上无法发挥作用，因此将要构建的协同审批平台需把后台交换过来的各类数据进行协同处理，并配备数据流处理模块和业务流处理模块，把业务流和数据流通过协同平台统一配置。

④ 各个部门建立的系统将作为一个黑匣子进行处理，只是开放共享的数据流。

⑤ 对于在物理上无法连通的系统，将采用上报数据分组的形式进行数据上报。

3. 业务处理模式规范设计

下面针对政府行政审批项目在信息化处理的过程中的业务处理模式规范进行设计。

（1）用户模型

通用网上联合审批平台的用户可以抽象为 4 种，分别是申请者、审批者、监管者及管理者。

① 申请者

申请者指行政审批的申请者，包括自然人和组织机构两大类。其中，个人包括本国公民和外国人，组织机构包括企业单位、事业单位和其他社会团体。

② 审批者

审批者指行政审批的处理人，也就是具有行政审批权的政府部门及其具体处理审批实物的工作人员。审批者是行政审批的执行者。

③ 监管者

监管者指行政审批的监管者，一般包括各级领导和监察人员。

④ 管理者

管理者指对系统资源进行具体管理的工作人员，一般称为系统管理员。

（2）办事模型

在目前的政府审批制度改革的过程中，各地政府不断推出新的审批模式，公众的办事模式也随之发生变化。目前网上联合审批系统支持的公众办事模式可包括以下 4 种。.

① 窗口申报，窗口领证（传统型）

第一种办事模式是，申请人在窗口领取资料，手工填写后在窗口进行申报，最后在窗口进行办理。这是传统的办事模式，也是目前主要的办事模式。它的优点是老少皆宜，不必会上网，不必会打字，缺点是手工填写资料，容易出错；申请人往往需要来回跑（先到窗口来领取申报表格，回家填写后再来窗口递交资料，若不是即办型业务还须到窗口领证）。网上联合审批系统需要支持这种办事模式。

② 表单下载，窗口领证（传统型）

第二种办事模式比“窗口申报、窗口领证”要方便一些，即不用先去窗口领取空白表格，而从网上下载、空白表格填写后打印或打印后填写，然后再到窗口进行申报。显然，这种方式比“窗口申报、窗口领证”要少跑一次。网上联合审批系统需要支持这种办事模式。

③ 网上申报，窗口领证（传统型）

第三种办事模式则更加人性化，申报在网上进行，如果办理成功，再到窗口领证。联合审批系统力图支持这种办事模式。

④ 网上申报，网上领证（理想型）

第四种办事模式是，申报和领证都在网上进行，享受全程网上服务。这是理想的办事模式，也是将来发展的方向。它的优点是没有空间限制，不用跑路；缺点是申请人必须学会上网打字；审批结果必须是数字的；此外，对于必须本人亲自到现场的审批，无法处理。联合审批系统力图根据实际情况尝试这种办事模式。

（3）业务模型

① 业务类型

即办件：申请人即来即办、即办即走的业务。由于即办即走，即办件业务不必承诺时限，不必打印回执。

承诺件：申请人必须先提交申请资料，然后根据承诺的时间前来领取结果的业务。承诺件必须限定审批时限，并且在受理回执上注明承诺时限。

转报件：审批人收取申请人的申请资料后，先进行初步审查，初审合格后再上报上级主管机关进行核准的业务。转报件也会像承诺件一样出具受理回执，并承诺时限。

联办件：一个部门无法独立完成审批，必须多个部门进行协作完成的业务。联办件是跨部门的审批业务。

② 审批类型

审批：该类型的审批指严格意义上的审批。这种类型的业务只有指导性标准和规范，很多内容无法量化，主要靠主观性判断进行决定。由于存在主观性的判断，这种类型的审批往往设立比较复杂的作业程序在机制上加强监督，而且减少审批人与申请人的直接接触。

核准：该类型的审批指有统一的标准和规范，可以根据考核、检验或检测结果决定。这种类型的审批几乎没有主观判断的干扰，一般程序简单。

审核：该类型的审批指有统一的标准和规范，可以根据考核、检验或检测结果决定，但是有关资料需要进行实质性审查。此类审批难点不在核准，而在资料的实质性审查。构建通用网上联合审批平台，可实现政府部门之间的互联互通，有效地将形式审查转变为实质审查。

备案：该类型的审批不是严格意义上的审批，只要根据申请人提交的材料进行形式上的审查即可。此类审批申请人没有造假的意思，审批人也没有滥用职权的必要。一般的审批程序为：收文—审查—复核—发文，通过“审查—复核”机制来减少失误。例如：进出口企业财务主管变更时，需要到海关进行备案。对于备案的审批业务，基本可以实现“网上申报、网上办理”

的服务模式。

（4）流程种类

① 即时办理

该类审批事项在窗口申报、受理，当场审批，属于最简单的审批事项。

② 单部门流转处理模式

单部门内审批指只需要单个部门内各个岗位，如承办人、科长、处长、局长，多级流转审批的事项。对于跨部门审批事项在未实现一站式之前，也属于这种情况。此种类型的审批事项是网上审批的主体。通过各种典型业务和流程的规范与提炼，构造标准的业务处理模式，并通过统一的应用软件平台统一实现，相应的流程进行控制与审批。为了加强对各部门内部审批事项的管理，在需求调研基础上，对受理信息格式、回执格式以及审批界面和效能监管信息等做必要的规范，即统一受理回执。

③ 跨部门流转处理模式

此种模式按一站式网上审批模式处理。此时，我们要梳理确定各审批事项跨部门流转的流程，和一般容易区别的流程及开始不容易确定的流程，以便在设计中加以体现。

（5）多部门协同审批机制，实现联合审批

要实现联合审批，关键是多部门间的协同审批，多部门协同审批的核心是流程的控制和信息的交互。本书阐述的系统通过两种方式启动多部门协同审批的流程。

一是通过动态配置的业务流程，参与联合审批的各个部门都在网上联合审批平台办公，审批信息都在网上联合审批平台直接共享；一些部门可能还有上级部门下发的证照管理系统等，可以通过数据实时采集平台进行数据交换，达到共享的目的。

二是参与联合审批的部门中，少数部门使用自己的业务系统。业务系统和联合审批系统通过数据实时采集平台进行数据交换，把这些部门的审批信息收集到网上联合审批平台，同时把网上联合审批平台上的其他部门的审批结果送回业务系统，这样达到信息共享，构造业务上的并联审批。

信息交换方式示意图如图 7.8 所示。

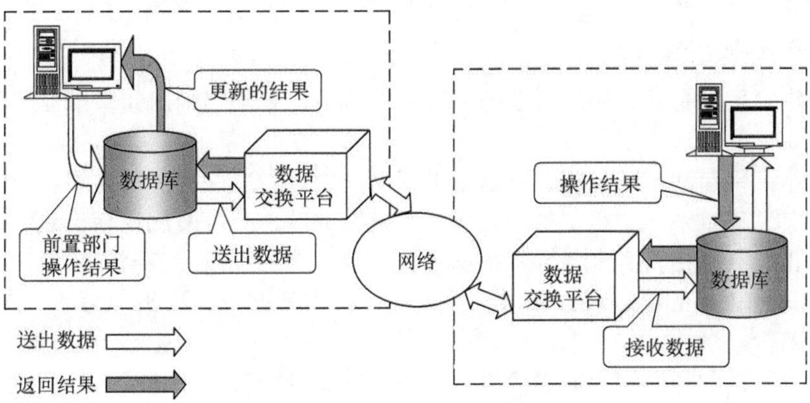

图 7.8　信息交模方式示意图

（6）部门内多科室的协同办公机制

行政审批业务是一系列复杂的行政业务，不仅在同一业务中，不同部门操作模式也不尽相同；而且对于不同的业务，同一部门操作模式不尽相同；甚至在同一业务中的不同环节，同一部门的操作模式也不尽相同。

如果不具体情况具体分析，对所有业务和所有部门采取相同的操作模式，势必增加劳动强度，降低行政服务效率，增大行政成本；但是，如果为所有业务和所有部门都分别设计一套操作模式，既不便于规范业务，也大大提高了联网办公系统复杂度，因此，必须建立一个能够满足所有部门业务需要的行政审批平台。

本书给出如下方案。

① 引入“业务事务”的概念，用来表示审批业务中不可分割的原子过程（动作），作为描述一切审批业务处理的基本元素。一个业务事项对应一个页面或一个按钮，是系统实现审批处理的基本单元。目前已经规范的事务包括：选事项、收文、回执、受理、分发、录入、发文、联审、送审、上报、下放、拟办、暂停、激活、核准、提交、退回、签发、转出、转入、协商、转发、公告、通知、打印、查询、数据交换等。

② 引入“业务岗位”的概念，用来表示审批业务中不可分割的基本阶段（环节），作为描述一切审批业务环节的基本元素。一个业务岗位往往对应一个菜单项，是系统实现审批业务的基本环节。目前，业务岗位已经规范的有登记、受理、录入、分发、承办、审核、签发、出文、回复、监管、管理、查询等。

③ 引入“业务角色”的概念，用来表示审批业务中在一定业务岗位上完成一系列业务事务的不可分割的基本角色，并通过角色复合实现新角色的描述，作为描述一切审批业务角色的基本元素。基于业务角色，我们可以通过业务岗位和业务事务的组合分别定义各部门各个业务环节的工作模式，达到在审批平台（系统）上动态构建部门业务的目的。目前已经规范的基本角色包括：登记人、受理人、录入人、分发人、承办人、审核人、签发人、出文人、回复人、监管人、管理员等。各部门的角色，可以根据实际情况，通过对基本角色的继承进行个性定义。

④ 引入“业务资料”的概念，用来表示审批业务中所有的基本资料。对各种表格、批文、证照、回执等进行统一管理，精确但无冗余地保存各种资料的历史信息。

4. 网上联合审批平台的设计

网上联合审批平台主要解决三种业务：即来即办件、单部门内流转审批业务和跨部门联合审批业务。

网上联合审批平台利用通用网上联合审批平台构建。通过该平台搭建的系统使原来分散在各职能部门的并联审批业务，经过规范和优化审批业务流程，开发出具有自动流转和管理功能的网上联合审批业务平台，实现各项审批事项在平台上自由配置和自动流转审批，共享审批信息资源，减少审批表格的重复填报和录入，改变传统的审批模式和工作习惯，方便企业办事，提高政府工作效率。

跨部门联合审批业务是网上联合审批平台解决的重点，在内资企业、外资企业、三来一补企业和基建项目等相关的审批项目中，信息资源大部分在政府部门，但大量的政府信息资源分散在各行政主管部门。各个行政部门在审批过程中获得的数据仅在本部门或上级业务部门内使用，部门之间互不共享、互相孤立，同样的企业信息，多个部门重复建设，造成政府资源浪费、信息不一致，审批过程重复，审查工作增加，审批效率不能有效提高。通过网上联合审批平台，可以解决这些跨部门审批业务信息共享的问题以及并联审批的项目的监督检查。

图 7.9 为网上联合审批系统应用总体结构图。

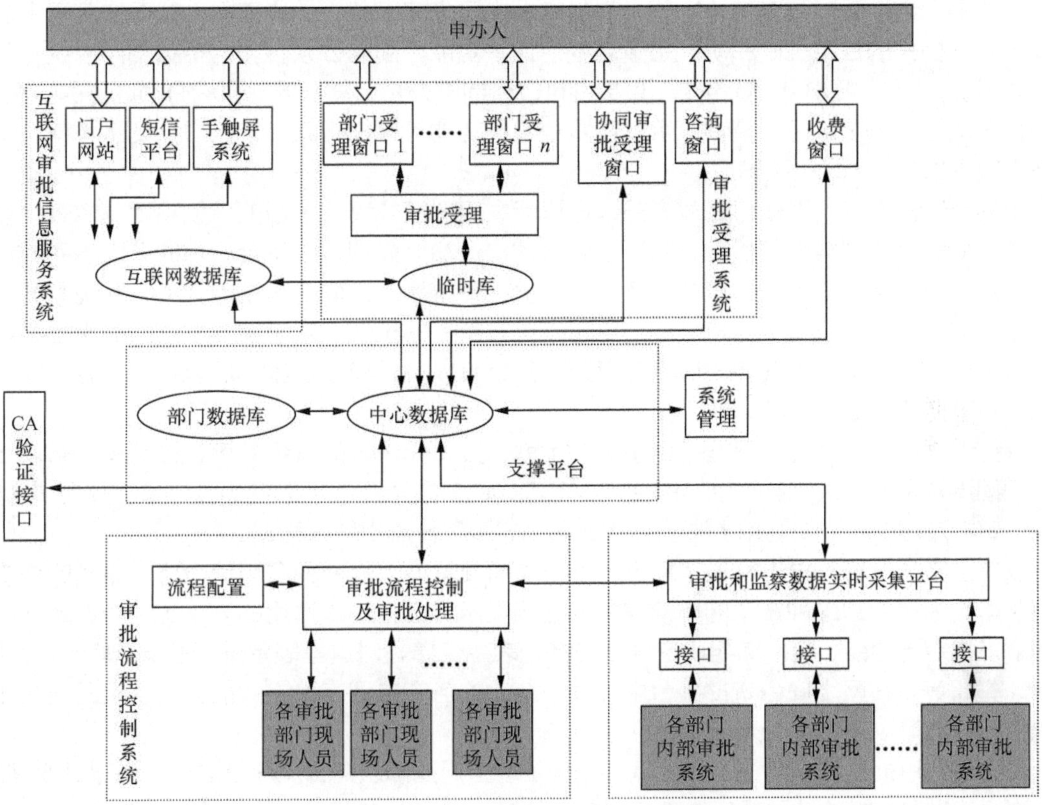

图 7.9　网上联合审批系统总体结构

（1）基本功能

建立网上联合审批系统的作用主要包括：

① 利用互联网发布网上审批信息和在网上填报有关表格；

② 实现审批业务在同一网上的受理和管理以及在各部门内部或部门间网上自动流转处理；

③ 共享审批信息资源，减少重复填报和录入，强化部门间对相关资料的确认能力；

④ 基于更广泛的审批信息资源，提高各部门的审批能力和水平；

⑤ 实施对各审批事项和审批单位与人员工作效率的实时监督和管理。

处理的基本的业务类型包括：

① 即来即办的审批业务；

② 单个部门内流转的审批业务；

③ 在多个部门间流转处理的跨部门审批业务。

（2）网上联合审批平台的主要功能模块

网上联合审批平台主要由互联网审批服务、审批受理、审批流程控制、表单定制、网上联合审批共享、网上联合审批监督等子系统组成。

互联网审批服务子系统：主要是面向社会和市民提供审批事项发布、审批事项说明、办事流程、办事承诺、通知和查询等功能；提供审批申报表格下载、上传工具、联网交互预审功能以及与预审相关的各种规则和功能检查功能。这些功能已面向公众，整合相关部门以统一整体的形式出现，例如，要申办一个企业，直接就可以查询申办企业需要的材料和必须经过的步骤等，不必再分散地到各个部门去查询。互联网审批服务功能可以在行政审批门户网站上构建，也可以在区联办中心的网站上构建。

审批受理子系统：受理和处理申办人通过互联网填报或窗口填报的审批事项基本表，对所提交的申请表格和资料进行检查，对符合要求的申请加以受理，不符合要求的予以退回或补交资料，打印统一格式的受理回执或不予受理回执。如果是多人联合审批的业务，系统则要进行审批业务的流转。对于有申请表格的业务可以进行数据的录入，对于需要发证照的审批事项可以进行证照信息的录入。在多人联合审批时，系统可以处理审批过程的反复处理或者退回承办意见，对审批处理全程监督。

审批流程控制子系统：根据审批事项的类型，按事先设置的流程顺序，控制审批事项在各个部门间流转审批。系统自动控制前置审批部门间的签发意见互相沟通功能，举行网上“联席”会议。审批流程控制模块利用上文提到的成熟稳定的工作流引擎来构建。

表单定制子系统：由于每项审批事项都可能需要承办人提交很多申请表格，表格的样式及内容各异，为了处理这种繁杂的申请表格和证照显示界面，一套通用的表单定制功能是十分必要的。表格定制功能，可以满足政府要求的各个表单信息，对这些表单进行增加、修改、删除、查看、打印等。在网上联合审批平台中，同一企业的各个申请表单之间能够共享相同的企业基本信息，这样可以减少申请人填写信息的量。

网上联合审批共享子系统：网上联合审批平台主要是解决跨部门审批之间的信息共享问题。网上联合审批共享模块主要是解决部门间审批共享，主要有以下几方面的共享信息。

① 申请者提供的重复信息：在申请行政许可的过程中，由于审批部门之间为“信息孤岛”形式，申请人往往需要在不同的部门之间提交很多证照或身份证明的多份复印件，需要提交多份相同的申请材料，这样申请人麻烦，审批部门也麻烦。审批信息共享子系统会把前置审批部门审核过的证件或已经提交过的申请材料在网上共享，而且后面的审批部门认可，申请者不用再重复提交。

② 申请事项的基本信息：在申请行政许可的过程中，申请人在各个部门填写的申请表格，往往会有很多信息是重复的，这样会造成申请者同一信息填写多次，出错的概率更大。在审批及监察数据交换平台采集到的数据中，慢慢可以建立各种各样的共享资源库，一些信息可以从这些资源库中提取；另外，申请者第一份申请表格填写的信息，假如后面的申请表格有重复的对应信息，也可以从共享资源库中提取。

③ 前置审批部门的审批信息：前置审批部门的审批意见、证照、批文，构成一个审批信息库，后面的审批部门可以自动根据流程查看这些审批共享资源。这个功能在证照辨伪方面能够起到

一定的帮助。

网上联合审批监督子系统：网上联合审批监督模块主要对跨部门协同审批项目参与的各方进行监督检查，可以从时限、流程、规范等方面进行监察。监察结果纳入绩效测评的一部分。

（3）构建审批信息共享资源库

跨部门审批的关键是审批信息的共享，利用审批及监察数据交换系统，与参与协同审批的各个部门的业务系统进行数据交换，建立审批信息共享库。审批信息共享库主要由电子证照信息、企业法人或项目基本信息、部门审批活动信息、企业经营活动信息等组成。

共享资源库建立后，由政府统一安排利用，参与资源建设的各个部门可以通过数据交换平台实时地利用共享资源库；其他系统也可以通过接口的方式来查询利用共享资源库。

共享的目的是为了利用。对于共享资源的利用，主要有以下几个方面：

① 为审批系统提供证件 / 批文防伪辅助；

② 为所有审批的收文、审核等环节提供批文 / 证件 / 回复的电子显示，复制防伪做假；

③ 为公众提供申报辅助，推进“一表式”服务；

④ 为公众在进行在线申报表单填写时提供辅助信息，减少填报工作量，降低出错概率；

⑤ 为工作人员提供录入辅助，减少重复录入；

⑥ 为政府部门工作人员进行表单录入、意见撰写、证照制作时提供辅助信息，减少书写工作量，降低出错概率；

⑦ 为有关系统提供公共服务；

⑧ 为各部门审批系统提供统一银行收费接口服务、统一短信发布服务、统一电子邮件服务等；

⑨ 为其他审批公众实施在线申报提供辅助信息，减少填报工作量，降低出错概率；

⑩ 为有关系统提供基础数据。

通过信息交换系统，为国家资源信息库提供基础数据，为政府智能决策系统提供基础数据，为其他公共服务系统提供基础数据。

（4）网上联合审批的方式

网上联合审批平台重点解决的是跨部门协同审批如何正常、有序、高效地进行，要求必须在各个业务系统之间有信息交换、业务协调，工作人员不需要操作两套业务系统，网上联合审批平台必须和各部门原有的业务系统很好地集成。

网上联合审批主要包括数据协同和实体协同。数据协同指单个部门独立完成的审批事项，按协定在受理环节从共享数据库已有数据中调阅和下载必须提供的申报材料，而不用申请人提供；在做出审批决定后未印发决定文书（证、照）前，则交换审批决定的数据进共享数据库。

实体协同包括：网上联合办理和一站式联合办理。

网上联合办理包括两种情形：一种情形是制定经协定各方认可的前后置流程，前置部门在做出决定或初审后未印发决定文书（证、照）或未按程式决定前，通过网络程序自动、实时告知后置部门，后置部门将此数据信息视为申请人向本部门提供的申报材料之一；另一种情形是从既定的申请条件、申报材料、许可（拟准、登记、备案、认证认可）内容中，按照举办项目涉及事项进行组合并在网上公布，申请人按组合事项自行决定申报，系统确定一个网上召集单位并以协定方式规定涉及事项办理部门提出许可（批准、登记、备案、认证认可）与否的意见或初审结果，系统自动撮合并经召集单位确认后通过共享数据以协定交换数据方式告知申请人及涉及办理单位，如所有涉及部门均许可（批准、登记、备案、认证认可），则申请人可同时进行实体申报（网上具备条件的可上网申报），实施机关可同步审批并送达结果，如有一个涉及部门不予许可（批准、登记、备案、认证认可）则不进行后续申报及办理。

一站式联合办理相当于“联收联审”，即以协定方式确定牵头部门、规定统一的申请条件和申报材料，相同申请条件的申报材料由牵头部门统一受理并转告机关、不同申请条件由相关部门同步受理、同步审查，并按规定时限提出是否许可（批准、登记、备案、认证认可）的意见，按协定通过共享数据库交换给牵头部门，牵头部门向申请人统一告知结果，由申请人在统一系统模块或在同一服务大厅各窗口领取结果文书（证、照）。其中，需要在系统开放申报项目条件和材料的统一模块，在服务大厅设置综合咨询及受理发文窗口，协定“联收联审”交换数据权责，协定“联收联审”条件固定组合和个案组合，规定许可（批准、登记、备案、认证认可）决定时限，协定系统临时故障防崩溃的补救措施。

无论数据协同，抑或实体协同，关键是整合现行部门业务流程、再造优化业务流程。因此，网上联合审批子系统必须以整合、再造为主线，制定数据标准、规定交换权责、协定流转程式、友好表达诉求，达到有序申请、善意审批，从而实现业务流程与行政实施机关、行政相对人各方的协同。

为了避免部分单位同时使用两套系统，又能达到审批信息共享协同应用的目的，我们建议采用前台嵌入信息共享协同应用处理，后台通过数据交换嵌入共享数据的方式。利用审批及监察数据交换平台将各部门信息交换到本系统，构建共享信息库，支持两种嵌入。共享信息库建立之后，各个部门按两种途径利用这些共享信息。

通过交换利用后台的数据库实现共享信息，即后台嵌入数据方式。毕竟很多部门的系统运行比较稳定，开发多年，可继续保留，这时可只通过数据交换从共享库中把自己需要的信息交换回去，不改变原来应用只改变数据提供的方式和渠道。原来由本身系统输入的信息，改由通过后台交换提供，当然也可进一步改造原来的审批系统，更好地利用这些共享数据构造包括联合审批在内的综合审批，这样，就实现了工作人员只在一个系统中操作。

采取后台嵌入数据的办法，虽然能继续维持原来部门系统的功能，却无法增加协同处理功能，为此采用前台界面集成联合审批共享模块加以弥补，同时达到只操作一套系统的目的。由独立的用户验证机制，各个单位可以把此模块直接在界面上集成到自己的系统中，工作人员在处理业务时，就可以在同一计算机界面上进行查询、共享其他部门的信息，实现联合审批及数据对碰等防伪打假等识别操作。

（5）网上联合审批平台的特点

网上联合审批平台具有以下特点。

① 多部门协同办公机制，实现联合审批：系统提供多部门协同办公，通过电子化的数据交换方式实现在多部门间交换信息。

② 部门内多科室的协同办公机制：系统通过抽象业务流程，将各种业务划分成具体的办理步骤，使用流程配置的方式实现部门内多科室的协同办公。

③ 实时、可靠的流程控制：协同办公机制主要是依靠流程控制进行，系统地提供多种方式

的流程控制。

④ 动态配置的业务流程，切合实际工作：系统提供直观、易用的配置界面，和灵活的业务流程配置。

⑤ 建立审批信息共享库，为审批提供参考：审批信息共享库的建立基于业务和实际的业务办理情况，审批信息共享库为审批提供广泛的参考信息。

⑥ 审批监管，提高内部办事效率：系统提供单位内部的监管，提供时限计算、收费监督、流程跟踪、资料数据对比、超时预警提示等功能。

⑦ 通用信息交换平台，保证信息畅通无阻：信息交换平台是实现“联合审批”的基础，系统提供具有优越的扩展性、可配置性、稳定性、安全性的信息交换平台。

⑧ 准确、直观的统计分析：统计分析系统可以快速地根据用户的需求增加各种不同类型的统计分析功能，并以柱图、饼图、走势图等方式展现准确、实时的统计分析结果，方便用户了解情况。

⑨ 人性化的操作辅助功能：系统提供完善的操作信息提示和帮忙功能，用户不需要经过长时间培训就可懂得操作本系统，更多的操作信息提示可以有效防止用户操作失误。系统提供各个需要输入信息的模块的“信息默认值”“常用信息”的配置，方便用户录入信息。

7.3.4　政务电子监察平台

电子监察系统是对行政审批平台各环节进行监管监督，在行政审批平台实现以行政审批等业务为基础，对行政审批数据进行监察，业务上应实现行政审批实施监督管理、行政审批事项预警管理、行政绩效的评估管理等。电子监察系统应实现由个人行为监督转变为个人行为与行政程序监督并重，有时候检查转变为全程监察，由单一监督转变为全方位监督。行政监察还应该是中心及各级监察部门对各审批事项、委员、单位及工作人员的依法行政、效能建设和服务质量等监察、实现，对所有进驻大厅行政审批服务事项的受理、承办、审核、批准、办结等和窗口工作人员的出勤、服务态度、办事效率等情况的监控。自动对违反审批条件、审批程序超过审批时限、违规收费等情况，发出警告信息，自动对政务公开内容完整性、时效性进行预警，自动对审评环节过程进行预警检查，自动对远程审批部门和审批人员进行绩效评估和排名。

政务电子监察平台从应用功能划分，主要由绩效及满意度调查平台、政务公开监督子系统、行政审批监督子系统、投诉举报处理子系统、内部办文监督子系统、综合绩效测评子系统、综合查询子系统、统计分析子系统、系统管理子系统等组成。其中，综合查询子系统、统计分析子系统、系统管理子系统是和网上联合审批平台统一构建的。

1. 绩效及满意度调查平台

该平台是以“方便群众监督、方便群众参与、方便群众办事、方便群众投诉”为宗旨的一个面对社会公众的调查窗口。该网站专门开辟了一个与电子监察相关的栏目。电子监察是建设廉洁政府的一大举措，大量的监察结果需要在网站上公开、公布。电子监察栏目下开设以下子栏目。

① 满意度调查：定期发布不同的主题进行满意度调查，调查结果直接进入内网的绩效管理模块，作为各个部门绩效测评的一项指标。

② 绩效测评：按周、月、季度、半年、年度定时公布各行政审批实施机关的绩效测评情况。绩效测评情况分各行政审批实施机关的得分情况和排名情况，以柱状图的形式表示各行政审批实施机关的得分情况，以列表的形式表示各行政审批实施机关的排名情况；还可以按年度查看已经发布的绩效测评情况，也可以按照行政审批实施机关查看某个实施机关的历史得分情况和排名情况。

2. 政务公开监督子系统

（1）系统架构

为了实事求是、客观公正地评价各行政机关的政务公开工作情况，及时发现和纠正有关问题，促进政务公开工作，根据《中华人民共和国行政监察法》《政务公开条例》《行政机关工作人员行政过错责任追究暂行办法》《网上政务公开实施办法（试行）》的规定，结合规范化管理的要求，设计了政务公开监督子系统，目的是通过电子计算机的技术，精确快捷地评测出真实的结果，提高政务公开水平。其系统架构如图 7.10 所示。

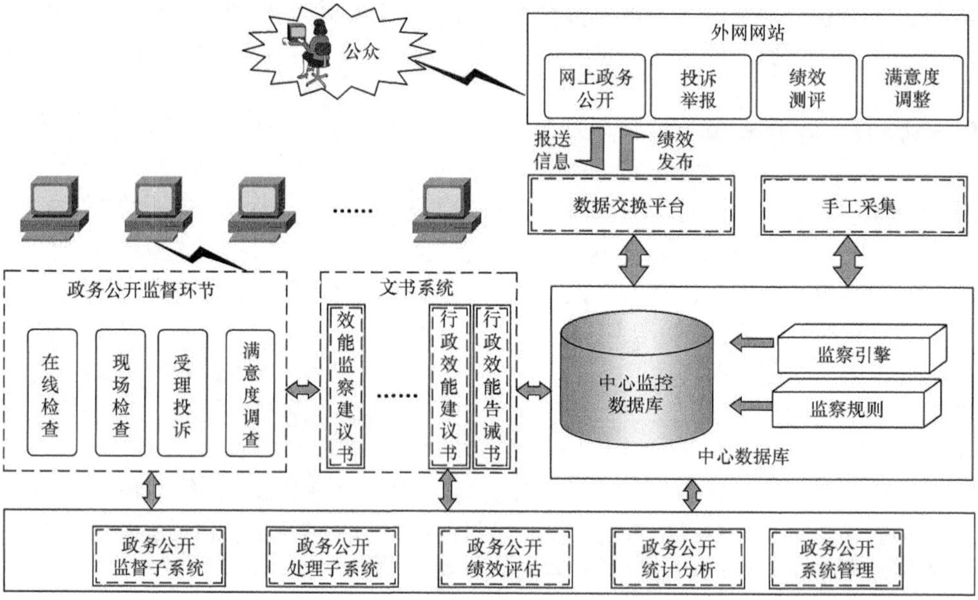

图 7.10　政务电子公开监督子系统架构

（2）功能设计

① 数据采集功能

数据采集模块主要满足整个系统原始数据的录入功能。数据的来源主要有两个方面。一方面，通过数据接口和外网网站实现交换，本部分的数据采集由系统的数据交换平台实现。本部分交换的数据分组包括：各单位政务公开各部分内容的网络链接地址、网络投诉信息、满意度调查结果以及信息更新标志等。另一方面，通过人工录入的方式，把实际调查和现场检查的实际数据录入系统内。本部分信息主要包括：每个季度监察机关对办事现场的检查结果、现场满意度调查报告、投诉信箱事件受理等。

数据采集子系统主要功能包括：本季度数据采集情况查看功能、历史数据采集情况查看功能、数据录入功能等。通过本系统模块，用户可以轻松地了解整个政务公开系统的数据采集情况，并可以把监察过程中的原始数据录入本系统，统一原始数据的入口。

② 政务公开监督功能

政务公开监督功能主要对政务公开的四个评测环节进行监督。系统将根据数据采集模块得到的初始数据提供方便快捷的监督手段。监督的 4 个环节包括：在线检查、现场调查、受理投诉、满意度调查。

在线检查部分的监督，系统将提供数据接口提供的各个单位的政务公开条例中要求公开内容的网络链接地址，同时将根据条例中规定的内容，提供需要公开的规范内容标准，给检查人员提供对照的标准。对于没有按照政务公开规定的单位，操作人员只需要通过记录方式登记进系统，系统则自动启动评测功能。

现场调查、受理投诉、满意度调查等都将采用各自评测标准进行设计。同时系统还将提供辅助监督的助手工具，例如系统可以根据政务公开的原则，辅助监督人员制订监督计划，对于上一次检查被处罚的单位，系统会提醒监督人员再次重点监督本部分单位，直到完全符合政务公开要求为止。系统还将建议监督单位进行例行检查，并可以在一个评估周期的初期列出全部的计划，辅助监督人员更好地完成监督工作，真正实现辅助办公的功能。

③ 政务公开处理功能

根据政务公开监督的结果，可以在本系统模块当中进行处理。处理的功能主要体现在以下几个方面：对于政务公开监督过程进行评估确定，操作人员可以根据监督的历史记录对各个机关进行扣分、奖励分等操作，并可以在该系统模块中根据扣分的结果提供不同的处理流程，例如生成《政务公开行政效能建议书》《行政效能建议书》《行政效能告诫书》《处罚通知书》等。这些功能将为监督单位提供辅助的处理功能。

④ 政务公开绩效评估

政务公开绩效评估子系统主要用来评估各机关单位在一个评估周期内的评估结果。绩效评估系统将提供全面的评估数据。评估内容主要包括以下内容。

A．评估周期内各机关单位的分数统计明细，系统通过统计表、图表等方式展现。

B．评估周期内各机关单位的扣分和奖励情况明细。

C．评估周期内各机关单位的被投诉情况以及处理情况明细等。

⑤ 系统统计分析功能

系统的统计分析功能主要为监察机关提供决策分析。该系统可以对整个系统的数据进行横向和纵向的数据对比和查询。对比的结果将通过直观的统计表格和图形展现。通过该功能，监察机关可以非常清楚地了解到各机关政务公开工作做得好与坏，在哪些方面存在普遍问题等。

⑥ 系统管理功能

系统管理主要涉及系统的参数配置、权限管理、日志查看等。

3. 行政审批监督子系统

行政审批监督子系统的主要业务是监察局对行政审批部门监察，主要功能是在行政审批部门的业务系统采集的监察数据的基础上对部门业务进行自动监控。凡违反办事程序的，系统提供时限判别、收费监督、流程跟踪、资料数据对比、异常处理监督、统计分析预警等自动判别检查和辅助判别检查，及时发现问题，事先、事中提醒市级部门、区级部门和行政审批人，避免发生行政过错。行政审批监督子系统主要包括以下模块，如图 7.11 所示。

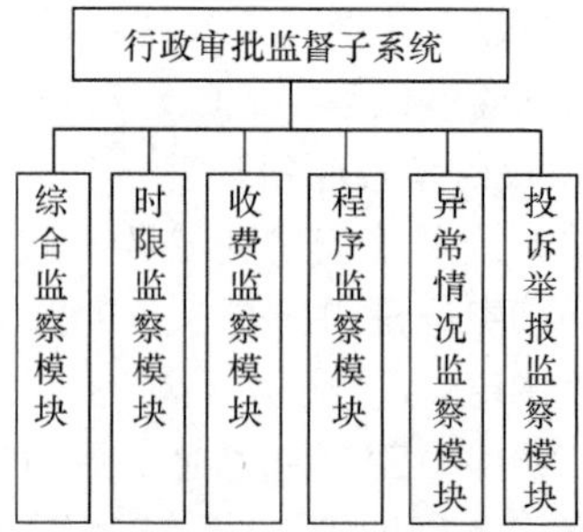

图 7.11　行政审批监督子系统主要模块

综合监察模块：主要对业务从时限、收费、程序等各个方面进行综合监察，对出现违规现象的机关，综合提示处理。系统运行界面显示各个行政审批实施机关总的监察情况。

时限监察模块：对于行政审批的审批事项的时限在系统中设置，采集每笔具体的审批业务，自动对将超期的审批事项预警，并将预警信息以邮件、短信等方式自动通知办理单位。审批事项超过设定期限，系统自动出示黄牌，并自动生成《督办通知书》发送到审批单位，短信通知承办人，同时设定一个督办期限，督办期限过期仍未办理的，系统出示红牌。对于超期至红牌的事项，系统自动通过区协同办公系统发送《监察建议书》到审批机关。在这一模块中，工作人员可以查看预警的业务、超期出示黄牌的业务、超期出示红牌的业务、督办情况，手动处理超期业务等。

收费监察模块：对每项行政审批事项的收费进行设置，模块能够自动比对各笔审批业务的收费，违规收费的亮红灯，并对违规收费的行政审批实施机关进行处理。

程序监察模块：程序监察主要针对审批办理过程的监察。程序监察对象包括：行政审批的内容、法律依据、数量及方式、审批条件、申请材料、申请表格、受理机关、决定机关、审批程序、证件及有效期、法律效力、年审或年检。对每项审批事项的业务规范预先在系统中配置，当进行程序监察时，工作人员可以直接调出比对。

异常情况监察模块：异常情况主要包括不予审批、不受理、补交材料等事项。对于发生异常的事项，查看理由和法律依据，没有理由或理由不充分的，模块可以要求给出解释处理。异常不能给出合理原因，必须扣分。异常情况监察是电子监察系统的重点监察内容。

4. 投诉举报处理子系统

投诉举报处理子系统主要是通过面向公众的门户，接收各类针对行政审批的投诉和举报情况，对投诉和举报的情况需要与上述其他子系统进行对接，例如，和异常情况监察模块对接，实现案件智能研判，对于多方信息验证有问题的投诉和举报形成预警和立案。此外，本系统也对各类举报和投诉情况进行统计以作为其他各类子系统的考核评测依据。

5. 内部办文监督子系统

内部办文监督子系统主要是政府办文行政效能的监督，主要对部门之间的发文、收文情况进行监督；对各个部门内部的行文进行监督。监督主要是对行文时限和落实情况进行监督检查。

6. 综合绩效测评子系统

系统根据《行政绩效测评量化标准》，对行政审批业务量化评分，将业务过程中所涉及的办理人和办理制度一起综合打分，通过量化评分衡量各部门的行政效能。绩效测评主要分为以下的模块。

考核评分管理模块：根据办事程序、时限、过程等指标，对各行政审批实施机关、行政审批人的行政效能进行考核、打分和评定；在这里可以查看各部门的详细得分和排名情况，可以手动把得分和排名情况发布到行政审批外网网站的绩效测评栏。

政务公开绩效管理模块：根据《网上政务公开考核及责任追究办法》，记录管理政务公开的情况，主要有网上政务公开检查情况、场所政务公开检查情况等。

行政审批绩效管理模块：主要管理各个审批部门出现行政审批扣分情况的现象。

办公自动化绩效管理模块：主要管理各个行政部门在办公过程中出现行政审批扣分情况的现象。

满意度调查管理模块：电子监察系统将定期或不定期地从行政审批的事项中随机抽查，通过电话、邮件、走访等方式对行政申请人进行满意度调查。调查的对象包括审批个人与审批部门，调查结果在本模块管理打分，得出满意度排名。对满意度的调查结果，系统可以定期发布到外网的绩效测评栏。

7. 综合查询子系统

综合查询子系统能够根据不同需求，实现各种条件下的单项查询和组合查询功能，支持无限次跟踪查询，支持精确、模糊及包含等多种查询。

综合查询功能可以查询的信息包括：行政审批事项信息、投诉信息、监察处理过程等。

系统具有固定条件查询功能、自定义条件查询功能、模糊查询功能等。

8. 统计分析子系统

统计分析子系统包括以下模块。

统计报表模块：可提供灵活、可设置的统计分析功能，实现固定格式统计、自定义统计等统计方式，并能以数据报表和图形的方式直观地表达出来。数据报表可以是标准报表，也可以自行修改标准报表、设计用户自定义报表，以方便地对报表文件进行管理；可以对统计产生的报表结果进行保存，以备后查；可以将生成的报表打印出来，也可以将生成的报表以 Word、Excel、HTML 文件格式保存。

动态分析模块：对任何时间段，各部门的行政审批事项受理情况做出分析，并与上一年该时间段做同比分析。对任何时间段，各部门的受理数、不予受理数、超期数、正常办结数等进行分类，与上一年和与前一时间段增减百分比进行分析。对任何时间段，各部门的被投诉情况做出分析，并与上一年该时间段做同比分析。

7.4　智能决策

智慧政务的最后一个核心主题是数据层的智能决策，包括智慧政务所有业务数据库，作为全局的数据提供者，整合所有业务数据库，建立审批、监察、公共服务业务数据模型，并且通过大数据技术对政务管理者、领导者实现智能决策。因此本节主要讨论两个核心技术：实现各行政部门各类政务数据交换共享的协同平台；数据共享后的大数据分析和智能决策。

7.4.1 政务数据交换共享整合协同平台

整合协同平台的主要功能是从其他子系统中提取共享数据，并对多来源渠道、相互不一致的数据进行数据融合处理；基于数据字典对实时数据和历史数据进行组织，以保证数据间关系的正确性、可理解性并避免数据冗余；以各种形式提供数据服务，采用分层次的方法对各类用户设置权限，使不同用户既能获得各自所需要的数据，又能确保数据传输过程的安全性及共享数据的互操作性和互用性；维护基础信息、动态业务数据以及系统管理配置参数；支撑系统的网络构架、信息安全、网络管理、流程管理、数据库维护和备份等运维能力。整合协同平台根据功能可分为两个部分。

第一部分，基础数据和共享数据的交换服务和路由流程管理，该部分是交换平台的基础，包括：静态交换数据、动态交换数据、图形数据及表格、统计资料等属性数据。

第二部分，各子系统之间的接口实现，根据事先制定好的规范、标准，实现各子系统之间的数据共享和传输操作。在接入中心平台时，系统结构应按集成要求设计，各类数据接口遵循系统集成规范。

智慧政务的数据交换共享整合协同功能主要包括如下内容。

1. 数据汇总

整合协同平台支持各个分支数据源汇总数据到数据中心。采集公共数据的过程可以看成是一个数据汇总的过程，通过整合协同平台将各业务部门的公共数据采集回来，汇集到数据中心的缓存数据库，经过数据管理系统的比对、校验、转换得到一致的数据。

2. 数据分发

数据分发是从数据中心的角度，主动向各数据使用方提供数据的过程。通过公开数据服务，依照数据使用权限的规则，从数据中心把数据分发到各个数据使用部门，实现数据共享、信息联动。

3. 数据存取访问

整合协同平台提供实时按需的数据存取访问服务，通过统一标准的数据接口，以 XML 格式作为标准数据格式，通过标准的 Web 服务对各种技术平台提供访问支持。

4. 数据转换

数据交换服务可以把某个数据库的数据转换成标准 XML 格式数据集。通过数据转换模块，实现将各种异构数据转换成统一标准规范、具有一致性和完整性的公共数据。

5. 任务定制

数据接口系统应该允许用户自己配置和管理相关的服务，例如，数据提取服务、数据发送服务、数据接收服务、数据存储服务等。

6. 支持用户自定义接口

数据接口系统应该是一个开放的系统，要提供一些可扩充的接口以及二次开发接口，支持用户基于这些接口定义自己的特色服务。

7. 支持监控管理

对数据服务进行监控管理、用户权限管理、运行日志查看、性能统计。通过数据服务日志可以记录、跟踪数据交换的细节。对数据交换节点进行管理，提供安全策略指南、服务器安全管理配置。

政务数据交换共享整合协同平台可以参考本书第 6.5.2 节中的城市数据共享与交换平台架构。该平台由数据交换共享总线、交换中间件、资源目录管理、监控管理中心等组件构成。

7.4.2　大数据政务决策支持

1. 大数据——城市管理智慧化的“军师”

大数据使数据共享成为可能，政府管理层既有数据库可以实现高效互联互通，极大地提高政府各部门间协同办公能力，提高为民办事的效率，大幅降低政府管理成本，最重要的是为政府决策提供有力的支撑，它的源源不断的“智慧”将推动智慧城市向更加智慧、更加科学、更加高效的目标迈进。

应急处理方面。以疾病预防为例，大数据的使用可以将用户的每日数据输入到医疗数据系统，通过对匹配病原情况的数据筛查，可以准确地找到感染群体、规模、特征，同时可以快速调整处置方法，达到应急管理的重要目标。

环保处置方面。以太湖蓝藻监测为例，通过传感器捕获太湖水质情况，可以得到溶解氧、水温、电导率、氨氮、pH 值等参数。但仅仅这些还不够，政府还需要结合视频图像、人工采集和卫星遥感的数据一起分析，多源异构的数据才能保证判断的可靠性，相关的数据也使得政府科学决策变得更加可靠。

城市规划方面。通过对城市地理、气象等自然信息和经济、社会、文化、人口等人文社会信息的挖掘，可以为城市规划提供强大的决策支持，强化城市管理服务的科学性和前瞻性。

交通管理方面。通过对道路交通信息的实时挖掘，有效缓解交通拥堵，并快速响应突发状况，为城市交通的良性运转提供科学的决策依据。安防领域，通过大数据的挖掘，可以及时发现人为或自然灾害、恐怖事件，提高应急处理能力和安全防范能力。

2. 大数据——公共服务便捷化的“源头”

大数据将极大提高智慧城市政府部门的决策效率和服务水平。智慧城市的建设首先需要一个智慧政府，大数据使数据共享成为可能，政府各个部门的既有数据库可以实现高效互联互通，极大提高政府各部门间协同办公能力，提高为民办事的效率，大幅度降低政府管理成本。

大数据的发展将极大地改变政府的管理模式。其包容性将模糊政府各部门间、政府与市民间的边界，“信息孤岛”现象大幅消减，数据共享成为可能，从而提高政府各机构的协同办公效率和为民办事效率，提升政府社会治理能力和公共服务能力。具体而言，依托大数据的发展，有利于节约政府投资、加强市场监管，从而提高政府决策能力、提升公共服务能力，实现区域化管理。

利用大数据整合信息，将工商、国税、地税、质监等部门所收集的企业基础信息进行共享和比对，通过分析，可以发现监管漏洞，提高执法水平，达到促进财税增收、提高市场监管水平的目的。建设大数据中心，可加强政务数据的获取、组织、分析、决策。通过云计算技术可实现大数据对政务信息资源的统一管理，提高设备资源利用率、避免重复建设、降低维护成本。

大数据也将进一步提高决策的效率，提高政府决策的科学性和精准性，提高政府预测预警能力以及应急响应能力，节约决策的成本。以财政部门为例，基于云计算、大数据技术，财政部门可以按需掌握各个部门的数据，并对数据进行分析，做出的决策可以更准确、更高效。另外，财政部门也可以依据数据推动财政创新，使财政工作更有效率、更加开放、更加透明。

借助大数据，政府还能逐步实现立体化、多层次、全方位的电子政务公共服务体系，推进信息公开，促进网上办事实时受理、部门协同办理、反馈网上统一查询等服务功能实现，加快推进智能化电子政务服务和移动政务服务新模式的初步应用，不断拓展个性化服务，进一步增强政府与社会、老百姓直接的双向互动、同步交流。

3. 大数据在智慧政务上的决策支持应用目标

提高决策数据服务水平：围绕政府决策需要，以建设决策支持电子政务系统为抓手，充分整合各级各部门现有办公应用和业务系统数据资源，逐步建立支撑领导决策研判的决策数据资源库，提供更加及时高效的信息获取方式，丰富展现形式，为政府决策提供全面准确便捷的数据服务；充分利用职能部门各类专业系统和大数据智能分析模型，开展统计分析、预测预警和评估研判，使领导能够及时掌握经济运行与社会发展的实际状况和发展趋势，不断提升政务数据保障和辅助决策能力。

支持政务服务“一张网”建设：按照政务服务网“四个集中”（权力事项集中进驻、网上服务集中提供、政务信息集中公开、数据资源集中共享）、“七个统一”（统一导航、统一认证、统一申报、统一查询、统一互动、统一支付、统一评价）要求，加快推进权力事项、审批业务、行政执法、电子证照等共享数据库建设，推动行政审批事项上网运行，全面整合社会保障、公共安全、医疗卫生、国民教育、劳动就业、养老服务等公共管理和公共服务领域的政务服务资源，不断完善网上服务与实体大厅服务、线上服务与线下服务相结合的一体化政务服务模式，提升政府网上公共服务水平。

运用大数据加强对市场主体服务和监管：加大金融、工商登记、税收缴纳、社保缴费、交通违法、安全生产、质量监管、统计调查等领域信用信息的整合力度，运用大数据推动社会信用体系建设，建立健全市场主体守信激励机制和失信惩戒机制，着力构建公平诚信的市场环境。在行政审批、市场监管，环境治理、食品药品安全、电子商务等领域率先开展大数据示范应用，完善对市场主体的全方位服务，加强对市场主体的全生命周期监管，有效提升政府对市场主体服务和监管水平。

推进政府数据资源向社会开放利用：按照国务院办公厅《关于加强政府网站信息内容建设的意见》（国办发〔2014〕57号）有关要求，加大政府部门网站整合力度，建立统一的政务信息公开平台。依托政务信息公开平台，积极稳妥推动政府部门向社会开放各类信息资源，鼓励各类社会主体进行增值开发利用，促进信息服务产业发展和信息消费，充分发挥政府信息资源的社会效益和经济效益。

第 8 章　智慧城市重要领域之二：智慧城管（城市运行管理）

8.1 核心应用系统

8.1.1 无线数据采集子系统

无线数据采集系统的核心是城管通手持终端，它由智能手持终端硬件、系统软件、城管通客户端应用软件、移动通信无线网络、服务器及服务器端软件等组成。城管通是网格员对网格化城市管理问题现场信息进行快速采集与传送的专用工具。网格员通过城管通采集与核实数字化城市管理问题信息，并通过移动通信网络实现与监督指挥中心的数据通信与对话。

1. 工作流

无线数据采集子系统主要分为移动通信端和服务器接收端，信息采集员、执法人员、领导等用户通过手持移动端设备，打开自动装载的“城管通”软件，选择需要上报的案件类型和对案件进行定位、拍照后，通过无线传输网络上报到数字城管服务器端，并最终完成案件的立案、结案等处理工作，具体业务流程如图 8.1 所示。

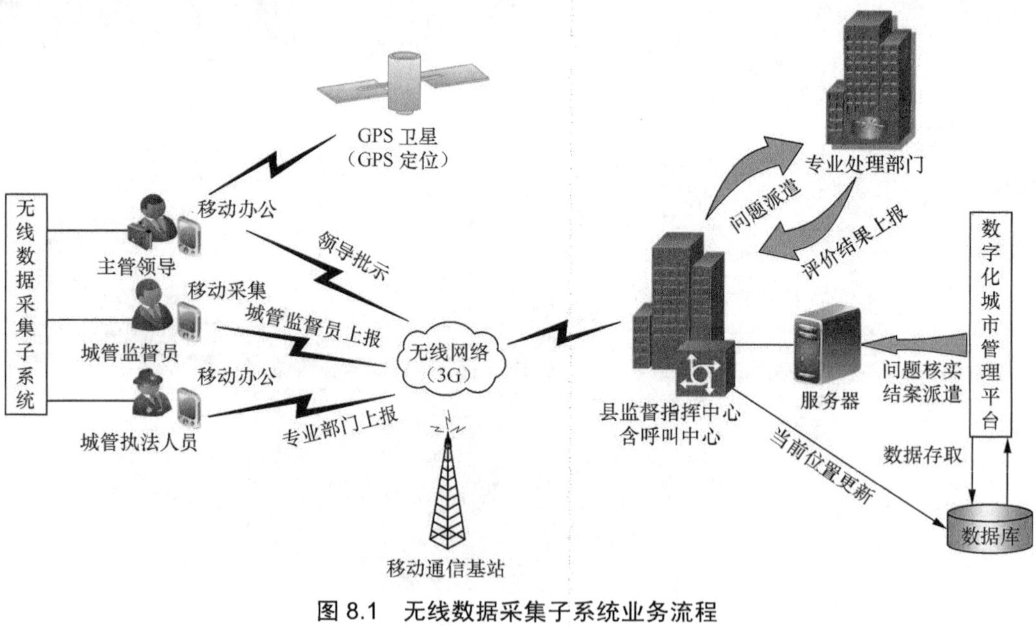

图 8.1 无线数据采集子系统业务流程

系统功能设计

（1）用户管理

系统能够对用户的权限、角色进行分配和设置，能进行方便而实用的登录和退出操作。

（2）考勤管理

系统能对信息采集员上下班进行管理监督，通过考勤管理模块记录信息采集员上下班时间、地点等信息。

（3）问题上报

系统能对日常巡查过程中发现的城市管理问题进行上报，支持案件信息上报的断点续传、后台线程传输、批量上传。

（4）个人任务

该功能用来显示当天受理中心发给信息采集员的任务序号，要求信息采集员执行任务并做出回复。

① 任务核查

该功能对经由专业部门处理过的问题进行现场检查，看是否达到处理要求，并将处理情况通过表单和照片的形式上报到受理中心，待值班长审核通过后结案。

② 任务核实

对社会公众举报的问题，受理员需要安排相关的信息采集员进行实地查看，以便确认公众上报问题的真实性，并通过表单和照片的形式上报到受理中心。

（5）历史记录

历史记录包括记载最近提交的上报问题和最近回复的核查或核实任务。

（6）信息提示

信息提示包括显示受理中心发送给每个信息采集员的消息。系统会将消息发送到每个城管通，提醒用户进行哪些操作。

（7）智能报警

智能报警可以对信息采集员的工作情况提供指导功能。

（8）拍照录音

系统可以利用城管通内置的摄像头和录音装置记录城市事件（部件）问题的有关声音出现的问题。

（9）地图浏览查询

地图浏览查询功能用于查询地图信息，确定某一事件发生位置，可以定位到某一网格区域内。

（10）GPS 定位

GPS 定位功能利用城管通 GPS 定位模块，实现 GPS 定位功能。

（11）状态提示

城管通中加入的状态提示图标，可对采集员的 GPS、GPRS 状态实时提示，方便采集员的工作。

（12）系统智能升级

城管通软件支持手动升级、自动升级和强制升级等模式，同时支持城管通软件版本的管理。

（13）地理信息查询

该功能支持信息采集员使用城管通对网格和兴趣点进行查询。

（14）点名抽查

该功能包括对信息采集员的抽查点名，支持指挥中心直接下发点名抽查命令，对信息采集员的上岗情况进行监督检查。

（15）数据同步

数据同步功能使城管通的数据始终与服务器保持一致。

（16）离线操作

该功能指可进行离线操作，在网络不正常情况下能暂存上报信息，待网络正常后自动上报。

（17）系统设置

用户可以对系统的一些配置进行设置，如服务器的 IP 地址、端口号等。

（18）请假管理

城管通提供请假管理模块，通过请假管理，信息采集员可以向领导提出请假申请。

（19）工作日志

信息采集员可以将一天的工作上报任务的情况通过“工作日志”上报到受理中心。

（20）通讯录

城管通系统具备通讯录功能，并具备更新功能，与服务器同步。

（21）使用帮助

城管通具备使用帮助功能，以便信息采集员熟悉和掌握城管通的使用方法。

8.1.2 呼叫受理子系统

呼叫中心受理子系统主要供市值班大厅受理员和值班长使用。通过呼叫接收由相关领导、信息采集员、专业部门、社会公众等提交的城市管理问题信息，生成案卷记录，并促使案卷记录在系统中流转。

呼叫中心受理子系统接收的城市管理问题信息包括领导批示、信息采集员上报、专业部门上报、社会公众举报等，其中信息采集员上报和社会公众举报是城市管理问题信息的两个主要来源。

呼叫中心受理子系统是监督中心下设的联系社会公众和政府各部门的窗口。呼叫中心受理子系统的主要工作是接收信息采集员的问题上报，受理社会公众电话对城市管理的投诉，记录、审核、立案后传递给指挥轴。因此，监督受理子系统的主要功能是为呼叫受理坐席工作人员提供问题受理、登记、立案、定位和转发等，并逐步实现与相关职能部门热线的信息交换工作。

1. 业务流程

呼叫中心受理子系统的主要业务流程：相关领导、信息采集员、专业部门、社会公众等通过城管通手持终端、手机、电话、城管公众网站等手段向监督中心内设的呼叫中心批示、上报或举报城市管理问题信息。监督指挥中心接收问题信息，审核立案。监督受理子系统的业务流程图如图 8.2 所示。

城市管理问题信息来源主要包括领导批示、信息采集员上报、专业部门上报和社会公众举报 4 种。

（1）领导批示：相关领导通过移动办公系统或数字城管核心网络登录数字城管系统，直接对城市管理问题进行批示立案。

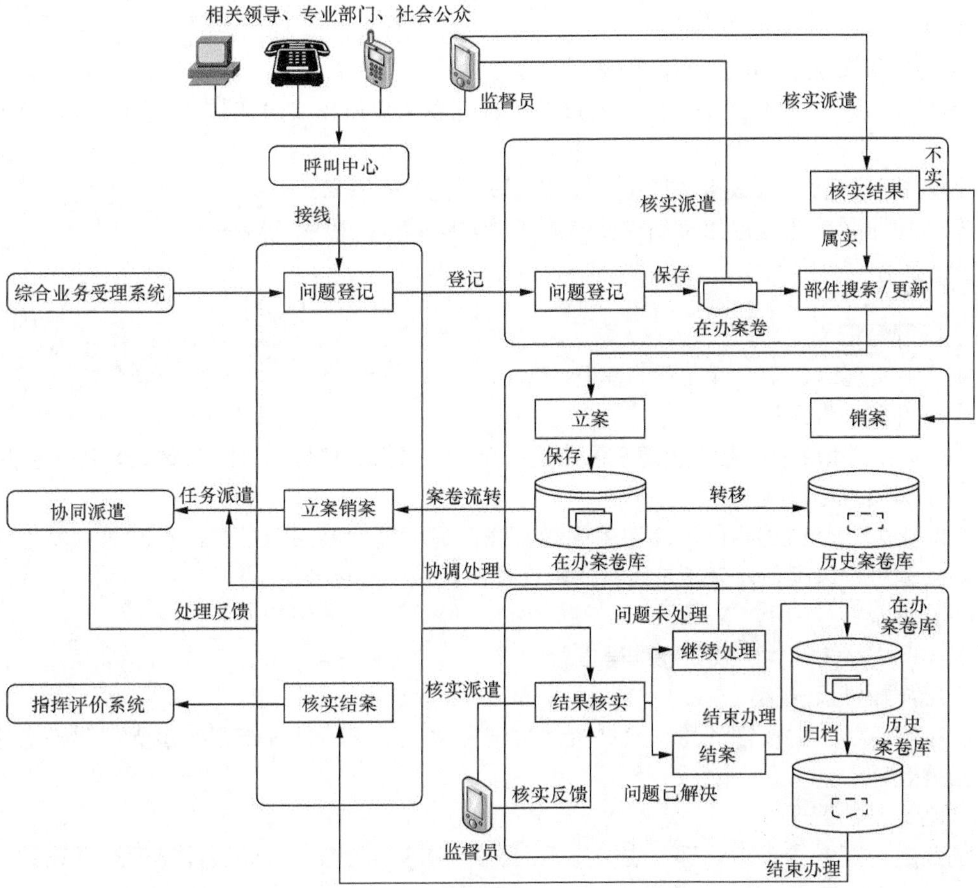

图 8.2　监督受理子系统业务流程图

（2）信息采集员上报：信息采集员在所负责的若干单元网格内发现问题后，通过城管通手持终端及时上报，上报内容包括发生问题的位置、图像、表单、音频等信息。

（3）专业部门上报：相关专业部门在巡查或处理问题时发现城市管理问题，通过城管通、手机等方式向监督中心上报城市管理问题。

（4）社会公众举报：社会公众发现问题，通过电话、手机、城管公众网站等方式向监督中心举报，监督中心登记公众举报信息，通知信息采集员核实，信息采集员通过城管通手持终端向监督中心上报。

监督指挥中心首先对获得的问题信息判断其信息来源，对于信息采集员上报和领导批示的问题可直接立案；对于公众举报和专业部门上报的信息，则交给信息采集员现场核实；对于不实信息申请作废，不符合立案条件的信息也申请作废；属实的信息由监督指挥中心接线员办理登记处理并报请监督指挥中心值班长审核立案。问题共分为三级：特大案件、重大案件和一般案件，在系统中分别用红色旗、黄色旗进行表示。

系统主要对以下五类问题信息进行立案。

① 相关领导批示立案的信息。

② 信息采集员上报的城市部件和事件问题信息。

③ 专业部门（除城管执法队外）上报的经过信息采集员核实属实并属于城管管辖范围内的问题信息。

④ 城管执法人员在行政执法过程中发现问题而上报的信息。

⑤ 公众举报的经过信息采集员核实并属于城管管辖范围内的问题信息。

2. 系统功能设计

（1）问题登记

系统能够实现对公众投诉问题的登记。

（2）部件和事件定位

系统根据部件和事件的相关信息在图中进行定位，并高亮度显示，同时提供图文互查功能。

（3）采集员现场核实

系统对于公众举报的事件（部件）问题，在新建问题案卷后将相关信息发送到城管通，由采集员对问题进行核实，只有通过核实的案卷才能转入审批环节。

（4）立案及案卷审批

系统实现立案管理，生成案卷编号信息。

（5）结果反馈及核实

系统能够监听结果反馈消息，允许接线员选择采集员进行处理结果的核查；对核查失败的案卷驳回重处理。

（6）结案归档管理

系统完成对案卷的备案处理，生成综合考评所需的相关数据，同时能够通知发布系统，将处理结果对公众发布。

（7）案卷查询

系统能够根据案卷编号、当前处理阶段、当前经办人员、问题分类、案卷状态等信息对案卷进行检索。

（8）案卷收发管理

系统能够收取待办案卷，并对处于不同办理阶段的案卷进行办理，将案卷批转到流程定义的下一个环节，支持多部门转发功能。

（9）案卷列表显示

系统以列表的方式显示，并对处于不同状态的案卷特殊显示，以信号灯的方式提示处于超期状态的案卷。

（10）重复案件判断

系统能够通过重复案件判断功能对上报问题进行过滤，已结案待核对的案件包括已结案的案件。

（11）重派采集员任务

案件发送给采集员核查或者核实，由于某些原因采集员一直未处理，此时系统可将案件重新派遣至别的采集员进行处理。

（12）核实、核查图片位置对比

通过“核实、核查图片位置对比”功能，领导可查看案件的上报位置和采集员核实、核查的位置，判定该采集员有没有按照要求去到规定的案发位置进行问题的核实、核查。

（13）案卷督办管理

系统提供督办管理表单，允许用户对案卷插入督办意见信息，确认后该信息将以站内消息、短信息等方式通知经办人。

（14）案件撤件

案件撤件实现在案件办理的任意环节，前一个环节的办理人在下一个环节的办理人还未对该案件进行签收前，可将该案件从下一环节的办理人处撤回，并继续对其内容进行修改和处理。

（15）案件抽查

通过系统条件，将有问题的案件检索出来，上级监督中心或相关领导可对案件处理情况进行督查、批示，同时可以将流程召回到任意不合格环节重新办理，同时计入评价系统。

（16）公众自动反馈

如果上报时举报人提供了手机作为联系方式，系统自动在该案件完成立案和结案后对该问题的举报人进行短信反馈。

（17）报表统计

系统对案卷进行区域统计、分类统计，生成对办公人员有用的各种统计信息。

（18）值班日志

值班日志主要用于操作员录入值班日志，主要包括新增、维护、查询三种功能。

（19）在线帮助

在线帮助提供详细的系统操作、业务流程说明，为用户提供操作指引。

8.1.3　协同工作子系统

该系统主要供监督指挥中心派遣员和专业部门的办公人员使用，将任务派遣、任务处理、处理反馈、核查结案等环节关联起来，实现监督指挥中心和各专业部门之间的信息同步、协同工作和协同督办，并实现数字化城市管理办公自动化，以及基于工作流的监督中心、指挥中心、各专业部门之间协同工作，具有良好的自适应性、良好的可扩展性和免维护性。工作流引擎可以灵活、自由地进行配置，同时还可以对包括主流程及各流程环节的权限进行设置，保证流程在复杂应用中的可用性和适应性，工作流调整要图形化、可视化。

1. 业务流程

业务流程将任务派遣、任务处理、处理反馈、核查结案等环节关联起来，实现监督、指挥，以及各专业部门之间的信息同步、协同工作和协同督办。

2. 系统功能设计

（1）任务分派管理

任务分派管理指根据事件、部件的责任单位自动识别相应的处理部门。

（2）案卷督办管理

案卷督办管理功能模块主要对案卷办理的全过程进行跟踪，相关领导能够使用该功能模块，督办系统内所有案卷。

（3）计时管理

计时管理同时对案卷办理流程的各阶段进行时限监控。

（4）处理部门协同监督

派遣中心能够使用该功能模块对未处理完成的案卷进行协调。

（5）案卷查询

根据案卷编号、当前处理阶段、当前经办人员、问题分类、案卷状态等信息对案卷进行查询检索。

（6）案卷收发管理

案卷收发管理为用户进行案卷办理提供了基本的工作模式，所有用户都能够使用案卷收发管理模块对案卷进行办理。

（7）案卷列表显示

案卷列表显示功能模块主要用于对案卷进行分页显示、案卷查询、案卷收发管理进行显示。

（8）报表统计

报表统计功能可对案卷进行区域统计、分类统计，生成对办公人员有用的各种统计信息。

（9）地图操作

地图操作功能提供基础信息、地理编码信息、单元网格信息、部件信息、问题信息等地图显示、查询、量算等信息。

（10）在线帮助

系统提供在线帮助，用户能够实时查看帮助，并了解系统的操作。

（11）协调平台审核管理

负责案件的专业部门处理完任务后，系统提供任务处理结果表单，由专业部门填写处理结果情况，流转至派遣中心，派遣员核实后，案卷将被流转到受理中心审核环节。

（12）案件退件

当专业部门发现案件信息错误等问题而无法对案件进行相关处理时，可以通过退件功能将案件退回给派遣中心。

8.1.4 综合评价子系统

综合评价子系统基于业务受理子系统、协同工作子系统和城市管理地理信息系统，结合《城市管理综合考核评比办法》细则实际情况，运用科学的评价模型、实时或定期统计技术，将信息化技术、监督评价的工作模式应用到数字城市管理中，建设城市管理综合评价系统。通过基于数字城市管理信息系统的信息存储和信息查询，实现对历史数据按期或实时统计，并通过城市管理评价体系数学建模运算品评等级，以图形化或表格化的方式显示出来。通过系统建设，推进城市管理监督达到主动、精确、快速、直观和统一的目标，从而实现完善的城市管理评价体系，形成良好的城市管理监督机制。

系统功能设计

（1）操作员评价功能

系统统计分析每个操作员的案件处理数据，对操作员工作的量、质量、效率等进行综合评价。

（2）采集员评价功能

系统统计分析每个信息采集员的工作数据，对信息采集员工作的量、质量、效率等进行综合评价。

（3）评价数据采集

综合评价子系统的数据来源有：系统自动生成、领导评价、社会公众评价等。

（4）评价规则设定

评价规则指进行评价的具体细则，系统通过评价规则表记录每条规则的具体信息。

（5）评价对象设置

评价对象包括区域、部门、岗位，允许系统管理员对具体的个体进行设置。

（6）评价模型建立

评价模型通过将评价主体、评价规则、规则权重、评价流程组合在一起，构造评价的模板，系统能够根据评价模板中的规则及评价流程进行评价。

（7）考评管理

该功能模块主要提供对考评所需数据的收集以及综合评价的执行。

（8）评价结果统计输出

统计结果输出主要以文字、图表的方式输出。

（9）考评结果发布

该功能由市城管监督中心领导使用。各角色能够对其管辖范围内的评价结果进行审定，并发布结果。

8.1.5　应用维护子系统

应用维护子系统是数字化城市管理系统的业务管理维护平台，对用户、访问权限、网格、信息采集员、执法人员、部件事件、界面展现等基础数据进行管理维护，以及业务流程管理维护等。该系统是为了达到统一管理、分散应用的目的，方便管理员的使用。对于在多个系统或者模块中使用到的相同元素进行统一管理，如用户和权限，每个子系统或者子模块都会使用应用维护子系统如图 8.3 所示。这些功能在应用维护子系统中进行统一管理，在各子系统或者模块中进行分散控制。

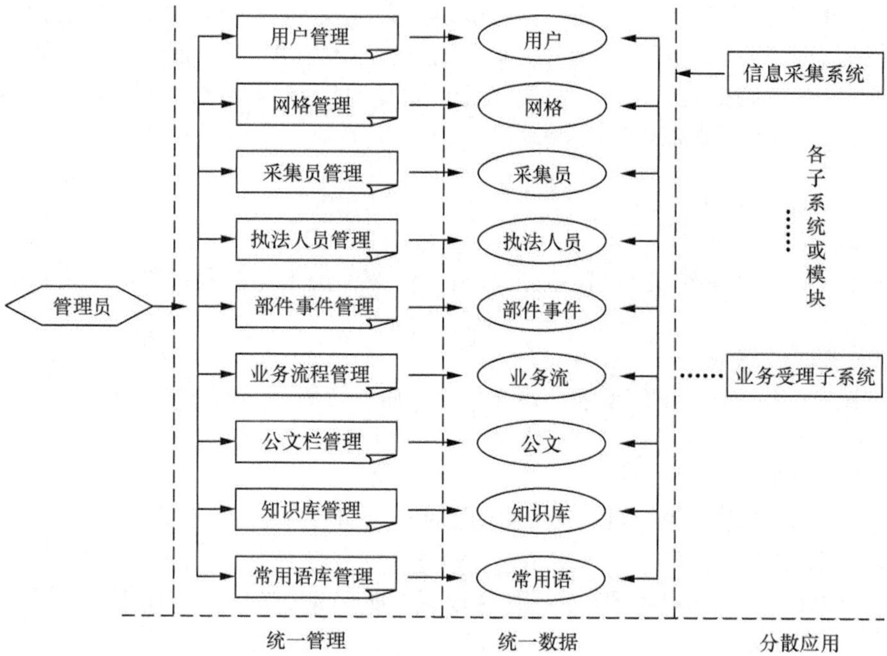

图 8.3 应用维护子系统

应用维护子系统为数字化城市管理相关应用系统的整合提供统一的运行平台。对系统三个不同层面（界面层、用户层、数据层）提供基于知识管理的整合功能，解决系统资源的分布异构、应用系统的快速开发、信息整合等问题，是一个跨网络操作系统、跨网络门户、跨数据库管理系统、跨应用服务器的与运行环境无关的工作平台。

1. 系统流程

为了达到统一管理、分散应用的目的，管理员统一管理公用数据，保证所有数据的一致性、及时性，避免数据不一致引起的问题发生。各个子系统或者子模块在同一数据库或者同一访问接口使用这些数据，并进行各种控制，达到分散应用。对于分散异构信息资源体系，在兼顾信息资源现有配置与管理状况的条件下，实现无缝集成，在新的数据共享与交换平台上，开发新应用，实现信息资源的最大增值。系统利用异构分散的非结构化数据（文件、图纸、图片、录像等）、异构的结构化数据（数据库等）管理，集成不同应用系统，为所有者提供更高的资源管理、挖掘、展现手段的过程和方法。信息资源整合的目标是消灭“信息孤岛”。信息资源整合将提供内容管理、内容整合、数据整合、应用整合、流程整合等功能。

2. 系统功能设计

（1）工作流设计与管理

工作流管理主要指系统能够根据数字城市管理的工作需求，动态定义流程的各个阶段、处理时限等信息。

（2）组织机构管理

系统采用树状结构定义各组织结构的层次和隶属关系，实现业务的分层流转和业务的监督办理功能。

（3）用户管理

用户管理用于对登录系统用户的信息管理。

（4）巡查员管理

巡查员管理是管理巡查员的个人档案资料，实现对个人的姓名、年龄、照片等基础信息的增加、修改、删除管理。

（5）事件分类管理

按照建设部有关标准，对事件的大类分类编码、小类分类编码进行树形的增加、修改和删除管理。

（6）部件分类管理

按照建设部有关标准，对部件的大类分类编码、小类分类编码进行树形的增加、修改和删除管理。

（7）工作日志管理

日志的主要功能是审计和监测。

（8）通知公告

系统提供通知公告的发布和管理功能，需选择接收对象、签阅功能。

8.1.6　基础数据管理子系统

基础数据资源管理系统供系统管理人员使用，以 BS 和 CS 架构混合模式进行开发。利用基础数据资源管理系统，系统管理人员可以方便地调整系统使之适应于用户需要，并可以在使用中不断地变更系统配置，充分赋予用户自维护、自发展、自适应的能力。

系统管理员通过该平台可以配置使用的地图数据，也可以根据自己的需要随时添加图层和地物，每类地物相应的属性信息等。系统管理员可以使用基础数据资源管理系统修改应用模型，避免使用数据库系统本身工具进行系统维护，极大地提高了效率。系统管理员无须了解系统数据库的具体结构和实现方式，就可以正确地使用基础数据资源管理系统，并进行日常维护及系统与数据扩展。

1. 系统架构

基础数据资源管理子系统主要实现对地理空间框架数据、遥感影像数据（本次项目建设含实景影像数据）、城市单元网格数据、城市部件与事件数据、地理编码数据等地理空间数据以及城市管理业务数据的管理、显示、操作、分析和建模等功能，并实现地理编码和数据更新功能，如图 8.4 所示。

2. 系统功能设计

（1）数据建库与管理

系统提供对城市管理地理空间数据的组织、管理功能，通过数据建库达到统一的数据整合目的，实现对地理空间数据的分层分类管理。

（2）数据转换

系统提供地理数据转入和转出的两方面功能，能够转入转出常见的矢量数据格式如：Coverage、ShapeFile、E00、DXF、MIF 等。

（3）地图显示

系统具有较好的空间索引机制和海量空间数据处理能力，包括地图窗口管理、图层控制、鹰眼等功能。

（4）地图编辑

系统能够对城市管理地理空间数据进行添加、修改和删除。

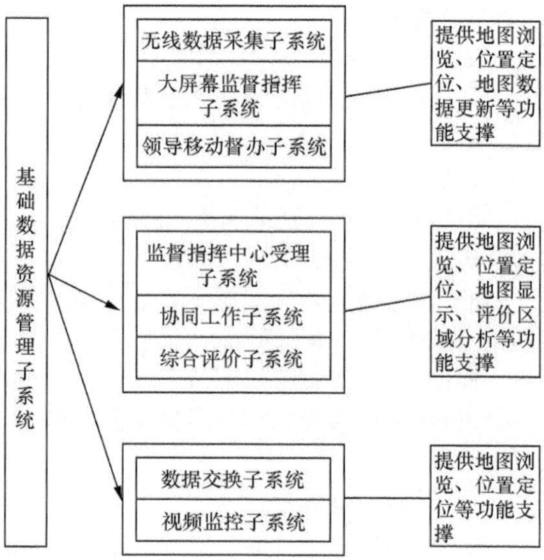

图 8.4　基础数据资源管理子系统示意图

（5）地图制图和输出

系统实现对城市部件和事件的图例管理，提供符号编辑工具制定不同编码类型的城市部件和事件的图例符号，能进行专题制图，并支持地图的布局和打印输出。

（6）查询定位

系统能够进行从图形查属性、从属性查图形、空间区位查询等多种空间查询操作。

（7）空间统计

系统实现多样化的空间统计功能，生成统计报表或统计图表。

（8）空间分析

系统包括路径分析、缓冲区分析等功能。

（9）影像处理

系统支持对遥感影像数据、实景三维影像的显示和处理，通过影像数据、城市管理部件数据和基础地形数据的套合显示，使地图数据更具表现力。

（10）信息采集员轨迹管理

系统在 GIS 电子地图上，对信息采集员的 GPS 轨迹可以进行回放、上报案件回放定位、采集员实时跟踪、高亮显示信息采集员巡查区域等。

8.1.7　数据交换子系统

数据交换子系统能实现数字化城市管理系统内部各子系统之间以及与外部系统之间的数据交换和接口服务。建设过程中，系统需要预留市级管理平台与后期各区平台之间的案卷信息和考评信息的交换接口。这些数据的交换、发布不仅能使市级城管业务的宣传工作更加便利，也能够大大提升城市管理工作效率。

1. 架构及流程设计

（1）系统架构

数据交换子系统分三个层面：收集和整理、管理以及应用。收集和整理是数据的开始，具体地说就是共享单位对原始数据的收集、整理、提供；管理是确保数据符合标准规范要求，并保证数据较好的时效性；应用是共享与交换者对数据的应用和提炼，如图 8.5 所示。

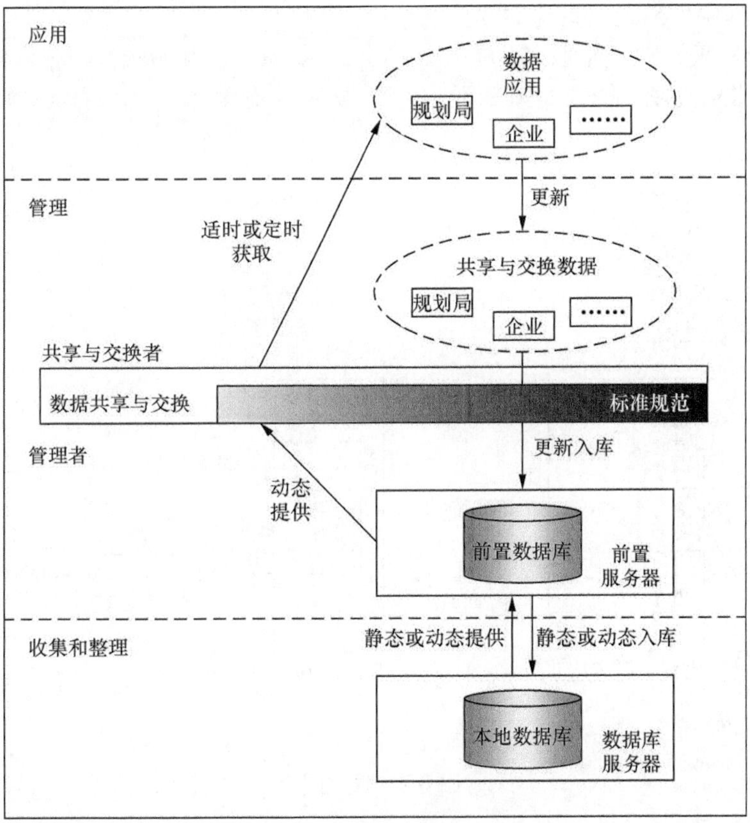

图 8.5　系统交换子系统架构

管理者和共享与交换者是数据共享与交换子系统对机构的特定称谓，管理者指的是管理和维护标准规范的原始单位，确保数据循环流通的组织，图 8.5 显示了前置服务器和数据库服务器管理单位；数据共享与交换对象称为共享与交换者。

城市地理基础数据库指通过城市部件普查及城管平台运行形成的城市地理信息基础数据，包括基础地理数据、遥感影像数据、城市单元网格数据、城市对象、部件、事件数据等。借助城市地理基础数据库中心，系统可有效整合共享基础电子地图、遥感影像、视频监控与共享系统，为城管部门与各相关部门网络互联提供数据交换和共享的数据基础，为管理、监督、执行提供基础信息支持，如图 8.6 所示。

数据共享与交换子系统要实现政府部门之间数据的透明交换，必须在设计中要考虑三个方面的问题：信息的统一表示；完整的消息服务能力；功能完备的交换平台软件系统。

（2）系统流程

项目建设过程中，系统只有将 SOA 有机地结合才能实现一个灵活、长期有效满足企业真实业务需求。框架如图 8.7 所示。

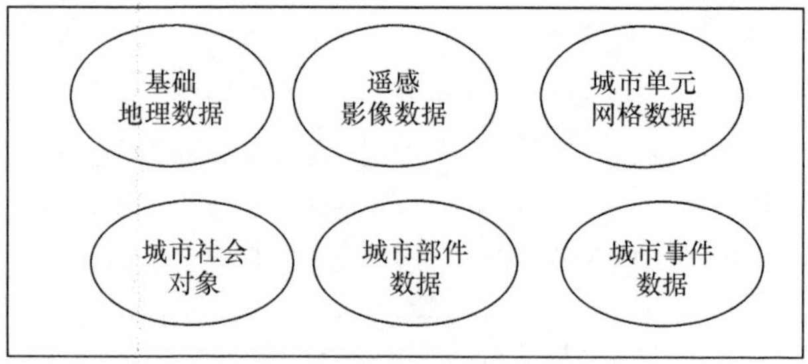

数字城市地理基础共享数据库体系

图 8.6　数字城市地理基础共享数据库体系

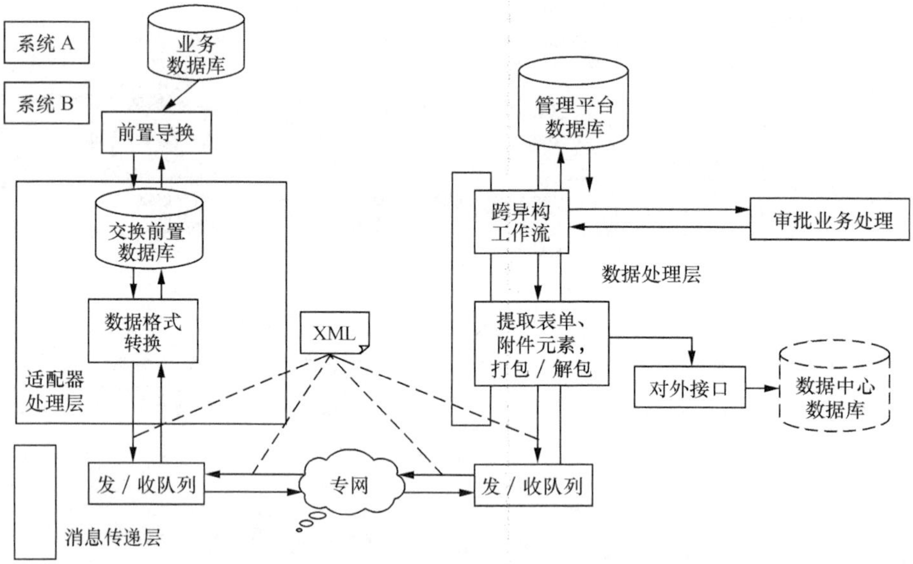

图 8.7　框架图

SOA 属于电子信息系统的架构范畴，它创建和管理业务服务，这些服务能够以统一的接口接入企业 IT 的功能模块和信息模块。这些模块可以分布在任何区域，并采用任何的技术实现。

① 松耦合：SOA 使得独立开发的服务使用者和服务提供者之间能进行无缝地交互，屏蔽相互之间的实现技术和地理位置。

② 请求 / 响应：SOA 主要支持如下交互：某个系统发送一个请求到服务提供者，服务提供者立即响应这个服务请求。

③ 同步：SOA 提供同步的服务执行和调用。客户在请求一段数据或调用一个功能时，连

接需要保持直到响应被客户接收。

④ SOA 最大的价值在于重用企业的信息和业务系统，保证现有投资。

⑤ 通过构建部件之间基于标准的接口，开发者能不断编制应用程序，在无须关心部件内部工作的情况下交换、重复使用和修改部件。

⑥ 组合服务，通过调度多个服务和信息模块组合成新的服务以完成更复杂的业务，满足新的业务需求；组合服务能够以独立服务的方式被调用。

2. 系统功能设计

（1）数据采集与更新

系统从中心数据库中提取空间数据，并将抽取到的数据存放到前置机数据库中，能把从其他部门内部数据库中的更新转交给中心数据库进行相关的同步操作。

（2）数据分组格式定义

数据分组的格式对数据文件中的元素、元素的属性、元素的排列方式／顺序、元素能够包含的内容等方面做出明确的定义。系统支持对地理信息数据（含 Auto CAD 格式）、媒体数据、及常规业务数据等格式定义和转换。

（3）数据文件封装

数据接口可以把数据库中结构化、多层次的关系型数据，转变成 XML 格式的数据。

（4）数据导入

数据接口可以实现对数据库的操作，把 XML 格式的数据导入数据库。

（5）扩展功能

系统包含传输链接管理、数据转发管理、传输队列管理、负载均衡、数据路由和日志监控功能。

数据传输管理将数据格式类表、数据传输内容通过表单方式显示，并可以实现全选、清除、批量删除等操作。

（6）空间数据源注册

系统提供服务器的地址、数据库的连接方式、数据库管理系统的类型，数据库连接的用户名、密码等相关信息。只有被注册的空间数据服务器才能被其他应用发现。

（7）共享数据注册

所有数据源都必须经注册及数据更新监督、更新时间间隔等其他一些维护信息，从而使数据共享与交换子系统能够捕获数据源变更事件，自动更新到数据接收者中。

（8）目录查找与发现

目录查找与发现指所有有权访问数据共享与交换子系统的业务系统都能够遍历数据交换子系统里注册的空间数据源，以及能够共享的空间数据集和各种图层的相关信息。

（9）数据提取注册

各单位可以注册感兴趣的数据服务、设置更新的时间间隔、更新时间等其他维护信息。

8.2 扩展应用系统

8.2.1 移动任务子系统

移动工作通系统主要面向责任部门路面人员使用，鉴于多数责任部门的网络不在政府内网，为方便责任部门使用，此次开发的移动工作通，将使用公网通信通道进行数据传输。

通过工作系统实现责任部门办理人员在路面对案件接收、查看，能第一时间到达事发现场；移动工作通与数字城管通系统对接，将责任部门的处理办法及时地反馈回数字城管平台，实现相关问题及时的处理。

系统功能设计

（1）系统登录

用户可以通过移动端或者智能终端登入系统。

（2）问题上报

通过城管通软件上报到数字化城市管理监督指挥中心。

（3）案件查询

通过一定的查询条件，查询案件的列表信息、详细信息。

（4）在线办理

移动端与数字化平台系统中的待办案件同步，支持地图在线定位。

（5）历史记录

历史记录共分为上报成功、上报失败、暂存案件、办理成功、暂存办理。

（6）短消息

监督指挥中心平台发来的所有案件办理情况提醒消息都将被存储到“短消息”。

（7）查询统计

通过一定的查询条件，查询案件的时间段即可显示该责任单位的相关绩效信息。

（8）办公助理

办公助理包括语音呼叫、数据同步、系统升级、留言板、通讯录、修改密码、打卡记录功能。

（9）权限验证

系统实现对人员的身份和权限数据的管理，只有具有权限的用户才能登录系统。

（10）拍照和录音

拍照指利用无线数据采集器内置的摄像头拍摄城市事件（部件）问题的有关照片，作为向监督中心上报事件（部件）的重要配套资料。

（11）待办案件

移动端作为数字城管系统的移动式工作用机，提供数字城管任务送达（短信、短消息、待办列表）、在线处理（办件和退件）和待办列表等功能。

（12）申请回退

当街道处置中心、责任单位发现此案件不是本部门处理的案件时，系统可申请回退。

（13）暂存办理

在“待办案件”功能里，责任单位对问题处理后，填写办理意见。

（14）申请撤件

当发现案件的处理意见需要完善或重新处理时，系统可对“协同审核”环节未处理的案件进行撤件操作。

（15）地图浏览

通过地图浏览查看自己当前所处的方位，并对所管辖的区域进行浏览。

（16）查询统计

查询统计功能提供责任单位查询一定时间段内的案件操作情况，以便更好地了解案件办理情况。

（17）日常事务

办公助理为街道处置中心、责任部门工作人员提供了常用的系统功能。

（18）语音呼叫

语音呼叫为街道处置中心、责任部门工作人员拨打常用的紧急报警电话提供便捷。

（19）数据同步

数据同步模块还能对移动工作通的部件和事件数据进行更新。

（20）智能升级

移动工作通系统提供在线升级、在线更新的方式，大大减少了部署和维护的麻烦，节约维护成本。

（21）留言板

移动工作通上的留言板功能提供了移动工作通用户与技术人员沟通的渠道。

（22）通讯录

系统提供导入手机通讯录的功能。

（23）系统设置

系统提供密码修改功能，以保障移动工作通用户的账号安全。

8.2.2　领导督办子系统

该系统以智能手机为载体，通过无线网络与平台互联互通实现对城市管理事件、部件的移动办公。领导通过手机移动办公终端，每天打开手机就能看到最新城市管理状态，能够随时对重要问题进行督办，并能查看数字化城市管理系统中的各类信息，包括重要紧急的问题、超时处理的问题、高发的问题、每日发生问题来源、采集员的工作情况等，可以全面了解城市管理运行情况。

系统功能设计

系统主要包括指挥评价的移动端浏览查看、移动端城市管理事件部件的上报、移动端的城市管理案件的移动办理、工作事务的短信交流、电话群呼交流、地图浏览、在线升级、权限验证等综合业务功能。

（1）权限验证

系统提供权限验证功能，登录时验证该账户是否为领导，并对不同级别领导进行权限控制。

（2）急要件

系统提供急要件功能，领导可以查看某条急要件案卷的详细信息和办理过程，对于问题严重的可以填写督办信息，并发送到相关处置部门。

（3）移动督办

系统提供移动督办功能，各部门处理的严重超过时限的案卷（超时时间可设定），会进入领导的“督办”列表中。领导可以查看某条案卷的详细信息和办理过程，对于问题严重的，可以填写督办信息，并发送到相关处置部门。

（4）辅助决策

系统主要用于从多个角度展示城市管理宏观统计、评价信息，为领导决策提供一定的量化依据。不同角色（区领导，专业部门领导）的用户具有的权限不同，查看的特别关注内容也不尽相同。

（5）评价查看

系统使用评价查看功能，领导通过对统计信息的查阅、分析，可以全面了解城市管理问题的数量、各专业部门处理问题的数量、各区城市管理问题的数量等信息。

（6）案件查询

系统为领导提供最为快捷的数字城管运行实况。领导可以通过多种查询方式查询自己关注的城市管理问题，问题类别、问题区域、问题发生时间、专业部门等，可以方便地查询相关的城市管理问题，并能查看该问题的详细处理过程，可输入或选择查询条件查询案件。当输入案卷号时，系统会自动忽略其他的查询条件。查询结果包括案卷号、案件描述等，可以对查询的案件进行浏览，查看处理流程。

（7）地图浏览

地图浏览用于查询地图信息，确定某一事件发生位置，可以定位到某一网格区域内。领导可以通过地图方便地查看信息采集员的在岗情况、信息采集员的实时位置。例如，领导在外面发现问题，可以通过该功能方便查找距离该点最近的信息采集员。

系统可以对采集员、环卫车辆、执法车辆等实时位置查看，因此需要在终端发动申请后进行数据实时传输。

8.2.3 视频监控管理子系统

1. 概述

视频监控与共享子系统主要供城管部门相关领导、监督指挥中心操作员、值班长、系统管理员等使用。结合 ×× 实际规划应用，并整合移动车辆视频监控以及单兵设备监控技术，结合城市管理地理信息系统，在城市管理信息中心的大屏幕和 PC 终端上显示，实现对城市部件和事件的全方位、全时段的可视化监控管理，从而对城管事件做出准确判断并及时响应，对监控范围内的突发性城管事件录像取证，起到综合治理效果。

2. 基本功能设计

（1）系统管理

系统提供对视频监控源的管理功能，通过系统管理模块主要实现监控系统的配置和维护管理，实现对视频监控与共享系统显示的内容进行控制和交互。系统管理模块是整个视频监控的核心，同时控制着视频数据的通讯和显示，并且监视系统故障的发生和维护，处于核心地位。

（2）视频接入

系统提供共享视频接入功能，通过现有可共享视频系统提供的视频信号进行监控和管理，紧密结合 GIS 应用系统，实现视频源的空间定位和地图浏览。

（3）视屏显示控制

视屏显示控制模块是视频监控综合应用平台的显示终端，最终按照系统管理模块的要求将需要显示的内容显示到大屏幕上、负责执行接收的命令并把执行结果投影到大屏幕上。

视屏显示控制模块运行在控制终端上，最终实现大屏幕的显示。具体功能是根据从通讯模块接收到的命令，在指定的大屏幕上将得到的命令解析执行后并把执行结果显示出来。

（4）通讯管理

系统提供通讯管理模块，主要负责系统管理模块和显示控制模块之间数据和命令的通讯，主要包括消息发送和消息接收两个通讯功能。

（5）视频源选择

管理有效的视频流的地址资源信息，这些地址出现在用户使用页面的视频流列表中，以此来为用户提供既定服务。从管理主页面的“用户管理”功能可链接进入用户管理主页面。

（6）监控探头调整控制

系统可以对视频监控探头进行调整，调整方向、焦距、分辨率等。

（7）视频图像播放

系统能对不同压缩格式的视频数据进行解压，并在大屏幕和 PC 终端上进行播放，允许有权限的用户对正在播放的视频进行录像抓拍并保存到本地。

（8）视频捕捉及回放

系统具有视频捕捉及回放功能，可以捕捉指定时间段的视频图像，保存到本地磁盘，并且可以回放。

（9）视频核查

视频核实功能主要提供监督指挥中心值班长在对案件审核处理时可以采用视频监控摄像头查看案发现场的视频图像，并且可以通过视频的抓拍功能对案件需要的结案证据进行采集。通过视频位置和案件位置的搜索对比，在确定视频后，再点击查看，抓取视频画面作为核查证据。

（10）视频立案功能

视频立案功能包括监督指挥中心值班长在对案件审核立案时可以采用视频监控摄像头查看

案发现场的视频图像，并且可以通过视频的抓拍功能对案件需要的立案证据进行采集。

（11）查询统计功能

查询统计功能提供通过视频立案案件的上报数、立案数、按期结案率、超期结案率等指标的统计结果，生成周报表、月报表等统计数据。

（12）系统设置

系统具有设置权限的功能，可以进行串行端口的参数设置、受理员设置、地图数据设置和工作记录设置。

8.2.4 大数据分析子系统

1. 运行情况

将智慧城管系统的运行的要点数据进行提炼，在一个系统页面中集中显示，使管理人员能够对系统宏观的运行情况快速地了解。

（1）总体概况

总体概况指对全市智慧城管总体的运行情况进行总结，包括案件的上报数、立案数和结案数，同时对参与智慧城管运行的三大主体进行分析，包括信息采集员、平台操作员和责任单位。

（2）案件来源

周期内智慧城管系统对受理案件来源情况进行分析，通过图表显示各投诉来源案件的情况，包括信息采集员上报、“12319”热线投诉、网站举报、微信上报和市民随手拍等，同时能够直观地体现各来源案件在总受理案件中的占比。

（3）高发事部件案件类型

对周期内智慧城管系统受理的高发类别分布情况进行分析，默认显示前十的高发类型，也可以切换显示事件案件的高发类别或案件高发的类别。

（4）区域运行情况

对各区域的案件情况进行监控，包括案件的所有处置环节，以同比和环比的情况作为监控条件，及时反映数据的浮动比例，并可对变化异常的数据进行深度分析。

（5）公众满意度

通过饼图实时显示公众满意度情况，记录公众对投诉案件的处置结果评价意见，显示满意、不满意、无意见等评价占比情况。

（6）实时案件情况

通过曲线图实时显示案件的受理和结案情况，查看案件受理数和结案数在一段时间内的整体趋势，并可以单独切换显示公众投诉来源案件的实时情况。

（7）深度分析

对监控数据进行深度分析，主要通过时间、区域、类别、来源 4 个维度进行分析，包括数据的结构组成、地图分布情况、历史同比和环比等情况的分析。

（8）组合分析

以深度分析的数据为基础，对区域、类别、来源三个维度的筛选组合进行分析，如可对从某几个投诉来源的某几个区域内的案件的某几个类别的分布情况进行分析，通过勾选页面中三个维度表单中的勾选框后点击“组合分析”，系统即可通过组合的条件自动生成分析结果。

（9）数据周期切换

通过页面的周期切换功能，可以对页面的分析数据范围进行切换，默认显示当天的数据，管理人员可以将分析的数据切换成本周、本月或今年以来的所有数据，周期切换后页面将根据切换结果进行数据刷新。

2. 处置情况

对智慧城管系统案件处置情况进行分析，通过曲线图和 K 线图对部门 / 群组的任务处置情况进行全面分析，记录实时任务处置情况的同时对历史任务处置整体走势进行展示。

（1）关注列表

系统用户可以将自己重点关注的部门加入关注列表，以便快速地选定该部门进行查看，当然也可以对关注列表中的部门进行管理，如将其移出关注列表等。

（2）实时任务处置曲线图

系统显示选中的部门 / 群组的实时任务处置情况，通过图表可以直观地体现被选中部门 / 群组的案件处置趋势，同时可以叠加多个部门对它们的任务处置情况进行对比分析。

（3）任务处置情况 K 线图

记录被选中部门 / 群组历史案件处置情况，通过图表可以清晰地了解每天的任务处置情况，以及当天任务量的最高点和最低点等，并能够通过 K 线图查看任务处置的趋势，如整体呈下降趋势则表明部门的案件处置情况是良好的，在不断地处理历史积存的案件；如整体呈上升趋势则表明该部门的处置力度是不足的，无法及时地完成案件处置工作，案件正在不断地积压。

（4）行业分析

管理人员可以根据实际需求对群组进行定义，例如建立各行业的群组等，如绿化行业、环卫行业、综合执法、通信行业等，在将相关部门调入到群组之后，就可以对相关行业在智慧城管中的情况进行全面分析。

（5）智能报警

系统提供智能报警功能，管理人员在系统设置页面中设置好报警条件后，系统会自动监控各项运行数据，当监测到系统运行触发设置的报警条件后，将自动进行报警并生成深度的报警记录，提供给管理人员进行查阅。

（6）分析简报

系统提供智慧城管运行周报、月报、年报以及专题分析报告的管理功能，提供管理人员对报告进行上传发布功能，同时制定专题分析模板，选择数据范围后根据模板进行专题分析并自动生成分析报告。

① 运行周报

智慧城管运行周报，提供管理人员对智慧城管系统运行周报的上传发布，发布后各区智慧城管中心以及各业务管理单位可以对报告进行在线浏览或者下载到本地进行查阅。

② 运行月报

智慧城管运行月报提供管理人员对智慧城管系统运行月报的上传发布功能，发布后各业务管理单位可以对报告进行在线浏览或者下载到本地进行查阅。

③ 运行年报

智慧城管运行年报提供管理人员对智慧城管系统运行年报的上传发布功能，发布后各区智慧城管中心以及各业务管理单位可以对报告进行在线浏览或者下载到本地进行查阅。

3. 专题分析报告

（1）责任单位工作情况分析

从多个角度对责任单位的工作情况进行分析，分析责任单位处置案件的分布情况、案件涵盖范围、主要案件类型、案件处置效率、案件处置质量、案件主要来源、市民评价满意度情况、各类问题的处理方式。

（2）市民参与情况分析

从多个角度对市民参与智慧城管工作情况进行分析，如市民投诉城市管理问题的时间区间、关注的问题、热心市民的分布情况以及他们的辐射范围等，通过对市民投诉情况的分析实时掌握市民的参与情况。

（3）城管部门整治行动成效分析

对城管部门整治行动的成效进行分析，包括整治行动的投入力量覆盖范围分析、行动周期内的改善情况分析、整治行动产出的价值评估以及行动的影响时间分析等。

（4）事件采集情况分析

从多个角度对事件的采集情况进行分析，包括城管部门对采集工作的投入（资金、人员、设备、管理）、采集工作的覆盖范围、每个采集员的成本组成（工资、社保、设备、培训、管理），以及每宗案件的采集成本等。

（5）案件处置压力分析

对系统案件处置的资源消耗以及平台整体的资源配备情况进行分析，通过上述数据的对比评估平台、区域或具体责任部门的案件处置压力，以此为依据对资源进行合理地调配使处置效能最大化应用。

（6）地图分析

系统提供案件数据地图分析功能，用户可根据页面中的筛选条件对需要分析的数据进行过滤，选定分析数据之后通过热力图、海量点以及数据标签等功能，对案件的地图分布情况进行分析，通过上述手段直观地展示案件的详细分布情况。

（7）热力图

通过电子地图对案件的分布情况展示，当案件量达到一定数量时，假如把所有的案件以点为单元全部铺上去后，用户通过页面只能看到密密麻麻的点覆盖在地图上，却很难直观地看出案件的分布情况，这时就可以通过热力图的方式展示案件的分布情况，通过区块图层颜色的深浅展示案件的密集程度，使用户能够快速地对案件的分布情况有宏观的了解。

（8）海量点

根据案件的定位坐标转换成一个数据点，并将其叠加在电子地图上进行展示，这对于小范围区域的案件分布情况分析是非常有效的，能够准确地体现案件分布的具体情况。

（9）标签

系统用户通过鼠标框选区域，以标签的形式显示框选区域内的案件数量，非常方便地对自定义区域的案件数据进行统计。

（10）图层叠加显示

图层叠加技术可以在矢量地图和遥感影像地图的基础上，以叠加智慧城管专属图层为手段实现数据分析展示功能，如案件、部件、海量点、热力图等图层，通过图层的叠加直观地展示图层的相对位置以及分布情况等。

（11）投诉监控

系统对公众投诉的案件进行实时监控，结合电子地图实时掌握市民投诉问题的受理和处置情况。

（12）投诉案件趋势

系统详细记录当天每个时段公众投诉案件的趋势情况，可以直观地了解每个时段的案件投诉数量，以及随着时间的推移投诉案件量的变化情况。

（13）投诉案件来源分析

对当天投诉案件的来源进行分析，通过图表直观地展示当天公众投诉案件的投诉来源分布情况，如“12319”热线投诉、市民随手拍和微信举报等。

（14）投诉案件类别分析

对当天投诉案件的类别进行分析，通过图表直观地展示当天公众投诉案件的类别分布情况。

（15）投诉案件实时跟踪

结合电子地图对公众投诉案件实时跟踪，将公众投诉类案件在地图上一一显示，并以醒目的方式标注投诉案件的类型，管理人员可以通过页面对公众投诉类案件的情况快速地了解，同时可以有针对性地跟踪查看。

4. 系统设置

（1）报警设置

通过报警设置功能对系统智能报警的阈值进行设置，管理人员可以通过实际管理需求进行设置调整。

（2）部门分组设置

通过部门分组设置功能可以对参与智慧城管工作的职能部门进行分组，用户可以自己建立一个分组并将职能部门调入该分组进行管理，如想查看综合执法部门的案件处置情况，则可以建立综合执法分组，并将综合执法相关的部门调入分组，之后系统就会对该分组内的所有部门的案件综合处置情况分析，包括该分组的任务处置指数，以及每天、历史任务处置趋势和详情。

第 9 章　智慧城市重要领域之三：智慧医疗

9.1　医院信息化需求

医疗的主要目的是保障广大人民群众的身心健康，因此医院信息化建设主要目的是提高为人民群众医疗和服务的质量；医务人员是医院的主体，医院信息化建设只有真正尊重医务人员的价值，充分满足他们的需求，提高他们的工作效率，降低他们的劳动强度，才能最终被医务人员所接受。因此，医院信息化的建设理念，要从“以医院本身的管理为中心”转变到“以患者为中心、以业务人员为主体、全面提升卫生决策、管理和诊疗水平”。

我国医院信息化工作虽然取得了一定进展，但在医院中实施的信息系统功能上还不能完全满足需求，主要表现在如下几个方面。

- 病人信息查询不方便
- 病人病情掌握不及时
- 医务人员沟通不顺畅
- 预警信息提醒不及时
- 协同业务调度部不方便

9.2　掌上医院（智慧医疗）

掌上医院（智慧医疗）是以信息技术支持医疗卫生服务及管理全过程的医疗卫生行业信息化的整体解决方案。嵌入式移动数字医疗协同平台则是采用移动通信技术、按需嵌入的方式支持掌上医院（智慧医疗）的解决方案。

掌上医院（智慧医疗）的特征是数据采集标准化、信息存储数字化、信息传输网络化、信息应用平台化、医卫服务电子化、管理程序规范化、知识支持系统化、决策支持科学化，而嵌入式的移动通信技术为掌上医院（智慧医疗）的这些特征提供了充分的、可按需选用的平台支持。掌上医院（智慧医疗）涉及医疗管理、药品使用、医疗质量保障等各个领域信息化，而医疗机构提供的医疗与公共卫生服务的信息化是卫生信息化的基础，也是掌上医院（智慧医疗）建设的基础。因此，本产品主要包含了医疗机构中广泛应用的我的病人、我的工作、危急值管控、危重病人管理、会诊管理、抗菌药管控、通讯录、综合查询八大功能，主要用户是二、三级医院的临床医生、医护人员、医辅人员、管理人员。

9.3 建设方案

9.3.1 系统架构

掌上医院（智慧医疗）是通过强大的数字医疗智能服务平台组件，以手机终端为载体，使用电信运营商的 4G 网络和 Wi-Fi 无线网络，与服务器系统连接，建立临床医疗、管理业务协同工作流程，建立业务协同运行规则、信息警示规则，对医院现有的信息资源进行整合，驱动基于流程、事务及规则的医疗质量安全警示、医疗业务协同工作流、医疗移动应用中间件平台，完成医疗业务协同应用、医疗质量安全信息警示及医疗移动应用，实现医疗业务流程的优化、医疗服务的安全有效运行。数字医疗智能服务平台功能强大，结构清晰，具有较强的开放性和可扩展性，可以连接医院原有的各种信息系统，包括 HIS 系统、LIS 系统、RIS 系统、EMR 系统以及其他各类业务系统，帮助客户以统一的平台规划全局的移动信息化建设。数字医疗智能服务平台实现了客户对移动化需求的全覆盖，为客户从管理层到业务层再到作业层提供了全面的移动信息化解决方案。掌上医院（智慧医疗）系统架构如图 9.1 所示。

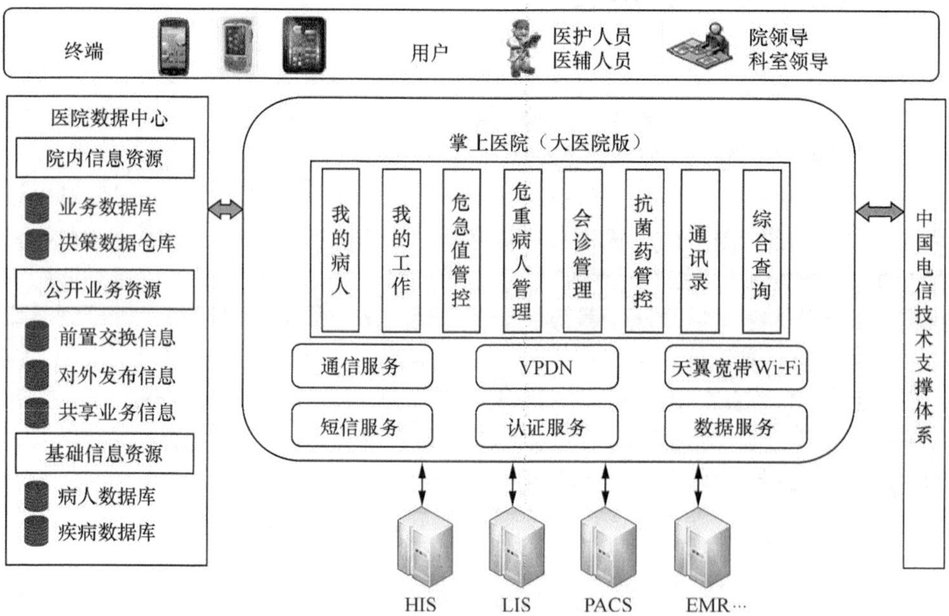

图 9.1　掌上医院（智慧医疗）系统架构

9.3.2　网络拓扑结构

掌上医院（智慧医疗）由服务器端和客户端两部分组成，通过电信运营商的 4G 网络和 Wi-Fi 无线网络连接。服务器架设于医院局域网络中，负责连接医院原有的系统（HIS、LIS、RIS、EMR 等）。客户端安装于智能手机终端，通过电信运营商的 4G 网络和 Wi-Fi 无线网络连接到掌上医院（智慧医疗）服务器，发送访问请求获取应用数据。网络拓扑结构如图 9.2 所示。

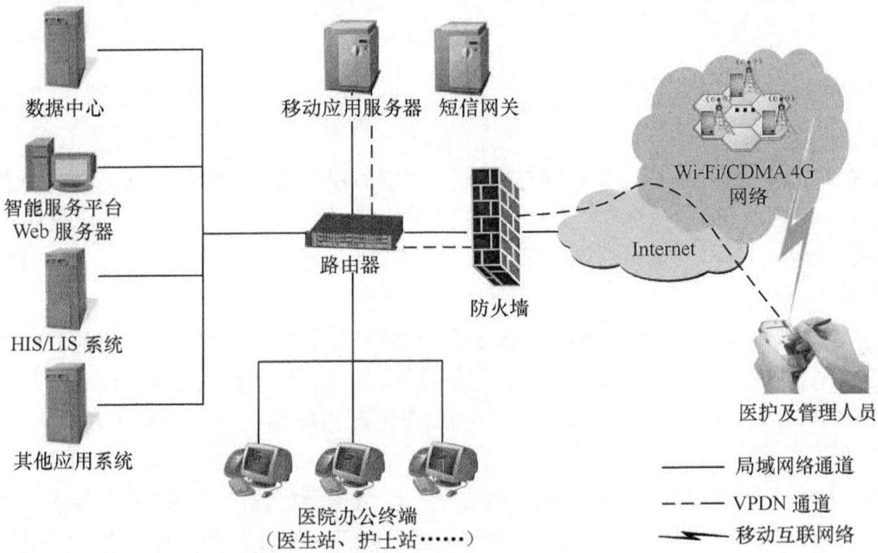

图 9.2　掌上医院（智慧医疗）网络拓扑结构

客户端：掌上医院（智慧医疗）在手机上运行的程序，安装在用户的智能手机上。

服务器端：掌上医院（智慧医疗）服务器端软件，安装在医院内网的服务器上，服务器 IP 地址由 DMZ 区映射，通过 E1 专线、VPN 防火墙或 SSL 通道连接到移动运行商，也可以通过公网（Internet）来连接。

移动运营商：由运营商提供覆盖全院的 Wi-Fi 网络和 4G 网络。

9.3.3　接入方案

医院基础信息接入

由医院协调第三方厂商（HIS、LIS、RIS、EMR、OA 等）采用数据库中间表的格式，以视图方式提供产品所需的数据信息，并插入数据库中间表中。

短信平台对接接入

运营商提供标准的短信平台对接接口协议，由院方按照接口协议提供短信平台对接接口。如院方有短信平台提供，且经过运营商评估能够满足掌上医院（智慧医疗）产品要求，则与医院短信平台进行对接。

9.3.4 安全性设计

1. 网络层（无线安全接入）

采用运营商无线 VPDN 安全接入方案，利用 L2TP 隧道技术构建与公众互联网隔离的虚拟专用网络。

2. 数据传输层（安全加密算法）

（1）概述

掌上医院（智慧医疗）在手机终端与服务器端之间的数据传输中采用了加密算法，该加密算法采用的是 MD5 算法，作为安全性非常高且被国际认可的一种算法，不易被破解，大大增强了数据的安全性。

（2）原理

手机客户端发出请求，该请求通过客户端的通信协议层进行数据加密，传输到服务端，服务端会将该数据解密，并识别为脚本语言，从而进行解析，实现具体的应用功能；同样服务器端传输数据之前也同样会采用加密传输，到达客户端后进行解析然后展示到界面上。

（3）实现方式

用户往往比较担心手机终端和平台服务器之间的交互信息泄露，造成损失，现在传输过程中经过压缩密文包的方式进行处理，即便使用一些解密工具也无法将其解密，安全上已经得到了保障。

3. 服务器层（用户权限控制）

（1）概述

服务器端记录了终端登录用户的信息，正常授权的用户可正常使用掌上医院（智慧医疗），无授权的用户无法正常使用掌上医院（智慧医疗）。

（2）原理

手机在授权的时候需要手机设备号码（ESN）进行唯一性授权，客户端登录时服务器端需要验证用户名、密码、验证码和手机设备号，信息完全正确才可登录应用程序，验证未通过的客户端将无法正常登录掌上医院（智慧医疗），很好地杜绝了因手机遗失带来的资料泄露问题发生。

（3）实现方式

掌上医院（智慧医疗）服务器端权限管理机制，记录了手机终端的用户名、密码、手机设备号码（授权的同时记录登录信息），当客户端提交的信息匹配时，允许该用户登录；当客户端提交的信息不匹配时，禁止该用户登录。若用户手机遗失后手机里面的资料有可能泄露，掌上医院（智慧医疗）的权限管理机制可以很好地解决此类问题。

（4）优势

服务器端可以灵活地管理用户，对用户进行不同的客户端功能权限授权。当终端出现意外时，掌上医院（智慧医疗）也可保证资料不泄露。

4. 客户端（手机终端绑定）

掌上医院（智慧医疗）可以把用户账号、手机号和手机设备编号（ESN 号）进行绑定，以确保特定的人员使用特定的设备通过特定的手机账号访问掌上医院（智慧医疗）。

掌上医院（智慧医疗）是构建在医院原有的信息系统之上的，对于需要与医院原有的信息系统相衔接的部分，平台实施必要的数据业务分离，即使发生错误，也绝不能影响原有业务系统的运行。

9.4　平台优势

1. 无缝衔接上手迅速

平台与医院原有信息系统的数据进行无缝衔接，实现在手机终端实时查询相应的医疗业务信息。操作简便，在手机上安装了掌上医院（智慧医疗）客户端后，操作人员可很快地掌握。

2. 随时随地高效应用

掌上医院（智慧医疗）在通信层使用运营商 4G 网络，针对移动网络的窄带、信号不良、网络拥挤等情况采用了数据压缩、断点续传等技术，保障用户在复杂、恶劣通信环境下正常的使用操作，真正意义上突破了时间、空间、地域等因素对使用者的束缚，实现在任何地点、任意时间获取信息。

3. 组网灵活安全无忧

掌上医院（智慧医疗）采用运营商的 VPDN 安全接入方案，VPDN 组网业务依附于 VPDN 统一平台，能迅速、灵活地完成医院的 VPDN 组网；VPDN 网络是以 L2TP 技术在两端建立安全隧道（Tunnel），通过虚拟专用的通道传输信息，防止来自 Internet 的恶意攻击，确保用户通信数据的安全。

4. 智能升级无须维护

当系统应用功能调整时，无须对手机客户端进行手工升级，掌上医院（智慧医疗）客户端会根据服务器端应用的变化自动升级到最新的应用模式，真正实现零维护。

9.5　掌上医院（智慧医疗）功能介绍

掌上医院（智慧医疗）实现了医疗业务信息在手机终端的人机交互界面、身份认证、信息安全、消息管理及数据查询等功能，直接外挂在现有系统应用环境之中，无须对原有的信息系统结构进行改动，主要功能如表 9.1 所示。

表 9.1　掌上医院（智慧医疗）主要功能

序号	功能模块	功能描述
1	系统管理	用户设置，角色设置、权限设置及相应辅助管理功能； 危急值管控：危急值流程设置，对危急值流程以及节点状态、最终结果全程监控； 危重病人管理：危重病人管理流程设置，对危重病人流程以及节点状态、最终结果全程监控
2	我的病人	查询在院病人医疗信息：基本信息、病史查询（入院记录）、医技报告、医嘱查询
3	我的工作	接收、查询院内通知通告、手术排班信息和工作日程信息
4	危急值管控	住院病人危急值信息提醒、处理、查询，查询危急值病人基本信息、病史信息（入院记录）、医技报告、医嘱信息
5	危重病人管理	危重病人信息提醒、处理、查询，查询危重病人基本信息、病史信息（入院记录）、医技报告、医嘱信息
6	会诊管理	住院病人会诊提醒、处理、查询，查询会诊病人基本信息、病史信息（入院记录）、医技报告、医嘱信息
7	抗菌药管控	住院病人医嘱中超出医生使用权限的抗菌药物的使用审批和查询，查询病人基本信息、病史信息（入院记录）、医技报告、医嘱信息
8	通讯录	院内工作人员通讯录信息，直接进行短信和电话联系
9	综合查询	查询门诊、住院人次、门诊、住院费用

第 10 章　智慧城市重要领域之四：智慧教育

10.1 项目背景

当前，移动互联网已经渗透到人们生活、工作的各个方面，手机上网、手机游戏、手机IM、移动搜索、移动支付、定位服务（LBS）等丰富多彩的移动互联网应用迅猛发展，移动互联网正在深刻改变着信息时代人们的生活。

10.2 建设目标

根据在校大学生的用户规模和业务需求，为解决在校大学生移动互联网信息消费高的难题，丰富大学生学习生活，我们提出了“校园助手”平台新建工程项目的建设。

我国大学生多数处于青年中期（18 ~ 24 岁）这一年龄阶段，是一个年轻的、最易接受新鲜事物的群体，是很多新媒体产品的潜在客户，移动互联网以其特有的便捷性得到大学生网民的认可，它已成为大学生网络应用的一个重要发展方向。由于移动互联网的便捷性、实时性、高效性等特点，使大学生对它的依赖已经超过了传统的互联网以及其他的媒体，成为大学生信息来源的主要渠道。校园助手正是迎合了大学生易于接受新鲜事物这一特点为其量身定做的。

10.3 建设必要性

（1）对学校：校园助手提供了高校学生与学校的凝聚力，提升学校影响力，提升高校课外时间对学生的管理能力，降低安全隐患。

（2）对学生：校园助手搭建了一个生活服务、活动组织、学习交流的服务平台，丰富了校园生活，以更低的资费、更优的体验提供娱乐消费的聚合平台，使大学生享受真正的实惠。

（3）对联通：校园助手提升了行业应用产品的竞争力，以个性化、定制化的信息消费内容吸引客户，刺激客户转网，同时增加在网黏性，延长在网时间。

10.3.1 业务需求分析

第一阶段

校园内部信息化：新生指南、学校介绍、课表功能、考试成绩查询、校园通讯录、生活服务、校园考勤、校园图书馆、招聘信息、技能培训、社团管理。

10.3.2　全周期需求分析

大学生全周期需求分析如表 10.1 所示。

表 10.1　全周期需求分析

起飞之际	时间：收到录取通知书后到来校报到之前
	心理：充满对未来的憧憬，希望早点认识未来的学校、老师、同学，对自己的未来充满设想
	营销重点：通过给予学生对未来的期待，提前引领学生接触学生活
初来乍到	时间：报到至适应学校生活
	心理：兴奋和惶恐并存
	营销重点：围绕入学的基本需求，提供体贴周到的服务
四年旅程	时间：习惯校园生活后的四年生活
	心理：逐渐形成独立自我意识，爱好、性格逐步形成，逐步形成固定的交际朋友圈、不同的主旨群体
	营销重点：手机应用逐渐成为学生沟通外界的桥梁，校企联动，为学生接触社会提供平台；利用舆论领袖的影响力开展营销
毕业飞得更高	时间：大三期末至毕业
	心理：伤感、忙碌、未来就在眼前
	营销重点：协助大学生实现更多的社会交往机会，提高品牌影响力，以达到学生们的在角色转变时不换运营商，成为忠诚的可持续客户

10.4　建设方案

10.4.1　建设原则

1. 技术先进性原则

系统平台建设须采用先进的设备，确保系统软硬件的技术先进性，综合考虑与相关系统的接口，保证投资的有效性和延续性。

2. 平滑过渡的原则

设计应充分考虑业务未来发展的需要，尽可能设计简明，各个功能模块间的耦合度小，便于系统的扩展，同时应保证整个系统在实际需要时可以平滑过渡或升级到新系统。

3. 可扩展原则

平台系统应采用模块化结构，具有良好的扩展能力，并提供标准接口，便于业务产品的灵活开发和推广。

10.4.2 建设内容

打造“聚焦高校 TOP10 应用 + 校园助手 +24 小时 4G 体验”一体化的校园助手运营体系，实现“一级架构、统一运营”。全省搭建一个云平台，在省层面实现后台架构统一维护和系统性能、信息安全的运维保障；市县（区）层面实现推广、培训、需求收集等。

10.4.3 建设方案

1. 平台简介

校园助手是为广大学生量身定制的一款手机软件，是通过智能手机服务学生在校教育、生活、学习等多方面的综合信息平台。因学生消费习惯及消费行为的巨大差异性，从新生开始即需培育市场，采取精准营销策略，建立数据库，分析消费习惯，创造推广服务机会。

2. 软件要求

平台主要包括**校园助手子系统、后台管理两个系统**。整体软件架构如图 10.1 所示。

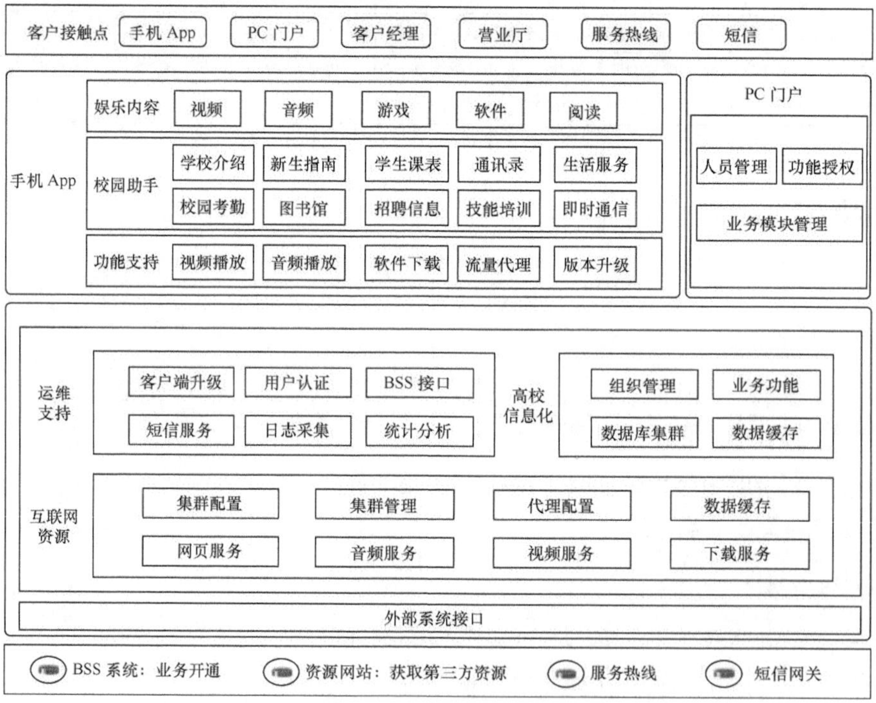

图 10.1 校园助手整体软件架构

（1）校园助手平台子系统

校园助手手机应用软件是一个能满足高校学子从入学到毕业不同阶段各类需求，集学习、生活、娱乐、消费、求职于一体的校园 App，更多的关注在校生，注重学生的需求，为他们提供更加便捷高效的应用，例如：找兼职、二手交易平台、校园物流查询、周边饭店、旅馆、旅游等一体化管理理念，旨在为大学生建立一个更加安全、便捷、周到、规范的校园综合服务平台。

校园助手 App 可为学生提供如下内容。

① 新生指南：通知公告、报到流程、到校指引、楼宇介绍、校内地图。

② 新生报到：提供新生报到功能，配合每年秋季开学，新生可以在线上提前预报名（并且可以申请延期到校），使学校在挽留生源的同时运营商也可以做到提前给学生放号开卡。

③ 学校介绍：校园新闻、学校简介、学院介绍、部门介绍、校园风光、学校通知（包括学校通知、学生会通知、社团通知、系部通知等）。

④ 课表功能：查看课表信息，根据专业显示本周要上的课。

⑤ 考试成绩查询功能：对接（教务系统）交互，学生登录查询考试成绩。

⑥ 校园通讯录：本地通讯录、校园通讯录、短信（支持分院系、班级、特定人的短信群发和发送，老师具备组群发送权限）。

⑦ 生活服务：提供学校周边各类生活信息，可分设餐饮美食、娱乐、商场特价、旅行社等模块，包括：话费充值、订单、超市、餐饮、银行、药店、书店、公交站等服务信息。

⑧ 校园考勤：日常考勤、请销假。

⑨ 校园图书馆：放置校园期刊、校园海报、校园图书馆等。

⑩ 招聘信息：提供各大企业招聘岗位以及兼职信息，方便学生找工作、找兼职，可分设：学生兼职、实习岗位等模块。

⑪ 技能培训：提供学校周边各类技能培训机构、兴趣培训（舞蹈、瑜伽、音乐等）机构信息，还可提供学校周边的书店信息。

⑫ 社团管理：为了方便学校管理各个社团以及学生的活动，社团通里面包含：社团风采、社团新闻、网上投票、活动报名、最新消息、活动通知。

（2）后台管理系统

后台管理系统聚合学校自有系统（教务系统）子系统、学校系统对接接口、后台各学校配置管理子系统、后台信息发布及消息通知子系统、后台机构（社团）管理子系统、后台用户（学生）管理子系统。

3. 功能模块

校园助手功能模块如表 10.2 所示。

表 10.2　校园助手功能模块

后台管理系统	企业级后台配置管理
	后台功能管理及数据接口调用开发
	信息发布及消息通知子系统
	机构（社团）管理子系统
	后台用户（学生）管理子系统

续表

校园助手子系统	新生指南
	学校介绍
	课表功能
	考试成绩查询
	校园通讯录
	生活服务
	校园考勤
	校园图书馆
	招聘信息
	技能培训
	社团管理

第 11 章　智慧城市重要领域之五：智慧社区（居家养老）

居家养老是“以社区为依托，老龄人群为服务对象，企事业服务机构为网点，信息化平台为支撑”，建立全方位的居家养老服务体系，真正做到：“让老人生活舒心、安心；让子女放心、省心”，从而推动家庭和谐、社区和谐，是构建中国特色养老服务体系的核心内容。

11.1　居家养老平台架构

居家养老平台架构如图 11.1 所示。

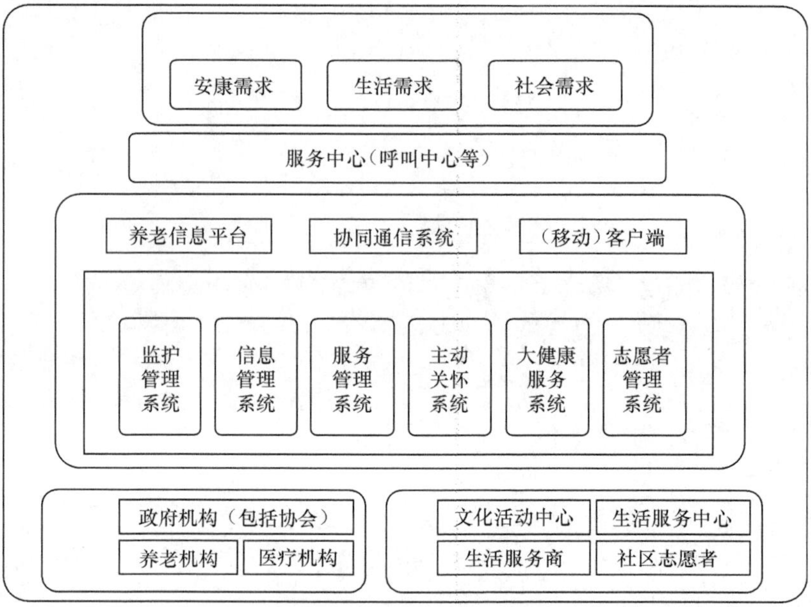

图 11.1　居家养老平台架构

11.2　居家养老应用价值

1. 符合养老服务标准 快速与政府对接

居家养老信息化平台的建设，符合国家居家养老服务的基本要求与技术标准，快速与政府政策对接，为政府决策提供详实的数据依据，获得政府养老补贴，降低运营成本。

2. 规范服务 区隔市场 增强竞争力

居家养老信息化平台不但是一个服务信息的交换平台，还是业务运营管理平台，可以灵活地对平台的各种交易主体、参与主体以及它们的行为进行有效的管理，形成统一的、规范的、标准化的市场秩序，增加服务的专业性和区隔性，增强核心竞争力，保证合法经营者的利益和老人的权益。

3. 管理数据化 增加会员忠诚度

居家养老信息化平台的建设，能为老人建立一套准确详实的数据库及健康档案，以老人数据库、呼叫中心及智能终端产品为基础，构建紧急救援、生活帮助、主动关怀三大服务方式，构建一个“没有围墙的养老院”，增加会员黏性，真正避免会员的流失。

11.3　平台技术优势及特点

平台技术优势及特点如图 11.2 所示。

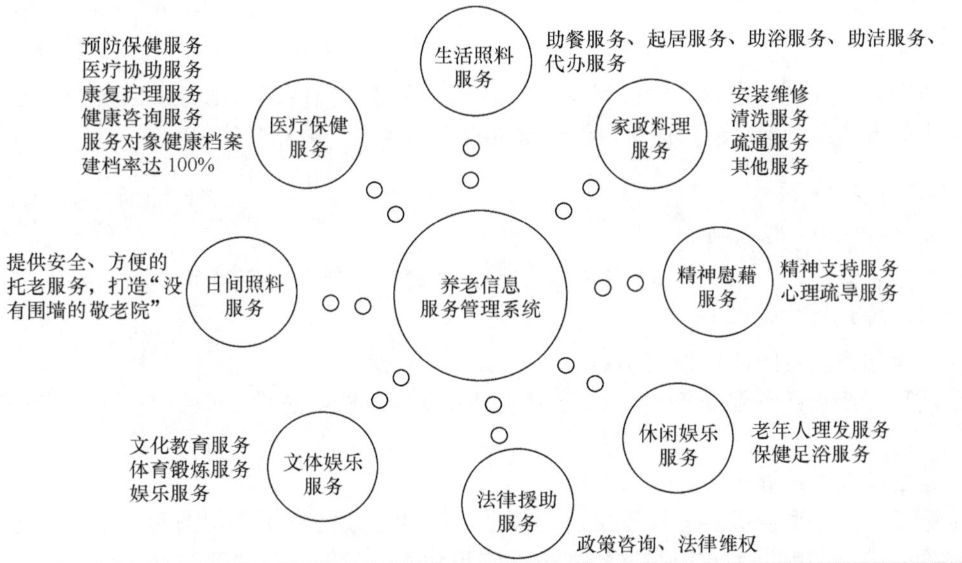

图 11.2　居家养老平台技术优势及特点

紧急救援：针对老人突发性事件和身体不适，提供紧急救援服务。

生活服务：为老人提供卫生清理、洗涤衣物、烹饪做饭、配餐送餐、侍侯生活不能自理的老人，代购蔬菜食品和其他物品。

日间照料：为老人开展日托服务，早晨接老人到日间照料室，组织开展文体活动，负责午餐、休息和安全，并在晚间送老人回家。

精神慰藉：对有心理慰藉需求的空巢老人，上门与老人谈心聊天，陪老人读书、散步等感情交流服务。

康复保健：为老年人提供疾病预防、康复护理、心理卫生、健康咨询，建立健康档案和开设家庭病床等服务。

主动关怀：在节日和老年人的生日期间，推送祝福短信或到家中探望，陪老年人过节、过生日，使老年人享受亲情服务。

法律维权：为老年人提供法律咨询、法律援助及维护老年人赡养、财产和婚姻等合法权利的服务。

文化娱乐：根据老年人身体状况开展各种有益身心健康的娱乐健身活动，如书法绘画、舞蹈、太极拳等。

11.3.1 平台主要功能

居家养老平台适用于老龄工作主管部门、从事社区服务的各类机构、养老社区的运营机构、从事老龄人群的医疗服务机构等，为政府构建完善的居家养老服务体系提供信息化支撑，为老龄人群提供完善的居家养老服务及保障。

1. 基础数据管理

基础数据管理包括：街道、社区管理；服务商、服务人员管理；服务项目管理；老人信息管理（老人信息档案、老人亲属信息、老人健康档案、老人兴趣爱好等）。

2. 服务工单管理

（1）智能化工单服务跟踪

每位需要服务的老人信息在平台自动生成相应二维码，服务人员通过手机 App 上门扫描二维码，并提交服务信息。

（2）工单服务流程闭环管理

采用闭环的服务工单系统设计，统一服务热线受理、统一短信工单派发、统一处理服务、统一回访。

（3）组合查询和统计报表功能

系统可灵活地根据各级养老管理部门的需要，快速生成各类文字和图形化报表，通过实时动态地管理和统计数据，为政府掌握和指导养老事业工作开展提供决策依据；另外通过系统组合查询功能为有条件的老人提供个性化定制服务。

3. 位置定位

通过老人随身携带的智能终端（如：智能腕表、老人手机等），系统可以主动对老人所处的位置进行实时定位追踪，当老人遇到突发情况时，可以立即显示老人所在的位置；针对特殊老人，可以为其设定一个安全区域，当老人离开这个区域时，系统会自动报警，并以短信的方式发送到指定手机；另外可根据需要，设定时间段对老人的活动路线和范围进行回放，轨迹保存期限可自行设定，以备查询。

11.3.2　平台功能明细

1. **管理平台功能**

居家养老管理平台如表 11.1 所示。

表 11.1　居家养老管理平台功能

<table>
<tr><td rowspan="28">平台管理</td><td rowspan="5">人员管理</td><td rowspan="3">老人档案管理</td><td>老人基本信息管理</td></tr>
<tr><td>老人健康档案管理</td></tr>
<tr><td>老人兴趣爱好管理</td></tr>
<tr><td>运营服务人员管理</td><td></td></tr>
<tr><td>社区人员管理</td><td></td></tr>
<tr><td rowspan="6">服务工单管理</td><td rowspan="2">服务管理</td><td>服务项目管理</td></tr>
<tr><td>服务预定管理</td></tr>
<tr><td rowspan="4">工单管理</td><td>工单受理管理</td></tr>
<tr><td>工单下派管理</td></tr>
<tr><td>工单回访管理</td></tr>
<tr><td>工单投诉管理</td></tr>
<tr><td rowspan="3">机构管理</td><td>政府机构管理</td><td>构建四级养老管理体系（市、区、街道、居委会）</td></tr>
<tr><td rowspan="2">商户管理</td><td>加盟商户管理</td></tr>
<tr><td>商户地图定位</td></tr>
<tr><td rowspan="4">报表管理</td><td>老人统计报表</td><td></td></tr>
<tr><td>工单统计报表</td><td></td></tr>
<tr><td>商品统计报表</td><td></td></tr>
<tr><td>工作量统计报表</td><td></td></tr>
<tr><td rowspan="8">物品管理</td><td rowspan="4">药品管理子系统</td><td>药品名目管理</td></tr>
<tr><td>药品进货管理</td></tr>
<tr><td>药品销售管理</td></tr>
<tr><td>药品库存管理</td></tr>
<tr><td rowspan="4">商品管理子系统</td><td>商品类别管理</td></tr>
<tr><td>商品进货管理</td></tr>
<tr><td>商品销售管理</td></tr>
<tr><td>商品库存管理</td></tr>
</table>

2. 养老服务应用

居家养老平台养老服务应用如表 11.2 所示。

表 11.2 居家养老平台养老服务应用

养老服务应用系统	生活帮助	生活服务
		日间照料
		精神慰藉
	紧急救援	来电弹屏
		GPS 定位跟踪
		地图定位
	康复保健	疾病诊疗知识库
		养生保健知识库
		常见病咨询（问答式）
	主动关怀	短信设置
		短信群发
		时间提醒
	法律维权	法律咨询
		法律援助
	文化娱乐	活动类型
		活动发布
		活动人员

3. App 移动客户端应用

App 移动客户端应用如表 11.3 所示。

表 11.3 App 移动客户端应用

App	老人、子女应用 App 客户端	GPS 地图定位
		围栏报警
		服务查询
		服务订购
		在线充值
		余额查询
		养生知识
	服务人员应用 App 客户端	服务接单
		服务处理
		历史服务查询
		GPS 定位监控

4. 居家养老服务平台

（1）基本信息档案库：注册会员（用户、技师）基础信息数据库（含二代身份证照片）。

（2）地图与位置信息模块：全国地图、App 使用端位置信息及轨迹回放、用户常住地及合作商家注册地址的地址预置、测距、电子围栏（采用第三方地图接口及功能调用 API 实现）。

（3）健康档案模块：App 支持蓝牙移动终端（手机、Pad）自动链接蓝牙监护设备（包括但不限于血压计、心电仪、血氧仪、血糖仪，要求设备厂家开放数据格式及通信接口），通过网络上传平台相关健康数据，包括动态数据：用户日常血压、心率、血糖、心电图及相关诊断、养生方案档案库；静态数据：用户门诊病历扫描（拍照）资料，小图片格式上传平台。

（4）中医养生模块：预约上门护理［护理师信息、护理项目（足底、艾灸、体检体测）、项目价格］、养生护理卡、养生小秘方、养生护理品、护理小助手（含自主产品）等营销管理（服务账单管理、产品账单管理）。

（5）亲情互动模块：采用论坛方式使老人与亲友、邻居、朋友圈能跟帖、转发图片或截图（体检指标）。

（6）有机食品模块：有机蔬菜产品包的图片展示、服务年卡展示及其他有机食品的产品线上展示，线下交易管理。

（7）养生常识模块：养生资讯、养生常识、老人热点、生活小窍门贴示栏，电视养生堂项目回放（采用链接第三方视频源方式，视频源由甲方选择提供及负责知识产权）。

居家小帮手模块：产品和服务页面展示、线下交易的管理（如：上门家电维修、代购送花送礼品送蛋糕）。

第 12 章　智慧城市重要领域之六：智慧公共安全（智慧政法）

12.1　雪亮工程，综治建设

结合社会管理情况与内容，梳理社会管理资源目录，充分依托社区，建立社会管理工作站、服务站，以信息平台为技术支撑，做好社会管理服务的“顶层设计”。基于镇、社区（村）、单元网格（包括住宅小区、服务业园区、工业园区、重点楼宇等）划分三级管理网格，涵盖“人、地、物、事、组织”五位一体的社会服务管理综合数据库，完善 “人、房”数据信息，建立人口、房屋、事件和地点数据关联关系，实现“人房关联、以房管人”。通过网格员的日常不断采集，逐渐构建、完善各种社会服务管理信息数据，并建立长效更新机制，摸索“一门服务、综合整治、垂直监管、三级联动”的社会管理模式，高效开展网格化社会管理服务工作，提高社会管理服务水平。

该项目的建设内容具体包含：乡镇网格化管理系统手机端、乡镇网格化管理系统 PC 端等内容。

乡镇网格化管理系统的所有功能如表 12.1 所示。

表 12.1　乡镇网格化管理系统功能

序号	任务名称	子任务名称	任务描述
1	乡镇网格化管理系统 PC 端开发	通知公告	内部通知，可同时发送个人或多人、PC 端和手机端
		事件管理	包含事件上报、事件处理、处理状态显示、评价等（与网格平台对接）
		重点督办	领导批示件的管理
		会议管理	包括会议起草、审核、发布、转发、签订、参会统计
		考勤	包括考勤区域设置、考勤时间设置、考勤报表统计、单个员工考勤数据分析
		请假管理	包括请假流程设置、请假审批人设置、请假数据与考勤数据综合统计、请假数据分析、年度请假与应休假对比
		视频权限设置	设置可以参与视频的群组和个人（与区视频平台对接）
		手机交流群	设置手机交流群群组和交流人员（与区平台交流有关模块对接）
		工作汇报	设置每一个人的上下级关系，上级领导可以查看下级填写的工作汇报，并对工作情况进行点评
		民主投票	可以设置投票规则、投票群体、投票选项，并对投票的结果进行查看、统计
		党建工作	包括党员特派员信息报告、上级党建政策下达、党建视频会议、党建交流群（加水印）等
		内部通讯录	搭建各乡镇内的通讯录，支撑部门联系方式、个人联系方式查询，一个员工存在多联系方式现象

续表

序号	任务名称	子任务名称	任务描述
1	乡镇网格化管理系统PC端开发	地图报表分析	提供网格辖区内的地图报表分析，对事件发生地点、热力图、事件位置、事件跟踪等信息地图展示
		图片报表	通过柱状图、饼图、折线图、漏斗图等可视化图形报表，对网格事件进行综合统计分析
		统计报表	对报表数据形成 Excel 报表，并支持下载
2	乡镇网格化管理系统手机端开发	安全登录	系统登录绑定手机终端，一个终端只能被一人使用
		通知公告	包括通知公告提醒、审批、转发、已读 / 未读、阅读情况查看
		会议提醒	包括会议开始前响铃提醒、手机签订、手机转发、手机审核、在线回复等功能
		党建工作	党员专员进行党建工作汇报、政策下达、视频交流、交流群（与区有关平台进行对接）
		事件上报	手机端进行事件上报、事件位置采集、事件审核、事件批示、事件评价
		重点督办	重点督办事项下达至手机 App，通过手机 App 对督办事件进行回复
		工作汇报	员工可以通过手机进行工作汇报，领导对汇报工作进行点评
		视频会议	实现指定人员视频会议功能（与区视频平台对接）
		交流群	实现类似与微信的内部交流群，增加水印（与区平台交流有关模块对接）
		考勤	根据考勤区域进行员工考勤打卡，并记录考勤位置，并对考勤数据进行统计分析
		请假	实现手机 App 请假、审批、统计、提醒等功能
		通讯录	实现手机通讯录的查看、拨电话、发短信功能
		民主投票	通过手机 App 进行投票、查看投票结果等功能
		统计报表	管理员整理网格数据，向领导手机 App 推送统计报表数据，支撑数据钻取和图表展示

12.1.1　平台整体规划

网络化系统技术架构如图 12.1 所示。

该系统在建设过程中涉及服务器、数据库等硬件采购与管理，其存储、安全、性能以及网络环境等需要持续维护。

平台的功能架构图如图 12.2 所示。

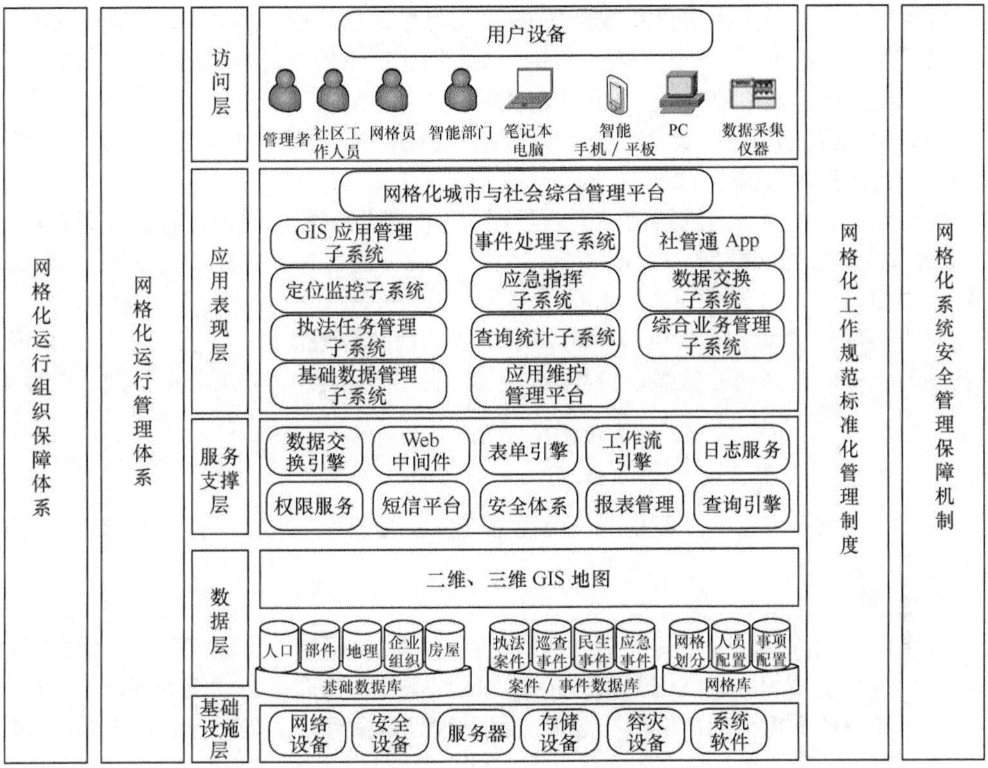

图 12.1　网格化系统架构

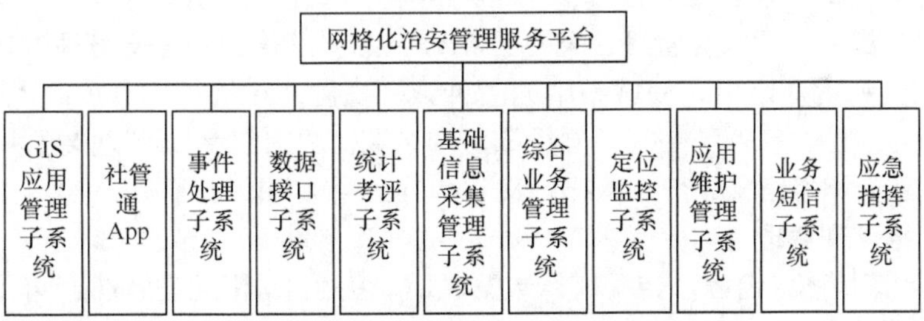

图 12.2　网络化平台的功能架构

12.1.2　平台功能设计

1. 网格通 App

网格通是平台的基础信息采集以及问题上报、处理反馈的重要方式，它主要用于实现社区网格巡查员在自己的工作区域内将发现的问题向信息平台上报以及处理上级部门派遣分配的任务并进行反馈。该系统依托移动设备智能终端，完成社区综合管理的各类问题，通过文本、图像、声音和位置等信息实时传递至管理后台。同时，该设备也可以用于各类基础数据的采集更新（包括流动人口、出租屋、城市部件），以保证数据鲜活性。

网格通 App 是网格管理员运用智能手机版的平台系统采集网格内社区人员、房屋等信息，并上传至社区信息采集数据库。

核心功能包括：登录、退出系统、问题登记上报、数据采集、民情日志、任务处置（巡查任务）、数据查询、拍照与录音、视频、地图浏览、系统设置、密码修改、个人中心、数据同步、软件更新等功能。

通过业务事项分类编码以及权限控制，可灵活实现“资源整合，一员多能”的管理目的。网格员在问题上报时可通过业务类型分类以及问题的严重程度分层分级上报并自动分发到相关部门进行处理。

2. 网格化管理及展示子系统

网格化管理及展示子系统主要功能包括网格定义、配置，二维、三维地理信息应用展示以及常用的地图功能。

（1）网格管理

基于数字化地图，将地理空间信息进行网格划分，并将网格员、网格事务、网格基础数据等信息进行合理配置管理。网格配置管理系统是网格化社会管理平台建设的基础。数据分类依据各委办局所管理的数据信息内容进行划分。基础地理数据库可直接对社会管理相关的部门提供准确实时的基础地理信息，保证网格化社会管理平台对基础地理信息的需求。采用网格技术，根据属地管理、地理布局、现状管理、方便管理、管理对象等原则，以一定的范围为基本单位，以社区为专题网格，将行政区域划分成若干个网格状的单元。采用地理编码技术对城市部件进行分类分项管理，最终实现社会管理由盲目到精确，由人工管理到信息管理的转变。通过地理编码实现地址空间的相对定位，使城市中的各种数据资源通过地址信息反映到空间位置上来，提高空间信息的可读性，在各种空间范围行政区内达到信息的整合。该功能模块包括网格定义、网格人员配置、业务网格定义、热点网格定义、数据上图等功能。

（2）专题网格展现管理

基于二维、街景地图结合各项数据进行数据展现，包括：网格配置展现、专题网格数据展现、社会网格数据展现、统计图表等。

专题网格数据展现包括：房屋展示、人口展示、城市部件展示、企业商户展示，并可依据实际情况进行其他管理对象的扩展展示。

① 房屋展示：提供涵盖古镇面积的网格化地图展示，实现各责任人的区域划分，查找重点区域负责人等功能；提供全镇在册房屋及规划内房屋的信息数据，和人口信息相关联，实现以人找房功能，在地图上实现搜索重点人员定位功能。

② 人口展示：针对重点人群根据社区汇总的住址在地图上标示，实现地图坐标和数据库人员信息绑定，根据人员类别不同、关注级别不同划分不同颜色对标示点进行区别，管理人员可通过人口展示查询各类人口数据信息。

③ 事件展示：通过当事人、事由、事件类型、问题等基本信息查询，实现基于 GIS 地图的事件精确定位。

④ 街景展示：以真实的路面街景为亮点，具有三维浏览功能，用户可以实现任意角度的浏览、缩放、漫游。同时，系统还提供测量工具，如：距离测量、面积测量等。街景可以真实再现城市自然地形和人造地貌，包括起伏的山形、城市建筑物、道路、河流等，并按照统一的坐标系统，构建和展示无缝的街景智慧社区模型。

3. 事件处理子系统

通过设立区一级、社区级两级中心，分别对不同类型的事件进行不同的处置流程，实现分层分级管理。区一级监督指挥管理中心可以进行立案登记、任务派遣、任务复核、办结归档的工作，职能部门工作人员可对各社区管理中心派遣的事件详细浏览，包括业务类型、大类、小类、事件描述、事件等级、处理等级、社区管理网格、网格负责人、联系电话、上报时间、现场多媒体信息等，并可以通过地图定位，了解事发位置，处理完毕后，需填写处理意见，并最终对问题的处理结果进行办结督办处置。

社区网格员通过网格通进行问题上报后，社区或职能部门可依据上传的文字、图片信息进行问题确认，并决定是否可进行下一步任务派遣。后台管理人员可进行签收、回退、发送、打印、导出、督办、附件上传、意见填写、详情查看、转上级部门处理等功能。

依据问题的处理等级（简单问题、一般问题、突出问题、重大问题），系统将问题分类发送至相应的处理部门，后台管理人员则可实时对问题的处理反馈情况进行跟踪、确认，直至结案。

4. 业务短信子系统

该平台覆盖广，部门多样结合，事件大到应急处置、小到矛盾调节，通过业务短信子系统可以有效实现调度、通知、事件信息描述等，增加系统内部沟通的效率性。业务短信子系统也可以采用地区目前短信集成平台，通过开放接口的形式接入。

5. 统计考评子系统

综合评价考核系统基于平台综合业务受理系统和地理信息系统，运用基层综合治理综合评价模型，实时或定期统计技术，将信息化技术、监督评价的工作模式应用到网格化基层综合治理中，建设网格化基层综合治理综合评价系统。通过基于平台的信息存储和信息查询，实现对历史数据按期或实时的统计，并通过基层综合治理评价体系数学建模运算品评等级，将其以图形或表格的方式显示出来。通过系统建设，推进基层综合治理监督达到主动、精确、快速、直观和统一的目标，从而实现完善的基层综合治理评价体系，形成良好的城市管理监督机制。

（1）基本功能

报表可以将事件按事件来源、事件分类、预警级别、处理状态以及事件发生地点区域等分类统计，并提供饼图、柱状图、趋势图、分布图等图形展示。

考核主要针对各级机构、相关职能部门及其工作人员，坚持绩效目标量化、科学客观、公平公正、实事求是和奖惩结合的原则。具体的考核办法由各区自行制定实施。

① 统计分析

系统具有数据的统计与分析、各类报表的输出功能，包括查询、统计和打印等。

② 绩效考核

系统具有对事件处理过程中工作人员工作情况的考核功能，包括查询、统计和打印等。

③ 统计报表导出

系统具有将统计查询结果以 Excel 格式导出功能。

（2）常用字段类型

常用字段类型包括整数类型、双精度浮点、文本类型、日期、时间。

（3）相关计算方式

相关计算方式依据实际需求定制开发。

（4）说明

① 统计报表展现形式：报表、折线图、柱状图、饼图、锥状图、分布图。

② 报表输出格式：打印，导出 Excel。

③ 多维度查询：按照时间查询（年，月，日，日期段，季度）。

④ 区域查询：区、县、社区（乡区）、社区（村组）、网格编号。

⑤ 事件查询：治安事件，矛盾纠纷等社管事件。

⑥ 状态查询：待办、办理中、办结、销案等事件状态查询。

6. 定位监控子系统

监管指挥子系统具备案卷信息和地图信息一体化管理功能，并满足大屏幕管理显示要求；能够定位基层综合治理问题的地理位置，能够分类显示基层综合治理问题的当前状态信息；能够实时显示网格监督员在岗情况及位置信息，并且可以对历史轨迹回放；具有查询基层综合治理问题的图片、办理过程等详细信息的功能；实现地图与属性信息的互动查询；实现图文一体化的综合评价结果大屏幕展示功能。该系统具体包括行政区划、部件展现、事件展现、轨迹监督 4 个功能。

7. 人员定位子系统

该子系统功能包括实时定位、轨迹回放、指令发送等。系统提供远程定位网格人员的位置并对其巡查轨迹定位监控功能。该子系统主要用于实时定位执法人员、网格员的实时位置。轨迹回放支持对单个人员或批量人员在任意一天某个时间段的轨迹记录进行查询回放。回放轨迹记录可显示该人员的巡查路线起点、终点，停留地点、停留时间、停留市场、人员的姓名、部门、联系方式等基本信息以及在巡查轨迹上上报的事件信息。后台管理员可点击在线人员，并可直接向在线人员进行单个、批量的指令信息发送，并对发送的信息指令记录。

8. 基础信息采集管理子系统

本次地区网格化管理建设所包含的数据内容涉及空间数据和非空间数据两大类。空间数据主要以城市基础地形图和城市管理专题图的形式存在。非空间数据主要是以业务事件数据、字典数据、企业信息数据、人口信息数据等多媒体形式存在，包括结构化数据和非结构化数据，结构化数据主要指有一定结构，可以划分出固定的基本组成要素，以表格形式表达的数据，用关系数据库的表、视图表示；而非结构化数据指没有明显结构，无法划分出固定的基本组成元素的数据，主要是一些多媒体数据。如图 12.3 所示。

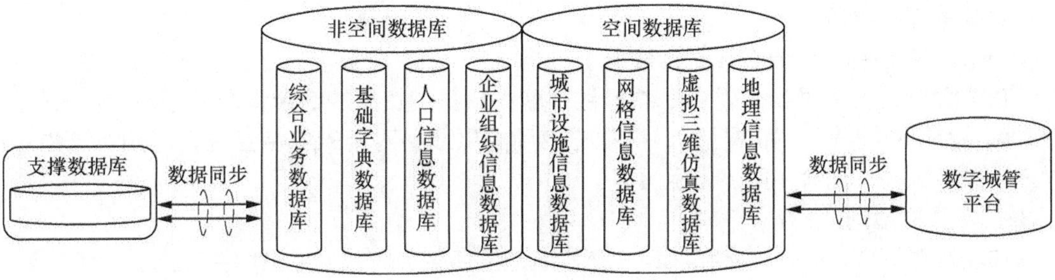

图 12.3　城市基础信息采集管理子系统

由于人、地、物、组织数据属于基础业务数据，涉及部门多、数据量大，为加快推进数据建设进度，需要在项目筹建办的组织下，协调相关部门根据承建单位的数据采集标准规范，开展各类台账数据的整理工作，承建单位再根据各业务部门反馈回来的数据进行编码、关联等标准化处理，为地、物、组织专题图层展现、空间分析等功能的实现提供必要基础。基础信息采集管理子系统主要以人口数据、房屋数据、社区数据等进行维护更新，在现实数据发生改变时，通过系统实时地更新，使系统数据最新，包括人员管理、流动人口管理、特殊人员管理、社会和经济组织管理等。

人口数据：根据地区计生、民政、公安等部门数据情况，充分共享各部门特殊人口信息数据，通过身份证号码统一识别索引，完善人口基础数据库，具体功能包括人口基础信息采集和更新维护、人口基础信息综合查询和统计分析。

（1）实有人口信息数据建设

实有人口信息库：包括常住人口、流动人口、户籍人口、外籍人口。当前的实有人口管理机制是：人一到辖区住下，一定要纳入实有人口，进行严密登记，并纳入管理范围。实有人口属性主要包括基本个人信息，如姓名、性别、出生日期等，工作信息如工作单位、职业、从业状况等，居住迁移信息如户籍地、出生地、现居住地等、婚姻学历信息等；此外，还包括和应用有关的信息，这些信息主要针对本辖区范围，如户口类别、对象类型等，一般可以从自然人基本属性和居住迁移属性等信息中获取。而实有人口信息库则保存、记录上述性质人全面的信息，建立相对独立而相应关联的网络式信息库。

根据计生、民政、公安等部门数据情况，可充分共享各部门人口信息数据，通过身份证号码统一识别索引，结合广东省全员人口信息系统，人口基础数据库主要的信息包括：人口基本信息、公安户政信息、暂住人口信息、劳动就业信息、失业人员信息、养老保险信息、医疗保险信息、失业保险信息、工伤保险信息、税务登记信息、常住人口计划生育信息、流动人口计划生育信息、新生儿信息、死亡注销信息等。

按照人员类型情况可分为人口（常住人口、流动人口、入境人员）、重点监控人群（刑释解教人、社区服刑人、吸毒重点人、精神病人、信访重点人、犯罪青少年和其他重点人）和重点服务人群（空巢老人、残疾人、低保户、优抚对象、失业人群、育龄妇女）。

① 人口基础信息采集和更新维护

该功能面向社区居委会、社区科室提供社区人口基础信息采集录入和更新维护等或者共享公安、民政等部门数据。

② 人口基础信息综合查询和统计分析

该功能面向社区领导和居委会干部提供辖区人口基础资源的综合查询、分布统计分析、人口变动情况统计分析等；面向社区、科室的应用提供业务对象的综合查询，例如：计生对象、低保户、失业人员、退管人员、出租屋等。

③ 历史数据查询

该功能针对死亡人口、迁出和注销户籍、流动人口等历史数据提供综合查询。

（2）地理编码

地理编码是依据国家的标准规范统一进行区域的行政编码。

（3）法人组织数据

法人库基于政府专网收集全区各部门、行业有关于法人的信息，组建全区法人单位数据库，搭建全区统一法人基础信息共享平台，在此基础上实现各行业、部门间的信息共享、交换、应用。数据一般来源于工商局、国税局、地税局和质监局等，由工商局统一管理。各共享部门内部数据更新通过各自工作机制完成，由共享平台直接与该部门的业务数据库连接实现数据交换。系统建成后，将收集到法人相关的各种基础信息，形成国家四大基础信息库之一的法人信息库。其具体功能包括企业和个体户信息采集和更新维护、企业和个体户信息综合查询和统计分析。

① 数据更新机制

为了确保平台的正常、高效运行，支撑平台的基础数据要保证其真实性和现势性，如基础地形图三维图、社区管理图等。综合考虑城市建设和发展步伐，我们在数据更新机制方面提出如下建议。

A. 更新周期：一年一次。

B. 更新内容：涉及基础地形图、城市管理等，为了有效地避免重复投资和重复建设，对变化比较大的区域基础地形图，进行有针对性地局部修测；对新增的城市管理部件，进行有针对性地普查，而不是重新普查，最大程度降低数据更新费用。

② 数据共享机制

平台的建设，一方面将充分整合与共享政府已有的信息化资源，包括基础地理信息资源、视频监控资源、人、地、物、组织数据资源等；另一方面也将充分建设与完善政府实用的信息化资源，如专题数据资源、业务数据资源等。

9. 应用维护管理子系统

应用维护管理子系统主要由系统管理员使用，可以设置每个办公人员的各种权限，可以方便地对网络进行监控，可灵活扩展自定义定制业务流程。

应用维护管理子系统可以建立各业务应用系统的计算机模型。系统管理员可以使用系统支撑维护管理系统修改应用模型，避免使用数据库系统本身工具及命令进行系统维护，从而保证数据库安全，并大大地提高维护效率。系统管理人员无须了解系统数据库的具体结构和实现，就可以正确地使用系统支撑维护管理系统进行日常维护和系统与数据扩展。维护管理子系统主要解决平台本身维护和管理的问题，包括账号分配、权限设定，业务类型扩展等。核心功能为：系统维护、系统管理、用户管理、部门管理、社区管理、编码管理、业务事项管理、数据字典等。

12.2　警务助理平台

12.2.1　建设内容

依托互联网，建立“一村一警”管理平台，能够使警务助理对采集上报的各类基础数据、事件信息进行分类研判、处置、反馈，并可进行逐级上报处理，实现上级公安机关对警务助理“一村一警”工作的量化考核。

警务助理作为城乡社区警务工作的补充力量，在社区民警指导下，配合协作社区民警开展工作，实现本村人、地、事、物、组织等各类治安要素底数清、情况明，发案少，秩序好，治安形势平稳，群众安全感、满意度高。

（1）了解掌握社情民意。警务助理应及时收集掌握邪教、非法组织、暴恐活动等危害国家安全、影响政治稳定的各类信息；及时收集掌握社会各界对国际、国内重大事件的议论和反映；及时收集掌握分包村的矛盾纠纷、安全隐患及违法犯罪苗头等影响安全稳定的各类信息。

（2）采集基础信息。警务助理应全面、准确、及时采集、录入辖区基础地理、实有人口、出租房屋、场所行业、重点单位、危险物品、矛盾纠纷、社情民情等方面的基础信息和工作动态信息，绘制所包村住户方位图，并移交派出所辖区民警实时更新维护，进行网上信息比对、发现、核查违法犯罪线索和情况。

（3）排查化解矛盾纠纷。每月在分包村（社区）开展治安纠纷排查，依靠社区民警和村（居）两委，运用法律、法规进行教育、疏导、调解，引导当事人依法合理反映诉求，努力把问题解决在基层、解决在萌芽状态，不发生因治安纠纷调解不及时而出现重大“民转刑”案件。

（4）协管辖区实有人口。警务助理应对辖区内的常住人口、流动人口及出租房屋、重点人口等信息进行协助管理，掌控辖区内的人口构成，跟踪流动人口流入流出情况，定期对重点人口动态进行调查。

（5）组织协控治安要素。警务助理应组织开展安全教育，通过平安村（社区）微信群、QQ 群，发放宣传资料，在警务工作站、村委、学校等显著位置设置宣传栏，在行政村（社区）文化场所定期开展安全和法制讲座，积极向群众宣传防火、防盗抢、防诈骗、防破坏、防治安灾害事故、防交通事故、反恐防恐等安全防范知识及法律常识，定期通报辖区治安形势和警情，努力提高群众的安全防范意识、自我防范能力和法律意识，提升群众遵纪守法、遵守社会公德的自觉性。

（6）组织开展群防群治。警务助理应结合分包行政村实际，争取村（居）两委支持，加强治保会建设，指导组建群防群治队伍，指导物防、技防建设，对易发生违法犯罪活动的场所、街道、区域组织巡逻和联防，形成群防群治网络。

（7）积极举报违法线索。警务助理应协助做好违法线索搜集工作，及时发现和查处辖区内非法生产烟花爆竹的“小作坊”、制假贩假的“小工厂”、危害群众餐桌安全的“小窝点”、横行乡里的“小恶霸”、从事非法宗教活动的“小聚点”、小偷小摸的“小团伙”，协助办理辖区治安行政案件，为侦破刑事案件提供线索。

（8）走访服务辖区群众。通过走访困难群众，了解群众需求，受理群众报警求助，为困难群众代办、发放身份证（户口簿），对空巢老人、失独家庭、留守儿童、低保家庭、鳏寡孤独等弱势群体，加强与民政、村（居）两委等部门的对接，有针对性地开展服务管理。对群众求助，属于职责范围的，及时办理；不属于职责范围的，积极帮助联系主管单位，并提供力所能及的帮助；对确实无法解决或不正当要求的，应主动说明情况，取得群众理解。

12.2.2 系统架构

警务助理平台如图 12.4 所示。

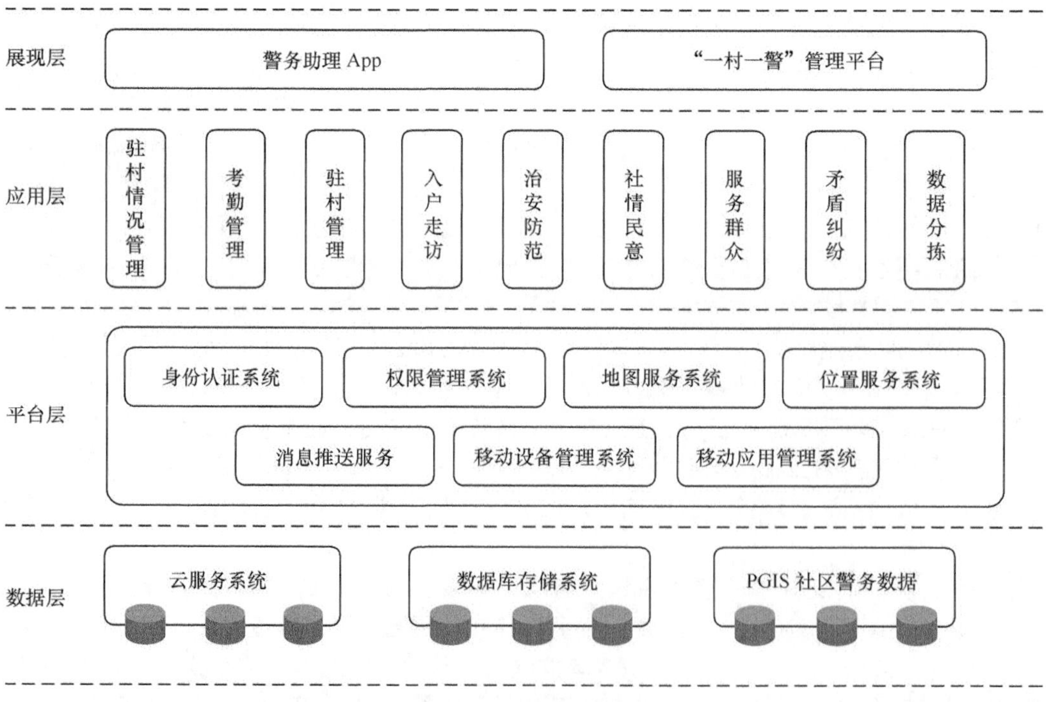

图 12.4 系统架构

12.2.3　警务助理平台功能

警务助理平台功能如图 12.5 所示。

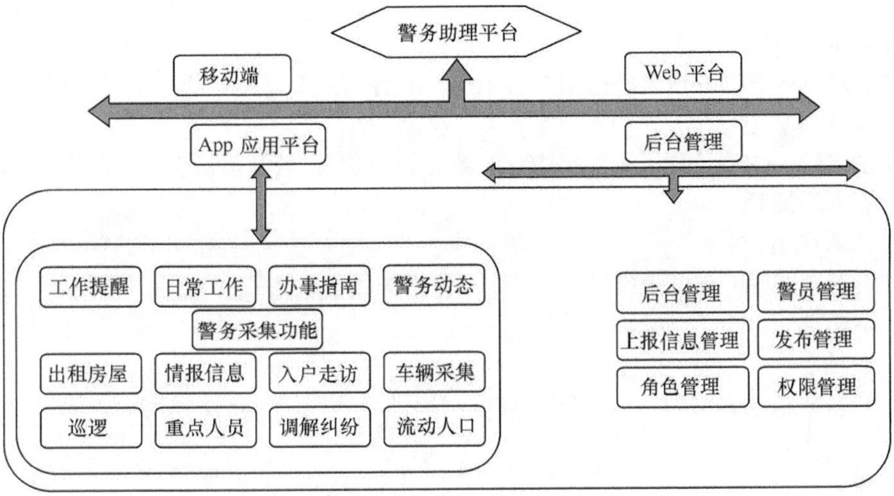

图 12.5　警务助理平台功能

依托互联网，建立“一村一警”管理平台，根据实际需要通过公安网安全边界与社区警务、标准地址等数据的共享互通，使警务助理对采集上报的各类基础数据、事件信息进行分类研判、处置、反馈，并进行逐级上报处理，实现上级公安机关对警务助理“一村一警”工作的量化考核。

1. 签到签退

系统提供警务助理到村签到功能，签到时记录警务助理姓名、时间、地址、签到图片等，并通过移动终端的自动定位功能，获取签到位置的坐标信息。

考勤功能

驻村警务助理开展工作，利用移动终端签到，签到应包含自拍图片信息、自动记录地理位置坐标信息、移动终端当前账号（是否存在重复使用，多人一机签到情况），同时启动相机自动拍照周边环境。

2. 工作提醒

工作提醒：后台推送消息至 App 端可查看签收、警务动态等信息。

3. 日常工作

（1）出租房屋登记

系统对辖区内的出租房屋信息进行登记采集，包括：地址、房主姓名、房主身份证号、房主联系电话、承租人姓名、承租人身份证号码、承租人户籍地址、出租时间、停租时间。

（2）入户走访

警务助理协管辖区实有人口，对辖区内的常住人口、流动人口及出租房屋、重点人口等信息进行协助管理。掌控辖区内的人口构成，跟踪流动人口流入流出情况，定期对重点人口动态进行调查。

（3）常住人口采集

警务助理对辖区内的常住人口信息进行采集，包括：姓名、性别、身份证号码、常住地址等。

（4）流动人口登记

警务助理对辖区内的流动人口进行登记：姓名、身份证号码、性别、联系方式、居住地址、户籍地址、流入原由等。

（5）重点人员走访

警务助理对辖区内的重点人员进行走访，采集相关信息：姓名、身份证号码、重点人员类型、走访时间、走访地点、走访情况等。

（6）情报信息

警务助理采集填写违法事件线索的严重性、事件详细描述、危险倾向、涉事人、处理情况描述等信息。

（7）巡逻

村（格）警务助理可对自己分包的行政村（网格）、辖区情况概况等基础信息进行登记管理。警务助理可对所包的驻村（格）所属行政村（网格）、辖区情况概况、管辖包村（格）民警等信息进行备案管理。各级管理员可对下属级别的村（格）警务助理信息进行查询、统计、修改、变更等动态管理（注销权限归属市局一级管理员）。

（8）贵重物品

警务助理采集贵重物品，如车辆、首饰等信息登记。

4. 警务动态

（1）治安防范

组织开展安全教育，在警务工作站、村委、学校等显著位置设置宣传栏，在行政村（社区）文化场所定期开展安全和法制讲座，积极向群众宣传防火、防盗抢、防诈骗、防破坏、防治安灾害事故、防交通事故、反恐防恐等安全防范知识及法律常识，定期通报辖区治安形势和警情，努力提高群众的安全防范意识、自我防范能力和法律意识，提升群众遵纪守法、遵守社会公德的自觉性。

（2）法律宣传

该模块能够查询民众日常关注的法律信息，驻村警务助理可以在日常警务工作处理过程中方便地查询所需法律信息，宣传法律知识，依法服务群众。采集信息包括：宣传地点、法律类型、情况描述等。

（3）交通安全

该模块对存在交通安全隐患的违法行为、交通事故以及影响交通安全的相关行为活动进行现场信息的采集。

（4）消防规范

开展日常消防安全检查包括：采取走村串户、走街串巷，对“小场所”、学校的火灾隐患进行排查整治，重点检查场所的消防安全责任制落实情况、防火工作和灭火器材配备情况，及时发现火灾隐患并督促其整改、消除；对辖区村民进行走访，提醒其安全用火用电用气并树立良好的日常防火习惯；对群众的火灾隐患举报、投诉进行及时查处。在民俗节日期间，警务助理组织开展防火巡查，切实消除火灾隐患。

5. 管理后台

（1）消息推送

通过管理平台向警务助理 App 发送实时通知消息，指导警务助理日常的警务工作。

（2）查询统计

通过制式、非制式报表查询统计相关数据，并区分各级权限。统计页面单独做；查询页面在录入页面分级做，总表可查询分表数字和具体信息情况。采录使用先核再采，避免数据重复，有效杜绝虚假信息。

（3）数据分析

根据警务助理 App 采集的各类数据，运用大数据分析手段，对辖区内的治安状况、隐患状况、人员状况、违法情况等进行数据分析，为领导决策提供基础的数据分析支撑。

（4）权限管理

权限设置：警员、派出所、中队、大队（区县局）。

（5）警务业务数据管理

上报信息管理：出租房屋、流动人口、关注人员、信息上报、车辆采集、巡逻轨迹、调解纠纷、入户走访（实有人口、实有单位、实有房屋）。

（6）发布管理

信息发布管理：工作提醒、警务动态等信息推送到 App 端。

第 13 章　智慧城市重要领域之七：智慧安保 / 巡检（农林牧渔及安监环保行业）

随着我国城市化进程的加快，计算机互联网和移动通信技术的飞速发展为安保工作带来了新的机遇，新技术新设备的大量使用使得各项安保工作可以通过信息化系统集成起来，高效便捷地完成各种巡查工作及人员管理工作，“向科技要效率”的理念逐渐深入人心。

安保行业是一个移动性、突发性、紧急性较强的行业：一线安保部门需要随时随地获得最新巡查任务及工作信息，一种基于移动网络的集通信、定位、考勤、查询、数据上传、人员管理、任务分配为一体的移动安保通平台。

安保通指通过系统平台能够上报反映与安保及巡查问题，实时查看安保人员当前所在的地理位置、人员轨迹以及在岗情况、现场情况上报、任务分配、工作进度、工作轨迹。

13.1　建设目标

利用计算机技术、无线网络技术、通信技术、GPS 定位导航技术、GIS 地理信息等技术，以及公安现有信息资源，以无线移动通信网络为依托，建设符合技术规范、安全措施完善、应用覆盖面广、功能强大的移动安保应用。一线安保人员利用移动安保终端开展移动考勤、签到签退、工作信息查看、信息采集、巡逻核查、任务查看流转、完成进度等，提高一线安保人员的工作效率，减轻工作压力，更好地服务于管理。

13.1.1　平台优势

1. 全数字化办公，降低工作难度和压力

现场信息一键上传，业务信息随时查询，保证终端与服务器端数据保持一致，大大缩短各类业务的流程步骤，减轻警务人员工作压力，提高工作效率。

2. 加强安保配合，提升处理能效

平台解决“信息孤岛”，沟通交流顺畅直接使一线安保力量和后方管理中心通过无线方式连通，使管理者和执行者的信息沟通更加方便、快捷，加强突发事件的可控性。

3. 现场信息提取，情况准确再现

平台可以用图片、视频、录音等方式对现场情况进行记录，使现场情况能以真实可靠的资料即时保存，为后续的任务处理提供翔实客观的材料。

4. 加强联系方式，协同效率提高

平台打破传统单靠语音联系处理任务的模式，使联络方式更具多样性和灵活性，进一步提高工作效率。

13.1.2 系统设计原则

1. 可靠性和可用性

系统具有很高的可靠性。要求用户界面友好，有很好的可用性。用户界面设计、系统功能的组合都要体现以人为本的原则，简化用户的操作。

本系统需要 7×24 小时不间断运行，它的网络、主机、存储设备、系统软件等部分应该具有极高的可靠性；同时为保证系统安全可靠地运行，保守企业和用户秘密，维护企业和用户的合法权益，系统应具备良好的安全策略、安全手段、安全环境及安全管理措施。

2. 可扩展性

在系统运行过程中，访问用户可能会有很大增长，面对这样的需求，系统应具有极佳的扩展性。

应用软件架构均应满足系统规模逐渐扩大的需求，以适应业务的不断发展和用户规模、资源规模的扩大，应针对上述要求详细论述其方案思想，详细说明系统如何平滑扩展，并说明在系统扩展时系统软件架构、存储架构、网络架构等方面需做的调整改造内容。

3. 标准接口以及数据库共享

应用平台的数据库系统对接方便，能实现数据共享，提供完善的 Web 接口，以便今后可根据需要在现有系统上再次开发，具有良好的数据备份、恢复功能，能够提供对海量数据优越的查询性能。数据库的安全机制应该得到很好的保证。

4. 系统操作和界面友好性

系统应以便捷的操作，提供高效的服务，避免需要专业人员或需经过长时间培训才能使用本系统；操作应简便、流程应清晰，在提高处理速度的同时又不会给使用者增加太多的额外负担；界面清爽、大方，适应各类用户应用特色。

5. 环境适应性

由于使用环境的不确定性，例如：计算机本身的处理速度、当地的网络环境等因素，因此在系统配置要求方面以及网络环境方面要有很强的自适应功能，可以适应目前大部分的网络环境、计算机硬件条件以及目前主流的操作系统。

6. 系统部署原则

按照应用系统的体系结构，服务器的部署应符合多层结构，即数据层、业务逻辑层、表现层，如图 13.1 所示。

数据层的服务器主要部署数据库服务器，用于对数据的集中管理，便于数据的共享；业务逻辑层的服务器主要部署应用服务器，用于完成各种业务的请求或服务，数量可根据业务的多少和访问量的大小配置，具有灵活的可扩展性；表现层服务器主要部署与用户交互的界面，便于用户界面的统一和操作的简化，可根据用户访问的集中程度配置多台，保证系统的性能可扩充性。

13.2　平台整体设计

13.2.1　总体技术架构

平台总体技术架构如图 13.1 所示。

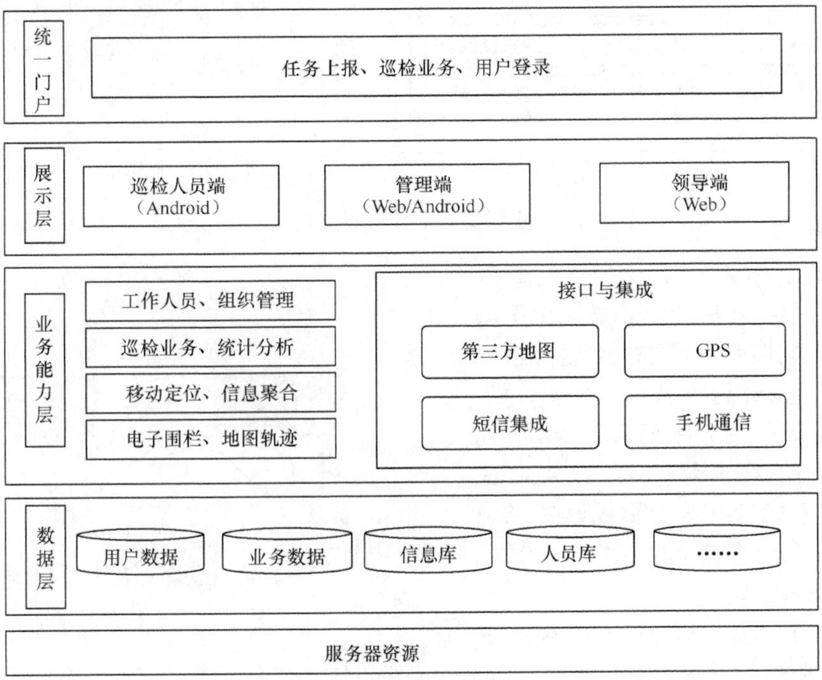

图 13.1　平台总体技术架构

13.2.2　功能架构

1. **工作台**

平台功能架构如图 13.2 所示。工作台示意图如图 13.3 所示。管护巡检业务功能平台如图 13.4 所示。

面向不同人员提供三类工作台，每类工作台通过 Web（PC 网站）或者 App 或者 HTML5 页面的形式给不同类型的用户使用，其中 Web 和 HTML5 形式工作台要通过统一门户登录使用，包括如下内容。

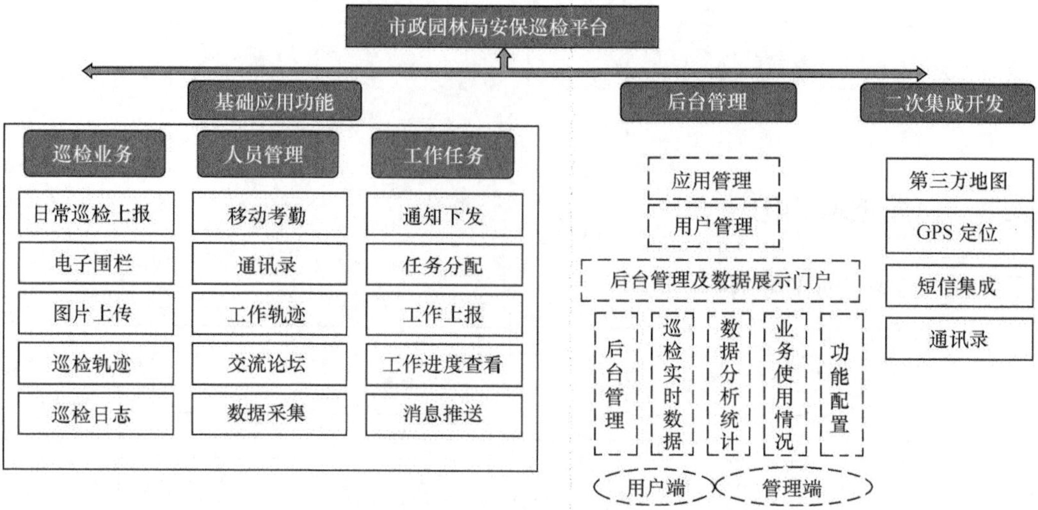

图 13.2 平台功能架构

（1）巡检工作人员工作台：主要以 App 的形式（根据客户单位的要求也可以 HTML5 网页形式存在）提供给巡检工作人员使用（通过移动终端）。

（2）管理工作台：主要以 Web 形式（根据客户单位的要求也有可能以 App 或 HTML5 网页形式存在）提供给客户单位及本平台的管理运营者使用，供上述人员做各项配置管理操作。

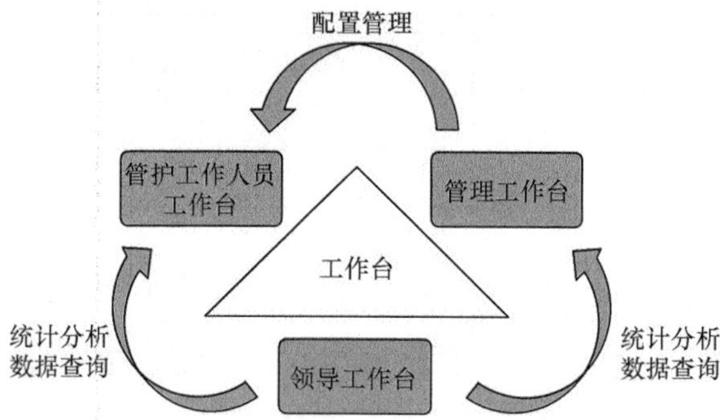

图 13.3 工作台示意图

（3）领导工作台：以 Web 和 App 形式（根据客户单位的要求也有可能以 HTML5 网页形式）提供给客户单位的领导及本平台运营者的领导使用，主要用于各项业务数据的数据查询和统计分析展现。

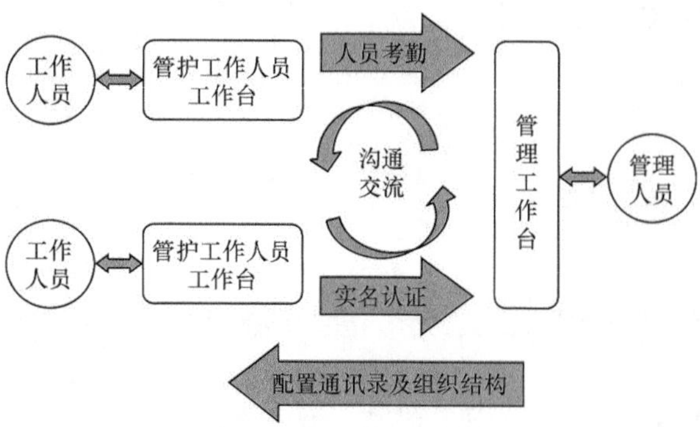

图 13.4 巡检业务功能

2. 人员组织管理

平台为客户单位提供组织机构配置和人员管理功能如图 13.5 所示，具体包括如下内容。

（1）通讯录及组织结构配置：客户单位管理人员可以通过管理工作台配置本单位组织结构并导入通讯录。巡检工作人员工作台用户可以看到与其权限范围匹配的通讯录群，通过通讯录可以查询同事信息，并且可以调用本机功能拨打电话或者发送短信。

（2）人员考勤：巡检工作人员工作台基于终端 GPS 的考勤信息采集上传，管理人员可通过管理工作台查询统计。

3. 巡检业务功能

平台为客户单位巡检工作人员及管理员提供与日常巡检业务相关的功能模块，包括：任务制定和分配、任务执行和上报审核、人员调度、日常巡检上报、围栏预警、轨迹管理等。

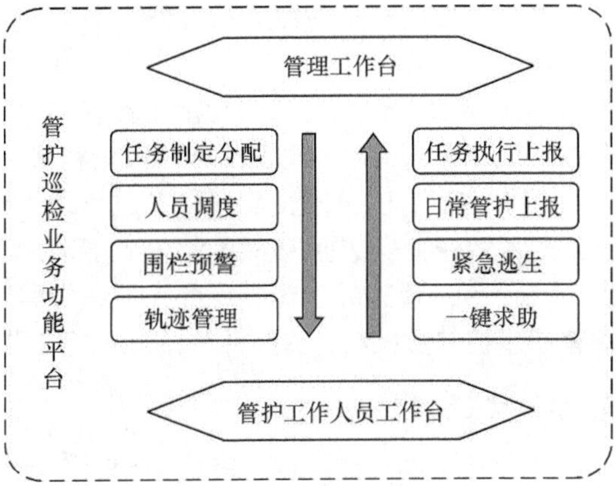

图 13.5　管护巡检业务功能

（1）任务制定和分配：客户单位管理员可通过管理工作台制定日常常态的巡检工作任务和临时性（一次性）工作任务；工作任务支持工作流引擎，管理人员可以配置多个工作节点（如在某一工作位置的每一项工作都可设置一个工作节点）及执行对象和汇报审核对象。系统可根据制定的任务自动分配给相应执行人和审核人。

（2）任务执行和上报审核：巡检工作人员在巡检工作台接收到任务后，可在工作台根据指派的工作任务在各个节点的任务项将任务结果（包括勾选选择、文字、图片、视频、位置采集等）提交给后台，后台任务审核人员通过管理工作台实现对巡检工作人员任务的执行。执行结果的审核，可以提交审核结果和评语，并且可执行任务继续（到下一工作节点）或重复本工作节点的操作。

（3）人员调度：客户单位管理员可通过管理工作台利用消息机制对巡检工作人员发送调度消息。调度消息可包括：调度指令，调度地点、时间、配备要求，以及调度回复要求等。巡检工作人员可通过巡检工作台实现对调度指令的回复。

（4）日常巡检任务上报：平台在基本任务制定和执行功能基础上生成常态化工作任务执行和执行结果并对现场信息采集上报。客户单位管理人员可通过管理工作台对日常巡检工作做结果审核及考核统计。

（5）围栏预警：平台基于手机终端的定位功能，通过后台所配置的围栏区域提供围栏及预警功能。客户单位管理员通过管理工作台配置好工作区域围栏，并分配关联的巡检工作人员；当巡检工作人员越过工作围栏区域后，平台围栏预警模块可检测并通过巡检工作台消息通知巡检工作人员，并可选 MAS 机功能短信通知巡检工作人员。

（6）轨迹管理：客户单位管理人员可通过管理工作台查询审核巡检工作人员的日常巡检工作轨迹，并做到考核和统计分析。

（7）信息发布：管理员可通过管理工作台发布本单位的新闻资讯、公告通知等。

（8）信息上报：巡检工作人员可通过巡检工作人员工作台上报日常和临时性信息，如：日报 / 周报；建议投诉；学习总结等。

4. 统计分析

客户单位用户及平台运营管理人员可通过该平台实现各类数据的查询、统计分析和结果呈现，包括如下内容。

（1）巡检工作人员通过巡检工作台实现对自身工作业务相关的数据查询和统计分析，如：考勤、工作考核结果、每日工作轨迹里程等。

（2）客户单位管理员及领导通过管理工作台和领导工作台可以查询本单位的业务数据，并做到对本单位业务数据的多维度统计分析和报表展现。

（3）平台管理运营单位管理人员和领导可通过管理工作台和领导工作台做到对该地域所管辖客户单位的数据统计分析（考虑到涉密工作不要求提供具体的详细数据查询）。

5. 接口与集成

（1）支持本平台与客户单位的现有业务系统的数据集成和信息聚合，可以根据客户要求通过后台配置各个工作台展现客户单位业务系统的数据信息，也可以将工作台采集的数据通过后台提交给客户单位原有业务系统，上述能力的提供由本平台厂家直接提供实现，客户单位的开发厂家无须配合。

（2）平台通过自身数据聚合能力对所采集的客户单位多个业务系统的数据进行清洗、转换和重装集成，并可以经过系统的移动化适配功能将数据在 App、HTML5 等移动端工作平台呈现，同时上述工作台支持数据交互界面的移动化适配和集成重组，进而将客户端采集的数据代替巡检工作人员提交到客户单位的有业务系统。

（3）平台对外（如第三方应用及第三方合作方等）提供数据交互接口，提供 API 注册管理、API 性能检测等功能。

6. 任务管理

后台任务管理功能包括：常规任务分配、临时任务分配、任务执行情况上报、任务完成情况监控、任务下发管理、任务上报管理。

7. 消息通知

通知推送管理功能包括：实现给指定人员发送文字、语言等形式的通知公告（单播或广播形式），支持选择单个、多个人员的消息推送，并在手机上能实现语音播报。

8. 移动考勤（轨迹管理）

（1）工作人员巡查时，开始考勤，同时开始采集位置信息。

（2）工作人员结束巡查时，结束考勤，同时停止采集位置信息。

（3）工作人员正在巡查时，能够以语音、文字、图片方式采集。

9. 权限管理

后台管理功能包括：提供角色划分、权限设置（多级权限分配）。

第 14 章　智慧城市重要领域之八：智慧产业（园区）

14.1 建设目标

运用物联网、云计算、多媒体等现代信息技术，帮助园区在信息化建设方面构建统一的组织管理协调架构、业务管理平台和对外服务平台，为园区管理者以及企业提供创新管理与运营服务，具体包括以下方面。

（1）资源整合

通过搭建统一入口的信息平台，使园区管理者、园区企业、员工形成一个紧密联系的整体，盘活园区内各方角色的资源，获得高效、协同、互动、整体的效益。

（2）管理服务

平台为园区提供管理服务，进一步提升园区内部的政务管理能力和服务水平，同时增强园区在推动企业创新上的服务能力。

（3）企业服务

平台通过企业管理云的搭建和物联网传感技术的配置，为园区企业提供信息收集、传输和反馈通道；通过对这些信息的汇总分析，为园区的安全管理，风险控制和应急指挥建立决策支持平台。

（4）品牌宣传

通过搭建园区门户平台，利用信息检索、虚拟展示等功能，可以让公众了解园区及企业，在更广阔的范围内提升园区知名度，促进园区品牌宣传，有利于园区形象树立和招商引资。

（5）创新能力

平台运用现代信息技术，降低成本，提高效率，扩大服务的覆盖面和受益面，同时，利用物联网、云计算等技术，促进园区信息化建设，打造高科技、智能园区，提升园区层次和服务水平。

14.2 园区对外服务体系

14.2.1 外部门户网站及 App

1. 门户网站

门户网站是园区实现对外信息化宣传、对内信息化运营管控的关键，可以分为三大类：信息门户、办公门户、服务门户。

（1）信息门户

信息门户用于园区资讯信息、资源信息的展示与传播，更好地让园区内部和外界企业、单位了解园区的整体发展动向，实现园区信息公开、资源共享。

（2）办公门户

在办公门户中，用户可以找到园区所有的办公业务，便于用户集中进行业务的办理和查询。通过统一的组织架构、用户体系、工作流、任务调度、消息预警和共享机制，实现前台门户和后台系统对接。

（3）服务门户

园企服务门户面向园区企业，每家企业入驻申请通过后，平台会自动生成企业用户账号，为园企开通受理相关的政务服务、项目申报、物业服务等方面的业务，实现在线服务。

2. 园区 App

园区 App 建设，可以提高园区工作人员的工作和生活感受，提升园区整体形象，提高行政管理效率。

（1）针对园区高层管理者

通过园区 App 可以实时了解园区经营数据，园区业务运营数据，移动审批。

（2）针对园区员工

通过园区 App 可以实现园区及周边地图导航、周边美食 / 交通 / 娱乐等生活场所、园区房屋租赁 / 失物招领 / 物品转让等。

（3）针对物业监控方

通过园区 App，园区可以实现园区移动视频监控，移动访客接待，物业服务验收等。

（4）针对园区管理者

园区 App 可推送园区生活服务、园区活动、企业文化宣传、行政公告宣传等信息。

14.2.2 园区展示及介绍

园区公共基础设施是园区整体建设的基础和支撑，也是园区建设的成果体现，通过园区三维模型建设，整合影像、矢量数据、综合管线数据等基础信息实现二三维一体化的数据管理与展示，为园区各个系统间的数据共享交换奠定数据基础，并且三维浏览效果绚丽，身临其境般的参观体验有助于对外展示园区形象，进而促进园区的市场推广和招商引资工作。

园区数字三维可视化物联网平台是基于虚拟现实技术构建的一个全三维的数字园区，并结合互联网技术、射频识别传感器、视频监控系统、图像识别系统，以及数据仓库技术和数据挖掘技术，突破以人工管理为主的常规园区管理模式，解决传统模式中信息量少、流通不畅、综合分析缺乏、难以共享、应对突发事件反应迟缓、安全隐患较大等问题，实现物联网时代全面感知园区各种信息，让园区管理更加智能和便捷。

14.2.3 园区招商系统

管委会的招商管理工作繁重，业务往来频繁，传统的招商运营模式已不能满足需求，因此，开发基于 Web 的招商信息系统，以提高工作效率，节约招商成本，加大宣传力度，更能为园区企业提供周到便捷的服务，主要功能包括如下内容。

（1）园区政策信息发布：园区概况、招商政策、招商流程、政务公告。

（2）招商信息管理：预审管理、流程跟踪、项目信息管理、联系人管理。

（3）企业信息管理：企业基本信息管理、合同管理、土地批租管理。

（4）日常办公管理：收发文件管理、会议通知、设施管理等。

14.2.4 “双创”扶持及政府对接平台

创新服务业务应用包括：信息资源共享服务系统、产业技术创新服务系统、现代商务服务系统。

通过构建园区内企业的信息服务体系，建立一个面向园区企业的、提供综合性信息服务平台，为园区企业提供政策法律、技术经济、信息咨询、项目合作、融资担保、国际交流/合作、人才培训/招聘、信息化建设、管理咨询诊断、新产品设计开发、市场开发/推广等信息服务，使广大企业有一个协调资源的共享平台，有效降低企业服务成本，提高为企业服务的效率，最大程度地发挥信息网络和信息技术优势。

系统功能主要包括：

① 发布项目信息；

② 企业报名；

③ 企业资格审查；

④ 企业提供详细资料；

⑤ 正式审核；

⑥ 项目落实；

⑦ 资金到位进度。

14.3 园区对内服务及管控

14.3.1 园区运营及物业服务平台

智慧物业管理系统是用物联网技术改造传统物业管理模式，来提升物业管理智能化水平，突出客户服务的主动性，强化事件跟踪与预警，降低物业管理成本，提升物业服务能力，实现对园区资源的维护、更新管理。系统主要功能包括如下内容。

① 安全保卫系统：主要包括园区总体安全环境的管理；对入驻企业的管理；车辆交通及道路管理。

② 设施维护系统：主要包括房屋管理与维修养护；共用设备管理（给排水设备管理、供电设备管理、弱电设备管理、消防管理）；专业设备的管理（空调设备、电梯设备管理）；共用设施的管理。

③ 环境绿化及保洁系统：主要包括办公楼、宿舍、食堂、园区公共部分（厂区设库、区内自管），以及公共设施的日常保洁申报工作；园区公共绿地的维护和保养工作。

14.3.2 园区设备管控及应急指挥平台

1. 园区设备控制中心系统

园区设备控制中心系统主要包括如下内容。

① 园区设备资料管理。

② 园区设备日常维护。

③ 园区设备维修保单管理。

④ 设备备件管理。

⑤ 不同设备对应不同维修技术人员管理。

2. 应急管理指挥系统

园区应急管理平台主要是实现信息的采集、传递和相关数据的建设。

监控管理：针对园区关键运行指标进行监控。

应急响应：园区发生突发情况随即做出响应，响应形式可包括广播、鸣笛等，将损失减少到最小，最大限度保证园区的正常运行。

应急指挥中心实现政府对保障公共安全和处置突发公共事件能力的提高，最大程度地预防和减少突发公共事件及造成的损害，保障公众的生命财产安全，同时为沟通园区各相关部门的综合服务提供技术保障。

3. 门禁一卡通系统

针对园区内的企业厂区、办公楼等场所人员出入频繁、安保问题多样化、管理环节复杂等现状，结合园区封闭管理需求及特点，通过一卡通系统的建设，减少园区的安全隐患，为园区内企业提供人、财、物全方位的安全保障和安全舒适的工作环境。

4. 园区车辆 / 人管控系统

系统掌握园区内车辆的基本信息，车辆在园区内位置，并及时掌握车辆的行车路线。在封闭管理区域对进出的车辆实行通行证管理制度，车辆需凭核发的通行证进出封闭区，同时对出入人员和特殊车辆进行管理。同时，封闭区内闸口由安保人员 24 小时值班，一切无关车辆及人员将不得随意进入封闭区。

14.4 园区服务 App 及微信公众号

搭建园区内部服务 App，主要功能包含：园区租售信息管理、园区内部缴费、园区设备保修维修、园区最新资讯动态、活动会议等，并相应地开通园区微信公众号服务平台，对接园区内部服务 App，可以更方便快捷地处理一些便捷事宜以及及时接收园区动态等。

14.5 园区入驻企业对外电商服务平台

面向企业的电子商务及内容提供商的整合与发展需要，建立适合产业实际情况的基于电子交易市集平台的电子商务支撑体系，以形成完整的电子商务互动平台，在方便客户购买的同时，增加企业的知名度与信誉度。

电子商务系统通过电子化、信息化的手段，尤其是互联网技术可以把企业提供的产品和服务，直接在线展示，销售给客户，进一步帮助企业降低营销成本、扩大竞争优势。

通过电子商务平台，提升企业应用的业务化运行服务水平，带动民营企业不断发展壮大，促进产业集聚，提高企业的核心竞争力。平台主要提供包括供应链和电子商务两大系统，目的在于期望集合同类型的企业促使形成一个交易市集，提供一个交易的平台，再透过上下游商业合作，建构电子交易市集。

供应链系统：旨在对整个供应链（从供货商，制造商，分销商到客户）的各个环节进行综合管理，把库存成本降到最低，帮助企业把客户、经销商、供应商以及协作单位纳入一个紧密联系的生态链中，有效地安排企业的经营活动，满足企业充分利用现有资源快速高效地进行生产经营的需求。

电子商务系统：通过电子化、信息化的手段，尤其是互联网技术可以把中小企业提供的产品和服务，直接在线展示，销售给客户，进一步帮助中小企业降低营销成本、扩大竞争优势。

14.6 内部办公管理

14.6.1 内部协同办公（OA）系统

协同办公（OA）系统的主要使用对象包括：园区管理各个部门、所有用户。在实施、推动应用及管理上，OA 系统一般归行政部（办公室）负责，主要包括：流程审批、行政办公、信息共享、后台管理等服务。

从园区内部企业管理方面来看，园区有必要新建自己的 IT 系统，建立机关对企业的服务、支撑、联系平台，对内主要是为了满足内部管理、日常办公的要求，提高上下级沟通、跨部门沟通的效率。OA 建设的主要目标是实现一个集成的协同办公平台，让所有人员能够利用网络实现协同工作和知识管理。

建设目标主要包括以下几个方面。

① 建立内部协作平台，使组织内部的通信和信息交流快捷通畅。

② 建立信息发布平台，即在内部建立一个有效的信息发布和交流的场所，例如电子公告、电子论坛，使内部的规章制度、新闻、技术交流、公告事项等能够在企业或机关内部员工之间得到广泛的传播，使员工能够了解单位的发展动态。

③ 实现工作流程的自动化。这牵涉到流转过程的实时监控、跟踪，解决多岗位、多部门之间的协同工作问题。各个单位都存在着大量流程化的工作，例如公文的处理、收发文、各种审批等，通过实现工作流程的自动化，达到可以规范各项工作，提高单位协同工作效率的目的。

④ 实现知识管理。系统使各类文档（包括各种文件、知识、信息）能够按权限进行保存、共享和使用，并以一种方便的查找手段，为建立学习型组织打下基础。

⑤ 辅助办公。系统实现日常办公、及时通信等日常事务自动化管理。

⑥ 实现分布式办公。企业机关单位的地域分布越来越广，移动办公和跨地域办公成为一种很迫切的需求。系统应支持多分支机构、跨地域的办公模式以及移动办公，能够很好地解决分布式办公的问题。

平台功能包括：监测指标管理、监测指标信息采集管理、企业发展信息查询统计等，也能够对企业产值、纳税、创新、国际化等专题进行综合分析和监测。

14.6.2　内部人员管理及绩效考核平台

内部员工管理平台主要包含以下几个功能模块。

① 员工岗位管理：部门信息、部门职能、人力规划、岗位信息管理等。

② 人员管理：人员档案管理、职位变动信息管理、绩效考核、合同信息、培训信息、社保信息管理、离职申请审核等。

③ 考勤管理：管理系统考勤信息，根据考勤班次与打卡时间、请假、加班、出差记录，生成员工出勤报表，并为薪资计算提供相关数据，使考勤数据与薪资计算直接挂钩。

14.6.3　员工 App（巡检通）

通过园区员工 App（巡检通）移动端，可以实现员工日常工作上下班签到、园区工作人员通讯录管理、园区员工沟通与交流平台、员工任务执行与分派、工作上报审核、日常工作、会议下发通知等。

第 15 章　智慧城市重要领域之九：智慧文化

15.1　项目背景

文化云，是“互联网 + 公共文化”的基础技术及运营服务平台，它通过整合零散的、孤立的公共文化资源，为市民提供一站式数字公共文化服务，解决公共文化服务过程中的市民“我要知道”“我要参与”“我要评论”“我要互动”四大需求，帮助文化单位快速提升公共文化服务效能，构建中国文化大数据，实现文化消费的供需精准匹配；同时，为每座城市提供数字文化馆建设运营服务，打造文化云线下互动体验空间，实现线上线下互联互通，构建现代公共文化服务体系的科技支撑。

文化云是一款聚焦文化领域，提供公众文化生活服务和文化消费的文化互联网平台，现汇聚全文化活动文化场馆资源、社团，集活动预约、场馆预订、空间展示、社团风采、竞赛互动、文物鉴赏、文艺培训为一体的文化互联网平台，为用户提供便捷的文化品质服务。

根据市委、政府走新型城市化发展道路，加快“智慧城市”建设战略部署，提倡“智慧城市、低碳生活、幸福城市”理念，贯彻落实利用信息化手段在网上集中公开全市各文化场馆相关信息，提高文化场所的利用率的精神，大力推动后亚运时期文化惠民工作，实现文化事业转型升级，着手“市文化云”建设，搭建全市全民文化公共服务平台。文化云的建设满足了市民日益增长的健身和文化生活质量，改善民生、社会和谐和文明进步。

15.1.1　服务定位

文化云定位于文化场馆信息查询、在线场馆预订、信息服务的大型网站，是从网站的经营和市场风险来考虑的，定位于以下几类服务。

（1）信息服务：文化场馆相关信息查询和评测，文化场地相关培训课程、文化信息预约服务，会员间活动交流平台。

（2）在线预订服务：文化场馆的在线预订服务。

（3）收费信息服务：商家将相关企业、产品信息发布到网上，提高企业或产品知名度，平台收取相应的广告费用。

（4）增值服务：信息资源是宝贵的，在网站开通运营一段时间后，通过对已有信息的整理、加工、分析，为客户提供准确详细、可靠的数据，为企业或场所经营决策提供参考。

15.1.2　客户群定位

网站运营需要盈利，盈利的关键在于如何服务好客户群。总体来说，文化云的受益群体包括以下几类。

（1）文化场馆：场馆人员可在网站上进行场地管理，实现场地预订、老师预约、培训课程预订及场馆推广。

（2）文化艺术周边商家：实现文化、艺术产品的品牌营销、产品销售。

（3）文艺爱好者：方便找到合适文化场所，简单方便的场地预订及支付，同时还有一些休闲娱乐活动。

15.1.3 用户分析

1. 企事业单位

企事业是网站的主要客户群，是网站的广阔信息资源，可以细分为以下单位。

（1）文化局

平台方便提高下属文化场所信息化水平，紧跟社会潮流，有利于掌握市内各文化场所运行数据，了解各场所的运行状况。

（2）文化局下属文化场馆

该类用户一般为知名度较高的文化场所相对固定的客户，场馆利用率较高，但是信息化水平比较低，制约了管理水平的提高。平台能提高场馆的信息化程度和管理水平，节约人力和物资，进一步拓展场馆知名度需求。

（3）非文化局下属文化场馆

该类用户由于自身实力的限制，无法进行大规模的市场营销，急需一个简易、消费水平低的平台宣传，获得更多的客户资源，提高场馆利用率。

2. 个人用户

个人用户一般来说都是文艺爱好者，是主要的消费人群。

15.2 平台主要功能

平台主要功能：资讯、场馆（赛事）、预定、个人中心。

（1）内容覆盖面广。平台包括文化网站、场馆信息发布、场地网上预订、文艺指导员查询和活动赛事发布报名等功能，市民通过互联网或者智能手机终端即可享受市属公共文化场馆的智能化服务，提升文化场馆信息化、精细化、专业化的管理水平，这在全国各大城市文化行业中尚属首创。

（2）市民受益多。首先是便利性，过去市民电话预约文化场馆，要提前到场馆前台登记付款；现在市民只要通过电脑或智能手机上网即可自行选择场馆场地并预定，节省了提前到场馆预订的时间，能更合理地安排个人的时间和出行。

过去市民到现场预定场地，由于不了解场馆信息很难订到场地；现在随时随地通过上网查询到场地信息，更快地查找附近的空闲文化场馆并快速下订单订场。此外，市民还可以通过客户端选择文艺指导员，及时了解相关赛事活动信息。

平台吸引更多的区属场馆、社会场馆加盟；同时进一步强化国民文化网上预约查询功能，开发市民卡接口，让市民运用市民卡直接订场，并享受老人、小孩、残疾人等特殊群体的价格优惠，补充完善客户端的相关信息内容，从而达到整合全民文化资源，让市民更便捷生活的目的。

市民在注册登录后，查找场馆场地选定所需服务后，提交订单，通过银联在线支付，完成订单支付后即可收到短信，短信内容包括订单号和场地信息。同时，市民可点击短信内的链接下载订单二维码，在预定时间去场馆消费锻炼时市民出示订单号或二维码即可验证进场。

（1）文化新闻

文化新闻模块包括：赛事图片、文化要闻、赛事新闻。

（2）场馆预订

场馆预订模块包括：场馆信息、您周边的场馆（地图）、您经常去的场馆、推荐的场馆。

（3）活动赛事

活动赛事模块包括：赛事一览表、赛事举办倒计时公布栏、赛事日程、赛事播报、精彩瞬间。

（4）用户中心

用户中心模块包括：个人信息、订单管理、我的评论、个人报名信息、团体报名信息、培训班管理、指导员预约管理、消息中心、修改密码。

（5）场馆信息

场馆信息模块包括：场馆简介、场馆公告、场馆动态、预订场馆、地图显示、场馆指导员、场馆基本信息（开放时间、惠民信息、培训信息、交通路线、配套设施）、活动赛事回顾、精彩瞬间。

15.3　功能模块

15.3.1　前端功能

1. 首页

首页作为用户登录的直接界面，包括用户登录、相关新闻通告、热门场馆、最新活动、帮助中心，能让客户了解网站的基本情况，并快速找到所关注的内容。

2. 文化场馆

文化场馆页面，主要提供文化场馆的搜索、场馆介绍和场馆地图相应的功能，如图 15.1 所示。

（1）文化场馆搜索：用户可根据文化项目、区域、特色服务（场馆提供的）以及关键字进行搜索。

（2）场馆介绍：该功能提供场馆简介、图片、场地信息、价格信息等相关详细介绍。

（3）场馆地图：该功能提供场馆详细的位置信息以及开车、乘车路线。

（4）文化项目：该功能主要提供文化项目的搜索、文化项目介绍。

图 15.1　首页功能模块

3. 活动

“活动”主要提供文艺爱好者的交流平台，用户可通过这个平台进行相关活动的查询、参与、发起等，如图 15.2 所示。

图 15.2　活动功能模块

4. 用户中心

用户分为个人用户和文化场馆用户两类，因两类用户的需求不用，登录界面不同。

（1）个人用户

个人用户相关信息的管理，主要包括：订单中心、活动中心、客户中心、账号中心。

（2）文化场馆用户

文化场馆用户相关信息管理主要包括：场馆资料、项目信息、订单中心、账号中心。

15.3.2　后台模块

1. 内容管理

系统有许多内容介绍信息，该模块可对这些介绍信息进行编辑和修改，包括如下内容。

① 关于我们：关于网站运营公司的相关介绍。

② 文化云网站：文化云网站的相关介绍。

③ 人员招募：网站运营公司的相关人员招募需求。

④ 合作伙伴：相关合作伙伴。

⑤ 网站地图：网站所有运动场馆的索引。

⑥ 使用帮助

⑦ 使用条款：网站相关一些服务条款、相关法律条例和注意事项。

⑧ 客服中心：常见问题、下载服务、知识堂、留言反馈、联系我们。

2. 场馆管理

系统对场馆的管理主要分为：场馆信息管理、场地信息管理、教练信息管理、培训课程信息管理。

① 场馆信息管理：系统可对场馆相关信息（例如介场馆简介、图片、其他信息）进行修改、添加、删除。

② 场地信息管理：系统可对场地时间段、价格、场地状况（空闲或预订）等进行编辑。

③ 教练信息管理：系统可对场馆的驻场教练相关信息（个人信息、费用等）进行添加、修改、删除。

④ 培训课程管理：系统可对场馆的相关培训课程信息进行添加、修改、删除。

3. 广告管理

系统提供商业广告相应的管理，提供相应的广告定制功能。

4. 会员管理

（1）注册

用户要在本系统中操作，必须先注册成为本系统的会员。

个人会员：用户注册成为会员操作简单，只需要在会员注册页面输入姓名、账号、密码等基本信息后向系统提交，即可成为会员。

文化场馆会员有网站管理员注册、认证、审核。

（2）个人会员管理

个人会员管理对个人的相关信息进行管理，包括订单中心、活动中心、客户中心、账号中心等。

会员能对订单进行查询、删除，以及转入支付界面进行支付，以及相关浏览记录的查看。

会员能对参与的活动进行查询、删除，以及相关浏览记录的查看。

会员能对取消的订单、取消的活动，以及客户评论进行查询。

会员能进行个人信息的查看、修改，账号余额查询和相关消费记录查询。

（3）文化场馆会员管理

① 文化场馆会员管理对场馆的相关信息进行管理，包括场馆资料、项目管理、订单中心、账户管理等。

② 场馆资料：场馆会员可对场馆的基本资料进行编辑；上传或更新场馆图片；编辑场馆的价格；增加和修改场地数量。

③ 项目管理：查看场地情况，修改场地状态（场馆预订、网站预订、取消预订）。

④ 订单中心：查看浏览场地订单情况，包括：支付订单、未支付订单、取消订单等。

（4）账户管理

① 账户信息：账户相关信息编辑。

② 文化场馆会员信息：文化场馆会员的相关信息，其中会员包括文化场馆非网站会员。场馆的会员注册，可通过场馆或网站办理。

③ 账户金额：文化场馆用户应收金额（在线预订）和已收金额（网站通过银联转账实际支付给场馆的金额）。

15.3.3 预订流程

场地详细的订单支付流程如下：

① 通过场馆或者文化项目模块，选择场地；

② 选择运动场次。

15.3.4 订单管理

1. 订单处理

系统提供多种订单处理方式（订单作废、订单暂停处理、订单删除、合并订单、订单过户等）、多种订单分类查询等一系统订单管理功能。

2. 订单凭证

会员成功购买后，系统将订单购买后的相关凭证以短信的形式发送给客户，如下所示。

尊敬的客户，您本次已成功订购天河体育中心羽毛球馆场地：时间 ** 年 ** 月 ** 日 **: **-**：**，场地：几号场，共多少元，订单验证码是 *****。

3. 订单验证

会员在系统订单验证功能模块中输入验证码即可查询该订单的详细信息。

15.3.5　报表管理

系统将提供各种销售统计报表功能，方便对用户相关信息收集和分析，提供详尽的时报、日报、周报、月报，并可自动生成可打印版本。

15.3.6　日志管理

系统相关操作运行，各模块运行日志及账户日志。

15.3.7　系统接口

系统与银联服务、短信服务、邮件服务的接口模块。

第 16 章　智慧城市重要领域之十：智慧旅游

16.1 建设目标

按照建设国内旅游目的地的总体目标，根据政府报告把旅游业作为结构调整，转型升级新引擎的内在要求，以“全域旅游、统筹城乡、产业繁荣、区域联动”为发展理念，依托城市优势资源，以加快精品景区建设为核心，以完善公共旅游设施为支撑，以丰富特色产品体系为突破，以持续加强宣传营销为抓手，以创新投资融资机制为保障，构建全域旅游发展新格局。

“互联网 +”增加了全域旅游目的地建设的深度、厚度，“旅游 +”拓展了全域旅游目的地建设的广度，城市全域旅游信息化建设是依托“互联网 +”、云计算、大数据等新兴技术，以建设集约、共享、安全、互通的智慧旅游平台为核心，实现城市全域旅游智慧城市建设。全域旅游信息化建设要求对城市所有景区达到电子票务、数据监测、智慧导游、电子讲解、在线预订、信息推送等功能全覆盖，用两年左右的时间分步推进智慧乡村旅游和生态景区建设，到 2019 年年底实现智慧旅游全覆盖，同时建立“用数据说话、用数据决策、用数据管理、用数据创新”的城市旅游大数据中心和管理机制，应用于公共服务与旅游监管。

16.2 建设内容

1. 建设景区智能化的运营服务

系统采用旅游云计算、物联网及“互联网 +”等新兴技术，从景区票务、O2O 营销、游客服务到景区管理等一系列的运行服务通过网络共享实现景区智能化和流程化的运营服务。

2. 提升城市旅游高效的政府管理

国内所有的智慧旅游示范区星级景区都投入了大量的财力、物力、人力进行智慧旅游建设，一方面是星级景区的基本要求，另一方面是真正做到政府对旅游景区及市场的精细化管理，提高行业的竞争力。

3. 实现城市旅游精准化的营销决策

通过车牌识别系统、票务系统、决策分析系统等多个系统数据深度挖掘，实现对景区客源的精准统计和分析，为精准营销提供决策依据，同时为营销转化率提供考核依据。

4. 建设城市旅游智能化的视频指挥中心

城市各景区分布区域广，各个景点资源配置不一，特别是在黄金周、小长假等游客高峰期，为了应对各种安全隐患，通过信息化技术建设智能、高效、全面的指挥体系是提高城市旅游自身应急处理突发事件能力的重要保障。

5. 实现城市旅游人性化的游客服务

通过建设城市旅游统一综合服务门户及微信公众号、手机 App 客户端应用等信息系统，涵盖城市所有的景区景点、古民居、民俗、周边乡村旅游及吃住行购娱推荐等，实现游客游前（虚拟体验、行程定制）、游中（导航、导览、导游、导购）、游后（互动、分享、评价）的全程服务。

6. 积累建设城市智慧旅游大数据中心

通过对城市智慧旅游的人流 / 车流量统计、电子商务统计、票务系统、Wi-Fi 数据及电信运营商数据等多维度数据挖掘和展现，逐步积累城市智慧旅游大数据资源中心，实现对城市智慧旅游客源的统计、分析及趋势预测，为城市智慧旅游管理及旅游精准营销提供决策依据，同时为智慧旅游运营及营销转化率提供考核依据。

16.3 需求分析

16.3.1 游客服务需求

游客满意度与旅游安全是旅游区建设智慧景区的工作核心，智慧旅游以“主客共享”为理念，满足游客对“安全出行，满意旅行”的需求。现代游客对旅游信息服务的“个性化”和“一站式”要求越来越强烈，对智慧景区的需求贯穿于游前、游中和游后的整个过程。根据游客市场的调查，随着近年来旅游市场自助游比重的逐年提升，越来越多的游客希望在出行前就能够通过网络全面地了解目的地旅游资讯（旅游景区文化、旅游景区信息、旅游住宿信息、旅游交通信息和安全信息），进而自主自助地进行个性化的行程定制（订票、订房、订餐），减少排队等待时间，提供合理票务行程安排，希望在旅游过程中能够通过各种移动终端进行景区导览、景点导游、商品导购和即时支付，在行程结束后对旅游体验分享、点评、查看旅游积分并对自己的行程合理地评估。

16.3.2 政府管理需求

政府部门对智慧城市的管理需求主要表现为三大方面。

首先，行政管理部门希望通过信息化管理系统平台，对城市管理信息全面准确地统计分析，建立城市信息库，实现各机构部门、各类数据共享互通，奠定宏观层面上行业监管的基础；希望以大数据统计分析为基础，基本实现对游客流量的实时动态监测与智能疏导；对旅游区交通调度实现从实时监控预警到通知，理论上完成综合指挥调度，对时间资源与交通资源实现最优化配置；希望通过对旅游景区内古建筑防火、水位、自然资源的实时动态监控，保护旅游区旅游发展的核心资源与历史文化；希望通过与治安监控、工商、卫生、质检等部门的信息共享与协作，实现对旅游服务质量问题及时和有效地处理，维护良好的市场秩序；对旅游区旅游发展战略而言，政府部门尤其希望借助信息技术，全面了解游客各个细分市场的需求特征及动态演变，为制定高效的营销策略提供决策和营销效果评估支持。

其次，对行业监管而言，旅游行政管理部门希望对涉旅企业，包括景区、餐饮、民宿、酒店，尤其是对具有旅游特色的景区内原住民商户等旅游产业在安全服务、健康服务、标准服务等方面实现实时动态地监督管理，改变目前自营自理、管理标准不统一的旅游秩序现状，提升旅游区旅游形象，提高旅游核心竞争力。

对政府部门的日常业务办理而言，希望能建立信息化办公 OA 系统对日常事项的审批流程及内部办公流程管理；增加更多的实用性业务模块，如资金结算、内部考核、统计核算等，希望借助信息化手段，实现移动办公，提高办公效能。

最后，城市日常管理需要做好应急管理、公共设施管理、公交智能化管理、交通诱导等城市运营工作。

16.3.3　商户需求

涉旅商户企业层级主要涉及景区、民宿、酒店以及旅游网络营销等商业组织；各类涉旅企业对信息技术的需求更为迫切，希望能对游客行为习惯深入分析，进一步提高服务的个性化和人性化水平；希望对整个旅游市场需求精确分析，提高市场预测能力，从而开发和设计更有针对性的新产品。旅游景区需求主要表现为三方面。

第一，旅游区已经成功创建 5A 景区，面对越来越严格的 5A 级旅游景区复审标准，需要继续加强完善智慧景区建设。

第二，目前旅游区景色优美，自然资源丰富，但是旅游市场知名度不高，景区希望利用信息化手段，基于大数据中心对海量数据进行高效分析处理，利用大数据分析实现深度挖掘、智能决策与精准营销。

第三，景区希望借助信息技术手段加强对景区及周边范围的安全监测和预警、游客流量控制和疏导，避免景区因游客流量超载带来旅游安全隐患、旅游服务质量得不到保障和对资源环境的不利影响，为广大旅游者提供安全、舒适的旅游环境；希望通过引入多种智能终端设备为游客提供虚拟导览、导游和景点智能语音解说服务，发展个性化体验旅游。

同时，各类涉旅企业希望借助新兴营销手段（网络视频、微博微信、互联网社区、短信平台和线上虚拟旅游等）在为游客提供全面、深入、及时、动态的旅游服务的同时，全方位、个性化地展示自己的特色产品（服务），实现和进一步提高 O2O 交易。

16.3.4　5A 景区管理

国家旅游局 2016 年出台的新的旅游景区评分细则取代了 2003 年的《旅游景区质量等级评定与划分》国家标准。信息化的评分小项可以分为 6 个部分，基础通信和网络服务、信息发布和实时更新、风险预警与防范、景区多媒体宣传展示、在线购票与移动支付和景区车辆运营与管理。将信息化列为单独大项评比考核，目的是希望景区提升信息化水平，满足景区自身发展需要，提升服务游客水平。在信息化方面我们仍需要加强建设，提升智慧化管理及服务水平。

16.4 全域旅游整体建设规划

16.4.1 全域旅游信息化

建设智慧旅游信息化应坚持“统一规划、分步实施、加强旅游监管及游客体验应用、共享数据”的指导思想。

1. 统一规划

在整个“智慧东平”建设的层面基于“互联网 + 旅游”建设旅游信息化建设站，做好智慧旅游项目分析和规划设计工作，整体考虑、统一规划，确保统一的信息标准、统一的技术路线、统一的基础架构和统一的组织管理。

2. 分步实施

智慧旅游信息化项目整体建设涉及需求调研、系统设计、部署与集成、人员培训、推广运营、运行反馈、迭代升级等多个过程，因此整个建设过程建议采用统筹安排、分步实施，云应用先行的原则，确保项目的进度和质量，降低项目失败的风险。

3. 加强旅游监管及游客体验应用

智慧旅游系统基于旅游云建设，以旅游要素的监管、营销及服务体验应用为核心，利用云计算、人工智能等新兴技术为游客提供综合性的一站式智慧旅游信息服务平台，确保基于旅游云的应用系统顺利建设。

4. 共享数据，建立旅游大数据中心

智慧旅游平台的数据以信息共享为基础，统筹整合旅游门户网站、微信公众号、旅游 App、智能 Wi-Fi 及运营商手机号等数据动态共享整个系统，通过旅游云平台数据及旅游商圈、电商、物联网等相关要素的数据积累，实现多维实时大数据的积累和建设，逐步建立旅游大数据资源中心。

16.4.2 智慧管理

系统以旅游业务应用为单元，以旅游运行数据为基础支撑，构建政府引领、部门支持、基层跟进，省、市、县、旅游企业纵向一体、横向协作的智慧旅游管理服务。智能管理服务需要提供以下服务内容：旅游政务网集群服务、旅游行业管理服务、旅游产业监测服务。

1. 旅游行业管理服务

行业管理服务需具备统一管理、统一登录、数据共享、互联互通等功能，能够对接国家旅游发展委员会相关系统，提升旅游部门综合管理能力和效率。

2. 旅游产业监测服务

旅游监测服务有效进行景区客流分析、预判及预警，降低旅游突发事件的发生概率，直观便捷地掌握全省各地旅游运行实时情况，全面分析市场动态和发展趋势，为开展监管调度、应急指挥提供有效手段，为企业、游客提供及时准确的信息服务。

3. 旅游政务网集群服务

旅游政务网集群服务建立集数据采集、数据编辑、数据审核和信息发布为一体的网站集群体系，形成信息集成平台，从而实现与各市、县旅游门户网站、旅游关联网站之间互联互通，形成统一的旅游政务网集群。主要服务内容包括：旅游政务网集群（内容管理、互动交流、信息发布）、新媒体（手机版、客户端、微信、微博）、内部办公等。

16.4.3　智慧服务

1. 旅游资讯网集群服务

通过了解具体的旅游信息，游客在出游前准备好出游、出游中享受好出游、出游后对旅游过程满意，真正实现系统的管理服务功能，同时通过信息的互联互通，实现数据的共享功能。

2. 微信公众号服务

旅游官方微信公众号除了通过互联网、移动互联网以及线下相关渠道为游客提供旅游信息服务外，软件还将支持与微信导览图手机互动，即可通过输入微信导览图中关键字等方式，使游客在手机端获得相关旅游信息，有较强的互动性、实用性。

3. 移动应用 App

通过开发基于 IOS、Android 平台的移动终端旅游公共服务平台，利用集群方式进行 App 统一管理，实现基于智能手机设备的定位、导航、导游等智慧化服务功能，为游客提供出游前、出游中、出游后的公共服务，以进一步提升游客在景区的旅游体验。主要内容包括：景点、交通、美食、行程安排、酒店等。

4. 虚拟旅游体验服务

虚拟旅游体验服务运用现代计算机数字技术、实景混杂现实技术、三维建模仿真技术、720° 实景照片或视频等技术建成数字虚拟景区模拟真实景区，实现在计算机和互联网上再现景区真实场景，实现虚拟旅游，增强景区的公共属性。推广旅游资源，通过游客在线体验，激发游客旅游意愿。该服务可在门户网站、智能手机等终端设备上应用。

智慧景区建设的“智慧”体现在“城镇管理运营的智慧”“景区服务的智慧”“景区营销的智慧”

“景区保护的智慧”“旅游体验的智慧”等方面。

1. 城镇管理的智慧

智慧景区建设将实现传统旅游管理方式向现代管理方式转变。通过信息技术，可以及时准确地掌握游客的旅游活动信息和旅游企业的经营信息，实现旅游管理从传统的被动处理、事后管理向过程管理和实时管理转变。

智慧景区建设将通过与交通、卫生、环保等部门形成信息共享和协作联动，结合旅游信息数据形成旅游预测预警机制，提高应急管理能力，保障旅游安全，实现对旅游投诉以及旅游质量问题的有效处理，维护旅游市场秩序。

智慧景区建设依托信息技术，主动获取游客信息，形成游客数据积累和分析体系，全面了解游客的需求变化、意见建议以及旅游企业的相关信息，实现科学决策和科学管理。

智慧景区建设还鼓励和支持旅游企业广泛运用信息技术，改善经营流程，提高管理水平，提升产品和服务竞争力，增强游客、旅游资源、旅游企业和旅游主管部门之间的互动，高效整合旅游资源，推动旅游产业整体发展。

2. 景区服务的智慧

智慧景区建设从游客出发，通过信息技术提升旅游体验和旅游品质。游客在旅游信息获取、旅游计划决策、旅游产品预订支付、享受旅游和回顾评价旅游的整个过程中都能感受到智慧景区带来的全新服务体验。

智慧景区建设通过科学的信息组织和呈现形式让游客方便快捷地获取旅游信息，帮助游客更好地安排旅游计划并形成旅游决策。

智慧景区建设基于物联网、无线技术、定位和监控技术，实现信息的传递和实时交换，让游客的旅游过程更顺畅，提升旅游的舒适度和满意度，为游客带来更好的旅游安全保障和旅游品质保障。

智慧景区建设还将推动传统的旅游消费方式向现代的旅游消费方式转变，并引导游客产生新的旅游习惯，创造新的旅游文化。

3. 景区营销的智慧

智慧景区建设通过旅游舆情监控和数据分析，挖掘旅游热点和游客兴趣点，引导旅游企业策划对应的旅游产品，制定对应的营销主题，从而推动旅游行业的产品创新和营销创新。

智慧景区建设可以根据游客的旅游习惯，将符合游客需求的旅游信息自动推送到旅游客户终端，实现旅游营销的智能化。

智慧景区建设还可利用新媒体传播特性，吸引游客主动参与旅游的传播和营销，并通过积累游客数据和旅游产品消费数据，逐步形成自媒体营销平台。

4. 景区保护的智慧

通过环境监测系统、智能防火监测系统的建设，加强景区生态环境的监测、景区建筑的保护，确保景区生态保护可持续发展。

5. 景区体验的智慧

通过 AR 增强现实技术、3D 投影系统的建设，真实再现人文风光历史场景，给游客身临其境的震撼体验，增加旅游品牌影响力。

16.4.4　基于旅游云平台，建设“一云多屏”综合服务门户

基于旅游云平台，为旅游城市搭建“一云多屏” 全域旅游综合服务门户，包含：PC 端 Web 门户、手机“旅游城市旅游”App 门户、定制微信公众号门户，涵盖所有的景区、乡村旅游及本地美食、特产、交通、购物等旅游商圈服务，统一云平台数据展示和服务，同时旅游云平台可支持与本地电商平台、物联网平台、视频平台的对接和扩展，如图 16.1、图 16.2 所示。通过“一云多屏”综合服务门户的建设，实现旅游城市旅游统一服务界面及全域旅游宣传名片。

图 16.1　全域旅游综合服务门户

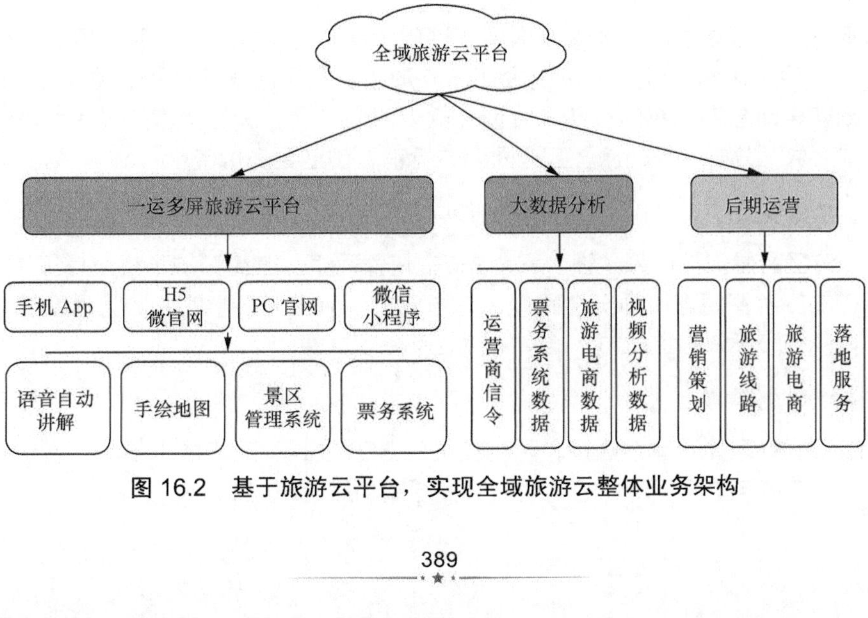

图 16.2　基于旅游云平台，实现全域旅游云整体业务架构

目前，旅游发展委已经建成有旅游城市旅游网、旅游城市旅游微信公众号，且内容相对比较完善和丰富，但还需要对微信公众号做更深度的开发，实现“一云多屏”的旅游信息的查询和服务，重点整合资源建设可运营、可营销推广的手机 App 旅游门户应用，基于旅游云平台对接企业及电商等应用，实现旅游名片的宣传和推广，同时通过各应用平台的推广积累建设全域旅游大数据中心。

16.4.5 总体框架

1. 完善基础设施建设

通过对旅游区基础设施建设，实现为旅游区智慧化建设提供基础管道和传输链路，加深与移动、电信、联通等电信运营商的合作，统筹规划、深度优化，为旅游区智慧景区项目建设提供强有力的网络支撑，实现旅游区 Wi-Fi 系统网络深度覆盖，为游客提供便携化的有线与无线网络服务，方便游客更好感知旅游区贴心的智能化服务项目。

2. 实现一体化可视管理

通过对旅游区智慧管理体系建设，基于云 3DGIS 引擎支撑系统，实现在旅游区内将各个管理应用系统全部整合到统一平台，并进行可视化管理。

3. 实现全过程一站式服务

通过对旅游区智慧服务体系建设，基于互联网思维，搭建开放、透明、互动、参与、融合的智慧景区平台，利用云计算、混合现实、3DGIS、移动通信、身份识别等技术，构建“一云多屏”的旅游在线服务平台，提升游客旅游的品质和满意度，打造全面、便捷的全过程“一站式”服务体系。

4. 实现全面精准营销

通过对旅游区智慧营销体系建设，构建多种旅游网络营销渠道，以互联网为载体，利用先进的信息手段为旅游区管理部门、旅游企业树立形象。利用新媒体营销、直接营销、软营销、关系营销、顾客导向营销、双向互动式营销，实现双向交流，满足游客的需求，进一步开拓旅游市场。通过大数据分析，实现旅游区全面精准营销，创造更多价值。

5. 实现资源环境保护

通过对旅游区智慧保护体系建设，利用先进的技术手段，实现将旅游区内景区、河流水网、湿地公园所有的旅游资源连接为一个整体，并形成相对完善、科学的监测管理系统，使得旅游资源和环境具有更加长久的生命力，维系旅游业可持续发展。

6. 实现旅游的智能体验

通过对旅游区智慧体验体系建设，利用先进的 3D、AR/VR 等技术手段，展示旅游区内特色旅游资源，并支持与游客互动体验，增加深度感知和旅游乐趣。

16.5　场景及应用

16.5.1　互联网门户资讯服务、行政服务

智慧旅游互联网门户包括旅游政务网和旅游资讯网。旅游政务网主要提供政务公开、网上办公、信息发布等功能；旅游资讯网主要提供景区旅游攻略查询、虚拟游、行程定制、电子商务等功能。

旅游政务网是一个集景区旅游信息和国家旅游政策信息于一体的旅游信息网站，以发布和更新景区旅游信息和国家、地方旅游相关政策信息，并链接其他省市旅游相关信息，方便大众了解和咨询当地景区旅游信息。旅游政务网的建设，突出公开、公平、公正，发挥着规范本地旅游行业与引导新型旅游产业的重要职能。

旅游资讯网为游客提供详细的景区旅游信息及便民服务，以丰富的旅游信息资源、人性化的服务项目以及良好的互动性能，为市民及游客提供信息查询、虚拟体验等便民服务。

系统功能

（1）景区资讯

景区资讯包括新闻资讯、大型活动、商户促销等内容，主要以文字、图片、视频等多种形式展现，合理进行功能分块。管理人员可以通过图片、文字、活动、视频、公告等形式实现景区信息对外发布。根据后台设置，自动显示新闻类别和数量，新闻类别后台可以自定义，信息大小不受限制，可上传多张图片。新闻分为网站公告、公司新闻等，可设置新闻的阅读权限。

（2）景区概况

景区概况模块包括：景区概况、历史、文化等介绍。

（3）玩转景区

玩转景区模块为游客提供景区服务内容、景区内交通信息、客服信息、旅游商品预定、旅游线路推荐、旅游攻略等内容服务。

（4）行程推荐

行程推荐模块按照用户的需求信息，为游客推荐个性化的旅游线路。

（5）虚拟景区

虚拟景区模块在虚拟游栏目中，提供景区的 2.5D 清晰地图，并清楚地标示旅游区内各个景点所在的位置，提供景区导航地图的打印与保存功能，提供 720° 全真实感混合现实虚拟漫游服务。

（6）电子商务

景区电子商务基于 SOA 架构，集在线服务、在线预订、在线支付、安全认证等功能模块，为广大游客提供吃、住、行、游、购、娱等全方位、个性化、一站式的旅游目的地智能服务解决方案。在满足游客游前、游中、游后的需求后，系统为游客提供景区门票、景区内交通、娱乐、

餐饮、住宿等一揽子在线预订、在线支付、安全认证等全程、安全、便捷、一站式、个性化智能服务；此外，还实现与景区官网与携程、去哪儿、马蜂窝等 OTA 机构平台的对接。

（7）投诉咨询

通过信息反馈按钮，用户可以反馈投诉建议、表扬等信息，数据传输到中央数据库后台管理中心。该功能为游客提供信息咨询与旅游投诉服务，提高网站的便民服务质量，加强对游客意见的处理与反馈，进一步提高旅游景区的旅游综合服务水平。

（8）关于我们

关于我们模块提供旅游景区的简介、组织架构、联系方式、工作职能等服务。

（9）管理平台

管理平台模块在网站底部页面显示，并提供管理、统计系统接口，方便商户使用。

（10）底部菜单

底部菜单模块包括联系我们、友情链接等内容，其中友情链接是与景区关联性强的网站。

16.5.2 综合信息发布系统

构建“一云多屏全媒体”的综合信息发布系统，实现景区旅游信息的同步分发，为游客智能发布“吃、住、行、游、购、娱”等准确丰富的个性化旅游信息、景区活动信息、旅游产品介绍等，并利用景区门户网站、微信等各类媒体工具，通过 PC、移动终端、触摸屏、LED 大屏、电视等终端，实现多媒体信息的多屏同步发布。基于云数据中心信息基础平台，系统通过丰富的信息载体发布、传播旅游信息，实现同样的旅游信息在不同信息媒介上都有相应的体现形式；注重旅游信息在不同载体上的表现形式和操作特征，让游客获得最佳用户体验；建立合理的信息传递和信息展示机制，让游客便捷地获得所需的各种旅游信息，如图 16.3 所示。

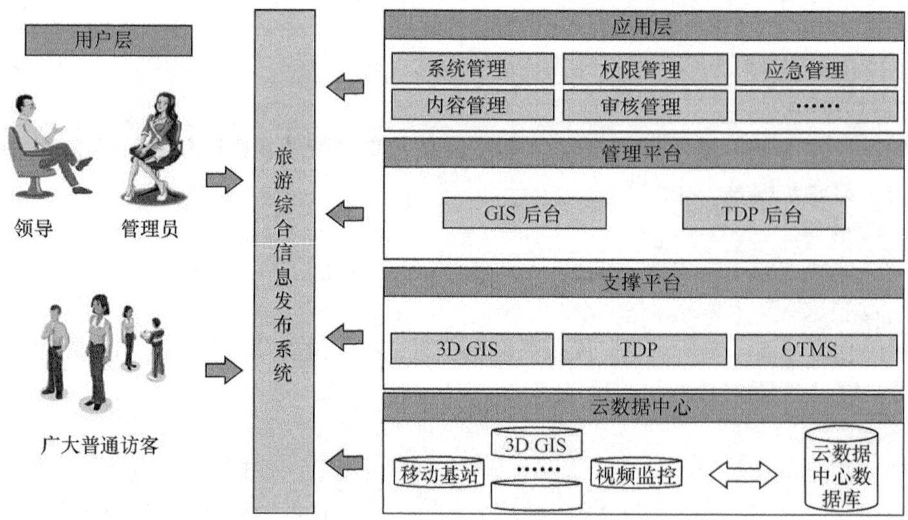

图 16.3 旅游综合信息发布系统

1. 系统设计

在“推送”与“拉取”技术相结合的基础上融入人工智能、知识发现、网络及数据库等技术，结合室外 LED 大屏，完善旅游信息发布机制，具体如下。

（1）实现景区活动信息推送、旅游产品介绍，实现智能主动信息推送。

（2）推送有效信息、减化用户手工操作的烦琐流程。

（3）游客操作方式灵活、简洁、高效，提供简洁的交互界面和选择方式给游客，游客只需点击或经过简单选择输入即可获得相关信息；还可以根据游客的类型和信息类型，主动给游客发送有效信息。除了提供游客需要的信息外，系统还提供与此相关的其他信息，也可以将热门广告、活动信息等主动推送给游客。

（4）通过后台可以发布个性定制信息提醒、温馨提醒、突发事件提醒等可自定义信息，并可通过多种方式推送。

2. 系统功能

（1）版面编排

系统可对发布信息内容进行版面编排。

（2）分组管理

基于一云多屏，系统对发布内容实现不同终端统一发布，支持分组发布。

（3）内容审核

系统对将发布内容逐级审核进行设置，减少失误情况，景区管理员对发布内容审核，只有审核通过后的内容才会在屏幕中发布播放。

（4）资料统计

系统对预发布资料进行统计、分类，并进行逐级审核。

（5）终端配置

系统对综合发布设备进行参数配置。

（6）终端监控

系统对发布设备状态进行监控，实时了解终端状态。

（7）系统管理

系统管理的各信息终端显示设备可以同时播放相同和不同的节目，并支持景区 Logo 标识、同步世界时钟、天气预报等旅游资讯的显示。

（8）权限管理

中心管理：以旅游综合信息发布系统为中心，设多级安全管理权限，对每个发布点、信息终端可统一、分散发布。

用户及用户组管理：不同用户隶属于不同用户组，支持权限自定义。

多级管理：每个中心、分中心，分别管理各自的显示区域、显示内容，最大限度地保证系统的复用性及扩展性。

（9）监控管理

系统设置监控服务数据库，包括：景区基础信息数据库、旅游专题信息数据库及游客历史轨迹数据库。

服务器状态监控功能：可以实时查看服务器工作状态，CPU、内存、磁盘使用状况，服务器端对终端的运行情况进行实时监控，包括播放内容、网络连接等是否正常，可实时监控与短信报警，让维护人员第一时间了解系统运行状况。

（10）元素管理

素材文件类型包括音视频文件、图片文件、文字信息、网页、接口数据、字幕信息、天气预报、时钟等，由管理员对素材库进行管理（添加、删除），为编制节目包准备素材资源。

元素管理包括素材库录入、编辑，景区简介、旅游交通、旅游接待、游览线路、旅游安全、旅游商品、优惠政策、车票、机票查询等。天气预报元素管理如图 16.4 所示。

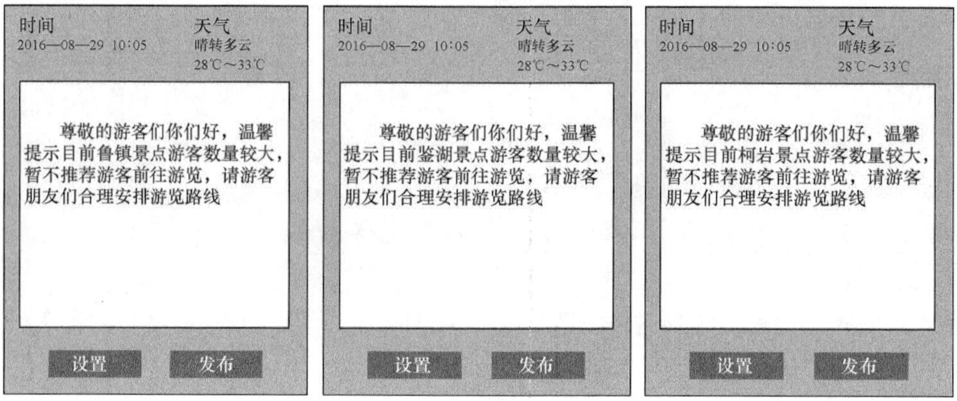

图 16.4　天气预报元素管理

（11）内容管理

在同一显示页面上，设计多个不同元素在特定区域内播放，有效组合扩大旅游综合信息发布容量、提高展现力、增加观赏性，可任意定制年、月、日或每天固定时段的旅游信息发布。按任意线路、景点、区域、特色、价格查询等，快速定位到需要变更或编辑的任务上，所见即所得。

（12）分发管理

系统支持多级分发模式，即中心点将内容点对点传送到分中心点，分中心点再对用户组、用户进行内容转发，这样最大限度地节省主干网络带宽，支持景区各项目分组、单个选择，支持播放内容的定时分发、断点续传。

（13）发布管理

发布点：各信息终端，可根据用户需求自由分组。

发布组业务划分：广播业务、个体业务、实时信息、突发事件等，可实现播出顺序设置、插播内容编制等。

扩展性设计：支持多种类型的终端；支持各类数字显示接口；支持各种应用格式。

16.5.3　行程定制系统

景区行程定制系统以游客的个性需求为主导，通过旅游大数据整理、挖掘、分析，根据游客的属性特征，如游客年龄、兴趣爱好、出行目的、出行时间、出行预算等属性，从旅游目的地、游玩线路、游玩方式、时间、交通、住宿、美食、服务等方面为游客量身定制具有个性化的特色旅游行程，包括行程搜索、行程规划、行程修改、行程跟踪、行程分享等功能模块，让游客获得个性化、专属化的高品质旅游服务。

1. 系统设计

构建景区智慧旅游行程定制系统，充分满足游客个性化旅游的发展需求。系统根据游客的特点（时间、预算、兴趣爱好、出游方式等），进行数据整理、挖掘、分析，自动为用户提供满足用户需求的个性化行程定制服务；重点针对景区特色旅游产品或特色观光线路，以点、线、面的方式组织旅游信息资源，把景区各旅游景点、区域和旅游线路与周边的“吃、住、行、游、购、娱”等旅游服务信息贯穿在一起，供游客直观浏览，在线实时修正，自动生成订单；游客可收藏（打印）定制好的行程计划、自由选择是否在线支付，并能通过邮件及社交网络、微博、微信等新媒体手段与朋友分享。

游客在游览过程中，系统通过定位和跟踪，当游客出现偏离行程时，自动报警提示，重新规划定制。用户可直接在地图上进行行程规划，支持鼠标点击和拖动操作；当行程规划完成时，可通过表格形式全面展示整个行程，表格中任意节点可点击展开查看和重新规划，同时支持在地图上呈现完整的旅游行程；支持在表格上按时间显示行程计划和相关商户等；支持模糊搜索和语音搜索，辅助游客设计旅游行程，并提供旅游消费参考意见；支持关键词输入的模糊匹配功能，提供关键词输入提示、智能纠错等辅助功能；游客可收藏、打印定制好的行程计划，并能通过微博、QQ 空间等新媒体手段与朋友分享。

2. 系统功能

系统功能主要包括如下内容。

可视化行程定制：系统支持游客在旅游目的地二、三维电子地图上通过鼠标点击和拖动等操作方式进行旅游行程规划和定制。

智能输入：系统结合旅游大数据分析，提取用户需求热点，为游客旅游需求信息输入提供智能向导与提示，方便游客提交旅游需求。

行程定制参数管理：系统对用户行程定制参数提供统一的输入、修改、删除等操作，主要参数包括：旅行起止时间、交通工具、目的地、住宿、娱乐、用餐偏好信息等。

旅游行程管理：系统提供新建、查询、删除旅游行程功能，支持对每条行程提供基于时间纬度的行程计划表新建、设置、查询、地图浏览定位、费用计算等功能。

行程自动生成：系统根据用户输入的时间、预算、偏好等信息自动生成个性化旅游行程。

一站式操作：旅游路线一键生成，操作简单，增加游客旅游体验。

行程单打印：系统提供行程综合信息打印页面，使得用户在确认旅游行程后，可对行程的概要、详细信息打印输出。

行程单分享：系统提供行程综合信息分享功能，可将规划的行程单分享到微博、QQ 空间等社交媒体。

系统联动：基于旅游云数据中心平台，系统可实现与行程推荐、互动分享、旅游商圈、资讯发布等功能联动。

16.5.4 智慧旅游商圈

以政府为主导，整合旅游城市全域范围旅游资源，打造“旅游城市旅游商圈”品牌，实现涵盖旅游城市特色美食餐饮、酒店 / 农家乐住宿、景点、特色土特产、娱乐等“吃、住、行、游、购、娱”信息的全方位线上服务功能。

系统功能

旅游商圈以最优惠的价格吸引市民与游客积极参与旅游，为涉旅企业提供营销与增收的综合平台，带动游客互动交流，促进吃、住、行、游、购、娱等旅游相关行业的全面发展，主要功能如表 16.1 所示。

表 16.1 智慧商圈主要功能

<table>
<tr><th>序号</th><th>系统</th><th>模块</th><th>简述</th></tr>
<tr><td>1</td><td rowspan="3">基本功能</td><td>资讯的发布和管理</td><td>信息发布、活动公告、旅游促销活动等信息的推送、发布和管理，多平台的对接和绑定</td></tr>
<tr><td>2</td><td>交易和订单管理</td><td>在线购买预定，并且能够查询购买、未付款订单的付款和取消，以及订单管理</td></tr>
<tr><td>3</td><td>服务以及支付</td><td>地图应用和支付应用，用于直接购买旅游产品和服务</td></tr>
<tr><td>4</td><td rowspan="5">智能推荐</td><td>景区引导推荐</td><td rowspan="5">结合平台运营需求和游客需求，实现对企业和消费者的高水平服务。在体现服务市民 / 游客需要的同时满足企业的市场营销需求，实现平台整合旅游资源</td></tr>
<tr><td>5</td><td>酒店引导推荐</td></tr>
<tr><td>6</td><td>餐厅引导推荐</td></tr>
<tr><td>7</td><td>购物引导推荐</td></tr>
<tr><td>8</td><td>娱乐引导推荐</td></tr>
<tr><td>9</td><td rowspan="3">积分商城</td><td>积分功能</td><td>消费、传播、活动参与都根据设定给予积分奖励，吸引用户使用</td></tr>
<tr><td>10</td><td>积分兑换</td><td>积分可以兑换设定的物品或者促销产品，用于活动促销和吸引用户</td></tr>
<tr><td>11</td><td>产品接口</td><td>可以用于整合或合作其他平台</td></tr>
</table>

续表

序号	系统	模块	简述
17	商圈功能	商圈管理	建立商圈，设置商圈，设置商圈管理
18		商圈活动	商圈活动发布，商圈活动管理
19		商家管理	商圈商家的增加和剔除，进行商圈商家管理
20		信息发布	商圈信息发布、删除等管理
21	会员管理	会员注册	会员注册信息、手机号码验证
22		会员资料	会员基本资料的补充完整（身份证、邮箱、QQ、住址、单位以及地址）
25	平台适应	微信平台	结合微信开放平台的开放接口，全平台应用
26		移动网站	通过浏览器直接访问，好处是系统可以在微信和支付宝故障时依然能够使用

16.6　应用场景

16.6.1　远程线上导游

1. 自助导游系统

通过自助导游系统，实现游客与景区多元化生态资源的良好互动，提高游客对于景区生态休闲、深度体验的满意度，建立景区科普宣教良好的虚拟体验与互动模式，将景区打造成国内旅游景区中科普宣教的标杆。

（1）系统设计

以“一云多屏全媒体”的思想，构建景区自助导游系统，为游客提供景区旅游资源的立体化一站式的讲解服务，在三维地图上提供可视化路线导航，提供旅游线路设计、登录注册、自动语音导游、电话拨打呼叫、周边信息查询、旅游签到、微博微信登入转发、互动分享等服务，提供基于景区二、三维电子地图（含定位、标注、周边信息、自行车查询服务等）的 LBS 服务，支持手机三维导航地图浏览，支持三维地图的放大、缩小、平移等功能，支持三维全景交互展示、三维实景导航地图与语音同步显示及引导，具备自主导航、最优路径规划或游客自由设定游览路线、自动感知、自动讲解功能，全自动地为游客讲解实时看到的景物，完全实现“走到哪里，讲到哪里”的智能讲解、自动离线 / 在线记录游客游玩的过程，自动生成旅游轨迹。

自助语音导游系统对景区主要景点、历史文物等内容以形象生动的讲解方式展现给游客，使其内涵在游客观赏美景和展品的过程中得以延伸，解决淡旺季导游人数配置不平衡及导游解说水平参差不齐问题，提高服务质量。系统可根据游客地理位置，自动发送讲解信息，或者游客通过扫描相应的二维码获取特定景点的语音讲解信息。

（2）系统功能

系统功能主要包括如下内容。

游客当前位置自动检测与定位：通过自动检测与匹配，将用户当前位置显示在系统中。

导航：为游客提供浏览旅游线路、感受景区文化时通过语音进行讲解导览。

自动获取讲解信息：游客到需要语音讲解的景点附近可自动获取相应的语音导游信息，可决定是否需要进行语音播放。

多媒体讲解：通过扫描景点提供的二维码，游客可通过文字、语音、视频、动画等获取多媒体形式讲解相关信息。

移步换景：游客可根据需求选择自动语音讲解功能，当到达特定区域，系统将自动讲解信息，实现移步换景。

系统联动：系统可与虚拟漫游、行程定制、互动分享等子系统进行联动。

2. 信息主动推送系统

基于游客偏好建模、机器学习、数据挖掘、海量数据搜索与重组、地理信息系统、跨媒体等技术，从海量数据中挖掘符合游客个性化需求的信息，基于“一云多屏全媒体”的理念，借助门户网站、微信等全媒体工具，通过各种终端，为景区游客主动推送“吃、住、行、游、购、娱”等个性化的旅游综合资讯，改变传统旅游服务系统等待用户访问的被动模式，创新和发展主动式、内容可定制的信息主动服务模式，进而提高游客满意度，提升景区旅游综合服务品质。

（1）系统设计

信息主动推送服务通过为游客主动推送游客切实需要的旅游信息，让游客深入感受智慧的旅游服务体验。对于初次访问景区的游客，系统会根据游客年龄属性推荐可能喜欢的旅游景点和活动类型；根据游客客源地属性为其推荐可能符合其饮食习惯的餐厅和特色菜肴。当游客再次访问景区时，系统根据其游玩记录、住宿信息等历史数据，智能分析游客消费水平和行为偏好，有针对性地推送一些游客需要的、感兴趣的旅游信息。对于国外游客，系统会根据游客国籍主动推送相应语言版本的旅游资讯信息，并为其推送当地特色的饮食，以及具有中国文化氛围的景点。

（2）系统功能

系统功能主要包括如下内容。

信息管理：系统支持推送信息录入、推送结果查看、推送结果分析功能。

用户属性分析：系统运用贝叶斯算法、聚类分析、回归分析、拟合计算、方差分析等分析方法对游客行为分析。

推送模板定制：系统支持对美食推送模板、酒店推送模板等模板的编辑。

推送设置：系统可设置根据时间推送、根据位置推送等推送规则。

智能推送：系统根据算法结果得到推送规则，并对推送进行控制。

3. 互动分享评价系统

构建景区智慧旅游互动分享评价系统，有效结合景区创 5A 级范围内二维地图、景区三维地图、三维全景影像、BLOG、SNS 等，为游客提供景区二、三维实景地图上进行文字、照片、音视频记录等在线分享和评价服务功能。

（1）系统设计

将景区三维地图、三维全景、BLOG、SNS、三维虚拟社区等服务有效地结合，为旅行者提供在景区三维实景地图进行文字、照片、音视频记录等在线分享服务，将虚拟旅游单向服务模式改变成景区、游客多方实时互动模式。

系统主要包括：客户端、Web 服务器、地图服务器、数据库服务器和应用服务器。其中，地图服务器和数据库服务器依托景区数据中心，Web 服务器依托景区 3DGIS 支撑平台。

① 客户端：装有互动分享评价软件的终端设备通过网关接入互联网。终端设备对接收到的 GPS 数据解析得到当前位置的经纬度、时间、位移速度等。这些数据可以直接在终端设备上调用，也可以发送给后台的 Web 服务器，由 Web 服务器调用地图服务器 API 进行定位计算，从而调用以该位置为中心的三维实景导航地图，将三维实景地图分布下载至传输终端设备并显示，从而实现定位导航服务。同时，装有互动分享评价软件的用户也可以利用终端设备进行拍照、发表微博以及游记等。互动分享评价客户端能够将游客上传的手机照片、视频、微博、微信、游记等内容与游客所在位置的经纬度、时间等数据信息无缝集成，生成带有时间 / 经纬度标识的数据内容，并将其上传到服务器端，服务器端对上传数据内容的地理位置信息与三维实景导航地图的经纬度坐标进行匹配，并快速建立关联性的位置索引链接，自动完成上传内容的定位标志。

② Web 服务器：主要为服务端软件的运行提供场所，同时与地图服务器和数据库服务器进行数据通信。用户把需要请求的数据分组以 XML 的格式存储，Web 服务器部署 Servle，担当控制器，采用智能解析技术解析请求数据分组，得到请求包命令，并根据计算值执行相应的业务操作，从而把请求分发给地图服务器和数据库服务器。

③ 地图服务器：地图服务器软件的运行场所，响应 Web 服务器的数据处理请求，进行地理数据的查询及分析处理，从而生成图像数据。

④ 数据库服务器：存储地图空间数据、地物、用户个人博客内容、兴趣点（POI）等相关信息。

⑤ 应用服务器：包括推送管理模块、业务处理模块、专题服务模块，负责针对用户的请求完成相应的空间操作并通过 Web 服务器回送请求查询的结果，协调用户的业务请求，对用户的兴趣点及个人订阅服务进行管理，从而向用户推送感兴趣的信息。

（2）系统功能

系统功能主要包括如下内容。

GPS 服务：该服务基于游客所在位置上传位置信息。

评价服务：游客对所在的景点、景观、店铺可通过上传图片、发表游记、评价、音频等方式进行互动评价。

发布管理：系统可对游客发布的信息进行审核及管理。

景点景观数据管理：对景点、景观、店铺位置信息数据进行管理和维护。

分享服务：游客可对发布内容进行多渠道分享。

4. 游客咨询投诉服务系统

（1）系统设计

咨询投诉服务系统基于宽带网络、通信网络和 IP 电话等先进技术，整合景区管委会咨询、投诉电话、各类旅游咨询中心、各类旅游企业呼叫中心及交通、气象等其他公共服务电话的信息资源，形成能基本满足游客各项信息服务需求的、景区联合的声讯咨询服务体系。

① 系统建立旅游投诉热线、在线投诉处理机制，提供游客咨询投诉联动服务，统一接收来自电话、网络、终端设备等方面的咨询和投诉，实现完善的投诉处置和即时反馈。

② 系统提供交互式语音应答、自动呼叫分配服务，并支持呼入和呼出的景区旅游呼叫中心，并对接外部服务资源，提供旅游产品查询、景点介绍、票务预订服务、旅游资讯查询等服务，实现呼叫中心服务与应急指挥调度服务的紧密融合，拓展指挥调度中的综合通信能力。呼叫中心系统也可采用购买服务或服务外包方式进行建设。

③ 部署专人负责高峰时段的投诉和处理工作，做到当日问题当日解决。

（2）系统功能

系统功能主要包括如下内容。

电话咨询投诉：游客通过拨打咨询投诉电话与服务人员沟通，服务人员根据游客的个性化需求，提供旅游信息咨询投诉服务。

线上咨询投诉：游客利用微信公众号等线上渠道对旅游服务咨询投诉，服务人员根据投诉信息给予及时反馈与解答。

线下咨询投诉：游客在游客服务中心进行线下咨询投诉，线下服务人员借助旅游咨询投诉服务系统，搜集相关资料，为游客提供旅游信息咨询投诉服务。

16.6.2 全域旅游应用平台，移动互联全方位服务

全域旅游是一套针对不同旅游企业和主管部门的全域旅游统一化云平台化的功能平台，它能够通过简单的后台设置为旅游企业提供该企业专属的 App 移动端应用，实现“线上全域旅游电商化，线下旅游景点信息化”的功能目标，并且企业主及主管部门通过后台的管理门户做到对应用、旅游产品、用户、合作商家的统一管理和相关数据的统计分析报表展现。

1. 全域旅游整体规划设计

全域旅游整体规划设计如图 16.5 所示。

通过开发统一的功能平台，针对不同客户的不同功能组合的需求，配置相适配的 App 功能模块，在前端页面展现不同的界面，为游客提供旅行前、旅行中、旅行后的全程旅游信息服务，行前提供 720° 全景预览，线路规划和在线预订，旅行中提供线路安排、精准导航、周边信息查询、自助讲解、周边服务、分享此刻、特色购物等，旅行后提供旅行分享或投诉建议，满足

景区为游客提供更多更好的全方位优质服务，充分发挥智能旅游的优势，最终实现产业全面提升的发展需求，并且提升用户体验。

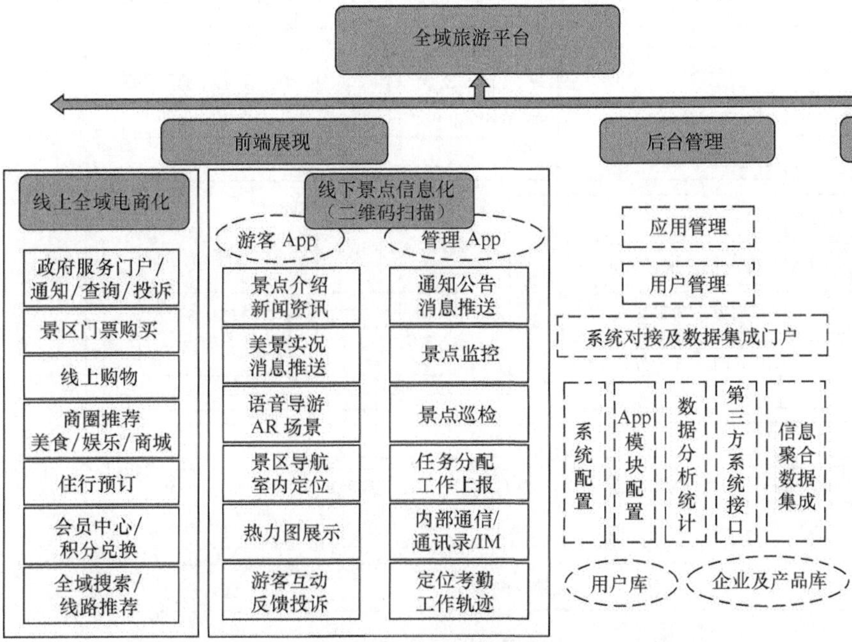

图 16.5　全域旅游整体规划设计

形象窗口：通过移动终端移动化平台应用的发布，吸引更多更广泛的游客对景区的关注，提升景区的品牌影响力。

信息中心：通过对景点资讯、交通信息、商户活动、用户共享等信息的实时发布导览，实现景区旅游观光的信息零距离的服务体验。

服务平台：通过对旅游景点、周边配套、商家用户的集成，构建一个线上线下相结合、全方位多功能的旅游生活资讯服务平台。

反馈终端：通过移动化平台实现游客与游客、游客与景区之间的实时互动评论，建立更完善的反馈响应体系。同时，在电信运营商的技术支持下，完成客户信息采集统计等增值服务功能。

2. 智慧旅游的整体架构

智慧旅游的总体框架包含了数据中心、服务端、应用端三部分，三大部分通过物联网和互联网支撑和连接，如图 16.6 所示。数据中心是智慧旅游服务平台所有旅游要素的海量信息中心。服务端是直接或间接为旅游者提供服务的企事业单位或个人，如政府管理部门、相关部门、咨询机构、旅游企业等；应用端为广大的旅游者，拥有能够上网的终端设备。

应用端：对于应用层，提供多样化的界面逻辑，实现对业务逻辑的应用，主要提供景区音视频录入、旅游企业信息上传、语音自动导游、在线预订、信息共享服务、LBS 位置定位服务、应急处理服务等智慧旅游的行业应用。

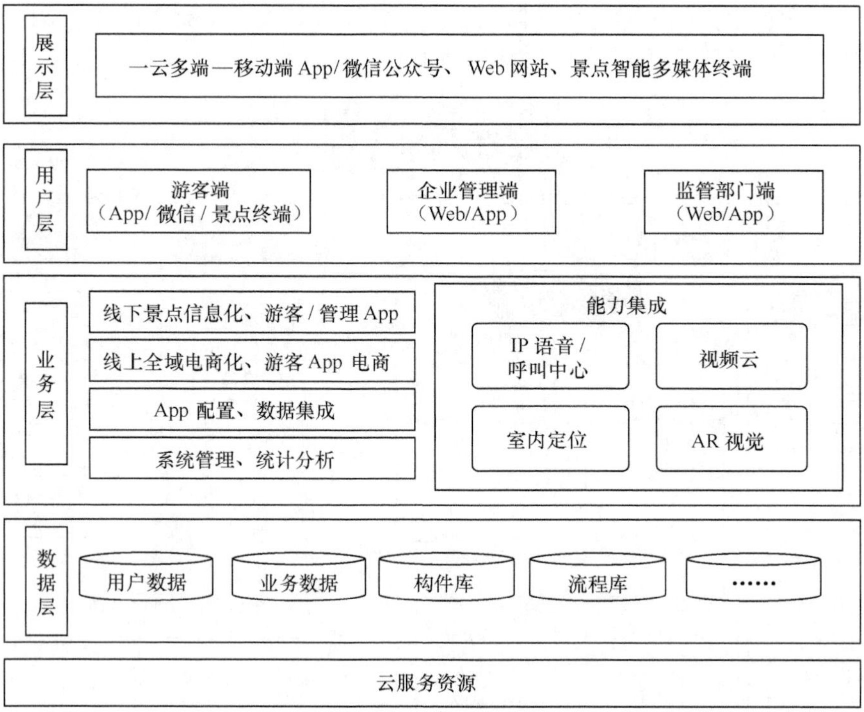

图 16.6 智慧旅游的整体架构

统一平台：系统业务处理的逻辑平台，通过对数据核心层的调用来访问业务数据，实现不同的功能模块，满足不同的业务需求；所有业务功能在此统一平台上得到良好的封装和定义，以 Web、手机终端服务的形式，运作在平台上；它由前端游客智能服务子系统、中央管理子系统、前端商务管理子系统组成，为景点管理员、旅游企业、政府提供信息平台的服务，为旅行中的移动终端用户提供各类信息旅游自助服务，为不在旅行中的 PC 终端用户提供各类信息服务。

数据层：对业务数据统一组织、集中管理的平台，为业务逻辑层提供规范、高效的数据服务，实现业务数据的充分共享，是整个系统的基础，包括：云存储支撑前台的快速全文检索；信息抽取、信息聚合、行为分析等数据的挖掘处理；各子系统间的数据统一接口及数据交换的处理。

感知层：通过各类数据采集和感知技术，如：RFID、条形码、传感器、摄像头等，实现数据采集和存储，为整个智慧旅游的应用体系提供基础数据的支撑。

3. 主要功能

（1）线上全域电商化

线上全域电商化指整合景区及周边的旅游住宿、美食等信息，最终在客户移动终端上呈现，极大程度地方便用户，也带动了周边经济的提升。

① 旅游移动化平台功能——地图导航

通过手机地图定位，实现路线导航功能，地图包括：停车场（车位提醒）、洗手间（公交时刻和路线）、旅游专线车搭乘点、售票区（售票时间）、景区配套其他公共设备（介绍）、酒店、商店、餐厅、公共设备，点击可查看详情；点击“我附近”即可查看用户周边的所有酒店、餐厅及公共设施，可以点击查看详情“导航”选择任何一个景点或公共设施，系统将推荐从用户所在地点到选择的地点的最佳路线。

② 旅游移动化平台功能——信息展示

在地图上点击景点、餐饮、酒店、娱乐场所等目的地，然后弹出对话框，显示该目的地的服务的详细介绍和内容，点击对话框进入详情页面，包括各类攻略和游记。

③ 旅游移动化平台功能——景点介绍

输入景点名称可在地图上查看景区距离及景区的基本信息、特色、人均消费以及评价，并可在网上进行景区门票购买，可点击导航功能按钮进行导航，由地图系统提供最佳导航路线。

点击首页的景点介绍功能模块进入景点介绍详情页。景点介绍包括：各景点的历史文化、景点亮点、景区的住宿、美食、娱乐等方面的内容。最后推荐旅游线路，方便用户订购。结合各地的旅游特点，平台提供旅游资讯报道和推荐功能，发布新闻资讯，介绍特色旅游信息、文化节、旅游点、特色活动等内容，每周定期更新，保持内容的时效性，用户可通过该功能板块了解实时旅游动态。

④ 旅游移动化平台功能——酒店推荐

输入酒店名称或者输入景点所在城市后，点击“附近”功能按钮，可在地图上查看周边的酒店的距离，以及酒店的信息、特色、人均消费以及评价，并可在网上进行预订购买，可点击“导航”功能按钮进行导航，由地图系统提供最佳路线。

⑤ 旅游移动化平台功能——商场推荐

输入景点所在城市后点击“附近”功能按钮，可在地图上查看周边的购物商场的距离，以及餐厅的信息、评价，可点击导航功能按钮进行导航，由地图系统提供最佳路线。

⑥ 旅游移动化平台功能——餐厅推荐

输入餐厅名称或者输入景点所在城市后点击“附近”功能按钮，可在地图上查看周边的餐厅的距离，以及酒店的信息、特色、人均消费以及评价，并可在网上进行预订购买，可点击“导航”功能按钮进行导航，由地图系统提供最佳路线。

⑦ 旅游移动化平台功能——娱乐场所

输入景点所在城市后点击“附近”功能按钮，可在地图上查看周边的游乐场所的距离，以及场所的信息、特色、人均消费以及评价，并可在网上进行预订购买，点击导航功能按钮进行导航，由地图系统提供最佳路线。

⑧ 旅游移动化平台功能——交通方式

输入景点所在城市后点击“附近”功能按钮，可在地图上查看搜索景点、酒店等与自己的距离，点击导航功能按钮进行导航，由地图系统提供最佳路线。

（2）线下景点信息化（游客端）

线下景点信息化指整合景区内的景点信息，通过语音介绍、AR 视频展示、园区内导航、广场互动分享等功能极大程度地将景点资源整合到一起，通过移动端 App 展示给游客。

① 旅游移动化平台功能——美景实况

游客下载好全域旅游 App 后，进入首页后点击美景实况功能按钮，软件后台调用景区视频监控系统，游客可在移动端足不出户的查看景区实时的美景。

② 旅游移动化平台功能——语音播报

景区各个景点制作语音导游词，当游客进入景点区域后（系统自动检测蓝牙是否打开，如蓝牙未打开则弹出对话框提示游客打开蓝牙），语音导游功能自动开启，播报景区内景点介绍，游客到达每个景点后，都会接收不同的语音播报，可自行选择暂停或者重复。

③ 旅游移动化平台功能——搜索模块

搜索栏（可填写搜索内容）、输入项目名称或者区域、后台输入的区域和项目都可以作为搜索内容，最少输入一个字。搜索首页按区域分类，包括：景点分类配套公共设施、餐厅、商店、公告设备。每个分类都可以点击，点击每个酒店名可以查看到酒店的详细内容：图片、评分、介绍、酒店特色，可以后台设置，签到（添加到签到模块）、收藏（添加到收藏夹）、点评、分享；可后台查看修改删除，显示最新签到和点评；可定位导航，查看所在地到目的地的最佳路线（和地图模块中内容一致，使用同一个模块）。

④ 旅游移动化平台功能——地图导航（景区内）

地图导航（室外）

点击景区地图功能按钮，进入景区平面图页面，每个景点名称显示在各个景点上，系统自动定位游客所在位置，游客点击景点名称，景点显示语音播报及导航功能按钮，点击播报按钮，则进行语音播报，点击导航按钮，则推荐用户到达所点击景点的最佳路线，如图 16.7 所示。

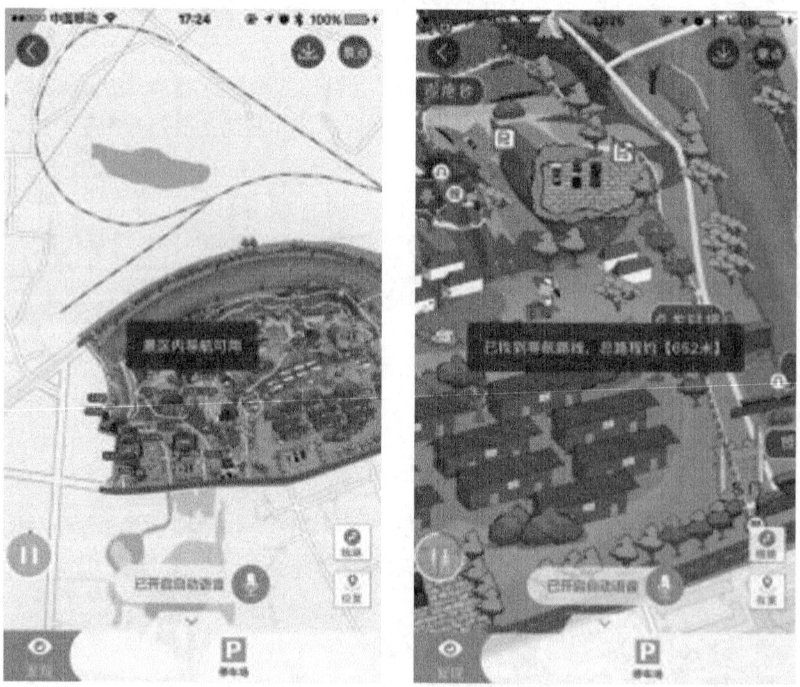

图 16.7　室外地图导航示意图

室内地图导航——室内定位导航（基于 Ibeacon 室内定位技术）

此项功能主要是针对大型室内景区，例如：海底世界、博物馆等，用户点击后，显示用户所在位置以及其他景点，如海底世界的企鹅馆，游客点击景点名称，景点显示语音播报及导航功能按钮，点击播报按钮，则进行语音播报；点击导航按钮，则向用户推荐到达所点击景点的最佳路线，如图 16.8 所示。

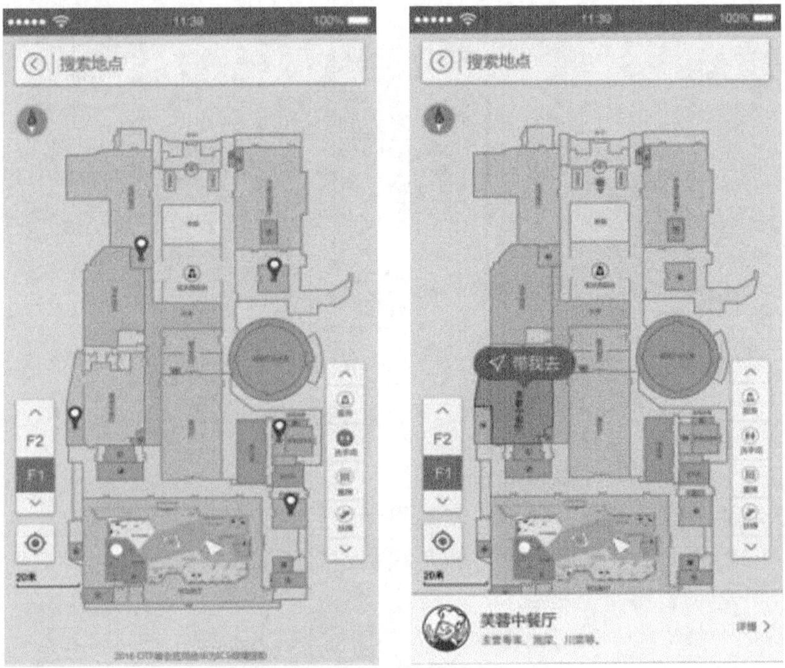

图 16.8　室内定位导航示意图

⑤ 旅游移动化平台功能——AR 场景展示

景区（游览图）

点击 AR 扫一扫功能按钮，扫描门票呈现视频（景区宣传片）、3D 模型（景区场景）、文字（景点介绍）、链接（景区官网等）等，方便游客查看景区全盘的景点及项目介绍，针对每一个景点及项目设置跳转按钮，游客可通过 AR 门票方式从各个角度观看景区合影，提升游客旅游体验。

景区特色产品

与景区的特色产品结合如工艺品或特产，扫描工艺品或特产图像，以视频形式呈现当地的风土人情（民俗、禁忌）及本地文化历史（历史名人、地位等），满足消费者好奇心，促进产品消费，提高产品销量的同时，最大化地对本景区及当地的特色、人文历史进行传播，突出地方特色，为景区及当地政府形象加分。

AR 视频介绍

录制介绍片，导游用 AR 向游客介绍各景点的文化历史，增加互动、合影功能，提升游客对景区游览的体验感。

⑥ 旅游移动化平台功能——热力图分析展示

游客点击热力分析图功能模块，进入热力分布图显示页面，可在手机终端查看景区内的游客热力分布展示图，既可以快速了解景区的热门景点及方位，也可以选择性地避开高峰人流处，如图 16.9 所示。

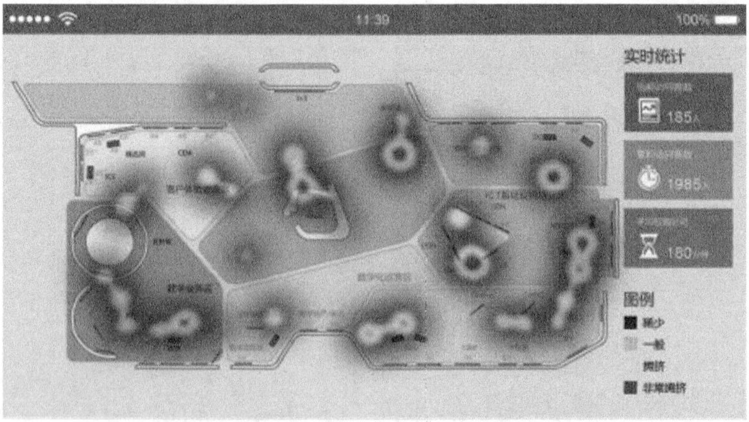

图 16.9　热力图分析展示

⑦ 旅游移动化平台功能——消息推送

该功能基于位置的信息推送，使用户了解景点背后的故事，深度参与文化。通过消息推送功能，推送最新的旅游资讯、优惠消息、旅游攻略、旅游贴士等消息，以及提前提醒用户旅游的天气、到达时间等，提高用户体验。

⑧ 旅游移动化平台功能——广场互动

该功能是为游客提供一个分享交流的空间，游客可以随时上传自己在景区内拍摄的风景，其他游客可以互评互赞，也可分享到其他的软件，如图 16.10 所示。

⑨ 旅游移动化平台功能——反馈功能

该功能为游客与景点之间构架起一座桥梁，方便游客在游园过程中，发现安全隐患等问题，及时上报给景区方，景区方核实后可对用户进行奖励，例如：发放优惠券等，加强游客与景区方的黏着度；用户点击反馈功能按钮进入反馈功能界面，按照提示输入相应信息并提交，用户可在“我的”页面查看到反馈的所有信息。

（3）线下景点信息化（管理端）

① 景点巡检

景点巡检：日常巡检上报（每日常规巡检工作，对每个巡检点的定位签到，巡检点现场情况采集、巡检任务项逐项检查填写结果上报）；紧急巡检任务认领及执行上报（针对临时性紧急巡检任务）。

② 员工定位考勤、工作轨迹

景点员工定位考勤：针对景点区域比较大、工作人员在外的特点，提供基于位置的定位考勤，实现对外业员工的实时管理。景点员工工作轨迹：对外业员工的工作轨迹进行定位监控，管理

App 及后台可查看员工工作轨迹。

图 16.10　广场互动功能

③ 通知公告、消息推送

通知公告：景点管理人员可以通过后台对全体员工发布通知或者公告。消息推送：该功能也可对特定人或者人群推送消息通知。

④ 任务分配、工作上报

任务分配：管理人员可以通过 App 或者后台为下属员工分配任务。工作上报：景点工作人员可将工作情况、任务执行情况向上级上报。

⑤ 通讯录 / 专网通信、即时通信 IM

通讯录 / 专网通信：该功能提供景点单位组织结构及人员通讯录；结合联通专网通信功能实现内部人员通话免费。即时通信 /IM：该功能提供内部人员即时通信功能。

（4）管理云平台

① 管理云平台——平台级管理

应用管理：平台做到应用能力模块化，客户单位 App 可定制化及可模块组装，根据用户要求提供相应模块组装的 App，并且后台可配置免费模块及模块组，以及收费模块和模块组，做到 App 自动升级及 App 性能检测采集。

用户管理：平台对分级分权（3+3 级可配置：集团、省、市公司、客户单位、单位分支、普通用户）、用户权限及可使用模块浏览信息权限进行配置，采集并分析用户业务使用情况。

后台管理及数据集成门户：平台提供后台 Web 门户及专属领导 App，实现客户单位领导可随时随地查看实时情况和数据、数据分析和统计，并且可以通过管理门户做到对与其权限匹配的功能进行配置和管理操作；管理人员可以通过后台门户做到对业务使用情况进行查询和功能配置。

② 管理云平台——企业级管理

基础业务管理：平台提供对景点巡检、人员管理、任务管理。

数据统计分析：平台提供用户、全域订购、景点位置大数据。

景区监控调度中心：平台提供人员车辆视频监控、指挥调度、全域电子地图、密度热力图、大数据监测数据墙。

③ 管理云平台——企业级旅游大数据

系统后台在提供对景点、游客用户、应用、商家和上架相关旅游产品的全业务管理外，也提供全面的大数据分析统计功能。

大数据分析统计功能：通过本平台的信息聚合数据集成技术，采集现场数据（人流量监控、票务、基于 Ibeacon 的定位数据）、App 所采集的游客用户数据、联通通信网络所采集的用户位置定位数据，提供全面的大数据分析统计功能。

所提供的数据统计标签包括：实时客流 、来源分析 、来客特征、未来 7 日客流预测 、景区实时视频及热力图 、停留时长分析 、客流对比分析，同时结合本系统强大的数据展示能力为管理方提供灵活和生动的数据展现。

（5）与各平台对接功能

旅游信息平台是集“吃、住、行、游、购、娱”旅游相关产品管理、诚信认证及电子商务交易平台为一体的综合旅游产品管理系统，提供游客最全面、最权威的旅游信息查询与旅游产品订购服务。

旅游信息化的落实将从构件化与集成化的角度出发进行体系整合，采用先进的技术架构和构件化的建设模式，在一体化应用支撑平台的基础上完成应用功能；各类应用利用支撑平台信息资源管理，形成旅游数据共享的管理和处理模式，各类业务应用之间在信息资源层进行数据的共享、联动，并形成统一的对外接口以及定位服务，如图 16.11 所示。

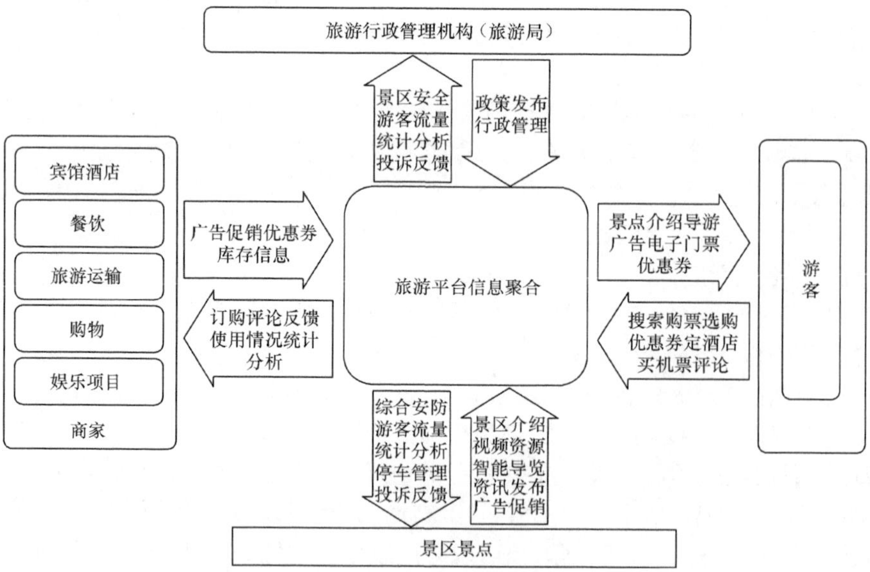

图 16.11　旅游信息聚合示意图

旅游综合信息服务子系统：系统提供各种信息服务，如实时交通信息，天气预报，旅游路线，住宿，机票服务等。

通信子系统：平台与外部之间进行信息交互的通道。

终端子系统：各种接入支持。

与政府公告服务系统的对接：对接包括现有旅游局网站、中国中央气象局网站、中国交通部网站等。

与旅游公共服务系统的对接：对接包括旅游集散中心、中央监控系统等。

与景区及旅游企业的对接：对接包括与景区票务系统、景区客流预计系统、管理协同平台等。

与商家对接：对接包括商家的地址、附近停车场、商家折扣信息等。

与电子商务公共服务平台的对接及第三方电子商务平台对接：实现通过第三方平台协作完成信息共享，线上预订，在线支付等功能。

（6）与其他业务平台对接

景区综合监管平台具有很好的对接能力，可以方便地和其他业务平台实现无缝对接。平台对外提供相关功能的 Web Service 接口，供其他系统调用平台所提供的视频监控业务，方便客户将视频监控集成到自己的系统中，实现统一的管理。平台提供的主要能力接口包括如下内容。

① 管理业务能力接口

通过标准的 Web service 接口，由其他平台访问 Web service，获取 / 设置管理业务数据，主要功能接口包括：

下载设备及区域分层次列表；

下载服务器列表及其类型；

下载用户权限列表；

获取中心存储历史录像片段列表；

获取监控点信息；

获取历史报警信息；

……

② 监控业务能力接口

提供标准接口的 API 以及 OCX 控件，供其他系统访问平台实时视频数据，历史回放录像数据等监控相关业务，主要功能接口包括：

连接设备；

查询设备在线状态、在线时间、当前 IP 地址、版本号；

开始 / 停止实时视频预览；

查询设备历史录像文件；

开始 / 停止设备历史文件回放；

控制设备历史文件回放进度与速度；

设备视频与图像参数配置；

设备参数远程配置；

查询服务器工作状态；

⑩ 获取上传的报警信息。

16.6.3 智慧营销（交易：OTA、电商支付、预定）

1. 电子商务平台

建立数据标准统一、业务系统集成、信息应用共享的景区电子商务平台。游客可以通过网站、微信、移动终端、电话等方式预订景区服务，享受价格优惠、积分奖励等优惠；打通线下商家，实现门票、住宿、餐饮、特产等旅游商品的在线预订、在线支付与线下服务的融合发展。通过与虚拟游、行程定制、综合信息发布、互动分享评价等系统深度融合，创新电子商务服务模式，为游客提供优惠、优质、放心、便捷的“吃、住、行、游、购、娱”等服务。

系统功能

电子商务系统（见图 16.12）的主要功能包括如下内容。

图 16.12 电子商务系统功能管理

用户信息管理：具体功能包括：管理员登录、游客信息，游客信息包括用户的姓名、电话、Email、地址信息等。

站内信：用于游客和景区的信息交流，同时管理员可通过站内信向用户发布公告消息，订单的最新处理结果也可通过站内信提醒。

订单管理：确定订购商品之后填写接收者相关信息，生成订单，等待订单处理结束。

用户购物管理：添加商品到购物车，对商品进行收藏，对购物车商品收藏信息进行查看、删除和修改。

管理员后台管理：管理员后台管理主要面向管理员，包含功能设置、管理员站内信信息管理、订单管理、商品信息管理等。

2. 综合票务系统

综合票务系统，采用二维码、条形码、无线射频等电子技术，配备售票终端和检票闸机，让游客通过身份证、IC 卡等方式进入景区，提高景区人员的工作效率，同时节省游客时间，如图 16.13 所示。

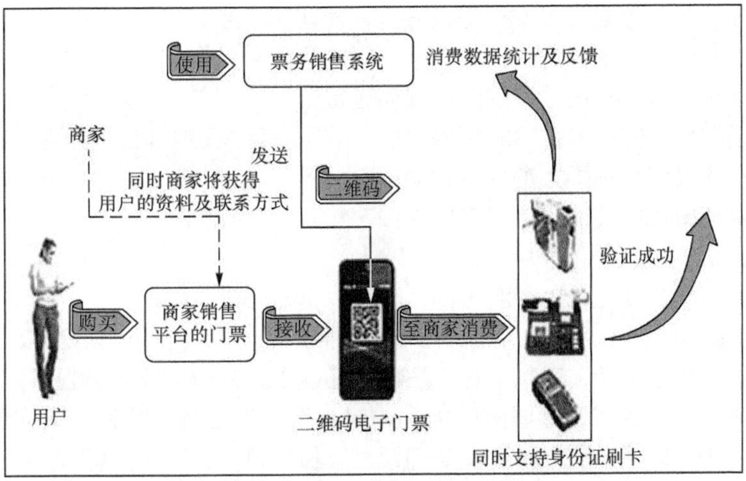

图 16.13　电子票务系统流程

（1）系统设计

该系统存储容量增大，具有票与影像绑定、掌静脉识别等功能，切实杜绝了人情票和倒票现象的发生。同时，移动检票闸机及特殊人群专用通道，有助于提高客流高峰期的检票速度。

升级景区的刷票端口，游客可以通过预订短信和身份证直接进景区，做到实名制，散客通过手机刷二维码入园，旅行社通过刷条形码入园。开发网上入境团队优惠申报系统，旅行社在该系统内有一个用户名和密码，团队申报成功后，旅行社可以带着正常手续、申报系统表格、部分游客护照直接到售票窗口进行查询，系统反馈团队名称后，将立即放行。这为景区开发境外客源市场、将旅行社纳入集中管理、精确统计境外客源市场数据提供了便利。

售票窗口处的 LED 显示屏上，即时显示购票种类、数量、金额、售票人员等信息，并有智能语音提示。将门票二维码放在入口闸机读卡器上扫描，闸机提示“请进”，同时语音播放“欢迎光临”，闸机显示屏上显示笔者所持票的售票时间、售票窗口、售票员等信息，游客可以顺畅地推杆入内。

对接数据中心，即在游客出入景区时，系统完成数据采集工作，让管理者即时掌握最准确、可靠的客流统计、门票收入、参观者类别以及预售票数量等第一手资料，为景区下一步的精准营销提供可靠的数据支撑。

（2）系统功能

① 票务管理

门票政策：门票政策包括新增单票、新增组合票、修改、删除单票、组合票。

门票入库：入库是管理员对纸质门票的管理。

门票领取：管理员管理各售票员领取的门票。

门票退库：管理员把退回的票重新入库。

总退库：纸质门票出现质量问题时，管理员将没有出售的门票退出库存。

门票统计：系统计算出不同分类票的入库、使用和剩余数量。

② 门票分销

订单信息：根据总计数据合理安排门票分销，管理订单数据。

发布商品：同一商品以不同的价格发布到不同的分销平台上。

页面流量统计：对每个分销平台的流量数据进行统计。

商品统计：根据从不同分销平台拿到的数据，分别统计一定时间内畅销和点击率高的商品。

订单统计：管理员查看不同分销平台的销售款。

接口设置：管理员添加分销平台，完成接口对接。

③ 售票管理

散客管理：售票员选择门票，经游客确认和支付，打印门票。

团队售票：查找门票、旅行社、导游，选择客源地，挂单、打印门票。

现场确认：选择售票平台，输入编号（扫描枪扫描）输入取票密码，打印门票。

补票退票：输入票的编号，查看票的情况，废除作废当前票，重新购票或退款给游客。

预售票：查询票，选择日期，游客确认门票，支付门票，售票员打印门票。

售票日结算：输入查询条件，统计售票情况，导出列表。

查询统计：根据条件查询售票情况。

④ 客户管理

客户管理：系统支持维护客户基本信息，维护客户返利信息。

协议价管理：系统支持维护客户、导游协议价。

导游管理：系统支持维护导游，设置返利机制。

核销管理：系统支持自动核销。

购票统计：系统支持统计一定时间内的购票和返利情况。

⑤ IC 卡管理

用户管理：系统支持开卡时录入持卡人的基本信息，可以编辑修改；后期对卡进行维护。

类型设置：维护卡的类型，包括：年卡、月卡等。

费用设置：系统支持维护不同种类的费用。

检票流水：每张卡的检票流水，支持不同关键字搜索。

交易流水：每张卡的交易流水，支持不同关键字搜索。

交易统计：系统根据卡的类型和交易时间以及卡编号进行交易统计。

⑥ 财务管理

财务结算：财务人员查看销售金额，可以根据不同的条件进行搜索。

销售明细查询：财务人员查看销售金额，可以根据不同的条件进行搜索。

统计分析：根据不同的统计类型和时间，统计票务的相关信息。

⑦ 检票管理

设备管理：管理员对已有的闸机进行维护和状态设置。

参数设置：设置闸机的数据同步信息和工作状态。

汇总统计：汇总景点内各闸机的检票情况，散客票、团队票等情况。

厂商管理：系统维护提供硬件设备的厂商以及产品信息。

⑧ 系统设置

权限管理：不同的售票员能够出售的票的种类不同。

字典设置：系统可对票分类、优惠类型等字典项进行设置。

参数设置：系统可对默认优惠力度和其他默认指标进行设置。

3. 营销分析系统

利用移动通信基站，通过采集、分析、处理对进入景区的游客手机信令数据进行分析，获取游客的客源结构、停留时间和客流量数据，了解景区内游客的分布和聚集状态。利用电子商务数据，获取游客在景区的消费情况，分析游客消费喜好及消费能力，为景区制定营销策略、优化旅游产品、调整旅游业态，提供数据支撑。游客行为智能分析系统借助旅游云数据中心，通过大数据处理技术提取高质量、多维度的游客数据来还原游客的属性特征、兴趣喜好、消费偏好等潜在属性。了解用户各种行为和需求，精准刻画人群特征，并多维度针对特定业务场景进行用户特征聚合与分析，从而指导和驱动景区营销和旅游产品开发，发现和把握蕴藏在细分海量用户中的巨大商机。

营销决策支持系统在传统网络营销的基础上，采用数据挖掘技术对旅游产品进行聚类分析和关联规则的挖掘，当游客初次游访时，统计分析其消费特点，为旅游市场投入方向选择提供数据支持；根据游客游玩记录、住宿信息等历史数据，智能分析其消费偏好，方便对再次造访游客有针对性地推送个性化的旅游信息；借助互动分享平台，挖掘潜在游客市场；对于国外游客，则根据其国籍、个人喜好推荐适合的餐饮与住宿，推送适合游客国籍的主流语言版本的旅游资讯信息等。结合游客流量历史数据和游客来源地信息，挖掘分析不同群体游客的消费模式和行为偏好，例如，借助视频监控系统、停车场管理系统，根据游客所驾车辆的信息，智能分析游客的年龄段、性别、来源地、消费档次与兴趣爱好等潜在消费信息，为针对性的旅游产品设计和精准化的旅游市场营销提供数据支持。另外，基于云数据中心平台的历史数据，营销决策支持系统采用数据挖掘技术，发现旅游热点、供需情况和旅游市场的变化及消费趋势，这有利于准确把握旅游市场动态与方向，提升“三大一新”（大媒体宣传、大事件营销、大旅行商合作、新媒体促进）战略的实施效果，实现精准营销，切实推进景区的品牌知名度和影响力。

（1）系统设计

云数据中心每天记录着游客的来访信息及游览行为。通过对游客行为数据分析和挖掘，发掘用户的偏好，逐步勾勒用户的画像。

本系统利用游客身份信息、通信信息、车辆信息、电子商务信息、游览位置信息等，结合用户手机号码归属地、门禁票务、视频监控及云 3DGIS 平台等系统，构建游客分析模型，完成游客自画像属性智能分析，为景区进一步的数据挖掘、精准营销提供数据支持。

（2）系统功能

系统功能主要包括如下内容。

游客的自画像分析：主要对游客的年龄、性别、客源地等进行分析。

游客消费行为分析：针对游客消费能力，消费偏好进行统计和分析。

游客游览兴趣分析：针对游客消费、浏览和互动情况，对游客兴趣爱好、心理特征进行统计和分析，为景区精准营销提供数据支持。

游客基本属性分析：主要针对游客的年龄、性别、客源地等进行分析。

游客购买能力分析：针对游客消费情况，对游客、客源区域购买能力进行统计和分析。

游客兴趣偏好分析：针对游客消费情况，对游客消费偏好进行统计和分析，为精准营销提供数据支持。

营销渠道分析：主要针对线上渠道、线下渠道分析等进行分析。

4. 商户经营支付体系营销

商户营销系统，通过开放平台的 API(应用程序编程接口)/SDK 实现共享移动支付、会员营销软件和数据金融功能，为线下商户创造更丰富的“支付 + 营销 + 金融”服务。

（1）设计思路

景区商户营销系统，通过开放 API 接口，接入微信点餐、微章、共享储值卡、积分、微信打赏、摇一摇等多营销工具系统，为线下服务类商户提供移动端丰富的“支付 + 营销”服务体系。

（2）系统功能

组合行销：通过消费返利、会员特惠、节日回馈等多种促销回馈机制，增强消费者黏性，提升消费附加值。

票券发放：系统免费设计不同商家的电子优惠券，便于商家发布和管理，减少商家在设计方面的营销成本，同步促销与交易，操作简洁方便。

多元支付：系统支持移动应用开发接入，在线下商户服务提供移动应用的同时，支持微信支付、支付宝、京东钱包支付等移动支付方式。

16.7 旅游管理（对内业务管理平台）

16.7.1 景区监控实时对接

1. 实时对接全域旅游云视频监控指挥中心

各个景点资源配置不一，容易发生拥堵、事故等状况，特别是在黄金周，为了应对各种安全隐患，景区需要建立全面的旅游应急指挥系统，横向连接政府应急、公安、交通、气象等部门，纵向覆盖各景区信息发布显示大屏。

通过视频监控系统设备完成安全、科学、有效的管理，对旅游城市各景区的游客接待中心、景区内主要交通要道、重点景点、出入口、停车场、售票窗口等地实施全方位 24 小时监控及人员流动的记录，达到加强现场监督和安全管理、提高服务质量的目的，同时也是旅游城市旅游应急处理突发事件能力的重要保障。

2. 景区云视频监控系统

基于云视频监控平台，提供针对各景区及道路卡口的网络云视频监控，只要有网络的地方都可以很简单地通过布放视频摄像头实现现场视频的回传和直播，视频可以呈现在指挥中心大屏、PC 电脑和手机客户端上。

系统网络拓扑如图 16.14 所示。

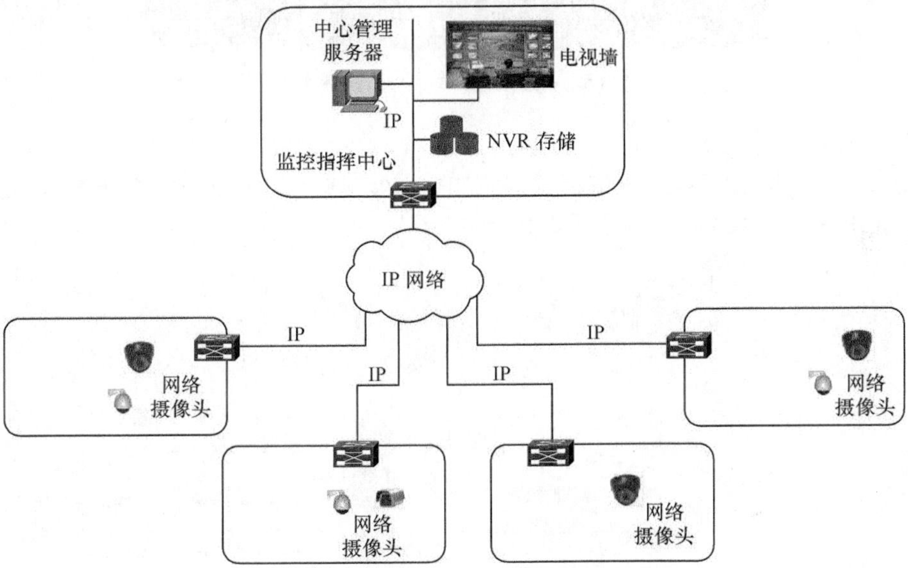

图 16.14　景区云视频监控系统网络拓扑

3. 指挥中心大屏显示系统

旅游局指挥中心大屏幕显示墙由一套 3(行) × 5(列)46″ 超窄边液晶显示屏组成：46 寸极致无缝拼接显示单元 15 套、投影单元底座 15 套、图形拼接控制器 1 套、大屏幕控制管理软件 1 套、RGB 矩阵切换器 1 套、视频矩阵切换器 1 套，满足内景区视频监控图像、智慧旅游各类数据信息的上屏显示，实现全域景区智慧旅游综合展现、突发应急事件综合研判等功能。效果图如图 16.15 所示。

4. 平台对接设计

（1）接入第三方设备

对于原先所用为非平台产品构建的系统，则针对设备情况，可用如下两种接入方式实现。

图 16.15　旅游局指挥中心大屏幕效果图

① SDK 对接

若原系统中所用硬盘录像机能够提供相应的 SDK，则可用 SDK 对接的方式实现原系统与安防管理平台的对接，如图 16.16 所示。

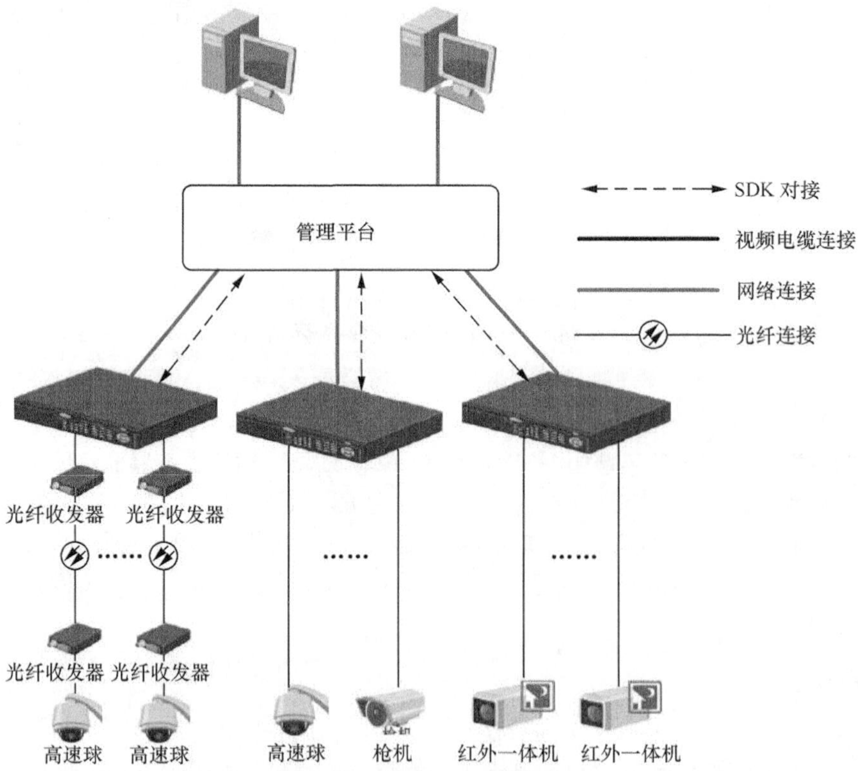

图 16.16　第三方设备对接

监控管理平台针对主流嵌入式 DVR，利用 DVR 开放业界主流模式的 SDK 接口对接原系统的硬盘录像机，此方法比较成熟，也是一种经济和简单的接入方式。

SDK 开发包组成包括如下内容。

监控操作：操作包括图像预览、文件回放和下载、云台控制、布防 / 撤防、语音对讲、日志管理、解码卡等。

设备管理操作：操作包括远程升级、远程重启 / 关闭、格式化硬盘、参数配置（系统配置、通道配置、串口配置、报警配置、用户配置）等。

SDK 可支持的功能：

A．远程实时预览、抓图、录像；

B．远程 PTZ 控制；

C．远程回放与下载；

D．报警的网络联动；

E．远程设置、维护及核心软件升级；

F．远程状态查询显示；

G．实时性与流畅性的调整。

② 模拟分配对接

若原系统不能提供相应的 SDK，则无法使用 SDK 对接的方式实现系统的接入，可通过模拟分配对接的方法实现系统的接入。

A．摄像机视频信号的处理

在原系统中，若监控中心配置有视频分配器，且视频分配器还有多余的视频接口，则直接从视频分配器把视频信号连接到视频服务器，由视频服务器转发视频信号；若视频分配器已无多余的接口，或没有视频分配器，则增加视频分配器。

其基本原理如图 16.17 所示。

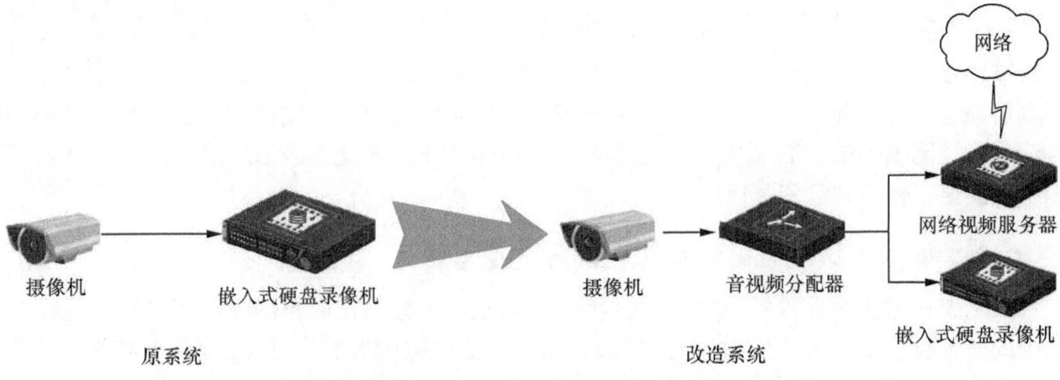

图 16.17　视频信号分配对接原理

B．摄像机控制信号的处理

若摄像机需要控制，则在系统中增加 RS-485 共享器，实现多个控制源对摄像机的控制。

其基本原理如图 16.18 所示。

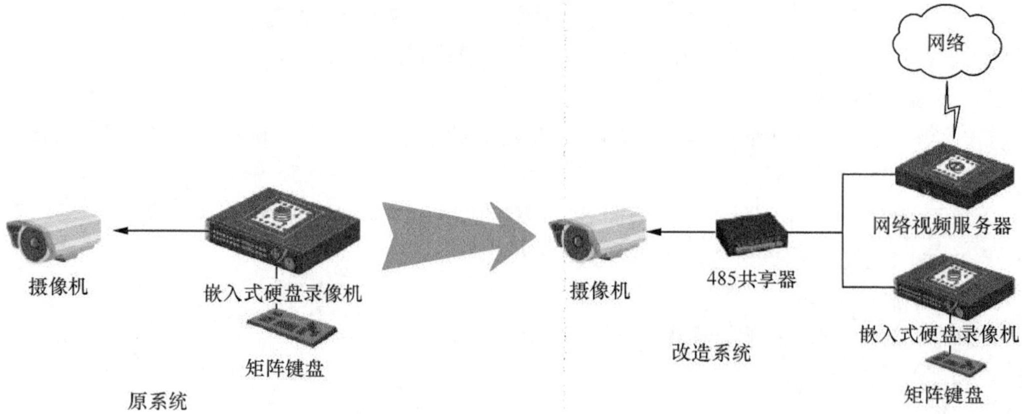

图 16.18　控制信号对接原理

16.7.2　旅游数据整合（旅行社数据）

1. 整合旅游大数据

通过互“联网 + 旅游 + 大数据”，对旅游数据进行挖掘、分析和应用，充分挖掘智慧数据（Smart Data）的价值，它是旅游行业向全域旅游迈进的主要推手，也是数字时代旅游创新的重要支撑。

2. 海量数据样本，科学分析算法

通过海量数据样本，科学的分析算法为目的地、旅游局、景区景点及旅行社用户提供多种类型的分析、咨询、可视化服务。

3. 实时监控景区人流量，实现全方位预警

通过对接旅游大数据可视化平台，景区实现实时监控及预测当地景区人流量，帮助景区做好预警及响应措施。旅游大数据平台通过与景区监控系统对接，搭建模型，在综合考虑影响景区人流量各类因素的前提下，对景区人流量进行预测和预警，方便景区市场销售管理、有效疏导，保障游客安全，保护景区资源环境。

4. 突发事件频发 高效掌握团队信息迅速捕获应急数据

系统采集日常旅游管理的业务数据并将应急要素加上标签，进行后台挖掘与前台可视化展现，帮助主管部门在突发事件发生时即时掌握旅游团队的基本情况、所处位置等信息，为处理突发事件、实施紧急救援提供信息支持。通过平台还可发送应急短信与各团队导游领队取得联系，获取第一手反馈信息，启动紧急救援预案。

5. 个性化旅游市场 精准化业务营销

通过平台可提炼不同旅游要素标签下线路的舒适指数、价格指数、行程合理指数、购物安

排指数等，同时可以反哺给旅游服务主体，依据旅游者的具体需求、爱好和购买习惯，满足客人个性化标签的行程，实现精准化营销和精细化服务推荐。旅游大数据可视化平台的服务对象涵盖政府监管部门、旅游景区景点、旅行社等各企事业单位等，服务产品包括旅游数据分析报告、大数据可视化产品、精准营销方案、旅游数据中心解决方案等。

6. 行程跟踪

① 实时查询外联人员及网点的订单。

② 轻轻松松安排房、餐、车，自动生成预算、结算单。

③ 游客名单、身份证号等数据自动生成，与航空、订票公司无缝连接，省时省力。

7. 线路管理

① 线路设计完毕，各项成本立即自动生成。

② 利润最优化的报价系统，可针对不同客源单位进行报价，方便以后调用。

③ 提供快速查询、快捷修改线路的操作功能。

8. 客户管理

① 单客管理：该功能通过连接 QQ、微信，在 CRM 库中直接与客户进行 QQ 跟进，记录自动保存，公司介绍可同步转发到微信朋友圈，企业宣传、拓客更高效。

② 团客管理：该功能通过连接 QQ、微信，确保团队沟通，加强团队安全。

③ 会员管理：该功能支持会员关系维护、充值、优惠管理， 会员生日提醒、生日优惠。

④ 综合组团：对于中长期或中远程旅游，系统可区域协同组团发团旅游，降低公司成本。

9. 导游管理

导游管理：系统自动生成带团通知单、行程单、游客名单等。

16.7.3　大数据应用、热点跟踪

1. 舆情监测分析系统

全域景区旅游市场舆情监测分析系统，对重点媒体、论坛、博客、微博等渠道舆情信息动态监控，将海量信息按照信息内容的正负面、影响力、信息属性及时间等进行分类，提取相关信息，定期自动生成相应报告，按照预定策略对潜在的危机事件及时预警和处置。

（1）系统设计

景区舆情监测分析系统可以实时采集网络信息，主要对象包括：各大新闻门户网站、论坛、旅游资讯网站、博客、微博等，7×24 小时为景区管理层提供信息采集、信息处理、信息预警功能，实时掌握相关景区旅游网络信息。舆情监测分析系统主要包括：数据采集引擎、信息分析引擎、信息过滤引擎，信息管理平台、自动生成报告、邮件和短信发送等模块。

（2）系统功能

舆情监测分析系统的主要功能包括如下内容，如图 16.19 所示。

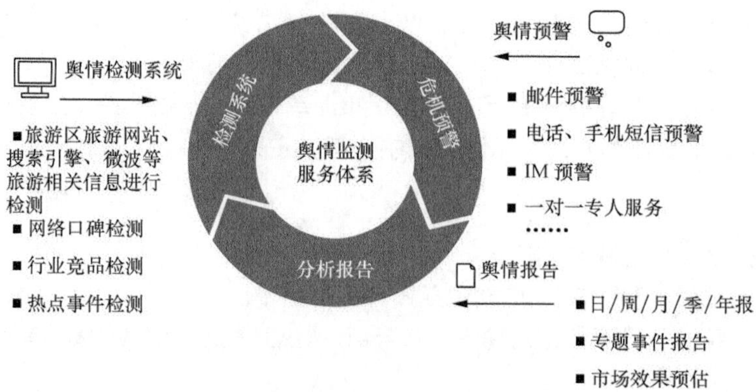

图 16.19 舆情监测服务体系

舆情收集：系统运用爬虫技术，对各大新闻网站、旅游资讯网站、博客、微博上关于景区的舆情信息进行定向抓取、过滤、存储。抓取内容包括关于景区旅游的相关新闻和评价，并记录抓取历史，为舆情传播路径分析做好数据基础。

舆情分析：系统对收集到的有效文字信息进行分析，运用自然语言分析技术，提取相关新闻的主题信息，对各个旅游资讯网站上游客对景区的评价进行情感倾向分析，区分好评、差评，及时帮助景区管理员发现景区的问题所在。

舆情传播路径分析：对于重要舆情信息，系统记录其产生、发酵的过程，并进行跟踪，时刻关注动态变化，最大限度地减小负面信息对景区造成的不良影响。

影响力评估：系统根据网站的知名度与影响力大小，以及信息的点击量、转发量、点赞量，再利用评估算法对舆情信息的影响力进行评估，为景区管理者的决策提供有力依据。

舆情展示：系统以表格、曲线、图形等可视化形式全方位展示当前舆情形势，信息包含多个维度，简单直观，让复杂的舆情内容在用户面前一目了然。

2. 客流分析系统

根据国家出台的《景区最大承载量核定导则》，系统在建设时我们应充分考虑空间承载量、设施承载量、生态承载量、心理承载量、社会承载量等多种可能诱发灾情的因素，通过实时监测、疏导分流、预警上报、特殊预案等手段对景区实时游客流量监测控制，并在游客数量即将达到景区最大核载量时分流疏导，应包含和实现入口客流计数管理、出口客流计数管理、旅游者总量实时统计、旅游者滞留热点地区统计与监控、流量超限自动报警等。

游客流量监测与智能疏导系统借助云计算、3DGIS 引擎、移动通信、人工智能和无线网络定位等技术，通过手机号码归属地数据库以及景区的 GIS 数据，实时获取各类型游客在景区各个景点的停留数据。将该数据与智能视频监控数据融合，实时掌握景区各主要景点的游客流量，必要时发出高峰预警，并对游客智能疏导。

系统借助云计算、GIS、移动通信、人工智能等多个领域的技术，融合视频处理、图像处理、模式识别、运动轨迹判别等统计分析算法，通过对接全域景区门禁票务数据、停车场数据、电子商务数据，分析景区停车场信息、票务信息、客流量信息、客源地信息、热力图信息，对游客的年龄层次、来源省份和地市构成比例、在景区的停留时间、各景点客流量等信息周期性地统计和挖掘，并与历史数据对比分析，为全域景区旅游业的科学管理和面向客源地的精准营销提供数据支撑。客流分析系统，将全域景区内全部景点纳入游客统计与监测范围，实现全域景区与周边景点游客的实时统计和智能疏导。

系统对接云数据中心。云数据中心将数据上报至市旅游局，旅游局根据数据信息对全市景区人员统计情况查询，并制定全域景区全域旅游疏导方案，通过信息主动推送系统推送信息，实现主管单位与景区联合疏导。

（1）系统设计

客流统计分析系统将各个来源的数据统一存放到云数据中心平台，对其中的信息格式、用途进行区分，一部分存放到关系型数据库，另一部分存放到非关系型数据库。一般的规则是非结构数据，或者准备开展语义分析、相关度分析业务的数据存放于非关系型数据库。根据业务需求，系统从云数据中心平台抽取相关的业务数据，进行多维度的数据分析展现。

① 系统对全域景区项目各景点、酒店、民宿、餐饮等区域游客停留时间、各景点人流量等数据周期性地统计和挖掘。

② 系统实时获取游客在景区的分布及流向，对景区游客的流量在线实时分析，对人流密度分析，对部分景点客流量超限报警，并主动向游客推送相关信息，疏导游客流。

③ 系统提供互联网对客流监测系统的远程访问功能，并将客流实时数据接入到智慧旅游云数据中心。

④ 系统通过高清车牌识别模块统计进入交通要道和入口处车流量，以及停车场车位数据及时反映景区车流量情况，并将车流量实时数据接入到智慧旅游云数据中心。

⑤ 系统实现入口客流计数管理、出口客流计数管理、游客总量实时统计、游客滞留热点地区统计与监控、流量超限自动报警等。

（2）系统功能

① 系统利用景区无线网络的手机位置信息、GIS 数据以及布设在景区内的视频监控数据，实时获取游客在景区的分布及流向，对游客流量定时清点，对景区游客流量在线实时分析，对人流密度分析，对主要景点接近游客承载量进行报警，并能够向游客推送相关信息，对游客疏导。

② 在特殊节假日和突发事件发生情况下，系统为游客提供微信提示服务，并联动景区信息发布屏和广播进行消息提示。

③ 系统实现出入口客流计数管理、游客总量实时统计、流量接近承载量自动报警等，并将客流实时数据传输至智慧景区数据中心。

表 16.2 介绍了具体功能模块细分，具体功能模块细分界面如图 16.20 所示。

表 16.2　客流分析系统功能模块细分

功能模块	功能介绍
实时监控设计	实时流量监控：每隔一定时间统计一次景区内实时游客数量
	全局流量监控：以图表的方式显示各子景区游客数
	实时流量报表：生成每天实时流量统计报表
	景点关联分析：框选地图后生成景点最新的人数及面积范围

续表

功能模块	功能介绍
实时监控设计	人脸识别统计分析
	车辆号所在地识别统计分析
	景区内所有游人的手机号码归属地识别统计分析
告警管理功能设计	景区流量告警：系统能对阈值进行设置，当阈值达到一定量后给景区管理人员发送告警短信
	告警短信查询：可以查看系统设定的短信发送情况
	能基于景区二三维地图，设置区域人流量预警，并在地图上可视化呈现
报表分析功能设计	流量统计报表：可以根据时间查看每个景点的统计人数
	游客客源地统计分析
	省内按地市分析：省内按地市统计用户
	国内按省份分析：全国按省份统计用户数量和比列
	国家与地区分析：统计海外地区及本国用户
	人员滞留时间统计报表
	滞留小时分析：按小时分析各景点游客的滞留情况
	滞留天数分析：按天分析游客在景区的滞留情况
	热点景区排名统计报表
	人员总数排名：各景点按人数进行排名比较分析
	人员密度排名：各景点每平方米的人员密度情况
旅游景区短信功能设计	旅游短信平台链接登录
	短信模板配置：根据景区自行创建需要发送的短信及审核、修改、删除功能
	下发区域维护：根据地图上选定的景点，短信发送覆盖范围的选择及数据生成
	下发区域组管理：根据选择创建不同的发送组对象，组对象包含单个景点或者多个景点
	黑白名单管理：根据景区建立黑白名单号码的管理
	下发任务管理：包括任务新建、修改、删除、审核等功能
	下发任务监控：包括对当前任务的发送情况的监控，每隔 20 秒输出当前最新任务的下发情况
	短信上行查询：查询下发任务的短信发送情况和记录
	短信下行查询：查看用户回复的短信的内容

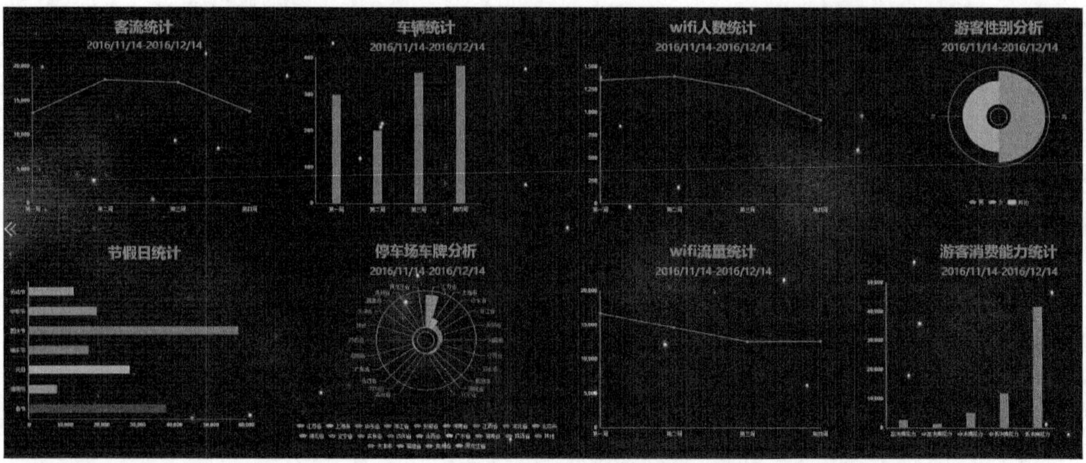

图 16.20　客流分析系统功能模块细分界面

停车场数据统计分析

通过对接景区停车场管理系统，实时获取景区内各停车场的车位总量、已停车数量、余位、车辆来源等数据，并以各类图表的形式进行展现，如：各停车场当前已停车数量、停车场余位、已停车辆来源地、大车小车等信息，方便景区管理人员了解景区的最近停车状况。管理人员通过查看停车场系统数据统计报价，可一目了然地知道景区内各停车场的使用率，通过发送通知公告，告知游客和景区工作人员某些停车场停车已达到饱和，并引导游客将车停至尚有空余车位的停车场，提高游客旅游感知体验度；同时，根据停车场系统采集的车牌所属地信息统计分析游客客源地。

票务数据统计分析

通过对接景区门禁票务系统，获取景区景点各窗口售票信息、各出入口检票信息，包括团散客门票、订票渠道、游客基本信息等，并对全域景区票务数据汇总分析，以各类图表的形式汇总展示累计出票数量、累计门票收入、门票同步增长情况、收入同步增长情况、景点门票数分析结果、各景点门票数量趋势分析结果、售票渠道门票收入分析结果、各类型门票占比分析结果，方便景区管理人员快速清晰地知道景区的票务汇总情况。同时，票务数据中包含的游客属性数据，可为景区客流量、客源地、热力图分析提供数据支撑。

客流量数据统计分析

全域景区的客流量主要通过部署在景区各个出入口的闸机设备和激光客流监测摄像计获取景区的实时客流数据。客流量统计分析功能主要通过对接票务闸机设备和激光监控摄像计数据接口，获取景区内和指定景点游玩的游客数量并对景区客流数据汇总，可在所选日期区间内，以图表的形式展示各景点游客数量，支持对历史数据进行同比、环比的比较分析。

通过对景区的客流量统计分析，可方便景区管理人员查看景区各景点客流数据，了解各个景点客流状况、各个时段客流状况，清晰地展示全域景区各景点对游客的吸引力。同时，当景区内某个景点的客流量即将达到景点的游客最大承载量时，系统会发出警示，通知景区工作人员以发布信息和调配安保人员的方式，对该景点进行游客量控制，以便游客获得更好的旅游体验，增强游客的旅游满意度。

客源地数据统计分析

客源地统计分析通过对景区 OTA 票务数据、停车场车辆来源数据、电子商务数据等方式获取游客所属地信息以进行数据对接和汇总分析，旨在通过大数据的分析手段为景区面向客源地的精准营销提供数据支撑。系统可根据所选日期区间，以图表形式展示景区各景点的当天游客客源地数据和历史客源地数据，并按 TOP 排序，对历史数据进行同比、环比分析。当对各地进行广告投放时，相关部门可参考客源地分析结果，为营销决策提供数据支撑。

热力图数据统计分析

热力图数据统计分析将全域景区按景点范围划分区块，对每个景点的客流量统计，以景区热力图（景区景点区块图）为载体，分析景区各景点的服务提供能力、游客访问数量以及同时段其他景点的市场信息三方面数据，合理地评价各个景点的热度值，有利于为景区的建设和投资提供依据，可以为管理部门提供市场决策依据，也可以为游客提供参考信息。

参考文献

[1] 国务院《关于积极推进“互联网 +”行动计划的指导意见》，国发 [2015]40 号 .

[2] 宋刚，邬伦 . 创新 2.0 视野下的智慧城市 [J]. 城市发展研究，2012.

[3] “顶层设计”：政治新名词反映中国未来改革路向. 新华网，2011-03-13[引用日期 2013-02-17].

[4] 关于印发促进智慧城市健康发展的指导意见的通知. 国家发改委，2014-08-27.

[5] 郁建生等. 智慧城市顶层设计与实践 [M]. 北京：人民邮电出版社，2017-01-01.

[6] 杨正洪. 智慧城市：大数据、物联网和云计算之应用. 北京：清华大学出版社，2014-01-01.

[7] 金江军. 互联网时代的新型政府 [M]. 北京：中共党史出版社，2017-03-01.

[8] 王鹏等. 云计算和大数据技术：概念、应用和实战 [M]. 北京：人民邮电出版社，2016-08-01.

[9] 黑马程序员 . Node.js 核心技术教程 [M]. 北京：中国铁道出版社，2017-04-01.

[10] 梁永先等. Java Web 程序设计 [M]. 北京：人民邮电出版社，2016-04-01.